纪念东吴大学法学院百年华诞

本书为江苏高校优势学科建设工程资助项目（PAPD）

本书属苏州大学公法研究中心研究成果

东|吴|法|学|文|丛·东吴法学先贤文录

东吴法学先贤文录

·司法制度、法学教育卷·

胡玉鸿　庞　凌◎主　编

中国政法大学出版社

2015·北京

图书在版编目（ＣＩＰ）数据

东吴法学先贤文录.司法制度、法学教育卷/胡玉鸿,庞凌主编.—北京:中国政法大学出版社,2015.8

ISBN 978-7-5620-6272-1

Ⅰ. ①东… Ⅱ. ①胡… ②庞… Ⅲ. ①法学－文集②司法制度－文集③法学教育－文集 Ⅳ. ①D90-53②D916-53

中国版本图书馆CIP数据核字(2015)第196648号

出 版 者	中国政法大学出版社
地　　　址	北京市海淀区西土城路 25 号
邮寄地址	北京 100088 信箱 8034 分箱　邮编 100088
网　　　址	http://www.cuplpress.com (网络实名: 中国政法大学出版社)
电　　　话	010-58908586(编辑部)　58908334(邮购部)
编辑邮箱	zhengfadch@126.com
承　　　印	保定市中画美凯印刷有限公司
开　　　本	720mm × 960mm　　1/16
印　　　张	37.5
字　　　数	610 千字
版　　　次	2015 年 8 月第 1 版
印　　　次	2015 年 8 月第 1 次印刷
定　　　价	88.00 元

东吴法学先贤文录总序

胡玉鸿

　　光阴荏苒，岁月流金；薪火不熄，学脉永继。自1915年9月美籍律师查尔斯·兰金创办东吴大学法科以来，时光已一世纪，然东吴之辉煌、法学之昌盛，至今仍为世人津津乐道；东吴大学法学院于中国法制改革、法学教育史上之地位，亦可谓震古烁今，高山仰止。国内现代法学大师中，王宠惠、刘世芳、董康、戴修瓒、郑天锡、郭卫、章任堪、赵琛、凌其翰、徐传保、徐砥平、张志让、俞颂华、向哲浚、曹杰、张慰慈、吴芷芳、王效文、章士钊、朱通九、梅仲协、魏文翰、张企泰、范扬、俞叔平（以上为东吴教授，以到校任职先后为序）；王士洲、吴经熊、陈霆锐、何世桢、狄侃、李中道、盛振为、金兰荪、梁鋆立、端木恺、丘汉平、桂裕、孙晓楼、陶天南、张季忻、陈文藻、黄应荣、杨兆龙、李浩培、姚启胤、倪征噢、鄂森、何任清、查良鉴、费青、郑竞毅、卢峻、王伯琦、郑保华、魏文达、裘邵恒、陈晓、丘日庆、王健、徐开墅、潘汉典、高文彬、杨铁樑、王绍堉、浦增元、庄咏文（以上为东吴学子，以毕业届次为序），或执教东吴哺育莘莘学子，或出身东吴终成法学名宿，人人握灵蛇之珠，家家抱荆山之玉。合璧中西，形成"比较法"之特色；戮力同心，铸就"南东吴"之美誉。

　　但前人之辉煌，非仅为后辈称道而已。诸先贤之呕心力作，亟待结集；比较法之教学特质，仍需寻绎。前者在集拢大师文字，归并成皇皇巨作，嘉惠后人；后者则总结教育成就，细究其方法之长，服务现世。沧海桑田，白驹过隙。东吴法学之先贤，或天不假年，已驾鹤西行；或虽尚健在，然精力不济。精研法理之书文，多将散佚不存；服务国家之良策，亦恐湮没无息。是以今日学子之任务，在搜寻先贤文字，重版印行；总结东吴之成就，使传于世。

苏州大学王健法学院系承继东吴大学法学院而来。前辈业绩，自然庇荫今人，但全院师生，在以先贤为荣之余，更感使命重大，无一日或敢怠息。同仁深知：既为东吴之传人，自应熟悉先辈思想，了解学院历史。为此经讨论决定，近年内学院将完成三大浩繁工程：一为出版"东吴法学先贤文丛"，汇集大师之作，使珠玑文字，重见天日；二是编辑"东吴法学先贤文录"，以学科分类，归并单篇之作，以为研究之资；三则撰写《东吴法学教育史》，探讨东吴法学教育沿革之始末，总结比较法教学如何适应于今世。前者已有王宠惠、杨兆龙、李浩培、倪征燠、潘汉典诸先生文集面世，后续之举，已列议题；今则辑录先贤文字，以学科归类，分八册出版，以纪念百年东吴，使尘封妙文，重见当世。至于教育史之编撰，待档案解密、人员齐备之后，再行商议。

自 2012 年以来，本人即开始遍访东吴法学先贤于民国时期之文章，下载、翻拍、扫描、复制，虽卷帙浩繁，搜寻不易，然淘书之乐，无时或已。所幸者科技时代，诸多志存高远之士，将民国文献辑成电子文本，使今人更为便捷得识先贤文字。但遗憾者年代久远，资料多有散佚，有时"上篇"已得，但"下篇"难觅；有"二、三"者，却缺"一、四"。至于错漏、脱讹而至无法辨识之处，更是不足为奇。即便如此，学院同仁及广大学生，仍深感使命重大，不畏艰难，共襄盛事。文字录入工作，主要由在校研究生完成，论文选择编排，则请各卷主编担纲。资料浩繁，校对费时，自知多有遗漏，所录者不及万一；完善修正之举，仍需假以时日。敬请学界同仁，多加指正；如有资料提供，不胜感激！

是为序。

2015 年 7 月

目　录
Contents

下编　法学教育

上编　司法制度

民国十三年司法之回顾*

董　康**

　　频年以来，政治轶出于轨途，思想竞趋于权利。消长悖叙，安危易观。近复构祸称兵，神州震荡。吾人所经营不完不备之司法事业，久已堕于冥漠无闻之地。至此侈谈司法，非盲翁之鼓词，亦痴人之梦呓。然古今治乱，叠为循环。世乱则人民为一种势力之支配，固无是非之判；世治则不分阶级，胥以法律为范模。要而言之，法律与政治立于相对之地，实用以补助政治，握统驭之枢纽者也。兹就经历，缕述于后。

　　司法改革，萌蘖于前清修订法律馆，余始终参与〔1〕其事。论吾国法系，基于东方之种族，暨历代之因革。除涉及国际诸端，应采大同外，余未可强我从人。惟从前以科举取士，用非所学，迨应民社，丛脞环来。审判之权，操自胥吏幕僚。上级机关负复核之责，不过就文字，稽钩其瑕隙，内容无从研索也。余痛斯积弊，抱除旧布新主义，所拟草案，如法院编制法、民律商律、强制执行法、刑律、民刑诉讼律，俱采各国最新之制。凡奏折公牍及签

　　* 本文原刊于《法学季刊（上海）》（第 2 卷）1925 年第 3 期，第 110～116 页。原文仅有简易句读，本文句读为录入者所添加。

　　** 董康（1867～1947 年），江苏武进人。法学家。董康是清末举人、进士，曾出任清政府的刑部主事、员外郎、郎中，修订法律馆提调，大理院刑庭推事等职。中华民国成立后，出任大理院院长、中央文官高等惩戒委员会委员长，全国选举资格审查会会长，修订法律馆总裁。其间，董康先后兼任东吴大学、上海法科大学、北京大学等大学法科的教授，也从事一段时间的律师业务。在学术研究方面，董康先后推出了《历朝法律沿革》、《宪法大纲》、《前清法制概要》、《书舶庸谭》、《第一次刑法修正案》、《第二次刑法修正案》、《调查日本裁判监狱报告书》、《中国修订法律之经过》、《中国编纂法典之概要》等众多作品。董康既是中国近代最早的立法、司法工作者之一，也是中国最早从事法律教育、法学研究的学者之一。

　　〔1〕"参与"原文作"参预"，现据今日通常用法改正。——校勘者注。

注辩论〔1〕，其中关于改革诸点。阳为征引载籍，其实隐寓破坏宗旨，当时引起新旧两党之争，被人攻击。亦以余与归安沈公为最烈，且屡列弹章。南皮张文襄以刑律无奸无夫妇女文，尤为不慊，曾借内乱罪即旧律反逆，不处唯一死刑，指为袒庇党人，欲兴大狱，疏藁巳具，赖学部侍郎宝熙规劝而止。后刑律提交资政院会议，奸非罪一章，复肇蓝白票之争。（赞成草案者蓝票，否用白票）白票议员相率退席，会遂停闭，国祚亦终。至今思之亦觉当年激烈争议，为无谓也。

民国初元，政府基础，渐次巩固，法曹尤构新象，馆中编纂，皆应要职，如章宗祥、江庸、汪有龄、汪燨芝、姚震、朱献文、张孝移诸君尤其彰著者。各级审检两长及推检，亦多本馆附设法律学堂之毕业生，人才〔2〕一时称盛。民国三年，余长理曹。旧草案以命颁布为法院编制刑法二种，现行刑律（即删减之大清律例已参用新制）内户有婚姻钱债各门，因民法未颁，如不与现行法令抵触者，仍维持其效力。若民律民刑诉讼案草案，许法院斟酌情形作为条例援用。法典编纂之事，始归并于法制局，继以司法法规与行政法规不同，析出由法曹专责其任。遂设法典编纂会，以司法总长兼会长，大理院院长兼副会长，并另聘副会长一人为主任。七年规复前清旧制，仍设专馆，余及王宠惠君均被任为总裁，罗文干、陆鸿仪、石志泉三君充副总裁或统纂。以旧草案偏重理想，乃凭事实为修正之标准，刑法废徒刑等差，伤害罪详分目。强盗外并着抢夺之条，盖采暹罗及意大利新制，其实皆旧律之精神也。今制呈进法律案须经法制局同意，局长某君素与法曹持异议，摭寻细节，淹滞年余，始提交国会，寝置未议。民刑诉讼法亦前后修正，余时长司法，鉴于党见作用，妨害事务，遂略交局之形式，作为暂行法以命令公布。观于法律馆之存续，即可考见法曹缔造之历史也。

法院为人民生命财产所托付，侦查及审判之职务，厥惟平之一字。汉张释之对文帝谓廷尉天下之平，用法轻重，民安措手足。故汉时廷尉即以平名其僚属，有左右平之设，盖俾其顾名思义也。泰西法律神为一持权蒙目之女子，权所以平物之轻重者，用意亦复相同。法官能尽此一字之职务，视操守及能力如何。吾国法官以操守言，入学伊始，讲师日以法律提撕惕励，学成

---

〔1〕"辩论"原文作"辨论"，现据今日通常用法改正。——校勘者注。
〔2〕"人才"原文作"人材"，现据今日通常用法改正。——校勘者注。

而仕，复经法定之资格，其出处自异恒流，历年以贿闻者，较行政官犹一与百之比例也，当亦舆论所公认。以能力言，法院随国体而改造。法官概用青年，阅世未深，无可讳言。民事诉讼，借上诉之层递，冀进行之迟延。防御攻击，莫辨诪张。异议参加，率缘操纵。刑事诉讼，证据游移，多忤事实，科刑出入，亦庚人情，于疑难重案，纠问依违，更乏平亭之术。若上级滥行发回，或对上级发回之案揣摩定案，尤为民刑诉讼之通弊。凡斯诸点，由于法律繁重者半，由于能力薄弱者亦半。英为不成文法国，法官多须发皓白之老人，法律而外，全凭记忆成案。一经裁判，视同神圣，上告殆居少数。所望吾国法官以英之法官为法，学识与时俱进也。而更有进者，政潮倚伏，莫定是非。法院为独立机关，不宜为左右之袒。历届政争，法院属被震撼，赖同人以冷静镇定之。德奥债票事起，黄陂徇一党之请，以手谕逮捕财政总长罗文干，余时居伦敦。以罗君平素清洁，颇思聊外交官合电营救，嗣见英报，知为政治问题而止。后在沪晤某公，悉此案内幕，有法院某巨公及某长希旨当局，从而下石。各国并因此事停止调查司法委员，独立之壁垒，一旦倾圮，为之惋惜，深冀法院用为殷鉴也。法律为发展司法之器械，已成各法，是否可以促司法之进步，余以为未也。夫果物华实，昆虫蜕化，今昔变迁，事之常理。尝游意大利览福罗〔1〕之遗址，吊庞贝〔2〕之古城，觉往古文化，类似颇多。即以法律论，罗马法年龄责任，分七岁、十二岁、十六岁为期，与我之旧制相同。或以为东教西渐之证，殊不知风习虽因部族而区分，政教以本潮流而改建。吾国法律，虽祧贞观，改革大要，已随时而异，其南北朝以前无载籍可稽者无论矣。泰西法系，向分英美大陆两派。英美悉本自然，大陆则驱事实以就理想，以双方权利之主张，为学者试验之标本。程叙迁远，深感不便。欧战而后。社会之状态，学理之递迁，现迫革新之时期，恐非旧昰条贯所能限制〔3〕。特各国疮痍甫定，尚未提议及之也。从前改良司法，采用大陆，久蒙削趾就屦之诮。改弦易辙，已逮其时。谨据管见，供参考焉。

（一）**法院编制法** 变通检察制度，附于各级审判，应废初级法院，仿英制设治安审判厅。凡违警罪，民事定最寡额或属于即决之范者。刑事如

---

〔1〕"福罗"原文作"福隆"，现据今日通常译法改正。——校勘者注。

〔2〕"庞贝"原文作"滂涪"，现据今日通常译法改正。——校勘者注。

〔3〕"限制"原文作"制限"，现据今日通常用法改正。——校勘者注。

开设烟馆、赌博、轻微伤害、宿盗、殴损等罪属之。用略式手续，惟英制复杂，宜为有系[1]之编制。至地方法院初审之案，以单独制为原则，合议制为例外。除直晋鲁豫鄂赣皖苏浙外，并设最高法院。但解释法律之权，仍属于京师最高法院。若行政诉讼宪法已归并于最高法院，本法及民诉亦宜详悉增入。任用法官，定年资进级法，下级亦得进叙优等俸级，以固其治事之决心，而杜请托幸进。又律师用以保障人权，行之不得其道，结果适得其反。宜从道德一方涵养其人格，律师制良，方可进一步言陪审制也。

（二）**民事**　先订亲族继承[2]婚姻三编颁布，其余各编因各省习惯不同，能否适用共同之规定，是一疑问，宜仿美制。（美有联邦法规数巨册甚完备）今各省自编汇送中央审核同异，再定合编或分编之方针，颇有建议商法并入民法者，按商业宜求发达，并须推广国外贸易，恐非民事法所能束缚[3]。英尚析商法于公律之外，其不宜合并可断言也。

（三）**刑法**　刑事处分，应随时世为轻重[4]，并犹医者诊病而施治，不宜胶执成见。例如唐时强盗尚分执仗与否，轻或科以徒刑。明以后概以立决矣。旧时法网繁密，律例不下一千余条，而讼庭所靓人命盗贼几居十之八九。即征诸各国统计亦然。刑法中当然对于此等犯罪予以较重之罚，一九二一年美国犯杀人罪科死刑者八千人。尝至纽约新新监狱，已科死刑在上告或请求赦减待时执行者亦二十七人。良以美国南部贫富悬殊，黠而悍者流为寇贼、强盗结果，动致杀人。法院为维持治安，科刑较严于他国也。法律馆第二次修正案（即交议之案）已较暂行刑律为严，第比来因政治秽浊，制造成奇特之行为，非用重典，难资惩肃。综举事例，约分三类。一曰刑贪，专以绳渎赃之官吏。依暂行刑律八十三条第一项规定，议员委员职员亦属焉。一曰刑乱，专以绳构乱之政客及军人。一曰刑暴，专以绳掳人勒赎之匪徒，及结伙行劫之兵卒。三者行为虽殊，而残民蠹国，目的则一。此项观念，衡以严格法律，容有抵触，然乱丝必斩乘除至理，贤杰挺生，能肩改造时世之巨任者，必须历此一级。昔明太祖定一寰宇，先后颁大诰三编。一时从龙功臣，诛锄殆尽，严治党羽，每案夷减，动逾数万人。后世议其残忍，然此辈枭英，

---

[1] "系统"原文作"统系"，现据今日通常用法改正。——校勘者注。

[2] "继承"原文作"承继"，现据今日通常用法改正。——校勘者注。

[3] "束缚"原文作"缚束"，现据今日通常用法改正。——校勘者注。

[4] "轻重"原文作"重轻"，现据今日通常用法改正。——校勘者注。

不逢将将之材以驱策之，其不称雄窃据祝延数世者几希，以科举之目光视之，诚非过当也。

（四）民事诉讼法　民事诉讼手续濡滞，为行大陆法诸国之通病，若德若法，均感困难。吾国大理院民事各庭，平时积压在二千余案。以月结二百案为率，须一年方能判结。余往时颇建限制上诉之议，择两级判决从而理由充分者，用决定驳回。然审查手续难简，不过改判判为决定，获益无多。且驳夺当事人法律上之权利，亦涉违法。查前清审理户婚钱债田土等案，集讯双方，其旨主于磋让。迨彼此具结销案，从无翻控者，质言之即强制和解也。以视今绵历多年，终审后不能执行者，利弊显然矣。拟仿挪威〔1〕民诉，设和解法庭，方收集材料，嗣因去职而止。曾以语前美使克兰及某律师，克兰谓乃美国最近发明之新制，某省已在试办。后于巴黎晤大理院庭长宝央德君，知法国于战时，院中民事积压至五千案以上，曾颁行和解之暂行法律，以租金储蓄及军人之民事赔偿三项为限，由法庭派法官一人充和解会长，当事人充会员和解之，战事终了废止。施行期内，凡结数万件之多。余以为宜博采法挪美三国之制，择善而从，是亦补救积压之一良法也。

（五）刑事诉讼法　儿童裁判所及感化所，为改善不良少年必要之设备，英之成绩最佳，亟宜仿行。又法定内之量刑，须协乎法理人情，非富于经验不足语此。余曩时师德刑法草案之意，定科刑标准条例，旋被废止。今法美均有赦减委员会之组织，与余意吻合，亦宜仿行。一以救济严酷之判决，一以杜司法当局滥行此大权也。又警察为补司法之一种吏员，向属内务部主管。平时侦查拘传等事，已难收指从之益。而警厅长官，大率由上级军事长官汲引，对于法院，夙怀歧视。逮捕后依法定时间送法院者盖寡，亦有不属违警罪范围擅予处分者。此等积弊，以都会省会为尤甚。国内法权，纷庞如此，遑言领事裁判权也。按美国警察属司法部管辖，其人多具法律知识，各部因必要亦有自设侦探机关者。一千九百二十二年，议会提议悉归司法部以一事权，当易通过。在幅员广袤之国家，此制实便诉讼之进行，现在相沿已久，未容轻易变更，将来复位官制，不无研究之价值也。

以上论列，率据常谈，何裨学理。然愚虑所得，或补坏流，以法院与人民关系之巨，则属于司法之种种设备，断难苟简从事。最后问题，即司法经

---

〔1〕"挪威"原文作"那威"，现据今日通常用法改正，下同。——校勘者注

费是也。华盛顿会议告终，法权可冀统一。余因建设法庭改良监狱，非有固定之收入，难图进行，仍仿德及日本之制（日本登记收入每年二千万元）励行登记。提案后为总理某君所抑阻，当以去就力争，勉强颁布，乃浙省长某抗未奉行。今此法已在若存若废中矣，又饩廪称事，事畜所资，黩固必诛，而廉亦宜养。查英国司法官俸级，地方法官年俸一千二百镑至一千五百镑，高等五千镑至六千镑，大理院低度为六千镑。他国虽未称是，以法律不能兼职，俱较行政官为优。吾国法官，考试及格，学习期内月俸仅三数十元。初被任命，不过百元，以故欧美习法科毕业同国者，多投他部，俸给菲薄，奚从陶铸专长。近数年预算，军费高出政费，且被战事影响，与行政官同困枵腹，吾人可认运祚垂终，无劳置喙。苟清有日，复兴此独立事业者，筹尽诸端，尤宜于经费一层，谋永久之保障也。

论秋审制度与欧美减刑委员会[*]

董 康

　　民国肇建，康出长理曹鉴于各法院判决文之踳驳，思仿前清秋审制度，设一减刑委员会。谋划一审判上之见解，会向司法当局建议。嗤为思想太旧，未予采纳。谢政后漫游泰西，调查司法。见法美有是类之设备，而美则用司法内务两部高级官吏组织成，临时加入拘禁本案囚人之典狱长会议，虽不限定死刑囚人，而死刑囚人案件，经判决确定后，无不赖为最后一线生机之希望。尝至纽约新新监狱，知公历一千九百二十年，美国被判决死刑凡八千人，已执行五千人，在上诉中及请求减刑者尚三千人，即该监拘禁死刑囚人亦六十七人。深讶此等制度，与吾国闇合也。吾国司法改制，逾二十年，觉图是项事业之改良，一方固在知新，一方仍宜温故，故今日借此机会一申言之。

　　唐书刑法志，立春至秋，停止决囚，虽令即决，亦须行三覆奏之制，是死刑分别立决监候。唐时已然，特无后世立决监候之等级而已。三覆奏者，虑死者不可复生，予以数度充分之审聚评议也。至明万历间始有朝审之名，秋审实权兴于是。明王樵方麓居上集，收裁朝审之判牍甚多，亦非自清乾隆时始有此手续也。

　　按五刑创自蚩尤，即墨劓荆宫大辟也。大辟周礼作杀罪，历史上曾两度废止。一为虞舜用赭衣代之，今尚留此形迹。一为唐之中叶改为痛杖一顿。不久规复旧制律五刑条，死刑凡二，一斩一绞，律文无监候字样，俱为立决。明律而监候者则注秋字，同为监候，又分情实缓决二种。每岁凡经刑部核准之案，俱按各省道里远近定一期限，归入年度之内，逾期归入次年。大

　　---

* 本文原刊于《法轨》1933 年创刊号，第 5～6 页。原文仅有简易句读，本文句读为录入者所添加。

致年度内之死刑囚人，大省约及百起，小省数十起，统计全国每年二千人左右，情实之囚仅占百分之十五也。

核看秋审。另有秋审条款，分职官服图、人命、奸抢窃、杂犯、矜缓比较五门。其初并非官本，皆逐年酌定款式。县为准绳，因之授受师承，无敢越范围，其后奏准通行。坊间有排印之蜀本两种，前列条款，后附列年新案。宣统间复将条款修订，随现行刑律颁行。

在京师地方案件，经刑部审拟者，名曰朝审。因其临时派王公大臣，在天安门外，金水桥朝房审理一次。外省案件，名曰秋审。名称因中外而异，性质纵同也。情节重者入于情实册，服制职官谋故杀及寻常应科立决减轻入监候者是。然亦不能拘拟，仍就其情节酌定。例如甲杀乙，因乙若何施以强暴手段，则以杀固有心，死近罪人。予以声叙，可邀恩免勾。情节轻者，入地缓决册。亦有临时改情实者，如金刃伤食气嗓俱断，或其人业经倒地，复叠殴砍至命多伤，则以情凶近故，改实予勾。至矜缓比较门，又名虚拟死罪，入秋审经缓决后，分别年限，直拟徒流等刑决。

入秋审之案件，先草秋审略节，其文以在审讯中之概要居前。例如（甲某省某县人，据某省巡抚某奏甲因奸谋杀本夫乙身死一案。将甲依律拟斩，某年月日奉旨三法司核议具奏等因钦此。）以法司之复审居次，则详叙事实法律，至第二次奉旨将某监候在案止。后黏另纸，略举事实勘语，标应情实或缓决，看拟之司官，如有意见，另批黏后，名曰部尾，在各省名曰外尾，式同部尾，特无评语耳。

看拟司官，笔分蓝紫墨三色，初看蓝笔，复看紫笔，总看墨笔，总看属秋审处专职其事之坐办提调也。

秋审略节，至八月间约可看齐。维时外尾亦重，择出初覆总有意见，或内外不一致者，另订不符册，定期先开司议。届期召集提调坐办，由一人读其文，提调坐办各书应实应缓改实改缓或出语声叙等之意见于后，定期复开堂议，召六堂及提调坐办各官，公同席地会议其议一如司议，最后取决于多数，交缮写实黄册进呈，并刊行蓝面册颁行内外各署。吾国用议会制，惟此一事，亦惟此一事最称公允也。

秋审略节，文体及用语，几有悬诸各门。不能增损一字之概，康所见此类秘本，最初中州人陈某秋审略例，其次则满人英瑞之册式琐记，较为完备。归安沈公亦有撰述，因此制已废，故未刑入丛书。苟能了解秋审之叙事，用其道以构造今之判决文，于情法之间，可两无遗憾矣。

黄册缮就，于霜降节后，由内阁大学士会同刑部堂官，仍分期进呈。远省在后，即依照刑部所拟方签，予以勾决，大致于立春前一律行刑完毕。情实免勾人犯，成一次即改入缓决，或数次方改入缓决者。缓决人犯，除应入可矜外，亦有几次减流者，秋审处俱有定章遵行也。

今欧美等减刑委员会，康虽未调查其内容，推其组合之本意，无非就法与情二者之间，调剂其平，将来如有是项会议之设，宜并采旧制精神也。

诸君济济一堂，学业既成，强半从事法曹，如有富于采讨之心力者，尚其就上开各书，一证斯言。

中国巡回审判考[*]

董　康

设官分职，本以固定处所为原则。而有时出于例外，如巡回审判是也。是制吾固有相当之历史在，兹就记忆所及编次如后。

（周）

（周礼注疏秋官小行人）及其万民之利害为一书，其礼俗政事救治刑禁之逆顺为一书，其悖逆暴乱作慝犹犯令者为一书，其札丧凶荒厄贫为一书，其康乐和亲安平为一书。凡此五物者，每国辨异之，以反命于王，以周知天下之故。「注」犹图也。

按采风问俗，为小行人之职，内第三项，即指讼狱之事顶，不过反命于王，无审判之责任耳。然后世审录之制，此其嚆矢也。

（汉）

（一）侍御史

（汉书百官公卿表）侍御史，有绣衣直指，出讨奸猾，治大狱。「注」服虔曰，指事而行，无阿曲也。师古曰，衣以绣者，尊宠之也。

按春秋襄二十一年传，乐盈曰："臣戮余也，将踏死于尉氏。"「注」尉氏讨奸之官，尉氏秦改廷尉，乃理官之最尊者，讨奸为其所掌，即争罪之狱

---

　　* 本文原刊于《法学杂志（上海 1931）》（第 8 卷）1935 年第 5 期，第 1 ~ 8 页。原文仅有简易句读，本文句读为录入者所添加。

是。此云出讨奸猾，其职权与尉氏侔也。

（汉书江充传）上以充为谒者，使匈奴还拜为直指绣衣使者，督三辅盗贼，禁察踰侈，贵戚近臣，多奢僭，充皆举劾，奏请没入车马，令身侍北军，击匈奴，奏可。

（后汉书桓荣玄孙典传）典拜侍御史，是时宦官秉权，典执政无所回避，常乘聪马，京师畏惮之，为之语曰："行行且止。避聪马御史。"

（后汉书谯玄传）时并举玄为绣衣使者，持节与太仆任恽等分行天下，观览风俗，所至专行诛赏，事未及终。而王莽居摄，于是纵使者车，变易姓名，窜归家，因以隐道。

（太平御览二二七引续后汉书）张纲字文纪，迁侍御史，汉初遣八使巡行风俗，八使同日拜，谓之八彦。皆宿儒要位，唯纲年少官微，受命各之所部，而纲独埋车轮于洛阳都亭，曰："豺狼当道，安问狐狸？"遂奏大将军梁翼兄弟罪恶，京师震悚。

（二）廷史

（汉书刑法志）宣帝即尊位，廷史路温舒上疏，言秦有十失，其一尚存，治狱之吏是也。语在温舒传，上深愍焉，乃下诏曰："向者吏用法巧文寝深，是朕之不德也。夫有罪兴邪，不辜蒙戮。父子悲恨，朕甚伤之。今遣廷史与郡鞠狱，任轻禄薄，其为置廷平，秩六百石，员四人。其务平之。以称朕意。"「注」如淳曰："廷史，廷尉史也，以囚辞决狱为鞠，谓疑狱也。"李奇曰："鞠，穷也，狱事穷竟也。"

按绣衣使者，即明之巡按，廷史与郡鞠狱，犹清之特派大员讯问。因任轻禄薄，故崇其秩，此皆专司审判者，若刺史虽有行部之制，如御览二五四引谢承后汉书。"李寿为青州刺史，发玺书于本县传舍，乘法驾骈骖朱轩，就路奏免四郡相，百城恐怖，悉豫弃官。"此乃六条察吏之结果，虽涉及讼狱，亦可按问，非其专职也。

（唐）

（一）殿中侍御史

（唐六典御史台）凡两京城内，则分知左右巡，各察其所巡之内，有不法之事。「注」谓左降流移，停匿不去，及妖讹宿宵，蒲博盗窃，狱讼冤滥。诸州纲典贸易，隐盗赋敛，不如法式。诸此之类，成举按而奏之，若不能纠察，及放纵避匿，则量其轻重，而坐所由御史。

按此仅及两京，巡回之区域尚小。

（二）监察御史

（同上）监察御史，分察百寮，巡按郡县，纠视刑狱，肃整朝仪。「注」十道巡按，则选判官二人，以为之佐，如本道务繁，得量差官人历官清干者为支使。

按此以本道为限，巡回之区域较广。

（三）巡覆使

（唐六典刑部尚书）凡天下诸州断罪应申覆者，每年正月，与吏部择使，取历任清勤明识法理者，仍过中书门下定讫以闻。乃令分道巡覆。刑部录囚徒所犯以授使，使牒与州案同，然后复送刑部。「注」或州司枉断，使推无罪。州司款服灼然无罪者，任使判放。其降入流徒者，亦从流徒法。若使人与州执见有别者，各以状申。若理状已尽可断决而使人妄生节目未定者，州司录申辨及臧状露验者即决，不得待使覆。其余罪皆待覆定，使人至日。先验行狱囚枷锁铺席及疾病粮饷之事，有不如法者，皆以状申。若巡察使，廉察使，采访使，皆待制命而行，非有恒也。

（同上）凡有冤滞不申欲诉理者，先申本司本贯。或路远而踬凝者，随近官司断决之。即不伏，当请给不理状，至尚书省左右丞为申详之。又不伏，复给不理状。经三司陈诉，又不服者上表。受表又不达，听挝登闻鼓，若惸独老幼不能自申者，乃立肺石之下。

按前条为巡覆之事，后条为上诉之事则应巡覆者当然历州之一级不伏上申而覆鞠之也。细绎前条之注，则唐此职，实纯粹之巡回审判，至注引巡察等四使，乃临时设置，与吏刑两部选择之使，其权稍杀。若京兆河甫太原牧及都督刺使之录囚，仍属行部或行县之制，非巡回审判。

（宋）

（一）殿中侍御史

（宋史刑法志）雍熙元年，开封女子李。尝击登闻鼓，自言无儿息，身且病，一日死，家业无所付，诏本府随所欲裁置之。李无他亲，独有父有司因系之，李又诣登闻，诉父被絷。帝骇曰："此事岂当禁系，辇谷之下，尚或如此，天下至广，安得无枉滥乎？朕恨不能亲决四方之狱，固不辞劳耳。"即日遣殿中侍御史李范等十四人，分往江南、两浙、四川、荆湖、岭南，审决刑狱，吏之弛怠者，劾其罪以闻，其临事明敏刑狱无滞者，亦以名上，始令诸州十日一卢囚。

按宋史职官志，殿中侍御史，掌纠弹朝会失仪，并不涉及狱刑，与唐制微异，李范等乃临时派遣，非定法也。

（二）御史台推勘官

（同上）雍熙三年，置御史台推勘官二十人，皆以京朝官为之。凡诸州有大狱，则乘传就鞫，陛辞日，帝必临遣。论之曰："无滋蔓，无留滞，咸赐以装钱，还必召问所惟事状，着为定令。按乘传就鞫，亦巡回之意。"虽称着为定令，而职官志无此职。盖不久即废也。

（三）提点刑狱司

（宋史职官志）提点刑狱公事，尝察所部之狱讼，而平其曲直，所至审问囚徒，详覆案牍。凡禁击淹延而不决，盗窃通窜而不获，皆劾以闻。及举刺官史之事，旧制悉用武臣。熙宁初，神宗以武臣不足以察所部人材，罢之。六年，置诸路提刑司，其属有检法官干办官。

（又刑法志）淳化初，始置诸路提点刑狱司，凡管内州府，十日一报囚帐，有疑狱未决，即弛传刑此职为宋特设，后世提刑按察使，实权舆于此。

（辽）

（一）分决诸道滞狱使

（辽史百官志）分决诸道滞狱使，圣宗统和九年，命邢拖朴等五员，又命马守英等三员，分决诸道滞狱。

（二）按察诸道按察使

（同上）按察诸道按察使，开泰五年，遣刘泾分路按察刑。

按辽因俗设官，与历朝迥异，此二使之定名，当可知其职责之所在，与宋之提点刑狱，颇相似也。

（明）

（一）刑部尚书

（明史职官志）词诉必自下而上，有事重而迫者，许击登闻鼓，四方有大狱，则受命往鞠之，按此为钦派事件，清尚沿其制，惟不以刑部尚书为限。

（二）都御史

（同上）职专纠劾百司，辩明冤枉，提督各道，为天子耳目风纪之司，大狱重囚会鞠于外朝，偕刑部大理狱平之，其奉敕内地，抚循外地，各专其敕行事。

（三）察监御史

（同上）在外巡按（北直隶二人南直隶人宣大一人辽东一人甘肃一人十三省各一人）代天子巡狩，所按藩服大臣府州县官，诸夸察举劾尤专，大事奏裁，小事立断，按临所至，必先审录罪囚，吊刷案卷，有故出入者理辩之。

（四）大理评事

（同上）成祖初，仍置大理寺，其左右寺设官。复如洪武时，又因左右二寺评事，多寡不等，所治事亦繁简不均，以二评寺均分，左右各六人，如刑部都察院十三司道，各带管直隶地方审录，永乐二年仍复旧。

按大理古之廷尉，审判之权，最尊无对，自列法司，以班位居后，遂等间曹，此事实使然，非定制也。如成祖初政，令大理评事带管审录，诚纯粹之巡回审判，乃不久复旧，盖因所司，与各道巡按抵牾也。

以上皆吾国巡回审判制度之史料，迨至前清，除谕旨特派外，虽有各道监察御史之名，仅司一部分纠核之职权，不闻有巡行之事例。或因供张烦扰，故停废耳。迄今厉行此制，厥维英国，即用以为第二审之上诉机关，美行英制。然袭巡回之名，而无巡回之实，犹忆西历一九二二年，漫游英伦，投辖之次日，蒙英外部招致参与英皇莅议会宣布爱兰自主典礼，凡车驾经行之处，俱用黄土除道。法院长某，衣朱衣厕仪仗中，深符周礼小司寇帅其属跸之遗意，继而与彼邦法界同人讨论。凡年龄之责任、法典之编纂，无不与吾国旧制吻合。颇抱礼失而求诸野之慨，然则英之有巡回审判者，度有如汉之绣衣聪马之掌故在，特偶尔参观，无从叩其历史，以资引证。近因司法当局奉使归来，颇主张规仿其制，敬撰是篇，用备参考，至回复巡回审判之利弊若何，愿与国人作充分之研索也。

现行司法制度之实际谈[*]

郭 卫^{**}

制度之良否，甚难言也。盖从一种制度之正面观，每觉有利，若从侧面观，不能觉其无害。所谓利之所在害必随之，不过利害相权从其轻耳。且害之所在有属于一时者，有属于永续者，有为过渡时期所不可免者，仅骤觉不便耳。例如惯服长袍者，若骤易西装，必觉手足无措。而惯着西装者，若骤易长袍，亦觉得动有异。可知有时对于新制度之度之试行偶觉不便者，非该制度之真有弊害，由于不惯者亦有之也。我国自改良司法制度以来，垂廿余年矣，虽大体无甚变迁，而内容则已几经更易。兹就现行制度施行后于实际情形观感所得，略分述数端，聊抒一已之见耳。

一、审级制度

审级制度或主四级三审，或主三级三审，两者皆为我国过去及现在所施行。孰为有利，议论纷纭，莫衷一是。自清季至民国四年可谓完全采用三级三审时期，至民国四年裁撤初级审判厅，于地方审判厅内添设简易庭，代行初级职权，从外形观之已成为三级三审矣。论者谓于同一机关内这两法庭强名为两级，于受同一机关推事之审判强名为二审，不如称为二级三审为直截

　＊ 本文原刊于《中华法学杂志》（新编第1卷）1937年第5~6期，第1~8页。原本仅有简易句读，本文句读为录入者所添加。

　＊＊ 郭卫（1892~1958年），又名郭元觉，湖南常宁人，民国时期著名法学家，毕业于北洋大学法科，获哥伦比亚大学法学博士。曾任大理院推事，位及司法部秘书长。1925年与友人共创上海政法大学，并兼任多所大学教授。与友人创办上海法学编译社，出任社长，编译了许多外国法学著作，并于1931年在上海创办《现代法学》期刊。民国中后期极为活跃，著述颇多，律师算其终生职业，为民国法律做了不少奠基工作。

了当。然简易庭推事与合议庭推事之职掌各别，人员亦未混同，不过有时因合议庭推事不足法定人数，临时以简易庭推事陪席耳。自民国廿四年改用三级三审制度后，各省之独立高等分院未能普设，多数之高等分院附设（实际等于附设）于地方法院内，除推事及另一庭长外，以推事为本职并兼庭长之院长仍系一人，是名为三级。而实与以前之以简易庭归纳于地方法院内相类，不过增多一法陆军之名称耳。故国人对于现行审级制度仍多非议，综其理由，约有二端。

（一）自民刑诉论法因改采三级三审制而修改后，为防最高法院案件之拥挤起见，遂将上诉第三审之案件特别加以限制，凡因上诉利益不满五百元及刑法第六十一条所列各罪之案件，均不得上诉于第三审。是对于此种案件实际上只有二审，不徒与三级三审制名实不符，且案件之大小与情节之繁简无关，既不能谓此种案件情节均甚简单，只须经过二度审理便无冤抑，又不能谓此种案件轻微无关私人权益，其限以二审为度者。除为防止第三审法院案件之拥挤外，在立法上殊无充分之理由，足以塞此种当事人之口，此非义之理由一也。

（二）上述之轻微案件，其当事人之心理虽希望有三审之救济，而于审判机关却欲求其近便，除向第三审上诉原得以邮政代达，本无远近之殊。而第二审机关之高等分院，在事势上难遍设于各县市，即每一地方法院所在地不能设一高等分院，如地院与分院之间，距离过远，当事人不徒往返费时，而经济上之损失亦影响甚巨。盖此等轻微案析之当事人多费贫苦之辈，贫民费去国币一元，较富室支出数十百金或觉困难，贫民牺牲一日之时间，较富室浪费十日之光阴有不可以道理计者。若必使奔赴县市以外之高等法院或高等分院上诉，甚因苦为何如耶，此非议之理由二也。综观上述理由，不能谓非议者之绝无见地，救济之道为何[1]，殊足为吾人所应讨论之问题。如仍回复四级三审之旧制，而新制施行言逾一年，各种依新制所改订之法律采便据予撤销，务使不必变更重大组织，亦不改订全部法律，只能从极小亦更之中以求救济之道，就管见所及，拟具变通办法如下[2]。

（甲）于地方法院内仍设简易庭，于民事办理现行民事诉论法认为应依简

---

〔1〕 "为何"原文作"维何"，现据今日通常用法改正。——校勘者注。
〔2〕 "下"原文作"左"，现据今日排版需要改正。——校勘者注。

单程序之案件，于刑事亦定一简易案件之标准，划归简单庭办理。

（乙）简单庭推事有二人以上时，并应仿照巡回审判制度，轮流一人分赴各市镇受理简易案案件。

（丙）不服简易庭判决之案件，由地方法院组织合议庭受理，如人员不敷分配，可不分民刑，均以院长充审判长，其余推事二人充庭员，不过每一地方法院须有推事三人以上耳。

（丁）不服地方法院合议庭刑决之案件，不问大小吗，均得上诉与高等法院或高等分院，庶一方面可解除轻微案件上诉第三审之限制，以昭平允，一方面不使最高法院案件过于增加，经免积压。

（戊）依照上〔1〕述办法，仍非完全推翻三级三审之制度。（虽合议庭与简易庭似属三级然既系同一法院仍可称为一级）仅于地方法院稍推事员缺，于诉讼法中修改数条文而已。

二、检察制度

对于检察制度之评议，前已于本杂志第二期中有所论述，兹就具体意见续陈数端。

（一）关于检察制度之存废问题，主存主废，虽各有理由，而要以事实为依归。试就检察官之职务言之，其重要者为侦查起诉指挥执行及莅庭陈述。先问此二种职务是否可废，如不可废，则于废止检察官之后须有替代行其职务之人。既对于侦查犯罪须另有负侦查责任之人，对于指挥执行须另有指挥执行之人。莅庭陈述须加有莅庭陈述之人，如另以他人代之，是换汤不换药也。或谓公诉案件一律改为自诉，则侦查起诉之职务可废，案件皆属自诉。则莅庭陈述之职务可废。然若将刑法上一切犯罪均改为自诉，则不徒侵害国家法益及社会法益之罪无人负诉追之专责，即侵害个人法益之罪，亦有时因无人自诉而致犯人幸逃法网，殊违国家立法之旨。例如被杀之人已身既已死亡，则将无从追诉。抑或私人因势迫利诱不克提起自诉，势必任其逍遥，是对于侦查起诉之职务终不可废也。或谓若废止检察官不难另行规定负侦查起诉责任之人，即如以此种职务改由警察官替代，或设国家律师负担之，亦未始不可。然现代警察官多无法律学识，恐不克荷此重任，与其增加国家律师，

---

〔1〕"上"原文作"右"，现据今日排版需要改正。——校勘者注。

则不如仍设检察官之为愈矣。

（二）关于检察方面之组织问题，在清季以至北京政府时期，均系设立于审判方面对等之机关，自国民政府亦更组织后，将检察官归纳于法院之内。虽仍系独立行其职务，而其体制则已大加削减，所最不可通者，除最高法院检察署外，并机关名称而无之。盖在昔称厅，厅即机关名称也，机关即执行职务之处所也。即就法院内部之组织而论，办理民刑事务者有庭，办理书记事务者有室，办理执行事务者有处，而对于检察官办事处所独无名称，在习惯上虽称为检察处，实则依法无据，此殊可异也。愚意检察官办事之机关宜放最高法院之例，一律称署，署应设长，似照首席之称为当，且宜更进一步将冠法院二字削减，于最高法院所在地称检察署，高等法院所在地称高等检察署，地方法院所在地称地方检察署。此外对于会计事条，仍当与院方分别办理，以免因混合而时生争议。

（三）关于检察官之行使职权问题，依照现行法院，其最重要者为侦查犯罪，欲达到侦察之真正目的，全赖警察之协助。然就实际情形而言，我国警察能不妨害犯罪之侦查斯善矣，望其协助则綦难也。盖因警察法律知识之欠缺，本无协助之能力，盖以警察对于检察官之指挥认为非其直属长官，遇事不受命令，虽有指挥证亦难发生效力，是一方面应订立强制协助规程，一方面宜施以法院常识之训练，方能济其用也。此外欲使检察官能尽侦查之能事，或为自动之检举，于经费问题亦甚有关系。例如对于某案欲详加访察，有搜集证据，戒须亲身前住，实地调查，或须派人秘密侦探，在在须有经费以供开支，依照现行预算，此项开支均无从取给，是又非增加调查经费不可。

三、法院内部组织

依照现行法院组织，各级法院均系以推事兼任院长，在立法者之意，以为法院以推事为基本组织，院长不过兼管行政事务而已。其实一院行政事务之重要，不亚于审判事务，且仅注意审判，而忽视行政，反使审判之效力徒负虚名，殊不足维持审判之信用，例如对于院务之整理，务求严肃，人员之监督，务求周密，送达之实施，条在敏妥。判决之执行，务求圆满，随时随地均须由院长阐其精力督察计划，方能增进效率。若使推事兼任院长，则须分心办理案件，焉得竭其全力注意行政。获之工厂雇佣工人，望其尽心工作，必专设管理人员随时指导监督，若以工人兼管，则势所不能也。愚意各院院长应使负行政上之全责，除对于院内行政认真整理外，并应随时实行考察推事办案之内容，有无违反程序，及种种不忠于职务之行为，予以纠正，并随时注意执行处进行之状况，予以督促。是一方面应勿令兼办案件，致分其精力，另一方面须改订办事细则予以监察纠正办案之职权，亦即增加审判效力维持法院威信之一道也。又年来对于添设法院，已积极进行，因经费关系，对于额定推检员缺多予以候补名义，甚至一法院除院长兼任推事外，悉属候补，此于组织上及体制上究有未合。如实系限于经费，能给予正缺推事之奉给，不妨将奉给予以折扣，而名义上似宜削除候补字样，以正名实。他如书记官名称，似应以执行记录〔1〕者为限，其他办理会计统计以及管理其他事务之人员，不必称为书记官，或称为事务员，或迳称为会计员、统计员，不徒是符名实，且于任用资格上亦极有关系。例如办理会计者，须精于簿记。办理文书者，须长于公牍。若以书记官充之，必使由法律毕业出身。每致有资格者不善其事，而善其事者又限于资格，不能任用，其不便为何如耶？他如执达员之待遇，及应设法提高，务使以适当之人才办理适当之事务。查各法院执达员，多因薪给低微，视同差役，任用之际，人品益难，事势所趋，守分者不足赡其室家，狡黠者只得肆其诈索，欲令依法执行职务，殊不可能。

四、法官之任用

依照现行法院组织之规定，法官任用资格约分四途，一为考试合格，一为历任积资，一为律师教授，一为立法委员。由于考试合格者，须受相当训练。由于历任积资者，须经铨叙甄审。由于律师教授者，亦须交付审查。惟立法委员只须任职三年以上，便取得简任法官资格。按前历三途，或尚学识，或取经验，惟立法委员一途，无学识经验之限制。其立法之意，当亦以其有法律上之经验也。按之实际，立法委员中固多具有俊越之法律学识或丰富之司法经验者，然属于军事外交或经济委员会者，究于司法上所实用之法律无关。且法官所应用者尤以民刑诉讼法为多，非对于民刑诉讼法素有研究者殊难胜任，愚意于曾任立法委员之下，似宜以任法律委员会之委员者为限，或加以曾习法律或有民刑诉讼法之著述者为限，较为周密。又法院组织法第三十三条第二款之资格，为曾任主要法律科目之教授二年以上，对于主要法律

---

〔1〕"记录"原文作"纪录"，现据今日通常用法改正。——校勘者注。

科目之限制，似嫌稍宽，因主要科目中不尽为民刑诉讼法，如担任宪法或国际公法教授二年以上，亦能取得法官资格。但实际上如未曾研习民刑诉讼法，则亦不克胜任，此皆就学识上而言。此外有曾任承审员者，不徒司法经验丰富，且于法律适用上亦必纯熟，又或久任记录书记官者，其于司法上之经验，每较律师教授各项资格为佳。惜现行法院组织法未获列入法官资格之内，殊滋遗恨，再各县承审员所负之任务，较各地方法院推事尤为重大。盖在官设立法院处所，全县司法皆握诸承审员一人之手，其现任之繁重，可想而知。而实际上对于承审员之地位，视为无足轻重，仅由高等法院于次推检资格之人员中任意委派，现虽改为审判官，其任用期仍不及推检之慎重，此亦应注意者也。他如法院组织法对于书记官之任用资格，仅限于法律毕业一途，似嫌过严。盖如曾任书记官多年及曾代办记录之录事，以及其他办理司法事务之职员，不乏经验丰富学识优长者，似亦在准予任用之列，因附论及之。

五、法官之监督

依照现行法院组织法之规定，关于司法监督问题，以法官独立行使审判权，司法行政长官无权干涉，故仅有司法行政之监督。但以我国法院现状而论，法官能胜任愉快者固属甚多，而少数法官，或因学识经验之缺乏，或因一时见解之错误，对于审判权之行使有待纠正者亦属不少。法院长官以推事办理案件应任其自由处置，未便干预，以免干涉审判之嫌。愚意监督与干涉不同，干涉者，务使徇其意见以行之也。监督者，察其违误而仅予以指示也。例如适用诉讼程序违法，被长官发现，如予以指示，使之改正，或适用法条不当，予以说明，使其援用，抑或调查证据未尽能事。计算数目显有差错，如随时劝告。促其注意，应属于监督范围，不能目为干涉。惟对于上述监督行为，虽应在监督之范围之内，而法无明文，易滋误会，似宜于部定法院处务规则内予以详细规定。庶法院长官能行使监督之职权，而推事各员亦获监督之实益，间接是以减少人民所受诉讼之拖累，而上诉案亦必日见减少。虽在监督长官多费一分精力，而司法之效力与威信增加多多矣。故院长如勿兼推事，而使多作上述监督工作，就全盘计算，恐不止只补一推事之效能也。此外应由司法部组织常识成绩审查委员会，专司审查高等以下各级法院判决书，发现显然引律错误及有其他重大错误者，即分别计明分数，定名为"消极成绩"。庶各级推事办案常知注意，亦减少上诉之一法也。

六、律师诉讼之强行

我国诉讼程序虽采用律师代理制度，然系属诸任意而非强行，愚意律师代理诉讼于法院及常事人方面具有利益，兹就管见所及，条述如下。

（一）当庭陈述可期简明。当事人中除少数知识分子外，类多头脑不甚清晰，对于事实之陈述，每致拉杂无章，不徒推事聆听[1]不易，而书记官记录说亦虽正确，且推事因而多费脑力。若由律师代理陈述，较有条理，而推事亦能节省若干脑力以办理其他案件，即当事人对于所陈述之事项能使推事聆听明了，亦获利不少也。

（二）搜集证据易于完备。当事人每因缺乏法律常识，或无科学头脑，对于证据搜集之当否，殊少辨别能力，自不易将全案证据一次提出，辗转拖延，法院及他造当事人亦受其害。若由律师代理诉讼，每能以较清晰的法律头脑从事证据之搜集，殊足节省各方面之劳力与时间，而当事人亦不致因有利证据未能提出而遭无枉之败诉，其利便为何如耶。

（三）讯问事实少费时间。律师代理诉讼其陈述易臻明了，已如前述，则推事讯问案件节省时间必多，以所节省之时间办理其他案，不无裨益。且有时因讯问一案之时间过久，劳他案当事人及律师之久候，致起纠纷[2]，此项纠纷亦可借此以求减免也。

（四）审判笔录易臻正确。当事人之陈述每语无伦次，书记官必须于无伦次之陈述中，费尽心力，始能掇取片语记入笔录，自难求其正确，其不能详尽更无论矣。若能由有科学头脑之律师代为陈述，自必次序井然为，有条不紊，以之悉数记入笔录，亦非所难。此不徒当事人获受利益，即推事作判决时亦易于查。

（五）依法进行不误程序。当事人自行诉讼，每因不谙法定程序，失去攻击防御之时机，或误用攻击防御之方法。待事后欲图补救，已噬脐莫及，只得任意上诉抗告，徒费金钱时间，而结果适得其反，若由律师代理诉讼，自能循序进行，不致枉费手续。

（六）对于法院减少误会。当事人因不谙诉讼程序，致遭失败者，因多痛

---

〔1〕"聆听"原文作"听聆"，现据今日通常用法改正，下同。——校勘者注。

〔2〕"纠纷"原文作"纷纠"，现据今日通常用法改正，下同。——校勘者注。

恨法院有失公平，纵非由于程序之违误，实因理曲而失败者。以其无法律常识，不明失败之原因，亦不无因此痛恨法院判案之不公平者，殊有损法院之信用，若由律师代理诉讼，即能据理相告，当亦无弊也。

（七）双方律师谈和解。诉讼以和解终结为最妥善，但双方当事人对簿公庭，不免在有辩论，辩论至激烈时，则不免冲动感情，感情各趋极端，欲令和解，当属无望，若双方均系律师代理，据理办解，不致有意气之争，若谈和解较易接近也。

（八）事前审慎不致滥诉。案件于未起诉之前，当事人每误信为有理由，而据与讼端，及起诉以后，势难终止，若委由律师代诉，律师于接受之前，必依据法理为研讨，如显无理由者，当可婉言劝解，双方均可免受讼累。

上述各端，均为律师代理诉讼之利益，然若改任意代理为强行代理，则凡诉讼案件均由律师担任，其利益固属可观，而窒碍难行之处当亦不少，兹为拟行顺利免除障碍计，就管见所及，拟具实施办法如下。

（一）各地方法院在地设特约律师团，轮流应诉讼当事人之委任，其公费采最低额，由法院斟酌情形，以诉讼标的为标准，分等预定，不得自由伸缩，以杜争议，其能自行作状者，得仅委任出庭。

（二）诉讼当事人，除自由选任特约团以外各律师为代理人外，得于起诉前先问法院请求指定特约律师团之律师为代理人，法院接受请求后，立即按照团员名册，依次指定，给予[1]指定字条，收当事人持条前往接洽。

（三）受诉讼救助者得免纳现款，请求法院指定特约律师团之律师代理诉讼，被委任之律师，于必要之垫款范围内，得请求法院预借。

（四）代理诉讼之律师有左列情形之一者，除情节重大涉及刑事外，应受相当制裁。

（甲）唆劝他人诉讼者。

（乙）唆劝当事人故意别生枝节，或违背当事人之本意者。

（丙）因故意或过失违误诉讼程序者。

（丁）故意设法拖延诉讼者。

（戊）显然不尽攻击防御之方法者。

（己）显无理由而唆劝当事人上诉者。

---

〔1〕"给予"原文作"给于"，现据今日通常用法改正。——校勘者注。

（庚）显然为无益之攻击防御。而故意为之者。

（辛）与对造律师有串通之行为者。

依据上述办法，凡当事人财力不甚优裕，依一般情状无力延聘律师者，均得请求法院指定特约律师办理，其公费甚属低微，例如作状一纸或出庭一次，仅费数元，当能负担。而业务清谈之律师，必乐为之。是于当事人方面尚无阻碍，对于律师办理案件若能严于制裁，当亦不致发生流弊也。

七、看守制度之必善

看守所之设，仅以防止被看守人逃避为唯一目的，与监狱之性质不同，故其设备与待遇亦当有别。而各法院所设之看守所，皆采监狱式，被告处于看守所中，其所受待遇，不徒与监狱对待囚犯相等，且一切设备不逮新式监狱远甚，是凡为被告者，不问是否有罪，须先尝此地狱之生活。迨宣告无罪而出所，不啻已受非法徒刑之执行矣，此属大不合理之事也。余曾主张旅馆式之看守所，迭在法令周刊发表意见，惜无人注意及此，兹值本刊搜集改善司法制度之意见，受再申前议，拟具改善办法如下，尚祈法界同人予以倡导为幸。

（一）看守所房间应分等设备，假定分为甲乙丙三等，甲等作上等旅馆式之设备，乙等作中等旅馆之设备，丙等作下等旅馆式之设备，凡欲居甲乙两等房间者，须按日缴纳宿费，不妨较旅馆为昂，其无力缴费者，则居丙等房间。如是可借甲乙两等之收入以裨补看守所之经费。而无力纳费者，亦得居丙等，盖看守仅系羁留性质，在未确定判决有罪以前，原不妨使其享受一般社会之生活，不必剥夺其平日生活之状态也。

（二）所内别设特别间，以便容纳特别被告之用。例如盗匪或杀人重犯，经推事或检察官认为应特别看守者，可使居特别间，为预防危险起见，亦得施以镣铐[1]械具。

（三）所内另设个别[2]间，以备容纳应一时个别之被告，例如应停止接见等类属之。

（四）所内除特别间外，于防止逃逸之范围内，对于被看守人之饮食起居皆得任其自由。

---

〔1〕"镣铐"原文作"镣靠"，现据今日通常用法改正。——校勘者注。
〔2〕"个别"原文作"隔别"，现据今日通常用法改正。——校勘者注。

最近甘肃的司法状况 *

陈文藻**

在东北沦亡以后，国人的眼光，渐渐注意到西北，同时"开发西北"的呼声，亦高唱一时。东南和西南的热心人士们，组织调查团，考察团，到西北各地去实际工作者颇不乏人。因为大家都深信要开发西北，须先了解西北，要了解西北，非先考察研究不可。今年作者也在这个"开发西北"的呼声中，跑到甘省来，沿途所耳闻目击的，一半是新奇，一半是惊骇，同时也深深地觉得，西北应办的事和应改革之点，实在太多了，国人应当加倍地努力，迎头赶上去，才有希望。否则，还是因循延误着，也许开发未成，时机已晚，将来的西北，就没有我们服务的机会了。

西北各处，应当建设或改革的地方，真是千头万绪，一言难尽。初到西北的人们，要立刻得到周密的观察，同时拟具一种整个的方案，是很不容易的。或者也可以说，简直是不可能的事实。依作者说来，整个的方案是要汇聚各方面的意见，详细参考，缜密研究，始得完成。最重要的，还是各人在自己的范围内，下一相当努力的观察和研究。这种观察和研究是自己亲身经历，实际尝试的。同时借着专门的知识，过去的经验，去辨别批评，把明确的事实贡献给社会，以待专家的参考和设计，这样经过了相当的努力，便可以产生比较完善的方案。

根据这个理由，作者此次西行，感想虽多，可是对于没有充分研究，了解未深的问题，姑略而不谈，只把我所经历的甘省司法现状，作一简短的报告，以供高明参考。

---

* 本文原刊于《法学杂志（上海1931）》（第7卷）1934年第4期，第61~71页。
** 陈文藻，1927年毕业于东吴大学法律系（第10届），获硕士学位。

一、法院组织

省垣〔1〕兰州设甘肃高等法院，皋兰地方法院。凉州，天水，平凉，肃州，武都五县，设高等分院。临夏，永登，静宁，张掖，岷县，徽县，六县，设地方法院。定西，隆德，固源，临洮，会宁等三十余县，设司法分署。其余各县，则由县长兼理司法。甘肃高等法院，皋兰地方法院的内部组织，均极完善。高等分院，普通置院长一员，推事三四员，首席检察官一员，检察官一二员，有附设地方庭者，受理本县民刑案件，置推事一二员。地方法院置院长兼推事一员，首席检察官一员，推事一二员，候补检察官一员。司法公署审判官一员，县长兼理检察官职务。其他各县由县长兼理司法者则置承审员一员，审理案件。

二、司法经费

甘省财政困难，经费竭蹶，法院情形，当难例外。同时因为近年来灾患频仍，商业萧条，人民穷困已极，无力涉讼，所以法收方面，亦为之锐减，法官薪水，时虞不给，以前甚至无法维持，数月不发一文，职员的苦痛，不堪言状。在生活这样困难，物价这样昂贵的地方，法院的经济，又如此枯窘，其司法的情形，也可想而知了。去岁自甘肃高等法院曾院长到任后，积极整顿，竭力设法，遭了无数的周折麻烦，省垣方面法院的维持费，勉可领到，司法机关，幸免断炊。所谓维持费者，就是法院职员维持生活的费用，目前的规定，大概如下：

高院院长每月八十元，推检七十元，书记官二三十元，录事十余元。

地院院长兼推事一员每月六十元，首席检察官一员每月五十元，推事一员五十元，书记官长一员三十五元，书记官一员二十五元，候补推事一员三十元，候补检察官一员三十元，候补书记官一员二十元，学习书记官一员十五元，录事十元，执达吏五元，法警五元，庭丁四元。

该项经费，除法院法收外，由省库负担，普通由省财政厅指定某项税收，或令饬当地县政府于税收项下按月拨发。外县地方法院每月经费，连薪水办公费，及一切开支在内，共四百四十元，其中二百四十元，由县政府在粮票

---

〔1〕"省垣"，指省行政机关所在地。——校勘者注。

上代征，其余二百元则由别种税收项下指拨。这种经费，因为没有指定的税收，所以县政府常常借辞拖欠，往往积欠三四个月至六七个月不等，所以法院方面，比较可靠的收入，就是二百余元的代征费及法收而已。试想一个地方法院，有二三十个职员，而可靠的经费，仅此区区，办事上的困难，生活上的艰苦，也可想而知了。

三、职员生活

甘省的法院职员，每月所得的既如此其区区，所以他们的生活，当然非常清苦的。南来推检，因为交通不便，旅费太费的缘故，大都不带家眷，寄居院内。每天的饭食，或包在小饭馆中，或包在院内，务以节俭为主。本地职员，带有眷属的，也过着最低限度的生活。在省垣，因为娱乐地方——京戏和影戏，价钱太贵，所以消遣场所，也难得去。在外县，因为根本没有消遣地，所以也谈不到娱乐。公余之暇，大都蛰居室内，在暗暗的烛光下，批阅案牍，看看书报而已。最可怜的是带有家室的职员们，大部以本省及邻省人为多，五口之家，月得二三十元，维护衣食，已经不易，乃时有欠薪之虞，最低限度的生活，也无法支持，饥寒之厄，时时袭击在后面，处于这种困苦颠连的境况下，他们怎能安心办事呢？

四、诉讼事件

甘省交通不便，民穷地瘠，内地各县，情形复杂，司法基础，尚未确立，所以诉讼案件，并不繁多，法院无积压之弊，省垣高等法院每月约计受理民事第二审案件二三起，第三审案件三四起，抗告二三起，杂件八九起；刑事第二审约三四起，刑事第三审约二三起，覆判案件二三起，盗匪案件一二起。以诉讼之性质论，则刑事案大都为命盗案，民事案件诉讼标的至多不过一二千元。外县地方法院每月约计受民事案件七八起，刑事案件五六起。民事案件之性质都为债务，争产，家务纷争等，诉讼标的普通不过百元左右。刑事案件亦多为命盗伤害等罪，因为民风强悍，所以这种"对人"的犯罪特别的多。

五、困难问题

甘省司法，因为经济的，政治的，社会的以及其他种种的关系发生了许多困难的问题，兹特约略提及，以供讨论：

（1）法院经费，除诉讼收入外，由省库补助，前文业已提及。年来军政各费，时虞不给，司法经费，更难兼顾，过去一二年前，甚至区区维持费，常拖欠至六七个月，间有积至一年以上者。法院境况，困苦不堪，非特谈不到设备，即日常工作，亦不易进行。盖全院人员，皆有断炊之虞，而办公费用更毫无着落也。最近甘省政治，渐上轨道，商业亦逐步繁华，省垣方面法院情形，已略胜于昔，惟外县各法院，因交通阻隔，经济枯窘，经济方面，大多数仍陷于无办法的地位。各处高等分院，记者尚未详加调查，姑不具论，现在且把地院的情形来谈谈。甘省地方法院都由司法公署改组，司法公署原有指定经费，由当地县政府，在粮票上代征，普通每月得二百四十元，改组地方法院后，另拨增加费二百元，由高等法院咨财政厅令饬当地县政府照拨。该项经费领取最为困难，原来甘省军队众多，军饷浩繁，一个人口不到数万的县区，往往每月摊款超过万元，而这种经费，都由财政厅令行当地县政府指拨者（所谓拨款制），均就地摊派。军队方面，因需要孔亟，催迫极严，县长为救急计，往往把征收的款项，随手供给军队，法院的经费，就永无着落了。为了这个缘故，财政厅指拨的法院维持费，往往积欠三四个月至五六个月，分文未得，是常有的事。在县政府方面，当然也有他们的苦衷，而在法院方面则无法维持了。积欠经费的困难，此其一。

（2）经费既时时积欠，法院推检每月二三十元的生活维持费，尚无着落，办公费用，更拮据了。所以工作方面，总难积极进行，职员既既枵腹从公，衣食为难，法院又设备简陋，件件俱缺，在这种物质条件缺乏的环境下，法院的工作，往往发生障碍，此其二。

（3）甘省交通不便，教育幼稚，一般人民的知识程度，非常落后，对于法律上的知识，尤其缺乏，因此，对于诉讼上的认识，很不清楚。有许多案件，往往一造向法院起诉，他造向县府呈控，原告在警署报告，被告向军队诉冤，非特在职务上不能统一，就是在事实上也引起许多纠纷和困难。同时在司法威信尚未确立的内地，因为情形复杂，对于这种情形有时简直无法解决。此其三。

（4）在昔县长兼理司法，对于一切诉讼案件，有伸缩出入之权，在县署方面的确有许多便利。一旦法院成立，解除了一部分的职权，大多数的县长，总有点貌恭而心不服。所以对于法院方面，往往故意为难，处处掣肘，尤其是在经费方面。现在的司法经费，上面已经说过，是由高等法院咨省财政厅令饬当地县政府按月拨发的。因为法院的经费，还须向县政府去领取，所以县长在财政上就可以充分地操纵。他可提出种种的要求，干预法院的职务，稍不遂意，就借端拖欠，使法院在经济上受着致命伤，不但无法维系职权的统一，甚至在日常公务上，也受到大的影响了。为了这个原因——经济的原因，法院方面不得不勉强迁就，在可能的范围内，不能不容纳对方的要求，使经济的来源不致断绝。但是职权的统一，和司法行政的独立性，却因此破坏了。我深深地觉得，经费不能独立，司法的独立是十分困难的，此其四。

（5）甘省因历年的变乱，财政的穷困，所以全省除省垣凉州设有监狱外，其余各地，都付缺如。有许多地方，甚至于旧式的县监和看守所都颓败不堪。目前各地法院，拘押人犯的，只是县政府的看守所，即以前之班房而已。因此，刑事案件，除罚锾或宣告缓刑外，简直无法处分，刑事确定犯也没有地方执行。逼不得已时，只好拘禁在看守所中而已。看守所的设备又十分简陋，人犯常有脱逃之虞，所以在刑事处分方面也十分困难。看守所的看守为县署的行政警察，当县长兼理司法时，例由县长指挥；法院成立后，这些看守们，往往对于法院的命令，故意违抗，或阳奉阴违，甚至法院拘押人犯，借口无处安顿，拒不收纳。这种情形，不但有损法院的威信，同时在检察职权方面也非常不便，此其五。

（6）拘押监禁，既如此其困难，而递解人犯，则尤属危险。因为甘省交通不便，山道崎岖，民风强悍，匪氛颇烈，递解人犯时，中途常有脱逃被劫之虞。加之法院方面，设备不周，武装毫无，所有法警皆赤手空拳，一旦遇警，无法抵抗，亦无法预防，只好任其逃逸了。这种例子已数见不鲜。递解人犯的困难，此其六。

（7）甘省年来匪氛极盛，故各处农村，皆筑有土堡，以资防御，这些土堡，外人是不许进入的。双方涉讼之后，被告自知理屈，或情虚不敢到庭者，常抗传不到，法院的执达吏和法警们到了该处，他们避居土堡，闭门不纳，亦只有望堡兴叹而已。所以有许多案件，往往受理之后，迁延日久，无法进行。还有许多土豪，独霸一方，对于吏役们，动施强暴，警吏们因为没有武装，对于执行公务，常逡巡不前。传讯的困难，此其七。

（8）因为经费的困难，环境的不良，所以在设备上，非常缺乏，前文已经说过。例如印刷的困难，所以法院应用的诉讼用纸及印刷品都付缺如。经济的困难，执达吏及法警的服装和武装也极缺乏，在公务的进行上受到种种的障碍和困难，此其八。

（9）在甘肃内地，政治犹未全上轨道，军人的权威是很大的（此是指一部分而言，现在的中央军纪律极佳），从前他们可以随意撤换县长，受理诉讼，一切行政司法的事务，都可以随便处理。有时法院受理案件时，他们更毫不客气地前来说明，稍不遂意，殴辱随之。这种事件，即在今日，也在所免难。法院处于暴力压迫之下，欲持正不阿，则无力对抗，欲吞声忍受，则影响于司法之尊严。军人干预司法之困难，此其九。

（10）甘省的司法情形，既如此困苦，所以优秀之士皆望而却步。非特南中人士，不愿远道跋涉；即本地较好的人才，亦多弃而他就，不愿忍受这种清苦的生活。因此司法人才在训练上比较的浅缺，同时在办事上也差些效能。缺乏人才的困难，此其十。

六、补救方案

作者学识疏陋，经验浅薄，服务法界，又为时很短，对于补救的方案，实在不敢谈，也不配谈及。作此文的目的，是将甘省的司法现状，作一简短的报告，同时把各种困难的问题约略提及。以供专家的参考。希望研究司法行政的学者，借着这些资料，拟具一个补救的方案，他日当局采纳施行，借此改善，那么在作者方面也算尽了些微的天责了。末了，作者还想把一点浅薄的愚见，写在后面，这算不得什么方案，只是一种感想罢了。

上述十种困难，概括言之，只是经济的政治的人才的问题而已。

在经济方面最重要的是司法经费的独立。经费能独立，司法才有独立之可能；否则，在财政上常受牵制，一切困难，是无法解决的。在财政艰窘的现状之下，经费怎样可以独立呢？愚意以为第一步应当做到的，就是司法经费应当指定的款，借免拖欠。查各县除地丁正杂外，尚有各种税收，如烟酒，牲畜，屠宰，营业税等，每月大都自数百元至数千元不等。向例教育经费的独立，就是指定某种税收，作为的款，不准移挪，所以经费的来源，非常稳固。司法经费的独立，亦可依例进行，由省府指定某种税收，专作法院经费。这样经费确定之后，县长既无法借口，法院亦不必迁就，在行使职权上，就便利多多。而且法院的经费很少——每月不过二三百元，指定的款，是轻而易举的。

在法院经费独立后，那么上述（1）（2）（4）（8）各种难题，可以逐渐解决，在司法草创的甘省，法院得逐渐行使其职权，树立其威信，不出数年，就可以看到很大的进步了。

司法经费的独立固然重要，在这国难当头，举国陷于水深火热之际，服役国家者，似不应计及待遇的优劣。但是甘省司法界物质上的贫困，待遇上的清苦，也是无庸讳言的，我们从制度的立场言之，至少，在目前或将来，有设法改善之必要。在邮务海关方面，凡调派边区者例有双薪或特别津贴，因为边区交通不便，百物昂贵，一般人都望而却步，借此津贴，以资鼓励，原是很好的办法。司法机关，性质不同，当然不必期望例外的优待。但是应有的俸给，总须按期拨给，一方面固借以养廉，他方面也可以鼓励职员们勉力奉公。此次罗部长西巡，鉴于西北司法人员生活困苦，有设法调剂，提高待遇之议。这种办法，我们希望能够早日实现，不但对于职员生活，裨益良多，即于法治前途，也有莫大的关系咧！

至于上述（3）（6）（7）（9）各项，大都由于内地情形复杂，政治未上轨道所致。最近自省府绥署改组以来，政令一新，驻军拥戴，甘省政治已有渐上轨道之象。他日军事统一，政治整顿以后，对于法治方面，再加以相当的注意，这种难题，也许可以逐渐解除。当然，种种改善，是可以渐进，而不可以急图的，只要抱着牺牲精神，努力去干，虽然障碍重重，但是光明的前途，也在目前啊！

环境的改善，同时也需要人才去主持。没有适当的人才，事工的推进，也非常困难的。目前甘省的司法界，因为（一）待遇的清苦，（二）交通的艰阻，（三）环境的困难，所以优秀之士，皆视为畏途。外省人员，即使抱着牺牲精神，满腔热忱而来，往往不耐生活之清苦，环境之恶劣，失望而去。这种情形，须待前面二个根本的问题——经济的问题和政治的问题，有了相当的办法，然后可以吸收人才服务边区。在作者想来，尤其紧要的，就是待遇的提高。至少，使跋涉万里，服务边陲者，在生活上得到一种保障，一面足以赡家，一面可以养廉。这样，才可以免却人才集中膏腴之区，而偏僻省份则无人肯来的偏枯现象了。

上面所说的，只是浅陋的感想，行文草草，未暇思考，还祈关心边省司法的同志们，对于这个问题，加以注意和讨论，那么抛砖引玉，在作者方面，已经感谢不尽了。

十二（1923年），五，于荒城雪夜

今日陕西的司法*

杨宗虎**

　　司法为国家事务之一，是实行法律的工具，我国法治基础的未能确立，一般人都归责于人民的法律智识的不足，法院办理案件的滞缓，过去军阀时军人的不遵守法律，以及外国领事裁判权的障碍，实则除掉这些原因，还有其他的主因很多，举止大者而言，例如法律的是否完善和适合国情民俗，法官的是否公正无私，顾及人民的利益，最重要者是法院本身的是否健全，有无独立的完备的组织。此外如法治人才的训练，以及政府和舆论对于法院的尊重与信任，在与法治前途有密切的关系。

　　司法既为政府功能之一，所以在抗战中不独为抗战建国重要工作之一部分，对于整个抗战前途，亦有密切的影响。盖抗战与建国同时并进，相辅而行，非抗战，则国家立刻限于危亡，建国大业，无从进行。非建国，则自立不能充实，无以应抗战的需求，故就司法而言，为安定地方秩序，保障人民权利计，必须力求改进，以期与抗战建国的使命相适合。

　　陕西在过去，因为交通的不便，政治的腐败，财政的困难，文化的落后，遂使司法方面，亦始终积弊颇深，停留不进，全省九十二县中，除有高等法院及其三分院外，仅有地方法院四处，其余则都是县政府兼理司法，由承审员审理民刑案件，而此辈承审员，陕西省又久未举行严格考试，非法律学校出身的，颇不乏人，加之待遇菲薄，遂不免滥竽充数。据说有曾任承审数，而向未做过判决书的。人民又大半无法律常识，即保障人权的律师，亦寥寥无几，却都集于西安，只限于有地方法院的地方可以出庭，因此案件往往以

---

　　* 本文原刊于《西北研究（西安）》（第4卷）1941年第7期，第11～12页。
　　** 杨宗虎，1938年毕业于东吴大学法学院（第21届），获法学学士学位。

县政府的初审，即或定谳，曲直是非，不知上诉，其余讼史的需索，监所的流弊，更不遑枚举。所以不言改进司法则已，苟言改进，首在改革兼理办法，而改革，兼理司法，则经费问题，非有着落不可。陕西财政困难异常，司法经费由省库负担，自属无法可施。

近年来陕西因为在抗战中，位当西北的门户，尤为后方的重镇，为完成抗战建国的任务政治经济文化，诸方面，均已有显著的进步。司法亦突出改进，颇多革新。盖就今日陕西司法的改革状况，分别述之：

一、增加司法经费

过去陕西司法经费，由省库支拨，不足之数，则由法收酌予辅助，因此拮据万分，前已之。自从三十年度开始司法部统一全国司法经费后，司法经费，即改由中央负担，陕西省现每年司法经费增加一百八十余万元，于是统筹改革，无所扞格，故司法人员待遇亦一律提高，并酌加战时生活津贴，使生活安定，办事方克奏效。

二、整顿并扩充法院

全省九十二县中，除高等法院和榆林、南郑、安康之分院及长安、榆林、南郑、安康、四地方法院外，其余已成立县司法处之县分计有盩厔、蒲诚、乾县、兴平、泾阳、白水、富平、华阴、邠县、朝邑、大荔、潼关、武功、蓝田、郃阳、褒城、醴泉、西乡、韩城、岐山、永寿、郎县、陇县、长武、高陵、耀县、华县、洋县、洛南、洛川、绥德，等三十一县。

自本年度司法经费改由中央负担后，乃于三月间成立临潼、三原、宝鸡、咸阳、城固、五地方法院。旋又于九月间成立渭南、凤翔、扶风、邠县、商县等五院。计全省现共有地方法院十四院。

如经济无问题，正在计划中的，拟在三十一年准备成立者，尚有宁羌、沔县、紫阳、白河、石泉、旬阳等六县司法处，及大荔、盩厔、蒲城、阳、富平、兴平、武功、郃阳、韩城、醴泉、乾县、蓝田、汉阳、两乡等十五地方法院，并扩增设大荔高等法院第四分院及第七监狱。

三、推行公证制度

公证制度的目的，在于保护人民的私权，抗战以后，社会经济发生激变，举凡人民所为之法律行为，或其他关于私权的得丧变更，均有待于合法的证明，法院若能将公设制度施行得当，人民即可随时向法院请求公证或认证，而取得法律上的保障，纵不得已而诉讼，法院亦不难调查审理，求得公平的解决，为此司法行政部于二十八年六月，通令所属法院，认真办理，陕西省长安地方法院等，亦已开办，先后成立公证处，积极推行。

四、举办检验人员训练班

检验吏在刑诉法上系鉴定人员，自非有专门医学知识与技能不可，故司法行政部前曾筹设法医研究所，惟各省因经费关系，大都仍采用旧时不合科学的方法，以作衡量的标准。陕西省司法当局，有鉴于斯，为特举办检验人员训练班，刻已于十月一日开学；预定训练期间为六个月，毕业后分发各法院服务，在我国法医未普遍采用前，此项训练，实颇必要。

在改进司法声中，对于司法人才的储备，确是一桩重要的事情，关于法官的造就，司法行政部已统筹办理，并指令以战区登记的司法人员优先委用，其余如书记官的录用，并在西北大学法律系毕业生中挑派，使人才不致发生恐慌。

陕西省司法，经过这样的一审改进，自然朝气蓬勃。对于建国工作和法治前途，一定会有很大的效果和收获的。

广东司法之现状[*]

陈恩成[**]

（一）导言

粤省自二十二年春行三年施政计划后，政治显有进步：经济，交通，军事等建设，既著成效；吏治亦渐趋澄清，其关乎司法者，据实地调查所得，虽未必尽与舆论吻合，尚属可以乐观。值吾国办求上循法治轨道之际，将粤省司法情状，公之于世，可为治学者讨论之资，可为各省司法观摩之鉴。斯足为改良司法之一助欤？

粤省近年整顿司法之成绩，乃根据"广东省司法三年计划书"所规定之原则与进度表，参照粤省三年施政计划之大纲，而加以努力之结果。十八年南京司法行政部颁布训政时期工作分配年表，对于广东司法原有递年增设高等法院分院，地方法院，及建筑监狱与看守所等规定，但因其时粤省困于经费，未及实行。二十一年十月中央公布法院组织法，采用三级三审制，与原

　＊　本文原刊于《法学杂志（上海 1931）》（第 9 卷）1936 年第 1 期，第 41～62 页。

　＊＊　陈恩成，1930 年毕业于东吴大学法学院（第 13 届），获法学学士学位。

有四级三审制多所牴牾。粤省犹未能遵行，但已定于二十五年七月一日开始矣。

粤省司法既仍守四级三审旧制，论其形式，原无特长，惟设立特别法庭以惩治贪官污吏，略与众异；论其内容，则以有西南政务委员会，迭命司法机关积极清理积案，积案数量亦渐少矣。此外尚有可纪者数端，分述如下：

（二）司法组织

粤省司法组织尚依四级三审制，在纵的一方面言，有最高法院西南分院，高等法院，地方法院，地方分院；在横的一方面言，高等法院有分院三所，地方法院总数二十四，地方分院六十七。除赤溪，南澳，佛冈数小县外，全省九十四县无不有司法机关。是故在去年全国司法会议中，司法行政部长谓各省司法组织，以广东为最完备也。至于特别法庭，体属骈枝，亦具殊致。不厌繁琐，再将各级法院之内容分述如左：

（甲）最高法院西南分院 最高法院西南分院，虽非粤省辖属之司法机关，然其院址与高等法院同在广州市之仓边路，为粤省司法之最高级上诉机关，其职权之行使甚关切该省民众之权责。法官多属兼职，分院组织遂似简单，其机能亦似迟滞。院中原积案一千二百余件，年来积极清理，犹存六百余件。倘使司法当局能继续努力，则廓清之效，一年可期云。

（乙）特别法庭 二十一年春第一集团军总司令陈济棠，痛夫贪官污吏渎职殃民，不可不尽法严惩，以儆效尤，爰在西南政务委员会提议设立特别法庭。此法庭经四个月之筹备，乃于是年七月正式成立，由西南政务会，粤省政府，及高等法院，各派审判官一员，组成合议庭，专处理由政务会分发审判各案，事实上仅为政务会之附属机关，尚不脱政潮影响，固非一独立的纯粹司法机关也。尚幸三年来特别法庭犹有相当成绩。凡公务员之受贿枉法，走私漏税，操纵金融，及其他渎职殃民，情节较显著等案，一经告发，由政务会审查，认为有发交特别法庭审判之必要者，始行发交。经三法官会审，认为罪据确凿后，随即拟判，呈请政务会核准执行。特别法庭所依据之"实体法"与"程序法"，尚无成文，亦无习惯。此法律与政治之混合机关，尚不脱"有治人，无治法"之色彩也。计自二十一年以迄现在，该庭处理共二十三案件。其中有特别引人注意者，县长陈致煦，县公安局长刘泽寰，县营业税局长谭以烱，禁烟局检查队员聂琚生等，先后以渎职，诈财，受贿释凶，或贩运私烟等罪，判处极刑。又如海鹰舰副舰长温修，以走运私货，判处无期徒刑。论者谓足以寒贪墨之胆，而肃政治之纪纲云。

（丙）**高等法院** 粤省高等法院原有民事三庭，刑事一庭，每庭各有庭长一员，推事三员。年来增设清理积案庭，有庭长一员，推事二员；复在东北，南，及西南三部设立三个高等法院分院，以利便潮梅、琼崖，及钦廉各分院区内人民，使得就近在各该分院在第二审作言词辩论，及证人作口供，而获诉讼上时间与金钱之节省。将来尚须增设分院二所，合成分院五所，共置民刑庭八庭以上，连同高等法院原有之五庭，共为十三庭以上，庶能清理每年约共七千五百宗之第二审案件。

（丁）**地方法院** 粤省二年前原有地方法院三十二，地方分院一十七；各县未有地方法院或分院者，只有分庭，组织简略，分庭推检多属轮回。自谢瀛洲任高等法院院长后，将各地方法院大加扩充。原有分庭裁撤，现设地方法院二十四，地方分院六十七。全省九十四县，除赤溪，南澳，佛冈等数小县，及琼崖数僻县外，皆有独立之司法机关，联成有系统之司法组织。旧时以行政机关兼操司法职权之现象，几于一扫而空矣。

（三）司法行政

粤省司法行政年来颇多新猷。除最高法院西南分院及特别法庭，秉承西南政务会之命令以为因时制宜之兴革，率依成规，姑置勿论外，高等法院及广州地方法院皆有重要之表现，分述如下：

（甲）**高等法院** 粤省高等法院司法行政之改善，约有最堪注意者六点：

1. 设审限以求诉讼迅速终结。前时法官判案，每因未定时限，而任意延宕。今求力革斯弊，乃定简易案以二个月为审判终结之时限，繁重案以三个月为审限，倘有讼案逾期未结，则当事人得直接函询院长，呈请解释原因，或要求从速办理，以保全当事人之法益。

2. 考核职员勤惰。自二十三年起，高等法院实行考核职员勤惰，除重视推事考绩表之登记，以察核法官判案之总数及各种成绩外，并定给假规则，考验勤惰，分别奖励全年未尝请假之推检，而惩罚其旷职七日或请假逾限六日者，经详订考核推检成绩奖惩暂行办法，严厉执行，以为黜陟之标准。

查民国二十三年度该院办理第一，二，三，诸审之刑事案，及抗告，再审，附带民事与其他之刑事案，共凡一千三百八十九件（内刑事第二审有原积案三〇九件，第三审有五十六件）。已判结者一千二百七十三件，未结者一百一十六件。又办理第二，三，诸审之民事案，及抗各，再审，假处分，与其他民事案，共凡六千三百三十一件，已判决者五千六百三十三件，未结者六百九十八件。合其他未结案件，二十三年度共积存未结案一千一百二十六件。二十四年每月新收案件约六百宗，全年新旧案件共七千余宗，经一年来之努力清理，共判决六千余宗，所余未结各案只六百余宗（据谢院长瀛洲报告）。因旧案清理将竣，遂于二十四年十二月一日将清理积案庭裁撤，以省经费。

3. 轻饬风纪以杜贪污司法人员失职。犯法者，一经察觉，证明有罪，必分别严厉惩罚，轻者记过罚俸，或撤职查办。法官，律师，与书记官等因违法而受罚案，每年有十余件。其罪重者更由西南政务会议决移交特别法庭从严处理，如刘泽寰受贿释凶案，及清远法官谢宝典渎职案是也。

4. 举行法官考试以选用良才。年前任用法官，颇乏标准。资格经验固当重视，但法界人才繁滥，委托推荐流弊难免。二十三年冬广东高等法院为挽救此弊，乃举行法官考试，选取李伟年等数十人，分别任为学习推事，检察，及书记等。虽其任事成绩尚无统计，或者青年之朝气较盛，而司法之旧习未染，自有其相当功效也。

5. 改良监狱与看守所。粤省高等法院直辖，而与广州地方法院共用之第一监狱及看守所皆属新建，各能容一千人左右。特设狱政整理委员会，有委员九人，每月开会一次。高等法院院长与书记长，及广州地方法院院长皆为委员。每月派员视察监所各一次，报告于狱政整理会，以谋随时改良监所之管理。关于此点当于下文更详述之。

6. 假释人犯。据谢院长瀛洲报告："查各监所押犯，日形充斥，非设法救济，难期疏通。兹奉令厉行假释，自应遵照通饬切实施行。查本年内（二十四年度）依法办理假释者，计有十起，如广东第一监狱；揭阳，合浦，普宁，灵山，紫金，潮阳，惠阳，东莞，郁南等监狱，计被假释人犯共一百三十九名口"。

（乙） **广州地方法院**　此院司法行政约有最堪注意者六点：

1. 判案力求迅速。粤省地方法院年来清理积案已甚努力，惟讼案之增加似与"不景气"成正比例：迄今新旧案件仍不免有重重累积之虞。考民国二十一年，以广州地方法院言，每月收案审判部分平均八九三·六件，检察部分平均五四六·九件；总共约一千四百四十件而已。但在二十四年八月，则民事案旧受一千三百九十七件，新收一千七百零八件；刑事案旧受二百五十一件，新收五百九十三件。共计三千九百四十九件，较之民国二十一年份每月平均之一千四百四十件，竟增多将近二倍。推事原有二十七员，检察七员，则未见增加。是故司法官吏虽疲于奔命，而悬案所以比前愈见累积也（如广州地方法院二十四年八月民事旧受一千三百九十七件，至月底并新收未结者增至一千四百二十五件；刑事旧受二百五十一件，至月底并新收未结者增至二百七十二件。倘以三十四名推检负责清理八月份之三千九百四十九宗民刑讼案，则平均每名在一月中应结束一百一十六案件，每日几应结束四案件。此为事实上不可能，且不合法理者。）二十四年五月陈达材院长布告救济办法，凡案件进行迟缓者，诉讼人等得将该案案由函告院长，院长当亲自调卷查核，以求判结之迅速。

至于粤省各地方法院每月收案之数，多寡悬殊。广州市二十一年度每月收案约九百件，汕头市地方法院每月收案仅约一百八十件，梅县地方法院则仅约六十件，其他小邑则愈少。各地地方法院是否累积讼案如广州地方法院，此时尚无统计。各院是否皆立审限，或订立各种条例，以使判案迅速，亦尚无适当之报告也。

2. 执行迅速。民事执行案件，如不动产之因按揭而查封及拍卖等案，积弊甚多，执行每患迟滞，如届拍卖日期，债务人或故意避匿，以致拍卖程序因而中止。积久则类此之案件愈多，清理愈难，于交易之安全，社会经济之发展，及当事人之法益，妨害至大。自二十三年十二月始，广州地方法院布告，嗣后对于拍卖不成之动产，该法院得随时依法卖却，或作价交债权人收受。如不收受，或票传债权人不到时，则将查封物撤销，返还债务人。至关于已查封之不动产，如债务人不依限提出现款，申请[1]撤销查封，或债权人未依期申请拍卖，法院一律依法以职权定期拍卖，并将拍卖价金，存院候领。此种敏捷执行办法，似能利便案件之进行，利便金融之流通，而保障当事人之法益。

此外，广州地方法院复于二十四年八月订立强制管理法规。凡已查封之不动产，如执行法院认为目前未能拍卖时，或经三次拍卖，无人承买，而债权人又坚不承受者，除应依修正民事诉讼执行规则第八十条至八十六条，及补订民事执行办法第十七条至三十四条办理外，并适用法院选用银行，依托

---

〔1〕 "申请"原文作"声请"，现据今日通常用法改正，下同。——校勘者注。

公司，或商会，乡公所为管理人之办法。不动产之租赁人，无论为谁，倘不将应负担之租项给付管理人时，管理人得向执行法院报告。法院查实后，应即依法勒令该租赁人搬迁，而将不动产交回管理人。此法之要旨在保护投资于不动产，并禁止军人强租住宅不纳租金等弊。

3. 严察行贿。广州地方法院自二十三年八月始，对于防止假借法院职员名义或借端敲诈，愈加积极；特悬赏百元以待告发后审讯属实之告发人。二十四年一月重申前令；凡官吏收受贿赂者，一律受死刑，而商民人等与之共犯者，皆归特别法庭审理，按律严惩。诉讼人等于诉讼进行中发现有用该院职员名义向之敲诈，或查知对方用金钱运动而悉其线索之所在者，准即向院长告密[1]，讯实受赏。务使摘奸者有所鼓励，以助密探之侦缉，而贪污者有大戒惧。斯严察之虑日周，而贿赂之风渐戢乎？此外倘有法官应采用或审究之事证而不采用或审究，当事人查知对方有用金钱运动嫌疑时，或不合拘押条例而被滥押者，当事人皆得函告院长。院长当躬自查核，以杜弊端。

4. 言词起诉。二十四年一月，广州地方法院布告，关于财产权一千元以下之诉讼，合于简易程序案件，均得以言词起诉。若案情不甚复杂，则旬日内当可传讯判决。若合于假执行条例，一经判决，不问对方是否上诉，即予假执行，以轻讼累。二月更下令，嗣后关于调解案件，如不成功，当事人可即以言词起诉，听候开庭审理，以省往返周折之劳。

5. 保全证据。二十四年八月，广州地方法院下令，嗣后凡有合于民事诉讼法第三六八条，证据有减失或确难使用之虞，或经他造同意，得向法院申请保全者，均得依法随时向该法院请求保管。遇有急迫情形，当事人或其诉讼代理人，并得于递状时声明候讯。而该法院于收到申请状后，当以最迅速方法分别调查，或亲临勘验，作成书证图则或影片，务求详晰正确，然后裁定。庶几证据确凿，奸猾无所借口，而法院亦易于裁判。

6. 依法保障身体自由。查年来讼案既繁，牵连尤众，吏治未清，人民受诬陷或种种原因而无辜受押，累月经年未得释放者，似非少数。看守所中拘押逾期，而案悬未结，及至法庭宣判无罪，则受押者已饱尝铁窗风味矣。似此弊政，殊非政府爱民，重视其自由权与生命财产安全之道。二十四年八月，广州地方法院布告，依法保障人民身体自由。嗣后因民事案件纠缠送来人犯，

---

〔1〕 "告密"原文作"密告"，现据今日通常用法改正。——校勘者注。

如原告尚未随同起诉，而被告又无犯罪嫌疑者，不问是否有其他管收之原因，一律当庭释放，以保障其自由，而符法治之实。此制施行后，看守所中当可逐渐减少无辜久押之人，而政府亦可省多量供养押犯之粮矣！

上特言粤省高等法院与广州地方法院司法行政改良之著者。此外如依第一集团军总司令部令各机关门首设置匦邮箱，接受人民之意见，沟通官民之隔阂，以匡政府之不逮，以为兴革借鉴之资，则两院亦既有之矣。广州地方法院最近新政尚有可称者，如当事人到院领取各款，毋须铺保；支付命令，如无异议，一经假执行宣示，即予实施；票据案件，以职权宣示假执行后，即开始执行，在国华报登义务广告，给当事人以利便之通知。凡此皆力求督促程序之实施，使诉讼进行得以敏捷，而人民之法益得较周密之保障云。

（四）惩治贪污

粤省特别法庭成立于二十一年夏，其组织纲要与职权范围，司法程序与司法精神，既如上述。该庭第一任审判长为杨熙绩，审判员为谢瀛洲与杨宗烔；现任审判长为邓青阳，审判员为何启澧与陈达材。此外仅有书记官包君毅一员。兹将该庭历年审理案件列表如下：

姓名	职别	罪名	收案期	结案期	处理情形
李聪远	廉江县长	贪污渎职	廿一年一二、一〇	廿二年三、二二	处有期徒刑三年褫夺公权五年
郝耀铭	乳源县长	贪污渎职	廿二年一、一六	廿二年二、二八	处有期徒刑四年褫夺公权五年
李本清	惠来县长	渎职殃民	廿二年四、四	廿二年五、一	宣告无罪
赵超	遂溪县长	渎职	廿二年六、九	廿二年一二、四	宣告无罪
区汝铠	中山营业税局长	渎职	廿二年七、四	廿三年二、一〇	移送财厅办理
蔡寿槐	广州地方法院警务长	渎职诈财	廿二年七、四	卅二年八、三	处有期徒刑十三年褫夺公权十三年
陈致煦	连山县长	渎职诈财	廿二年九、一五	廿二年一〇、二三	处死刑并永远褫夺公权

姓名	职别	罪名	收案期	结案期	处理情形
何国安	翁源县公安局长	渎职	廿二年六、二六	廿二年九、四	处有期徒刑十二年二月褫夺公权十二年
邓德全	英德分卡稽查	渎职	廿二年一二、七	廿三年一、一三	移送广州地方法院办理
刘泽寰	乐昌县公安局长	受贿释凶	廿二年五、二七	廿二年六、一九	处死刑并永远褫夺公权
谭以炯	南番三营业税局长	渎职	廿二年八、一九	廿二年一一、一六	处死刑并永远褫夺公权
曾竹韵	省政府民政厅科员	渎职	廿二年一〇、九	廿二年一一、二〇	宣告无罪
邹励君	南雄县政府财政科主任	受贿	廿二年一一、八	廿三年一、六	处有期徒刑十二年褫夺公权十二年
崔颖凡	农产品税稽查员	舞弊渎职	廿三年六、四	廿三年九、一七	移送广州地方法院办理
沈实森	乐昌县区公所委员	贩卖私烟	廿三年七、五	廿三年九、二七	处有期徒刑三年六月
聂琚生	广东禁烟局稽查队员	运烟土	廿三年七、二五	廿三年九、二五	处死刑
林伯清	肇庆农税稽征处稽查员	渎职	廿三年一二、三	廿四年五、三〇	宣告无罪
天宝公司		伪契	廿四年一、四	廿四年四、九	〔1〕
谢宝典	清远地方法院推事	渎职	廿四年一、三〇		审理中

---

〔1〕 天宝公司伪契案，株连甚众。王子珊，蔡福民，黄江，各处有期徒刑七年。蒋云，广州市土地局科员，处有期徒刑九年四月。何恩煦，广州市土地局登记课员，处有期徒刑十二年。曾名孙，杨伯年，李根培，卢启，梁永铨，均无罪。陈乃驹，停止审判程序。陶瑞如，李志刚，梁绍祥，胡恒盛，移送广州地方法院办理。

姓名	职别	罪名	收案期	结案期	处理情形
海鹰舰		走运私货	廿四年二、二二	廿 四 年 四、一〇	〔1〕
黄其藩	五华县长	政绩窳败	廿四年二、二三	廿 四 年 七、一三	宣告无罪
黄雄	省营特产经理处办事员	假公勒索	廿四年九、二五		审理中
郑一清	财政厅监收台山防务委员	渎职	廿四年九、二七		审理中

统计过去四年中，二十一年特别法庭受理案一件，二十二年案十二件，二十三年案四件，二十四年案六件。论者谓国家之败，由官邪也；官之失德，宠赂彰也。故重贪墨之罪，严渎职之刑，直接以澄清吏治，间接为人民谋幸福，此特别法庭之设所以不容缓，而其效用似著于监察院也。

（五）整理监狱

监狱为实施刑罚之地，其组织与管理务求完善，方能收恩威并济，感化顽劣之实效。第一集团军陈总司令有见及此，年来迭建议于西南政务会，督促地方司法行政之改良，监狱之整理，并训导囚犯向善；又慨捐巨款，以助琼崖各县监狱之建筑。仁者之用心，如是其肫且挚。于是粤省司法当局，乃本斯旨，而望风景从；高等法院遂有狱政整理委员会之设，亟谋改善全省各地监狱之组织与管理，按月开会，分别派员视察，共谋改善之道。其精神盖甚积极也。兹将广州市第一监狱，看守所，及全省各县市监狱之情状分别记述如下：

（甲）广东第一监狱 此监狱地址在广州市之小北门，建筑于二十一年末，其规模较诸司法部定甲种监狱，更为宏大。其中可注意者五端：

1. 监狱工场。查该狱所办工场计有印刷，籐竹，织造，与制火柴盒，四种。高等法院编行"广东司法月刊"即为该监狱工人所排印者。狱内男女囚

---

〔1〕 海鹰舰走运私货案，副舰长温修处无期徒刑，司舵陈桂处有期徒刑六年，带水梁务生处有期徒刑六年，赵瑞有处有期徒刑十年。

犯现有九百余人，但平均每日在工场作业者仅约二百人，实觉太少，盖工场设备未周之过也。

2. 囚犯运动。狱内设有运动场一，为各仓内囚犯轮流运动之地。但在运动时间，无人指导，完全任囚犯自由，由是秩序荡然，乃无运动之实。

3. 狱中用水问题。狱中用水缺乏，囚犯之清洁与各种卫生问题遂形严重。

4. 狱中晒衣问题。狱中尚无适当晒衣场所。囚犯洗涤衣服，多悬挂窗口或仓房内床架上。于观瞻上既欠雅洁，且蔽窒房内之空气与光线，于卫生上亦至不宜。

5. 卫生问题。监犯病者每日平均有四十人以上之众，以患脚气病者占多数。从可证狱中饮食与居住等卫生问题平日尚嫌疏忽。

（乙）**各县市监狱**　根据司法三年计划进度表，各县市应分期建筑新式监狱，以利囚犯。于是各属司法机关，努力经营，年来纷请高等法院拨款，为辅助建筑新狱费。高等法院皆量力应付。先后由地方人士会同司法机关合力改筑监狱，已告成功者有曲江清远等二十余县。又琼崖十三属监狱，则得陈总司令捐助巨款，已完全改善。其余各县亦多在进行改建或在修葺中。兹将各属监狱概况，列一统计表如下：

监狱名称	新建	修葺	筹建	破旧	备考
广东第一监狱，琼山，曲江，高要，惠阳，罗定，德庆，连平，台山，清远，兴宁，潮安，揭阳，龙门，乐昌，广宁，河源，郁南，阳春，新兴，增城，电白，徐闻。	以上共二十三所				琼崖十三属监狱，得陈总司令捐助巨款，已先后完全改善矣。以上新建监狱二十三所，共费一十六万四千六百一十四元一角。
合浦，中山，东莞，梅县，海康，崖县，花县，三水，从化，仁化，翁源，乳源，始兴，四会，高明，宝安，开建，新丰，连山，恩平，英德，		以上共二十九所			

监狱名称	新建	修葺	筹建	破旧	备考
吴川，惠来，五华，普宁，防城，定安，澄迈，陵水。					
汕头，顺德，连县，新会，茂名，化县，海丰，南雄，博罗，紫金，龙川，阳山，鹤山，开平，大埔，丰顺，陵丰，钦县，防城，灵山，文昌，琼东，昌江，平远。			以上共二十四所		
云浮，封川，和平，信宜，廉江，蕉岭，饶平，遂溪，乐会，万宁，感恩，临高。				以上共二十所	预算建筑经费共约二十一万八千九百七十元。

综观粤省狱政，计已新建监狱二十三所，现正进行筹建之新狱二十四所，修葺者二十九所；狱内已设工艺场者共二十一所。对于囚犯之生活亦已逐渐改善。狱内并悬各种格言，以示革面洗心，改过从善之道。明德社更拟分派社员，向狱囚剀切之训导云。

（丙）**广州市看守所** 广州市看守所在仓边路广州地方法院之侧，为工字式，分上下二层，共有巷十条，有房八十二间。建筑于二十二年，建筑费二十余万元，内分男女二部，可容九百余人。二十四年春高等法院院长复改建旧女看守所，现已完成。总观全所二部，规模颇大。其中尚有堪注意者四端：

1. 人数过多。查看守所内现拘押民刑事被告，竟达一千二百余人，其中男子约占千余名，妇女一百五十名，另寄监八十余名。房少人多，喧嚣殊甚，且时有窃物，勒索，或斗殴等事发生。在押犯中，以窃盗犯为最多，约占全数百分之五十五；次为侵占欺骗，约占百分之十七。参考二十三年份各月，该所收管被告类别表（附表），可见年来拘押民刑事被告之数，殊有与时俱进之势。

2. 卫生。所内仓房过少，仓房内床架太多，分上下两层，窗户小而空气劣，于是因人数麇集之故，虽管理方面，极力注意清洁问题，看守所内尚不免有臭气刺鼻。楼下各仓，地多潮湿，各沟渠中复有淤积秽水；于卫生上均有极大恶影响；故被拘押者易生疾病如脚气病及湿毒等。

3. 运动场。所内虽有运动场二处，然皆狭小，且场内半部水湿，蔓章滋生，似久未经人行动者，此于设场原旨，大相违背矣。

4. 医药与病室。所内设中医生一员，为病犯诊脉处方；复有二役专司煎药送服之劳。二十四年一月增设西医生一员，诊病施药，较形便利，故押犯死亡锐减。又常购备内服或外治之丸散膏等，以便救急之用。间有病犯亲属在外延医来所诊治者，必获准许。此外如时疫之预防，传染病之隔绝，皆加注意。所内患病较重之犯人，必调入病室，以便诊治，室内有看护二名。间有病神经或麻疯等类恶疾者，必分别报请移送广州市卫生局发落病院治疗，以保公众卫生。

总之，该看守所，在戒护方面言，因有警兵五十四名，足敷分配；在步枪与手枪共约二十枝，故守备颇为严密。在规定之探望时间，各犯亲友探问亦极利便。在给养方面言，衣服饮食，似尚得体。惟住宿方面，床少人多，每有不能不使二人同榻之时。各犯依拘押案由，分类受押于各巷，原为一时办法，未可厚非；然不因年龄之大小而再加分类分押，则年少之犯人与年长者同居，必于无意中受不良影响。似宜另设童犯看守所，多加训导与运动等工作，使童犯易获自新之路也。此外更因法院判案迟缓，常有在押人犯已饱尝铁窗风味，迨案情已白，则已拘押逾限，而省释尚遥遥无期者。此中积弊甚深，虽非一朝一夕所能涤除，犹愿司法当局，加意革新，以护人权也。

（六）结论

考察粤省高等法院，特别法庭，及各县市地方法院年来之成绩，如司法机关之扩充，司法行政之改善，第举其较彰明之点；特别法庭惩办贪污之成绩，监狱与看守所之整理，亦多述其较显著之端。至于此后兴革，尚待不息之努力。约有新意数项，至希政府与民众同加注意而合作，以促其实现也：

1. 增加法院经费。查司法经费似占政府经费之最少部分。高等法院经费现在每月仅约二万元。至于全省地方法院二十一年度依岁出预算，仅有每月约七万五千元，今虽因司法机关扩充，随而增加，料亦甚有限（关于此点，曾函询高等法院，但尚未得明确之答复）。然司法经费收支相抵外，则犹有盈余；故二十一年司法收入留用项下约计有十六万元。此在表面上言而已。今欲整顿司法，则实际上应增加法院经费。如司法院宇之敝旧，职员薪俸之薄少，增设高等分院及地方分院之急切，监狱之腐败，皆需巨款以为补救与整理之资。而欲使法官清廉，职员安位奉法，尤非实行司法三年计划中之考绩，晋叙俸给，年功加俸，及增加其最低限度之薪俸，不易收效。考现在地方法院院长兼庭长，月俸仅三百元，而推事则仅一百八十元，书记官更仅六十元，值生活程度日高，货币价格日落之秋，此戋戋之数，皆不易使贤良者久安职位，不肖者永泯贪心。为求司法界得第一流人才以奉公执法，荣之以法院之庄严，裕之以生活之安舒，美之以名誉之尊贵，要当兼在物质建设上努力，使与精神之建设齐驱并进也。

2. 严行法官考绩。司法官吏不独应按期办理相当数量之案件，亦应使所理案件质与量相副，而公正廉明之政绩昭著于世，以立政府之威信，坚民众之仰望。所谓严行考绩者，务使公正之誉彰，贪污之风息；枉法者罪无所逃，渎职者刑无可避；赏虽薄而荣；罚当重而必；则贤者知所劝，而不肖者有所怵矣；贤者久安其位，而不肖者勉守其责矣。

3. 慎选法官。美国地方法官半属民选，故法官常兼为政客，然尚多法学湛深，操守严正之士。法官民选之流弊，除少数大城市如芝加哥〔1〕与新奥尔良〔2〕等外，尚未著也。粤省法官全属荐委以得职位，每不免以长官喜怒或"背景"强弱为进退或调迁之标准，似缺乏职位之适宜保障；荐托委任之流弊遂易生，功罪赏罚之标准亦游移，舆论之褒贬与道德之制裁又未易收效。与美国之司法相较，乃觉望尘莫及。为救末流之弊，莫如正本清源。此后似宜慎选法官，以公正严格之考试，选取法学纯正，操行素笃之青年，任之以事，深其阅历；服务至一定年度，有相当成绩，方得为正任推检。庶几侥幸不生，僭滥杜绝，士子力学，而法官尊荣尽职矣。

4. 清理积案。前既言之，粤省高等法院清理积案，增设一庭，已著成效。惟似须在各地增设分院一二所，使至少共有十三庭至十五庭，庶几法官遇繁难之案，得不为审限所拘束，而多有时间以检验考虑。盖清理积案，不徒求计日结案，以符定程，亦当兼顾结案之平允尽善也，实则为求清理积案，不能不增加分院与法庭及法官也明矣。广州地方法院积案尚有按月累增之势，

---

〔1〕 "芝加哥"原文作"支加哥"，现据今日通常译法改正。——校勘者注。

〔2〕 "新奥尔良"原文作"纽奥令斯"，现据今日通常译法改正。——校勘者注。

尤非根据上述原则，增加法庭与法官，不易收清理之实效。其他地方法院亦当视其案件繁简，以定用人行政之策，总期庭无奇冤之狱，官无枉急之断，而院无久压之案也。

上第举荦荦者四端而已，推而伸之，责在当局，此外更有一端，关系吏治，倍堪注意：

5. 特别法庭独立起诉。特别法庭之设，在宪法上原无根据，与现在中央监察院制及其职权是否牴牾，亦成疑问。倘不加以废止则已，若欲维持其地位，则当使离弃其政治附庸之嫌，而为较有独立司法精神之机关。该法庭年来虽已受理案件二十三宗，惩办贪污约四十人，然其职权之行使，每因无独立起诉权及最后判决权，而大受限制；盖该庭仅能受理西南政务会所移交之案，且判决后尚须呈请政务会核准，方得执行也。司法独立之精神既因此受窒，而政治之潜力或不免侵入衡平是非之间，此为今日特别法庭美中未足之处，今后似宜增设检察官一员，予该庭以独立起诉之权，与受理政务会移交案件之制并行，庶几豺狐并慑，而贪暴永泯乎？

此外如儿童法庭之必须设立，监狱工场之必须扩充，监狱教育之必须兴办，囚犯康健之必须指导；监狱与看守所中各应设立儿童部，并使轻犯与顽犯分别管理，囚犯应穿一定囚衣，应受感化教育，应习生活技能，等等，皆当随时注意，逐渐举行，使粤省司法之改良，不远落他省之后，或转足为他省模范也。

附表　广州看守所二十三年份各月收管被告类别统计表

月别	性别	窃盗	杀人	伤害	妨害家庭	妨害婚姻	妨害风化	妨害公务	妨害自由	妨害权利	伪币	伪冒商标	公共危险	劫掳匪
一月	男	244	21	12	12	–	7	1	2	–	3	9	8	–
	女	10	2	1	47	–	4	–	–	–	–	–	–	–
	共	254	23	13	59	–	11	1	2	–	3	9	8	–
二月	男	193	26	31	12	4	4	–	–	–	3	3	7	–
	女	13	4	3	42	9	6	–	–	–	–	–	–	–
	共	206	30	34	54	13	10	–	–	–	3	3	7	–
三月	男	240	19	40	25	2	3	–	2	–	4	1	3	–
	女	19	8	2	38	5	8	–	–	–	–	–	–	–
	共	259	27	42	63	7	11	–	2	–	4	1	3	–
四月	男	264	20	33	21	1	9	2	1	–	9	–	–	–
	女	17	2	3	28	2	10	–	–	–	3	–	–	–
	共	281	22	36	49	3	19	2	1	–	12	–	–	–
五月	男	279	28	49	28	3	11	1	–	–	3	–	1	1
	女	15	5	2	42	9	11	–	–	–	–	–	1	2
	共	294	33	51	70	12	22	1	–	–	3	–	1	3
六月	男	327	23	45	34	–	11	1	1	–	6	–	6	1
	女	14	5	3	38	6	11	–	1	–	–	–	2	–
	共	341	28	48	72	6	22	1	2	–	6	–	8	1
七月	男	409	41	25	22	1	16	3	2	–	5	3	4	1
	女	25	1	5	40	–	11	–	–	–	–	2	–	–
	共	434	42	30	62	1	27	3	2	–	5	5	4	1
八月	男	357	32	47	31	4	9	–	4	–	5	2	1	–
	女	14	6	8	42	2	8	–	–	–	–	–	–	–
	共	371	38	55	73	6	17	–	4	–	5	2	1	–
九月	男	338	15	79	28	3	10	10	2	–	5	1	–	–
	女	19	1	7	77	4	4	–	–	–	–	–	–	–
	共	357	16	86	105	7	14	10	2	–	5	1	–	–
十月	男	419	14	34	29	2	7	2	2	–	7	3	–	1
	女	23	2	4	59	–	7	–	1	–	–	–	–	–
	共	442	16	38	88	2	14	2	3	–	7	3	–	1
十一月	男	342	16	26	20	4	5	–	2	1	8	2	3	–
	女	19	–	4	49	5	9	–	–	–	–	–	–	–
	共	361	16	30	69	9	14	–	2	1	8	2	3	–
十二月	男	313	27	46	20	–	11	1	–	–	6	1	5	–
	女	26	1	20	35	6	12	1	–	–	–	–	1	–
	共	339	28	66	55	6	23	2	–	–	6	1	6	–
合计	男	3725	282	467	282	24	103	21	18	1	64	25	38	4
	女	214	39	62	537	49	101	1	2	–	3	2	3	2
	共	3939	321	529	819	73	204	22	20	1	67	27	41	6

续表

抢掠	强奸	政治	旷职	舞弊	毁坟	烟赌	诬告	忤逆	侮辱	脱逃	其他	总计	百分率
2	5	3	–	–	5	1	1	–	1	–	20	429	
–	7	–	–	–	–	–	–	–	–	–	–	84	6.48
2	12	3	–	–	5	1	1	–	1	–	20	513	
1	1	2	1	–	2	1	2	–	–	–	18	379	
–	–	–	–	–	–	–	–	–	–	–	2	94	5.98
1	1	2	1	–	2	1	2	–	–	–	20	473	
5	3	2	1	–	–	–	3	1	–	–	12	445	
–	2	–	–	–	–	–	1	–	–	–	1	108	6.99
5	5	2	1	–	–	–	4	1	–	–	13	553	
3	1	2	–	–	4	1	2	–	–	–	14	437	
–	3	–	–	–	–	–	–	–	–	–	6	90	6.66
3	4	2	–	–	4	1	2	–	–	–	20	527	
1	6	–	–	–	5	–	4	2	–	–	28	545	
–	1	–	–	–	–	–	2	–	–	–	8	120	8.41
1	7	–	–	–	5	–	6	2	–	–	36	665	
11	6	1	2	1	4	17	1	1	–	2	21	593	
–	1	–	–	–	–	–	1	–	–	–	5	107	8.85
11	7	1	2	1	4	17	2	1	–	2	26	700	
1	6	1	–	1	6	2	2	1	–	–	34	675	
–	2	–	–	–	–	–	–	–	–	–	–	122	10.07
1	8	1	–	1	6	2	2	1	–	–	34	797	
8	1	2	–	2	3	11	7	–	3	–	18	621	
1	–	–	–	–	–	–	7	–	1	–	4	109	9.22
9	1	2	–	2	3	11	14	–	4	–	22	730	
3	1	–	6	–	1	5	–	–	–	–	15	610	
–	–	–	–	–	–	–	–	–	–	–	2	138	9.46
3	1	–	6	–	1	5	–	–	–	–	17	748	
7	11	–	2	–	1	5	4	–	–	1	37	668	
–	1	–	–	–	–	–	–	–	–	–	8	131	10.10
7	12	–	2	–	1	5	4	–	–	1	45	799	
2	7	–	4	–	1	2	6	1	–	–	30	560	
–	1	–	–	–	–	–	1	–	–	–	7	113	8.51
2	8	–	4	–	1	2	7	1	–	–	37	673	
7	11	–	1	–	5	16	1	2	–	4	27	608	
2	–	–	–	–	–	–	1	–	–	–	6	125	9.26
9	11	–	1	–	5	16	2	2	–	4	33	733	
51	59	13	17	4	37	61	33	8	4	7	274	6570	
3	18	–	–	–	–	–	13	–	1	–	49	1341	100.00
54	77	13	17	4	37	61	46	8	5	7	323	7911	

视察闽浙两省司法后对于司法改良之意见[*]

郑天锡[**]

图司法之改良与整顿，非有充分之经费难期收效，固不待言。查今年各省司法经费，往往不能按时发给，欠发数月者有之，给付一纸空头支付通知书者有之。此次视察所经各省区，无不感经费困难。各法院维持现状尚须动用应行解部之法收，甚至挪用诉讼存款。为长官者几乎无时不在设法筹款中，对外难免有损司法之威严，对内不无未尽监督及设计等责之憾。在职员方面，缘经费无着，欠发俸薪，影响个人生计，本市精神难期振作。此项情形若不早日设法救济，则严格而论，将来各法院只能求其无过，若云进步则难矣。或谓当此内乱外患交迫之时，财政拮据已达极点，增加司法经费为事实所不许，如此则改良司法宁非永无希望乎，此又不然也。盖就此次视察结果而言，颇觉法院之用人行政方面如能加以整顿且对于现行司法制度上加以改良，务求程序简捷，一以杜绝靡费，一以省时省事，难以现在之经济状况，亦非全无能为也。兹将关于法院用人行政及司法制度上有堪注意各点详细分述于后。

甲、法院之用人行政

（一）现在各法院用人行政每有不按诸现状而实施者，如闽省于十八年经司法院核定预算为一百二十七万余元。但该省政府已大加核减，仅发六十余万元。而该省各法院用人行政仍已矣已失根据之原预算规划，甚至有超过者，

---

　* 本文原刊于《法治周报》（第 1 卷）1933 年第 11 期，第 23 ~ 82 页。原文仅有简易句读，本文句读为录入者所添加。

　** 郑天锡（1884 ~ 1970 年，Cheng Tien – Hsi），字云程，号莆庭，广东香山县人（今中山市三乡镇雍陌村）。中国著名法学家、外交家。伦敦大学法学系毕业，曾任大理院大法官，东吴大学法学教授，司法官次长，国际联盟法官，民国最后一任驻英大使。

或用人有过多者，如该省第一监狱任用员役竟超过人犯之数额（计囚犯五十八名而员役共六十一名），又该省闽侯地院长分庭每月受案民邢按级不满二十件，有时且不满十件，而配置庭长推事检察官各一员，书记官共计五员，此皆人浮于事之甚者也。故嗣后法院监所之用人如能切实核减，大足以樽节经费，借资挹注。

（二）各法院现在照本部定章应行造报各项书表，共有一百三十四种，又应编制备用簿册数十种，此外尚有自行添制用者亦显不少。例如金华地院簿册一门共有一百八十余种，如草率填载不求精密，则徒耗光阴与人力而无补于事，若图完善则甚费时日，几非配置数书记官专办此项事务不可。但详察该项书表及簿册之内容，重复赘容，无科学上统计之价值，其可以删除者当不在少，如能就此加以研讨，改良编制，务求简阔切于实用，令行各法院遵办，以资统一，则考核便利固不待言，且直接可以减少人员，间接即可节省经费矣。

（三）法官间案鲜有预先细阅案卷，而定一调查事实及讯问证人之方针者，故初次开庭往往不得要领，此亦时间不经济之一。况调查事实首重初次讯问，尤以刑事案件为然。如初次庭讯循行故事，每案至少多开一庭。不独调查证据不得其法，以全年论，因此虚费之时间实可惊人。如各法院长官对于此事能加以纠正，则法官办案之成绩必事半功倍，此亦节省人员而救济经费不足之方法也。

（四）各法院长官除高院外，院长首席本应兼办案件，然事实上均以行政事繁，办案稀少，甚至绝对不办一案。嗣后如能严令各法院长官一律切实兼办案件，则推检人员自可裁减不少，因而经费即可节省矣。

（五）我国机关办事，习惯上各司其事，本所以专责成也。但事有繁简，若徒借各司其事之名，虽极简之事亦以一人专任之，则近于靡费。现在各法院任用低级人员，不免有此通病。如能量事设人，严加督促，不使过于暇豫，则人员可裁减者当非少数，而经费自亦随之节省矣。以上各端不过举其要者而言，此外当有尚未见及者，但即就此数端而言，如能逐一整顿，自可减省经费不少也。

乙、司法制度

（一）检察官为代表国家起见，自不能不设，然就经视察各处实际状况而论，现在之检察制度未尝不可设法缩小范围。譬如酌量扩充人民自诉权，（一面仍设法防止滥用参照本部于本年一月十七日呈由行政院转呈中央政治会议之自诉案件补充办法，及英国一千八百五十九年之防止滥诉法 Vexatious Indictment Act 1859）变更现行检察组织，（参照新法院组织法第二十六条）仅于每法院就其案件之多寡配置若干检察官专办案件，一切司法行政事务归诸法院。既可使诉讼简捷无重复讯问之嫌，又可使法院行政事权统一，除去现在审检间因经费等事发生意见之弊，其结果即可以裁减人员节省经费矣。又关于刑事诉讼迟延以致被告羁押日久一节，汇集视察所经各处之意见，颇觉诉讼至第三审时须经第三审法院检察官加具意见书，不无关系。查刑事案件至第三审时，其第二审检察官无论系被告或检察方面提起上诉，均当具上诉理由书，或答辩书。迨至第三审，上级检察官复须加具意见书，因而耽搁时日，多至数月，亦所难免。在被告方面因之多押若干时日，固属不利。即在国家方面，因案件多延若干时日，其得失能否相抵，亦不无研究之余地也。

（二）县法院之设置，原冀国家不负担一般法院之经费，而人民得享一般法院之利益，故县法院之司法行政力求简略，院长首席等于地院推检。亦须办案与推检同，以期节省经费。惟经此次视察，颇觉县法院之制度不甚经济，盖县法院办理诉讼及行政事务一切手续仍与普通法院无异，为院长首席者，以地位关系，对外应酬既难避免，于办理案件不无影响，故设置县法院结果与本意相去颇远。如将各县法院改为地方分庭，由庭长兼理行政事务，俾可避免长官之名义，而多办案件，似亦节省经费之法也（参看法院组织法第九条及本部二十一年十二月二十九日第三二七九号训令）。

（三）为缜密审判起见，抗告当为应有之程序，但我国既采用三审制度，而关于法院之裁定复予当事人以抗告及再抗告之权，则意图拖延诉讼者，难免不利用抗告程序为额外三审之机会。况抗告及再抗告得不经言词辩论而裁定，事实上多属书面审理，抗告法院对于抗告事件之事实不无隔阂，且每不待对方答辩而裁判，尤嫌偏重一面之词，故现行抗告程序实际上足使诉讼迟延，已属显然。至对于人民有何实益，则不无待考之余地。如能于此项程序严加限制，不独可使诉讼速于进行，且可减少手续。即可裁汰人员而樽节经费也。

（四）按我国现行诉讼上诉权甚宽，每案不论大小，除民诉法四三三条及刑诉法三八七条规定，不论其为刑事或民事（除和解外）鲜有不诉至三审者，但一至三审，所须时日鲜有不逾年，实际上在国家及人民方面颇觉害多利少。如能对于上诉权加以限制则诉讼人方面，尤其是关于民事，可以减少讼累而法院方面自可减少人员而节省经费。

（五）我国现行民事诉讼法采诸西洋，其条文规定无几，无一不有外国最近立法例之根据，学理上自属完密。惟诉讼法与实体法性质不同，诉讼法与地方交通经济人民知识程度均有关系，在一国行之或甚妥善，行之他国未必有同一效果。现在我国内地交通尚未便利，经济尚未发达，人民知识亦尚幼稚，与西洋各国相差尚远。若以最近适用于外国之程序尽使之适用于我国不无研究之余地，此次视察所得内地之司法情形，颇觉现行诉讼法除上诉第三审及抗告程序会经述及外（见前）其他程序亦不免过于繁复。录每事不论大小，均须经过多次手续，而现行记录抄录及油印各方法均须多费时间，加以内地交通不便，于人工及时间均不经济。例如此次视察浙江诸暨县法院，偶然抽阅卷宗，发现〔1〕一案（二十一年初字四三四号何仁勇与何炳荣等因债务涉讼案）其诉讼标的不过四百五十元，而经过之程序异常繁复以致卷宗盈尺，其所费时间固不经济，其所费人工在国家方面亦恐超过该诉讼标的之价值也。兹为明了〔2〕起见，将该案经过程序，略述于下〔3〕。

二十一年五月九日　起诉

十一日　发传票七张内一张令原告指传

二十一日　庭训笔录计五页

二十五日　裁定重开辩论

又　传第二次

二十六日　送达裁定

又

六月九日　庭训笔录第二页

十四日　判决四页

十六日　送达判词九件

又　徵抄录费九纸

---

〔1〕 "发现"原文作"发见"，现据今日通常用法改正。——校勘者注。

〔2〕 "明了"原文作"明瞭"，现据今日通常用法改正。——校勘者注。

〔3〕 "下"原文作"左"，现据今日排版需要改正。——校勘者注。

十三日　承发吏报告受送达人不付抄录费

又　令吏协同警察征收

七月二十三日　申请[1]执行

发执行命令油印一纸（未填月日）

八月六日　又发执行命令附查封布告油印十纸鉴定书一纸鉴定人结文油印一纸

六日　送达证铅印一纸

十一日　补充执行命令油印一纸附查封布告油印十纸鉴定人油印一纸

又补充执行命令油印一纸附查封布告油印十纸鉴定人油印一纸

十七日　承发吏报告书一纸附还原令油印一纸鉴定书一纸鉴定人结文油印一纸送达证铅印二纸

十九日　拍卖命令一纸附布告油印十纸 送达证铅印二纸抄录证二纸

九月四日　承发吏报告书一纸

七日　传票铅印二纸点名单一纸笔录三纸

十七日　第二次拍卖命令一纸附布告油印二十纸送达证铅印二纸抄录证二纸

十九日　又第二次拍卖命令一纸附布告油印十纸送达证铅印二纸抄录证二纸

十五日　第三次拍卖命令一纸附布告油印十纸送达证铅印二纸抄录证二纸

六日　又第三次拍卖命令一纸附布告油印十纸送达证铅印二纸抄录证二纸

综合上列文件观之，仅法院所发之文件已达二百数十页之多，其所费事件及人工可想见矣。如能将现行民事诉讼一般程序酌量修改，务期省时省事，不但于诉讼当事人便利，于国家用人及负担方面亦可因以减少也。

（六）民事调解乃我国试创之程序，既不注重形式，复不须缴纳讼费，不独于人民有利，且因我国人民素爱和平，此项程序亦合国情。故立法之本意甚善，惟实际上在当事人未涉讼以前，多经亲友设法调停，涉讼后审判上亦

---

[1]　"申请"原文作"声请"，现据今日通常用法改正。——校勘者注。

常实行和解。是于起诉至前准备诉争之后，期间挟以一种法定之调解程序，未免多费一番手续，延长若干时日。就经视察各省区而言，除福建龙溪地院办理调解成立者尚属多数外，其他法院无一不有上述之感觉。且调解成绩殊不佳，如能将此项程序酌量免除不独涉讼上课减少延迟，且可裁剪人员而节省经费也。

（七）民事判决贵在执行，执行又贵有结果，如执行不得结果，则判决债权人不能收判决之效。不但判决等于废纸，且债权人反受费时耗才之累（例如屡传到庭迁延不结甚至终无结果是也）。此次视察讯问各法院，关于执行事件，无不对日，现在我国财产登记制度或未实行，或未完备，判决债务人容易隐匿财产，于民事执行常感困难。依现行办法，如不能发现债务人财产可供执行时，只有将债务人管收数月，或发给债权人一纸债权证书，以资暂时终结，俾将来发现债务人有财产时再予执行。但将债务人管收几月，或发给债权人一纸空文，殊非执行满意之结果，仅增债务人逃债之风，于社会道德及法院威信均有影响。窃查民事执行之障碍，一部分归诸财产登记制度未实行，或不完备，固有可言，但与破产法尚未颁布施行实大有关系。盖法律重在制裁，若无制裁而欲使一般人遵守，自属难能，民事执行亦然。若经三审判决后，债务人只预备管收数月，即可逍遥法外，毫无其他制裁，则民事判决效力殊嫌效力薄弱。复查各文明国尤其是商务发达之国，无不有破产法，盖以助民事判决之执行也。故此部分法律如能早日颁布施行，则现在民事执行不良之状况不无救济。再现在各法院关于执行事件，均委一二人专办。其用意无非以专责成，未尝不善。但现行考核成绩办法，不以执行假日办案成绩计算，致令主任推事为个人利益关系，不愿兼办执行，亦一原因。惟一人判决，他人执行，每每因此发生延迟。盖执行推事非主办之人，对于原案内容不无隔阂，故遇复杂案件，每有执行不得其法，嗣后如能令主办推事酌量兼办执行，当可减少诉讼迟延，因之亦可多办案件而节省经费也。

以上各点，亦不过就其最重要者而言，此外与诉讼迟延有关系之程序，自非一端。如能切实整饬，实事求是，务使办事简捷，人员精干，则今日数人之事或可由一人兼办而绰有余裕，经费自亦随之而减省矣。

据上论述，虽吾国目前财政支绌，增加司法经费固不可能，即按照预算实数发给，暂亦无望。然就现在之实际状况切实策划，未始无存在之道也，此外尚有建议数则，列举于后，以备采择。

（一）关于一切收入支出应悉数编入预算。查司法机关收支各款，为国库收支之一部，现行预算法规定每一会计年度内一切收入为岁入，一切支出为岁出，均应编入预算。诚以预算不立，举凡收支各款均属漫无稽考，且收支总数不能确定，即有应兴应革之计划，亦苦不能通盘计算，而定其方针。近查各省对于民刑缮状费、拍卖所得金、存款息金等项收入，闻有储为预算外之用途，一收一支，均不列入预算。似此办法，不惟收入莫由窥测其盈绌，即支出亦难杜绝其浮滥。本部为事前监督收入及事后稽核用途计，似应令饬将全年一切收入悉数编入收入预算，一切开支悉数编入支出预算，不得丝毫有所隐匿。庶几司法经费得一收支适合之根据，而不致有所棘手。

（二）关于经常支出，应就实收数核实支配，不得借口原有预算之定额，任意挪用。查各省司法经费，依照国地支出标准案原属省库负担，年来各省财政状况支出异常，每多欠发经费及减成发给，际此时会，即应实行紧缩，勉为其难，以符收支适合之原理。近查各省法院，一切开支多有依据原有预算定额照常支用，视法院各项存款为补助经常费之惟一的款，驯至日积月累，入不敷出，欠解工本者有之，挪用案款者有之。若不严令核实支配，各项存款势必挪用殆尽。人民权利、司法威信，恐两有不利。拟请令饬各省高院，关于全省法院预算数额，应就省府核定人数及中央补助数通盘计算核实支配。如领不足金额，亦应就实领成数樽节匀支，不得借口原有预算之定额，将应解各款及诉讼任意抵补，致乱计政。

（三）关于上诉人存款应专款保存，移交时应专案移交。查诉讼人存款，一收一付，悉与法院威信人民权利攸关。迭经本部三令五申，慎重保管，不得挪用，并定月报表式。令饬逐月造报，规划至谓严紧。近查各省法院，关于上市法令，仍不免有阳奉阴违情事。甚有一二法院竟将诉讼人挪用殆尽以法院全部款项抵偿尚虚不足者，长此不变，不惟人民权利无形剥夺，即法院威信亦因之丧失。拟请令饬各省法院，对于该项存款应令立某某法院诉讼存款户籍一扣，以示专款保管，不与法院牵混。如遇交替，并责令依照公务员交代条例施行规则第四条及诉讼存款造报办法第七款各规定，专案移交，以资整饬。

（四）关于院检会计应实行归并，查各级法院设置会计科，经征司法收入，保管银钱物品，编制年度概算月支计算，造送法收入报，及稽核所属书表所定员额，各有其庭办职务。近查各省法院检察部分，亦均有会计科设置，其所经收之款，谨刑事状纸一种，支出部分亦仅向院方领到该处一部分经费保管开支而已。因审检两方会计分立，以致庶务部分亦分为审检各一处，所有造送月报书表因会衔呈报关系，仍由院方会计科合并办理，故检方力所设之会计科事务既属简单，员额几同虚设。拟请令饬各省法院将院检会计科施行归并，既可裁减冗员，节省经费，且于院务进行上亦可收统一事权之效。征之东省特区法院各级检察院所城里时即不设立会计科，绝不经管银钱物品及发售形状。行经十余年，尚称便利。又查现行高地两院办事权限暂行条例规定，各法院会计事项应召集临时委员会处理之等语，首席检察官既为法院委员之一，一对于全院会计事务又舆议之权，自无须于法院会计之外另设会计，以成此畸形组之织。

（五）关于公务员交代应依交代条例严厉执行。查公务员办理交代中央定有交代条例，本部亦订有交代条例施行规则，督责不为不严。近查各省法院间有移交经年历数任尚未清洁者，以致收支各款是否确实及有无亏欠，均无法稽核。甚至应造书表及进行计划，因前任移交未清，亦无从着手，阻碍公务，所关甚巨。拟请令饬各省高院对于公务员交代务依该条例所定交代期限及制裁各条款严厉执行，一面并饬克拟定亦代总册及分册款式颁发听用，以昭划一而资遵守。

（六）关于福建经常预算，应照省府核定数，量入为出，从新编造。查福建全省司法经费，照十八年司法院核准之预算数目，年计一百二十七万二千三百六十元。福建省政府因库收短绌，始终仅允年支六十八万五千八百零八元。而该院除该款及少数留用法收外，又无其他款项足资弥补。际此时会，即应依照省府核定数，量入为出，从新支配，造具新预算，送由省府汇编。不敷之数，另由留院法收酌量支配，编造补助概算，以资救济。乃迁延年之久，仍株守此明知不能发给之扩大预算，不足之款，非动用应解工本即挪垫诉讼人款项，而实际该项挪垫，永久无归还希望。长此以往，法院威信难免无损失之虑，拟请令饬该省高院迅就省府核定数及中央补助数通盘计算，另编预算，如仍不敷，或严加紧缩减成发放，或从新支配大加裁剪。庶前此支应乏术之弊，或可幸免。

（七）关于福建龙溪等地方司法经费，应商由省库负担，不得由地方杂税附加。查地方司法经费依照地方支出标准案第五类规定，应由省库负担，该省龙溪地方法院经常预算，虽经司法院核准月支六千一百余元，而实际财厅仅允月支一千三百元，由龙溪杂税项下附加二千一百余元，合为三千四百余元。至附加来源，大半出自松桐、干果、屠宰、柴把叶、竹炭木、喜轿料、宴席、牲畜、纸币、废报、冥镪、金箔等三十余类。商人以庄严神圣之司法机关，而岁出经费竟出于苛捐杂税，有时尚须乞灵于贩夫走卒，引起社会之轻视，与商民之反感。政之不善，莫此为甚。拟请令饬该省高院迅依地方支出标准案，迳商省府取消杂税附加捐，而该院应支经费，改由省库负担，以正名实而维威信。

（八）关于承审员之任用，承审员之设置乃一时权宜之计，在未改设法院以前，其为一般人民生命财产之所寄托，职责重大尽人皆知，无待赘述。惟各省对于承审员之任用，每每忽视其先经考试方行委任者固不乏人，而以获一纸八行书即予以录用者，当在多数。视察浙江司法时，该省高等法院院长谈及该院任用承审员虽未举行正式考试，但系先由该院庭长检卷令试拟民刑事第一审判词各一通，评定甲乙，择优委派，闻江苏高等法院亦同。此法尚良，如果认真办理，则承审员之法律知识与夫文理是否清通是否明白，均可于其判讯中查核详尽，应取应舍，自有相当之标准。拟通令各省高等法院，嗣后任用承审员如未经考试及格者，应先令阅卷拟判，由高等法院庭长评定分述后择优任用。

（九）关于各省高院所属各院县办案成绩之考核，整顿司法重在用得其人。但我国版图如此其广，司法人员如此其众，以一部之耳目所及，恐未必能周。故非督责各省高院严加考核，无以补充本部耳目之所不能及。查浙江高等法院已编制考核所属各院县办案成绩表及业登薄，实行填注，尚可采用。（表薄样张见视察闽浙等省法院监所报告书丙号附件浙部第三四两页）拟通令各省高院对于所属各法院之推检书记官及兼理司法县政府之承审员书记员，其平时办案成绩应严加考核，据实报部。其考核办法及报部程序由高等法院编制考核所属院县办案成绩表，及考核所属院县办案成绩业等薄，以考核成绩表分由各庭长推检，于办理上诉或复办案件时，审查原审推检或承审员书记官或书记员之办案成绩，填具甲乙丙丁（甲为最优乙为优等丙为中等丁为不及格）签名盖章，送院长或首席检察官检阅后，登入考核成绩业登薄，表薄各备俩份。每月终以一份报部，并对于各推检承审员书记官书记员等应如何奖惩，详具意见。本部根据是项表薄及意见，详加审核，遇有疑窦，再行调卷复核，量予奖惩。

（十）关于登记之发展，按登记固可以确定或保障人民权利，而免无谓之纠纷。即少数之登记费集腋成裘，亦可借以补助司法经费之不足，如福建闽侯地院经费拮据，所赖以勉强支持者，即为登记费之收入，是登记之发达乃一急要之图。查福建晋江地方法院办理登记颇为努力订有便利各乡镇区登记办法，施行之后，登记事务日臻发达。拟将是项办法（见丙号附件闽部第四〇页）交本部参司审核后，通令各省采用，以发展登记事务。

（十一）关于监所之切实改良。各监所应办事宜多，而经费支出欲一一举办，亦事实上所难能，阳奉阴违，在所难免。长此以往，势必养成一种专注意于形式而不讲求实际之习惯。质言之，即可谓为蒙蔽之技能，实非速图改良不可（参照关于监所报告书中之按语）。拟令各省高院转饬各监所长官，就现时经济状况切实计划，据情呈报本部审核示遵，以期应办事宜得以实现，而免阳奉阴违转图蒙蔽之弊。

（十二）关于看守所设备及其羁押人犯待遇之改进。按看守所系羁押未决人犯，此项人犯仅有犯罪嫌疑而已，其是否判处罪行，尚难确定，事实上宣告无罪者不在少数，以情理论，其待遇应较优于监狱中之已决之囚犯。奈查各处看守所种种设备，均极简陋，往往逊于监狱。是将来宣告无罪之人，所受之待遇反不如已经判决有罪者，未免颠倒。拟通令各省高院转饬各院县应将看守所之设备力图改进，不得逊于监狱，及以后对于看守所须特别注意，以符未决犯所受之待遇应优于已决犯之意旨。

（十三）关于监所人犯之服役。按监所中之作业事项，不仅使人犯习有职业出监后易谋生活，且于监所经费亦不无小补，固应积极兴办。即或困于经费，工场作业无力举办亦应令各人犯在监外监内服役，借资运动。查视察各旧监及看守所，每询及人犯工作问题，或谓经费支绌，或谓缺乏工场。核其用意，不外拘泥于工场作业，实属错误。拟通令各省高等法院转饬各监所在工场未设备以前，应设法予人犯以服役之机会，借资运动，不必拘泥工场作业。

（十四）关于福建各法院通译执达员之待遇。通译执达员在法院中执行职务颇为重要，且其所处地位与环境，均易于舞弊。除应严加监督外，尤须给予相当薪水，使足以维持生活，方能养其廉洁。查福建各法院通译及执达员，其薪水每逊于工役，甚至执达员中有仅月给五六元者。按诸现在各地生活状况，实不足以养其本身，家计更无论矣。其欲不生弊窦，殊属难能。似应令饬酌量提高待遇，同时纵严督促，以防流弊。

（十五）关于福建各法院律师当庭陈述之方法。查经视察之闽省各法院律师代理诉讼或辩护，当陈述时，每按照诉状或意见书逐句朗诵，同时静待书记官一一记录。推事默坐无言，不免空费时间，殊属可惜。似应令饬该省法院，嗣后力革此弊，以期讼案迅速终结。如律师当庭陈述恐有未臻详尽者，应退庭候补具书面陈述，以省时间。

此次在浙省所视察之监所，除该省之第一监狱外，均系旧式。此项旧式监狱之建筑及设备，均属简陋，自不待言。即管理上多有欠缺，但就我国内地人民生活程度而论，此项旧式监狱如能于建筑上加以修理，于管理上加以改良，亦非尽不可用也。盖监狱首重狱政，形式次之。所谓狱政，其重要者，莫如能使囚犯身体康健及对于囚犯能施以有效之感化教育。此项狱政，事在人为，即于旧监亦未尝不可实施。惟一搬心理，未免以为凡属旧监，诸事均从消极，尤以看守所为然。盖无论何处，只闻模范监狱，至模范看守所则未之闻也。建筑新监固属善政，但现时筹款艰难，岂容束手。即筹款有方，建筑新监亦应参酌当地人民生活程度，不宜徒仿西洋，致刑事政策背驰。例如现在工程未竣之浙江第五监狱，构造方面略仿其他新监，然进化民风朴素，对于该新监之大洋房，未免以为美观有余，惩恶不足。现在有之旧监人犯，竟有须到新洋房一住为快之说者，其影响犯罪心理，于此可见。穷以为际此经费支绌之时，就内地而论，整顿旧监较建筑大规模之新监更为急要，而整顿旧监尤宜注意实际，譬如关于管理，须定适当标准，严令施行，莫求过者，以致实行上发生困难，日久竟成具文。例如此次在浙所经视察之新旧各监所关于人犯之教诲及沐浴，无不曰每若干日举行一次。盖依监所规则，应如是也，但据抽讯人犯及详细查核之结果，颇觉未必尽然。是该项规定等于具文，若此不改，于法令尊严不无影响，此堪注意者一。又人犯作业或作工，本含有善化之用意。盖不仅能事其勤劳成习，出狱后易于谋生，且免其饱食终日，无所用心，致生恶化。至作业办理完善，于监所经费，亦不无小补，尚属细事。故各监所即使困于经费未能设立工场使人犯作业，亦应设法使其在监外或监内服役，乃各旧监所无不借口经费支绌，或托词缺乏工场，对于此点，均欠注意。例如金华县监狱人犯四百三十三名，作工者仅十八名，义乌县监狱人犯二百零九名，作工者仅三十名。诸暨县监狱人犯一百八十一名，作工者仅二十二名。各看守所均无作业，亦鲜有服役，此堪注意者二。监所簿册至关重要，若不完备，则流弊滋生。但经视察之各旧监对于此点，均不注意，应备簿册，或付阙如，或临时赶造。是项情形，似应纠正，此堪注意者三。

至在闽省所视察之监所，除龙溪之第二监狱外，均系旧式。各该监所关于人犯教诲沐浴作业服役及簿册等事项，其有可议之处，与浙省大致相同。此外如多用人员，以福州之第一监狱第一分监及看守所为最显著。第一监狱人犯仅五十八名，而员役竟达六十一人。第一分监人犯仅五十二名。而员役竟达三十三人。闽侯地方法院看守所人犯仅一百五十五名，员役亦有四十五人，不事樽节，此亦堪注意者也。

改良司法刍议：论司法阶段下之人民身体自由[*]

陈霆锐^{**}

国民政府于去年七月十五日，训令行政院军事委员会及其他直辖各机关，颁布保障人民身体自由办法，定期去年八月十一日起，开始实施。那桩事件，一时颇引起全国人民的兴趣与注意。因为我国自抗战以来，人民之身体自由，实在大遭蹂躏了。有些人以为在这抗战年头，国家间只有强权而无公理，所以在一国之内，一切约法，及各种民刑法律，亦可置之不理，谁是强者，就可欺凌弱者。谁若有权有能者，就可压迫无权无能者。于是军事机关可以处理民事，警察局可以审判案件，犯轻微罪的人，可以大罪加诸其身。民事性质的案件，可以一变而为重大的刑事案件。随意逮捕无辜的人民，随意羁押无力的被告，随意议处人民巨额的罚款。逮捕以后，往往不访不问，等候至二三年之久，被告自己不晓得所犯何罪，连主管官员亦不懂得如何办法。甚至体罚刑讯，几为普遍的事实。全国人民，嗟叹怨乎，大有"天高皇帝远"的情况。那种情形，一直下去，法纪荡然无存，法治之盛，将永远归于绝望了。国府当局，顿下决心，颁布保障人民身体自由办法，将来军警各当局是否能奉令维谨，虽尚在不可知之数，这却是无疑地宪政开始时的一个好表示。但那种保障办法，是对人民尚未进入司法阶段，或其他有合法之检察或审判权机关之阶段者而言。同时间就不曾假定人民身体自由，在司法阶段之下，

---

* 本文原刊于《震旦法律经济杂志》（第 2 卷）1945 年第 1 期，第 3~6 页。

** 陈霆锐（1890~1976 年），江苏吴县人。东吴大学法科毕业（第 3 届），获学士学位。1920 年赴美留学，获美国密歇根大学法学博士学位。1923 年回国，曾任东吴大学法律学院英美法教授、暨南大学教授。抗日战争时期，出任国民政府参政员。1944 年赴美考察司法，次年回国当选为制宪国民大会代表。1948 年 3 月去台湾，从事律师业务。1954 年任台湾东吴大学法学院院长。著有：《商法》（英文本，商务印书馆）等。

即有相当可靠之保障。（人民在其他有检察审判权机关之阶段下暂置不论）所以人民在司法阶段下，身体自由，究竟有无保障，值得我们仔细检讨一下。

要检讨人民身体自由，在司法阶段下有无可靠保障，我们要看现行之刑事诉讼法，在关于这一点上，如何规定。

刑事诉讼法第一百零一条 被告经询问后，认为有第七十六条所规定之情形者，于必要时得羁押之。

同法第七十六条：被告犯罪嫌疑重大，而有左列情形之一者，得不经传唤径行拘提：

（一）无一定之居所者；

（二）逃亡或有逃亡之虞者；

（三）有湮灭伪造变造证据或勾串共犯或证人之虞者；

（四）所犯为死刑无期徒刑或最轻本刑为五年以上有期徒刑之罪者。

同法第一百零七条 羁押与其原因消减时，应即撤销，将被告释放。

依照上〔1〕开条文看来，似乎法律对于保障人民身体自由的规定，相当严格，人民身体自由，可以不致在问官喜怒哀乐之下横遭蹂躏。但仔细研究起来，第七十六条之条文，尤其第二第三两款所予问官权限之伸缩性，实在太多了。依"之虞"二字的解释，差不多每个被告，无论所犯的罪名，是重大，或是轻微。都可以说"或有逃亡之虞"，都恶意说有"湮灭伪造证据或勾串共犯或证人之虞"。问官仅有法律可以根据，可以任意将被告拒提或羁押。被告说，"我没有逃亡。"问官可以说，"你有逃亡之虞。"被告说，"我没有湮灭伪造证据或变造证据。"问官可以说，"你有湮灭伪造证据或变造证据之虞。"被告说，"我没有勾串共犯或证人之虞。"问官说："你有勾串共犯或证人之虞。"在这种情形之下，难有苏秦张仪做他的辩护律师，亦被告于无能为力。被告对于驳回声请停止羁押之裁定，难可以依法抗告。但这种法律之下，其效亦等于零。笔者执行律务二十多年，眼见人民身体自由为"之虞"二字所牺牲剥夺的不知有多少人。所以吾愿借这个机会，大声疾呼，为一般刑事被告之身体自由为"之虞"二字所牺牲者叫屈。向刑事问官常利用"之虞"二字剥夺及蹂躏人民之身体自由者申诉。对将来修改刑事诉讼法之立法家，为未来之刑事被告请命。近来立法者对修改刑事诉讼法第一百零一条同法第

---

〔1〕 "上"原文作"右"，现据今日排版需要改正。——校勘者注。

七十六条之规定，认为不满意者，必大有人在。所以实验地方法院办理民刑诉讼办法，关于羁押刑事被告一点之规定，已大有改进。试抄录该办法第二十一条如下[1]。

实验地方法院办理民刑诉讼办法第二十一条 刑事非有不能具保，责付，限制住居，或其他必要情形，不得羁押。

按该条文用消极方式之文字，保障刑事被告之身体自由，似乎比较刑事诉讼法之条文，已觉进步。但以笔者看来，"其他必要情形"六字殊太笼统而富于伸缩性，推其弊之所至，将与"之虞"二字相同，所以笔者尤以为未足。

说者谓公务员滥用职权，逮捕或羁押人民者，依照刑法第一百二十五条第一项为渎职罪之一种。所以刑事被告如不当逮捕或羁押而问官滥予逮捕或羁押，尽可引用该法条对问官起诉，如此就可以救济刑事诉讼之穷，而伸被害人之冤。可见得当时立法家并未忘情于刑事被告之身体自由而会予以适当之保障。这种说法，在文字上及理论上，似乎说得有理。其实按之实际，尽属纸上空谈。因为中国人民，素来畏官如虎，吃了冤枉官司出来，已觉万分幸事。又安敢于顶头官员在法律上争一日之长短[2]呢。恐怕自中华民国开国以来，那种案件，还未发生过一次。那么，这个刑法条文，又岂不是仍然为一种具文。

按照英美刑法罪名大概分为三种。一为叛逆罪（Treason），二为重大罪（Felony），三为轻微罪（Misdemeanor）。除犯叛逆及杀人放火强盗罪外，其余犯人经传喊或逮捕之后，都可取保释放。而且犯人出庭之后，辩护律师与法院第一件应办的事，就是商酌保额。对于人民之身体自由，可谓郑重已极。因为他们警察制度的完备，侦查手续的迅速，与夫保证制度的确立，所以犯人交保之后，绝少逃亡及湮灭证据及勾串共犯情事。现在吾国不于这三点上努力改善，纯以严酷之手段，对于刑事被告，太为不智，亦太为不公。

所以笔者意见，中国刑事诉讼法，应修正之点不胜枚举。但最应予以修正的条文，就是关于羁押一章。除犯叛逆杀人放火掳赎等罪名者外，其余诸犯人应有绝对请求保释之权，法院不得驳回。如此以后，人民之身体自由在司法阶段下可有适当之保障，才可以谈法治，才可以谈宪政。愿以此文贡之今日之立法界与司法界而为共同的研究与探讨。

---

[1] "下"原文作"左"，现据今日排版需要改正。——校勘者注。

[2] "长短"原文作"短长"，现据今日通常用法改正。——校勘者注。

匡救司法刍议[*]

董　康

一、减审级

四级三审，瀛环通例，而于事实进行，恒虞迁缓。近欧美学者颇主三级之说，日本于台湾及治关东侨民采用之。上年并节并初级裁判所，颇称便益。中国财政支绌，欲按旧日编制法设立审判诚不易，易若仍隶行政官于独立宗旨南辕北辙去之愈远且或行或辍亦非政体。今拟折衷其说，裁初级审检以地方厅为初审用，单独制繁剧区域，酌设分厅。事简者民刑合并为一，凡刑事徒刑一年以下，民事五百元以下，以高等为终审。逾此许至大理院上诉。若高等以上员数仍用旧制，如此变通似较简易。再中国幅员至广，司法行政断非中央一司法部所能监督，拟于边远省份酌设大理分院二三所，于中区画一部，管理司法行政事宜，以收觏一之效。

二、甄别法官

审判为四民生命财产所寄，非品学经验三者兼备，不能胜任。前清以刑部为刑名总汇，每届分部，必须磨炼有年，方任主稿。犹今之庭长三载考绩，择优升擢。是以诸曹治术秋官称最，洊擢封圻卿贰者亦多于他部。民国改建，锐志刷新，官人一途，未暇审择。而外省法官，尤乏良材。演述登场既同优孟，师心妄断更戾舆情，甚至朋比律师交相舞弊，亭平之旨多乖怨讟之声，莫恤诚恐。将来篝火狐鸣揭竿起事必有借口——审判之黑暗者。拟请秉公考

---

*　本文原刊于《庸言》（第2卷）1914年第1～2期，第6～11页。原文仅有简易句读，本文句读为录入者所添加。

核，用资匡正，凡黩货骫法及不职者惩处，学堂未合格或贿买文凭者斥罢，甄别律师亦准此。黜陟之途严，斯贪残之风熄，而国民可获法律之保护矣。

三、编刑律施行法

新刑律采大同主义者，固多依据唐以来旧制，亦复不少果能于旧律。研究有素自易融会贯通，第法曹诸彦率皆昧已国法制之源流，拘泥外国之判例学说适用之际，凿枘诚多，亟宜筹沟通之法。拟请将旧律沿用，未能骤废及新律所未详者，另辑施行法并详加诠释，颁行法庭，树之准的以杜出入，庶议新律者知编辑方针，初无戾弼教之本旨也。

四、强盗从严

唐律强盗一疋徒三年，二疋加一等，十疋及伤人者绞，杀人者斩，持仗流三千里，五疋绞，伤人者斩。注云，谓以威若力而取其财，先强后盗先盗后强等，盖唐律强盗兼包抢夺，即图财害命亦赅于内。故衡情定拟，并非概处死刑。自明律各设专例，强盗专指入室行劫者而言。遂有得财皆斩之文，迨前清仍设原情免死之法。新刑律一准唐制，议者动谓无唯一之死刑者误也。夫立法期垂诸，永久而权宜亦不妨因时昔粤匪之乱，行就地正法章程，伏莽赖以肃清。方今国基初缔，易煽浮言，战祸未弭，尚资屯戍，既虞七伍之结队横行，更虑匪党之乘机窃发。寻绎周官刑重之意，宜定劫略惩肃之方。拟请暂复就地正法，凡东三省河南四川陕西两湖两广及长江一带，并临时戒严地方，遇有劫略之案审，系游兵逃勇，会匪马贼，或执持洋枪火器，及聚众十人以上，并强奸杀人放火干预城池，打劫牢狱等项，有一于此，由地方行政官讯明，即行正法。年终汇册分报司法内务等部，查核无须送审判厅，致羁诛戮，俟数年后盗风稍息，或警察监狱之制完备，随时呈明规复旧制。

五、立审限

往时京师法司推鞫，各定程期，罚金等罪十日，遣流徒罪二十日，死罪三十日，外省层递勘转命案限六月，盗劫等案四月。详旧律断狱门鞫狱停囚待对条，其隔省关提及难结事件，始准咨部展限。督课既严，留滞自少。自设立审判厅以来，借口调查手续稽缓，即以今日京师各级拘留人数与从前提牢厅比较，可以推知外省更无论矣。此中淹禁滋蔓诸弊，实有难为当事诸君曲解者，拟请查照旧制酌立审限，并于惩戒法内严定处分，俾昭儆戒。又疑狱，一端唐律依所犯论赎，旧律监候待质，此类事件长令久延，未免拖累。若遽行保释，户口不清，警察未能实行监视，必致远飏，日后发见新证据，难期归案。重讯似宜，暂复待质，除应科三月未满者仍保释外，死刑无期徒刑以十年，其余视应处刑期二分之一为限，监候待质逾限，别无证据，据予开释。

六、疏通监狱

推行新刑律，必须警察监狱诸制完善，否则较旧律反多窒碍。中国经济困难新监狱未能普设，即以京师而论，各监已有人满之患，而犯罪者方源源而来，恐将来瘦毙，必多致失圆。

土教民本意兹酌拟疏通之法如下，一重罪改易实发，择内乱外患骚扰略取强盗等案内，科无期及一等有期徒刑者，移送新疆云贵两广等省，充当狱外苦工，仍避交通便利地方以防逃逸。二盗窃[1]刺配刑事案件，盗窃居其强半。往时每届冬季，并有故犯窃案入监以图棉衣口粮者。积滑性成，难期困悔。宜俟审判厅判决确定咨送监狱后，于右臂刺盗窃二字，视其所定年限，移送五百里外，照旧例充徒再犯刺左臂，三犯刺面，改易实发。三试服狱外工役，例如种植或修筑道路之类。清季现行刑法，已采用自由刑，停止流徒，然从前庆典频仍，除有关十恶谋故杀强盗等重罪外，入狱未逮数年，恒予减免。若雨泽愆期，复遣官省虑，以故狱无久系。民国政体，断难数赦。新刑律虽许假释此类，宽典未必尽人可沐。且拘于定限必须逾刑期二分之一以后查办不易似宜设狱外工役，凡因人入狱已逾二年者，由狱官审察品行，确有悛悔，实据呈报本部得改服狱外之役，即令于该狱官监督所及之地住宿，无庸入狱以示优异，但无期徒刑之因人不在此例。

七、行秋谳

唐狱官令，立春后，秋分前，不奉决死刑，违者徒一年。若犯恶逆以上，及奴婢部曲杀主者，不拘此令。见唐律疏议死罪分别立决监候，盖始于此。然监候仍有轻重之不同，故明设朝审之制。京师岁霜降，五府九卿科道官会审于朝堂，虑而上请，情真者决，矜疑者戍边。有词者调司再问，比律者监

---

[1] "盗窃"原文作"窃盗"，现据今日通常用法改正，下同。——校勘者注。

侯。前清推广其义为秋审，分情实缓决可矜三项。情实之中，复有声叙免勾者，世所行秋审条款一书，规制俱在。良以死刑至重不得不慎之又慎也，新律死刑较少，诚无须如此分析。第死刑各条，揆之旧律，不尽立决之犯，例如杀人罪。若一经判决确定，即交部发令执行，恐有旧律监候，在新律宜处立决者又旧律擅杀。本包谋故，新律设正当防卫，容有因名词定义之不同，致生纷议。在旧律应科擅杀，在新律予以实抵者。又旧律服制等项，端绪至繁，有以卑犯尊，夹签改监候入服制册免勾者，例如死系淫恶蔑伦等项，声明并非无故逞凶干犯是。有以尊犯卑亦拟死刑者，例如争产图袭挟嫌惨毙等项同凡是。若在新律原情定案，不难铢两悉称。然执礼教之说，必致有与旧日办法不同者。又旧律处刑限域较狭，且承行数百年，并有汇览诸书，可供参考。新律反是，法庭判决，或从多数之决议，或由一人之心证。苟未逾本条范围，断难责以违法。亦有在旧律可从轻，比在新律反置重辟者。从种种方面推测之，不无出入之可虞。拟请设死罪即决条例，将内乱外患杀尊亲属及犯杀人罪系因奸盗或关系服制，凡旧律应处立决者，概予即时处决。余俟秋后平情定谳，分别执行顺时行戮。隐合前规而于失入之案，改拟缓决亦借以剂轻重之平也。

八、定民事取债法

民法及民诉，未经颁行，外省民事案件，异常迟缓。债务人因惩处无文，故意违抗[1]小民之痛楚，较刑事为尤甚。似宜亟定取债之法，起诉之时，逆料债务人安心拖赖，预将其产业暂封备抵。定案后逾限不偿者，酌予押追，以保债权人之权利。

---

[1] "违抗"原文作"抗违"，现据今日通常用法改正。——校勘者注。

改进吾国司法现状的几点意见[*]

梅仲协[**]

　　吾国古代，治权不分，牧民之官，监理狱讼。清季变法，号称维新，行政和司法，始具门户。其司法制度，都是摹仿日本。民国肇建，以迄今兹。其间数十年来，司法制度，虽迭经变革，可是立法者都喜采用外国法治，未能顾及本国国情，削足就履，甚不便于民。不佞服务法界，亦历有年所，窥以吾国司法的现状，却有改善之必要。爰就管见所及，略陈数端，供参考云而。

　　（一）检察制度，应予废止

　　考检察制度，渊源于法国，日本明治维新以后，一切法制，都仿效于法兰西。明治二十三年的旧刑事诉讼法，便把法国的检察制度与预审制度，整个搬过来。我国现行的检察制度，又是直接效法于日本，间接师承于法国。可是这种制度，在我国既无历史上的根据，又不合于实际的需要，所以自前清末年，一直施行到如今，总觉得检察制度，只有坏处而无好处。第一，程序重复迟滞，徒使人民受诉讼的拖累。记得在高等以下各级审判庭试办章程

---

　　* 本文原刊于《新政治》（第 4 卷）1940 年第 5 期，第 10～16 页。

　　** 梅仲协（1900～1971 年），字祖芳，浙江永嘉人。法学家，教育家。曾留学法国巴黎大学，获法学硕士学位。梅仲协自 1933 年起在国立中央大学及中央政治学校教授民法。1943 年出版《民法要义》一书，用德国、瑞士、日本等国的民法学说，对 1929 年的中华民国民法进行分析研究，阐释各个法律概念的法律内涵，并提出个人见解与意见，遂成一家之言。除了民法领域，梅仲协在其他诸如法律思想、宪法、商法等方面亦有建树。因早年留学法国，多受欧洲法律思想浸染，在罗马法、自然法以及近代德国法、法国法等方面亦有颇多论述，散见于当时各期刊且多被现今学者引用。梅仲协主张有选择地继承中国传统法律制度，这主要体现在其对先秦诸家的法律思想的研究。1949 迁台后，梅仲协执教于台湾大学法律系并在其他多所大学兼任教授，另常年担任台湾地区"教育部学术审议委员会委员"。梅仲协在学术思想方面的成就影响至今，且终其一生耕耘在教学一线，教书育人的成果亦是桃李天下。

及刑事诉讼条例时代，刑事诉讼，除采取检察制外，并确认预审制度。那时候刑事官司，名义上虽则是四级三审，实际上却是四级九审。这话初听起来，好像很奇异，但是情形，确然如此。案件经告诉人告诉以后，经检察官侦查，予以却下，告诉人得申请〔1〕再议。再议如被驳回，可以申请再再议，其间共经过三个审级。受理再再议之审判机关，若将案件发回，经检察官重行侦查之结果，认被告有犯罪嫌疑者，则移付预审。此时检察官即处于原告地位，对于预审庭所下这不起诉裁决，可以提起抗告，并再抗告。其间又可经过三个审级。连前共为六审。如受理再抗告之法院，将案件发回重行预审，而经裁判起诉者，那么〔2〕案件应移付刑庭审理第一二两审为有罪判决时，被告当然可以提起控诉或者上告；为无罪之裁判时，第一审或控诉审检察官，亦可分别提起上诉。这样一来，刑事案件，自始开始侦查，以迄于判决确定止，其间不是可以经历九个审级吗？当时司法当局，深知道这种诉讼程序，既重复，又烦累，于是颁旧刑事诉讼法，废止预审制度，并限制告诉人对于检察官所为之不起诉处分，只能申请再议一次。现行刑诉法的内容，虽与旧刑事诉讼法，颇有出入，但对于检察制度，始终不肯为彻底之改革，其检察程序，仍循旧刑事诉讼法之例。故其程序虽较试办章程及刑诉条例时代，略微简单，而依然还是三级五审。无辜的被告，往往有不堪拖累之苦，甚且有因羁押日久，而瘐死于囹圄者。第二，犯罪证据，每以检察官侦查时，未为严密注意，致被湮灭，使裁判难期成为信任。在现行司法制度之中，检察官的职务，仅在侦查犯罪。检察官侦查所得之一二证据，足以认被告有犯罪嫌疑者，即可提起公诉。犯罪嫌疑，同须凭证据以认定，但究与认定犯罪事实而为科刑判决时所需之证据，程度上略有区别。科刑判决中所采用之证据，大抵较为丰富而切实，而在检察官侦查中，只须略有一二事实，足以认为犯罪嫌疑者，便可为公诉之提起。更就人事上言，检察官中，固不乏精明干练，忠于职务之能员，但亦有因工作过于繁巨，收案结案的考核，过于苛求，为精力及时间所限，对于所承办之案件，但求略有头绪，足为起诉之张本者，即率尔提起公诉，把案件移送公诉庭，便算是卸了责任。因此往往对于应搜查之处所，未为搜查，应勘验之物件，未为勘验，而应传讯之人证，未为传讯；致使被

---

〔1〕 "申请"原文作"声请"，现据今日通常用法改正，下同。——校勘者注。

〔2〕 "那么"原文作"那末"，现据今日通常用法改正，下同。——校勘者注。

告或与被告有密切关系之人，得以从容湮灭证据，或串通人证，卒致黑白颠倒，真伪难分。在此种情形之下，公判庭推事，即欲为周密之调查，无如事件已失去其真实性与时间性，无从着手了。而被告反可利用机会，以攻击起诉意旨，希图漏网。承审推事，有时亦明知被告有犯罪行为，但苦无确切之证明，只得任其出脱。第三，推检同僚，情谊关系，易使审判失去其公平。就法律上言，检察官只有侦查犯罪嫌疑人的职权，而无判决罪刑的权限。可是检察官与推事，均系司法官，都须具备法院组织法所定的同等资格，而被任用的，且又同院办公，情谊当然厚密。检察官提起公诉以后，依法律便处于原告的地位，他只能与被告讲平等，却不能与公判庭推事通人情。须知道爱面子是人们的通病，经提起公诉的案子，如果被刑庭宣告无罪，那么不但攸关考核，在面子上是大大的过不去。在这个当儿，非提起上诉不可。所以凡刑事案件，经检察官起诉者，推事为原全同僚的情谊起见，被告总要晦气，十九皆须受科刑的判决了。若要宣告无罪，只有两种办法：或者被告能够提出千真万确的无罪反证，或者推事预先得到检察官的同意。所谓审判独立，法院超然的话，在富于讲面子顾人情的中国民族性，简直没有这回事。我从前在某审判庭服务时，亲见一位很有背景的检察官，对于其所提起的案子，被第一审推事为无罪的宣告，竟而大肆咆哮，恶言诋詈。后来总算经高等庭的庭长，从中斡旋，请其提起上诉，把被告于受科刑判决之同时，宣告他一个缓刑。好在中国的老百姓，像羔羊似的，只要无须坐牢，有罪无罪，他是不大理会的。检察官的面子既到，老百姓事实上又不吃亏，在老官僚的心中，这是一件多么圆滑的玩意儿，可是若把法治精神来讲，也未免太笑话了。按现行刑事诉讼法第二○七条载，检察官因告诉告发自首或其他情事，知有犯罪嫌疑者，立即侦查犯人及证据。法院之贵乎有检察官者，在乎能代表国家，摘奸发伏，自动的检举犯罪，消极地为社会扫除败类，积极的为大众维持安宁与秩序，而不希望专等着人民为告诉告发，而后开始侦查。我国自采行检察官制度以来，不下三十余年，但所谓检察官因告诉告发等以外的情事，知有犯罪的嫌疑，而自行检举者，可说是绝无而仅有。检察官还不是和推事一样，终日坐衙中，专等着老百姓来告状，谁看见法院的检察老爷，却包公传中所说的私行察访过一件案子。据司法行政部最近披露的二十五年度司法统计表所载：该年度内二二六六九八件侦查案子，内中只有一○八六件，是由检察官自行检举的（见司法统计刑事侦查案件第二表。惟该表内所立"由于申请"一项目，谅请"由于检举"之误，而并非指刑法 一 一九条请求乃论之罪而言），仅及总数千分之四强。就该一〇八六件检举的案子内容以观，其中数字较大的：属于伤害罪者，计二八三件，属于伪证及诬告罪者，计一二六件：属于盗窃罪者，计六十八件。其检举的经过如何，统计表上固未予说明，而依吾人的推测，如伪证与诬告罪的案件，大抵与他案有关，因他案确定以后，检察官乃从卷宗中发现出来的。这种检举，仍旧可以坐在衙门办理，不必到社会中去搜寻。只要看表上所载关于赌博罪之由于检察官自动检举的，在二十五年度，仅有三个案子。以中国之大，人口之众，若检察官能厉行检察职权，难道一年之中，社会发现三起赌案。要之，在现状下的检察官，因于工作的繁剧，和司法经费的支绌，没有时间与金钱，可以深入社会去工作。只好像推事一样，你不告，我不理，多一事不如少一事，得过且过罢了。

依吾的愚见，检察制度，在我国既然是弊多利少，就应该直接痛快地废止掉。凡侵害个人法益的事件，应许被害人或其利害关系人，迳向刑庭自诉；其侵害国家或社会法益，或虽系侵害个人法益，而私人有所畏惧不敢自诉，而事关公序良俗者，则应由行政警察机关，负检举之责。在现制下之检察官，论其性质，原来也是行政官员，不过专司刑事诉讼的事宜而已。如果废止检察制度，把这部分的刑事诉追职权，由行政检察机关兼理，在事实上不特毫不增加困难，而且反较便利。现制下的检察官，在执行职务之时，每感不能得行政机关的协助，致减弱其工作效率，借使把刑事的诉追职权，由行政检察机关兼理，则实无旁贷，自不能不奉行法令。况且警察机关，遍设全国，耳目既广，犯罪的检举，自较坐衙中之检察官为易。至于行政警察机关，因兼理检察职务之故，其机构应如何扩充，乃是技术上的问题，是很容易解决的。

（二）司法官的任用，应破格进贤

逊清末年，以及北洋政府时代，对于司法官的任用，非常谨慎而严格。国民政府定鼎南京以后，为充实各级法院的人员，并且为罗致英才起见，推事和检察官的任用，当破格以求。尤其是最近几年来，只要是"能员"，总有进身的机会。最高法院的书记官，可一跃而为同院的推事，陆军少将出身，也可任最高法院的庭长。立法院的衮衮诸公，为使立法与司法取得密切关系起见，曾经郑郑重重把施行未及一个月的法院组织法第三十三条第三十七条及第三十八条，予以修正。凡曾任立法委员三年以上者，得充任推事或充任检察官；曾任立法委员五年以上者，得任最高法院院长（因为立法委员不肯大材小用，所以在修正第三十三条中，并未列有曾任立法委员几年以上的一项）。足兑现当时的司法界，对于人才的罗致，是何等的关怀。不过美中还有不足。立法与司法当局，对于国内各公私立大学法律学系的毕业生，尚未予以充分的注意，不能无。近十几年来，各大学的法律学系，虽因师资的缺乏，和经费的拮据，各种设施，未能尽满人意，但是现时学习法律的青年，其常识之丰富，与精神之饱满，则远非民国初年的法律别科或法政讲习所的学员可比。近今读律的学生，一年少一年，这其中固然因朝野奖励使用人才[1]，潮流所趋，不肯提挈读律的学子，也不失为一个重大的原因。

据我的观察，近时青年，不愿读律则已，如果立志要习法律之学，则真不对于这门学科，感觉甚大的兴趣，并且深愿对于司法前途，有所贡献。可是事与愿违。辛辛苦苦学了四年，最多只当一员书记官，非经高等考试的一场考取，休想任推检。诚然，考试制度如果严格推行，凡是事务官，非考取不得任用，那么司法官当然不能例外。如无事实上却并不这样，要任行政官，大半只要有靠山或八行便行，而司法界则无此方便之门（为罗致英才，当然有例外），尤其对于青年，更丝毫不假以词。老实说，现时各大学的法律学系的毕业生，委实有些了不起的人才，只因司法界的重门深锁，进身无路，只好所学非所用，在社会上乱碰乱撞，这确是国家的重大损失，立法与司法当局，应该设法救济才是。不佞以为凡国内公私立大学法律学系毕业生，成绩优异，思想纯正，经校方保送，并经审查合格者，得充补推检。庶及读律的青年，也可和立法委员一般，与司法界取得密切的联系。

如上所言，青年们要服务司法界，已经不是一件容易的事，但是经过了千辛万苦，跨进了法院之门以后，而前辈司法官不特不肯提携后辈，反而多方面阻挠后辈的进取。顷读司法评论创刊号辑五先生著中国司法危机一文，有如下一段沉痛的论述：

在司法界服务，如无前辈指引，则终身不能上进，此几已成为一种显著之事实。但一般前辈对于后辈，则多极嫉妒刻薄之能事，唯恐后辈之不湮没无闻以死，而一跃与其并驾齐驱，除少数以特殊关系，得上进外，真能因僚属师生而相互深知，由前辈对在下工作之后辈，作公正之提引者，实为不得

---

[1] "人才"原文作"人材"，现据今日通常用法改正。——校勘者注。

一二焉。例如老司法官类皆饱尝候补之苦味，如有后辈候补，请其提引补一正缺，则必骇然作色曰：你尚年轻，可再等几年，我也曾当过候补十几年才补入正缺。又如，中央从事司法工作人员，将有以正缺推检分发之说，某老司法官闻之，便跳起脚道：那除非天翻地覆，我看是百分之百不可能的。及后，果以正缺推检分发，则又拍案大叫到！毛头小子，一出即为正缺，司法界从此多事矣。推老前辈之意，似曰：我们吃过的苦，非叫你们后生小子吃吃不足以资报后，而扬我威。在此种种情形下，老前辈们既不很公公正正的为整个国家民族之司法，提引后辈人才，所提引的则仅为其有特殊关系所属之奴才。甚至循环的，奴才又提引奴才，而真正有作为之司法人才，则永落在十八层九幽地狱，无法超升。此当然在国家民族任何方面，均为一种最大之损失！

民族要绵延，人才亦要有接替，学问与地位，更是不可以断居其。所贵乎前辈者，即在于能够提携后辈后训导后辈，继往开来，使文化的前途，万寿而无疆。目前司法官的待遇，比任何一种公务员都不如，我们正在督促政府，提高司法官的精神上与物质上的待遇（见新政治月刊第一卷第二期拙著改革法律教育与提高司法官的待遇一文），由候补升一个正缺，算得什么，对于这一切，法界的前辈，倘还有所妒忌，其余则可不必问了。司法界的前途，真是不堪设想。

（三）民事诉讼文件，应以邮局送达为原则，执达员应即撤裁

按现行民事诉讼法及法院组织法上所谓执达员，即旧法上之承发吏，名称虽则改变，而其地位与待遇，仍丝毫没有变易。依照各地方法院办事的惯例，凡有关民事诉讼的文件之送达，都交给执达员行之，法律虽明定邮务局亦可充送达机关，但送达之邮局为之者，极为罕见。在执达员为送达时，一切车舟膳宿，及其他费用，均须由当事人负担，仅仅一纸传票，受送达人往往要破费五六元之多。这还不过是徒增人民负担而已。至于由执达员为送达，其流弊诚不堪设想。

现时各地方法院执达员的人数，多着十数人，少者三五人，如果一切应为送达的文件，都由执达员亲自送达，在事实上万万不可能。所以执达员必须私顾"副手"。据一般调查所得，每一执达员平均都顾用副手五六人之多。法院当局，亦明知这是违法的事情，却为事实所限，也无法加以禁止。这些副手，大抵都是些地痞流氓，在他们代执达员送达文件时，除支取依法应交

之送达费外，还勒索酒资鞋钱（因为执达员所私顾的副手，照例不给薪水）甚且寄宿在当事人的家中，硬要杀鸡为食。滋扰不堪！这还不算是最可恶的。最可恶的，是恫吓诈财的勾当。他们是执达员的副手，终日在执达员的办公室里扯混。关于法院承办的案件，他们多少可以得到点消息，承审推事的个性和作风，他们亦皆了了于胸。利用送达文件的机会，便在当事人的面前，说得如此如此，这般这般，或用硬功，或用软法，总要使当事人入其谷中，即俗所谓"撞木钟"是。法院的尊严，司法官的清廉人格，给他们弄的稀糟。这种弊病，老法官没有不知道，可是谁也不肯革他们的命。

依吾愚见，执达员应该根本撤裁。民事诉讼的文件，除有特别的情形，由书记官为送达外，概由邮务局行之。邮局遍设全国，虽穷乡僻壤，亦有邮差的足迹，难道还怕无法送达吗？在离法院遥远的地方，由执达员负为送达，其送达费用，非三五元不可者，若由邮局行之，仅费一二角钱便够，减轻当事人的负担不少。熟悉法院内情的人们，即无由与当事人接触，招摇撞骗之风，可以大杀。

二九（1940 年）·八·一三于南泉

改造社会风气与司法界[*]

梅仲协

（一）

改造社会风气是总裁指示的一个建国基本工作，这一基本工作，现在正极重要，因为抗战数年来，社会受到战争的影响，发生许多巨大而深刻的变化，这些变化中，关于物质方面的，一俟战事结束，即可回复原状。或者转变到正常状态。但关于精神方面的，则不若是简单，则值得吾人特别注意，在关于精神方面的变化中，社会风气一点是最重要的，也是最基本的，所以我们今日来论改造社会风气，不仅要改造我国社会风气中过去积存的不好风气，尤须矫正抗战以来形成的一些恶劣风气，一求培成良好的建国所必需的新气象。

总裁又曾指示出，社会风气之改造，又以彻底[1]改造国民对于法治与自由的观念为先。良以现在国家必须为一有组织有秩序的法治国家，现在国民必须为能正确认识正确运用自由的人民，否则，社会必致凌乱不堪，其人民必致违法乱纪，而国家亦将随之萎靡不振了，所以今日论改造社会风气，又应以树立法治精神为其中心内容，其目的应在完成一个现代化的法治国家。

以上是改造社会风气的涵义，由此点观察，我们便发觉在这建国大业肇始之际，要求社会风气之改造，我们的司法界实与之有莫大的关系，因为我们改造社会风气的着眼点既在于法治与自由的观念，而在一个国家，法治的

---

[*] 本文原刊于《文化先锋》（第3卷）1944年第13期，第8~10页。

[1] "彻底"原文作"澈底"，现据今日通用用法改正。——校勘者注。

规模实以司法部分为最确具，亦以司法部分为其始端，至人民的自由，也要在司法部分得到其正当与否的判断，变现其最实际最灵活的姿态。所以要求法治之树立与发展，最好由司法部分着手要求自由观念之改造，也当以司法为其手段：现在我愿特别以司法为出发点，申论其理，并且进而论及我们的司法界在这方面的任务，其应努力之方向，以及其自身应注意之点。

（二）

首先，我们觉得司法对于社会风气之改造，作用很大，实为极有力量的工具，司法界在这一方面，应该特别注意，特别发挥其力量，总裁说："教育实为改造社会风气的动力。"教育的力量是足以使社会风气转变，而社会风气应循的轨道实有司法作用来维持，普通人都知道，司法的作用在维持社会的纪律，保障人民的权利与自由，规定人民的行为使之合法而适当。实则这些都是树立社会风气的手段，社会风气是无形的，其具体表现在行为，行为之当否与良否即是决定风气之善恶，所以由行为之改造而求风气之改造，虽与教育作用之由心理之改造而求风气之改造不同，其结果并无二致，司法作用既在判断人民行为之当否，自亦有此作用，古者一二人之所更不待言了。大多数人之所行，固在有人为之倡导，而奖惩利导，实不可少，对于一定行为，认其为是而容许之，或认其为不是而抑制之，与此一左右之间，即有使人遵循之力量，司法之作用亦在于此，我们要改造社会风气，如仅依赖言传教化，从心理上去着手，成效固可期其必然，但不能期其迅速，尤其在现代社会中，随着社会组织之复杂与人类心智之奇巧，道德感化的力量不若旧日之易于普及，人之行为必然须依法律的力量而受规范，其实现在的法律，其中含有的道德成分极大，所以法律实足以补助道德之不及，或者加强道德的力量。因而我们若以司法的手段来引导人民的行为，而求社会风气之改造，不仅为合理的事，也是极易收效的事。举例来说，我们要养成法治精神，要培养奉公守法，负责切实的风气，固然一方面可以用宣传感化的方法去提倡，但实应还不如对于凡背于这种风气而行的人加以制裁，使一般人均望而却步，自然的趋向风气所指的方向。抗战以来，社会上发生了许多恶劣风气，如贪污，如自私自利，我们并不缺乏善良风气的倡导者，也不缺乏宣传者，只以欠缺一种严密而实在的制裁，那些恶劣风气仍能存在，所以现在要改社会风气，我们认为在倡导宣传之外，更应该注重其制裁。换言之，更应该注意社会中司法的作用，司法力量之发挥，"其身正，不令而行"这种现象是以现代社会的社会组织的简单性，与家族制度，以及那种社会中人性的模傲性为基础而存在的，现在虽然仍能存在，但已还不如古代之普遍了，现代的工业社会已不同于往日的农业社会，现在的国家尤不如往日的民族或封建社会，我们今日应该注意的是，国法所在，不敢不趋了。

近十余年，我们的司法作用，毋庸讳言，实在没有发挥其力量，司法界几乎成为社会中被遗忘的一部分，这真是我们国家的一个危机，从前列强在中国保有领事裁判权便是以中国司法落后为理由，在一个现代法治国家中，司法实在是社会中之所以安定，国家之所以巩固的大力石，我国近十余年，社会动乱，国势陵夷，原因颇多，而司法作用衰微，以致社会正义不存，国家纲纪败坏，实不失为重要原因，其所以致此着者，由于司法界本身者有之，由于社会全体者有之，姑不具论。我们只希望今后我们既要改造社会风气，树立建国的新风气，就不应该再忘记这一个重要的工具，再不利用这一个切实的手段，利用司法作用来改造社会风气，其收效迅速而宏大，其效果显著而切实，所以今后我们要求社会风气之迅速改造，社会全体必须认识司法的力量而运用之，而重视之。至于司法界自己，也应该认识自己的作用，知道自己对改造社会风气的能力，而负起这种责任来，这是我们论司法界与改造社会风气关系的第一点。

（三）

其次，我们所谓改造社会风气是以改造人民对于法治与自由的观念为中心，在这一点，司法的重要性更见增加，而司法界的责任也就愈大，我们知道，社会上大多数人对于一种制度，必待久见其运用，久受其效果之影响而后始认识之，拥护之，至于一般人对于一种观念，自由则就为一种观念，对于这种制度与观念，一般人决不能一闻知便了解，便接受，便身体力行。要一般人知道法治的意义，法治的好处，我们必须将具体的法治现象给他们看，要一般人正确的认识自由，我们必须向他们指出具体的自由，而法治与自由，表现的最具体最完备的是在司法界，所以我们要改造人民对于法治与自由的观念，也以使他们从司法部分去了解为最佳。一个社会中，要以司法部分为法治最高的形式，而人民自由之正确与否亦要由司法部分为之判断，所以我们觉得，要使人们接受法治的观念，要使人民守法，国家必须首先重视司法作用，充分表现司法的力量，要使人民有正确的自由观念，国家也应该使司法部分运用其力量去制止人们不正当的自由，保护人民正当的自由，否则人民在法治程度应该最高的地方看不到法治，或者受不到法治的好处，怎会相信法治呢？人民在司法方面得不到对真正自由的保障，得不到对不正当自由的制裁，怎会知道那样的自由才是正当的呢？

在这里，我们只须提出最重要的两点，使之能发挥其力量，人民守法，其司法机关因为他种社会力量的阻挠不能去保护他；人民违法，司法机关因为外界力量的牵制不能去制裁他；甚至人民有了争讼，司法机关为了外界之干涉不能公平地裁判，这样，人民对于法治就不会信仰，就不会守法，那么要想社会上大都有守法的风气，都有法治的观念，其是不可能的了。其次，我们还要协助司法的力量，使其能达到全社会，而收到最实际最明显的效果。例如人民的自由，司法机关认其为正当的，表面没有社会全体的协助，不能对之加以切实的保护；人民的自由如果是不正当的而不能号召社会全体对之加以制裁，这样，人民对于自由之正当与否，安能辨别？社会上更没有对于自由的正确观念了，所以我们要改造社会的风气，必须由此去注重风气的洁净。

至于司法界本身，对于这一点，当然应该负起责任。为了建立一个法治的国家，端正人民对于法治与自由的观念，司法界必须将自身的法治精神发挥到最高度，并且要尽力之所及去运用自身的力量。发挥自身的法治精神，就是要先改造自身的风气，使自己为社会之先导，我国旧日司法界被社会所指摘的保守，腐败，敷衍，诸种劣点必须不复见于今后，而守正不阿，负责不替，力求进步的风气必须发扬，而后人民对于法治的信仰可立，对于法治的认识可以正确，社会的风气才可形成。

法治与自由的观念，可说是我们改造社会风气中心的问题。法治的精神能够确立。而后社会上大多数人能够遵循礼法，社会上才有法度正义。整个的社会风气才能善良端正，此所以我们论及改造社会风气，特别注重法治之点而特别注意司法界的了。

（四）

改造社会风气真是现在急迫而重要的问题。我们国家要成为一个新的现代化国家，整个社会风气实有改造的必要，而抗战以来，一些恶劣风气又随之而生，更令识者心忧。然而此事巨大，谈何容易。论其质，千头万绪，论与法，亦非简单，不过我们今日所希望者愈能迅速切实愈好，所以必须提纲挈领，以最有效之手段去进行。我们认为在现代社会中，道德感化的力量已不如国家法律收效迅速，而在现在国家中，全部风气又以人民奉公守法为中心，所以法治立而社会安，全部风气亦将趋于纯良，今日要改造风气，求其中心工作，当在法治，求其最有效之手段，当在利用司法力量。笔者草述此文，愿特别提出改造社会风气与司法界并论者，意在此耳。

改革法律教育与提高司法官待遇[*]

梅仲协

（一）

近数年来，因为政府的奖励，和实际的需求，各大学理工科的学生，人数骤增。次于物质建设的前途，固然是极可乐观的现象。不过就另一方面观察，除一二私立大学以外，文法学院的学生，则日渐减少，尤其是法学院的法律系，每一个年级，多者不过十数人，少则仅有一二人。年来公费派遣留学，亦只着重自然科学的研究，于法学人才的培植，却丝毫没有注意到。在目前虽还不觉得有若何重大的影响，将来因法界老成凋谢，后起乏人，只怕会闹成"法律恐慌"。国家的建设应注意于各部门的同时发展，自然科学与社会科学，不能偏废，尤其在法制国家，法政人才的培植，更不容忽视。不过我国二三十年来的法律教育，颇有令人不能满意之处，吾人应检讨过去的谬误〔1〕，力求矫正，而予以积极的改革。闻最近司法院有改善法律教育的计划，其具体方案，尚未露布，内容若何，殊难细揣。依管见所及，认为下列的改革方案，或较妥洽。

国内公私立大学的法律系，及司法院法官训练所，应一律予以撤裁，由国民政府司法院，行政院，及考试院，联合主办国立法律学院若干所，修业期限，定为七年，毕业考试及格者，取得司法官，律师及公证人之资格。逊清光绪二十八年，维新变法，当时京师及各省，遍设法政学堂，这是我国有

---

* 本文原刊于《新政治》（第1卷）1938年第2期，第11~15页。
〔1〕 "谬误"原文作"误谬"，现据今日通用法改正。——校勘者注。

法律教育之始。但因当时法典尚未完备，师资又很缺乏，所谓习法政之学者，不过略求皮毛而已。民国以来，法律教育的情况，亦未见较逊清时代为进步。一直到国民政府奠都南京以后，各省的法政专门学校，次第归并于国立或省立，因经费的增加，与师资的充实，法律教育，略具规模。民国十八年以后，复因各种重要法典之颁行，讲学上益有所准据，不像从前的仅以各种草案或日本法律为依据。现行法典，均系采取近代各国最新的立法例，参与三民主义的精义，就立法的旨趣和技术上言，不特足以与欧美诸先进国法律相媲美，并且可以说有青出于蓝。当然了，研究一种学问，无论是自然科学或社会科学，都不是一件容易的事，而研究法律，却和研攻医学一样，是各种科学中最繁琐最难做功夫的一种学科。我们既由此崭新的法典，那么〔1〕研究时所需要的数据和工具，便不能不求其丰富与完备。前几年颇有人批评条文主义的法律教育的缺点。愚以为如果担任法科的教授，都能依现行法典条文，讲解透辟，读律的学生，都能够依教授的条文解释，领悟清楚，只怕已经是一件不容易做到的工作。立法院起草法典时，是把近世认为最合时代精神的立法例，作为重要参考数据。就现行民法言，一千二百二十五条中、有一千条左右，是从德国民法翻译而来，其余的又从瑞士民法日本新民法，摘取其一部。即使照条文解释，主讲者非通晓德瑞日三国民法，则数典而忘祖，便无从解释起，读律者非粗懂一二种外国文字，亦无从阅见参考书籍。况且立法院在起草之际，因时间局促，未能斟酌甚善，误译误解之处，亦所未免，以条文为讲学的对象者，自不能不予以相当的纠正与批评，以求将来立法技术上之改进。

依我的愚见，条文主义的教授法，并不是绝对的不可行。法典既经颁行。纵使不无可以批评之处，却总是现行有效的法令，于初习法律的学生，不能不予以详细的诠释，比其明了现行法的内容。不过法学知识的灌输，不能以此为唯一的终极的手段。人类的生活，常受环境的支配，环境改更，生活当然起了变化。今之所是者，古或以为非，古之所非者，今或以为是。法律是人类社会生活的行为规范，生活既有变化，法律自应随之转移，以期适应现实。所以无万古不易之常则，无一成不变之定法。法律教育，要注意时代的推移，和人类生活的转换。法典尽管陈旧，解释却要新时。一九〇四年法国

---

〔1〕 "那么"原文作"那末"，现据今日通常用法改正，下同。——校勘者注。

法学界庆祝拿翁法典百年纪念的大会席上，彼邦最高法院院长，发表演辞。说今日吾人之适用拿翁法典，仅以二十世纪的眼光，解释十九世纪的成法，绝不愿违背时代的精神，而受条文辞句的严格拘束：这寥寥数语，颇足发人深省。故在新法初颁的国家，条文主义的教授法自有可采的长处，而在法典颁行较久者，这种教授法，往往失其重要性。时代的精神，却比法条的辞句，更可宝贵。

负法律教育的责任者，于讲解现行法令，及指遵其适用以外，还应该使学生明了立法的原理。就欧洲大陆法制言，拿翁法典是露骨的代表个人主义与自由主义的中心思想。迟于拿翁法典将近百年而产生的德意志民法及瑞士民法，其立法上的旨趣，也是依个人主义为骨干，而略参以社会政策的改良方案。我们若以民生主义或社会连带主义，来批判他，德瑞法三大民法的优劣，不过五十步与百步之差，谈不到有所谓根本上的不同之点。土地私有极之应受严密保护，法律的本位是权利不是义务，都是此三大民法所共认的原则，衡以三民主义的理喻，和中山先生昭示我们的耕者有其田，和人生以服务为目的，不以掠取为目的的遗训，是否有所背驰。我现行民法采德瑞民法法典之成规的，十居八九已如上述，并且把数千年来维持民族繁衍于不替的宗室继承制度，毅然废除，采个人本位的立法例，让继承不过是为死亡者处理遗产的一种善后办法。后于亲属编中，认继母与夫之前妻子女，相互间，只有姻亲的关系，这是否与党义国俗民情，略有出入。都是立法原理上应该研究的问题，而负法律教育指导之责者，应格外予以注意，将现行法的整个价值，从新估计。

（二）

现行法的研究和立法原理的探讨，固然是负法律教育指导者之专责，但教育的对象是学生，专门学术的讲授，应使学生自动为学问之研究，不能使其被动的受知识之灌注，做专门学问的，要常识丰富，工具完备，这是人人所知道的，常识丰富则触类旁通，此物称引。工具完备，则可以博学群籍，互证参观。但是就现行法律教育制度言，因课程的繁重，修业期限的短促，无法使学生储备常识和充实工具。法律系的必修科目，不下十余种，以四年的光阴，欲就各种重要法律，为条文的解释，尚虞时间之不许可，更有何余力，以及其他。愚以为修业期限，应定为七年：分预科二年，本科三年，研究班二年。

增设预科，旨在授予[1]研究专门学科的必须工具，并充实一切与学科有关之基本知识。上面说过，我国现行法律，既吸收欧洲大陆诸国的立法，那么为研究现行法的渊源，不能不使学生通晓欧陆各国的现代文字，除英文一门，应在预科继续修习外，至少需加授德文或法文一种，作为第二外国语，以便直接阅读参考书籍。唯德法文的学习，非有充分之时日，不能获得相当成绩，而预科年限，又仅短促，为求速成起见，第二外国语的授课时间，每星期至少需在九小时以上。至关于法律学科之基本知识，如哲学，伦理学，心理学，社会学，经济学及文化史等，固应在预科讲习，同时为提倡中国本位的法律起见，经籍中如尚书，三经，春秋，论孟，亦需在预科修业期内，列为必修之学程。现行教育制度下的高中毕业生，只有阅读中古以降的文言著作，而于古籍经文，不有从师学习、自修未必能通。况且晋升[2]大学以后，因课程繁重、即欲自修，而时间亦不允许。然而我国近代的政治法律，受经籍的影响甚大，汉儒且有主春秋决狱者。现行法典，既模仿外国，讲授法律者，亦只好先说外国法，对于中国固有的法制，则不免有所忽略。在预科修业期限内，倘能熟识有关政法之经籍，不特于学习本国法制史的时候，在搜习材料方面，获得许多便利，而且于研究现行法之是否适合国情，亦可因此得有比较切实之批评。至因此极可增进学生之国文程度，更其余事了。

本科修业期内，应以现行法的讲授为主旨。重要法典，如宪法，行政法，民法，民事特别法，刑法，民刑诉讼法等，均应以充分之授课时间，采条文主义的教学方法，务使学生明了现行各种法典之内容，法典之渊源，条文之适用。更需于法典之外兼及判例解释例之援引与批评。同时指导学生，参考外国文书籍，以引起其研究专门学科的兴味，且使其在预科所习之外文字，不致荒疏。

研究班的教学方针，在启发学生的思想，探讨立法的原理，并注意实际上之考察，以征证理论与事实是否吻合。如本国法制史，各国法制史，法律哲学，罗马法，英美法，本国旧法典，刑事政策，犯罪学，指纹学，法医学，

---

[1] "授予"原文作"授与"，现据今日通常用法改正。——校勘者注。
[2] "晋升"原文作"升晋"，现据今日通常用法改正。——校勘者注。

司法行政，及其他各种比较法学，如比较民法，比较刑法等课目，均应择要修习。并需以研究班二分之一以上之时间，为诉讼实习，使学理与经验；互相印证。最要紧的，在研究班，应注意学生自动的研究学问，教授仅处于导师的地位而已。

照上面所讲的情形，法律教育的年限，既有所增长，就目前情况言，如果各大学的法律系，都应这样改革，则不但经费发生困难，即师资亦必甚感缺乏。最好将公私立大学的法律系，一律撤裁，设立国立法律学院若干所，使人力财力得以集中。近年来司法院法官训练所，特设专班为从事党务工作人员，以一年六个月的时间，授予法律学识，比其服务司法机关，充任推检。专班设办的主旨，似在使法界同人中增加若干深切认识党义的司法官，用意不为不美，不过就另一方面看，法律是一种专门根深的学科，断不能在短促的期间之内，可以修习完善。在现制下的各大学法律系毕业生，虽经司法官考试及格，而未经过相当的见习时期，尚虞其不能胜任愉快，而谓匆匆不及两年之修业，即可担任司法上之重负，衡诸常识，似所不许。愚以为这种特殊法律教育机关，亦应撤废。

再者，今年法律系学生人数的锐减，并不一定是青年的心理，都喜欢学习理工学科，实是在理工科的毕业生，在这物质建设急切时期中，技术人员的需要既多，就业问题，自易解决。而学习法政之学的，尤其是法律系的学生，学科的繁重，工作的根深，并不在习自然科学者之下而就业的困难，和报酬的菲薄，则非理工科学生所可比拟。未经高考及格，无从取得司法官的资格，即使考取了司法官，非挂过二三年的见习，补不上一名实缺的推检。在同期毕业的同学中，学理工科的，已经受到了工程师的待遇，而习法律的，还只能够拿到区区的津贴或者极微薄的薪给。在这种情况之下，一样的读书，试问谁有勇气，学习法律，何怪法学院的门前，萧条冷落。法律教育，仍能照上述方案，予以改革，学生于七年的修业期限内，既获取了丰富的常识，与必须的求学工具，又对于现行法有所深切的认识，并且于法学理喻与法律实务，有相当的造诣，自不能否任其有为司法官，律师，及公证人之资格。愚以为国立法律学院，应由司法院，行政院及考试院共同主办，学生肄业期满，经毕业考试及格者，应认为即取得司法官之资格，得任命为候补司法官。既足以鼓励青年研习法律之勇气，又与现行考试制度，不相剌谬。

尚有一事，与法律教育，有密切关系的，绝为师资的培养。年来国关于法律系的教授，因师资的缺乏，基于无法维致。法律教育之改革，并不是专求量的增加，最重要的，还需求实的改善。欲求实的改善，不能不先谋师资的充实，而充实师资，应该从培养师资入手。

（三）

法律教育的目的，一方面在造就法学专家，使其在学术上有所贡献，而另一方面，则在培植实务人才，充任法官，为国家服务。就目前情形言，全国公务员中，任责最重，而待遇最薄的，莫过于司法界的推事与检察官。法律教育，即使经过一番改革，而司法官的待遇，倘不予以提高，则司法界的前途，仍不免于暗淡。至所谓提高待遇，应就物质与精神两方面，兼筹并头，而下述诸端，似宜极加注意者。

（一）办公时间，应予缩减。劳心与劳力，在生理上的影响，却有不同。八小时工作的原则，于精神劳动者，似乎是不能一体适用，现制下各级法院办公时间，名义上除星期日外，每日上午四小时，下午四小时，但事实上法官为取案结案的比例，以及考绩的关系，每日工作时间、总是超过八小时。最高法院推事，每人每月，亦需作成四十件以上，各级法院判决书的内容，过于简单，尤其是最高法院的判例，还不若民国元初时之有精彩。殊不知今昔的情形不同。在民国元初时的北京大理院推事，每星期只办二三件案子，而现时的最高法院推事，每星期却要办到十二三件案子。大理院时代的推检，依旧还有不少在最高法院服务，足见还不是人的问题，乃是时间的不允许。愚以为司法官工作时间，每日不得逾六小时，每周除星期日外，应另有一日之休息，每年应有例假一个月。服务在五年以上者，应有一年之修养。除地方法院外，高等法院及最高法院推检，每月承办案件，不得逾二十件。

（二）各级法院，应设置个书馆。司法官的经验，与服务的年限，常成正比例，年限愈久，经验愈丰富，而司法官的思想，却和服务年限，往往成反比例，年限愈久，思想愈陈旧。这其中虽不无若干的例外，但就大体而言，不能不认为是普遍的事实。丰富的经验，固然是很可宝贵的而陈旧的思想，颇有碍于法界前途的发展。法官的任务，不仅在适用法律，得其平允，于解释法律，尤需合于时代精神。况且民事案件，法条习惯，两无根据时，法官应依法理，衡情宣判，此在现行民法法典，定有明文。而所谓法理，并不是全靠法官个人的经验与主见，凭空摸索，应该像瑞士民法所讲：法官需处于立法者的地位，取搜求立法者所应采用的法理、学说与判例，均有可取为法理的价值。可见司法官应随时阅读国内外法学名著，并浏览一切与法学有关之出版物籍以广益其思虑，渊博其学识。各级法院图书馆之设置，实属刻不容缓。

（三）政府应为司法官保险。除最高法院外，一般司法官的报酬均极有限，年来物价的飞涨，每使月薪所入，仅足糊口，说不到子女的教育费与疾病的治疗费。在这种度日维艰的情况之下，精神上受生活压迫的痛苦，已足以影响工作的效率，一旦遭遇不测，身后的萧条，更属不堪设想。（我亲见某地方法院民庭庭长，一家八口，在任阙缺，清风两袖，殡葬费用，悉系同僚所酬赠，凄凉若是，凉堪浩叹。）司法官工作的艰苦，责任的重大，既非其他公务员所能及，而国家之待遇司法官。还不若海关监务一税吏之优厚。何怪乎一般青年，视司法界为畏途。愚以为司法官的薪俸，固应一律予以增加，同时政府需为司法官保险，例如本人之死亡保险，疾病保险，子女之教育保险等等，均由国库负担其保险费之全部或大部分，方足以安定其生活。

上例三端，均系荦荦大者，他如退养金之给予，现行法院组织法，已有明文规定，法官住宅之供给，一二收入丰裕之法院，亦已渐见实行。提高司法官的待遇，固有需相当之经费，际兹抗战期内，国库支出浩繁，一时似难措办，但吾个不能因经费的困难，根本忽视其待遇之改善。

司法问题研究[*]

倪征燠[**]

吾国自古崇尚礼治与人治，孔子论语为证篇云："道之以政，齐之以刑，民免而无耻；道之以德，齐之以礼，有耻且格"，标榜礼治，忽视法治，彰彰明甚。孟子离娄篇云："惟仁者宜在高位，不仁而在高位，是播其恶于众也。"荀子君道篇云："有治人，无治法。法不能独立……得其人则存，失其人则亡。"其重视人治，亦复溢于言表。慎到威德篇虽有"法虽不善，犹愈于无法，所以一人心也"之说，附和者，除有先秦法家诸子外，究属少数。直至近今，尚有以法律为束缚君子，便利小人之工具者，仍不免人治观念过深。吾国法治观念先天衰弱，于斯可见。际兹抗战胜利，民主高潮涌起，法治为民主政治之基石，欲谋促进法治，则必改进司法，提高法权。改进司法之道为何[1]？或曰"人"与"财"而已。所谓人者，须有良好司法人才；所谓财者，充实司法经费是尚。实则仅有充分人才[2]与经费，尚嫌不足，必有健全之司法组织，简明之办事程序，方能运用自如，有条不紊。为政之道，不尚空谈，宜就当今司法上重要问题，予以研究检讨，针对时弊，提供具体意见，以备采择参考，余撰本文，即抱斯旨，所谓 Problem Study，虽非有系统之研究，而于各该问题，务求获得解决方案。尤以各问题间关连之处甚多，

---

[*] 本文原刊于《中华法学杂志》（新编第 5 卷）1947 年第 8 期，第 10~21 页。

[**] 倪征燠（1906~2003 年），1906 年出生于苏州府吴江县（今苏州市吴江区）的黎里镇，中学毕业后，他立志学法，报效国家。他先在上海东吴大学法学院读法律专业（苏州东吴大学设在上海），1928 年毕业于东吴大学法学院（第 11 届）；之后留学于美国斯坦福大学法学院，获得博士学位，受聘为约翰霍普金斯大学荣誉研究员。

[1] "为何"原文作"维何"，现据今日通常用法改正。——校勘者注。

[2] "人才"原文作"人材"，现据今日通常用法改正。——校勘者注。

检讨时允宜统筹兼顾，以免头痛医头，脚痛医脚之讥。下述纯系代表个人意见，敢以公诸同道，惟仓卒操觚，难免挂一而漏万，幸毋苛责。兹将各问题分：（甲）关于人事财务方面；（乙）关于法院组织方面；（丙）关于办事程序方面三部分，论列如下[1]：

（甲）关于人事财务方面

（一）司法官取材问题

审判得失，上系国家治乱，下关人民生命财产之保障，故法官职责綦重，允宜慎选于先，而免贻祸于将来。或谓法官应通事理、文理、法理，实则法官除应具有学问经验而外，尤贵有风骨。十七世纪时英国大法官柯克（Lord Coke），因国王詹姆斯一世（James I）干预审判，不为所屈，奉诏入宫。王谕："朕念法律者，基于理性，朕非无理性者可比，焉用晓晓！"柯克对曰："陛下聪明睿智，固为上帝所赐，但法律之为物，关系臣民之生命财产，须有专长之技术，与历久之经验，方能运用自如，非仅天赋理性所能驾驭者也。"王怒曰："卿意朕当在法律之下矣！"柯克对曰："陛下不下于任何人，唯在上帝与法律之下也。"上述故事，不啻为一代名法官写照，惟此类法官即在厉行法治之英国，亦不多觏，以此为法官取材标准，何异于吹毛求疵，刻舟求剑？窃谓希望不能不高，至于实际上录用标准，自可斟酌情形，予以订定。吾国抗战时期，全国推检人数，约计二千余人，（三十三年度全国在职推事检察官及公设辩护人，共计二千四百八十一人）各方需要孔殷，取材已不易易，胜利后，实地收复需要更多，全国司法官人数，约计四千人左右。为应付需要计，扩充法院组织法第三十三条关于初任法官资格之规定，使合于年资之司法行政官、书记官、承审员，得以取得法官资格；一面举行法官考试，及格者予以短期之训练及实习，期满后派充法官。但上项措施，用以应急，固属事非得已，如果采为经常法官取材标准，则不无斟酌余地。余深知书记官、承审员中，有优秀人才，不能无晋升之阶梯，况条文规定，须成绩优良者，方为合格，并非年资届满，即可当然取得法官资格。第条文有此规定，年资届满者，即可依法请求送审，长官往往以多年僚属关系，评语自多奖饰，本亦人情之常，于是所谓成绩优良云云，有时成为过门套语，司法官质素因此

---

[1] "下"原文作"左"，现据今日排版需要改正。——校勘者注。

无形降低，实堪隐忧。正常办法，私应以参加考试为阶梯，则优秀分子可经考试而擢升，不致永远埋没。凡经法官考试录取后，不论其依何种资格投考，均须经过较长时期之训练与实习，注意心情上之修养，俾能熟悉审检程序之运用，彻底了解法官之职责，期满派充法官后，应先配受简易民刑案件，渐次配受其他较繁案件。或谓："严格取材固善，其不敷应用何？"余曰："宁缺毋滥，千古箴言，况今日之法官，有费甚多时间于抄写工作，（见后）极轻微刑事案件，亦须经过侦查程序者。（见后）组织较大法院首长，有终日被困于总务、会计及人事应付者。（见后）如经一一调整，即可由少数法官，处理所有审检事务而有余，法官质素提高，则其待遇较易增进，司法尊严亦较易维持也。"

复观近年以来，司法官因生活艰难，无法继续工作而改就他业者，为数甚多，此固公务员普遍现象，非司法界所独有。司法行政当局，当以法官资格规定甚严，补充不易，爰于民国三十三年一月，呈准国防最高委员会，限制离职法官，不得于一年内改业律师，司法人员之外流，固因此而较少，但被困于生活者，临时改就他业，一年期满后，悬牌改业律师，实大有人在。为今之计，亟应尽量设法提高法官待遇，使勿萌外流之念，一面加强新进人员之训练，为未来法官之储备。盖法官改就他业，是否与其性情相合，不无问题，且改业律师，亦非赤手空拳所能为之，故如法官待遇调整，虽不能与律师收入等量齐观，但既无改业之迫切需要，自可安心继续工作矣。凡此虽与新进人员之取材问题无关，要于司法前途有重大影响，故一并论列。（至于如何提高法官待遇详另节）

（二）扩充司法经费问题

司法经费向由各省库负担，故各省法院之设备，司法人员之待遇，往往因各省库之赢绌而有异，此种事态，殊非合理。自民国三十年起，经吾国司法行政当局之折冲，改由国库负担，各省司法经费，统依国民政府判定之预算执行，无厚彼而薄此之弊，实为司法行政上一大革新。最近三年度司法行政部主管机关经费数字卅三年为 842 383 923 元，约占国家总预算百分之一，卅四年为 3 664 564 200 元，约占国家总预算书百分之一·四，卅五年为37 421 061 000元，约占国家总预算书百分之一·五，虽年有增益，较之欧美各国实属瞠乎其后。余于去年奉命出国考察司法，（考察报告在付梓中）所之美、英、法三国，及英属地印度、马来亚、香港等处，参观法院，计一百三十六所。见其法院院舍之构造设备，莫不雄伟巍皇，非一般行政机关所能比拟，所以树立司法尊严，增强人民信仰。及观我国法院院舍，大率沿用衙门旧址，或旧有庙宇，因陋就简，不足以振人心。通都大邑法院，虽稍具规模，但较之同等级之行政机关，相差远甚。加以司法官之晋升严格，同等能力之人，在行政界实较易发展，如不速谋救济之道，司法官势必逐渐外流，如迅以经验有限制新进人员递补，亦非得计。当今有识之士，正提倡法治，对于司法界之困难，岂容坐视不顾？解救之道，惟有尽量扩充司法经费，务使法院院址改善，法官待遇增高，借以加强司法威信，达到法治之目标而已。

今夏余于返国途中，应英国船长之邀，向船员及乘客讲述中国司法概况。讲毕起立提问者，有若干人，足见听者对于吾国司法情形，相当注意。翌晨舟抵新加坡，见早报载有吾国某地法官怠工之消息。另一消息，载吾国国立法院建议，法官薪俸应依现额加倍发给，但此建议未获实现云云。因忆吾国司法行政当局，历年于编列预算时，为增加司法官补助俸事，向主计机关据理力争，主计机关不允照案增加之理由，在谓补助俸为司法官所独享，如数额增加过多，行政人员必与厚彼薄此之感。其实当今物价腾贵，每月数万之数，已不足以言补助，况法官为民理讼，关系人民利益至巨，吾国旧时有父母官之称，西方各国均认其处于长老之地位，职务性质，与其他公务员迥不相同。故在英、美两国，法官不与普通文官同一系统，另订官等官俸。例如美国联邦最高法院法官，与内阁阁员官阶相当，但法官年俸二万美元，阁员仅一万五千元。今春美国内政部长出缺，最高法院某法官被邀入阁，渠以部长待遇既次于法官，又非终身职，虽婉辞入阁之议。如以吾国官等比较，最高法院推事相当于各部次长，则美国最高法院推事薪俸，高出于各部次长奚止倍蓰。英国法官俸薪，较之美国法官又增一倍。兹将英、美两国法官俸薪，列简表如下：

美国联邦法院法官	高等法官	最高法院法官	最高法院院长	英国郡法院（初级法院）法官	高法院（第一审）法官	上诉法院法官	高法院院长兼上诉法院院长	司法大臣兼贵族院审判长
年俸一万元	年俸一万二千五百元	年俸二万元	年俸二万另五百元	年俸二千五百磅（约合一万美元）	年俸五千磅（约合二万美元）	年俸六千磅（约合二万四千美元）	年俸八千磅（约合三万二千美元）	年俸一万磅（约合四万美元）

英国法官薪俸，有特设之基金，称 Consolidated Fund 不列入通常预算内。法官退休后，仍得支约合原俸半数以上之退休金，其待遇优厚，保障周密，实有独到之处。我国推行法治，自非提高法官待遇不可，法官官等官俸，亦应另行制定，不能与行政官，等量齐观。增加之程度，要不能以成数计，允宜大量扩充司法经费，借以提高法官素质，健全司法机构。英国于第二次世界大战中，历尽艰险，而于战事结束后，人民陆续就业，物价始终平稳，国内秩序井然，岂偶然哉！

（乙）关于司法组织方面

（一）检察制度存废问题

我国实行检察制度，已三十余年。最初审检两厅对立，组织庞大，费用浩繁，同级两长，摩擦时起，而于检察效能，仍未能充分发挥。民国十六年，国民政府通令，裁撤检察厅，仅于各级法院内，配置检察官，行使职权。民国十七年起，于最高法院配置检察署，高等以下各级法院，配置情形仍旧，以迄于今。但行之虽久，检察职权，仍未能发挥，而院检两方摩擦机会愈多，办事益增困难，亟应改革，已为人所共知，惟所争执者，改革之方案而已。有主张回复审检对立旧制；有主张完全废止检察制，而已国家律师刑事检察职权；有主张缩小检查范围，行政事务，悉由院长监督处理，聚讼纷纭，莫衷一是。回复对立之说，不合时宜。际兹经费支绌，人才匮乏，事实上固难办到，即就理论而言，当今所需要者，为用于负责之检察官，而非组织庞大之监察机构也。国家律师，职权有限，不足以应需要，难以适合国情。至于统一行政职权之说，用意固善，但事实上，审、检事务，其性质迥不相同，两方行政事务，自亦难以强合。默察近今院检两方发生摩擦，皆以事务科为导火线。救济之道，应将预算划分，检方另设事务科或事务员。预算划分后，刑事罚金、罚锾，由检方收解，会计事务，仍可由同院会计室兼办，院检两方各别报表，较之院、检两方，凑齐汇报易办。现制检方虽无事务科之设置，而事实上仍有事务员焉。划分后，因检方人数不多，工作不致剧增；且院方既不兼办检方事务，工作减少，编列预算时，两方员额，略加调整，即可应付，并无叠床架屋之弊。如果将来实施裁减检察官员额，（见后）检察处事务，更可减少，自不发生增员问题。

上述措施，所以消除院检两方摩擦机会，次就检察职权本身而言。按英国刑事追诉权，大部分以自诉与警诉（Police Prosecution）方式行使之。英国刑诉条例第一条，规定公诉人（Director of Public Prosecutions）仅于下列案件执行职务——

1. 死刑案件；

2. 政府机关嘱托起诉案件；

3. 其他公诉人认为重大疑难案件。

英国公诉人地位，相当于吾国检察官，所掌事务既少，自有充分时间，厉行自动检举，其他案件如无人提起自诉，则由警务机关派员办理，如警务机关亦不起诉，而公诉人认为应起诉者，公诉人得指挥警务机关起诉，或自行起诉。又人民或警务机关起诉后，撤回诉讼时，应得公诉人同意，以防流弊。实行以来，破收分工合作之效。我国近年来扩张自诉范围，目的即在减少公诉案件，俾检察官能有充分时间，厉行自动检举，用意至善。嗣后刑事告诉案件，不妨统由法院依自诉程序，迳行审判。惟专赖自诉，则胆怯怕事者，饮忍不告，作奸犯科之流，将益肆无忌惮，亦非得计，故宜就较轻案件，如最高本刑在五年以下者，予警务机关以起诉之权，而检察官仍得随时监督，或担当诉讼。法院认为有必要时，亦得通知检察官担当诉讼。吾国现行刑事追诉制度，轻微案件，必经检察官侦查程序，而特种刑事案件，类多重案，得以移送书代起诉书，不必经检察官侦查程序，实属轻重倒置，亟应设法调整。轻微案件，检察官亦得自动参加。如斯，检察官与警务机关取得密切联络，借以加强合作，可收臂指相使，事半功倍之效。方今法官人才缺少，前已详述，如一面扩张自诉范围，一面予警务机关以起诉之权，则至少可以半数以上之检察官调充推事，庶几法官人才，无虑匮乏矣。

吾国刑诉法第三条，明白规定：本法称当事人者，谓检察官，自诉人，及被告。但于公开审判时，检察官与推事并肩而坐，向外陈述起诉要旨，辩论时，亦如之。显与刑诉法第三条精神违背。试问检察官之陈述，系向被告及旁听人为之？抑向推事为之？检察官为具有法律知识之官员，高坐于上；被告为相形见绌之平民，俯首于下。西人辄以吾国刑事被告，在未受审判前，罪名已定，审判也者，予以反证辩白之机会耳，误会实由于此。按英国公诉人，美国国家律师，其座位与被告辩护人，骈肩面向推事。吾国检察制，傲自日本，日本又基于欧陆，今夏余于巴黎参观司法院（Palais du Justice），见其检察官座位，设在法官之左旁，与推事座成九十度正角形，高度则相等，似较合理。尝闻吾国检察官，有以其座位在推事旁，与书记官相并仅，有左右之分，表示不满者，则何妨竟效法国，另于推事左旁，正角设坐，况吾国前上海公共租界高分院刑庭，暨前法租界特区法院刑庭，已有此设置，现上海军事法庭，亦复如是。既有先例，又不变更现行法令，当不难迅速行之于全国，检察官陈述或辩论时，可左右兼顾，视其要点所在而定，被告纵被判刑，亦无待遇不平之感矣。昔者与道之会，尚有争坐之论，所以正名位，而况设案问罪，人民利害攸关，岂可不于名位，求其确当耶？

（二）全国普设法院问题

第一次世界大战结束后，吾国于巴黎和会，要求收回法权。旋于 1922 年，太平洋会议，决议由各国派员组织司法调查团，来华视察。该团于 1925 年抵华，嗣后作成视察报告，内有建议一端，略谓：中国新式法院尚少，应速增设云云。就彼时情形而论，容或由此必要。吾国近年来增设法院，拟有具体计划，逐步实施，不遗余力，截至目前，共有地方法院 698 所，高等法院 37 所，高分院 114 所。我国幅员广阔，人民赴诉不易，上述司法机关数字，固不得谓多，若就人力物力而言，则再增设法院，法官人才，势必易感不敷。法治先进国家如英、美两国，亦尚未于每郡每邑，普设第一审法院。美国联邦地方法院全国共有八十四所，巡回高等法院十一所，最高法院一所。各州方面，仅通郡大邑有正式第一审法院，称 Superior Court 或 Circuit Court，其余为规模简单之郡法院（County Court）及警务法院（Police Court），亦非每郡有之。英国仅于伦敦设第一审法院一所，称高法院（Court），在伦敦以外各郡，重案由高法院巡回法官受理，至于轻微案件，则由郡法院与简易法院（Summary Court）受理，简易法院执法者称审判官。组织简单，程序便捷，既无须乎大量人才，亦无损于司法尊严，可资吾国借镜。

吾国幅员广大，交通困难，人民对于第一审判决不服，必须上诉于高等法院，或其分院，交通不便地区，赴诉困难，增设高分院，则又为事实上所难办到。惟按法院组织法第六十四条，本有高等法院得在管辖区域内未设分院地方，临时开庭之规定，为便利诉讼当事人计，亟应实施第二审巡回审判。办法除就本院推事中指派者外，得以所属高分院或地院推事充之。关于书记官、通译、录事、执达员、司法警察、庭丁、公役之事务，得由当地司法机关或县政府，派员承办，由巡回审判推事，或其随带之书记官指挥。开庭地点及日期，由当地司法机关，或县政府，先期布告。如果此制实行，即可便民，复省国币。且吾国旧时本有按察制度，类似第二审巡回审判；现行法院组织法，复有临时开庭之规定，实行此制，当无甚大困难也。

(三) 地方法院设简易庭问题

晚近报载上海市政府，以市内违反交通、车辆肇祸、扒手窃盗、房屋租赁、暨儿童犯罪等案件，须急速处理，爰有设置市法院（Municipal Court）之拟议。按市法院在美国仍属司法系统，并非隶属市政府。称市法院者，以其管辖仅及于市区以内，专办类似上述之轻微案件，借以减轻通常第一审法院之重负。故美国市法院与普通第一审法院，对于失去内此类轻微案件，往往同有管辖权，叠床架屋，私非所宜。美国哈佛大学法学院院长，现任司法行政部顾问庞德（Roscoe Pound），于其法院组织（Organization of Courts）一书内，主张在同一地区，不宜因案件种类不同，设置二所或二所以上之法院。余意另设法院，固非必要，如于通都大邑第一审法院内部，设一简易庭，专办此类轻微案件，而于规模较小法院，则指定推事一员专门或兼办，实甚切要。惟吾国民刑诉讼法，关于简易程序各条文，未能搔到痒处。民诉法简易程序，十九[1] 规定民事调解，且适用范围不广；刑诉法简易程序，关于处刑命令之规定，准许被告声请正式审判，直截了当。似均应酌量修订，以应实际需要。关于上海市政府设置市法院之建议，前美国驻华法院法官，现任市府顾问之赫尔米克[2]君（M. J. Helmick）曾提节略，凡民事轻微案件之书状，用印就之格式，由原告当场填写，交与书记官，随书记官指定审判期日，当场告知原告；一面送达副状于被告，并通知审判期日，该期日距离起诉日，不得少于三日，亦不得超过十日。余在美国洛杉矶见有类似办法。至于刑事简易程序，海尔密克提议，以随解随审为原则，性质上不能随时解送者另传，违警案件，用极简易程序审判之。此计划如经立法程序而实施，大体上固甚便民，惟组织上应隶属司法系统，事务管辖方面，亦应审慎酌定，至于办事程序方面，因审期短促，法院似有增员办理之必要。

民国二十四年以前，吾国较大第一审法院内，本有简易庭之设置，受理所谓初级案件，（较大案件，则称地方案件）初任推事，先配置在简易庭，经过若干期间后，配受地方案件。今后如在第一审法院内设简易庭，或指定推

---

〔1〕 "十九"原文作"什九"，现据今日通常用法改正。——校勘者注。
〔2〕 "赫尔米克"原文作"海尔密克"，现据今日通常译法改正。——校勘者注。

事，办理简易案件，则普通案件与简易案件间之划分界限，及适用于简易案件之程序，自应斟酌现状重行订定。至于办理简易案件之人员，则可指定初任推事担任，（此类刑事案件之提起公诉，可由警务人员任之，故无制定检察官之必要）借此时期，熟习诉讼程序，嗣后调办普通案件，在其个人方面，可以逐步增益经验，由简入繁；若就国家立场而言，不致因程序生疏，经验不足，而有贻误。目今初任法官配受案件，与资深者无异，年资届满，即请升调首长，不得已而求其次，则请调第二审推检，循至第一审法院内，年资在五六年以上之法官，几寥若晨星，甚多第二审法院推检，原调任第一审法院首长，以致为法院中坚分子之推检，有才难之叹。最近当局有鉴于斯，已修改法院组织法，在第二审法院，得设兼任庭长院长之简任推事，实为贤明之举措。惟是吾国法院所受理之讼案，大多为事实上争执，纯粹因法律上有疑义而涉讼者，仅占约百分之五（关于此点，各法院并无统计可考，惟余曾与办讼案达数十年之法官多人探讨，咸谓百分五之估计，尚合于实际云），争执在事实者，既占绝大多数，是第一审之重要性不可忽视，岂待言喻。第一审如就事实未尽调查之能事，虽上诉亦难救济，而现今第一审法院，人才不易罗致，又如前述，则第一审法院，实有酌设简任推事之必要也。第一审法院人才充实后，不仅办案效率增高，复可减少上诉案件，或谓目前资深法官人才缺乏，二三审法院已然，遑论第一审法院乎？诚然！二三审法院，职司上诉，应首先充实，惟今之年资较深之法官，如历久不能获得兼任职而改业他去，大有人在。如在通都大邑之第一审法院内，酌设兼任庭长院长之简任推事，资深者既有坐升之望，即无须动他调之念。人事既可安定，巨大繁复案件亦可有经验较多之推事应付，影响于司法威信，实莫大焉！

（丙）关于办事程序方面

（一）裁判书式简化问题

我国推事职责之繁重，有甚于其他国家者：审理讼案，均须亲自讯问，不若英、美法院，例由两造律师，反复诘问，推事仅处于指挥监督地位，此其一。凡事实上争点，与法律上争点，均须由推事认定解决，不若在其他国家，事实大多由陪审员决定，而推事仅就陪审员认定之事实，适用法律而为判决，此其二。推事须于每案判决后，制作判决书，胪列当事人姓名、住所、判决主文、事实、理由，仅于刑法第六十一条所列各罪之案件，得用简式判决。推事所为裁定亦多以书面为之，并应记载理由。不若在英、美两国推事，轻微案件当庭宣示裁判时，仅载主文，或则仅将裁判要旨记明笔录，于重大案件，则由速记员于推事宣示裁判时，当庭记录裁判理由，而于时候送推事核阅，定稿后附卷，如系创例，则登载判例汇编。推事自行制作者，固亦有之，但法律无必须推事制作裁判书之规定，此其三。吾国旧时讼案之裁判，仅用"堂谕"，不附理由，官厅难免藉此专断，人民不明胜诉或败诉之所以，纵无弊端，亦难尽释人民之疑窦，如逢贪官污吏，恣意要索，将更不堪想象。现行民刑诉讼法规定判决应记载理由，不能谓非一大进步。惟是推事就每一案件，均应制作判决书，事实上亦非必要。例如民事案件，被告认诺请求，或对原告所诉事由无甚争执者；刑事案件，被告均供认不讳，罪证确凿者，则宣示判决仅载主文，并记明适用法条已足，推事仍须制作判决，实为画蛇添足。再如轻微民刑案件，尽可仅于卷内记明证据之取舍，与法条之适用，无须一一记载、缮校、油印、发送，糜费国币于无用。忆余昔在上海法院任职时，有某地产公司诉某某等一百数十家欠租迁让。被告有到场认诺请求者，有承认欠租，不允迁让者；有承认欠租，请求分期给付者；有对原告所诉金额，表示争执，而经原告当庭更正请求金额者；有未于辩论期日到场者；均经记明笔录。但制作判决，仅当事人姓名栏，已占十行纸七八张。事实栏，记载言词辩论时当事人之声明及其提出之攻击防御方法，泰半为抄写工作，但亦不能假手于人。理由栏内，将各被告抗辩或陈述，归纳分类，予以论断。理论甚形简单，而书写各被告姓名及金额，实属毫无聊赖。该判决计共二三十张，各被告如欲于判决内寻觅与己有关部分，仅得数行而已，但事实上须支付极不相当之抄录费，实非公允。上海此类案件，为数甚多，法院曾限制每一案内共同被告，不得超过若干人，于是一案遂可分为数案，化整为零，被告固可毋庸负担过分之抄录费，但在法院方面，所费人力物力，则事实上与未限制前，无甚轩轾。又如刑事侵占案件，自诉人列举被告散步于众之文字照录，纵非全抄，仅摘要旨，已占甚多篇幅。其每一判决，宛如历史家记述史实，自头至尾，载明当事人姓名、年龄、住所、职业、以至事实理由。其实推事所应为者，记载认定事实之根据，及适用之条文为已足，余者悉可见诸案卷，何用赘述？惟其影响所及，凡具有责任心之推事，出庭听讼时，神经极度紧张，退庭后终日伏案，笔不停挥，每多案牍劳形，夜以继日，历久身心交困，精疲力竭，既乏适当休养，遑论业余进修，循至病魔踪至，未老先衰，良可哀也！目前改业他去之法官，其因生活艰难或晋升不易者，固属有之，而以工作繁剧，体力不胜者，已数见不鲜。若不简化裁判书式，尽量减少无谓之抄录工作，势必司法人员继续外流，或则工作效能减低，遇有重要案件，须运用智慧决断时，反无精力应付。尝闻美国联邦最高法院推事，霍姆斯[1]（O. W. Holmes），年至八十九岁卒于最高法院任内，心辄异之。去岁奉派赴美考察，获悉联邦最高法院每年办案约一千二百件，其中仅三百件为实体上之审究，余以裁定行之。推事九人，如系平均分担，每人于一年内仅办案百三十余件，其中三十余件须口述判决意旨。中外国情不尽相同，美国联邦最高法院办案多寡之标准，固难强合于我国，但何尔姆斯氏如于早岁任法官时，亦被交困于审判及抄写工作，余知其决不能益寿延年至八十九龄也矣。

裁判书之制作，不能完全废止，前已叙述，其格式之简化，则应为目前之要图。简化之具体办法，则应将案件划分为两类。民事案件，应定一金额标准，较轻之案件，判决时除宣示主文外，于宣判笔录或于另单，摘要记载认定事实之根据，及适用之法条。较重之案件，应依民诉法第二百二十六条作成判决书，但得摘要记载言词辩论时当事人之声明，及其提出之攻击防御方法。至诉讼标的不能以金额计算之案件，则依重案办理。被告认诺之案件，其判决仅载主文及适用之法条。刑事案件亦定一划分之界限，例如最高本刑为五年以下有期徒刑，而由警务机关起诉之案件，（见前）如民事轻案办理，余依刑诉法关于制作判决书各规定办理。被告供认不讳，罪证确凿之案件，其判决从简。民刑事裁定，当庭谕知者均得不附理由，非当庭谕知者得仅摘要记载，庶几人力物力，均可节省，而仍无专断枉纵之弊。

（二）处理法院行政事务问题

我国法院院长，除最高法院外，均由推事兼任，所以表示司法为主，行政为辅之意也。故任院长者，必须有任推事资格，非普通行政官，所能问鼎。但事实上各法院首长，率被困于行政事务，能以大半精力用于审判案件者甚鲜，通都大邑各法院首长，更无论矣。若以院长与首席检察官相较，院长综理全院行政事务，凡属总务、人事、会计及其他事务，无一不须院长监督指挥，

---

[1]　"霍姆斯"原文作"何尔姆斯"，现据今日通常译法改正。——校勘者注。

其责任繁重，自更甚于首席检察官。美国威洛比[1]教授（W. F. Willonghby）在其《司法行政原理》（*Principles of Judicial Administration*）一书，主张法院院长应具"事务主任"（Business Manager）之精神。此语在美国容有至理，盖美国各法院院长所办行政事务甚属有限。试观联邦最高法院院长，与同院推事俸给差额之少，即可推知。（数字见前）美国联邦各法院行政事务，集中于华盛顿联邦法院政务处（Administrative Office of U. S. Courts）。凡属人事考核，会计册报，物品购置，院址修建等，均由该政务处直接办理，各法院本身，仅维持甚少数职员襄助办理。故法院院长除任审判事务外，可谓案牍清简，但尚有不愿过问行政事务，均委诸书记官长者。法院行政既不集中，形成散漫之态，故韦氏有此谠论，固非谓院长应摒弃审判事务，而致其全力于行政方面也。韦氏于民初在北京政府任袁世凯之政治顾问，惜未研究吾国司法状况，彼如获知今日吾国法院院长处理行政事务情形，余知其必不以其上述理论，介绍于吾国也。惟法院行政事务，总须有人负责办理，现行法院组织法，规定院长综理全院行政事务，高等法院院长，并应监督所属行政事务。法院处务规程，规定法院书记官长，承院长命令，处理书记官及院内行政事务，并指挥监督书记官。故就法律而言，院长总揽一切，书记官长所处地位不高，亦不直接负法律上责任，多才之士，率不愿就，稳健之流，则事事请示于院长，不欲多负责任。故近今法院，甚多书记官长系由庭长或推事兼代。所谓兼代，实非短期暂代，而大多为长期性。此种办法，在院长方面，固或臂助，常较普通书记官长得力，但就审判方面而言，影响实非浅鲜。为今之计，亟宜设法改善，俾法院院长能有充分之时间及安定之心神，处理其本身主要之审判事务，而行政事务仍能照常进行，院长仅负指挥监督责任，无须每事亲自擘划处理。兹就管见所及，提供下列三项办法，以供研究采择：（1）修改法院组织法及法院处务规程条文，法院行政事务，由书记官长负责处理，但应受院长之指挥监督。以书记官为法院行政之核心。关于人事、会计、统计事项，书记官长得签呈意见，供院长采纳。对外行文，除重要者，由院长签署外，余以书记室名义为之。（2）余每一高等法院设置总务处，办理各该省市区内法院行政事务，而于所属法院仅设少数人员，就地襄助办理。惟此办法在各地交通未回复，国库支票未普遍通用以前，尚难实施。（3）在

---

[1]　"威洛比"原文作"韦罗佩"，现据今日通常译法改正。——校勘者注。

组织较大法院内，庭长推事中，推定或指定数人，就特定行政专项，负责指挥与监督，分任院长之劳。美国华盛顿区法院，相当于吾国首都地方法院，行政事务特繁，纵有书记室及联邦法院政务处，处理法院内部事务，但对外与其他机关之联系，及法院行政上必须院长亲自过问之件仍多，故自去年起，由推事若干人，就指定之行政事项，为院长分劳。按一法院内，行政与审判事务，性质各异，院长多办行政事务，每喜直截了当，推事专办审判事务，大多深思熟虑。并以所处立场不同，遇事磋商，往往各趋极端，思想既存隔阂，步调自难一致，故如在通都大邑推事较多之法院，每年推定推事若干人，襄助办理行政事务，依次轮流，院长既可减轻仔肩，有时间办理审判事务；推事亦可明了法院行政事务之性质，与处理方法，藉此互相沟通，增进合作精神，亦不无裨益也。

（三）刑事被告交保问题

我国监所，本甚拥挤，抗战中有被敌人摧毁者，收容更成问题，虽经陆续修建，同时设法疏通，一时仍难达到预期之目的。监狱规模较大，经费较多，被告于判决确定后，送监执行，其刑期之久暂，均可于送监时确知，不若看守所内刑事被告，忽来忽去，故管理上，看守所实较困难。加以容量有限，遇有大批刑事被告入所，甚难一一安插，于是每一小室，往往聚居熟人，有罪者姑置弗论，其于嗣后宣告无罪者，自难免愤愤不平。当局者虽已三申五令，厉行保释，但承办法官，每恐案情重大，被告如于释出后逃避，案件将无法进行，未肯轻准交保之请。通都大邑法院法官，更以案情如果重大，外间谣诼丛生，为表示清白起见，辄多一概收押，以示无他，于是乎押舍常有人满之患。更有虽准交保而仍无法觅得铺保者。尝闻各地法院附近，设有事实上并不殷实之商铺，与法院法警常有往来，遇有被告乏人担保时，即由法警介绍，如能觅得个人连环保证，付与所索代价，即可由此等商铺保证获释。此种保证，事实上既非可靠，且予法警以需索机会，亟需取缔。余在美国考察，见法院附近，均有所谓"保证人"（Bondsman）者，由法院给予执照，被告如向支付额定之费用，即可由"保证人"出具保证书，交存法院。吾国晚近有人事保险业出现，可就受雇人忠实执行职务予以保险，如有亏空脱逃情事，由保险公司赔偿。为试办起见，不妨先于指定地点，准许此种保险公司为刑事被告保证，由法院发给特许证，并开始营业时收取相当保证今，得命随时增缴。被告如于准保获释后，避不到案者，没入其所保之保证金。

法院并得限保险公司于一定期间内，将被告寻获，否则撤销特许证。试办相当时期，如无窒碍，即可推行于各地。由此类保险公司承保，或许殷实商铺兼营。如此办理，既能疏通监所，复可杜绝查保需索之风，诚一举而两得也。

环顾吾国司法上问题虽多，要皆属于"人"与"财"与"制"，故如将公诉制度调整，即可调派半数以上检察官，担任审判工作；诉讼程序简化，即可减轻推事之重荷；法院行政事务如重行分配，则法院首长得以处理正常司法工作；司法经费如再加以充实，可为水到渠成，种种困难，均可迎刃而解，然后中国法治之难题，亦庶有解矣。余固深知加强法律教育，培养司法人才，实为基本要图，但救当务之急，尚有赖于上述诸问题之获切实解决焉。

改进我国司法的根本问题*

孙晓楼**

现在谈改进司法的，虽是各人有各人的主张，然而归纳起来，总不出乎三点：一是主张司法经费的扩充，二是主张法律本身的革新，三是主张司法制度的改善，而大多数的人们，尤注重于司法制度的改善；我现在拿中国的司法界几个比较重要人物，他们对于改进中国司法上先后所已发表的意见，提纲挈领的说一说：

民国十四年一月董绶经氏于《民国十三年司法之回顾》一文中，发表他对于改良司法的意见，归纳起来可分为六点：第一点关于法院的编制，他主张变更检察制度，附于各级审判庭，废初级法院，设治安审判厅；第二点关于民法方面，他主张先订亲族承继婚姻三编，其余各编因各省习惯再定编制方法；第三点关于刑法方面，他主张刑事处分应随时世而为重轻，不宜胶执成见；第四点关于民事诉讼法方面，他主张手续宜求便捷，仿挪威〔1〕民诉设和解法庭；第五点关于刑事诉讼方面，他主张设儿童裁判所及感化所，为

---

* 本文原刊于《法学杂志（上海1931）》（第8卷）1935年第4期，第149～162页。

** 孙晓楼（1902～1958年），江苏无锡人。法学家、法学教育家。1927年毕业于东吴大学法学院，后赴美国西北大学法学院法科研究所深造，并于1929年毕业，获法学博士学位。回国后，先后担任东吴大学文学院教授（1929～1931年），上海地方法院推事（1931～1933年），东吴大学法学院教授兼副教务长（1933～1939年），民国政府行政院参事（1940～1941年），朝阳学院院长（1941～1945年），联合国善后救济总署闽浙分署署长（1945～1947年）等职。1947年重返东吴大学法律学院任教。新中国成立后，于1953年被分配到复旦大学图书馆工作，后担任法律系教授。1958年病逝于上海，享年56岁。主要著作有：《法律教育》（1935年）、《劳动法学》（1935年）、《领事裁判权问题》（上、下，1936年）、《苏俄刑事诉讼法》（译注，1937～1939年）等。在民国时期法学理论、劳动法学、比较法学以及法律教育研究上，孙晓楼都具有重要影响。

〔1〕"挪威"原文作"那威"，现据今日通常译法改正。——校勘者注。

改善不良的少年，又警察厅归司法部管辖以一事权[1]。民国十八年王亮畴氏于三全大会之司法院工作报告中拟具改良司法之计划凡十三点：一宜进司法官于党化；二宜筹备普设县法院；三宜司法官独立之保障；四宜采用巡回审判制度；五宜限制无理之上诉；六宜详细审查从前判例；七宜采用陪审制度；八宜筹设幼年法院；九宜求司法经费之确定；十宜注重司法统计；十一看守所及旧监狱宜迅速改良；十二检验吏及法医学宜注重；十三宜筹出狱人之工作介绍[2]。又去年司法院副院长覃明理氏，于赴欧美各国考察司法归来后，曾发表改革中国司法之意见，揭其要点凡八：一组织法律改造会；二修改民刑诉讼法；三试办陪审制度；四提高法官待遇；五试办巡回审判；六限制律师资格；七斟酌流刑必要；八亟须整理监狱[3]。又司法院院长居觉生氏于本年一月一日发表司法厅行政改革之言论，其认为中国今日司法现象最感觉不安者有三：一领事裁判权未撤销；二新式法院设立未普遍；三司法效能未能办得完全"妥""速"；他又说要达到以上三个目的，大约有以下几个方针：一扩充各法院，增加庭数，以求办案迅速；二加紧法官之训练，以增进法官之能力；三设立法曹研究会，可以通过全国各地法官继续研究；四召集全国司法会议，以增进司法效能之方法[4]。以上数氏之种种计划，有的已经实行，有的还没有着手，在中国司法过去二十余年革新的进程中。固不出于此数氏之宏彦硕画，而以董王二氏为尤。惟二十年来中国司法的改良究竟有多少成绩？当民国十五年时，各国因撤废领事裁判权问题，组织法权调查团来华调查司法，他们调查的结果，曾指摘我们中国司法有四大缺点：一是军人干涉审判，二是法律之适用不统一，三是司法经费不足，及法官之薪俸过少，四是警察厅及陆军审判机关皆操普通审判权，……所以结论是领事裁判权未便撤废[5]。法权调查团这样的报告，是民国十五年的事，到民国十八年就王亮畴氏的改良中国司法的计划[6]中所列举的各点看来，好像于法权调查团所指摘的几个缺点还没有改正；而今年司法院参事吴昆吾氏于

---

[1] 董康民："国十三年司法之回顾"，十三年一月《申报》。
[2] 王宠惠："关于司法改良计划事项"，十八年三全大会之司法院工作报告。
[3] 覃振："改革司法意见"，廿三年十一月廿一日《时事新报》。
[4] 居正："一年来司法之回顾与前瞻"，廿四年一月一日《申报》。
[5] 参阅《法权调查团报告书》。
[6] "计划"原文作"计画"，现据今日通常用法改正。——校勘者注。

《中国今日司法不良之最大原因》一文中，复列举八点以说明：一审判权不统一，二法令之适用不一致，三诉讼延迟，四判决不能执行，五初审草率，六下级法官之受人指摘，七新式法院过少，县长多兼理司法，八新式监狱过少，看守所拥挤污秽，且黑幕重重。吴氏虽说外国人观察中国事情往往比中国人更为透彻[1]，彼所举之八点，可归纳于法权调查报告书所列四端之内[2]。不过拿吴参事的地位，来观察中国司法之现状，一定比外国人更为透彻；而外国人在十五年前指摘中国司法的四大缺点，犹不足以包括吴氏最近所列举的八点缺点，是岂非反证中国司法的愈办愈遭，现在的缺点，比外国人在八年前看到的还多么？居覃两氏最近为促进中国司法的改良起见，拟于今年九月间召集一司法会议，届时关于制度方面一定有许多重要议案提出讨论，不过阻止中国司法进步的最大障碍，还在司法人才的缺少，这是一个老生常谈的普通问题，所以大家都不甚注意。正像美国法学者宾夕法尼亚[3]（Pennsylvania）大学教授卡伦德[4]（Callender）氏所说的："制度的功用还靠人来赶，这好像是依据陈腐的话，然而大家都是忽略的。"[5]我现在提出几点来和读者讨论讨论。

　　第一点我们从诉讼手续来讲，诉讼的迟延，是中国司法上最大的缺点，而这种诉讼手续的迟延，大部分人是归咎于诉讼法的繁复，诚然诉讼法的繁复是诉讼迟延的最大的原因，不过我认为照中国现行的诉讼法，司法官运用得当，也未尝不可节省诉讼进行的时间。

　　阮毅成氏于东方杂志《所企望于全国司法会议》[6]一文中关于诉讼迟延也有一段文字讲到：

　　"现在中国各级法院，拖延讼累，已成为普遍现象。大凡案件不入法院则已，一入法院，便不知要拖延多少时候，才能结案。往往案甚轻微，但因须经种种程序，以致犯数月之罪，羁押经年，处十元之罚，开庭十次。如某地方法院有一件侵占白米九十余石的案件，自二十年三月三十日提起自诉，迄

---

〔1〕 "透彻"原文作"透澈"，现据今日通常用法改正。——校勘者注。

〔2〕 吴昆："吾中国今日司法不良之最大原因"，《东方杂志》第三十二卷第十号。

〔3〕 "宾夕法尼亚"原文作"本昔凡尼亚"，现据今日通常译法改正。——校勘者注。

〔4〕 "卡伦德"原文作"卡伦陀"，现据今日通常译法改正。——校勘者注。

〔5〕 Callender, *American Courts Organization and Procedure*, p. 219.

〔6〕 阮毅成："所企望于全国司法会议"，《东方杂志》第三十二卷第十号第二四至二五页。

二十二年二月二日方始三审终结。在三次判决中，最高只判了十个月的徒刑，终局判决只为徒刑五月，但全案却延展了将近二年。又有一件土劣侵占保卫团经费的案件，自十九年一月二十日告发，二月十四日开始侦查，迄二十二年十月二十五日终局判决，其中曾于第一审时判过徒刑一年，而结果是宣告无罪，但全案却拖长到二年另九个月。"

拿阮氏的一段文字来研究，为什么做司法官的可以这样的滥施羁押，为什么判决不能使当事人折服，为什么羁押的时期会比刑期长，为什么收文发文拟判起稿都不能迅速办完？一切的一切，都可以证明司法官的不负责任，不顾被告人的痛痒，缺少法律学问，缺少法律道德，没有办事能力，所以有这样的结果。

第二点我们从监狱方面来看，福建省党务指导委员会的一段文字说[1]："近查吾闽各县司法，积弊未除，黑暗达于极点，而监狱之腐败，尤足令人心惊，姑就永泰而论，以一狭隘斗大之室，收容数十人，阴暗潮湿，不见天日，空气恶浊，臭秽不堪，犯罪者所受之痛苦，实难以笔墨形容，乃如狼如虎之看守差役，丧尽天良，多方索诈，略一不遂所欲，即严刑拷打，无所不至，而囚粮之克扣，几视若无事矣，嗟嗟人生，不幸而入监牢，铁锁银铛，实已倍尝非人之生活，复如差役法外之酷刑，更于人道乎何有！"

从这段文字来看，因为有了如狼似虎之看守差役，他们丧尽天良的索诈，克扣囚粮，福建的监狱便变了地狱。

再像沈家彝氏在《江苏司法厅改良意见书》[2]中有段文字说：

"整理旧监，自为当务之急，而要在挈取新式监狱之精神，用以达感化之目的，固只求纪律整齐，监房清洁，俾人犯不至发生冻馁疾病，而皆有作工及受教诲之机会，即足尽整理之能事，固不在修建新式监房，过求轮奂之美。查已视察各县如如皋奉贤嘉定句容吴江常熟丰县皆已改造新式监房；无锡川沙昆山萧县砀山宿迁江浦皆正在集款筹建，或已动工；除丰县句容旧监管理尚属整肃外，其于各县，皆较旧式监房未能远胜；而如皋常熟因羁押人数较多，其秩序清洁，尚有不如旧式监房者，重形式而略精神，于义殊无所取。

---

〔1〕 福建省常务指导委员会于民国十九年二月十四日呈请司法机关改善监狱的一段文字。

〔2〕 沈家彝："江苏司法厅改良意见书"，《法治周报》第二卷第三十一期。

参阅拙著："改进中国监狱之另一观察"，《法学杂志》第八卷第一期。

且就另一方面言之，苏县徐海居民及江南棚户，皆茅屋土墙，仅蔽风雨，即视察所历各县县政府办公处所，亦多敞破不堪；家彝视察丰县时曾在县政府借宿一宵，何以官府民居，皆可因陋就简，一经囚禁[1]，即须住新式房屋，按之逻辑，尤不可通。"

从这一段文字看来，我们不能不想到为什么新监不如旧监？为什么经济充实的，反不如经济拮据的？所谓形式与精神，这不是制度问题，更不是经济问题，是一个人的问题。

第三点我们从承审制度来讲，县长兼理司法，谁都承认是一种不良的制度，天津大公报揭载承审制的一段文字说[2]：

"邳县农民杨如兰，富有田产，因嫌隙被系狱，开庭九次，原告均不到庭，县府亦不加拘传，计二十年一月二十七日被押看守所以来，历时已三十六个月，递诉状至十七次之多，请求依法审讯，历五任县长，十一任承审员，均拟此《候传集讯明核夺》。杨之财产大粮田壹仟六百亩，未经判决，即被土劣诬为匪产，无形充公，家中十六口，冻馁待毙。该案经苏省高等法院催审六次，历任县长承审员均置不理，土劣声言，如将该财产发还，则将纠合流氓，捣毁县府，一面贿买主管胥吏，无期延宕。过去县长一人，承审员三人，因该受贿嫌疑撤职，现杨尚卧病邳县看守所中。"

看了杨如兰这一件案子，承审员的无法无天，万恶不赦，实使我们痛心而疾首，不过从承审制度上看，固没有一处准许县长与承审员对于案件的审理可以故意拖延，可以贪赃枉法。郑莆庭氏说："以获得一纸八行书即予以录用……拿这样一般人来管理一县司法，叫他怎样办得好。"[3]这句话是不错的。所以承审制固不能说是好，然而录用的方法变换一个方式，于承审员的取材严格些，也未尝不可使县司法改善些，现在的广西已给我们明显的例证。

第四点我们从法院来看，在法制周报的地方通讯上[4]有两段记载很值得我们注意。

"前有某甲未经部令核准，被任为某地方法院候补检察官，到差未久，即称首席，在外招摇诈骗，扬言法院检察处缺少主任书记官一名，愿充斯职者，

---

[1] "囚禁"原文作"囚紧"，现据今日通常用法改正。——校勘者注。

[2] 《大公报》二十二年一月二十六日邳县特讯。

[3] 郑天锡："对于改良司法之意见书"，《法令周刊》第一百四十五期。

[4] 《法治周报》第一卷第十一期河南地方通讯。

须纳手续费洋数百元等语，词有官迷某乙，即向某甲贿得斯缺，约定某日发给委令，静候数日寂无消息，某乙乃以电话向法院询问，被检察官探悉，将某甲扣留，正拟侦查起诉，嗣以案关某人之体面，乃将甲乙俱行纵去云。"

"又有某甲者，未经呈部核准被任为某法院候补检察官，就任以后，即放肆不羁，除在邑民某姓家内吸食鸦片外，并与某之妻发生暧昧情事，历时既久，即为某探悉，乃约同公安局警士妇女协会职员将某甲当场捉获，连同其妻一并捆送法院，并将某甲打得鼻青脸肿，而某甲犹以法官自居，不服侦查，乃呈准上级长官将某甲移往他法院，依法判罪，此事一出，满城宣传，视为千古未有之奇事，各报纸亦有记载，从此以后，法院之威信扫地无余，而法院拘票之效力亦不能达于城外矣。"

当然中国的司法官不是都像那周报所记载的不道德，不过在报纸杂志上发现这一类的事情已不少，然于司法制度上固找寻不着那产生以上两种记载的法官的缺憾在那里，我又认为这不是制度问题，是人的问题。

从以上几点看来，我认为无论于监狱方面，法院方面，承审制方面，诉讼手续方面，一切制度的病根，还在人才的缺乏。当然制度的改善，和司法经济的充实有密切的关系，不过在中国司法的现状中，只侧重于制度的改善，经济的充实，而不注重到人才的训练，那么虽是有好的制度，充实的经费，然而不公正，不迅速，贪赃，枉法，注重形式，没有精神，种种的流弊仍是免不掉的。黄梨洲说："有治法然后又治人"，我认为治法固然重要，然而没有治法的人，断不能达到治法的目的。制度好像是机器，好的机器全仗着精巧的技师来运用，不然机器无论怎样好，用之不得其道，或者还有极大的危险。孟子所谓徒法不能以自行，便是这个意思。在中国司法的现状中，我们应当于介绍巡回法庭，陪审制度，幼年法院等等新的制度之前，先研究现状办理司法的人是不是称职？人才是不是足够？有没有新的人才来办理新的制度？

现状谈法律人才的人，大都注重于法律学问的测验，而于法律学问方面，又仅注重于现行法之认识，于法律之如何运用，应当怎样，皆置之不问，其见地未免太狭，我认为所谓司法人才一定要备具下[1]列三个要件：

---

[1]　"下"原文作"左"，现据今日排版需要改正。——校勘者注。

一、要有法律学问

所谓法律学问第一是要认识法律，第二是要知道如何运用法律，第三是要知道法律在时代上社会上应当怎样；只认识现实法律，而不知道如何运用法律，不能算做有法律学问，知道了如何运用法律，而不知道法律应当怎样，也不能算做有法律学问。

二、要有法律道德

所谓法律道德，不一定是研究法律的在执行律务时所应当注意，在平时无论做什么事都应当有两种精神的表现：第一点应当有守正不阿的精神，正如孟子所谓"富贵不能淫，贫贱不能移，威武不能屈"，不徇情面，不畏疆御，甚至个人的性命可以牺牲，而法律的尊严终当维护，第二点是在牺牲小己，所谓牺牲小己，便是什么议案或法律，既经合法的手续以产生，那么，无论如何应当牺牲个人的意见来拥护这法条的实行，不应固执成见，做出阳奉阴违的事来，这叫做法律道德。

三、要有社会常识

法律不外乎人情，人情便是社会常识，所有一切人事问题，凡是人干的事，所谓柴米油盐酱醋茶开门七件事，所谓吸烟吃饭饮酒的问题，所谓住房耕田的问题，买卖借贷的问题，结婚生小孩子的问题，一切的一切，都可以凡是法律问题。研究法律的人，应当于这许多问题有一真确的了解，那么，将来不致到适用法律的时候，有重大的误会。最近江庸氏于法学丛刊中说"法官无学问无经验，其害尚小，若并常识而无之，人民之受害蒙冤不知伊于何底"[1]，这话是不错的。

一个研究法律的人，只有法律学问而缺少社会常识，那是满腹不合时宜，不能适应时代的需要，即不能算做法律人才。有了法律学问社会常识，而缺少法律道德，那就不免流为腐化恶化的官僚政客，亦不能算做法律人才。一定要有法律学问，法律道德，和社会常识，三者具备，然后可算为法律人才[2]。

---

〔1〕 拙著《法律教育之目的法律教育》第二章第六页至第八页。
〔2〕 拙著《法律教育》第一章第三页导言。

现在政府方面，于司法人员的录用，当然也不是无标准的，不过他们于司法人才的选擢，太偏重于学校的资格；我们参阅司法官任用暂行标准，修正法官初试暂行条例，与修正高等司法官考试条例等等，其于司法官的考选录用类以学历做标准，而于考试的课目，又仅限于法律的几种主要学科，于社会常识如何，道德品行如何，都置之不问，这样何能擢选出真正的法律人才呢！国内一般的法律学校，于法律人才之训练又皆注重于法律知识之灌输，于法律道德社会常识亦皆不注意，又何能训练出真正的法律人才呢！此即中国司法难于改进的最大原因也。前湖南衡阳地方法院首席检察官李棠氏有一段文字说[1]：

"历来部中任用推检，于其人之学识经验多方考察，良以缺乏学识经验，则见理不真，判断力不强，办案即不能顺利进行；然而品行如何及是否富有责任心，实应与学识经验并重，自来攻击推检者，动辄指为受贿，究之知法犯法，到底罕闻，不过有时见解模棱，多费手续，或性情疲缓，任意拖延，实所在多有，亦闻有检察官负责检举，而法院不敢依法判决之事，监督之责自应有直接长官负之，各该院长首检皆为直接监督长官，其学识经验品行责任心，最低限度，亦应不在普通推检之下，然实际情形，究竟如何，据棠所知，恐有不尽然者，此则各该院长首检之直接监督长官，又不能不负其责也。"

所谓品行责任心这是一个道德问题，我们看到日本的司法官，他们于学校读书时，既注重于常识的灌输，品性的陶冶，即经司法官考试及格之人员，又须见习两年，予长官以考查其品行之机会；两年期满后因品性稍有瑕疵而淘汰者，每年半数以上；即合格之人员，将来发生有品行不端之情事者，见习时之长官应负全责，亦可见其于司法人才擢用之严格。

不过有的人说，要司法界吸收人才，其先决条件还是在提高司法官的待遇与保障司法官的职位。假使司法官待遇太薄，那么叫他们枵腹从公，是不可能的事；假使司法官位置没有保障，那么，今天不知道明朝，叫他们怎样能安心办事呢！的确，这两点是改善司法极重要的事，我们是无可否认的。尤其在现在的中国，因为司法经费受到各省的牵掣，所以司法官的俸给往往七折八扣，以至不能维持他们的生计，这样是断不能吸收人才的。不过我们

---

[1]　李棠《衡阳地方通讯法治周报》第一卷第九期。

看到司法经费比较充实的地方，法官待遇比较高的法院，其办案的成绩怎样？比司法官待遇微薄的地方好得多少？是否可以认为满意？恐怕还是一个问题。是可知司法官待遇的提高，不一定可以说司法便可改善，又要看司法行政当局的有无人才。

再有一点，我认为于改进司法上所应当注意的，便是有了道德学识兼备的法律人才，还希望行政当局及军事界的领袖们，都有尊重司法的决心。我们看到英皇亨利第五于未登皇位时，因为要救他的宠臣，竟拔剑到皇家法庭示威，审判长加斯科因〔1〕（Gascoigne）厉色骂他说：我用皇帝的名义禁止你的暴行，并望你做臣民守法的模范，今你既犯侮辱法院之罪，自应将你拘捕入狱，以待皇帝的命令。太子聆是言后，始恍然悔悟，弃剑行礼，自请入狱；事为英皇所知，乃仰天感谢上帝说："我感谢上帝赐我这守正不屈的法官，和忍辱奉法的太子。"〔2〕再看到美国它的议会于1808年曾通过一封港法令，规定凡载货物而航行外国的船只，海关得不给护照，民主党总统杰斐逊〔3〕（Jeffeson）忽通令海关凡载有货物者无论航行国内外一概不发护照。最高法院推事民主党党员威廉约翰逊（William Johnson）氏年仅三十有六，受杰斐逊委派不及四年，即在South Carolina的巡回法院审理关于此问题之纠葛。在当时一般人之推测，皆认为约翰逊与总统有如此的关系，必能拥护其政策。不意约翰逊很不犹豫的宣告总统此举与国内商业有关碍，不能认为合法。杰氏见此判决虽一时气愤填膺，然终亦表示服从。再有在1812年美国和英国开战的时候，那时候的封港法令虽已取消，然而在美国的行政当局因为封港之重要，便将和英国做买卖的美国人民检举后向法院起诉。在当时审理该案的审判长是约瑟夫·斯托里〔4〕（Joseph Story）氏，年龄不过三十有三，与大总统麦迪逊〔5〕（James Madison）同为民主党党员，而被麦总统委派为最高法院推事，为时不过十月；他和麦总统有这样的关系，谁都认为他是麦氏政策的拥护者。况且这一件案子和民主党及大总统的地位有生死关系，麦总统很急切地盼望法院能处被告以相当之罪。不料那位推事的年龄虽轻，确很不犹豫的宣告麦

---

〔1〕 "加斯科因"原文作"格司考近"，现据今日通常译法改正。——校勘者注。

〔2〕 高景川："论覃振改革司法制度的提案"，《政治评论》第一三七号第二三五至二三六页。

〔3〕 "杰斐逊"原文作"杰佛逊"，现据今日通常译法改正，下同。——校勘者注。

〔4〕 "约瑟夫·斯托里"原文作"乔才夫斯笃莱"，现据今日通常译法改正。——校勘者注。

〔5〕 "麦迪逊"原文作"麦狄逊"，现据今日通常译法改正。——校勘者注。

总统恢复封港法令的非法，并将被告立即开释，在他判决中有一段文字说：

于行政部分本法院得到最大的尊敬；惟解释法律，为本院之天责，我们对于普通人民的意见，和最高行政当局的意见，自不应有所歧视，今总统既无权以恢复此已失败之封港法令，我当然不能认此举为合法。

美国最高法院的判例中，类似这种案件是很多，我读了查尔斯·沃伦[1]（Charles Warren）《议会宪法和最高法院》（*Congress, the Constitution and the Supreme Court*）一书，于司法独立（The Independence）的一章中，瞻念美国最高级法院诸法官，能放弃私交党派情面，抱着大无畏的精神来解释法律，拥护法律，实在不能不使我五体投地的敬佩他们法律道德的高尚。同时我又看到他们一固执有最高统治权的行政当局，身可以指挥百万大军，然终俯首帖耳于一法院推事的裁决，更不能不敬佩他们尊重法律的精神[2]。

一个法治国政风的造成，当然不是一朝一夕的事，一方面固由于法律教育者注重于真正司法人才的培养；一方面由于国家行政当局注重于真正司法人才的擢用，再从而提高其俸给，保障其职位；一方面由于行政当局的以身作则尊重法律服从法律，才有效果。今若斤斤于司法制度形式的改善，法院监狱数量的增加，或进一步至于法律本质的革新，而不注意于这根本问题，我恐怕毕竟是换汤不换药，制度是制度，法律是法律，司法的形式虽改良，司法的精神依然是腐败与黑暗。司法会议举行在即，我贡献这一点小小意见，一得之愚，还希望读者加以指正。

---

[1] "查尔斯·沃伦" 原文作 "查利士华伦"，现据今日通常译法改正。——校勘者注。

[2] Charles Warren, *Congress, the Constitution and the Supreme Court*, Ch. 8, pp. 246~272.

司法改革声中应注意之基本问题[*]

杨兆龙[**]

　　意国首相墨索里尼氏尝有名言："无法律之政府能促成专制；无法律之民族必至陷于无政府，紊乱而完全瓦解之状态。"[1]中山先生在日亦尝有类似之表示。其言曰："人事亦有机器，法律是一种人事的机器。……宪法就是一个大机器，就是调和自由与统治的[2]机器。……我国现在要讲民治，就是要将人民置于机器之上。"[3]夫司法者，伸张法律，运用法律之工具也。法律既为专制之堤防，人事之机器，民治之基础，则司法之重要更可想见矣。广观中外史乘，其政治之修明。国家之富强，每与司法互为表里。欧美固无论矣，即以吾国而言，其历代决定治乱之最要标准，除课赋外，亦惟有司法。故司法实为中外立国之大本。吾国今日，内忧外患，交相煎迫，考厥原因，种种不一。惟其最要者，莫衷一般人对于政府信仰之薄弱，犯上作乱者每利

---

　　* 本文原刊于《经世》（第2卷）1937年第1期，第24～40页。

　　** 杨兆龙（1904～1979年），江苏金坛人。法学家和法律教育家。1927年毕业于东吴大学法学院。1935年获美国哈佛大学S. J. D法学博士学位。继而，在德国柏林大学进行博士后深造。32岁时已掌握英、法、德、意、西、俄、波、捷八国外语，并对大陆法与英美法两大法系均有了精深的造诣。曾草拟《中华民国宪法初稿》、《军事征用法》、《军事征用法实施细则》、《国家总动员法》、《汉奸惩治条例》、《战争罪犯惩治条例》等6部全国性法律。抗战胜利后的最大业绩为协助罗斯科·庞德等筹划中国法制之重建，及1949年初释放万余名政治犯。先后曾以中国司法代表团团员和团长之身份两次赴欧美考察司法制度及法律教育。曾当选为中国比较法学会会长、刑法学会会长、国际刑法学会副会长、国际统一刑法学会副会长、国际比较法学会理事、国际行政法学会理事等。1948年被荷兰海牙国际法学院评选为世界范围内50位杰出的法学家之一（中国仅两位）。其著述约300万言，译作有《联合国宪章》中文本等。

　　[1] 见德国学者Wlihelm Sauer所著之《法律与政治哲学》（*Rechts = und Staatsphilosophle*）一书（一九三六出版）第四十五页。

　　[2] "的"原文作"底"，现据今日通常用法改正。——校勘者注。

　　[3] 见五权宪法。

用此种心理，以为反动宣传；是非混淆，精神涣散。故当今急务，莫过于唤醒民众，使信仰政府。司法为亲民之政，乃国人生命财产之所系，颇受社会之重视。政治之良窳，每于此觇之。其与一般政治之关系，无异演剧主角之与剧团耳。主角不善，则整个剧团为之减色。司法不善，则整个政治失其精彩。人民必难发生信仰也。是以欲博得人民之信仰而使整个民族精诚团结，整饬司法，实为要着。矧列强在吾国之领事裁判权迄未废除，他国所不能忍者吾国仍能忍之。相形之下，已觉见拙，乃其流弊所及，不仅破坏吾国裁判之完整，抑且使吾国法律不能拘束外国人。吾国人所不能享受者，彼可享受之，吾国法律所禁止者，彼可自由为之。吾国政府所提倡者，彼可破坏之。其影响于吾国之政治经济及国防者，至深且巨。此制一日不废除，则吾国之安全一日不能确保。[1] 昔年各关系派遣代表来华调查司法，以为决定废除领事裁判权之张本，卒以对于当时司法未尽满意，拒绝吾国之要求。其所指摘者，虽不免牵强附会之处；顾其批评正当者，亦非尽然。是吾国处今日而欲废除领事裁判权，除在外交等方面而努力外，仍不能不注意司法之改善。惟司法之改革，经万端，不遑详论。兹所述者，仅其基本问题而已。按此项问题，可约分四类，即：（一）关于司法机关之组织及分配者；（二）关于司法机关之事物管辖者；（三）关于司法人才者；（四）关于司法经费者。兹分论如次：

一、司法机关之组织及分配

就此点言之，现行制度有下列三大缺点：

（一）**县或同等区域之司法裁判机关组织不健全**　吾国目前设有正式法院之县或同等区域，仅合十分之一有奇。其无正式法院者，尚达一千四百左右。此类县或区域内之司法事务，大都由县政府或其他同等地方行政官署兼理。其流弊不一而足；举其要者，约有四端。

甲、担任裁判事务者不精通或不谙法律。兼理司法之县政府或同等地方行政官署，大都由承审员等主持裁判事务。此类承审员等，因地位不隆，俸级过低，保障薄弱，往往不能由精通法学者充任。其不设承审员等之县政府或同等地方行政官署，则裁判事务类由县长或同等地方行政长官担任。其对于法律之隔膜，较诸承审员更有过而无不及。

---

〔1〕 参阅拙著"领事裁判权之裁废与国人应有之觉悟"一文（载《经世》第一卷十二期）。

乙、司法与行政界限不明，行使裁判权者易失去独立公平之精神。承审员等受县长等地方行政长官之监督指挥，往往以县长等之意志为意志。而县长等因与人民过于接近，每易为地方之土豪劣绅或包揽词讼者所蒙蔽或诱惑。以故承审员之裁判不易得其平。若夫不设承审员等之兼理司法机关，则行政长官对于裁判事项有直接处理之机会，其弊更有甚于此者。

丙、兼理司法之行政机关，因本身之职务关系，易于感情用事。县长等对于地方之治安负重大责任，对于妨害治安之刑事被告，易有成见，每不能以客观之态度予以裁判。

丁、司法辅佐人才特别腐败。兼理司法机关之书记官，执达员，司法警察，检验员等，大都有旧时之司书，差役，仵作等充任；程度既低，风气尤坏。

最近司法行政部虽创县司法处之制以代县政府兼理司法之制，顾究其实际，仍不过采用变相之承审员制。盖县司法处之司法辅佐人员与往日相差有限，固不足道。即就县审判官而论，其学识，经验，地位，与俸级，亦较承审员所胜无几。以此种人而主持一县之裁判事务，其弊有二：

甲、威望不足。审判官与承审员在名称上颇属相似，在一般人民视之。以地位如之人而与县行政长官对峙，殊难维持平衡。

乙、能力不足。县司法处之审判官，通常只有一人。故审判官往往须兼办民刑裁判及民事执行等事项。其职务较诸一般法院之推事为繁重。必有过于一般法院推事之能力，方克胜任愉快。乃其经验学识常较一般法院之推事为逊，并不能称职与明甚。

（二）**各省高等法院或分院不敷分配**　吾国幅员广大，而交通不便。各省之高等法院与分院为数颇少。凡向该项法院进行诉讼之当事人，往往须跋涉数百里而对簿公庭。讼累之重，莫此为甚。近自实行三级三审制后，此种情形，尤为严重，盖依现行制度，凡第二审之案件，无论巨细，均须由高等法院或分院受理。以前由地方法院或分院管辖之第二审案件，现皆划归高等法院或分院办理。各省之高等法院或分院既少于原有之地方法院或分院，则三级三审制实行后，第二审当事人中必有一部分较前更感及跋涉之劳与讼累之重。

（三）**公安机关组织不完备，并与司法机关缺乏联络**　公安机关，依刑事诉讼法之规定，负有司法警察之职务；自广义言之，乃一种司法辅佐机关。

故讨论司法机关时，应一并予以研究。查吾国公安机关近年来虽有相当之进步，然就一般之情形而论，其组织仍不免失之简陋。自司法之立场言之，其缺点之最著者约有三端：

甲、公安人员缺乏法律知识；

乙、对于犯罪之侦察及预防无完善之设备；

丙、缺乏纪律与守法之精神。

吾国之公安机关，不仅组织不完备，抑且与司法机关无充分之联络。如关于犯罪之侦察预防，证据之搜集保全，犯人情形之调查，刑罚之执行，及出狱人之监督保护等事项，未能与司法行政及裁判机关统筹计划以资共同实行，即其一例。欲补救上述三种缺点，其法不外举办下[1]列三事：

（一）取消县政府或其他同等地方行政机关兼理司法及县司法处之制度 于无正式法院之各县或同等区域，改设地方分院。其法可略述如下：

甲、以推事代替现在之县审判官及承审员等。其机关对外改用地方分院之名义，即由推事兼任院长，以提高威望。

乙、前项推事由富有经验学识兼通民刑法律者充任。其待遇可依普通正缺推事之规定。在经费较裕之县或同等区域。得酌加一级或二级。

丙、如因限于经费而不能设置检察官，得仍由县长等兼办检察事务，但须设下列之限制，以缩小其权限：

（甲）凡得自诉之刑事案件，概依自诉程序，由推事直接受理，县长不得行使侦查权。

（乙）凡必检察官提起公诉之案件，由县长侦查时，如须羁押或拘捕人犯，概由县长等咨请推事签发押票或拘票行之。但遇有现行犯或紧急事变时，县长等得先行羁押或拘捕犯人，于事后征求推事之同意。（按吾国检察官关于此点之权限，本较欧美及日本之检察官为大。欧美日本之检察官侦查犯罪时，除遇有现行犯或紧急情形外，大都无自由羁押或拘捕犯人之权。即遇有现行犯或紧急情形，亦必于羁押或拘捕后，征求推事之同意，故吾国如对兼办检察事务之县长等加以类似之限制，于潮流既无抵触。于事实亦能兼顾。）

如依上[2]述各点办理，县司法经费每月不过较县政府兼理司法或县司

---

〔1〕"下"原文作"左"，现据今日通常用法改正，下同。——校勘者注。

〔2〕"上"原文作"右"，现据今日排版需要改正。——校勘者注。

法处时代增加百圆至二百圆。（即裁判人员等提高之俸给等。）而司法之效率，则将大有进步。似属利多于弊也。

（二）**增设高等法院或分院，并于必要时行巡回裁判制，以济其穷**　其要旨可分为三点言之：

甲、将每省划为若干区。每区之大小，视交通之情形定之。交通便利者，其区域不妨稍大；交通困难者，其区域以小为尚。每区内设高等法院或分院一所。此项高等法院或分院须设于每区内之交通中心；俾各县诉讼当事人跋涉之劳相等。

乙、如因限于经费而不能设置如许之推事或检察官，则不妨将此项法院与所在地之地方法院合设于一处，随时调用该地方法院之推事或检察官兼办高等法院或分院之事务。如是，则地方法院与高等法院或分院之关系可随时因事务之繁简而加以调整。英国之高等法院与上诉法院亦采此制。施行以来，未尝发生困难。吾国取为过渡办法，当不至有何流弊也。

丙、如乙种办法之推行，尚有困难，则不妨于地域辽阔及诉讼不多之区酌行巡回审判之制，由高等法院或分院之推事按期赴各县或中心地点审理第二审案件。其法庭组织分子，或全为高等法院或分院之推事，或一部为高等法院或分院之推事，一部为地方法院或分院之推事。其检察职务，则不妨视实际之便，由高等法院或分院或地方法院或分院之检察官执行之。（此点如能实行。则高等法院或分院之推事或检察官不妨乘巡回裁判之机会按期视察监督各县之地方分院。）

（三）**充实改良公安机关，并调整其与司法机关之关系**　其进行步骤凡四：

甲、训练公安人员，于可能范围内，灌输[1]法律之知识。

乙、充实并改善关于侦察预防犯罪之种种设备，如：以科学之方法切实推行并研究指纹学；于重要公安机关设立专部，研究关于侦察犯罪之应用化学与物理等学科，布置各种犯罪之警报设备；推行警犬制度等是。

丙、对于公安人员严加考核，甄别，训练，并优其待遇，使养成遵守纪律，服从法律之精神。

丁、由司法与公安机关双方切实分工合作，俾公安人员得对于侦缉犯罪

---

〔1〕"灌输"原文作"贯输"，现据今日通常用法改正。——校勘者注。

事件充分发挥其能力，以供给参考资料，并襄助执行判决与监督及保护受刑完毕者等事宜。

二、司法机关之事物管辖

此可分（一）民事小标的诉讼与（二）违警案件二点论之。

（一）民事小标的诉讼　小标的之民事讼诉由普通法院解决，手续繁而耗费多，往往得不偿失。故西洋先进国家；大都特设法院以处理之。一邑之中，此类法院每在数所以上。其管辖区抑小而诉讼程序简；裁判既速，结案斯易，省费节时，利民实多。吾国前清制定法院编制法时，仿照德日之例，分法院为四级，而以初级审判厅及检察厅办理轻微民刑案件。用意原非不善。无知施行以后，初级审判厅与检察厅之管辖区域，以县为范围，较诸德国及西洋其他国家之初级法院或小标的法院扩大数倍至数十倍，盖德国之总面积不过四十六万八千余公方里。而其初级法院（Amtsgericht）有一千七百余所之多。每初级法院之管辖区域平均合二百六十方公里左右。[1] 法国之总面积不过五十五万余方公里，而其初级法院（即治安裁判所）有二千八百余所之多。每初级法院之管辖区域之平均合一百九十万公里左右。[2] 吾国之总面积计一千一百余万方公里。如依每县一所初级法院之比例而论，则每初级法院之管辖区域平均当在五千或六千方公里以上。以吾国交通之困难，其不便于民也明甚。况此制行之未久，即告废除。所有初级审判厅及检察厅管辖之案件，概移归地方审判厅及检察厅兼办。其中一部分则依简易程序处理之。夫所谓简易程序者，徒其虚名。实则其内容仍甚复杂。非惟普通人民不能得其要领，即法院之推事有时亦不免觉其烦琐。此在教育普遍之西洋已为世诟病，今移诸吾土，其弊更可想见矣。国府奠都南京，从事修订法制。法院编制法既代以法院组织法，而民事诉讼法与刑事诉讼法亦经两度改订。革新之点虽多，独于久悬待决之民事小标的诉讼问题未能有何贡献。美国名学者史密斯氏（Smith）尝著《正义与贫者》（*Justice and the Poor*）一书，痛论现代司法制度于贫者之不利。彼认为：现代司法制度之所以不能伸张正义者，其主因

---

〔1〕　见 *Statistischec Jabrbuch für das Reich*，1930（Herausgegeben Von Statislischen Reichsamt）第五五一页。

〔2〕　见 Woytinsky 著 *Welt in Zahlen* 第七册（一九二八年出版）第三二五页。

为诉讼代价之昂贵；而促成诉讼代价之昂贵者，实为诉讼之迁缓与法律之艰深。盖诉讼迁缓，则当事人疲于奔走，费时失业而丧财，动辄白金千金。凡此二者，皆贫者所不能堪也。不能堪，则虽遭人侵害，亦不敢诉讼法院矣。正义何由伸张？此种情形，在吾国尤为严重。诚以吾国诉讼当事人跋涉之劳，既过于人，而其教育程度又瞠乎人后。诉讼之迁缓与法律之艰深更足以加重金钱之损失。今欲纠正此弊，方策虽多，而首要之图，当推广设民小事标的法院。其法为：在县或同等地域之各区域或乡镇，斟酌地方之大小，人口之多寡，设立公断所或其他类似之机关，由地方公正士绅等担任公断。（其详细组织及办法，因限于篇幅，姑从略。）凡民事，金钱，或财产争讼，其标的在某种限度以下者（如五十元或百元以下等，）应先由所在地之此种机关公断。必经公断后而不服者，始得诉诸普通第一审法院。普通第一审法院关于此类案件所谓之判决不准上诉。此制早为德国维尔登勃格（Württem berg）及巴登（Baden）等邦（现改为省）所采。该二邦之区法院（Gemeindegericht）即其明例。按德国之区（Geme nde）平均约有三十方里之面积，与吾国各县之区或乡镇相等。区法院即以此为管辖区域者。据该国学者考察，此类法院，自成立以来，颇著功效。[1] 吾国本系农村社会，士绅公断，素所习见，揆诸国情，并无不合。如能略师德制而于县之区或乡镇酌设公断所或其他类似机关，并于人选组织及办事程序等妥为计划以防流弊，其贡献当亦未可限量。尝考吾国第一审法院所受理之民事案件中有半数之标的不满二百元者。其中标的在百元以下者当不在少数。上述之公断所或其他类似机关如能成立，则此类百元以下之小标的案件可移归该项机关办理，当事人因是而避免讼累者为数必属可观，而普通法院之案件亦将减少。凡诉案过多所引起之流弊，可免发生。即发生，亦不致如以前之严重。况向之贫民因普通法院讼累过重而裹足不前者，今皆有伸张正义之机会，不致如往者之郁郁，诚一举而数得也。

（二）**违警案件** 关于违警案件之审理与处罚，各国法例种种不一。举其要者，约有四类。其一为采普通法院裁判制者，如英美法等国之规定是。此类法例视违警案件为轻微犯罪案件。依三权分立之学说，担任行政权职务

〔1〕 参阅 Rosenberg 著 *Lehrbuch des Deutschen Zivilprozessrechts*（一九二七年之版本）第三十八页及著 A. Hegler 著 "Das Gemelndegerichtsverfassung in Bade n und Wurttemberg" 一文，载 *Archivfü dis Zivllistische Prais* 第一〇六期第三十二页以下。（一九一〇年刊行）

之警察机关无审理之权。故此类案件应由最低级之普通法院审理。其二为采警察机关处分制者，如吾国之规定是。此类法例视违警案件之处罚为警察机关之行政处分。受罚者表示不服，应依诉愿及行政诉讼之程序请求救济。普通法院无权过问。其三为采普通法院监督制者，如德国普鲁士等邦之规定是。此类法例，注重事实，不尚理论，一面许警察机关对于违警行为自行处罚，一面准被罚者向普通最低级法院（即初级审判厅）请求正式裁判。其四为采警察机关处分制与普通法院监督制之选择制者，如德国联邦现行刑事诉讼法之规定是。此类法例，授警察机关以处罚违警行为之权，并准受罚者斟酌情形向上级警察机关诉愿或向初级审判厅请求正式判决。以上第一种制度，虽足以使人民不受警察机关之压迫，但究其实际，恐不免发生三种流弊：即（甲）对于警察机关之职权限制过严，足以减少其制止违警行为之能力；（乙）违警案件由普通法院审理，普通法院之工作势必增加，难免影响其他更重要之案件；（丙）违警案件移送普通法院，辗转需时，足以增加人民之讼累。第二种制度，虽足以增加警察机关制止违警行为之能力并减轻普通法院之工作，但在警察机关未臻完善与行政制度未尽改良之国家，于人民之利益无充分之保障。重以进行诉愿与行政诉讼，需时过多，讼累亦属堪虞。第三种制度，对于警察机关及之需要与人民应有之保障均能兼顾，实较第一第二种制度为可取。惟对于不服警察机关之处分者，仅准向普通法院请求救济，既足以增加普通法院之工作，复有时违背人民之心理，（人民中不免有愿向警察机关之上级官署请求救济者。）似不如第四种制度之有伸缩性。吾国今日之警察机关与行政制度尚在改革时期，采行第二种制度，对于人民之利益未免缺乏保障，似宜代以第四种制度。

三、司法人才

凡百事业，非有适当之人才不克举办。司法为专门而责任重大之事业，非尽人所能胜任，其有赖于适当之人才也明甚。吾国丁此新旧交替之时代，百废待兴，需才孔急，凡从事实际工作者，莫不有才虽之 。主持司法者，亦有同感焉。考吾国司法人才不适当之原因，实不外培养，甄用，考核，及待遇之不得其道。请分析言之如下：

（一）**培养** 培养可分学校与政府的二种。就前者言，吾国教育界真能关心司法人才者，似不可多得。司法辅佐人才，如书记官，执达员，司法警察，法医或警察员等之培养，固根本不足道；即法官，司法行政官及其他法学人才之培养，亦欠彻底[1]。国内习法之人才，虽较习其他学科者为多，顾其学有根基者，殊不多观。考厥原因，实法律学校之办理不善有以使然。盖国内之法律学校，大都无深远之计划与高尚之理想。法律乃时代与地方之产物，贵能变迁以适应时代与地方之需要。法律学校之课程与教授方法，非因时因地而改革不为功。旷观吾国今日之法律学校，其课程与教授方法与二十年前不同者，几如凤毛麟角。办学者既鲜知吾国需要之所在，复不明世界潮流之动向，纵言改革，亦不过粉饰表面，以博一时之虚声。十年二十年后之结果如何，则未计及。语云："取法乎上，仅得乎中；取法乎中，仅得乎下。"吾国已往之法律学校，不取法乎上而从大处远处着眼，此今日法学人才之所以零落也。故今后要图，当不外二端，即：（1）多设培养司法辅佐人才之学校，（2）改革法律学校，以充实法官，司法行政官，及其他法学人才。后者当以扩大办学之计划与提高办学之理想为出发点。其要旨可略述如次：

甲、以培养创造与应变之精神为宗旨。其致此之道为：

（甲）注重法律方法及法律哲学之研究，使学者知如何制定与解释法律，以应时代地方之需要而不为条文之奴隶。

（乙）提高入学资格，并注重智力测验，使学法者俱为优秀之士而易收培养之效。

乙、充实课程，使学者对于中外法律过去与现在之发展趋势及实际利弊与法学关系科学有深切之研究。其致此之道为：

（甲）设中外法制史之科目；

（乙）设各门法律之比较科目；

（丙）设关于司法统计及调查之实际科目；

（丁）设主要法学关系科学之科目。

丙、充实图书及法学实验设备，使教学者有研究之必要工具。

丁、提高教授之待遇，使硕学之士能专心于所任之工作。

戊、添设并扩充法律研究院或研究部，使毕业于法律学校而有志深造者在学术上有充分发展之机会。

以上各点，虽为教育当局所主管之事，然司法当局亦有监督之权。尤宜

---

[1] "彻底"原文作"澈底"，现据今日通常用法改正。——校勘者注。

由后者会同前者统筹而实施之。例如，法律学校之办理不善者，应限令改善，共不能改善者；应限令停闭。其办理完善者，应扶掖之；或辅助经费，或予以课程上之合作。如某校对于比较法学有研究也，则由政府辅助经费，以便增设讲座，添置图书，设立奖学金等，而使其益臻完善。某校对于农村法律有所长也，则由政府予以财力上之援助，俾学校与学生均得为充分之发展，而收美满之效果。某校办理完善而需用政府所保有之某种材料也，则由政府于可能范围内予以便利，某种人才为政府所需要而为某校所能造就也，则由政府斟酌需要之程度予以经济及人力之辅助，俾得充分培养此类人才，以供国家之用。

就政府之培养人才言之，其弊亦与学校之培养人才相同。此观于法官之训练，盖可知之。尝考吾国自民国初年训练法官以迄现在，对于课程设备及待遇等事，殊少深远之计划。其训练之目的，至今仍未确定。盖若谓训练之目的为补充一搬法律学校教育之不足也，则除注重司法实务之训练外，应多设一般学校所无之课程或深于一般学校课程，并充实训练机关之图书等设备。若谓训练之目的仅在司法实务之了解与习惯也，则应迳将受训者派赴各法院实习。即或不然，其在法官训练所或讲习所学习之期间，亦不必过长。若谓训练之目的在为将来培养能适应需要之司法官，则对于领事裁判权撤废后吾国法官所必具之法律知识（即关于各国法律之知识）及工具学问（即外国文字）应特别注意。若谓训练之目的只在研究本国法律也，则政府对于研究外国法律之法官厅另有设施，以应将来之需要。若谓训练目的在罗致优秀之人才而培养之也，则除慎选受训者外，并须提高训练期间之待遇。乃纵观历次所办理之法官训练所讲习所等，其课程既与一般法律学校重复而未见较为高深（较诸国内良好之法律学或且不如），而其负责人员及教授对于法学所任之科目亦不尽有深切之研究。外国法律与外国文字几全未顾及。即或注意及之，亦不添设一二课程以壮观瞻，且未切实教授。训练期毕，其能于此道有必得者几希。至于图书等设备，则大都因陋就简，比之国内较佳之法律学校，诚有愧色。其训练期间，不失之过短，即失之过长。就司法事务言之，受训者在法官训练所讲习所等学习之期间竟延至一年至二年之久，此过长也。就补充一般法律学校教育之不足言之，其训练期间有以一月程度者，此过短也。（如最近调京训练之法官，大都系因程度差而调训者。必加以长期充实之训练，方能改善。）方其择选受训人也。不论受训后所任事务之性质如何，概加以同等之考试，强求一律，未免机械。迨训练开始也，或不发任何费用，或仅给与些微之津贴，致有为而处境困难之士皆弃此而另图发展。其效甚微实意中事。

以上所述，虽仅政府培养司法人才孩子一端，顾执此以例其余，政府培养司法人才之无深远计划与高尚理想，概可想见。故今后所宜努力者，当不外下列五端：

甲、确实培养之宗旨与计划。此项宗旨与计划，须兼顾目前与将来之需要。

乙、视受训后所任事务之性质，用合理之方法，慎选受训者，以便尽量罗致优秀或可造之人才。

丙、充实训练机关之课程及设备，并慎选其负责之人。

丁、提高训练期间之待遇。

戊、依受训者之实际需要，决定训练期间之长短。

（二）**甄用** 此可分司法事务与政务人才言之。吾国今日关于甄用司法事务人才之最大缺点为：重形式而不尚实质，注意抽象之资历而忽视专门之学识。夫形式与资历固非绝无价值，顾其效用全在能保证具备此项条件者有过当之能力；其本身仅为达到某种目的之手段，非即目的地。乃今之人每有视之为目的者。于是凡具备此形式条件者或以此形式条件见长者，不问其实质如何，概予录用。反之，其不具备此形式条件或其形式条件不如人者，纵有过人之能力，亦往往在摒弃之列。遂致设官虽多，而办事无人。重以吾国官厅向尚例行公牍而忽视专学门识，服官愈久，专门学识愈见退步。纵学有专长，而为风气所移，已虽与时并进，何况其专门学识根本缺乏乎？故今后甄用司法事务人才，应特别注意及此。

至于政务司法人才，虽不必拘泥于形式之资格，顾其具备实质之条件即司法之专门学识者，殊不多观。故设施虽多，每难中肯。良以政务司法人才在职务上虽与事务司法人才有别，而于司法之根本问题，如用人决策等，究非有相当之研究不为功。此类问题之圆满解决，以了解司法为前提，以非司法专才而解决此类问题，不免隔膜。今后甄用司法政务人才，于实质条件亦不可忽视。

（三）**考核** 现行考核司法人才之制共有四大缺点。兹分述如次：

甲、办理考核事务者未必为专家。高等以下各级法院及全国监所人员之考核，均由司法行政部总其成。惟其中大部分系由各处，司，科之低级职员办理者。此类职员，对于所司各事，未必有精深之研究。故其所重视者，无非一般之例行公事，对于学术，殊少心得。以此种人办理考核事务，颇难胜任愉快。

乙、办理考核事务者每不热心。一般办理考核事务者，往往以寻常例行公事目之。故办事每易懈怠。

丙、办理考核事务者行止每不严密。如司法行政最高长官或中央所派之视察员于出发视察前，行止每不严密，致所属机关闻风而准备掩饰，真相遂无从查究。

丁、考核之程序每失之迂缓。如司法官成绩之总考核，在司法行政部往往由特设之委员会办理之。此项委员会之组织分子每非司法行政部之职员。（如最高法院之推事，庭长，或中央部会之要人。）此类人员，因牵于固有之职务，对于考核工作，常多疏忽。故考核之结束，动辄经年累月。往往已更调而考核尚无结果，考核之效用，丧失殆尽。

故今后改善考核之道，当不外改用专家，以严密迅速之方法处理其事。

（四） 待遇 吾国目前司法人才虽以罗致之原因，当以待遇之菲薄为最重要。盖司法机关对于资格之限制，较诸一般政府机关为严，而司法人员之待遇，独较其他公务员为低。有为之士，每难久安于位。故欲求完美之司法人才，于培养期间固应优其待遇，而于正式任用以后，尤应提高其俸给，并予以其他便利。（如家庭辅助金养老金等。）

四、司法经费

吾国今日之司法经费有三大缺点，即：（一）预算数额过少，（二）预算数额无保障，（三）与支付保管机关不集中是也。兹分述如次：

（一） 预算数额过少 依照吾国预算，中央每年之司法岁出（连上海租界法院看守所等在内）经常与临时二项合计不过三百余万元，（依最近三年之预算）仅合中央总岁出之百分之三，若除去上海租界法院看守所之支出约一百万元计算，仅合中央总岁出之百分之一，各省每年之司法总支出（连取自司法收入之中央辅助费约三百万元左右在内）不过二千万元左右。（依二十年之预算）。若就各省分别而论，则其司法支出最多者约在二百万元左右，其最少者仅四万余元。若按百分比例言之，司法支出仅合总支出之百分之一至百分之之十一。此项司法经费中，用于狭义之司法即监狱看守所以外之司法机关者，平均约合三三分之一。若将中央与各省之司法支出合并计算，则其数当在二千三百万元左作。较诸其他国家，实相悬绝，如德国普鲁士邦，其面积仅二十九万余方公里，而其每年之司法支出约在二万万（一九一三年）至三万万马克左右（一九二七）。每马克约值华币八角，现约值华币（一元三角。）〔1〕巴耶邦（Bayerv）之面积仅七万五千余方公里，而其每年之司法支出约在四千八百万马克左右（一九二九至一九三〇年）〔2〕法国之面积仅五十六余方公里，而每年之司法支出约在二万万法郎左右。若以每华元六法郎计算，其数当在三千三百万元左右。（一九二七年）英国本部之面积仅二十五万余方公里，而其每年之司法支出约在一千万磅以上。（合华币一万数千万元）（一九二五至一九二六年）波兰之面积仅三十八万余方公里，而其每年之司法支出约在六千至九千万波圆（Zloty）左右。（约华币同数）（一九二七年）西班牙之面积仅五十余万方公里，而其每年之司法支出约在三千六百至四千万西元（Pestas）左右。（约合华币同数）（一九二五至一九二七年）比国之面积仅三万余方公里，而其每年之司法支出常在一万六千万法郎左右。（约合华币二千七百万元至四千万元）（一九二五至一九二六年）〔3〕吾国之面积约合一千一百万方公里，较上述各国大至数十或数百倍，而其司法支出之总数反见减低，其预算额之少也，不言可喻。

（二）预算数额无保障　夫司法支出之数额虽低，然若能有充分之保障，俾预算所定之款均得具领，司法事业犹不难逐渐改进。乃事竟有大谬不然者。中央司法经费虽经列入预算，而自国府成立以来，中央财政机关向以不实发款项为原则。预算所列之数额由司法行政部以所得之法收如讼费，状纸书，律师登记费等开支。不仅司法行政部及其所属各机关之支出仰给于是，即司法院最高法院及行政法院等亦赖以维持。至地方须算所列之司法经费，亦大都名不符实。各省当局，以经费困难且不重视司法，往往不遵预算发款。司法机关不得已。其无法收可截留或虽可截留而不敷注者，则折扣俸薪或枵腹从公。如向省方催逼过紧，则不肖分子往往乘机向司法机关提出不正当之要

---

〔1〕　见 Woytinsky 同书第六册（一九二七年出版）第三十至第三十二册。

〔2〕　见 *Statistischs Jahrbuch für das Reich* 1933 第四五八页。

〔3〕　以上各国之司法资费数额见 Woytinsky 同书第六册三十三页。

求以为交换条件。即在司法经费能如期 发之省区，司法机关为修睦感情起见，亦不得不与行政当局善为联络，苟有请托，鲜敢拒绝。今日各省司法机关之长官罕有不迁就省政府之财政等机关者。盖非如是，则司法机关无以维持也。各省高等法院院长之去留，不以有无学识经验为标准，而以与省政府当局之有无渊源为断。其与省政府当局有渊源者，纵无学识经验或完善人格，司法行政当局不敢轻予更调也。

（三）**支付保管机关不集中**　司法预算数额之所以无保障者，财政之困难与一般人之轻视司法，固不能辞其咎；然支付保管机关之不集中，亦其造因之一。诚以司法经费由中央与各省机关分别支付保管，则经费之支配漫无监督，而司法机关遂不免有向隅之苦。即有所得，其数额之多寡亦无一定标准。故省与省之待遇既属不同，而县与县之待遇，难免出入。

司法经费之缺点既明，次须研究解决司法经费困难之道。撮要言之，其主旨不外下列各点：

甲、酌增司法经费之预算数额。就近代各国司法经费之比例以观，吾国之司法经费纵增加一倍，亦不谓多。故以后应在限度内尽量增加其预算数额。

乙、如前述之点不克实现，至少应由国库遵照中央及地方预算按实发给司法经常费。所有司法行政机关及法院之法收不得抵充经费，而应专备司法建设之用。此点如能实行，则每年有七百余万元之收入（见二十三年预算）可供司法建设之用。以此逐渐改良法院与监所并培养人才，当然可行。

丙、指定中央或地方可靠之收入，以为司法经费。如有不足由国库尽先以临时经费补充，以前中央本有以所得税充司法经费之说。现似可根据此意以该税之一部或其他可靠收入为司法经费之基础。不敷之处。则另行补充。如是，则司法经费较有固定性，不至如以前之无把握。而司法之独立，亦可确保矣。

丁、指定集中保管及支付司法经费之机关，使司法经费得适宜之分配，司法经费若特定机关集中保管与支付，则对于经费之分配可有通盘之计划与监督。各司法机关既不至如往者之乞怜于财政机关，复可享受均等之待遇。倘经费充足，则全国司法机关应领之款项均可免予折减；倘有不敷而无法补充，则各司法机关经费折减之比例亦必相等。以上不过就管见所及述其梗概。文仓卒，思虑容有未周；不学如余，谬误更所难免，海内明哲，幸有以教之。

今后司法改良之方针[*]

王宠惠^{**}

　　自司法院成立以来，司法独立之真精神，甚为一般民众所注意。但其着手整理之点，则复杂困难，异乎寻常。盖论制度，则虽因实创。论手续，则似简实繁，此中权衡，已属不易，而同时对内又负有促进法治国之责任，对外又须应付领事裁判权之撤销，有此种种原因，则主其事者，第一当熟知各国司法之状况，第二当熟筹本国司法之改良，二者盖相因而又相成者也。顾各国司法状况，其事至繁，其制度亦日新月异，要非在最短时间，及有限篇幅中所能发挥尽致。若语焉弗详，不如姑舍是而专述吾国今后司法改良之方针。

　　吾国今后司法改良之方针，其事亦非数言所能了。但在训政开始期内，当然先就其荦荦大者为着手进行之方。而其中最宜注意之点，则是今兹之所谓改良，要与我革命军未统一以前之司法改良迥乎不同。

　　近十余年来，司法改良之说，亦尝熟闻之矣。然卒未观改良之效者：其一，则由于司法权之不能统一；其二，则由于司法制度未臻完善；其三，则由司法人才之缺乏；其四，则由于司法经费之不能确定。而其总因，则实由于军阀专横，对于司法事务，或漫不加意，视为具文；或恶其害已，时加蹂

---

　　* 本文原刊于《中央周报》1929年新年增刊，第21～24页。

　　** 王宠惠（1881～1958年），字亮畴，广东东莞人。法学家、外交家。王宠惠是中国近代历史上第一个大学本科文凭的获得者；耶鲁大学首个华人法律博士；中华民国南京临时政府第一任外交总长；北京政府第一任司法总长；中国第一任驻海牙常设国际法庭正式法官；世界上第一部德国民法典的英文翻译者；南京国民政府第一任司法部部长、司法院院长；中华民国南京政府第一部刑法典《中华民国刑法》的主持制定者；中国第一批被海牙国际法院评选出的50位国际法学家之一。20世纪前50年，王宠惠以其深厚的法学功底、精湛的语言能力、娴熟的外交谋略和博学儒雅的个人涵养，享誉海内外，为推进中国法制近代化、捍卫国家主权、收回司法主权，做出了巨大贡献。

蹰。因此之故，从前司法事业，从一方面观之，不过仅具雏形，从其他方面观之，实则同一赘疣。以此而云改良，真是欲南辕而北辙也。

今者首先打破上述之根本障碍，则是已由黑暗而入于光明时代。宠惠不才，适当其役，实惧惊钝，无以副斯新制。顾念责任所在，不能不确定司法改良之方针，以弼成五权独立之治体；爰本国民政府组织法所规定之职权，择其最重要而切实可行者，略分先后缓急，列举如下：

（一）宜进司法官以党化也。以党治国，无所不赅，法官职司审判，尤有密切之关系。何况中央及地方特种刑事法庭业已裁撤，所有反革命及土豪劣绅案件，悉归普通法院受理，为法官者，对于党义，苟无明澈之体验，坚固之信仰，恐不能得适当之裁判。是以法官党化，实为目前首应注意之点。关于此项计划〔1〕，约分三种：第一，网罗党员中之法政毕业人员，使之注意于司法行政及审判实务，以备任为法院重要职务，俾得领导僚属，推行党治。第二，训练法政毕业人员，特别注意于党义，务期娴熟，以备任用。第三，全国法院一律遵照中央通令，实行研究党义，使现任法官悉受党义之陶镕，以收党化之速效，此应注意者一也。

（二）宜筹备普设县法院也。从前县公署监理司法事务，实一种不良制度。盖以行政官吏监理司法，已非司法统系所宜有；而为县长者，又多趋重行政方面，司法事务，不暇兼顾，至于法律智识，尤成问题，此种现象，在今仍日不敢谓为必无，实不能不筹一根本解决之办法。但查凡未设有法院之县政府，相沿旧制，皆设有承审员一二员不等，为县长监理司法之辅助，此项承审员，办事一应经费，实已为各该县预算之一宗，拟即就此已成之局，悉依司法制度，于各县中设县法院，随将承审员之合于法官资格而办事有成绩者，即时改为各该县法院之法官。此种办法之设备既简，成立自易；原日预算，即有不敷，相差亦属有限，另筹辅助，当非甚难，一转移间，而县法院编于全国矣，此应注意者二也。

（三）宜求司法官独立之保障也。司法独立，人尽知之，然欲求司法真正之独立，首当力求法官之保障。关于此点其事有二：第一，职务上之保障法官办理民刑案件，一以法律为准，如有顾及，即不能尽其职。军阀时代，武人干涉审判之事，数见不鲜，法官力不能抗，或委曲迁就，或掣肘时闻，至

---

〔1〕 "计划"原文作"计画"，现据今日通常用法改正。——校勘者注。

于其他障碍，以致不能行使职权之事，尤难指数。今者军事告终，一切阻力，逐渐扫除。但恐仍有顾虑之端，尚须细考原因，以求职务保障之方法。第二，地位上之保障。法官无故不得降调免职，为各国之通例。盖久于其职，乃能安心任事。所以有法官终身之称。反观国内法官之迁转频繁无论已，往往僚属之进退，俸级之高低，悉凭长官之爱憎为标准。为法官者方惴惴不能自保，更何况能责其尽职耶？关于上述两点，现正拟详订办法，力予实行，庶可收独立行使职权之效，此应注意者三也。

（四）宜采用巡回审判制度也。巡回审判制度，不但为英美各国所采用，即吾国从前巡按巡道制度，凡其巡历所至，均可勾稽词讼，亦含有巡回审判之意。此种制度，按诸今日形情，实有采用之必要。盖各省幅员辽阔，交通尚感困难，各县人民诉讼，每以距者窎远，需费甚距，不顾上诉，即或上诉，又因传提人证，动辄经年累月，不能审结，今宜就各省交通不便之处，筹设巡回审判，以资救济。凡不服各法院判决而上于高等法院。每年分上下两期派遣推事三人检察官一人前往受理，似此办法，既可以图诉讼之迅结，又可以除人民之苦痛矣，此应注意者四也。

（五）宜限制无理由之上诉也。民刑诉讼，无论轻微重大，按照现制，均可提起上诉。此项办法，原为慎重诉讼而设。但近来民刑诉讼人，往往于原判不利之时，不问理由有无，径行提起上诉。既抱拖延执行之想，又存侥幸胜利之心，以此狡讼不休，与相对人利益有碍，而且因上诉案件过多，以致不能速结，积压羁延，大半受无理由上诉之影响，查刑诉法第三八七条对于一年以下之轻微刑事案件，为图迅速结案起见，既减少其审级（只有二审，则此项无理由之上诉，亦应略加限制，以资救济，应于民刑事诉讼法上诉审程序内，另设专条，凡刑事当事人，明知或得知上诉无理由而始行提起者，一经上诉审审定属实，维持原判，应科以相当罚金（奥国刑诉法草案已如此规定）。如系第二审案件，并应禁止其再行上诉，其民事案件上诉者，或仿英国制度，凡上诉之理由有疑问者，得令其缴纳相当之保证金。又民刑案件上诉者，或仿他国办法，酌定审查上诉之法官核其上诉之理由是否充定（此系专指审查上诉有无理由而言，并不涉及本案内容）？似此限制，则狡讼之弊，可以稍减，此应注意者五也。

（六）宜详细审查从前判例也。从前判例，现在原准援用，但其中有应分别采择者，例如：第一，彼时情势不同，所判情形有不合于党国情者。第二，彼时判例系适用于刑律有效时期，所引条文与现行法有抵触者。第三，有就一时一地而言，按之现时普通地点，或违反一般社会心理者。第四，有历时既久，案件过多，案情大致相同，因查考不细，致使前后判例不能一致者。第五，有引断本已错误，而相率互引，沿讹袭谬者。第六，有虽非错误，而判断未精，因成铁案，致为一般人所不满者。凡兹种种，均应及此时机，详细审查，一一予以更正，或更删繁就简，存其精彩〔1〕，去其芜杂，庶可使援用者一目了然，且不致误入歧途矣，此应注意者六也。

（七）宜略采用陪审制度也。东西各国，对于刑事事实之判断，有附于陪审之评议者，我国周礼秋官，有讯万民之制，亦即今日陪审之意。第无论何项案件，一律适用是制，则手续繁多，反与诉讼进行，有所窒碍。应于科刑较重之案件，采用陪审，而初用陪审制度之时，其愿受陪审之审判与否，无妨征求犯人之意。迨其至若干年以后，社会业经明了〔2〕办法，便可施行强迫陪审制度。此外如陪审人员，均由法院先期审定资格，编造名册，遇有应行陪审之时，即就名册内抽签定之。其余详细办法，自应审酌现情，妥慎规定，此应注意者七。

（八）宜筹设幼年法院也。幼年人犯罪之心理，既与成年人不同，其受审判环境上之刺激，又与成年人有别，所以近年来外国司法制度，对于幼年人犯罪，有另设幼年法院审理者，今宜酌量仿行。但我国幅员广大，司法经费又极困难，倘于普通地方法院所在地，一律设置幼年法院，实际上恐有未能。拟就繁盛地方，先行筹设，所有幼年之刑事案件，概归其管辖，所以拟设此项法院者，系为顾全幼年人廉耻起见，以免其受普通法庭种种之感觉。但幼年年龄限度，各国亦不一致，吾国应定为若干岁，俟详细研究再定。至于是项法院，如何组织，以及审判官等如何任用，及审判应用何种手续，亦须斟酌规划〔3〕，期于最短时期内实行，此应注意者八也。

（九）宜求司法经费之确定也。民国以来扩充法院，建筑监狱，当局者未尝无宏大之计划。顾枝枝节节，终不能照预定程序，切实进行者，则以经费限之也。近年战事频仍，府库空虚，驯至已成立之法院监狱，几有不能维持

---

〔1〕 "精彩"原文作"精采"，现据今日通常用法改正。——校勘者注。

〔2〕 "明了"原文作"明瞭"，现据今日通常用法改正。——校勘者注。

〔3〕 "规划"原文作"规画"，现据今日通常用法改正。——校勘者注。

之势，法官拐腹以从公，囚徒绝粮而哗噪，不成事体，可胜嘅歎。今者政局粗安，渐复常轨，裁兵正在进行，预算可冀成立。司法之改良既不容缓，经费之确定尤所宜先。如能宽筹经费，使全国法院于期年之内同时成立者上也。不得已而斟酌先后分年筹备，源源接济，无虞中辍抑其次也。至于经常之费，亦当于预算内明确规定，无论何人，不得挪作别用，或指定税源，作为专款，如教育经费之独立然，则益善矣。此应注意者九也。

（十）宜注意司法统计也。政治设施之方针，依据于社会之状况而定。我国幅员广大，五方之民，各异其俗，文野程度，高下不齐，益以人事纷繁，变迁无常，欲明了其真相，尤非有精密之统计不为功。百政皆然，在司法事务，尤为要著。就司法言。有民事统计，刑事统计、监狱统计、司法行政统计四大纲。民事统计，如婚姻承继债务等。刑事统计，如犯罪之性质，刑名之类别，刑期之长短，犯人之性别，及年龄等。监狱统计，如人犯之出入，作业之盈亏，及其疾病死亡等。司法行政统计如法官办案之勤怠，法院职员之员额，经费征收之轻重，律师登录之增减等。皆当一一调查，编列详表，以资比较。庶社会上各种状况，燦然具备，豁然呈露，然后因革损益，有所标准，一切措施，咸得其宜矣，此应注意者十也。

（十一）看守所及旧监狱宜迅求改良也。监狱为执行已决犯之地，看守所为羁押未决犯之处，其亟整顿，实与扩充法院同其重要。我国新式监狱，就各省情形论，设置完备者寥寥无几。大抵一省只有二三处，或并一处而无之。至各县之旧监所，无不因陋就简。然新式监狱之建筑，大者需费十余万，小者亦数万，以目前之财力，恐不克同时兴办。惟有先将各县旧监所大加改良，囚徒则施以教诲授，以工艺，看守则勤其训练，严其赏罚。一面就各县适中之地分期建筑新式监狱，一处成立，即将附近各县囚徒移禁于内，而将旧监狱废除之。但使司法经费果能确定，则三五年之后，全国新监，亦可依次完成矣，此应注意者十一也。

（十二）检验吏及法医宜注重也。刑事案件，以杀伤罪为最繁难，临场勘验，必十分详慎乃能得其真实情形。稍有疏忽，便致乖舛，往往失之毫厘，差之千里，法官据以定谳，其影响于罪刑之轻重出入者殊非浅显。我国检验事项，向来墨守旧法，但凭经验，不明学理，一遇疑难案件，瞠目不知所措，又以地位卑贱，侪以皂隶，舞弊枉法，恬不为怪。民国以后，改良检验吏，稍稍优遇之，而其弊未能尽除。今宜于各省高等法院附设检验吏讲习所，抽调各法院及各县之检验吏分班入所训练，授以法院之普通知识，毕业之后，各回原职，酌增薪给，以养其廉，严守条教，以惩其贪。一面筹设法医学校，培植法医专门人才，并酌量于各省医科专校内添设法医学一门，以广造就，而利任使。数年以后，人才足用，可不必假定于旧日之仵作矣，此应注意者十二也。

（十三）宜筹出狱人之工作介绍也。近世监狱政策咸取感化主义，盖予犯罪者以自新之路，不致终身堕落，贻害社会。即先哲所谓刑期于无刑也擅是以犯人虽囚之于监狱之内，而必施以教诲，所以冀其迁善也。必授以工艺，所以预为出狱之为谋生之路也。但一旦刑期已满，释放出狱若不代筹谋生之路，则若辈大多无家可归，或穷无聊赖之徒，饥寒所迫，恶念复明，其不仍流为盗贼者几希。故再犯之案，此比皆然，是昔之所以感化之者，等于无用，而社会之蟊贼，终不能减少也。所以各国多有救助出狱犯人之会合，于犯人之有技能者且为之介绍工作，俾执一业，以自食其力，法良先美，莫过于是。我国向来尚鲜略种组织，所当亟于提倡者此应注意者十三也。

以上不过此举其大者，以为先行筹备之资。其实司法事务，极其纷繁，非有精密之计擘，不足以言改良。但就平日见闻及经过情形而论，则上开各款，实为今日更不容缓之要图。且私意以为凡事均应重在实行，不宜徒诉空言。从前往往定一计划，总设为分期实行之说，以为塞责。所以此项改良方针，不注重于期限，而注重于能先行者即实行之，盖为实事求是计也。

读新法院组织法[*]

钱清廉[**]

我国之有法院组织法，肇自逊清宣统元年。民国以还，沿用迄今，盖已二十余年矣。顾历时弥久，情异势迁，适用该法，动多窒碍。国府奠都南京以后，锐意立法，成就特多，而法院组织法，迟未公布。虽十七年末，司法部曾拟就草案，送法制局审查，时当五院制度成立伊始，法制局即归裁撤，未及审议而罢。迨民国十九年夏，司法院复拟草案，呈送中央政治会议，由中政会议议决，该法院编制法为法院组织法并审定原则，交立法院起草，已于前日经立法院第二〇五次会议通过全文，于是渴望多年之法院组织法乃呱呱坠地与世见面矣。

该法全文都凡十五章九十一条，优点果多，而疑问已不少，爰纾管见，愿与世之法家，共商讨焉。

第一，审级制度之改革

旧制以德日法院构成法为蓝本，采四级三审制，顾自民国三年裁撤初级审判厅后，四级之名实俱亡，嗣于地方审判厅内添设简易庭而以向属初级审判厅管辖之案件属之，不服其判决者，仍上诉于该地方法院。是以同一法院强分为二级，同一法院之判决，强名曰两审，诉讼转增纠纷，人民实受讼累。故本法改法院为三级，以三审为原则，此固明白规定与第二条第十条，第十五条第十七条第二十条第二十二条中矣。至于采三级三审之理由约有二端：一为完全保护权利，盖法官亦人也，孰能无过，欲其判断案件，百无一失，

---

* 本文原刊于《法律评论（北京）》（第 10 卷）1932 年第 4 期，第 6~11 页。

** 钱清廉，1931 年毕业于东吴大学法律系（第 14 届），获学士学位。

殊不可能，设无救济之方，则一旦误判，平反末由，冤抑兹多，故对于不服判决者，许其一再上诉，庶几几经研讯，廉得其平，人民权利，可以确保。二为统一全国法律之解释，各法院适用法规，解释法规，见解难免互异，同一案件，判断两歧，聚讼盈庭，莫衷一是，国家为谋审判之审慎缜密计，对于法院，一方承认其有独立解释适用法规之特权，他方又许不服判决者，再次上诉达于最高法院而后已，所以求法规适用其解释之统一也。

第二，检察官之职权扩充

检察官关于刑事之职权，依旧法院编制法第九十条第一项规定"遵照刑事诉讼律及其他法令所定，实行搜查处分，担起公诉实行公诉并监察判断之执行。"依本法第二十八条规定则分析检察官关于刑事之职权，为①实施侦查，②提起公诉，③实行公诉，④协助自诉，⑤担当自诉及⑥指挥刑事裁判之执行，可见新法扩充检察官之职权，厥有二端如下[1]。

一为协助自诉　人民自诉，依刑事诉讼法规定仅限于①初级法院管辖直接侵害个人法益之罪，及②告诉乃论之罪，此其范围，仍嫌过狭，固又不得不扩张之势，以不在本文范围之内，兹姑不论。惟法律既许人民自诉，似无须乎检察官之协助，殊不知诉讼程序之纷繁，实体法规之援引，难期尽人皆知，循行悉当，有需通晓法律者之辅助者正多，延聘律师则规费殊钜，非人人所能负担，故使检察官为之协助，既足补自诉人之所短，复足尽检察官之所长，善意良法，洵最合今日社会之需要也。

二为担当自诉　依刑事诉讼法规定，自诉案件，在第一审辩论终结前，自诉人得撤回自诉，言归于好自坏的方面言，则提起自诉之人，其主旨有不在保护权利，而在借讼需索者，设被告有以满足自诉人需索之贪欲者，自诉人不惜撤回其诉以了之。是故撤回自诉不啻为其要索之工具，此其弊一。且自诉案件之性质，有直接侵害个人之法益而间接妨害社会生活之安宁者，悉数撤回，不予犯人以惩戒，及足助长其恶性，增加其作恶之胆量，故有某种自诉案件，如放任其撤回，对于全社会殊为不利者，此其弊二。然则听自诉人撤回自诉，则流弊滋多，不许其撤回，则有违情理，徒觉策难两全，计无尽善而已，如依本法，检察官认自诉人撤回自诉之案件应行起诉者，即得担

---

[1]　"下"原文作"左"，现据今日排版需要改正。——校勘者注。

当自诉，无庸另行起诉，庶免自诉人操纵为恶之弊，而便检察官之继续进行诉讼，计策两全，诚良法也。

第三，推检待遇之提高

推检之资格，既极严格，而其职务，又至繁重，与一般公务员相较，殆有过之。然现行司法官俸给简任分七级，荐任分十三级，不特分级过多，迁升不易，且其待遇，远不及普通公务员，殊为不平。兹依本法第四十一条规订"推事检察官之俸给，适用普通公务员俸给之规定"，准此，不仅推检之待遇借此提高，得与普通公务员相同，且可划一俸给之制度，斯诚适当之办法也。复次，本法四十二条"任荐任推事或检察官十年以上而成绩优异者，得以营任职待遇"之规定，足资奖进推检久于其职，努力从公之精神。此项规定，其嘉惠于推检个人者尚小，而有利于司法前途之清明者实大，盖从此推检之所砥砺龟勉从事故也。更有进者，本法第四十三条"推事检察官任职在十五年以上因积劳不能服务而辞职者，因给退养金"之规定，亦大有造于推检之待遇也。

第四，最高法院之单一性

依旧法院编制法，大理院得设分院，揆厥原因，以我国幅员极广，诉讼繁多，若终审案件，均以大理院为汇归，深恐寄递稽迟，积压堪虞，故为便民计，实有设立分院之必要。惟设置分院，系因调送卷证，寄递迟缓，而寄递迟缓，实以交通不便为主因，现在交通虽未全臻发达，然视二十余年前旧法编订时之交通情形，不可同年而语，则寄递卷证不致稽迟，亦无取乎多设机关，此其一。语云"立法期以百年"，吾人不能盱衡目前暂时之情状，而故为迁就之立法，此其二。迩来西南设置最高法院分院，即以旧法院编制法为借口，如本法明为规定最高法院得设分院，不将予人以口实，为封建思想者多设一层法律之根据，此其三。故本法改革旧制，独于最高法院不设分院，所以划一司法，统于一尊也。

第五，检察机关用语之规定

旧法院编制法第六十九条第七十一条仅规定"审判衙门行审判时，以中国语言为准"，"审判衙门之案牍，用中国文字记录之……"而对于检察机关之用语，未为规定，实属疏漏。本法第七十七条则规定"前三条之规定，于办理检察事务时准用之。"申言之，即检察官办理检察事务时，应用中国语言，笔录亦应用中国文字也。

第六，检查员与推检调度司法警察之规定

关于验员及推检调度司法警察旧法院编制法未予规定，本法特于第五十四条明定"检察官得调度司法警察，推事于办理自诉案件时，亦同……"又第五十一条明定"地方法院及其分院为检验死伤，除临时指定专门人员外，得置检验员"。自较旧法为周密。

第七，条文编列之精密

就立法技术言，本法较旧法为优。

其一，就全文观之，旧法院编制法都凡十六章一百六十四条，本法都凡十五章九十一条，旧法多于新法几近一倍，而新法之规定则反较周密。

其二，就条文规定言，旧法关于法庭公开之停止，与其例外，分别规定于第五十八第五十九两条中，本法则并为一条。又于旧法关于推事于评议会时应陈述意见及其次序，分别规定于第七十六第七十七两条而本法则合并规定于一条（第八十一条）。复如旧法关于各级法院之编制分别规定于第五第六第七三条，本法则合并为一条（第三条）。斯皆本法较旧法规定为简明之例证。

其三，就条文贯穿言之，旧法第五十五条关于法庭之公开，并无例外规定，而第五十八条规定"公开法庭有应停止公开者……"等语，非特前后条文不能贯通，抑且对于不应公开之法定原因漏未定明，故本法第六十五条明白规定停止公开之原由，实较完善。（关于裁判宣示应否公开参阅后述）

以上所言，胥为本法之特点然愚见所及，觉其尤有可议之处，略如下述：

第一，推检资格问题

推检执行司法事务，上关国家威信，下系人民权利，实操人民生命财产名誉自由之生杀予夺之权、故东西各国，对于推事之资格，莫不重视，而严加规定。本法亦于第三十三条明定推检之资格，其第五款曰"曾在教育部认可之国内外大学独立学院专门学校毕业，而有法学上之专门著作，经审查合

格，并实习期满者"，是教部认可之大学毕业，而有法律专门著作，经审查合格实习期满者，胥有坐拥？比，听断狱讼之资格矣，其所受之大学教育是否为法科可不问焉。或谓有法学上之专门著作者，对于法律当然研究有素，故其曾受法科教育与否，可置不问，虽然，世固有仅攻法学中之一门，执拾陈言而成其所谓专门著作者，苟审查不严，认为合格之推检，则贻误人民，往往而是，何况其对于一般法律茫然不知，则其胜任与否，殊堪疑问乎？故本条并未规定，以教育部认可之法科法学毕业者为限，似觉太宽。且"实习期满"之规定，所谓实习，是否与第一款考试及格者之实习相同，亦一问题。

复次，本法第一款规定"经司法官考试及格，并实习期满者"云云，依高等考试司法官律师考试条例第三条之规定，司法官考试须经初试再试两次，则本法所谓"考试及格"，不知究何所指？如谓指初试及格，则根据该条例规定，初试及格学习期满后，尚须再试。而本法仅言"实习期满"，并无再试之规定，何耶？如谓指再试及格，则依该条例第十条规定，再试于学习期满后行之，则再试及格者，因已学习期满矣，本法复规定"实习期满"者，何耶？如谓指初试再试两次及格，则"实习期满"四字亦为赘文，岂本法所谓"考试及格"，非指现行考试条例，而别有所指耶？

更有进者，关于推事之消极资格，旧法院编制法第一一五条，日本裁判所构成法第六十六条，均有明文规定，本法无之，似嫌疏漏。

第二，法院院长兼任推事与庭长问题

依本法第十一条第十八条第二十三条规定，各级法院及分院院长，均须兼任推事，第十二条第十九条第二十四条规定，各级法院院长，又须兼任庭长，此项办法，论者多之。其理由谓："此司法行政人员与法官达成一片之先几也，……本法既必以推事兼任院长，易言之，非为法官之资格及受法律教育者，不能觊觎院长，则今日法界之时弊，或可稍稍祛矣。"（见本月九日中央日报社评）是说也，余尝疑之，盖依本法第三十六条第三十七条第三十八条规定，院长之资格，较各该法院推事之资格为尤严，则即有推事之资格者，未必即有为院长之资格，其院长之资格，不待其兼任推事而始有也，以之并为一谈，未见其可。且夫院长应否兼任推事与庭长，应就其职务上能否胜任，事实上是否可能而定。院长之职务为综理全院行政事务（第十一条），其在高等法院最高法院并监督所属行政事务（第十八条第八十七条），庭长之职务为监督该庭事务并定其分配（第十二条末第十九条第二十四条末），推事之职务为审讯案件制作裁判书等等，院长一职，尽心力而为之，已甚繁剧，有无时间精力兼任庭长与推事，实属疑问？今本法既规定，法院院长必兼庭长与推事，顾此失彼，在在堪虞，苟非万能，则鲜有不苟因循，敷衍塞职者也。

第三，宣誓裁判应否公开之问题

旧法第五十八条规定："公开法庭有应停止公开者，应将其决议及理由宣示，然后使公众退庭，至宣告判断时仍应公开。"本法第六十五条规定："诉讼之辩论及裁判之宣示，应公开法庭行之。但有妨害公共秩序或善良风俗之虞时，经法院之决议，得不公开。"然则依本法规定不论辩论及裁判之宣示，均得经法院之决议而停止公开，此与旧法规定"宣告裁制仍应公开"者不同。夫审理诉讼采公开主义之原则，为近世文明各国所同然，虽因必要情形而停止辩论之公开，然至宣示裁判时，仍以公开为适宜。何则，对于人民而言，公开宣判，可以增加其信仰法院之心理，养成其尊重法律之思想，并予以批评裁判当否之机会。对于推检而言，公开宣判，可以使其忠于职务，持平裁判。此所以审判公开主义随近世民治主义而俱来，为文明先进各国所采用，而宣判之必须公开，特设明文规定也。本法规定宣判亦得停止公开，似非妥恰。

以上诸点，乃其荦荦大者，其他细节，容当续论。

我理想中的最高法院[*]

刘世芳[**]

我的题目，虽然是理想中的一个最高法院，但实际上还是要把中国情形为背景，创设一个最高法院；因为人类的思想，无论如何抽象，都不能脱离事实。如果全不顾事实，想入非非，即变为天方夜谭，全无学术的价值。故我讨论这个问题，仍从中国实际情形出发。对于实际情形方面，我们承认下列各种情形，为一时所不能变更的。将此种情形，加以理论，凑成我理想中的最高法院。

一、中国幅员辽阔，交通阻滞。

二、司法经济竭蹶。

三、最高司法人才缺乏。

四、立法的不完备。

我们如不忘上列的特殊情形，才能讨论理想的组织；因为理想贵能实现，假使不能实现，全无价值。改良组织，又要使他能达到下[1]列的目的。

一、补充及纠正立法的遗漏与错误。

二、使法律能应时代的需要。

三、使法律全国统一。

要使理想的组织易于实现，切不可增加现有的司法经费，并且须仍旧采用现有的人才。假使我们有无量数的经费，及最高度的人才，一切革新事业，本轻而易举，但是事实上不能如此，我们只可就现状来计划。

---

[*] 本文原刊于《法学杂志（上海1931）》（第9卷）1936年第4期，第1~8页。

[**] 刘世芳，曾任东吴大学法律系教授。

〔1〕 "下"原文作"左"，现据今日排版需要改正。——校勘者注。

　　法院是一个判断权利义务的官厅，但是最高法院，尚有较高的职务，实非下级法院可比。法学家通常成为法律审，亦以表示最高法院的特征。换言之，最高法院的职权，不在审究案中事实的真相，而在审究下级法院所援用法律之是否适当。就这点看来，最高法院与下级法院有极显明的界限。吾国现有的最高法院，能否对于法律点有所贡献，能否做到其最主要的使命，还是一个疑问；若已做到，则并无革新代表必要。不然，我理想中的最高法院，实有讨论的价值。照现在的制度，尤其在三级三审实行以后，除少数案件外，每案终可上诉于最高法院。而近来人民心理日趋健讼，非昔可比，无论有无理由，都对于高等法院的判决，向最高法院提起上诉；故最高法院的案件，堆积如山；原有的推事，每人每月虽结案数十件，已不暇应付；只得另组新庭，向各省高等法院调增推事，帮助清理积案，事实上一批刚清，一批又积，如此做去，恐怕积案终无理清的一日。毛病不在推事办案的不勤，实因案件的来途太广；所以治本的方法，唯有清源节流：

　　（1）事实上，下级法院的判决，务使人民满意。

　　（2）法律上，上诉的权利，要切实加以限制。

　　故在讨论理想的组织前，先要改良第一审及第二审的工作，每一案件，终须在第一审予以详密无遗的调查，务使事实十二分的明确。我们可说：第一审要做的工作，即是以法律眼光，调查事实。除当事人声请外，凡认为与本案有关系者，当广用职权，尽量调查。从经验看来，凡第一审的判决被第二审废弃的，及第二审的判决被第三审废弃的，十之八九，多关于事实方面审定的未尽确实。调查事实，为审理的第一步工作，如此步未做到，法律点无从解决；故第一审未调查清楚，第二审必须补做。第二审不彻底，第三审又将发回，着其补做。反之若第一审已经做到，第二审只要审查他的结论是否合理；适用法律有否错误。若第二审能做到此步，目前的最高法院本可取消，所以我要提议的，即改良现在的第一审及第二审法院，同时把现在最高法院，变成我理想中的最高法院。如有这样的第一审及第二审法院，则现在制度下之上诉案件，十分之八九，可以限止。原则上我们可以采取二级二审制，将第三审改为特别上诉审。根本上我们要把诉讼分为二种：

　　（甲）有争执的。（乙）无争执的。第二种的诉讼，根本一审已足。照目前的民事诉讼法，被告对于不争执的败诉判决，尚可上诉，实属错误。因上诉的意义，为恐怕原审判决错误，被告不能甘服，给他第二审有纠正的机会。

假使其对于原告的主张，已经承认，根据其承认所为败诉的判决，实无上诉理由，法院应毋须再准其上诉。此类上诉，非但耗费原告的时间，且耗费上诉法院的时间。他所缴的低廉的上诉讼费，焉能抵补上诉法院时间的损失。现在大多数法院之经费，超过诉讼收入甚远；故对于法院审理时间的代价，当事人的诉讼费，不过抵补一小部分。我们要问为什么国家为无意识的诉讼，使这样忙的法院，牺牲他的可贵的时间于无谓的地方。这是现代制度中最无意义的，应急于改良。所以对于无争执的诉讼，决不可准其上诉，并应即予执行。对有争执的诉讼，若第一审做了彻底调查工作后，只有对于结论及适用法律给他上诉的机会。如第二审对于这二点能悉心研究，第三审就属赘疣；所以我主张原则上第三审非必要的。如当事人不服第二审判决，可将不服理由，再向第二审述明，如第二审认为前判决确有不妥之处，不妨重开辩论，更为判决。这样再议请求，以一次为限。如第二审对于当事人提出的法律问题，虽自己已有见解，但良心上觉得尚有别种解释可能，不妨准其向第三审（最高法院）上诉；但应严格的限于法律问题。这就是我所谓特别上诉，亦是最高法院的唯一正当工作。照现代的制度，第三审以诉讼标的的高低为准否上诉的标准，未免失当。因为诉讼标的之大小，不能以客观决定，而应以当事人的主观决定之。五百一千，在百万富翁，虽如沧海一粟；但是在穷措大，实已视为巨数。如其在五百元诉讼中，发现重大的法律问题，第二审当然亦应准许他上诉于最高法院；因为数额多寡是相对的，而且法律问题与数额无关。此外，如第二审在未判决前，认某法律点不甚明了，自己又无独立见解，准可拟定案情，照现行的办法，请求最高法院解释，然后就最高法院的解释，适用于其判决。照这个办法，最高法院只有二种工作：

（一）审理上诉案件；

（二）解释法律疑问。

这两种工作的成分，与目前适成反比例。照目前情形，审理案件，占十之八九，解释占十之一二。倘照我的提议，最高法院可说纯粹是一个解释法律的机关；因为审理上诉案件，亦只就法律点予以判决。这亦是我理想中最高法院的工作。最高法院应做的工作，既已认定，我们可进一步讨论最适当的组织。

最高法院应分为二部：

（一）审案部；

（二）研究部。

审案部的工作，在阅看上诉卷宗，拟定某案中的法律问题。他的工作，至此为。其所拟的问题，可提交研究部。

研究部则专事研究，其工作有三种来源：

（一）审案部所交的法律问题；

（二）各高等法院及其他机关所请求解释的法律问题；

（三）自动研究法律问题。

研究部的研究结果，应全部供给审理部及各高等法院援用。如认现有法律，有遗漏之处，不能以解释补充，则应建议与立法院颁布新法律。换言之，最高法院且应替立法院作第一步工作。为分配工作，及工作便利起见，研究部当复分若干组。例如：民法组，刑法组，商法组，民事诉讼法组，刑事诉讼法组等。其工作方法，将法律问题，分配与各组中若干人，共同研究，研究完毕，将其结果书面报告与其他组员，使其他组员有充分的研究机会。经过若干时后，乃召集组会，共同讨论，并请法院内其他推事列席，发表意见。在会议席上个人所发表的意见及其书面报告，应详细记录，印成书册出售。如此，则人民及下级法官，非但可以知道他们的结论，并且可以明了他们的理由；他们的会议记录，当为最有价值的法律资料。好像英美的最高法院判例，可供学生做课本。吾国不成文法的基础，可从此做起，那么最高法院推事，不像目前看卷宗卖苦力，而一变为创造的法律家，非但他们工作的价值，可以增加百倍，并且他们的精神方面和生活方面亦可改善。照这样的组织，人选问题，确关重要。新制度实施后，第一审的推事尤其重要。一部分应由原有资深者充任；另一部分可从第二审推事调充；其他的第一审推事，可在资深推事指导之下，做实施调查工作，如有剩余，可分配至县法院。第二审的原有推事，除一部分已调充第一审推事外，余仍依旧，另外再向最高法院调其一部分的推事补充之。目前最高法院的推事，都是资格很深，多有二三十年的经验；对于审理案件，本是拿手好戏，我们仍请他们做审案的工作。如此看来，无形中我们即提高各级法院的程度。现在的第一审取消，第二审降为第一审，第三审降为第二审，第三审变成一个纯粹法律解释机关。我们知道大凡做学问工作的人，最要有充分的时间，如果没有时间，是不能研究学问的。现代制度下的最高法院推事，非但根本上谈不到研究及创造法律，并且对于阅卷还忙不过来，遑论其他了。

至于最高法院的人选问题，审案部仍须绝对采资深推事；在研究部则不限于老年的法官。我们需要各种法律的专家，除法律专家外，还要聘请少数的经济学及社会学专家，来贡献我们。新的最高法院推事的人数，非但无须增加，且宜减少，重质不重量。现在所有的多是无谓的消费工作；将来的是精粹的创造工作。仅就工作方面说，量既减少，质当进步。因人数的减少，所省的经济仍应用在少数人的身上，使最高司法官的俸给，与最高行政官相仿佛；则将来最高司法官的缺位，为全国司法界所重视，为少年司法官之最高希望。今日法律人才多向政界求生活，而对于司法界裹足不前，这就是司法界中一个极不好的现象。司法最高当轴，应当竭力设法招致司法人才。若不能以利诱之，至少要增加最高司法官工作的价值，使法律人才都愿发挥其本能，替国家服务：虽然无利可图，亦可得到精神上的安慰。目前制度下的看卷工作，纯粹是劳苦工作，最高法院实在是消磨志气的场所。远看外国的最高法官，非但支配当事人的权利，并且能左右全国的经济；对于人民的生活及民族的发展前途，其一言一语，有莫大的影响。我们的最高法官的命运及力量，远不及此；结症所在，实因制度不良。如欲改良，必自改良制度始。我写本文，实鉴于目前情形之不合理化，又怪无人倡议改革，故不揣谫陋，把管见所及，以供全国司法界之检讨。

罗马之司法制度[*]

丘汉平^{**}

　　罗马法院之编制，因民刑而稍有不同。惟于推事之权限，则不论民事刑事，均有执行判决之权。兹为便利叙述起见，将法院之编制分为民事与刑事，以求明了〔1〕。

一、民事法院

甲、管辖

　　民事法院之管辖，有任意与法定之别。任意管辖者，谓当事人间同意之管辖也。此种管辖，以当事人间欲借法院之权力以完成法律之手续，而免日后之争议，如收养行为之请求裁判是。法定管辖者，谓当事人间对于争议事项应待法院之审理判决也。如申请〔2〕分割公有土地是。

　　法院管辖权之有无，视被告住所地而定。换言之，原告如欲对被告有任

　　* 本文原刊于《法学杂志（上海1931）》（第8卷）1935年第5期，第27~41页。

　　** 丘汉平（1903~1990年）福建海澄人。罗马法学家、法律史学家、商法学家、华侨问题专家。先后毕业于国立暨南大学和东吴大学，后赴美国留学，赴欧洲考察。从1931年起，出任国立暨南大学、东吴大学教授，创办华侨中学等多所中学以及省立福建大学，曾任福建省政府财政厅长，国民政府交通部官员。1948年，任立法院立法委员。1949年赴台湾，出任东吴大学校长。一生著作甚丰，出版有《国际汇兑与贸易》、《先秦法律思想》、《中国票据法论》、《罗马法》（上、下册）、《法学通论》、《华侨问题》、《历代刑法志》等。此外，还发表了《现代法律哲学之三大派别》、《宪法之根本问题》等众多论文。他在罗马法、法律史、商法（尤其是票据法）和华侨问题等领域，均有专深的研究。长期担任东吴大学法学院院刊《法学季刊》（后改为《法学杂志》）的主编，在他精心策划和组织下，该刊物成为民国时期水平最高、名声最响的法学刊物。由于邱汉平在法律学术上的出色表现，他被选为意大利皇家学院"罗马法"荣誉研究员，美国密苏里州斐托斐荣誉会员。

　　〔1〕 "明了"原文作"明瞭"，现据今日通常用法改正。——校勘者注。

　　〔2〕 "申请"原文作"声请"，现据今日通常用法改正，下同。——校勘者注。

何诉讼，应向被告所在地之法院起诉或请求。此即所谓诉讼住所地主义也。（Actor sequitur forum rei）古代罗马以此原则为决定管辖之标准，故无专属管辖或属人管辖之分。延至帝政时代，因"原就被"之原则颇有窒碍难行之处，乃有事物管辖之例外规定。依此规定，原告得于标的物所在地之法院起诉，即罗马法上称为 Ratione rei sitae。优帝复从而扩张此原则之适用，凡对物权之诉讼者，物权所在地法院得管辖之。但关于遗产确认或请求之诉者，则仍以被告住所地法院管辖，因此种诉讼之目的在于确认继承权利，而非在遗产之标的物也。

因不法或侵权行为有所请求而涉讼者，得由行为地之法院管辖。其本于契约有所请求而涉讼者，得由契约订立地之法院管辖。

乙、编制

民事法院之编制，共和时代与帝政时代各有不同。今请首述共和时代之法院编制。

1. 共和时代之法院编制

王政时代之司法，原操于君王之手，迨王政废，代而与者为共和时代之总裁（Consuls）。此时之司法，总裁拥有极大之权力。其后渐由裁判官（Praetor）总揽司法之大权，而在某种限制之下，民政官（Aediles）亦兼理司法焉。

（1）总裁。罗马之总裁，由军伍会（Comitia Cenurtiata）选任之，每年改选一次。为防杜滥用职权起见，总裁设有二席，俾可互相监督牵制。总裁主持一国内外大政，同时兼任元老院院长。共和时代之初期，总裁拥有君王之大权、操杀生之柄。迨纪元前三百六十七年之立李其尼亚[1]律（lex Licinia），始设定专理司法之裁判官（Praetor），遂将总裁之司法权一移于此新设裁判官之手。但关于任意事项之诉讼，总裁仍可办理，如解放奴隶之请求是。

（2）裁判官。总裁为政治之最高领袖，裁判官则为司法之最高职位，由军伍会每年选任之。裁判官之地位不亚于总裁，此可于服装见之。罗马之裁判官，衣紫袍，坐高椅，出入侍卫，其尊严一至于此。依纪元前三百六十七年之立李其尼亚律，仅设裁判官一人，专理一国之司法，此初设之裁判官，称曰内务裁判官（Praetor urbanus），其管辖权限于罗马人民之诉讼。然自共

---

〔1〕"李其尼亚"原文作"辛尼亚"，现据今日通常译法改正，下同。——校勘者注。

和以来，罗马商业渐盛，平民势力日涨，势有不能不承认外国人之权利。故于纪元前二百四十二年设一裁判官，以专理外国人及非罗马人之诉讼，此即所谓外务裁判官（Praetor Peregrinus）也。

至纪元前二百二十七年，又增设裁判官二人。分理新征服之撒丁[1]（Sardinia）及西西里（Sieily）二省。一百九十七年间，因新征服纳博讷[2]（Narbonne）法国南部及西班牙，另设裁判官二人各理上述二地之司法。此时罗马之裁判官数已有六席之多。苏拉（Sulla）增至十席，尤里乌斯·恺撒[3]（Julius Caesar）增至十二席，至奥古斯帝增至十六席。裁判官之人数虽逐渐增多，而其地位与职权各有差异。职位至尊，权力最大之裁判官，首推内务裁判官，因遇总裁出巡时，由内务裁判官代理行使总裁职务也。

内务裁判官既为罗马司法之最高职位，则于案件之审理，自无一切躬为之者，故于裁判官之下，设置推事十人，以承审案件，但关于判决，则以审判官名义行之。

依罗马之向来司法先例，每一案件之审理分为二项程序，即法律审理与事实审理是也。裁判官之职务，厥在审理法律问题，故称曰法律审理程序。若将法律与事实一手审判者。此种审判，称曰非常程序。然在大多数案件，以事实问题居多，裁判官常先就法律问题加以审理明白，立下原则，而后将案件交承审推事就事实问题加以讯问，依审判官所指示之原则而为判决焉。

（3）推事。罗马之承审推事，因职位稍有不同，吾人可得而述者有三：一曰事实承审员（Judex 简称承审员），一曰仲裁员（Arbiter 又称调解推事），一曰合议推事（Becuperatores 又称会审员）。今各分述之：

（甲）事实承审员。事实承审员并非裁判官，既无司法审判权，亦无独立管辖。此类承审员乃由裁判官就罗马人民中任命一人为某案之事实审理员。其在初时，只元老得被任为承审员，厥后渐由官方编订承审员名单，但其资格之规定先后参差，不能一概而论。奥帝之朝，承审员名册（Album Judicum）多至四千人。自兹以还，凡罗马人民具有公民资格者，均编入承审员名册，得为民刑案件之承审员。

---

〔1〕"撒丁"原文作"沙地尼亚"，现据今日通常译法改正。——校勘者注。
〔2〕"纳博讷"原文作"那蓬"，现据今日通常译法改正。——校勘者注。
〔3〕"尤里乌斯·恺撒"原文作"优里斯西萨"，现据今日通常译法改正。——校勘者注。

凡遇案件未便由裁判官自己审理实施问题者，恒由当事人就承审员名单内择任一人为系争案件之承审员，如两造当事人未能合意，得由裁判官制定或依抽签方法行之。其由裁判官任命者，当事人概可申请拒绝或抗议之理由，惟如何申请以及此项抗议权利行使之限制，典籍语焉不详，吾人今日已难稽考矣。

承审员一经任命或由当事人择定，除正常理由外，概不许其拒绝。就职之初，应履行宣誓，以昭慎重，然后裁判官将审理系争案件之要点作成程式，送交承审员，以为定案之指示。此项程式，甚为简单，而其大旨，不外规定"苟被告确有某种情形（或义务）"或"苟原告所请求之权利属实"，"应予原告胜诉之判决，否则，免除被告之责任"。承审员与接收程式后，即开始将开庭日期通知当事人。当庭讯时，原被告偕同其辩护士（即诉讼代理人，今之律师也。）到庭，由双方之辩护士进行开庭辩论，审问证据，与承审员商讨案由，而后将审理经过，由承审员下一判决。关于证据之取舍，承审员有自由心证之全权；即采取证言，亦无一定之原则。要之，承审员得依自由心证确定证据之虚伪，固无受任何法例之拘束。设庭训之日，原被告均未出庭，罗马法殊准许改期再讯。但若原告未于事前或开庭时声叙缺席之理由，则承审员之责任终了，而被告获得解除之宣告。倘被告无故不出庭时，原告仍应进行诉讼程序，由承审员为缺席判决，以示惩戒。然不论原告或被告，如当庭讯之日未到庭者，承员应坐候终日，非俟下午四时不能予以判决。且于判决之前，应先派庭丁除外传知"当事人应即到庭"，否则，承审员之判决有受偏颇之攻击（Litem suam facere）。原告欲免除受缺席判决之危险者，得当庭训之日派员提出正当理由要求改期，被告则可由他人代表出庭。此外无法可依提起上诉，因罗马此时尚未承认上诉制度也。惟当事人间之唯一救济，要为申请"回复"程序，然此制之设，附有一定要件并应备具理由，固非妄可请求也。

承审员之审理案件，原则上不受先例之拘束，然于特许法家之解答，被承审员无违法之权。若遇案件发生重大困难，得就法家而求解答。设彼认为审理感觉棘手，亦可不下任何判决，惟须将情形加以宣誓耳。

（乙）仲裁员。事实承审员与仲裁员原无根本上之差异，所不同者，名义及事权之大小耳。仲裁员犹同承审员，依裁判官之指示程式，审理交下之案件。惟仲裁员之权限较大，如遇难决之讼案，得就法家询问之。其在初时，仲裁员之设置，厥在调解双方当事人间之利益，例如数人对于共有土地之请求分割，或疆界之争执是。至承审员之权限，则以判决诉讼之胜负为唯一之职权，而无调解之权限也。帝政时代，仲裁员与承审员之职权，日趋一致，终使二者之名异职同，不复有前时之区别矣。

（丙）会审员。承审员及仲裁员之外，复有会审员之设置，其职权在审理罗马市民之争议事项，其后对于平民及外国人亦有管辖权，人数自三人至无人，由裁判官任命之。会审员之资格不限于"承审员名册"内所登录者，凡属罗马人民，均有被任为会审员之资格。会审员之审理案件范围常有与承审员之管辖相同。会审员之意见不一致时，从多数。此制之目的，在求审理上之简捷，不若承审员之迟缓。

（4）大审院。罗马在共和时代，分成三十五族，每族推派代表三人，共一百零五人，组织大审院（Centumviri）。史家定此院之设立，约在纪元前二百四十年。代表每年改进一次。惟选举方法已无可考。大审院之人数，因时代而稍有增加，其最大数目可考者，达一百八十人。人数既如此之多，审议殊觉困难，乃分为四委员会，各司专责，遇重大事故时，始召开全体审议会。在审议前厅竖锵一枝，以示审罗马市民权之标志。

大审院原无直接管辖权，一切诉讼须先经裁判官受理，而后将案件性质应归大审院者始送交之。此院之掌理案件，不外遗产继承，监护，以及其他物权诉讼。

奥帝之时，大审院之外，尚有十人审议院（Decemviri stlitibus indicandis），专理市民权及自由权之案件。奥帝乃将此十人院并入大审院，主持常务之职。以时间言，十人审议院之设立，较大审院为后。大审院则至帝政末期已荡然无存，优帝之朝更不见此制之形踪迹。

2. 帝政时代之法院编制

吾人虽将时期分为共和与帝政二时代，然此仅为罗马政治历史变迁之二大阶段，而非谓有严明之分沟。故共和时代之法院编制，入帝政初期并无即时消灭，此吾人不可不注意及也。

（1）总裁。帝政初期之总裁，其权力几近削夺无疑，终罗马帝政时代，此制未经废置，在名义上总裁仍系高级行政官。关于解放奴隶及监护制度，总裁尚保有管辖权，然对于其他事项，一如共和末季。至法定管辖案件，则归由裁判官执掌。军伍会与元老院虽为名存实亡之机关，然当其未全废置时，总裁兼任主席之职。往昔总裁由军伍会选任者，今则由皇帝任命之。总裁一职，帝政时代仍视为最荣誉之职位也。

（2）裁判官。裁判官之人数，帝政初期之第二世纪间已增至十八人之多。内务裁判官即外务裁判官渐失其民刑管辖权，终而仅有民政官（Aediles）之职务权，成为一较低级之行政官吏。然于帝政初期设置之监护裁判官，其职权至优帝时代且未经削减。故裁判官名称，终罗马帝政未见废弛也。

（3）平民会。共和时代之平民会，入帝政时代尚保存其独立，但其否决权须受皇帝之认可，其职权已不足轻重矣。

（4）大审院。大审院虽在帝政初期二世纪间继续存在，而其职权殊仅限于遗产继承事项。内政官之职务，则因司法制度之变迁，渐失其重要性。

（5）省长。帝政时代之省区，依行政之系统，分为院辖省区与直辖省区。前者一如共和时代，设置省长（Praesides）由元老院选任，后者由皇帝直接任命，恒以高级军事长官为领袖（称曰：Legati，praesides，procuratores），总揽一省民政军政之大官也。

省长既总揽一省之民政，故有民刑司法之大权。其在罗马市，此项民刑诉讼，由各不同官吏司理，而在省区，则统归省长一人主持。刑案之权，尤大，其管辖不以当事人之住所为限。然于民事，则以当事人之住所而定管辖也。

省长之制，终罗马帝政，迄未废置。惟于行政制度一项，稍加变更，以求事权之统一。以是帝政前期与帝政后期之省制，各有不同。戴克里先〔1〕（Diocletian）与康斯坦丁〔2〕（Constantine）二帝先后将省制改弦更张，划帝国为四行政区（Prefect），各置总督一人，区分为十三道（diocese）各置主教一人（Vicar），道分为一百十七省，各置省长一人，（普通称曰 Rector 但亦有称为 Consularis，corrector，pareses）等名者。此外最大之省区，如亚细亚。亚差依臣，及阿菲利加等三省，仍沿用共和时代之 Consul 名义。

帝政后期之省长，非若前期之兼有军政统治权，仅为民政之长官耳。至其兼理司法，审判案件，则在省会举行，废除巡回之制。

（6）承审员。共和时代之承审员制度，延至纪元后二百九十四年，始由

---

〔1〕 "戴克里先"原文作"提奥克立兴"，现据今日通常译法改正，下同。——校勘者注。

〔2〕 "康斯坦丁"原文作"康斯丹丁"，现据今日通常译法改正。——校勘者注。

戴克里先帝命令废弛。但关于法家顾问,终优帝之朝,未予废置,旋改为有给之职,并规定不得兼充律师,以示限制焉。

(7)帝政时代之改革。罗马政体,既由共和转入帝政,故司法制度之变迁,亦势所必至。今请摘其要者述之。

在共和时代,裁判官为司法之最高领袖,入帝政时代,皇帝居一统之尊,司法大权独揽,将前此裁判官之最高司法权逐一移至皇帝掌中。戴帝之朝,设置议事会,由总裁二人及元老十五人组成,以佐理其司法。

皇帝之下,要以总督(Praefectus, praetorio)之权利最大。初仅握有军符,迨塞维鲁[1]朝(Alexander Severus),司法权亦入其手,然在初时,总督之判决,皇帝尚能加以覆判。厥后权力日大,当事人除得向皇帝吁请外,其判决视为终局,罗马之三大法家,帕比尼安[2],保罗斯[3],乌尔比安[4],均居此权贵之职,故其解释法律,尤据声望焉。

京畿警卫长(Praefectus urbi)为戴帝即任之新置官吏,以维持罗马市之治安,未几,权力渐大,将共和时代内务裁判官及民政官之行政司法权,亦渐归其掌握。故在帝政初期之二世纪间,警卫长为罗马市之最高级官吏,对其判决,设有不服,只可向皇帝告诉。然其权力尤不止此,关于刑事案件,即罗马市外之百里内亦有管辖权。迨帝政后期。因行政制度改革,京畿警卫长,在行政系统上,隶属于总督之下,故其权力大减。此时人民对警卫长之判决,设有不服,得上诉于总督。

京畿警卫长(Praefectus Vigilum)一职亦系戴帝所设置,以掌理罗马市之警政,初无司法权也。其后渐兼理民刑之琐细案件,要亦出于便捷故。当事人对其判决,如有不服,可上诉于警卫长或皇帝。

粮食监督官(Praefectus annonae)为戴帝晚年新设之官职,专司罗马市之粮食管理,一为物价之垄断,一为散赈粮食,初原无司法权也。其后随职务发生轻微案件,亦可审判,但得向警卫长为不服之上诉。

税务法庭(Rationales)之设置,以司理国库与人民之争议事项,国库为当事人时,由律师代表之。然在帝政初期,税务官(Procurator Caesaris)对于

---

〔1〕 "塞维鲁"原文作"施勿路士",现据今日通常译法改正。——校勘者注。

〔2〕 "帕比尼安"原文作"柏禀尼",现据今日通常译法改正。——校勘者注。

〔3〕 "保罗斯"原文作"包鲁士",现据今日通常译法改正。——校勘者注。

〔4〕 "乌尔比安"原文作"邹尔宾",现据今日通常译法改正。——校勘者注。

税务案件，亦有管辖权焉。

警备官（Defensoses Civitalum）为帝政后期对于临时市镇或自治地方设置之官职，犹今之市长。此制为瓦伦提尼安[1]第一大帝（Valentinian I）于纪元后三百六十四年至三百六十五年间所设置。如当事人对警备官之判决有所不服，得上诉于省长。警备官与民刑事件均有管辖权，但设有限制民事之标的，则诉讼标的以不满五十梭里（Solidi）地者。优帝增至三百梭里地；刑事则以情节轻微者为限。

简易推事（Judices Pedanei）为戴克里先帝法令废弛程式诉讼之新设司法官吏，由省长任命，专理轻微民刑案件，如当事人有所不服，得上诉于省长。

二、刑事法院

刑事案件之司法权，其法院组织于民事法院无甚区别。且也，凡官吏有审判权者，对于刑案大都兼有之。今就其要者述之。

1. 王政时代

罗马王政时代之文献，史缺有间，语焉不详，吾人可得而言者，此时之君王当具有无上之威权，司法尤无例外之理。但君王常设置官员以为佐理，则亦事之必然。关夫图鲁斯·霍斯提里乌斯[2]（Tullus Hostilius）授权大员二人，以审理贺雷修斯[3]（Horatius）之杀案，并许其向家族会（Comitia Curriata）上诉。达衮王（Tarquim）因对于刑案独行独断，未设大员以供谘询，致遭人民之攻击。迨王政改为共和，总裁拥有生杀予夺之权，但未几，此种特权则受限制。纪元前五百零八年间，依瓦勒里[4]律（lex Valeria）之规定，罗马人民对于任何重大犯罪之刑得向家族会上诉。岁月以还，家族会遂具有重大刑案之管辖权。其后十二表乃设明文规定，不论任何罗马人民，非经军伍会之审判程序，不得剥夺市民权利或科以极刑。然遇国家多事之秋，元老院赋予元首或总裁以生杀大权，固亦环境使然也。

元老院对于罗马市民原无司法权。盖在王政及共和初期，元老院设有审

---

〔1〕 "瓦伦提尼安"原文作"范令丁尼"，现据今日通常译法改正。——校勘者注。

〔2〕 "图鲁斯·霍斯提里乌斯"原文作"涂鲁士霍斯地列士"，现据今日通常译法改正。——校勘者注。

〔3〕 "贺雷修斯"原文作"荷来学"，现据今日通常译法改正，下同。——校勘者注。

〔4〕 "瓦勒里"原文作"华黎里"，现据今日通常译法改正。——校勘者注。

理重大案件，亦不过为初步之侦查而已，然后由裁判官依罗马之向例，就家族会而讯问判决。惟家族会或军伍会时求办案之慎重，将犯案移送元老院审问。至遇国家紧急危难之时，元老院不无迳行审判权，但亦未尝不先与总裁会商也。此种元老院与总裁之紧急处分，原非为罗马人民所乐许。西塞罗[1]（Cicero）当居总裁要职时，为遏制乱萌，处置喀提林[2]（Catiline）之叛党，竟未经审判程序，即予绞杀。在捍卫国家方面观之，谢实厥功不可谓非伟，但其非法处置颇为当时朝野所不满，谢氏终被克陆迪士律（lex Clodius）处以流刑，而其理由，则因西氏未依法定程序处罗马人以极刑也。

元老院，在罗马虽无刑事之管辖权，但于罗马以外之意大利及省府，则掌有审理重大犯案之特权。入帝政时代，元老入选，既由皇帝任命，遂成名义上之机关，夷考其实，元老院之一举一动皆出于帝王之意旨矣。以其如是，故皇帝赋元老院以大权，举凡重大犯案，如内乱罪，侵害皇室罪，元老院均可迳行审问判决执行，但实际上觉得犯罪与否，不外皇帝之意旨。

民会在共和时代，当推为司法之最高权力机关。裁判官及总裁之司法权既受限制，则主持此终局之审判权遂入于民会之手。罗马民会，依时代之先后，得分为三，其最早者，厥为家族会。文献记载贺雷修斯（Horatius）杀案，受家族会之审理颇详，则其为民会行使司法权之明证。

军伍会又称百人会，传为塞尔维乌斯·图利乌斯[3]（Servius Tullius）所创制，其组织系将罗马人民，依财产，年龄，身份而分成若干级，凡罗马人民不服裁判官或其他官吏之审判者，均可上诉于此民会。其后十二表法更设明文规定之。

区域会（Comitia Tributa）之司法权，原限定于侵害平民权利之案件，但因权力日大，遂使重大犯案亦加以受理。举其要者，如西塞罗（Cicero）之被区域会判处流刑，西氏虽以无管辖权为抗辩，终未获通过也。

民会审判之程序，以裁判官或其他行政长官为检察官，向民会提出公诉。在原则上，现任高级官吏无被检举之权，所以保守行政权之威严。然一旦解职，法律则可加于其身。其判决方法，由人们投票行之，此与通过法律案，

---

〔1〕"西塞罗"原文作"谢西罗"，现据今日通常译法改正，下同。——校勘者注。

〔2〕"喀提林"原文作"卡迪邹"，现据今日通常译法改正。——校勘者注。

〔3〕"塞尔维乌斯·图利乌斯"原文作"色味斯涂留士"，现据今日通常译法改正。——校勘者注。

无稍异致。

刑事专庭（Quaestiones perpetuae）迟至纪元前一百四十九年始依卡尔普尼亚[1]律（Lex Calpurnia）而设立。初为刑审委员会，专以管辖省长之暴敛案件。良以往昔民会制度，人数既多，办案迟缓，以致人民哀苦反不能直。其在初时，倘有案件发生，则由民会任命专员一人或数人，称曰讯问官（Quaestores）授以审理职权。迨案情结后，其职务即行终了。厥后案件日伙，不得不设置专庭以司其职。刑事委员会或刑事专庭，置庭长一人，由裁判官兼任，但无审判权，庭员若干人，初时由元老充任，行使审判权，与承审员无异。自刑事专庭之制设，人们咸称简便，各种刑事专庭于是相继设立，终而一切案件除少数特例外，概由刑事专庭管辖。刑事专庭既因事而设置，故数目至伙，而所根据之法令，亦参差不一。惟就大体言之，刑事专庭之庭长，除由裁判官兼任者外，亦有专设推事以专责成，称曰审判长（Judex Quaestionis）。往之民会公诉制度，今则许人们自诉之便利。其审理刑案，概由审判长及庭员承审员办理。审判长之职务，在于指导法律及指挥诉讼程序，而承审员之职责厥为审问证据，然后依照审判长之指示要点，为有罪无罪之宣判，承审员遇有数人时，依投票之多数决之。

入帝政时代，司法大权渐操于皇帝之手。但在初时，尚假借元老院为判决之机关，尔后乃逐渐舍此形式之机关，而由皇帝之任命人员迳行审判权也。京畿警卫官原无司法权，惟自戴帝以还，往往裁判官及民政官职权渐被蚕食，终而受理普通刑事案件。至京畿警察长，因维持治安故，对于轻微案件如偷窃，放火等有审罚之权，惟其处罚以轻微为限，此犹今日中国之公安局依违警罚法以行使警察权也。

（本文因时间匆促，信笔直书，未遑加注，且于司法制度，仅述法院组织一端，草草成篇，聊以塞责，容待来日续刊。）

---

[1]　"卡尔普尼亚"原文作"古兰柏尼亚"，现据今日通常译法改正。——校勘者注。

法国的司法组织[*]

徐砥平[**]

对于近代化的司法组织，法国也是一个前辈国家。姑且不追溯法国革命以前的情形，但关于法院组织的主要法令，远在宪政会（Assemble Constituante）时代既已公布，所以研究法国的司法组织，虽至今日，仍不能忘却一七九〇年八月二十四日和一七九〇年九月一日等关于法院组织的主要法令。至于法国的诉讼典，在一八〇六年已编纂就绪，旋于一八〇七年一月一日便开始施行，而他所据为蓝本的，还是一六六七年关于民诉的命令，距今已两百五十多年了。因此，倘要从头至尾的叙述法国的司法组织，断非短篇幅所能办到的。现在将沿革方面的一律摒弃不论，姑就法国目前的司法组织极简单的略述一下，以供留心于此者的研究。

法国的司法管辖区域

所谓司法管辖区域，就是一个法院在其中行使职权的范围。法国的本部分为二十五个上诉法院（Cours d'appel）区域，每个上诉法院区域各包括若干个分区。此外在各殖民地如阿尔及利亚[1]（Algérie），科西嘉[2]（Corse）等亦都设有上诉法院，亚洛（Alsace - Lorraine）二省于从德国收归后，在郭尔玛（Colmar）地方设有一个高级法院。

法国的全部法院，可从三个不同观点上加以分类。

一、在管辖权力的种类方面，法国的法院可分为下列三种：

　＊　本文原刊于《法学杂志（上海 1931）》（第 8 卷）1935 年第 4 期，第 68～77 页。

＊＊　徐砥平，曾任东吴大学法律系教授。

〔1〕　"阿尔及利亚"原文作"阿尔极利"，现据今日通常译法改正。——校勘者注。

〔2〕　"科西嘉"原文作"郭尔斯"，现据今日通常译法改正。——校勘者注。

甲、宪政性质的法院,如上议院在某种情况之下担任审判事务便是;

乙、行政性质的法院,如国家平政院(Conseil d'Etat)和各省平政院(Conseils de Prefccture)便是;

丙、第三为司法性质的法院,这种法院又分为民事法院和刑事法院。

但因民刑诉讼有统一的规则存在,所以是由同一法院管辖民刑各事而审理的,譬如大审院(Cour de Cassation)内设有一个刑庭以审理刑事,上诉法院内亦恒设有轻罪院和告诉庭,轻罪院(Tribunal Correctionnel)是区法院(Tribunal d'arrondissement)的一部分[1],至于违警法院是由和平法官(juge de paix)组织而成的。

二、在法院的等级方面,法国法院可分为两组:在一方面,为初级法院,对于尚未在其他法院提起的诉讼,都由他管辖审理,初级的名称即由此而得来得。其外为上诉法院,他的职权在管辖下级法院所下之裁判。属于上列第一种者为:和平法院(Justices de paix),劳工法院(Conseils de prud hommes),商业法院(Tribunal de commerce),及区法院(Tribunaux d'arrondissement);属于上列第二种者,为上诉法院(Cour d'appel)。

不过应该注意上列的分类,并非是绝对的,在某种情形之下,对于上列第一种法院所下的裁判,不能提起上诉,而他们同时握有初审和终审的职权的。

复次,这种初级法院有时候亦握有受理上诉的职权;例如区法院可以受理和平法院及劳工法院的上诉案件的。

三、从性质方面,法国的法院又可分为普通的法院和例外的法院两种。

所谓普通的法院(Tribunal de droit commun),就是当没有相反的法规存在时,总是由他管辖的法院。至于例外的法院,就是根据特别法令方能管辖的法院。初级的区法院和第二级的上诉法院,都是普通的法院。和平法院,商业法院,劳工法院及大审院,都是例外的法院(Tribunaux d'Exception)。

各级法院的组织

现在依照上列第三种分类办法,将各种法院的组织概况分述于下:

---

[1] "部分"原文作"部份",现据今日通常译法改正。——校勘者注。

（一）区法院（Tribunaux d'arrondissement）

所谓区法院，就是通常设在每区区政府所在地而就那各该区的范围为管辖区域的法院。区法院又称为民事法院（Tribunaux civil）或初级法院（Tribunaux de première instance）；这初级法院的称呼，不免有可以非议的地方，因为我们知道这种法院有时候亦挪终审法院的资格而受理对于和平法院的裁判所提起的上诉的。

区法院的设立，是以共和八年六月二十七日法律为根据的，后来又经若干法令的改变和支配。依照一九一九年四月二十八日的法律第四条，除首都的区法院（Seine）以外，所有全国的区法院均视各区人口的多少分为三等，这种分等的办法，除法官的待遇因等级不同而略有厚薄外，别无多大意义，所以不加详述了。

区法院的组织——在一九一九四月二十八日的法律以前，区法院是由推事（juges）候补推事（juges suppleants）及检察吏（juges d'instruction）组织而成的。推事及检察吏的人数，视法院的重要与否，定为三人至十五人，候补推事为一人至六人，候补推事中有的有报酬的，有的是没有俸给的。区法院视推事的人数而分为一庭或几庭，轮流的审理民刑案件，每一法院有一个院长，倘分为几庭时，复置副院长数人以分掌各庭。

依照一九一九年四月二十八日的法律，只有一庭及一个检察处的法院，他的组织如下：

第一等的区法院，院长一人，法官三人，其中一人担任检举事务，一人为国家检察官，一人为候补员。

第二等的区法院，院长一人，法官二人，其中一人担任检举事务，一人为国家检察官。

第三等的区法院，院长一人，担任检举的法官一人，国家检察官一人。

设有数庭的法院，对于每个补充庭，设置副院长一人，法官二人，候补员一人。

设有几个监察处的法院，除第一处外，置有和监察处同数的补充法官的位置。

从前由讼师（avoués）或律师充任之无报酬的候补推事位置，即行取消，候补推事的人数，法国全部及阿尔及利亚与突尼斯[1]（Tunisie）共定为二百五十人，依中央命令分配于各上诉法院区域，更由每区域的首席院长分配于各区法院。

赛纳（Seine）的区法院，略有特别的地方，他的管辖区域并非以一区为限，而以赛纳的全省为范围，索[2]区（Sceaux）和圣德尼区（Saint - Denis）都包括在内。赛纳区法院的组织，根据一九一九年十月四日的法律，曾大为扩充，计为院长一人，副院长十六人，组长十五人，检举吏三十五人，法官六十人，陪审员每年定为三十人，全院分为十五庭，这是首都区法院的特点。

（二）上诉法院（Cours d'appel）

上诉法院是设置于区法院和商业法院之上的高等法院，而审理对于他们的裁判所提起的诉讼。

上诉法院的设置，远在共和时代，是以共和八年六月二十七日为根据的，后来由一八一〇年四月二十日的法律给与现在所用的名称。

上诉法院的组织——除巴黎的上诉法院外，全国的上诉法院只有一级，这是和区法院不同的。不过各法院的法官人数并非一律，视需要情形而略有多少之分。每个上诉法院有一个院长，还有若干个庭长，但没有候补推事，这也是和区法院不同的地方。上诉法院的法官及民刑各庭，后经一九一九年四月二十八日的法律使之减少，减少的标准，是有法定表格的。

依一九一九年四月二十八日的法律，巴黎上诉法院的组织如下：

院长一人，庭长十人，副庭长十人，法官六十三人，上列人员除院长外，分配于十庭以审理案件。

上诉法院的审理方式——上诉法院的审理案件，视情形的不同，而有三种方式：第一种是普通审理（Audience ordinaire），通常由各庭分别行之，至少有法官五人参与，由庭长或副庭长任主席。第二种方式为庄重审理（Audience soleunelle），由两庭合议审理，倘若只有一庭时，则由全院的法官全部参与审理；对于大审院发回更审，和当事人对于法官失职而提起的赔偿损失之诉（Les prises à partie），用庄重审理的方式以审理之。第三种方式为全院合

---

〔1〕 "突尼斯"原文作"丹尼希"，现据今日通常译法改正。——校勘者注。
〔2〕 "索"原文作"沙"，现据今日通常译法改正。——校勘者注。

议审理，就是由全院的各庭或至少有五庭，开合议庭以为审理，由院长任主席，开审时禁止旁听，这种全院合议庭的职权有三：一为审查请他审核的法律草案或建议；二为讨论院内的行政问题，特别如法医的指定等；三为关于惩戒事件的决定。

（三）和平法院（Justices de paix）

和平法院是根据一七九〇年八月二十日的法律而设置的，当初的目的是使之成为一种家庭的法院，依公平为审判根据，而不甚重法律的。

在原则，每一个县（Canton）有一个和平法院，不过当一个大县又分为几个区域时，则每个小分区都设一个和平法院。在巴黎有一个区的和平法院，另外还有专司违警事件的两个和平法院。和平法院所管辖的，都是小案件，依一九〇五年七月十二日的法律，他对于三百佛以下的案件有终审权，对于六百佛郎以下的案件有初审权。

邻近的或属于同一省区的两个和平法院，可以联合起来而由一个法官兼任，这叫做（Binage）。

和平法院的组织——和平法院只有一个法官，一七九〇年八月二十五日法律曾为添置两个帮审，后来仍被共和九年六月二十九日的法律所取消。和平法官遇有阻障时，由两个候补员替代：依一九一九年十月四日的法律，巴黎及塞纳（Seine）省的和平法院，各有三个候补员。倘和平法官及候补员都遇阻障时，那么由当事人向区法院声请移转于邻近的和平法院管辖。

（四）商业法院（Tribunaux de commerce）

商业法院是为审理商业上争议而特别设立的法院，商业法院的设立，远在一三四九年时代，他的来历是很久的。现在所根据的法律是商法典第六一四条以下，及一八八三年八月三日的法律。

商业法院的设立——商业法院并非到处都有，是因各地商业情形之不同而由命令设置的；有的区内并没有商业法院，而由区法院审理商业讼案；有时候一个区内设有几个商业法院，通常则和区法院的管辖区域相同的。每一商业法院置有院长一人，法官至少二人，及候补员数人，另外还有补充法官，以备法官或候补员不足数时的需要。商业法院的法官以选举定之，所有选举人与被选举人的资格和条件，可参阅一八八三年的法律。

（五）劳工法院（Conseils de Prud'hommes）

劳工法院是审理工商业上工人与雇主间由劳工契约所发生之一切争议的

法院。这种法院最初于那破伦第一时代设于里昂，他所根据的是一八〇六年三月十八日法律，后来更普遍的设于其他各地。他的现行法律是一九〇七年三月二十七日的法律，后来又被一九一九年七月三日及一九二〇年三月三十日法律等所修改。

劳工法院的设立——劳工法院也非到处都有，是视各地工商业的情形而由命令设立的。劳工法院的法官不得少于十二人，工人与雇主各半。他的管辖区域通常为县，所管辖的是工商业上的案件。劳工法院的法官亦由选举定之，所有选举和被选举的资格和条件都由法律规定的。

（六）大审院（La Cour de Cassation）

大审院是职司审核下级法院适用与解释法律而对于法官具有纪律权的法院。在司法组织上，他是唯一的最高法院。他在诉讼上的职权，只在研究法律问题，而不管事实的。他对于下级法院的判决，只能使之归于撤销，而不能代以新的判决。

大审院的组织——大审院的组织如下：

院长一人，庭长三人，法官四十五人分配于三庭，每庭十三人；庭为刑庭，民庭，及审查庭（Chambre des requètes），所有向民庭提起之上告，先经审查庭决定受理与否，以省手续，而免积滞。

大审院的审理方式亦有三种：一为普通审理，由各庭分别的公开行之，至少须有十一人参与，人数不足时，得向他庭借用；二为庄重审理，由各庭联合公开行之；三为全院合议审理，由各庭联合秘密行之。

（七）检察署（Du Minisgénére Public）

检察署是设置于各级法院之旁，使之代表公共利益，确保公共秩序，而注意法律之适用的特别司法机关。在刑事方面，各级法院都有检察署存在；反之在民事方面，只在和平法院劳工法院及商业法院设置检察署。

各级检察署的组织——在大审院内，设有检察官（Procureur général）一人，及检察律师（Avocats généraux）六人。在上诉法院内，设有检察官一人，及检察律师和代理检察员若干人，其人数依一八八三年八月三十日法律的附表B定之。在巴黎的上诉法院内，置有检察律师八人，代理检察员十二人。在区法院内，置有国家检察官（Procureu de la république）一人，得有代理员一人或数人为扶助。在塞纳区法院内有代理检察员四十三人。在警察法院内，有警务长，或市长或他的帮办。

　　检察人员的性质——检察人员为政府的代表，所以不享有不能更动（Inamovibilité）的保障，非但可以调任，并且可以任意撤职。检察人员是成为一体而不可分的，因此，每一人员都是全体的代表，而以代表名义行动的，所以在一个案件内前后出席的检察官不必是一个人。检察署的组织是有等级的，在他的上边是司法部，以下在各级法院分别的配以各级检察人员。他们的职权，在刑事方面，主要者为提起公诉；在民事方面，稀少的执行法令所定的职务。

　　关于司法组织上的人员，除法官和检察官以外，还有书记官（Greffiers），讼师（Avoués），平政院及大审院的律师，承发吏（Huissiers），及普通的律师等。

意大利司法制度——墨索里尼执政下之司法改革*

薛光前**

一、概言

欧战以还，新兴国中，其文物制度，皆足令人注意者，苏俄与意大利是也。二国奋发图强，屹然称雄，仅十余年，而意大利之时日尤浅，苏俄之一切设施，经国人介绍者颇多，而意大利则除散见于报章杂志之一鳞片爪外，尚少有系统之叙述。政治经济社会教育等学科如是，而司法尤甚，吾人研究比较司法者每苦之。适母校法学杂志有"各国司法制度专号"之辑，因徇孙师晓楼之嘱，草成此文，所以聊备一格而已。

---

　* 本文原刊于《法学杂志（上海1931）》（第8卷）1935年第4期，第97~109页。

　** 薛光前，1933年毕业于东吴大学法律系（第16届），获学士学位，曾任东吴大学法律系教授。

意大利立国有悠久之历史，然统一迄今，仅六十五年。一八七〇年以前之意大利，不过"古代文明之凭吊场"，即欧战之时，其百孔千疮，亦略等于今日之中国。迨墨索里尼进军罗马，掌握政权后，励精图治，国力日盛，其精神之所在，固由于法西斯[1]主义之推行尽利，而法西斯主义之所以能风行草偃。司法之改革，实为阶梯。以是墨氏在司法上之贡献，于整个意大利之历史上，殊有其不可磨减之价值。本文之所以不愿追及过去意大利司法制度之沿革，而独侧重其中心于墨索里尼当政后之司法上的变迁与新献者，亦正为此。

二、消极的改革

墨索里尼秉政之前，适承大战之余，财力人力，损失甚大，各地生活程度，有增无已，中下等人民，因不胜负担，遂多迁怨于政府；全国罢工继起，扰攘不堪，占据工厂及抢夺土地之事，比比皆是，社会公共秩序，既至无法维持之地步，即个人身家财产，亦有难以保障之危险。不宁唯是，全国废止宗教，以致国民道德失其标准，精神亦随物质以俱亡。墨氏执政目击危状，于一切改革图新之前，即以剑及履及当机立断之精神，厉行司法之改善，以济当世。举其要者，有如下述：

甲、特别法庭之组织　吾人知墨索里尼之统治意大利，乃以法西斯主义为灵魂，而法西斯主义之基础，建筑于国家至高无上的信念之上，故如何使全国人民驯服于此同一的信念之下，共谋国家之安全与发展，实为必要。墨氏执政之际，正当乱世之秋，为树立权威，巩固政权，以贯彻[2]其全国人民应为国家之需要而牺牲一切之主义起见，于是有特别法庭之组织。特别法庭（Tribunale Speciale Pel La Difesa Dello Stato）设法官五人，均由曾任国家高级军官者充任之，职权既大，地位亦极显贵。凡下列各项之犯罪，皆属其审判管辖：

1. 意图危害皇室及国家领袖（Capo del Governo 指墨索里尼言）之生命，道德，或自由者；

2. 意图危害国家之独立与统一者；

3. 泄露关于国家安全之秘密者；

---

〔1〕　"法西斯"原文作"法西斯蒂"，现据今日通常译法改正，下同。——校勘者注。

〔2〕　"贯彻"原文作"贯澈"，现据今日通常用法改正，下同。——校勘者注。

4. 意图倾覆政府，或骚扰事端，以破坏公共秩序及社会安宁者。

凡犯上列各项之一者，经特别法庭之判决，处以死刑或三十年以上之徒刑。书曰："国乱用重典"，殆此之谓欤？

乙、刑法之修订 此外，意大利之刑法，亦基于国家利益超越个人之精神，加以修订。凡有暗杀性质之犯罪事件，一概处以极刑。其他之修订，亦以达到下列之目的为主要原则：

1. 巩固为实施法西斯主义之一切政权；

2. 维护家庭及公共之道德；

3. 增进民族之德性，与种族之繁殖；

4. 保障宗教之信仰——尤其关于天主教之崇拜。

刑法上改革之尤足述者，厥为犯罪观念之变迁。前任司法总长罗科[1]氏（Signor Rocco）由于费里[2]教授（Professor Enrico Feri）的犯罪学积极派学说之影响（Positive School of Criminology），对犯罪者构罪之成因，不但归原于个人，且兼及其犯罪时心理上精神上之环境与分析，故一面予法官在量刑时，以极大限度之自由心证，一面废止幽禁式的牢狱制度，代以含有教育性训诲性的劳役设施，使犯罪者得于精神上，体力上，知识上，技术上有充分涤新与训练之机会，务求其明了[3]合群的生活，正当的奋斗，并养成生产的技能。故意大利现代之监狱，谓为精神感化院固可，谓为工艺技术学校，亦无不可。犯人工作之制成品，以其得价，分三分支配，一分属于国家收入，一分赔偿犯罪对方损害，一分为犯人储蓄，以便出狱后，有所使用。至欧洲风行一时之陪审制度（Jury System），陪审官不复以普通平民充任，而改以各种专家任之，亦不可谓非改进之一点也。

丙、大理院之统一 意大利于墨氏当政以前，全国大理院分设数处，不但国家于司法行政上，难收统一指挥之效，而于人民诉讼之窒碍尤多。盖大理院既为诉讼上最终裁判之机关，全国自应仅有一处，倘分设数处，往往有同一情形之案件，于不同之大理院内，获得相异之判决，人民因之不能平服，司法亦因之减落尊严。墨氏有鉴于此，即由司法部统一大理院之组织，全国

---

〔1〕 "罗科"原文作"罗哥"，现据今日通常译法改正。——校勘者注。

〔2〕 "费里"原文作"费立"，现据今日通常译法改正。——校勘者注。

〔3〕 "明了"原文作"明瞭"，现据今日通常用法改正。——校勘者注。

仅于罗马设立一处，以归一律。

丁、司法区域之重新划分　墨索里尼不但于国家行政上，处处以表现"经济使用"为原则，而对于如何增进人民生活习惯之便利，尤多策划〔1〕。墨氏执政之前，全国各地高等法院之设置区域，极不均衡，且为数不多，人民每因上诉事件而远走百里之外者，时间金钱，耗费不赀。

墨氏握权后，将全国司法区域，重新划分，于各省设立高等法院十八处，高等分院六处，所以便利人民之诉讼，亦所以为人民之生命，自由，及财产，多加一层之保障也。兹将意大利现设之高等法院及高等分院之所在地，附录如此，以供参考。

1. 高等法院所在地

一　安科纳〔2〕（Ancona）

二　亚桂拉〔3〕（Aquila）

三　巴里〔4〕（Bari）

四　博洛尼亚〔5〕（Bologna）

五　布雷西亚〔6〕（Brescia）

六　卡利亚里〔7〕（Cagliari）

七　卡塔尼亚〔8〕（Catania）

八　卡坦扎罗〔9〕（Catanzaro）

九　佛罗伦萨〔10〕（Firenze）

十　热那亚〔11〕（Genova）

---

〔1〕　"策划"原文作"策画"，现据今日通常用法改正。——校勘者注。
〔2〕　"安科纳"原文作"安哥那"，现据今日通常译法改正。——校勘者注。
〔3〕　"亚桂拉"原文作"阿圭拉"，现据今日通常译法改正。——校勘者注。
〔4〕　"巴里"原文作"巴立"，现据今日通常译法改正。——校勘者注。
〔5〕　"博洛尼亚"原文作"鲍罗尼阿"，现据今日通常译法改正。——校勘者注。
〔6〕　"布雷西亚"原文作"勃莱西阿"，现据今日通常译法改正。——校勘者注。
〔7〕　"卡利亚里"原文作"卡利阿立"，现据今日通常译法改正。——校勘者注。
〔8〕　"卡塔尼亚"原文作"卡太尼阿"，现据今日通常译法改正。——校勘者注。
〔9〕　"卡坦扎罗"原文作"卡太查罗"，现据今日通常译法改正。——校勘者注。
〔10〕　"佛罗伦萨"原文作"佛罗伦斯"，现据今日通常译法改正。——校勘者注。
〔11〕　"热那亚"原文作"热诺亚"，现据今日通常译法改正。——校勘者注。

十一 墨西拿[1]（Messina）

十二 米兰（Milano）

十三 那不勒斯[2]（Napoli）

十四 巴勒莫[3]（Palermo）

十五 罗马（Roma）

十六 托诺里[4]（Torino）

十七 的里雅斯特[5]（Trieste）

十八 威尼斯（Venezia）

2. 高等分院所在地

一 莱切[6]（Lecce）

二 博滕扎[7]（Potenza）

三 佩鲁贾[8]（Perugia）

四 阜姆（Fiume）

五 特兰托[9]（Trento）

六 卡尔塔尼塞塔[10]（Caltanissetta）

三、积极的创造

吾人知墨索里尼当政以前之意大利，其危机莫甚于社会之扰攘不堪，人心之每况愈下，物质既蒙极大损害，道德亦濒于破产，而上述种种之司法改革，虽仅能尽其保守消极的功能，要无不对症发药，起此沉疴于旦夕也。虽然，墨氏之厉行法西斯主义，以人人能尊重国家，信仰主义，服从领袖为目的，但其传播法西斯理想，并不专用消极的强力压迫，而以教育为启发民众

---

〔1〕"墨西拿"原文作"曼西那"，现据今日通常译法改正。——校勘者注。

〔2〕"那不勒斯"原文作"纳波里"，现据今日通常译法改正。——校勘者注。

〔3〕"巴勒莫"原文作"巴莱蒙"，现据今日通常译法改正。——校勘者注。

〔4〕"托诺里"原文作"都林"，现据今日通常译法改正。——校勘者注。

〔5〕"的里雅斯特"原文作"脱莱司底"，现据今日通常译法改正。——校勘者注。

〔6〕"莱切"原文作"兰西"，现据今日通常译法改正。——校勘者注。

〔7〕"博滕扎"原文作"鲍旦查"，现据今日通常译法改正。——校勘者注。

〔8〕"佩鲁贾"原文作"泼鲁茄"，现据今日通常译法改正。——校勘者注。

〔9〕"特兰托"原文作"脱兰吐"，现据今日通常译法改正。——校勘者注。

〔10〕"卡尔塔尼塞塔"原文作"卡太尼山太"，现据今日通常译法改正。——校勘者注。

最重要之工具。盖墨氏深知以力服人，仅可维持现状于一时，倘欲使全国人民，无问男女，无问老幼，能一心一德，遵守纪律，服从领袖，非借教育以开导不为功。墨氏于政治上经济上一切之布置，无不以此为准则，而于司法上之设施亦然。故意大利之司法制度，经墨氏之尽筹擘划，不但于消极的保守的改革作用上，收显著之成效，且于积极的进取的创造功能上，更有伟大之贡献。其中若劳动法庭之设立，儿童犯罪之措施，新闻法令之颁行，尤著特色。兹略述一二，以明梗概。

　　甲、劳动法庭之设立　意大利法西斯的经济基础，建筑于"互助合作"的主义之上，故劳资两方，必须互相协调，相安无事，方足以贯彻政府立国之政策，而措国民经济于健全发展之地步。墨氏本此主旨，于一九二八年十月二十八日颁布劳动大宪章（Labour's Magna Charta）除悬工人罢工雇主自由关厂为厉禁外，并创议设立劳动法庭，以为解决劳资二方由于违反团体契约而所生纠纷之机关。劳动法庭即附设各地之高等法院内，凡雇主违反团体契约，致使工人受害时，由工人报请工会，向劳动法庭提起诉讼；反之，工人违反团体契约，致使雇主受害时，由雇主报请雇主公会，向劳动法庭加以控诉。劳动法庭，除普通之法官外，并有参加诉讼之劳资两方的专家列席其间，以供咨询。判决后，败诉者须付胜诉者以相当之赔偿金。此种赔偿金，劳资双方平时均有储蓄，工人则每人年纳一日所得之工资之数，雇主则年纳一日所付出工资之数，各自存入意大利国家银行之内，倘一旦发生诉讼，经劳动法庭判决后，即由法庭迳行通知银行，予以划账手续。即假使工人败诉，工人方面应付出之赔偿金，即于工人之存款内减除，而加诸雇主方面，以为收入；反之，雇主败诉亦然。而此项存款，则永远无动用之机会，劳资双方，亦以诉讼之结果，不过为银行增多一笔转账之麻烦，不得获取些微实际之利益，故咸能息事宁人，委曲求全，非出于重大的变故，决不愿轻易进行诉讼。故意大利自创设劳动法庭以来，劳资间之纠纷，反日见减少，此不可谓非由于赔偿金制度之大见功效。不但此也，以意大利四千二百万之人口，此项赔偿金之存储，年复一年，为数至可惊人，国家即运用此巨额之资金，一方改善劳工之生活，一方改良垦植，发展产业，振兴交通，不但劳动阶段，蒙其福利，全国人民，均沾其益。吾人知近代世界劳动立法，进步甚速，惟能切实惠及于劳动产业各阶级者，殆以意大利为嚆矢欤？

乙、儿童犯罪之措施 儿童为民族之命根，一国家一民族之兴替系于儿童之将来者，至重且大！故意大利对于如何培养儿童健康的体格；陶冶儿童良好的品性；发展儿童审美的兴趣；增进儿童生活的知能；训练儿童劳动的习惯；启发儿童科学的思想；培养儿童互助团结的精神；与夫养成儿童爱国爱群的观念，无不加以非常之重视。更以儿童之目的，在于生长，生长之意义，在于继续不断的改造经验；而儿童于此继续不断的改造经验之中，其举止言行，难免有越出常轨或显露不健全不正确之处，而此种不健全不正确之动作仅能视为偶然的错误，断不能与成人之犯罪行为相提并论也，彰彰明其：此现代之意大利，所以一反昔日罗马法上规定七岁以上儿童即得成为犯罪之观念，而提高儿童刑事责任年龄至十八岁以上也。现在意大利对于十八岁以下之青年儿童犯罪者，即付诸儿童法院审理，不受普通法院之管辖。儿童法院之组织，即附属于各地高等法院及高等分院之内，设主任法官陪席法官各一人，由高等法院及高等分院中年资较深之法官充任之，另设陪审员一人，于当地夙有声望与信誉之人士中，就对于生理学，心理学，犯罪人种学，或教育学富有研究者选任之。儿童法庭虽附属于普通法院，但并不与普通法院设立一处。作者曾于意京罗马，参观一儿童法庭，即组设于人民家庭之内。所有法官，陪审员，法警，律师，及庭丁等，均系便服，一切陈设布置，亦几与普通之客厅无异。盖欲使儿童进身其间，丝毫不觉自己有犯罪之过失，更不觉自己站在法庭之内，职权法官之审判，因凡此印象，适足使儿童心身上遗留莫大之恶果也。作者参观时所审理之案件，为一个九岁女孩之家属，控诉一个十二岁之男孩强奸罪。除原被告双方家属出庭外，并各延律师为之辩护；先由法官询问原告家属控诉之理由，继由被告男孩陈述事实，略谓："某日，骑自由车，至一森林中，与此女友（即指原告之女孩言）相值，渠请求同乘，余因原系熟识，乃为偕行，行至中途，余等下车稍憩，并奔逐相嬉，彼奔跑向前，余追随于后，彼因恐余追及而胜之，乃大声呼喊，不料因而引起四邻之惊惶，终致怀疑余有所不良行为，实情如是，并非其他"云云。旋由律师起而为之辩护曰："此男孩在学校中，平素品学兼优，且为一有名之巴里拉（按巴里拉 Balilla 为意大利法西斯青年之组织，凡儿童年在六岁以上十四岁以下者，均可加入，以增进儿童之体格与道德为目的）曾经为救护二个不幸落水之同伴，而自己冒极大之危险，故以其过去之荣耀与勇敢，本人可确切担保其此次决无此种有损名誉之行为"云云。当由法庭斟酌一过，旋即宣告无罪。退庭后，不但此男孩女孩仍挽臂相行，若无其事，即双方家属，亦皆握手言欢，冰释前嫌。倘此事发生在中国，此男童纵能侥天之幸，而免于当时四邻之拳足交加，两方之家属，亦必引起轩然之大波，而虽以善其后矣。至经儿童法院判罪之儿童，则由医生检查其犯罪之原因，对犯罪时之环境，心理，与夫人体构造之器官，神经及遗传等等一一加以精密之检视，然后按其性质，分配于各个适当之儿童感化院内，施以感化教育。此种感化院之组织与设施，与一般学校，初无轩轾，而负教诲之责者，对于犯罪儿童之亲霭慈祥，循循善诱，较之家人、父子，犹过无不及也。

丙、新闻法令之颁行　新闻为教育之工具，宣传之利器，意大利既以国家至高无上主义为法西斯理想之中心，以求全国人民信仰主义，服从领袖，非统一全国人民之思想，尤非统一新闻之宣传不可。墨索里尼执政后，对全国新闻事业之统制，即予以重视。墨氏以为国家应引导新闻事业于适当的自由范围以内，促进其发展，以为国家实施国民教育之一助。墨氏执政后，即有新闻法令之颁行，亦所以使所谓"适当的自由范围"，见诸法律上明文之规定也。新闻法令之内容，包括四要点：

1. 各地官长对传播危害或破坏公共秩序或公共道德之消息的新闻纸，有查禁之权。所谓"危害或破坏公共秩序或公共道德"之标准与程度如次：

A. 足以阻碍政府缔结外交上之关系，或使国家信誉在国内或国外蒙受不良之影响者；

B. 无端生事，造谣惑众，以妨碍公共安全者；

C. 传播不正确之消息，评论，新闻，标题，说明，纪述，致使国家之政令与法律，不能收充分实施之效果者；

D. 诽谤皇室，领袖，宗教，国家颁行之一切法规制度，及友邦政府者。

各种新闻纸于发行之前，必须先经各地官长之检查，遇有上列情形之一者，即加以查禁，停止废行。凡经数次以上停止发行之惩戒者，即须受勒令封闭，停止出版之处分。

2. 确切规定新闻纸的编辑人，应直接担负政治上经济上法律上之一切实际责任，不若以往仅由营业发行人负责，致使编辑人得以逍遥法外，为所欲为。

3. 新闻纸对国家提供"经济充分健全"及"新闻均负责任"之保证后，方准发行。

4. 全国新闻记者，由国家举行登记，凡未经登记者，不准充任。反之，已经登记核准者，可享受国家对新闻记者之种种优待，保障，与权利。

凡新闻纸违背国家法令，除受查禁及封闭之处分外，编辑人并须负刑事上之责任，其量刑之出入，参照下列三项之程度为标准：

1. 犯罪时之政治环境；

2. 犯罪者本人之意志与性情；

3. 犯罪行为对国家人民于政治上道德上所生之实际结果与影响。

意大利因有此新闻法令之颁行，全国新闻事业，实与政府之宣传轮轴无异，相需相求，成效颇著。虽然，世人有不免以此责难墨索里尼之钳制言论自由者，顾墨氏为求国家民族之向上，不得不运用政府司法之力量，以约束新闻，统一思想，以求全国人心熔化于同一意识之下，为国家而努力，牺牲，奋斗，以博整个民族之光荣，是则又不可刻舟求剑，一概非论之矣。

四、结论

于此，尚有不能已于言者。今日中国，百政待兴，言司法上之应兴应革，亦如千头万绪，难以列举。观夫意大利自墨索里尼执政后，因由于司法上之缔造，致使国家得以措于磐石之安，益觉我国司法制度改良之不容或缓。虽然，削足适履，智者不为，意大利近代司法之各种设施，固不能尽为我国适用，顾墨索里尼改革司法时，其披荆斩棘，不避毁誉，实事求是，言行合一之精神，实有足资我人取法者。天下之事，为政为学，均贵乎力行；而改革图新之道，尤在于舍短取长，从大处着眼，小处入手，今日言中国司法制度之改革者，可以知所趋向，有所努力矣！

二十四（1935）年五月二十三日于罗马

美国之司法制度[*]

杨兆龙

一、司法机关之系统

美国为联邦国，联邦与各州之权限截然划分，故联邦与各州之司法机关各自独立。联邦之司法机关共分二类：一为正式之法院，一为非正式之法院。正式之法院可分普通的与特别的二种，前者包括下列各法院。

（一）区法院（District Courts）。美国本部（即四十八州）共划为四十八个司法区（Judicial Districts），每区设区法院一所，受理第一审案件，其司法区之大者，每划为若干分区（Divisions），各分区之案件由区法院之法官巡回办理。[1]

（二）巡回上诉法院（Circuit Court of Appeals）。此类法院创设于一八九一年，所以受理原属于最高法院之案件，而减轻该法院之负担以利诉讼之进行也。美国全国现划为十个司法巡回区（Judicial Circuits），每区设此类法院一所，凡美国本部各区法院及多数非正式法院裁判之案件上诉或抗告时，类由此等法院受理。其特别区域（Territories）各法院裁判之案件，亦大都上诉或抗告于该处。此等法院开庭之地点，不限于一处，其法官往往分期于指定之区域巡回裁判焉。[2]

（三）最高法院（Supreme Court）。最高法院就关于外国使节领事之案件，及一造或两造当事人为美国州政府之案件有初审及终审权，就其他下级法院

＊　本文原刊于《法学杂志（上海 1931）》（第 8 卷）1935 年第 4 期，第 36～59 页。

〔1〕　Hughes, *Federal Practice*, 1931, Vol, I, pp. 104～108；Callendar, *American Courts*, 1927, p. 46.

〔2〕　Hughes 同书 pp. 76～80 及卷首附图；又 Callendar 同书 pp. 45～46.

裁判之案件有终审权。该法院所受理之上诉或抗告案件，以下列三种为限：

甲、关于违背联邦宪法条约或法律问题之案件及少数民刑或行政诉讼案件。

乙、下级法院认为有疑问而提请该法院裁判之案件。

丙、因当事人之请求而经该法院认为应重行审究之案件。

上述各种案件，不以属于联邦下级法院管辖者为限，其在第一审或第二审属于州法院管辖者，在特种情形下之下，亦得由联邦最高法院受理。[1]

美国联邦之特别的正式法院，可分为二类：即（1）因特种区域而设立者；（2）因特种事件而设立者。前者乃四十八州以外之各特别区域之法院，其名称性质，种种不一，兹因限于篇幅，姑从略，后者大都为行政法院，略举如下[2]：

（一）请求法院（Court of Claims）。此法院创设于一八五五年，凡人民对于联邦政府主张权利或要求损害赔偿之案件，大都归其管辖。其权利或要求之根据，以公法关系为限，即关于私法者，亦属之，凡不服此法院之裁判者，得向最高法院请求救济。[3]

（二）关税及特许专利权上诉法院（Court of Customs and Patent Appeals）。此法院创设于一九零九年，原名关税上诉法院（Court of Customs Appeals）。旋于一九二九年改用今名，其管辖之案件，可略分为二类：（甲）关于关税之案件；（乙）关于特许专利权之案件。简言之，前者以不服关税法院之裁判而上诉或抗告之案件为主；后者以不服特许专利局（Patent Officer）之处分或决定而上诉之案件为主。凡不服上诉此法院之裁判者，得向最高法院请求救济。[4]

（三）关税法院（United States Customs Court）。此法院创设于一九二六年，乃处理关税案件之初审法院。[5]

联邦之正式法院既如上述，次须研究者为非正式之法院，所谓正式之法院者，系指由行政机关监督或组织之裁判或审查机关而言，其重要者如

---

〔1〕 Callendar 同书 pp. 42~45.

〔2〕 "下"原文作"左"，现据今日排版需要改正，下同。——校勘者注。

〔3〕 Port, *Administrative Law*, pp. 262~264; Callendar 同书 pp. 48 及 Hughes 同书 pp. 87~88.

〔4〕 Hughes 同书 pp. 91~92 及卷首附图。

〔5〕 Hughes 同书 pp. 94~95.

（甲）税务上诉委员会（Board of Tax Appeals），（乙）各州间商务委员会（Interstate Commerce Commission），（丙）联邦商务委员会（Federal Trade Commission）等事。凡不服此类机关之裁判或决定之者，得向巡回上诉法院及最高法院请求救济。[1]

各州之司法机关亦可分为正式之法院与非正式之法院二种；正式之法院因各州之情形而不同，惟归纳言之，大都不出下列之范围：[2]

（一）最高级上诉法院。此类法院名目不一，惟大都以某某州最高法院，或其他类似名号见称于世，对于属于各州管辖之案件有终审权。

（二）中级上诉法院。此类法院仅见于少数州中，其设立之目的，在减轻各州最高级上诉法院之负担，性质殆与联邦巡回上诉法院相同，其名称种种不一，其管辖范围，亦因州而异。

（三）第一审法院。此类法院性质不一，有采普通法院之形式而兼理各种诉讼者，亦有采特别法院之形式而专理特种案件（如关于刑法民法平衡法幼年犯罪等案件）者。此类法院中间有采巡回审判制者，此制大都行于地广人稀讼事不发达之区域。

（四）治安裁判所或警务法庭。治安裁判所为治安裁判官（Justice of the Peace）之法院，大都民刑事兼理；所理之民事以轻微案件为限，关于刑事案件，其职权如下：（甲）就轻微案件行简易裁判，（乙）就较重要之案件接受告诉实行预审。繁盛之城市区域，设每有警务庭，置警务裁判官（Police Magistrate）一人或数人，所管辖者，大都限于轻微案件。

美国各州中亦有设立请求法院（Court of Claims）以办理人民对抗政府之案件者，如伊利诺伊[3]（Illinois），纽约（New York），及马萨诸塞[4]（Massachusetts）等州是，其性质略与联邦请求法院相似。[5]

各州之非正式法院种类不一，其最普通者。当推劳工抚恤委员会（Workmens Compansstion Boards）等机关。[6]

---

[1] Port 同书 pp. 277～282；及 Hughes 同书卷首附图。

[2] Dodd, *State Goovernment*, 1923, pp. 325～328 及 Callendar 同书 pp. 22～23.

[3] "伊利诺伊"原文作"伊利诺"，现据今日通常译法改正。——校勘者注。

[4] "马萨诸塞"原文作"麻萨朱色"，现据今日通常译法改正。——校勘者注。

[5] Port：同书 pp. 265～266；及 Dodd：同书 p. 303.

[6] Port：同书 pp. 282～287；及 Dodd：同书 pp. 354～355.

二、司法机关之组织

司法机关之组织可分一般的与裁判的二者论之，前者指每个司法机关之全体而言，后者指裁判时之组织而言，兹分述于后。

（一）一般的组织

是项组织因联邦与各州而不同，而联邦与各州司法机关之组织，复因正式与非正式法院而有别。兹因限于篇幅，请专就正式之法院一言之。

甲、联邦之正式法院[1]

（子）区法院。每区法院置推事一人（但事务繁者，得置二以上之推事，事务简者，得合二以上之区法院置一推事），区检察官（district attorney），书记官（clerk），执达吏（marshal）各一人，承审员（commissioners）若干人。推事专掌裁判，其置有二以上之推事者，除法律有特别规定外，各推事独立执行职务，其权限地位均属相等。区检察官专司诉追犯罪及代表联邦政府进行民事诉讼，区检察官之下，得置一员或二员以上之助理区检察官（assistant district attorneys）。襄办检察官之职务。书记官掌理记录档案文牍会计庶务事宜，其下得置助理书记官若干人。执达吏专司执行法院命令，几兼有吾国执达吏与司法警察之权限。承审员专司刑事预审及其他裁判上之琐碎事务。除上述之职员外，区法院尚置有庭丁（criers and bailiffs）若干名，其职务限于维持法庭秩序等事。

（丑）巡回上诉法院。每巡回上诉法院置三员以上之推事，但遇必要时，得由区法院或最高法院之推事兼任。巡回上诉法院置书记官一人，助理书记官若干人，其职务与区法院之书记官同；执达吏之职务由区法院之执达吏兼任。

（寅）最高法院。最高法院置推事九人，其中一人为首席推事（Chief justice）。其他为陪席推事（Associate justices）。另置书记官一人，助理书记官若干人，执达吏一人，助理执达吏若干人，判决报告员（Reporter）一人（专司印行法院之判决裁定等事宜），推事随身书记官（Law clerks）九人。

（卯）请求法院。请求法院置推事五人（其中一人为首席推事，四人为陪席推事），书记官，助理书记官各一人，承审员若干人，庭丁若干人。

（辰）关税及特许专利权上诉法院。此法院置推事五人（其中一人为首席

---

[1] Hughes 同书 pp. 72～74，80～84，89～91，92～94，95～96.

推事，四人为陪席推事），书记官一人，书记官助理员若干人，执达吏一人。

（巳）关税法院。此法院置推事九人（其中一人为首席推事，八人为陪席推事），书记官一人，书记官助理员若干人。

乙、各州之正式法院[1]

各州之正式法院，组织极不一致，未便一一详述，兹略举其职员如下，以见其内容之一斑。

（子）推事。各州之最高级及中级上诉法院，大都置推事三至九人，以一人为首席推事。至第一审法院推事之人数，则视事务之繁简而定。

（丑）检察官。每郡大都置检察官一员，其名称种种不一，惟其权限则类属相仿，严格言之，若辈大都为一郡（county）之公务员，并不配置于任何法院，惟因职务关系，实际上与法院接触之机会甚多，而尤以第一审法院为然。

（寅）公设辩护人。各州之实行此制者尚占少数。

（卯）监训员（Probation Officers）。缓刑假释及幼年犯案件之被告，往往由监训员予以监视及照料。

（辰）书记官。每法院大都置书记官一员，掌理法院文牍及寻常行政事宜。

（巳）警务官（Sheriff or Constable）。为一郡之重要公务员，所掌之事，种类繁多，法院之职务不过其中之一部耳。若辈不但为法院送达命令，执行裁判，召集陪审员，抑且维持地方之治安，管理一郡之监狱。故严格言之，（警务官）一名称实不足以表示其性质，之性质与 相似，其所司者，大都属于治安裁判所之职务。

（午）验尸官（Coroner）。此亦往往为一郡之公务员，严格言之，并不配置于任何法院；其主要职务为检验尸体，并于必要时检举致死之人。检验时，由陪审员留人列席，此项陪审员，系由验尸官所召集者。嫌疑犯之被检举者，以业经正式起诉论，由法院迳予审判。

（未）庭丁。各法院大都置庭丁若干名。

（二）裁判的组织

法院之裁判事务，由法官与陪审员任之，故裁判时之组织，可就法官与陪审员二者分述之如次。

---

[1] Dodd 同书 pp. 318～321，325～328 及 Callendar 同书 pp. 33～35.

甲、法官

美国之法官，可分联邦法院与各州法院二点言之，联邦各重要法院之组织略如下述。[1]

（子）区法院。采独任制。

（丑）巡回上诉法院。裁判时例由全体推事参加，其法定之人数不得少于二人。

（寅）最高法院。裁判时例由全体推事参加，其法定人数不得少于六人。

（卯）请求法院。裁判时例由全体推事参加，其法定人数不得少于三人。

（辰）关税法院。采三人之合议制。

（巳）关税及特许专利权上诉法院。裁判时例由全体推事参加，其法定人数不得少于三人，且任何裁判，非经三人同意，不生效力。

各州法院法官裁判时之法定人数，规定极不一致；概而言之，凡第一审之法院一律采独任制，其第二审以上之法院，一律采合议制。凡第二审以上之法院，裁判时类由全体推事参加，惟其法定最低人数，则随地而异，因无关宏旨，姑从略。

乙、陪审员

陪审员（Jurors）所组成之团体谓之陪审团（Jury）。陪审团有大小之别，大陪审（Grandjury）只适用于刑事，乃决定起诉与否之机关，其构成之人数各不同处，最多者为二十四人，最少者为七人；小陪审团（Prtty jury）参与民刑事裁判之机关，以决定事实为专务，其构成人数亦颇不一致，惟最多者不得超过十二人。依英美之普通法（Common law），凡较为重要之刑事案件，类须由大陪审团决定起诉与否；案经起诉后，类须由小陪审团参加裁判；其关于民事之重要案件，审判时亦须由小陪审团列席。惟美国现行联邦及各州之法律，已不乏变更此制者，大陪审团与小陪审团之适用范围，均有日趋狭隘之势焉。[2]

三、司法机关之人员

兹因限于篇幅，请专就推事与检察官二者略言之。

---

[1] Hughes 同书 pp. 74 ~ 75, 85, 91, 94.

[2] Callendar 同书 pp. 176 ~ 177 及 Dodd 同书 pp. 311 ~ 315 又 Hughes: Federal Practice, 1931, Vol, 2, pp. 49 ~ 62.

（一）推事 美国选任推事之方法，凡分四种，略述如下[1]

甲、由人民选举

此为各州最通行之方法，美国四十八州中，有三十八州采用之。

乙、由立法机关选举

此为罗德[2]岛（Rhode Island），弗吉尼亚[3]（Virginia），南卡莱罗那[4]（South Carolina），佛蒙特[5]（Vermont）所行之方法，各该州之推事，均由州议会选举。

丙、由法院院长任命

此法仅于此新泽西[6]（New Jersey）之平衡法院（Count of Chancery），该法院之院长（Chancellor）有任命该法院推事（Vice‐chancellor）之权，而其本人则由州长任命。

丁、由行政首领经立法或其他机关之同意任命之

此制行于美国联邦各正式法院，及梅因（Maine），麻省（Massachusetts）。新泽西（平衡法院除外），新罕布什尔[7]（New Hampshire），特拉华[8]（Delaware），与康奈狄克[9]（Connecticut）之法院。联邦法院之推事由总统征求联邦参议员（Senate）之意见（adive and consent）任命之，梅因麻省新罕布什尔等州之推事由州长征求州长参事会（Governor's Council）同意后任命之，特拉华新泽西等州之推事则由州长得州参议员之同意任命之。

联邦正式法院之推事皆为终身职[10]，至各州法院之推事，则因选举者与任命者而不同；其由立法机关或人民选举者，大都非终身职，其任期自数年至二十余年不等，如宾夕法尼亚[11]（Pennsylvania）则定为二十一年，马

---

[1] Willoughby, *Principles of Judicial Administration*, 1929, pp. 361 ~ 372 及 Dodd 同书 pp. 330 ~ 331.

[2] "罗德"原文作"罗特"，现据今日通常译法改正。——校勘者注。

[3] "弗吉尼亚"原文作"佛琴尼亚"，现据今日通常译法改正。——校勘者注。

[4] "南卡莱罗纳"原文作"南加罗拿"，现据今日通常译法改正。——校勘者注。

[5] "佛蒙特"原文作"佛尔茫"，现据今日通常译法改正。——校勘者注。

[6] "新泽西"原文作"纽杰赛"，现据今日通常译法改正。——校勘者注。

[7] "新罕布什尔"原文作"纽汉帕夏"，现据今日通常译法改正。——校勘者注。

[8] "特拉华"原文作"特拉威"，现据今日通常译法改正。——校勘者注。

[9] "康奈狄克"原文作"康乃的克脱"，现据今日通常译法改正。——校勘者注。

[10] Hughes 同书卷一 p. 65.

[11] "宾夕法尼亚"原文作"朋雪佛尼亚"，现据今日通常译法改正。——校勘者注。

里兰[1]（Maryland）则定为十五年，纽约（New York）则定为十四年，加利福尼亚（California），路易斯安那[2]（Louisiana），弗吉尼亚及西弗吉尼亚（West Virginia）则定为十二年，密苏里[3]（Miaaouri），威斯康辛（Wisconsin），南卡莱罗纳则定为十年。其采较短之任期者，则有伊利诺伊（Illinois）等二十余州；其定为终身职者，仅有罗德岛，按该州最高级法院之推事由立法机关选举，乃终身职。各州中之采任命制者，其推事之任期或为终身，或定为若干年，前者如麻省及纽汉帕夏等州最高级法院之推事是，后者如特拉华，康奈狄克，梅因，新泽西等州之推事是。[4]

美国联邦及各州对于推事之资格规定均欠周密。联邦宪法对于此点并未提及，其普通法律亦无规定。各州宪法或法律对于此点有规定者，亦不多观；且其所规定之资格，甚为广泛，按诸一般通例，凡为律师者，俱有应选之资格。惟就实际言之，联邦法院之推事，大都由经验学识俱富者充任之，非惟联邦最高法院为然，即下级联邦法院亦大抵如是。盖历居总统因顾全舆论，重视司法，任用推事每不敢草率从事；加以联邦议会对于总统所任命之推事有否决权，其资望不足者，往往不获通过，即或见重于总统，亦未必能投身法界也。各州法院之推事，以由选举产生者居多，其质量每较联邦法院之推事为逊，此尤以下级法院之推事为甚，良以一般选民对于此类法院之推事每不知十分重视，易于为奔竞者所迷惑耳。

（二）检察官

美国检察官之选任方法，共有五种。[5]

甲、由人民选举

此为各州最通行方法，四十八州中有四十三州采用之，良以各州之检察官大都为郡公务员（county officers）之一，普通之重要郡公务员类由人民选举，以贯彻民主之精神，检察官为一郡之重要公务人员，其由人民选举，乃当然之趋势也！

---

〔1〕 "马里兰"原文作"梅利伦特"，现据今日通常译法改正。——校勘者注。

〔2〕 "路易斯安那"原文作"路易西安拿"，现据今日通常译法改正。——校勘者注。

〔3〕 "密苏里"原文作"密苏利"，现据今日通常译法改正。——校勘者注。

〔4〕 Dodd 同书 pp. 332～333.

〔5〕 Long and Baker, *The Prosecuting Attorney*, *Journal of Crininal Law and Criminology*, Vol. 23, pp. 932～937 及 Hughes 同书卷一 pp. 129～130.

乙、由行政首领任命

此法适用于联邦法院之区检察官，凡联邦法院之区检察官，皆由联邦总统任命之。

丙、由行政首领征求立法机关之同意后任命之

此法行于新泽西及佛罗里达〔1〕（Florida）等州，新泽西之检察官由州长参议院之同意后任命之；佛罗里达之检察官共分三类，即（1）State attorney，（2）Prosecuting attorney，（3）County solicitor，其第一类检察官之任命方法与纽杰赛之检察官同。

丁、由司法总长或总检察长（Attorney – General）任命

联邦法院之助理区检察官（assistant district attorney）及特拉华等州之检察官，即由此法院产生者，前者由联邦政府之司法总长或总检察长（按二种名称均可适用）任命，后者由州政府之司法总长或总检察长任命。

戊、由法院任命

此法行于康奈狄克，该州之检察官皆由各关系法院任命之。

检察官执行职务之区域，在联邦制度之下，以司法区（judicial district）为单位，而在各州制度之下，则大都以郡为单位，其以司法区或司法巡回区（judical circuit）为单位者，仅属少数耳。〔2〕

美国之检察官一律为非终身职，联邦区检察官之任期为四年，但助理区检察官并无一定之任期，得由司法总长随时任免之，至各州检察官之任期，则自一二年至四五年不等。〔3〕

美国现行法律，对于检察官之资格，规定亦极欠周密；联邦检察官，因由行政机关任命，资格较为提高，凡应选者，大都具有相当之经验与学识；惟此乃政府当局尊重司法办事认真之结果，非现行法律制度所以使然也。至各州之检察官，则因由人民选举者居多，每不能称职；盖按诸一般法律，凡曾为律师者，皆有应选之资格〔4〕，不学无术而具有政治活动力者，颇有隙可乘也。

司法机关之权限可分为寻常与特别二种，就寻常之权限而言，美国司法

---

〔1〕 "佛罗里达"原文作"弗罗内达"，现据今日通常译法改正。——校勘者注。

〔2〕 Long and Baker 同文 pp. 929 及 Hughes 同书卷一 p. 129.

〔3〕 Instructions of the Department of Justice to United States Attorneys, Marshals, Clerks, and Commissioners, Oct, 1, 1929, Art, 968 及 Long and Baker 同文 p. 929.

〔4〕 Long and Baker 同文 pp. 936 ~ 937.

机关具有下列二特点：

（一）管辖范围甚广。美国法院所受理者，不仅为吾国法院所受理之普通民刑案件，即行政诉讼及违警案件亦属之。下级法院中虽间有对于特种诉讼具有专属管辖者，顾高级法院之管辖，则大都及于一切事件。[1]

（二）处理案件之权限较狭。英美习惯法偏重于当事人进行诉讼主义，所授法院之权限较为狭隘，此种情形，在英国虽已渐见改变，而在美国多数州中，则依然如故。[2]

美国司法机关之特别权限，可述者约有四种：

（一）解释宪法及宣告违宪法令及处分无效之权。此权不仅属诸联邦法院，即各州法院亦大都得行使之。[3]

（二）创设判例之权。此为英美法院之特权，基此特权，凡各级法院之判决例有拘束本法院与同级及所属下级法院之效力。[4]

（三）就法律点提出参考意见（Advisory opinions）之权。立法或行政机关对于宪法或法律有疑问时，得请求法院提出参考意见，以资遵循。此制之后，在预先征求法院之意见，以避免违宪法法律之制定或违法行为之发生。美国采此制者已有麻省梅因等十余州。其提出此类意见之权，大都属诸各州之最高级法院；其性质略似吾国司法院之解释法令权，但具有下列重要不同之点：

甲、所涉之问题大都涉于公法，其涉于私法者除特殊重要者外，不得据以请求提出参考意见。

乙、仅立法机关或行政首领得请求法院提出参考意见。

丙、所涉之问题须系关于具体事实者。

丁、法院所提出之意见所以供立法或行政机关之参考，无拘束任何机关之效力（但在实际上，法院及请求提出参考意见之机关，均甚重视此类意见）。[5]

---

[1] Pound, "Organization of Courts", *Journal of the American Judicature Society*, Vol Ⅶ, pp. 69~71. 及 Hughes 同书卷一卷首附图

[2] Willoughby 同书 pp. 455~467.

[3] Dodd 同书 pp. 135~137.

[4] Gray, *The Nature and Sources of the Law*, 1924, pp. 241~243.

[5] Glovis and Updegraff, "Advisory Opinions", *Iowa Law Review*, February, 1928 及 Willoughby 同书 pp. 85~87.

（四）诉讼法制定权（Rulemaking power）。联邦最高法院与关税法院及少数州之最高级法院（如 Alabama，Colorado，Delaware，Michigan，New Jersey，North Dakota，Vermont，Virginia，Washington）有指定诉讼法之权，此项诉讼法不仅适用于本法院，抑且适用于下级法院焉。[1]

四、司法行政

美国无总理司法行政之专属机关，联邦政府虽有司法部（Department of Justice）之设，其权限仅及于检察官，执达吏书记官及承审员，而与法院推事无涉；凡法院推事皆不受司法部之指挥或监督。全国联邦法院之推事，每年有司法会议（Judicial Conference）之召集，与会者为最高法院之首席推事及各巡回上诉法院之主任推事，由最高法院首席推事主席，最高法院首席推事因事不能出席时，由最高法院其他资深之推事代之。每年八月一日之前，凡联邦各区法院之主任推事应就各该法院上年度之事务（如收案结案之情形等）编制报告，连同对于下年度司法行政上之种种建议，呈送所属巡回上诉法院之主任推事，由该推事附具意见转送司法会议审核。司法会议之主席得请联邦司法总长就联邦各法院之检察事务（尤以上年度系属于联邦各法院而一造当事人为联邦政府之各种案件为重要）提出报告（按此事已实行多年，成为惯例）。会议时所讨论之事项如下：

（一）推事之调迁及分配

该会议应就各法院之实际情形，研究调迁及分配推事之方法，该会议之主席得征求各关系巡回上诉法院主任推事之同意，就所属法院之推事，为适当之调迁及分配。

（二）关于统一司法及增进工作效率之计划

如改良诉讼程序及革新法院办理寻常事务之手续等均属之。惟此项会议无惩奖推事之权，故对于不称职之推事，除由国会提出弹劾或通过免职外，别无有效之制裁方法。[2]

推事以外之其他联邦法院之重要服务人员，如检察官执达吏书记官承审

---

[1] Whittier, "Regulating Procedure by Bules of Court", *Journal of American Judicature Society*, Vol. Ⅶ, pp. 15～19.

[2] Willoughby 同书 pp. 275～279.

员等，均较推事受有严密之指挥及监督，联邦司法部对于此类人员总揽指挥监督之权。[1] 书记官与承审员乃由联邦各级法院自行委派，故除受联邦司法总长之监督指挥外，并须服从各该法院长官之命令。[2] 执达吏执行职务时，于特定范围内，亦须服从法院之命令：惟检察官则仅受司法总长之指挥与监督，若辈与司法总长，允称上下一体，执行职务时，须绝对服从司法总长之命令。[3]

各州法院司法行政之组织，较联邦法院尤为涣散；推事及检察官，因系选举者居多，大都不受任何司法行政机关之监督。其他司法人员和书记官警务官等，亦往往如是。且司法人员每各自独立执行职务，彼此不加干涉，故同一法院内，非惟首席或主任推事无权监督其他推事，即书记官警务官亦可独立行事，不受他人之干涉。上级司法机关对于下级司法机关之行政及管理，概不过问，属于审判之事务，固属如是，其涉于检察方面者，亦莫不然。各州中虽有设置总检察长或国家律师长（attorney – general or solicitor – general）者，顾此类人员大都无权监督一般检察官。[4] 故综观各州之制度，其所藉以制裁司法人员者，大都为非常之手段，如（甲）由立法机关提出弹劾，（乙）由法院依刑法予以制裁，（丙）由人民罢免等是。至较为和平而可常用之监督方法，如警告训诫等，则仅适用于少数州，此类非常手段，仅适合于重大案件，且运用时颇感困难，对于司法人员之不当或违法行为，鲜能予以有效之制裁。

近年以来，各州鉴于司法行政之无系统，先后设置法官委员会（Board of Judges）及司法委员会（Judicial Council）等机关，前者见于威斯康辛（Wisconsin）等州，后者见于 Massachusetts, Ohio, Oregon, North Carolina, Washington, California, North Dakota, Connecticut, Rhode Island, Kansas, Virginia, Texas 等州，此类委员会有专由推事组织而成者，如一般之制度是，有由推事与律师合组而成者，如麻省之制度是，亦有由推事律师及州议会之代表合组

---

〔1〕 按此观于该部印行之 Instructions to United States Attorneys, Marshals, Clerks, and Commissioners 可以知之。

〔2〕 见同上 Arts. 1245～1492.

〔3〕 见同上 Arts. 150～165, 1112, 1115.

〔4〕 各州中仅 Delaware 与 Louisiana 二州之制度不同前者各郡之检察官由 Attorney – General 任命故 Attorney – General 对于所属有监督指挥之权后者之检察官由宪法明文规定受 Attorney – General 之指挥及监督。

而成者，如华盛顿等州之制度是。顾其职务大都不出联邦司法会议之范围，对于司法人员不能为充分之监督，收效仍甚微耳。[1]

五、最近改革司法之运动

美国最近改革司法之运动，种类不一，因限于篇幅，只举其大纲如下。

（一）统一法院组织

各州之法院系统，极为紊乱，且彼此缺少联络，事权殊为涣散，故法律界倡裁并法院，划一系统，集中事权者，颇不乏人。该国法制改革家哈佛大学法学院长庞德氏（Roscoe Pound）及美国律师公会等，对此鼓吹颇力，若辈所竭力提倡者，为"一由专家组成之单一法院"（a unified court with specialist judges），其特点可略举如下：

（甲）凡各类诉讼事件均由对于各该类事件有专门研究之推事分别办理，如刑事则由刑法专家办理，商事则由商法专家办理，幼年犯罪事件则由幼年犯罪学专家办理。

（乙）每州设一整个之法院，内分若干部，如上诉部初审部等是。每部复依事件之性质分为若干组，如刑事组民事组商事组幼年犯组等是。凡在各部各组办事之推事，在法律上，均为该整个法院之职员，故遇必要时，可任意由甲部或甲组调至乙部或乙组办事。如是则每部或每组之推事，可按照事务之情形，而为适当之调迁或分配，不至有人少事繁或人多事少之弊。法院各部或各组俱属一体，故遇管辖错误之案件发生时，法院只可将该案移送主管部或组审判，不得迳予驳斥。全院事务由首席推事总理之，但为办事便利起见，每部或每组得由特定人负责监督。[2]

（二）改良司法人员之选任方法

美国各州司法人员以由选举而产生者居多，司法官易于为政党所操纵而失其独立之精神：此制实行以来，流弊极多，故学者中不乏主张废除之而代以任命制者。大陆各国关于考试及训练法官之制度（吾国制度亦属之）最近亦颇为一般人之注意。[3]

---

[1]　Willoughby 同书 pp. 264～275.

[2]　Pound, *Organization of Courts*, pp. 78～83 按此点详述于拙著《美国最近改革法院组织之运动》一文（见法治月刊第一期）

[3]　Willoughby 同书 pp. 361～366. 379～383. 及 Dodd 同书 p. 335.

（三）设置司法行政之专属机关

美国在现行制度下无总揽司法行政权之专属机关，联邦司法部虽握有司法行政之权，然对于推事不能过问；至联邦之司法会议及各州之法官或司法委员会，虽能办理一部司法行政事宜，然以职权过狭，贡献甚微，故一般学者主张采较为彻底[1]之办法，于联邦及各州设置一类似于大陆法系国家之司法部或司法行政部，总理司法行政事宜。[2]

（四）使诉讼程序简易化经济化

美国之诉讼程序导源英国之习惯法，颇为复杂，既费财力，复耗时间，往往使贫者弱者裹足不前，殊背保障人权之真义，一般学者有鉴有斯，尝多方提倡改革，其改革之方略，可略举如下：

甲、授法院以制定诉讼法之权。此制已行于联邦法院及各州少数法院，颇能使诉讼程序适合各地方与时代之需要，盖法院指定诉讼法，手续既简，而观察亦较为周详，不难因时因地而致宜耳。[3]

乙、删除不合现代需要之手续。美国固有之诉讼法，与现代社会大相径庭，陪审团及所谓"普通法诉讼程序"（Common law pleading）等，即其明例。学者间颇有主张予以彻底改革者，此项主张虽尚未完全实行，顾已渐为立法或司法机关所采纳。

---

[1] "彻底"原文作"澈底"，现据今日通常用法改正，下同。——校勘者注。

[2] Pound, "Juristic Problems of National Progress", 22 *American Journal of Sociology*, 721；and "Anachonisms in Law", 3 *Journal of the American Judicature Society*, 142～146；Cardozo, "A Ministry of Justice and the Problem of Crime", 4 *Ameerican Review*, 139；"Reports of the Commission to Investigate Defects in the law and its Administration", *New York Legislative Documents*, Nos. 70（1924），74（1925）.

[3] 按最近讨论此问题之著作甚多，不胜枚举，惟下列各文，较有精彩，不妨一读。

（一）Pound, "Regulation of Judicial Procedure by Rules of court", 10 *Illinois Law Review*, 63（1915）.

（二）Morgan, "Judicial Regulation of Court Procedure", 2 *Minnesote Law Review* 81（1918）.

（三）Paul, "Rule－making Power of Cpurts", 1 *Washington Law Review* 163（1926）.

Willoughby 同书 pp. 174～194，440～532 对于此点作系统的叙述，颇值一读，如欲对此点为更进之研究，可读下列各书或文。

（一）Pound, "Some Principle of Procedural Reform", *Illinois Law Review*, Vol. 4, January－February, 1910 又，"The Canons of Procedural Reform", *American Bar Association Journal*, Vol. 12, August, 1926.

（二）Storey, *The Reform of Legal Procedure*, 1911.

（三）Smith, *Justice and the Poor*（1919）.

（四）Taft, *Law Reform*（1926），Chapters Ⅰ，Ⅲ，Ⅳ，Ⅴ.

Willoughby 氏于其所著之 *Principles of Judicial Administration* 一书（见前）内附载关于本问题之书目甚详（见该书六三九页至六四四页），足资参考。

美国的法院组织与权限[*]

黄应荣[**]

一个国家的政制，不是一个人可以创造出来，也不是一天可以造成的，大多数是逐渐生长，逐渐改革出来；一个国家的司法制度，也是这样，都有它的特殊原因，特殊情状，所以世界上绝少有二个相同的制度。

在十七世纪的中叶，美国大部分[1]的地方，都属于英王特许设立的殖民地。当时在那些特许状（Charters）里，都明文规定殖民地政府的组织大纲，其详细规定，则由殖民自由决定，那些殖民地的人民，大半是英国人民，因教育传统及习惯的种种关系，自然而然将英国的习惯法（Common Law）衡平法（Epuity）及法理学输进来。在最初的时候，英国又保留着监督殖民政府之权，随时得指示并管理各种制度的设立。在那个时候，英国的习惯法，也不过是多数殖民地的习惯法，待后来才逐渐成为各地的法律。当年英国的单行法 Statutes 有时法院也认为有效，得在各地施行，有时各邦立法院竟正式采为法律，而且当事人不服殖民地法院的判决时，又得上诉于英国的枢密院委员会（Committee of the Privy Council），该委员会得修正或变更殖民地法院的判决，结果，殖民地的法律，至少根本原理，和英国的法律完全一样，一切司法制度，也仿当年英国通告的制度——如法院的组织，陪审制度，律师制

---

* 本文原刊于《法学杂志（上海1931）》（第 8 卷）1935 年第 5 期，第 43 ~ 68 页。

** 黄应荣（1905 ~ 1978 年），原籍广东省梅州市梅县区人。少时就读于莱佛士学院，参加剑桥会考获优等文凭。嗣后负笈持志大学、燕京大学及东吴大学（第 10 届），获东吴大学法学士学位。后又远渡美国乔治·华盛顿大学，获法理学博士学位。因成绩优异，毕业后获该校金牌奖章。一九三〇年，学成后在上海挂牌执行律师业务。同时在东吴大学担任教授，讲授英美合同法。又曾任中央大学、暨南大学、光华大学教授。

[1] "部分"原文作"部份"，现据今日通常用法改正。——校勘者注。

度，及治安判审员制度（Justices of peace）等，这就是美国司法制度由来的大概，追至一七七六年美国对英革命，各殖民地脱离英国的羁绊，而成立美国合众国后，才有比较重要的改革，逐渐长成今日的司法制度。兹叙述该国法院组织之大要，来和读者讨论讨论。

一、法院的组织

各殖民地已联合组成联邦政府，即成为合众国的各邦，那么〔1〕各邦的固有主权，应否继续存在，实是一个严重的问题。因为各邦不愿完全抛弃它的主权，所谓双重主权制度，于是发生。但如何能将中央与各邦的事权划清，使彼此权限上的冲突与争执，可以减到最低的限度，在制定联邦宪法时，又成为一个难解决的问题。当时立宪诸人，因为遵从各邦的自治独立，认为联邦的政权，是由各邦将其固有的政权，交出一部分委托联邦政府执行。于是在宪法上，仅列举联邦事权，而以未经明白列举的，仍由各邦保留，所以现在美国四十八邦之中，均有各别的邦政府，各别的立法行政及司法等机关。因此美国的司法制度与他国绝不相同，各邦的法律，不但参差不一。各邦之中，均有两大法系的法院，来行使它的司法权，一个是邦法系的法院，一个是联邦法系的法院。这两个法系的法院，在各邦中各别行使它的职权，而各不相谋，彷佛是在各邦中只有一个法系的法院，而没有别的法系的法院存在，这校验的奇特制度，是双重主权制度必然的结果，所以我们对于邦法院及联邦法院的组织管辖等等，不能不有具体的讨论。

（一）邦法院（State Courts）

A. 初级法院（District Courts）

各邦法院的组织，或以宪法，或以单行规定之，但因各邦的宪法不一，有大同小异之别，然而各邦至少有一个法院，专司普通的司法权，即所谓初级法院，依各邦的法律，各邦共分成几个司法区，每一个区有一个初级法院中，有称为区法院（District Court）；有称为上级法院（Superior Court）；〔2〕也有称为巡回法院（Circuit, Court），〔3〕名称虽异，职务很相类同，普通民

---

〔1〕 "那么"原文作"那末"，现据今日通常用法改正。——校勘者注。

〔2〕 Arizona, Connecticut; Delaware.

〔3〕 Arkansas.

事或衡平案件，各初级法院，都有权受理审判，凡在初级法院所辖范围内的人民，违犯各该邦的刑律时，也归该法院审判，所以依所审理的事件来论，各初级法院，可分为民事法院（Civil Court），刑事法院（Criminal Court）衡平法院（Equity Court）及遗嘱法院（Probate Court）这样分类，并不是说，各大邦的初级法院，都依所审判的事件，而分别设立各种法院，多数邦并不分别设立民刑法院，民刑事件概由一个法院审理，甚至审理民刑讼案的推事也一样，不过审理刑事时，由审理民事的推事轮流审理罢了，但有很多邦，却分别设立刑事法院；有几邦称该刑事法院为"高等裁判所"（Court of Session），有几邦称为"四季裁判所"（Court of Quarter Session and Peacs）；可是这些法院的推事，往往便是民事法院的推事；双有些邦不但分别设立刑事法院，且分别设立衡平法院，有时称为 Court of Eqaity 有时仿英制称为 Court of Chancery 在这几邦有各别的推事，专门审理衡平案件，但也有很多邦，根本不区别普通法与衡平法，普通案件与衡平案件，通由一个法院审理，根本没有分别设立衡平法院的必要，至遗嘱法院，或称为 Probate Court 或称为 Surrogate Court 多数邦也不分别设立，只有几邦在人口繁密区域内设立，而在其他区内，所有遗嘱事件概由普通法院管理，在那些不设立遗嘱法院区里中，通常有一个人员，专管理遗嘱的登记，发给遗产管理证，及执行其他有关遗产的职务，有时这些职务，也可由遗嘱法院的推事执行，这些人员，都要受有管辖遗产事件的法院的监督。

B. 最高法院（Highest Court of Appeals）

除初级法院外，各邦都设立一个最高法院，名称也和初级法院一样很不一致，例如麻沙丝色及梅茵（Maine）称为"最高司法法院"（Supreme Judicial Court）；弗吉尼亚[1]（Virginia）称为，"上诉最高法院"（Supreme Court of Appeals）；康奈狄克[2]（Connecticut）称为"防误最高法院"（Supreme court of Errors）；纽约称为"上诉法院"（Court of Appeals）；而新泽西[3]（New Jersey）则称为"防误及上诉法院"（CourtofErrorsandAppeals）；现除新罕布什尔[4]（New Hampshire）外，各邦的最高法院，都由各邦的宪法明文规

---

〔1〕 "弗吉尼亚"原文作"浮其尼亚"，现据今日通常译法改正。——校勘者注。

〔2〕 "康奈狄克"原文作"康纳体格"，现据今日通常译法改正。——校勘者注。

〔3〕 "新泽西"原文作"纽裘茜"，现据今日通常译法改正，下同。——校勘者注。

〔4〕 "新罕布什尔"原文作"纽海姆休"，现据今日通常译法改正。——校勘者注。

定设立；有些宪法把法院的职权详细规定；有些只概括的规定，其详细范围，由议会决定，按多数邦的法律，凡经各区普通初级法院判决的各案，大概准许向最高法院上诉，但有些邦的法律，限定经中等上诉法院判决的案件，才得向最高法院上诉；[1]又有几邦的法律，对于金钱财产的请求限于一定标的内，才可向最高法院上诉，例如：亚利桑那[2]Arizona 的法律规定：金钱或动产的请求，须在二百元以上；又如加利福尼亚及路易斯安那（Lousiania）规定：请求的标的或财产的价值须在二千元以上，而密苏里[3]（Missouri）则规定：相争的数目须在七千元以上，才可向最高法院上诉，除关于联邦法律的讼案外，凡经最高法院判决，即为终审，当事人不得再有异议，各邦的最高法院，对于邦宪的解释，也有最终的审判权，对于联邦的宪法及国会所制定的法律，也有解释权，不过当事人对于该项解释不服时，得上诉讼联邦最高法院，各邦的最高法院，除有上诉审判权外，也像初级法院一样，得发布各种令状，如出庭状（Writ ofHabeas Corpus）、禁止状（Prohibition）、防误复勘状（Writ of Error）、复查令状（Writ of Certiorari）且有六邦的宪法明文规定[4]邦长或上下议院或参议会（Couueil）对于重大的法律问题，有请求解答时，最高法院得提出参考意见（Advisory Opinion）按现在各邦的法律，最高法院，通常设在议院内，每年开庭一次或二次，但有几邦的最高法院，有时依规定时间，在一二个重要城市里开庭审问，最高法院所审的，全是法律问题，不再审查事实，如有时认为有再查证据的必要，该项讼案须发回所属下级法院，由该法院审讯，各承审推事，对于经审案件，须作成意见书，而各案的判决，即以多数推事同意的表决为标准，推事的人数，各邦亦不能一律，大约从三名至九名，或经议院同意后由邦长指派，或由人民投票表决选任。

C. 中等上诉法院（Intermediate Courtof Appeals）

为减轻最高法院的上诉职务，有许多邦，另外设立一个，或几个中等上诉法院（Intermediate Court of Appeals）来代替各邦的最高法院分任审理上诉

---

〔1〕　American Courts Callander 第廿四页。

〔2〕　"亚利桑那"原文作"亚利沙拿"，现据今日通常译法改正。——校勘者注。

〔3〕　"密苏里"原文作"米苏利"，现据今日通常译法改正。——校勘者注。

〔4〕　Florida, South Dakota, Vermont, Maine, Massachusetts 及 Colorado 在前三邦，只有邦长得请求解释而所请求包括关于行政权的问题。

的讼案，因为非如此，各邦的最高法院对于各初级法院的上诉案件，势必一一审理判决，则不胜其烦，也难免有轻率判决，或失出失入的危险，这种法院有由宪法明文规定设立，也有根据议会制定的单行法而设立，因此它的名称，也和最高法院的名称一样，不能一致，例如路易斯安那〔1〕（Lousiania）及新泽西（New Jersey）称为最高法院（Supreme Court）；纽约称为最高法院上诉庭（Supreme Court Appelate Division）而宾夕法尼亚竟称为上级法院（Superior Court）不仅名称不同，各邦中等上诉法院的管辖范围，也有很大的差别，要详细的说明该种法院的管辖范围，非将各邦的宪法及法律一一对照研究不可，这是何等困难的事啊！概括的说：有以诉讼标的多寡为管辖范围的标准，例如阿拉巴马〔2〕（Alabama）的法律规定：对于诉讼标的在一千元以上的无终审审判权；又如加利福尼亚〔3〕的法律规定，对于争讼的财产价值或请求额在三百元以上二千以下的，有上诉审判权；又有限于某种民刑事件有审判权，其他讼案，或属于初级法院，或须直接上诉讼最高法院，〔4〕这些法院的组织，大半仿最高法院的组织，推事的名额，大约也从三名至九名，所为的判决，也像最高法院的判决一样，可作为本邦法院的先例。

除上述初级法院，中等上诉法院，及最高法院外，各邦所设立的司法机关，尚有治安审判员（Justiceof Peace）市法院，及幼年法院（Juvenile Court），统称为"下级司法机关"（Minor Judiciary）。

D. 治安审判员（Justiceof Peace）

治安审判员，是美国司法制度中最老的一个机关，最初完全依照英制，这个机关的设立，目的是在于帮助初级法院处理较微的案件，治安审判员有时称为承审员（Committing Magistrate）或市吏（Alderman）依多数邦的法律，治安审判员，概由人民投票选举，不必有深邃的法律学识，他的任期，大约从二年到四年，平时有书记一人，及司法警察数人，助理他执行职务，他的职权有以宪法规定，有以单行法规定，按现时各邦的法律，凡民事琐案——

---

〔1〕 "路易斯安那"原文作"路西亚尼亚"，现据今日通常译法改正。——校勘者注。

〔2〕 "阿拉巴马"原文作"亚拉巴马"，现据今日通常译法改正。——校勘者注。

〔3〕 "加利福尼亚"原文作"加利佛尼亚"，现据今日通常译法改正。——校勘者注。

〔4〕 American Courts, Callender 第廿八页。

大约五十元或一百元，或二百元或三百元——〔1〕概可由他审理，但因诽谤名誉，私禁，殴打，过失伤害，及因伤致死各种侵权行为，而生的损害赔偿请求，鲜有由他审理的，对于刑事讼案，他有两种职务（一）对于重大罪刑的告发，得以承审员的资格，作初步的审问（二）对于轻微罪——通常指妨害治安，违反卫生章程，及破坏交通法规，等罪——他得以"简易庭推事"的资格（Summary Judge）执行审判。

当他以承审员的资格执行职务时，他得掣发拘票，核定保额，接受保状，并将实行拘禁，以待大陪审员（GrandJury）的公诉，作初步审问时，他只要审查对于被告有无证据，足以证明被告是犯罪 PrimaFacieCase 如有证据足以使人置信被告确曾犯罪，那么他得将被告拘禁，预备解送法院审理，他并没有权可以断定被告是否犯罪，他的第二种职务与寻常法院的职务无异，开庭审问后，如确定被告有罪，他得将被告判处监禁或罚金，倘被告不服得上诉于上级刑事法院。

E. 市法院（Muncipal Court）

各邦的议会，也有很多在城市里，——大约居民在五千以上者——设立市法院，有的和治安审判员一并设立；有的只设立市法院，而不设立治安审判员，它的等级或与区法院相同，或亚于区法院，它的职权，在民事方面较治安审判员大，凡在五百元，或二千元范围内的民事讼案，〔2〕均可由其审判，且多以本邦的最高法院为其直接上诉的机关。

F. 幼年法院（JuvenileCourt）

研究英美法的人们，都知道在英国有许多例案，因为行为人有预谋，或重大恶意，虽年龄仅八九岁，或十岁，竟被判处死刑，对于幼年犯人，施以这样严酷的刑罚，从国家及社会的利益上看，不能认为适当，从前美国各邦的法律，因为大半是根据英国的习惯法，对于幼年犯人，也认为与成年犯人一样，应施以同等的刑罚，在十九世纪的初叶，美国各邦虽已逐渐设立感化院，但对于幼年犯人有时仍解送监狱以监禁，监禁后该犯的境况，毫不改善，与刑罚的目的，不无背驰，因此一班社会学家及法律学者，莫不尽力的抨击，

---

〔1〕 例如 Alabaina 及 Conneticut 限于五十元以下；California 及 Colorada 限于三百元以下面 Delaware 则限于五百元以下。

〔2〕 例如 Indiana 限于五百元；哥伦比亚区限于一千元；而 Georgia 则限于二千五百元。

努力研究，并提倡如何改革幼年犯人的待遇，自经这一班热心社会家及法律改革家的鼓吹后，伊利诺伊〔1〕（Illiniois）"邦立慈善局"（State Boardof Charities）特请求芝加哥〔2〕律师公会指派一委员会，专门研究这个问题，这个委员会，经一年的研究，由赫德博士起草一建议案，经数次修改后，于一八九九年七月一日，得由伊利诺伊邦通过，名为处理保育无助和犯罪儿童的法令（An Aet to regulate the treatment and Control of dependents neglected and delinquent children）根据这条法律，伊里诺邦即设立芝加哥的幼年法院，当时称为"谷区幼年法院"（Juvenile Court of Cook County）自此以后，幼年法院的运动，风靡一时，到一九二〇年只有三邦没有制定幼年法律（Juvenilelaws）。现在全国各邦都有幼年法律，或幼年法院了。很多人以为幼年法院，是个专为审理幼年人触犯刑章的裁判所，其实这是错误的，幼年法院，是个衡平法院，具有父母的亲权来保护犯恶及不幸幼童，换句话说：幼年法院，对于犯罪或被弃（neglected）或依赖于父母（Dependert）的幼年人，具有衡平，至少准衡平（Quasi Chancery）的职权，即对于幼童案件，不但有权审理，并得将该幼年人交付感化，或假释。

现时有很多邦，在重要城市，设立幼年法院，但也有不另外设立独立法院，只在普通法院内，另辟一庭，专门审理幼年人的案件，所谓幼年，按各邦的法律，除纽约规定最低年龄外，其余各邦规定最高年龄，有十四邦以十八岁为限；有十三邦以十六岁为限；有四邦以十七岁为限；也有以二十岁或二十一岁为最高限度，于是幼年法院，不免与普通刑事法院，发生管辖上的冲突，譬如说：有一幼年人所犯者为重大罪，依刑律应处以死刑，或无期徒刑，但依幼年法律则应受感化；试问该案，应归那一个法院管辖？各邦对于这个问题所采的政策，参差不一，有的明文规定，对于犯重大罪（Felony）的幼年犯，幼年法院无管辖权；有的规定：概由幼年法院的推事裁定，如该法院的推事，认为该幼犯，不能受感化，或使其渡正当的生活，得抛弃管辖权，将该犯移送普通刑事法院审理；或有规定，由幼年犯个人自由酌量，或由推事裁定，而须得幼年犯个人的同意的。但多数邦，则不以犯罪情节的轻重为管辖的标准，依这几邦的法律，不论所犯何罪，幼年法院审问时，或经

---

〔1〕 "伊利诺伊"原文作"伊里诺"，现据今日通常译法改正，下同。——校勘者注。
〔2〕 "芝加哥"原文作"支加哥"，现据今日通常译法改正，下同。——校勘者注。

审查后，认为该幼年犯，不应治以幼年法律（Juvenil Law）得将该犯移送普通法院依刑律处断，然而多数邦的法律却规定：遇有关于幼犯的讼案时，普通法院须将该案移交幼年法院，即使普通法院有共同管辖权，亦得移交幼年法院审理[1]。

　　幼年法院的设立，已含有感化幼童，减少社会危险的重大使命，那么幼年法院的推事，当然不能以普通法院的推事论，他的资望与法院工作的成败，很有密切的关系。他的职务非常重要，幼年犯人应在何种环境下过活，应受何种疗养（Treatment）都由他决定，稍一不慎，便贻害不浅，所以各邦的法律。除规定他的住所，年龄，学识，及经验几个要件外，这规定下列几个条件：（1）他要有高尚的道德，（2）对于幼年人，要感有兴趣，（3）对于服务社会（Social Sevrice），慈善事业，及儿童生活的种种问题，也要有相当的学识和经验。换句话说：幼年法院的推事，要能够明了幼年人的心理，要知道环境对于幼年人有怎样的影响，要以高尚的道德，无瑕的人格，并人类的同情心来感化幼年人，并取得社会的信仰，才可以达到幼年法院设立的目的。至于他们的薪俸，和其他法院推事的薪俸，没有多大的差别。在纽约每年的薪俸是一万二千元——可说是全国的最高额——在印第安纳波利斯[2]（Indianapolis）七千元，在丹佛[3]（Denver）四千元，在摩根市（Morgantown）一千八百元。

　　现在幼年法院的运动，正方兴未艾。有下列几种趋势：（1）法院的设立已逐渐由城市扩充到乡间去。（2）除设立法院外并增设儿童精神研究所（Psychiatric Clinic）以便以科学的方法，研究儿童的生活，感情的动向，精神的状态等等。因为现在大多数的学者及社会人士，都不再把幼犯，当作成年犯人一样看待，只当他是个病人，推事要像医士一样，临床诊断，才可对症下药，这一点可说是幼年法院运动的最大贡献。（3）将幼年法院的组织，改成家属法院（Famliy Court）这是晚近一班人的主张，依据这个主张，即凡属家庭问题的讼案，不论是离婚，扶养，监护或确认父子关系，各种讼争，概归这个法院审判，有了这种趋势，幼年法院的将来如何，谁都不能知道。然

---

〔1〕　*Jnvenile Court of the United Statea By H H Lou* 第卅八页。

〔2〕　"印第安纳波利斯"原文作"印第亚那波力斯"，现据今日通常译法改正。——校勘者注。

〔3〕　"丹佛"原文作"滕浮"，现据今日通常译法改正。——校勘者注。

而在目前，除了学校，并其他社会组织外，一种社会化的幼年法院是个解决儿童问题的最好的机关，在没有较好的方法或机关来解决儿童问题以前，幼年法院对于不幸的儿童，仍是慈爱正义及公理的源泉。[1]

（二）联邦法院（Federal Courts）

我们在上节会经说过美国因采取双重主权制，各邦因保留其主权，只将主权的一部分委托联邦政府执行，联邦政府的各种职权，均在宪法里明文规定，按联邦宪法第三条第二项的规定：合众国的司法权，应属于一个最高法院，及随时由国会规定设立的各级法院，最高法院的设立，已是由宪法规定，除修改宪法外，不得将其废除；各级下级法院得由国会创设，亦得由国会废除。

依宪法第三条第二项的规定，联邦法院对于下列事件均有权审理：（1）凡根据联邦宪法而生的法律及衡平讼案；（2）根据联邦政府与他国所订立的条约而起的争讼；（3）所有牵涉大使公使及领事的案件；（4）关于海事及海军裁判所所管辖的各项事件；（5）争执案中，联邦政府为一造者；（6）二邦或二邦以上的争执；（7）一邦与异邦公民的争执；（8）异邦公民间的争执；（9）同邦公民间因根据异邦所发给的执业证 Grants 而生的土地争执；（10）一邦或其公民与外国或外国人民的争讼。对于异邦公民或外国人民与各邦的讼案，第十一条修正修正如下：异邦公民或外国人民对于任何一邦所提起的法律或衡平诉讼，不属于联邦的司法权内，联邦法院的管辖问题，即法学深邃经验丰富的律师，有时也难免解释错误，或竟无法解决，这是多么复杂困难的问题，可想而知。

国会为被告它的职权起见，已先后设立最高法院，巡回上诉法院，区法院，请求法院（Court of Claines）海关及特许上诉法院，及其他属于联邦管辖权的各种法院，兹一一略述于后。

A. 联邦区法院（UnitedStatesDistrictCoutr）

联邦的区法院，系联邦司法机关中的初级法院、除依法律规定，最高法院有初级管辖权的案件外，所有联邦初级案件，统归区法院审判，联邦法院的管辖范围，在上面已经说过，所以区法院的管辖权，这里可以不必详述。简单的说，区法院对于下列各种事件，有初级审判权：（一）凡根据联邦宪

---

[1] 同书第十章。

法，或联邦法律，或条约，而生的争执；（二）所有一切海事讼争；（三）讼争中联邦政府为一造者—指联邦政府为刑事告诉人，或一万元以下的民事被告；（四）异邦人民间的争执；（五）违反各邦间商业法规的（Interstate Commeree Laws）讼案；（六）特许，著作及商标的争讼。[1]

按联邦的法律，合众国共分成若干司法区（Judicial District）每邦至少构成一个司法区、人口较密的邦，有分成两个或三个或四个区，例如：

Vermont 邦只有一区，弗吉亚（Virginia）分成二区，称为东西弗吉亚，宾夕法尼亚[2]（Pennsylvania）分成三个区，即东西中区，而纽约则有四个区，称为东南西北区，每一个区，设立一个法院，现在除阿拉斯加[3]（Alaska）夏威夷（Hawaii）及波多黎各[4]（Porto Rico）外，全国共有八十个区法院，每一个区法院，有一名到三名推事，均为终身职，[5] 每年薪俸七千五百元、区法院每年开庭二次，或三次，开庭期间，久暂不一，有时延长两三个月，有时几天，即可结束，平时在本区几个不同地方举行，大概在大城市为多，因此大部分的人民，一则因为和联邦法院接触的机会很少，二则因为联邦法院所审的案件，如违反邮政法，伪造国币或邮票等刑事案件，与一般人民的痛痒，不很相关，不但是对于联邦法院不甚熟识，简直可以说是莫名其妙！前几年因为修正宪法，将禁酒律附加后、违反禁酒律的案件，日益增加，联邦区法院大部分的时间，都被这些违禁酒律的案件占去，联邦法院才逐渐为人民所知道，这种怪现象[6]，也是"理所固然，势所必然"的！

B. 巡回上诉法院（CircuitCourtofAppeals）

除区法院外，国会特于一八九一年设立联邦巡回上诉法院。所以设立的原因，系因当时在最高法院的案件，堆积如山，往往一个案件经最高法院受理，准许依次传审后，要五六年才可结束，于是国会为疏通积案，减少最高法院的负担，并增加审判效率起见，不得不设立巡回上诉法院，每一个法院，

---

〔1〕 参阅 United States Code Annotated Title 28 Section 41.

〔2〕 "宾夕法尼亚"原文作"本雪凡尼亚"，现据今日通常译法改正。——校勘者注。

〔3〕 "阿拉斯加"原文作"亚拉斯加"，现据今日通常译法改正。——校勘者注。

〔4〕 "波多黎各"原文作"扑多利加乌"，现据今日通常译法改正。——校勘者注。

〔5〕 同上 Section one.

〔6〕 "现象"原文作"现像"，现据今日通常用法改正。——校勘者注。

至少要有三个推事[1]由总统经参议的建议或同意后任命之，各推事每年薪俸八千五百元，以前每一个最高法院的推事，都被派作巡回法院的推事，现在这种办法已不再采用了，现时全国共分成九区，每一个区包括几邦，例如：第三个区竟包括十三个邦，在每一个区设立一所巡回上诉法院，所以每一个上诉巡回法院，有很多区法院属它管辖，它的司法权的行使，也只以所属各区法院为限，巡回上诉法院，每年开庭二次或三次，在下列巡回区域内的城市举行：（一）第一区波士顿（Boston）；（二）第二区纽约；（三）第三区亚费城[2]（Philadelphia）；（四）第四区里士满[3]（Richmond）；（五）第五区亚特兰大[4]Atlanta 有时在蒙哥马利[5]（Montgomery）或沃斯堡[6]（Fort Worth）或新奥尔良[7]（New Orleans）；（六）第六区辛辛那提[8]（Cincinnati）；（七）第七区芝加哥；（八）第八区圣路易（St. Louis）有时在丹佛（Denver）或圣保罗（St Panl）或 Cheyeune；（九）第九区三藩市，有时在西雅图（Seattle）或波特兰[9]（Portland）所以承办案件的律师，尤其是在第五区第八区及第九区，每次开庭时，从原审区法院的所在地，赶到巡回上诉法庭的开庭地，往往至少要奔波几百里，也够辛苦了！

　　除依法律规定，应直接上诉于最高法院，或属于最高法院单独 Exchusive 或初级管辖的案件外，——如关于宪法或条约的解释[10]或关于大使公使及领事的讼案，——巡回上诉法院对于所属区法院所为的裁定或判决[11]均有上诉，或复审权对于"联邦商业委员会"（Federal Trade Commission）"联邦准备局"（Federal Reserve Board）及"各邦商业委员会"（Interstate Commerce Commission）的各种命令（Orders）亦有执行废弃或修改权。[12]

---

[1]　Judicicl Code Section 117 每次开庭，有二人出席，即足法定人数。

[2]　"费城"原文作"费拉达斐"，现据今日通常译法改正。——校勘者注。

[3]　"里士满"原文作"力虚们"，现据今日通常译法改正。——校勘者注。

[4]　"亚特兰大"原文作"阿化他"，现据今日通常译法改正。——校勘者注。

[5]　"蒙哥马利"原文作"芒果茂利"，现据今日通常译法改正。——校勘者注。

[6]　"沃斯堡"原文作"福特活斯"，现据今日通常译法改正。——校勘者注。

[7]　"新奥尔良"原文作"纽奥林斯"，现据今日通常译法改正。——校勘者注。

[8]　"辛辛那提"原文作"新新拿地"，现据今日通常译法改正。——校勘者注。

[9]　"波特兰"原文作"玻特兰"，现据今日通常译法改正。——校勘者注。

[10]　United States Code Annotated Title 28，Section 225.

[11]　同上。

[12]　同上。

C. 最高法院

联邦最高法院，与其他联邦法院不同，系由联邦宪法明文规定设立，在上节已经说过，这个全国最高的司法机关，置有推事九人，一个是首席推事（Chief Justice）其余是副推事（Associate Justice），首席推事，每年薪俸一万五千元，副推事每年薪俸一万四千五百元，[1] 每年在八月的第一个星期一日该法院开始审理案件，在审讯期内，每个星期中，除星期六及星期日外，天天都要开庭，这样的经过几个星期，就休息几个星期，然后再开庭审问，一直至明年六月一日才闭庭结束，在休息期间各推事对于分派审问的案件，须作成意见书，为继续开庭时的共同研究的资料，而每次裁判时，至少要有六个推事参加，才足法定人数。

依宪法及历来法律的规定，最高法院有下列各种不同的职权：

（一）初级管辖：对于一造或两造当事人为邦政府的迅速讼争，及所有关于外国使节领事或其家属或雇用人员的案件，最高法院即为初级审判机关，有初审及终审权。[2]

（二）上诉管辖：按宪法第三条第二项的规定；除国会定为例外并依照国会所制定法规外，最高法院对于法律及事实均有上诉管辖权。根据这个规定，国会遂屡次制定法规，详细规定最高法院的管辖范围，所以除经巡回上诉法院审讯终结的案件外，当事人不服下级法院的裁判时，都得向最高法院上诉，巡回法字或哥伦比亚特区上诉法院，如有法律上的疑问时，亦得请求最高法院指示（Instruction）以资遵循，该法院对于所问各点，或即指示或命呈全案记录，以便审查判决，[3] 且对于巡回法庭或哥伦比亚特区法院所审理的案件，不论已否经该下级法院判决，该法院并得因当事人的请求，发布复查令状（Writof Certiorari）命将全案呈交复审，好像是该案件已正式上诉于该法院；又凡在上诉巡回法院审理的案件，如有关于任何一邦的法律的效力问题，因其违背宪法条约或联邦的法律，而该巡回法院判决该项法律无效时，依据该项法律的当事人得自由选择，或以防误复勘状（Writof Error）或上诉状请求最高法院复审。[4]

---

〔1〕 同上。

〔2〕 联邦宪法第三条第二项。

〔3〕 United States Code Annotated Title 28, Section 346.

〔4〕 同书 Section 347.

上述各种案件，不以属于联邦下级法院管辖的案件为限，任何一邦最高法院审理的案件，如有关于联邦的条约或法律的效力问题，而该最高法院判决该项条约或法律无效时，或有关于一邦的法律的效力问题，因其违反联邦宪法条约或法律，而该最高法院判决该项法律有效时，最高法院得依防误复勘令状，复审该项案件，并得依职权发布复查令状（Writof Certiorari）命将全案呈交复查审决。[1]

除此上述几个普通法院外，还有许多特别法院，联邦的特别法院，可分做下列二类：（1）因特别事件而设立的；（2）因特种区或而设立的。前一类依其性质可说是行政法院，如请求法院（Court of Claims）及关税和特许法院（Court of Customs and Patent Appesl），后一类是四十八邦以外的各特别区域的法院，如哥伦比亚特区法院，夏威夷法院（U. S. Court for the Territory of Hawai）阿拉斯加法院（U. S. Court for the Territory of Alaska）波多黎各法院，及菲律宾[2]法院等。

D. 请求法院（Court of Claims）

以前一般根据主权论的公法家，以为主权是绝对无限，独一无二，对于主权者，非经他的同意，不能和他涉讼。这种学说在美国曾风行一时。因此一般人民对于国家的任何请求，只能由国会酌量情形补偿之，这种陈旧的观念，有损人民和社会的利益，所以国会特于一八五五年设立请求法院一所（Court of Claims），以资审理国家与人民的讼案，自此以后联邦政府才得被人民在请求法院控诉。

该请求法院，由五个推事组成之，一个是首席推事（Chief Justice）其余是普通推事，均为终身职，由总统经议院的同意任命之，首席推事每年薪俸八千元[3]普通推事每年薪俸七千五百元，该法院每年在华盛顿京城开庭一次，从十一月中第一个星期一日开始审理，至本年度所有案件审结时止，每次开庭至少要有三个推事出席，而每次判决亦须推事三人的同意。

依国会屡次制定的法律：该法院的管辖范围限于下列各种事件：

---

〔1〕 同上，如欲对于最高法院作更进的研究，可读下列各书：Hughes The Supreme Court of the U-nited States' Frankfurter and Landas：The Business of the Supreme Court Charles Warren. The Supreme Court iu United States History.

〔2〕 "菲律宾" 原文作 "斐律宾"，现据今日通常译法改正。——校勘者注。

〔3〕 同书 Section 241.

（一）除养老金外，一般人民对于联邦政府主张权利或损害赔偿的案件，该项请求以根据联邦宪法法律行政规则及契约——明示或默认——而生者为限；因侵权行为而生的损害赔偿不得请求。

（二）联邦政府对于请求者主张对锁（Set offs）或反诉（Counter Claims）或损害赔偿的案件。

（三）联邦政府的发饷官军需或其他支付公务人员，于执行职务时因被捕或其他原因损失在其执管中的政府公款单据及文件等等而请求免责的案件。[1]

E. 关税及特许上诉法院（Court of Customs and Patent Appeals）

关税及特许上诉法院创设于一九〇九年，原名关税上诉法院（Court of Customs Appeals）于一九二九年改用今名，由五个推事组成之，一个是首席推事，其余是副推事，由总统经上议院的同意任命之。每人每年薪俸八千五百元，如有空缺或有推事暂时不能执行职务或丧失其资格时，总统得经首席推事的请求，指定任何巡回法院或区法院的推事代理执行。[2]

这个法院的设立，最初的目的是在于专门审理关税的上诉事件，一来因为在联邦区法院内，关于关税的案件很多，有了这个专审的法院，区法院的讼案件数可以减少很多，二来因为关税税则，往往条理纷繁，非有专门的人材，专门的法院，难免有曲解条文，失出失入的地方。现在设立了这种法院，一方面可以免除上述的弊病，另一方面可以收统一解释关税法律的效力，迨一九二九年改作现在的名称，将其职权扩大，其管辖的案件可分为二类：（1）关于关税的案件；（2）关于特许的案件。换句话说：凡不服总公估局（General Appraisers）Board of 的裁判，或不服特许局的处分或决定，都得向这个法院上诉，但如有关于联邦的宪法或条约的案件，最高法院得经当事人的请求发布复查令状命将全案文件呈交复审。[3]

F. 哥伦比亚特区法院（U. S. Courts of District of Columbia）

哥伦比亚特区法院，乃国会在哥伦比亚特区设立的联邦法院，这个法院与普通联邦法院，或邦法院绝对不同，它是联邦与各邦的司法系统的混合体，

---

[1] 同书 Section 230.

[2] 同书 Section 301.

[3] 同书 Section 308.

换句话说：哥伦比亚特区法院兼有联邦和各邦的司法权，所以在哥伦比亚特区内，美国因双重主权而发生的双重司法制度，再不复见了，何以有这样的奇特的现象呢？这是因为在该特区内有居民数十万，当然常常要发生于商业和社会有关的各种讼争，要解决这些讼案，当然应照各邦的解决方法，应有一种法院，像各邦的普通法院，专司审理民刑讼案的职责，然而在该特区内，又难免发生有关于联邦宪法条约和法律的案件，于是又需要一种像联邦法院的法院来审理这些案件，但因为在特区内只有一个主权者，那就是合众国。而依联邦宪法，国会又得随时创设法院，及制定各种法规，于是上述两种司法权尽可由国会授给同一法院，以期简便，以免牵制，所以在哥伦比亚特区内，所有关于民事刑事联邦宪法条约和法律的讼案，统归一个法院审理。

因此在该区内，设有初级法院一所，该法院虽称做最高法庭，其实是个普通审判法庭（Trial Court）在组织与职权和各邦的普通法院相同，所有一切民刑诉讼，或有关于遗嘱及遗产的事件，均可由该法院审理。故该法院共分为五庭：（一）巡回庭（Circuit Court）审理普通法的民事案件；（二）刑庭：凡在特区范围内犯罪者，除所犯的轻微罪，于警察庭（Police Court）与刑庭有共同管辖权外，概由该庭审理；（三）区法庭（District Court）其职权如联邦区法院，并得审理破产事件，及有关于国家用益权的案件；（四）平衡庭（Equity Court）一切平衡诉讼均归其审理；（五）遗嘱庭，审理一切关于遗嘱及遗产的案件。

除初级法院外，另外设立下列几个法院：（一）市法院（Municipal Court）；（二）警察法院；（三）幼年法院及；（四）上诉法院。

（一）市法院：该法院司法权的行使范围，仅限于民事案件，凡讼争的标的在一千元以下者概由该法院审理。

（二）警察法院：除所犯者为重大罪外，所有轻微案件，如违背卫生章程，均可由其审理。

（三）幼年法院：十七岁以下的幼年犯归该法院审理。但以所犯的罪，非应处死刑，或监禁者为限。

（四）上诉法院：是上述几个法院的上诉机关，凡不服区法院的判决或裁决，都得向上诉法院上诉，所有在市法院，警察法院，及幼年法院的案件，亦得以防误复勘令状移归上诉法院复勘重审，该法院虽是上诉机关，但所为的判决，有时并非终审判决，无论对于那种案件，该法院对于某种问题有疑问时，得随时请求联邦最高法院指示判决，最高法院亦得经当事人的申请[1]，发布复查令状命将全案移归审理。[2]

二、陪审制度

此外我再把和法院组织极有关系的陪审制度问题，简略的提出来说一说：美国在独立以前，一切司法制度都仿英国通行的制度，陪审制度，早就在各邦施行，至独立革命时，一般人民又认为这是保障民权最好的一个制度，于是在人权宣言里，就明白表示采行同辈审判制度（Privilege Trial by their peer of the vicinage）。联邦宪法第六条及第七条又规定：（一）所有刑事案件，被告有享受迅速且公开由各邦及犯罪区公平的陪审员（Impartial Jury）审判之权；（二）在所有民事案件，其标的在二十元以上者，陪审员审判之权，继续保存，且凡经陪审员审结之事实，美国任何法院除依普通法之规定外，不得再为审查，依据这个规定，陪审审判之权，遂成为一般人民宪法上的权利（Constitutional Right）。但是这种权利的享有限于特殊事项，——如普通法所承认的民刑案件——所有其他案件——如衡平案件及海事案件——当事人不得享有[3]。所以美国的陪审制度，可以说和英国大致相同，于民刑事件一律适用，陪审的种类，也分为（一）大陪审（Grand Jury）、（二）小陪审（Petty Jury）和（三）特殊陪审（Special Jury）。

（一）大陪审（Grand Jury）

大陪审的人数，通常以十二人为限，依美国的刑事诉讼法，国家对于被告，提起公诉时（Indict ment）须先将公诉状及证据拟将大陪审员，由该十二人行使检察的职权，调查事实的真相，以决定被告应否提交审判，如全体同意，认为证据充足，主席陪审员（Foreman）应签认该公诉为实在（A true Bill）以便法院得提审该被告，若全体不能同意，或以为无相当证据，主席陪审员应签认该公诉为不实在（Not a True Bill），如此被告得即释放。

（二）小陪审（Petty Jury）

小陪审的职责，在审查事实，并决定被告是否犯罪（Guilty or mot Guilty）

---

[1]　"申请"原文作"声请"，现据今日通常用法改正。——校勘者注。

[2]　*Callender American Courts* 附录第二四二页。

[3]　Ex parte Young, 209 U. S. 123.

依普通法（Common Law）其人数以十六人为限，十二人以下的陪审，不能认为真正的陪审审判。那么，在刑事案件，被告能否同意于十二人以下的陪审审判，对于这个问题各邦法院的解释不能一致，有认为被告有这种权利的；[1] 有否认被告有这种权利；[2] 又有认为在轻微案件，被告得同意减少陪审人数，在重大案件则不得同意的[3] 至于资格，凡具备下列几个条件，均得充任陪审员：（一）须成年；（二）须系美国籍民；（三）须有相当英文程度；（四）须与被告在同一地方居住[4] 但被告得对于全体或任何陪审员提起异议，反对的原因，或因为如何的程度不当，或因为陪审员有偏袒之虞，或早有成见，或与对造有利害关系，[5] 据各邦法院的解释，陪审审判权，已是宪法上的特殊权利，除在重大刑事案件外，得自由抛弃之，（Waive）抛弃的方法有三：（一）缺席（By Default）；（二）书面同意（Written Consent）；（三）口头同意（Oral Consent）但须经法院笔录注明[6]。因此，美国陪审匠范围，比较初行时，已缩小得多，现时虽未完全废弃，但因陪审制度，本身缺点很多，已有很多学者主张取消，然而要达到取消的一日，却非容易的事，因为要取消，则非修改联邦宪法不可。联邦宪法修改的手续多么困难尽人所知，况一般人民已认为这是保障自由财产最良善的制度，非常宝贵，岂肯轻易放弃。

---

[1]　State vs Kaufman, 51 Ia 578, *Calender American Courts* 第五页。

[2]　Jennings vs State 134 WIS 307 同书同三页。

[3]　Thomrson vs Utah. 170 U. S. 343.

[4]　People vs Powell 87 Cal. 347.

[5]　Reynolds vs U. S. 98 U. S. 145 Quinebang Bank vs Leavens 20 Conn 87，例如公司的股东，或股东的新属，对于关系该公司的案件，不得为陪审员。

[6]　Bonewitz vs Bonewitz 50 Ohio St 373.

报告——美国最近改革法院组织运动之略述*

杨兆龙

呈为呈报事窃职于去年八月奉

令赴欧美调查法制事宜，当于九月四日由沪乘杰斐逊〔1〕总统号先行来美，于同月二十一日抵美国西部之西雅图，旋以鉴于东部各州为该邦文化先进之区，各种设施有可观，乃决定先赴该处从事研究数月以还，一面在麻省之哈佛大学法学院自由探讨，一面往附近各处实地调查，期于学理事实能兼顾，并收兹届季报之期，理合先就美国最近良革法院组织之运动节录梗概恭呈。

钧鉴用备

参考法部改隶伊始，诸待设施各种问题或有借鉴〔2〕他邦成制之必要，惟是篇所陈以表明美国最近改革法院组织运动之重要趋势为主旨，其详细内容未遑枚述，容于他日赓续陈报。再职去国数月于国内需要，难免隔膜观察所及容有未当，并乞

钧长随时训示俾资遵循实为公便请呈

次部长钧鉴

附呈报告一册

职杨兆龙谨呈二月十八日

美国最近关于法院组织之改革运动，内容复杂，方式繁多，一一枚举，

---

* 本文原刊于《现代司法》（第1卷）1935年第1期，第145~166页。原文仅有简易句读，本文句读为录入者所添加。

〔1〕"杰斐逊"原文作"杰佛逊"，现据今日通常译法改正。——校勘者注。

〔2〕"借鉴"原文作"借镜"，现据今日通常用法改正。——校勘者注。

势所难能，是篇所述，只限于四点，即（1）各州法院系统之划一，（2）治安裁判所之废除，（3）民事小标的案件法院之创设，（4）幼年人法院之推行是，兹分论于后。

一、各州法院系统之划一

按美国各州，因与英国有历史上之关系，其司法制度，颇多摹仿英国者。当美国未独立前，英国之司法系统，极为纷乱，其名称既欠划一，其极限亦欠分明，英人素性保守，对于各种制度，不喜为整个之革新，凡所设施，皆属局部片段之性质，其一切政制，殊难整齐划一也。美国之司法制度，既系由英制脱胎而来，其同罹此病，自属当然之结果。此种情形，在英国虽因一八七三年之最高法院组织法（Supreme Judicature Act of 1973）之施行，而大部归于消减，而在美国，则自然法学派，及历史法学派之思想，深入人心，迄今依然如旧。故近日各州中，尚设平衡法院（Court of ehancery），遗嘱法院（Probate court），普通法院（Court of common pleas）等，以与其他法院对峙，其概况殆与一八七三年之英国相似。流弊所及，非惟妨碍诉讼案件之进行，及司法行政之统一，抑且虚糜国家之财力。故近三十年来，提倡划一各州法院之系统者，颇不乏人。法界巨子，如哈佛大学法学院教务长庞德氏（Roscoe Pound）等，既倡导于先，美国律师公会等有力机关，复附和于后，一时改革之声，遍于全国，舆论所归，行见改革实现之期，当不远矣。至各方所提出之具体方案，种种不一，其最为一般人所注目者，当推单一法院制（System of unitary court），考此制为庞德氏及美国律师公会等所主张。依若辈之议论，每州设一总法院，合全州之各级法院而成，其所包括之法院，约分三种：（1）郡法院（Courty court），分设于各郡，专受理刑事轻微案件，及民事小标的。（2）高等法院（Superior coourt），每郡以设立一所为原则，专受理上诉案件。依此制度，各级法院在司法行政上，及诉讼管辖上，不过为该总法院之细胞。其司法行政之最高权，属诸该总法院之院长，惟该院长得斟酌事实上之需要，授一部分之权限与各级法院之主任法官，凡各级法院之法官，皆认为该总法院之法官，故总法院之院长，得视实际之情形，（如事务之繁简等）随时调遣各法官，但各法官所主办之案件，须择其性之所近者，借以养成专门审理某种案件之人才。此制之重要特点，可归纳为三点：

（一）不另设司法行政机关，所有关于司法行政之事宜，由法院自行处理，由总法院院长总其成；

（二）各级法院之法官，皆属同一总法院之职员，可随时调遣，以应实际之需要，各级法院间，劳逸不均之现象，可借此避免；

（三）各级法院皆属同一总法院之构成分子，彼此视同一体，与寻常各自独立之法院，地位不同，故遇管辖错误之案件发生时，只可将其移送主管法院办理，不得予以驳诉，诉讼当事人，可因此避免无谓之损失。

按此制系以英格兰现行一八七三年至最高法院组织法所采之法院系统蓝本，盖该法所规定之最高法院（Supreme Court of Tudicature），亦系单一制之法院，惟二者间，有下列不同之点：

（一）英格兰之最高法院，仅包括二级法院，即（甲）高等法院（High court of Justice），（乙）上诉法院（Court of Appeals），至于郡法院（Courty courts），则系独立之法院，并非与最高法院同属一体。（但依据一八七三年最高法院组织原草案之规定，郡法院却为该法院之一部，殆与美制同。）

（二）英格兰之高等法院，设于伦敦，其管辖权及于全英格兰，至于距今伦敦较远区域所发生之案件，则由该法院之法官分赴各地巡回审判。美制则不然，其每州所设之高等法院，名义上虽仅一所，但可在各处设立分庭，常川审理讼案，较诸英制，实稍胜一筹。

（三）就英格兰之现行法而言，上诉法院之管辖权，仅及于民事案件，至刑事案件，则另由刑事上诉法院（Court of Criminal appeal）受理，（但刑事上诉法院之法官，系由高等法院及上诉院调去，）美制不设此区别，较为整齐。

（四）依英制，伦敦及其附近区域之重要刑事案件，（即在外省应归高等法院所派之巡回法官审理者）不归高等法院受理，而另由特设之伦敦中央刑事法院（Central Criminal Court of London）管辖，美制无此类似之特别规定。

（五）依英制，上诉法院（刑事上诉法院亦然）非最终审之法院，盖案件之具备特定条件者，得再上诉于贵族院（House of Lords），美制所拟之上诉法院，适与此相反。

二、治安裁判所之废除

治安裁判所（Court of Justice of peace）系由治安裁判官（Justice of peace）主持之初级法院，亦系导源于英国者，就美国之一般情形而言，其权限约分三种：（1）审判民事小标的案件。（2）就刑事重大案件实施侦查，决定起诉或移送大陪审团（Grand Jury）办理与否。（3）审判轻微刑事案件，此项裁判所，缺点颇多，举其要者，约有下列二端：

甲、治安裁判官，系由人民选举，候选者每不必具有特殊之资格，故当选者，非惟不知法律，抑且无甚高深之教育，颇易为改治及社会势力所左右。

乙、治安裁判官，类无固定之俸给，其收入之来源，无非诉讼当事人所缴之手续费，有时每一郡内，同时设有若干治安裁判所，对于郡内所发生之诉讼案件，有共同之管辖权（Concurrent jurisdiction），当事人或律师，得任意选择某治安裁判所为提起诉讼之地点，法官与律师当事人间，往往发生情弊。

因鉴于上述之情形，美国司法及学术界，几一致主张废除此制，而代以正式之法院，质言之，即将所有是项法院管辖之案件，改归正式之郡法院管辖，兹为补充说明起见，节录该国一二学者，或团体之意见如下〔1〕：

（一）鲍尔温〔2〕君（Simeon E. Boldwin）于其所著之《美国司法机关》（*The American Judiciary*）一书内称：

"现行司法组织上之最大缺点，莫如授治安裁判官以审判小标的民事案件之权。此类裁判官，每郡不仅一人，若辈分布于郡之各镇，凡属于同郡之治安裁判官，其管辖权皆及于全郡。其中间有律师出身者，但各地法律，并不认此为必需之资格，故具有此项资格者，为数甚少。若辈中不论何人，对于所有某郡内属于治安裁判所管辖之案件，皆得行使裁判权，是以某案究应由何治安裁判官审理，其取决之权，操诸律师。治安裁判官于处理轻微刑事案件及举行预审时，较属可靠，其因不谙法律而致当事人蒙无法救济之损害者，固属有之。顾此类诉讼，系由公务员（按即国家律师）提起，若辈无选择法官之必要，故此举不易常见。但遇民事案件发生时，律师既有选择法官之权，而法官复无俸给，而专以手续费为收入，则被告较诸原告，实处于不利之地位。良以处此情形，法官如判决原告胜诉，则彼当能博得原告律师之好感，而有审理该律师所承办其他案件之机会。斯言也，观于治安裁判官之常判原告胜诉，殆不为无因，治安裁判官中，往往有惯于为是项裁判者，多数律师，每专在某特定治安裁判官处起诉，鲜有失败者……"（见该书第一二九至一三

---

〔1〕 "下"原文作"左"，现据今日排版需要改正，下同。——校勘者注。

〔2〕 "鲍尔温"原文作"鲍而温"，现据今日通常译法改正。——校勘者注。

〇页）

（二）莱文〔1〕君（Manuel Levine）于其所著克利夫兰〔2〕调解法院
（*The Conciliation Court of Cleve Land*）一文内，尝附带论及治安裁判所之制度，
其言曰：

"克利夫兰之法律救助会（Legal aid society of Cleve Land）尝于一九零五
年推定法律家组织委员会，就治安裁判所之流弊，为精密之研究与调查。吾
人只须对于该委员会之报告，略加浏览，便知该项裁判所之职员，上自治安
裁判官，下至胥吏，皆无廉耻，而欠诚实。吾人对于治安裁判所之种种流弊
毋庸一一细述，盖关于此点，已发表之言论及文字，诚不知几，即主张维持
此制之自私自利者，亦不敢予以否认也，就克利夫兰及其他大都市而论，吾
人敢言各郡之治安裁判官，及其同僚，乃公众之障碍，而为人所应毅然决然
抵抗者也。"（见一九一四年出版之美国政治评论 American political science Re-
view）

（三）美国律师协会之法制改进委员会（Committee to Suggest Remedies
and to Formulate proposed Lows to prevent Delay and Unnecessary Cost in Litiga-
tion）于其一九〇九年之报告内，对于治安裁判所，尝作下列之批评及建议：

"轻微案件之由治安裁判官审理者，虽得上诉于直接上级法院，或再上诉
于各州最高法院，其较弱之当事人，往往不得其直，良以诉讼费用之巨，与
夫对造当事人之顽强健讼，每使理直之当事人，不得不抛弃其正当之请求权。
夫轻微案件之需要良善法官，实与重大案件无异，凡审理轻微案件之法官，
应具有充分之能力，俾案件之经彼判决者，实际上只须就法律点上诉一次。
按治安裁判所最初之所以产生者，原由于当时交通不便，不得不设此制，使
人人无跋涉之劳，而有伸张权利之机会。至就今日之交通情形而论，则上述
目的，可因其他方法而实现，盖所有归治安裁判所受理之案件，不妨由郡法
院分赴各地审判也……"

---

〔1〕 "莱文"原文作"赖文"，现据今日通常译法改正。——校勘者注。
〔2〕 "克利夫兰"原文作"克里务伦特"，据今日通常译法改正，下同。——校勘者注。

（四）纽约州刑事调查委员会（Crime Commission）于其一九二七年所发表之报告内尝称：

"本州刑事诉讼上最不满人意者，当推不合时宜之治安裁判官，深思明辨之士，于已往数年中，固已深悉此制之不善矣。补救之道，其惟任用有充分训练之法官以代之，余等敢信，现在已届毅然改革此制之时期也……"（见该报告第四十四页。）

三、民事小标的案件法院（Court of small claims）之创设

关于民事小标的案件之诉讼，每因讼费之巨，与费时之多，而不值得进行，理直者，往往忍痛而抛弃其权利，良以通常法院之种种设施，大都着眼于关系较大之案件，其程序遂不免繁复，与小标的之案件，殊多扞格。此种情形，在美国各州，尤为显著，盖美国诉讼程序，大都以英国之普通法（Common Law）为蓝本，殊多曲折，非精于此道者，每难明其底蕴，而动辄错误，既费时间，复耗金钱，进行诉讼者，无论标的之巨细，负担均特重。美国名律师及学者史密斯[1]君（Reginald Heber Smith），尝于其所著之公理与贫者（Justice and the poor）一书内，痛论此事如下：

"对于小标的案件，不能供给权利之机会，乃吾国今日司法制度上常见之最大缺点。夫普通法诉讼程序，适用于小标的案件时之失之笨重迟缓与靡费，由来久矣，征诸史籍，殆自古昔斗讼（Ordeal by battle）之时起，即已然也。古语云：'法律不计琐事。'吾国之法制，未免过于拘泥于此原则耳。盖复杂之程序，非由律师进行不可，而律师所需之费用，每非轻微之案件所能负担。关于此事，尝有人于美国律师公会举行会议时提出一问题，即律师因代理一为铁匠之当事人，追诉[2]七元之工钱时，应否要求等于该数半数，即三元半之代价，追诉七元之债务，殊难认为满意……再者法院之费用，足以禁止小标的诉讼之提起，设有人焉约定为他人工作，每周之工资为七元，但受雇后未及一周即被无故辞退，按诸法律，彼固得向雇主要求三十元之损失，但

---

〔1〕"史密斯"原文作"史密司"，现据今日通常译法改正。——校勘者注。
〔2〕"诉追"原文作"追诉"，现据今日通常用法改正，下同。——校勘者注。

其夹袋中往往无一元之现金支付律师公费，固所不能，即缴纳讼费，亦非力之所逮，盖彼尚未取得其工资也。然就他方面观之，惟其未取得工资，故诉讼非进行不可，此种情形，实有进退维谷之概。彼恃工资度日，而蒙此类似之困难者，盖比比皆是也。至于诉讼之迟延，则其流弊所及，足使无理由之债务者，始则利用'应诉'（file an appearance）、'答辩'（answer）及'中间请求'（Interlocutory motions）等手续，将案件一再展期，终则于开庭之日，避而为不到。原告者，既因是而停顿其诉讼至数月之久，后因屡次出庭，而耗费光阴。迨案经判决，所得亦几希矣……此类小标的之案件，每被轻视为'涉于琐事之诉讼'（Petty litigation），殊不知法院在政治上之作用，最易由此类案件而宣示于社会，盖在各城市区域中，此足以代表大多数人民所有之案件，人民对于美国司法机关之意见，皆以此类案件之处置当否为断也。此类案件之数额，于吾国法院之案件进行表上，无从推知，诚如威格摩尔[1]教务长（Dean Wingmore）所言：'此类案件，平时实不由普通法院受理，惟观于受理此类案件之英国郡法院，吾国之情形，盖可想见。按英格兰之郡法院，于一九二三年所收之案件，总数为一百二十二万四千件，其中有一百二十万零七千件，即百分之九十八又半，系标的在二十磅以下者，其中平均标的为三磅……'"（见该书第四十一页至四十二页）

上述情形，早为关心司法者所注意，故近二十余年以来，创设小标的法院之运动，日盛一日。其实行此议最早者，当推堪萨斯[2]州（Kansas）。按该州于一九一三年设立"小债人法院"（Small Debtors Courts）同年俄亥俄[3]州（ohio）之克利夫兰城，亦于其市法院内，设立专部，办理是项案件，其后俄勒冈[4]州（Oregon）之摩特诺玛[5]郡（Multnomah County）、芝加哥、费城、麻省、加利福尼亚[6]，南达科塔[7]（South Dakota）、内华达[8]

---

〔1〕"威格摩尔"原文作"威格模"，现据今日通常译法改正，下同。——校勘者注。
〔2〕"堪萨斯"原文作"甘塞司"，现据今日通常译法改正，下同。——校勘者注。
〔3〕"俄亥俄"原文作"星海河"，现据今日通常译法改正。——校勘者注。
〔4〕"俄勒冈"原文作"屋内刚"，现据今日通常译法改正，下同。——校勘者注。
〔5〕"摩特诺玛"原文作"墨而脱瑙玛"，现据今日通常译法改正。——校勘者注。
〔6〕"加利福尼亚"原文作"加尼福尼亚"，现据今日通常译法改正，下同。——校勘者注。
〔7〕"达科塔"原文作"特可达"，现据今日通常译法改正。——校勘者注。
〔8〕"内华达"原文作"尼伐达"，现据今日通常译法改正。——校勘者注。

（Nevada）、爱达荷〔1〕（Idaho）、爱荷华〔2〕（Iowa）等州，均相继设立类似之法院，此类法院之概况，可分四点言之：

（一）组织。美国现有之民事小标的法院，可大别为二类，其一为独立者，如堪萨斯州之小债务人法院是。其次为附设于普通法院而构成该法院之一部者，如克利夫兰，芝加哥，麻省，费城，及加利福尼亚等州，最近设立之小标的法院是。依一般学者之意见，后者较前者为可取，盖无扰乱法院系统之弊也。

（二）管辖。小标的法院之管辖范围，殊不一致。就标之价额而言，有以二百元为度者，如芝加哥之例是。有以下七十五元为度者，如明尼阿波利斯〔3〕（Minneapolis）之例是。有以三十五元为度者，如克利夫兰及麻省之例是。其限度之最低者，为二十元，凡超过二十元者，皆不受理，如俄勒冈之例是。至就事物之性质而言，有规定小标的之案件，以关于契约关系为限者，如堪萨斯之例是。亦有规定小标的之案件，包括一切关于契约及侵权行为之诉讼者，如克利夫兰及麻省之例是。

（三）诉讼程序。小标的法院之诉讼程序，具有下列之特点：

甲、不采陪审制（Jury System）。陪审团（Jury）参加审判，既耗时间，复费金钱，非惟小标的案件，所不能堪。即于普通案件，亦不适宜，颇遭司法改革家之攻击。故小标的法院，大都以不采陪审制为原则，如麻省及堪萨斯州，即其明例。

乙、扩充法官之权限，使诉讼之进行，悉由法官指挥。美国固有之诉讼程序富有告劾制度（Accusatiorial system）之色彩，法官之地位，与运动场之公证人（Umpire）相似，程序之进行，由当事人或其律师主持。此种情形，殊足以拖延诉讼，极不宜于小标的之案件。故各州之小标的案件法院，皆不采此制，而授法官以较大之权限，俾诉讼得顺利进行。

丙、使程序简单通俗化，而减少当事人由律师代为诉讼之必要，并使案件速结。关于此点之设施，种种不一，举其要者，约有四端：（甲）言词起诉；（乙）电话传唤，或邮政传唤；（丙）随时审理，（甚至日夜开庭，如堪

〔1〕　"爱达荷"原文作"阿达其"，现据今日通常译法改正。——校勘者注。
〔2〕　"爱荷华"原文作"阿屋瓦"，现据今日通常译法改正。——校勘者注。
〔3〕　"明尼阿波利斯"原文作"明尼阿坡立司"，现据今日通常译法改正。——校勘者注。

萨斯州之小债务人法院是）；（丁）由法官视各案之情形，及实际之需要，而讯问当事人及证人，便宜行事，不受无谓条文之拘束。

丁、由法院指定职员，指示当事人为诉讼行为。当事人每因不谙法律，而不知如何为诉讼行为，小标的法院，为便利诉讼为起见，每有指定法官或书记官，从事指导当事人者，如堪萨斯、克利夫兰及俄勒冈之例是。

戊、禁止律师出庭。行此制者，有堪萨斯、加利福尼亚等州，其目的在减轻当事人之经济负担，并缩短诉讼程序。

己、免除或限制讼费。为减轻当事人之经济负担起见，小标的法院，每免除讼费，或限定讼费为极低之数额，前者之例如堪萨斯州之规定是，后者之例，如俄勒冈州之规定是（按该州之法律，规定所有讼费运送达费等在内，以七角五分为限）。

庚、限制上诉 上诉制度，既拖延诉讼，复增加当事人之经济负担，于小标的案件，殊不相宜，故各州法律，大都加以限制，惟其限制方法，有绝对与相对之分。前者绝对禁止上诉，各案经一审而终结，如麻省之例是。后者仅许于特定条件下，提起上诉，至条件之内容，种种不一。按诸克利夫兰之规定，凡小标的法院判决之案件，仅许对于法律点，向第三级法院，即该州之上诉院（Court of appeals）提起上诉，并以一次为限。至加利福尼亚、内华达、明尼苏达[1]（Minnesota）、俄勒冈等州，则仅许被告上诉。

（四）办案成绩。法院办案之成绩，半由制度，半由人才，故小标的法院之成效如何，殊难一概而论，惟其办理完善者，则往往有良好之结果。此于克利夫兰城之小标的法院，可以知之，据史密斯君称（见公理与贫者一书第四十九页及第五十页）该法院于一九一三年至一九一六年间，结案如下：

年份	结案数额	标的之总额
一九一三	二三五七	一〇四一〇元五角三分
一九一四	四七一九	二〇七五二元六角四分
一九一五	五一〇六	三二八七二元一角四分
一九一六	五一八二	未详

---

〔1〕 "明尼苏达"原文作"明乃所他"，现据今日通常译法改正。——校勘者注。

上表所列者，仅经判决而终结之案件，至于判决前，中途和解，或非正式结束之案件，并未列入，为数当属甚巨。又上表所列之案件，其标的皆在三十五元以下，若将标的提高，其数当不止此。

四、幼年人法院（Juvenile Courts）之推行

美国之有幼年人法院，始于一八九九年，是年伊利诺伊[1]州（Illinoils）制定幼年人法院法，（Juvenile court act）于芝加哥设立库克[2]郡幼年人法院（Juvenile court of cook county）。嗣后其他各州，踵而傚之，至于今日，全国四十八州中，已有四十六州，设有是项法院。其他二州，虽无是项法院，但关于幼年人之案件，皆制有特别法令，予幼年人以相当之保护。此外美国之特别区，（Territories）如夏威夷[3]（Hawaii）、阿拉斯加（Alaska）、波多利哥（Porto Rico）菲律宾[4]（Philippines）等处，亦有是项法院之设立。该国学者，对此问题，研究异常努力，其有关系之重要著作，已有千余种出而问世，是其重要，可想而知。兹因限于篇幅，不克作详细之讨论，请专就其要点言其梗概如此。

（一）幼年人法院之基本观念

幼年人法院之产生，归纳言之，由于三种基本观念：（1）幼年人之智识程度，及身体状态与成年人不同，故幼年人之犯罪，或有其他反社会（Anti-social）之行为，或情形者，应受特别之措施，所谓特别之措置者，即以保育之方式，视各幼年人之需要，而施以感化教育，及其他必要之措置是也。（2）幼年人对于社会环境之抵抗力，较诸成年人所有者，为弱，社会对于若辈，负有较重之责任，是以对于若辈之幸福，有特别注意之必要。（3）人之犯罪，往往发动于幼年时期，为防患于未然起见，应对于幼年人之犯罪及其他反社会之情形，予以有效之措置。

（二）幼年人法院之组织

幼年人法院，可大别为二种，即（甲）独立者，（乙）附设于他法院者，前者大都见于人口较多，工商业较盛之区域，幼年人法院之职员，约分左列

---

〔1〕 "伊利诺伊"原文作"伊利诺"，现据今日通常译法改正。——校勘者注。

〔2〕 "库克"原文作"哥克"，现据今日通常译法改正。——校勘者注。

〔3〕 "夏威夷"原文作"哈瓦伊"，现据今日通常译法改正。——校勘者注。

〔4〕 "菲律宾"原文作"菲列滨"，现据今日通常译法改正。——校勘者注。

五种：

甲、法官。其产生方法，各州不一，有由人民或议会选举者，亦有由政府任命者，其任期亦因地而异。依一般学者之意见，此类法官，除对于法律有研究外，须于社会学心理学等，具有心得，但各州现行法制，则往往去此远甚。

乙、监训员（Probatron officers）。此为幼年人法院中最重要职员之一，其职务为监训幼年人，并调查其家庭状况，个人历史，及其他足供参考之事实。

丙、助理法官（Referees）。其职务为承法官之命，进行调查程序，审理案件，收受诉状，录取证人供词，及其他法律所规定之事项。

丁、收留所（Detention Home）。之职员 大规模之幼年人法院，每附设收留所，其目的在收留教养，并监护幼年人，其设备须科学化，与家庭化，凡监狱内之一切气象，须竭力避免之。主其事者，为所长（Superintendent），其下有副所长，及助理员，幼年人之监护，大都由助理员任之。大规模之收留所，每设有教师，游戏指导员，医生，心理专家等。

戊、书记官及文牍员。此类职员，专以承办法院例行公牍，及其他杂务为职司。

最近幼年人法院中，颇多任女子为法官监训员助理员及其他职员者。一般学者，亦甚以女子充任此类职务为宜，盖由于生理及心理之关系，女子于特种幼年人之案件，较男子为宜耳。

（三）幼年人法院之管辖

幼年人法院管辖之案件，可约分二类，（甲）专涉于幼年人者，（乙）涉于与幼年人有关系之成年人者，兹分述如下：

甲、专涉于幼年人之案件。此系幼年人法院所管辖之基本案件，于此应首先研究者，厥惟"幼年人"之定义。按美国各州之幼年人法院组织法，关于幼年人之年龄，限制，种种不一，约而言之，大都自十六岁至二十一岁以下，皆认为幼年人。各州立法例，大都对于女子之年龄，定较高之限制，以示保护之意。现行法例，类皆只规定最高度之限制，其于最高度之限制外，另设最低度之限制者，仅纽约布法罗[1]（Buffalo）及纽瓦克[2]（Newark）等处之法律耳。此类法律，大都规定七岁未满之幼年人，不受幼年人法院之

---

〔1〕"布法罗"原文作"白发罗"，现据今日通常译法改正。——校勘者注。

〔2〕"纽瓦克"原文作"纽或克"，现据今日通常译法改正。——校勘者注。

管辖，幼年人之定义，既如上述，请进而论专涉于幼年人之案件，按此项案件，约分三种：

子、幼年人有过失之案件。幼年人法院之倡议者，不愿以犯罪者与一般幼年犯相提并论，故于幼年人法院之法规内，竭力避用，犯罪（Crime）"犯罪人"（Criminal）及其他含有刑事诉讼意味之名词。是以幼年人之犯罪者，在术语上不称犯罪人，而以过失人（Delinquent）名之。按（Delinquent）（一字无确切之中文可译，兹为便利计，姑译为，过失人，以示与犯罪人有别）其犯罪行为，或构成犯罪之情形，谓之过失。（Delinquency）至幼年人所管辖之过失案件（Cases of delinquency），范围如何，各州不一。惟归纳言之，不外下列十二种：（1）触犯各州法令，但重大案件，在普通情形之下，（即成人犯罪时）得处死刑或无期徒刑者，不在此项（按此系 Delaware，the District of columbra，Idaho，Iowa，Louisiana，Massachusetls，New Jersey，New York，North Dakota，Rhode Island，Utah，Vermont 等处之规定）。（2）游荡成性，怙恶不悛，或惯于违拗。（3）与贼人，罪犯，娼妓，流氓或恶人交。（4）懒惰成性，或习于犯罪。（5）故意涉足于酒馆赌场，及其他不适宜之场所。（6）好嫖。（7）黑夜之游荡于街上。（8）游荡于火车场，跳乘正在开驶之火车，或无故乘入他人之车辆等。（9）惯用或惯作秽亵之文字。（10）无故或不经父母或监护人之许可，擅自离家他往。（11）不道德或无礼貌。（12）惯于逃学。

丑、幼年人无所依靠，或被遗弃之案件（Cases of dependency and neglect）。此类案件，可归纳为下列十种：（1）贫苦无依。（2）无家可归。（3）被遗弃。（4）无适当之父母或监护人。（5）仰给于公家之赡养。（6）为乞丐。（7）居留于妓院或与恶人及不可靠之人等同居。（8）因父母之疏忽，虐待，或腐败，而无适宜之家可归。（9）于公共场所奏弄音乐或唱歌。（10）处于有损道德身体及幸福之环境，而有受国家监护之必要。

寅、幼年人神经失常之案件 美国少数州法律，规定神经不健全之幼年人，得由幼年人法院，收入收留所，施以必要之感化教育，或其他必要之措置。

乙、涉于与幼年人有关系之成年人之案件 此类案件之划归幼年人法院管辖，所以使该法院对于上述第一类案件，得为较属彻底[1]而有效之措置。

---

[1] "彻底"原文作"澈底"，现据今日通常用法改正。——校勘者注。

依美国多数州之法例，凡为父母者，或其他地位相等之人，因过失或不法行为，消极的或积极的致幼年人有过失，（Delinquency）无所依靠，（Dependency）或被遗弃者，或其行为，有使幼年人限于此项情形之可能者，皆应由幼年人法院，予以必要之制裁，或措置。

（四）幼年人法院之办案程序

幼年人法院之办案程序，可分三种。（一）审理前之程序。（二）审理时之程序。（三）审理后之程序，兹分述于后：

甲、审理前之程序。凡幼年人法院管辖之案件，因告诉人之告诉，监训员或国家律师（State Attorney）之申请[1]，而系属于法院，法院收到前项告诉或申请后，由法官或其指定之人，如助理法官或监训员等，先行审查案情，或调查事实，如所得之结果，足以证明该案无审理之必要，则用非正式之方法，予以处分，借资结束。否则即由法院定期审理，幼年人及其父母，或监护人，均须由法院预行传唤此次传唤之手续。每较诸一般案件为通俗化，所以避免刑事诉讼之意味也。凡幼年过失人，有加以管束或收留之必要者，由法院收入收留所。现行立法例，大都禁止将幼年过失人与成年犯拘留于同一处所，收留所之设备及管理方法，类皆与监狱不同，其内容须学校化，及家庭化。所内之幼年人，须男女分居，收留所除收留幼年过失人外，并兼收无所依靠或被遗弃之幼年人，后者常与前者（有过失者）分居，以免同化。惟收留所之费用颇巨，每非一般幼年人法院所克举办，故多数有年人法院，将幼年人收留于私人之家庭（Family Homes）。此制创于波士顿（Boston），故有波士顿收留制（Boston plan of Detention）之称。现行法例，类皆规定幼年人法院，于审理案件前，除审查案情，或调查事实，以定夺有无审理之必要外，须就各该案件为社会调查（Social investigation）。此项调查，无异医家之诊断，为法院对于各该案件拟定措置办法之根据，担任此项调查工作者，大都为监训员，惟各地之警察机关，亦往往分任此事，至调查之范围，依伦路德（Katharine F. Lenroot）及路德百尔（Emma O. Lundbery）之意见（Junenile Courts at work 一文）包括下列各项：

（甲）告诉之原因。

（乙）幼年人之历史习惯及行为。

---

[1]　"申请"原文作"声请"，现据今日通常用法改正，下同。——校勘者注。

（丙）家庭状况。（一）家庭之组织，家庭中各人之职业，收入，及特性，以及各人依赖社会机关赡养之情形。（二）居住生活及睡眠之设备。（三）家庭中与幼年人之行为有特别关系之情形。（四）家庭之情形。

（丁）幼年人与其学校。（一）幼年人现有之学业程度。（二）幼年人之求学史。

（戊）幼年人之服务史。

（己）幼年人关于娱乐之活动，及与教堂俱乐部及其他机关之联络。

幼年人法院除对于幼年人之案件为社会调查外，尚须检验幼年人之体格及神经，是项工作之重要，实不亚于社会调查。盖体格与神经，与幼年人之现在及将来，均有因果关结，欲期其人格之改善，非加以注意不可也。

乙、审理时之程序。幼年人法院之审理程序，具有下列之特点：

（甲）幼年人之案件，与成年人之案件，各别审理。

（乙）幼年人之案件，不准外人旁听，并禁止公布。

（丙）审理幼年人案件之程序，力求简单化与通俗化。

以上（甲）项所以使法院对于幼年人之案件，悉心研究，无所牵攀。（乙）项所以保全幼年人之信誉，以为异日发展之余步。（丙）项所以避免刑事诉讼之意味。

丙、审理后之程序。此程序之中心事实，即法院根据社会调查，体格及神经检验之结果，及幼年人之需要，决定并实施必要之措置，其性质与医家之处分及治疗相等，法院对于适当方法之采用，具有极大的裁量权，此殆幼年人案件与普通案件最不同之点。幼年人法院之法官，于案件审理终结后，得为下列任何措置。

（甲）驳斥诉讼。于驳斥诉讼前，法院得视实际之情形下"缓决"（Continuance）之裁定。在缓决期间，法院得将幼年人交付指定之机关，加以监训或其他必要之措置。如该幼年人之情形，于该期间内确有进步，则将案注销。

（乙）监训。凡幼年人之受监训者，仍得与其父母同居，其生活与平时无异。惟在受监训之期间内，须受监训员之监督，监训之范围甚广。举凡一切与幼年人之生活幸福有关系者，如求学，职业，娱乐，医药等等，均受监训员之监督，监训员为行使职务起见，须常为多方之调查及注意。

（丙）交付指定之家庭收养。凡无适当家庭可归之幼年人，得由法院交付指定之家庭收养，

（丁）判令归还因不当行为所得之物，与被害人，或赔偿损失，判处罚金，或责令提供担保此项措置，间有警戒之效力，故为少数州之法令所许。

（戊）收管。凡幼年人之具有特殊情形，而需要管束，或特别感化者，由法院送入感化院，或其他类似之机关。

凡不服幼年人法院之措置者，得上诉于普通上级法院，或依其他类似之程序，请求救济。

英国司法概况[*]

卢　峻^{**}

英国为一完善法治之邦，人所共道。顾其所以克臻完善者，盖有数因：
（一）英国向采不成文法，其现行法律多由习惯而成，行之既久，相习为常，其
人民于不知不觉中以法律为日常生活之依归，故均有普通法律知识。（二）法之
为用，恒不在法律之善恶，而在于运用之得法与否。英国司法制度虽尚有陈
芜之历史上遗制，然司法者行之得当，深受人民之信仰，故得促进人民之守
法精神。（三）英国采用陪审制度，增加人民与司法者接触之机会，不如我国
人民之视法为畏途。（四）司法官地位独立，不受外力之牵制或引诱。英学者
牛拉斯（Haud Mullius）曾在"正义之检索"（In Quest of Justice）谓英国刑法
及刑诉所应改革之点甚少，堪自称为世界司法最完善之国，诚非过言。

（一）法院之组织

英国普通法，分不法行为为公的及私的两种。公的不法行为即为俗称犯
罪行为，属于刑事范围。在警察法院（Police Court）及季审会（Quarter Ses-
sion）由治安法官（Magistrate）审理，在巡回法院及伦敦中央刑事法院，则
各别的由有给法官审理。私的不法行为，系触犯私人之法益，属于民事范围，
由郡法院或巡回法院等管辖。故英国法院之组织，可分刑事法院及民事法院
二方言之。

---

　　* 本文原刊于《法学杂志（上海1931）》（第8卷）1935年第4期，第25～35页。

　　** 卢峻（1909～2000年），浙江宁波人。1930年东吴大学法律学院法学士；美国哈佛大学1933年
法学博士。曾任新中国学院法律系主任、国立暨南大学法学教授、私立光华大学法学教授、东吴大学
法律学院法学教授、西北法商学院院长、中央大学法学院院长。1949年后历任复旦大学、东吴大学、
华东政法学院、上海社会科学院法学研究所教授。著有《国际私法之理论与实际》等。

甲、刑事法院

治安法官（Justice of the Peace）治安法官为最下级之司法官，处理轻微案件，借以维持地方公安。其职位为英皇依据最高法官（Lord Chancellor）之推荐而委任者。此外市长及乡镇公所之主席，亦为当然法官。治安法官不必须有法律知识，其唯一资格，即为曾经居住于被举郡城之七里以内。因其并非专门律士，帮裁判案件，非有深谙法律者之襄助不可。此襄助者，即书记官（Clerk）是。此书记官由法官委任，其资格须至少已执行大律师职务十四年以上。其职务除掌管注册记录及账务外，又为法官之法律顾问。其性质虽为法官之咨询机关，其实则一切案件，均由书记官为之左右也。书记官领有相当薪水，并除于其所执行职务之法院外，在其他任何法院，仍得执行律务。

小审会（The Petty Session）。除警察法院管辖外之轻微案件，皆属小审会审理。小审会由二位或二位以上治安法官用简急方法裁判。其所处理刑案，大都限于：（一）不能判处三月以上徒刑，及（二）不能判处二十金镑以上罚款之简易犯罪，其法官通常为无俸职。但有给法官（The Stipendiary Magistrate）及大都会警务法官（The Metropolitan Police Magistrate）得收受俸金，其权限似亦较大。有给法官及大都会警务法官，经内务大臣（The Home Secretary）之保荐，而由英皇任命，其资格须在普通郡城为大律师七年以上。

季审会（The Quarter Session）。季审会受理小审会管辖之重大案件，且为小审会简急裁之，但城之大者，往往自设季审会。故季审会有郡季审会及城季审会之分；前者由不知法律之独任法官审判，后者则由有法律知识之法官（Recorder）举行之。此种法官，由大律师充任。

季审会管辖之范围甚大，几能及于一切之刑事，但一八四二之法律案（Act of 1842）规定谋叛杀人伪造重婚诸罪，不能向季审会控诉。

巡回法院（The Assize Court）。巡回法院，高于季审会，但非季审会之上诉机关。凡更重大之刑事案件，如死刑无期徒刑及较重之民事案件，悉归巡回法院审理。其裁判官，由高等法院之法官（High Court Judges）任之。其管辖区域除属于中央刑事法院者外，及于英国各处。大概每郡每年依照巡行区域，举行二次，但依照一八七六及一八七七年法律案，亦可增加次数。当举行时，须遵守隆重礼仪，非一般法院开庭可比。

与巡回法院并列者，有中央刑事法院（The Central Criminal Court），该法院系根据一八三四年法律案创设于伦敦。专理伦敦及其附近区域内谋杀及其他一切严重刑案。其性质与巡回法院同，盖伦敦人口繁多，积件累累，具种种特殊关系，自有另设法院之必要。故中央刑事法院，实亦为高等法院（The High Court of Justice）之一支。其法官多由普通法院之高级法官，及伦敦市法院之法官选任之。

高等法院（The High Court of Justice）。高等法院设于伦敦，为全国最重要之司法机关，共有法官二十五人。均由英皇由上下两议院中选任，分发三部：（一）王座法庭（King's Bench Division），其法官即分散各巡行区域执行巡回法院之职务；（二）衡平法庭（Chancery Division）；（三）遗嘱验证离婚及海军法庭（The Division of Probate, Divorce and Admiralty）。同此观之，巡回法院，中央刑事法院，及王座法庭，均为各别之独立机关，互处于平等之地位；在刑事方面，悉隶属于刑事上诉法院，在民事方面，悉隶属于上诉法院。

季审会，巡回法院及中央刑事法院，因能受理之案件情节较重，皆设陪审员。然季审会受理之刑事上诉案件，当事人虽得提出新证据，性质上类同再审，无陪审员。此法院根据一九零七年刑事上诉法律案（The criminal appeal act, 1907）而创设，为刑事上诉最高机关。凡（一）判决不合事实，或发现新证据，足以推翻原判决；或（二）因法律上之重大错误，与不公正之判决或（三）有请求减轻其刑者，胥得向该法院上诉。其审理则由三位以上奇数之王座法庭法官，而以其中之庭长指挥行之，庭长缺席时，由其中资深法官代职行之。

普通案件，以刑事上诉法院为终审法院，但该院之判决案件，如特别重要，经英国最高检察长（Attorney general）之许可，尚可上诉至上议院。但此种案件，事实上殊不多觐。

验尸法院（The Coroner's Court）。验尸在调查不知情由骤然死亡之原因。检验吏同郡公所或城公所选任，自一九二七年，其资格以大小律师，并具有执行医务五年以上之医师为限，其执行职务时，凡属谋杀或狱内死亡，及其他关于公安案件，均须陪审员莅场。但普通案件，检验吏得独立执行职务。

乙、民事法院

郡法院（The County Court）。除特种不重要民事请求，得向治安法官提起者外，凡通常英吉利及威尔士[1]所有之民事债务纠葛，大都由郡法院审理。

---

〔1〕"威尔士"原文作"威尔斯"，现据今日通常译法改正。——校勘者注。

因此，每年由郡法院判决因不偿欠款而看守者，为数甚多。此种法院，并不依郡之界限而定。英国共分五区，每区设郡法院一所，凡属郡法院管辖案件，诉讼当事人之任何一造，有要求请人陪审之权，然陪审员人数，以八名为限，且须得当事人双方同意。

巡回法院（The Assize Court）。巡回法院为王座法庭在郡之分院。其法官即由王座法庭之法官分任之，兼理民刑案件，与郡法院之专理民事者不同。但关于较重之衡平法案件，则须移交伦敦衡平法院审理。

最高法院（The Supreme Court of Judicature）。此法院为高等法院及上诉法院之总称，其本身徒有名而无其实。

高等法院（The High Court of Justice）。高等法院又分为三部：（一）衡平法庭（Chancery Division），受理关于衡平法诉讼，有法官七人，而以司法大臣为庭长。（二）王座法庭，为郡法院之上诉机关，有法官十六人，而以一大法官（Lord chief justice）为庭长。（三）遗嘱验证离婚海军法院，受理遗嘱离婚海军法之案件，有法官二人，而以其中资深者为庭长，此三庭合而为最高法院，有管辖全国司法之权。

上诉法院（The Court of Appeal）。上诉法院为高等法院各庭之上诉机关。由司法大臣，前任司法大臣，王座法庭庭长，海军法庭庭长与登记长（Master of Rolls）五大法官组织之，纯系民事法庭。

上议院（The House of Lords）。上议院为全国之最高上诉法院，依照一八七六年之上诉管辖法律案（The appellate jurisdiction act, 1976），上议院于停会或解散期间，得审理英国上诉法院苏格兰及爱尔兰法院之上诉案件。其法官由上议院中具有法律专门智识者任之，名曰上诉大法官（The Lords of Appeal）。通常必须有三位莅庭，方得开始审理。

（二）上诉

治安法官受理案件，往往判决错误，或科刑不当，自无疑义。但治安法院简急判决之上诉案件，似不多见。据一九三二年司法统计，约三四千件案中，上诉者不过三四件。但有大陪审之高级法院判决，其上诉者为数较多，此盖情节重大之案，更须切实证据，一旦上诉，被告得有提出新证据希望，然较诸其他各国之上诉案件，尚属少数。诚以上诉程序繁，讼费奇重，此外尚须提供担保，贫者连固难胜任，即富者亦厌其烦。

向季审会上诉案件，除城季审会有专门法律知识之法官（Recorder）审判外，因上诉审法官，与原审法官均属治安法官（Magistrate），原为同袍，故无多大意思。其审理不设陪审员，不过原手之小律师，亦不得公然辩论。

较为重大刑案，凡中央刑事法院巡回法院季审会之第一审判决，得上诉于刑事上诉法院。如检察长（Attorney – General）认为案情特别严重，于公家利益着想，必须上诉者，该检察长得签发证明文件，向上议院上诉为第三审。上诉于刑事上诉法院，除审判法律点外，并得传集证人，命当事人提出证明文件，及为其他一切事实上之调查。但上诉理由，若仅关法律问题，上诉法院之登记员（Registrar）认其理由不充分时，得迳提交法院，不待当事人之言词辩论，以简急程序裁定驳回之。

（三）陪审

英国陪审制度，行之已久，在现今各国中，最为发达。不特刑事有陪审员，即在民事，陪审员亦得参与；其中有大陪审（Grand Jury）小陪审（Petty Jury）特别陪审是（Special Jury）之分：（1）大陪审，在重要案件中，行使检察之权，调查事实之真相，以决定应否提起公诉。若查无相当佐证，应将被告立即释放；若认为确有犯罪嫌疑，则将案件移交小陪审审理。大陪审之人数，以十二人至二十三人为限。其决定提起公诉时，最少须得陪审员十二人之同意。大地主银行家及凡属大资产阶级者，方有资格充任大陪审员。（2）小陪审之职责，在调查并决定被告人是否有罪（Guilty or not guilty），但其决定，须依照法官所指示之法律点。其人数为十六，关于事实上之决定，须经全体同意。其资格凡年龄在二十一岁以上六十一岁以下，住于同一地方而其财资每年纳税超过十镑以上之英国人民，或有其他同等资格者，始得充任。（3）特别陪审为白痴胎儿及验尸等而设，其陪审员悉以绅士及银行家大商家以及有相当地位者任之。

英国陪审制度，保护一般人民之生命自由财产，不使行政之不法势力摧残司法，且使人民与法律多有接触机会，明了本国司法情形，不可谓非其利。然陪审员既为公民充任，其行使职务，往往为情感所左右，其决定有罪与否，又因被告人之容态，早存有不正确之成见。加以英国刑事律师，多具舞台上之艺术，彼举其如簧之舌，神出鬼没之计，凡一举一动，均足以影响陪审员之心理，湮没真相，使曲直颠倒，故冤狱之发生于陪审员者，亦所恒见。因此除重大刑案，必须有陪审外，民事案件当事人预计大约不为败诉；或即败诉，仍得上诉者，不愿陪审。

（四）法官

英国上级法院，受理之案件既少，其法官皆由资深专门律士充任，故无足探讨，本文略之。下级法院则不然，治安法院郡季审会等，虽审判初级案件，然其管辖之范围甚广，法官与人民有切身关系。往昔治安法官以限于财产资格，多由上中资产阶级选任，十九世纪后叶，均由缙绅退伍海陆军官大企业家包办，彼辈虽无充分任之法律知识，然处世既久，经验丰富，量证正确，且既有相当社会地位，不为外力左右。其后下议院抨击治安法官之过于守旧，法官之分配，渐操诸政党之手，结果，法官之职，成为政党服务之。近二十余年来，所有法官几泰半有政党背景，故其多缺乏律法之训练，其判决又有偏颇之虞，此与美国司法制度，认法官为终身职务，且须先有法律专门知识者，实不相同。法官之年龄，与其科刑之重轻，量证之取舍，均有出入。英国法官须先有政党上之历史，帮多为年老之人，而年老者往往情感淡薄，处世乏味，其科刑自然趋于残忍之途，又往往持法深坚，视干法者为大逆不道，易下有罪之判决。

治安法官，昧于法律，以书记官（Clerk）为耳目，前已述及。书记官实为一有权无责之机关，其重要性固不可忽视。甚焉者，利用其地位及法官之不谙法律，指挥诉讼，左右判决，或变更记录，蒙蔽真相，其影响于整个司法，殊非浅显。

（五）律师

律师有关于司法制度者甚大，法院愈不完正，律师愈见重要。英国有大律师（Barrister）与小律师（Solicitor）之分。大律师取义于法栏（Bar），因其能在法庭辩论，故又可译称出庭律师，在法定统称为（Counsellor）。小律师取义于探求（Solicit），因其专事探索法律，故又可译称为撰状律师。此二种律师，各有不同之特权及职务，一人不能同时兼任两职。以社会地位论不论大小律师，虽均属优越，但小律师，远不如大律师之尊严。诚以大律师含有名誉公职性质，与一般之专门职业不同。因此大律师资格规定森严，必须先经法学会考试合格后，始可取得。此项法学会，共有四所，即林肯法学会（Lincoln's Inn），中院法学会（The Middle Temple），内院法学会（The Inner Temple），及格兰法学会（Grey Inn），凡高级法院及有给之郡城法官，仅限大律师可得任命。小律师在治安法院得选任为书记官，大律师在各级各种法院，皆可执行律务，惟不能直接受当事人委托或接见当事人，即须接见，通当仍须由小律师介绍，而当事人对于大律师亦无直接请求处理其事务之权。小律师除在警察法院郡法院验尸法院，得执行职务外，不得在其他法院公然辩论，只得另聘大律师出庭，其手续先将所有重要事实证书证人详载于一简状（Brief）之外封，上面书大律师之姓名，下面记明公费数额，此项公费，往往由小律师与大律师之书记先行议定，为数甚小，并无法定酬金，且不得苛求，各人仅得自本其才勤勉，博得当事人之信仰，一若艺术家也，是故英国律师界中杰出人才，层出不穷。

欧美司法制度的新趋势及我国今后应有的觉悟*

杨兆龙

一、欧美最近政治思潮的一般趋势

凡留心欧美政治思潮的人大概都承认它最近有一种显著的趋势，那就是：一般研究或运用政治的渐渐地离开理想主义而走上唯实主义（Realism）的那条路上去[1]。这种情形自从一九一四年至一九一八年的欧战以后格外值得注意。我们不说别的，只要举两个最普通的例便可间其一斑了。第一个例是"德谟克拉西"（Democracy）的崩溃。（这里所说的"德谟克拉西"是广义的，即民主政治的别名）。大家都知道"德谟克拉西"的制度自从十八世纪以后几乎成为政治的典型，对它歌颂的人不知有多少。可是到了现在却被许多人看穿。苏俄，意大利，德意志等国固不必说，就是那想来崇拜自由主义（Liberalism）的英，美，法等国也不免许多人对它发生怀疑。第二个例是三权分立的动摇。这和第一个例有极密切的关系—简直可以说是和它互为因果。三权分立的学说，自经法儒孟德斯鸠的提倡后，在许多人看来，真可谓政治上的"天经地义"。举世的文明国家，无论是君主或是共和，差不多没有一个不遵从这个原则。可是现在又怎样呢？苏俄，意大利，德意志等国固然已经彰明较著地将它宣告死刑，就是英，美，法等国也暗中对它反叛（这三个国

---

* 本文原刊于《经世》（第 1 卷）1937 年第 1 期，第 36～44 页。

〔1〕 唯实主义的定义种种不一。不但哲学上的唯实主义和其他科学如政治，法律，教育，美术学等所说的唯实主义不同，就是同一科学上的唯实主义也因派别分歧而解释不一。本文所说的唯实主义专指那法学上，政治学上，或者其他纯粹的社会科学上一个注重事实而不尚理想的主义，本文所说的理想主义也和哲学上所说的不同，它只含有重理想而不重事实的意思。

国会之授行政机关以立法权便是一种明证）[1]。这些事实都足以证明从前那些理想现在都被事实的需要推翻；大家所注重的是现实的需求及其应付的方法：那些十八九世纪传下来的"天经地义"渐渐地被打倒或动摇了。

二、欧美最近政治思潮的一般趋势在司法制度上的表现

上面所说的唯实主义的趋势，不仅在一般政治思潮上可以看出，就是在司法制度及关于司法制度的思潮上也有所表现。我们简直可以说：唯实主义之表现于司法制度者，乃是那表现于一般政治制度者的一个支流。唯实主义在司法制度方面的表现，有许多事实可以证明。不过因为限于篇幅，只好将几个比较普遍的提出来讲一讲。

（一）陪审团制度的失败

陪审团制度[2]原来在英美法上占很重要的地位。大家都把它当作保障人权的唯一利器。当十七八世纪之际，欧洲大陆各国大都采行那纠问式的刑事诉讼制度。法官（就是今日的推事）的权限非常之大。法院断案往往失之专横。人民的权利毫无保障。加之在专制政体之下，国王大权独揽而耳目不周或所用非人，政治司法每多黑暗，人民的痛苦格外又深了一层。这时候又许多政论家目击此景，深为感动，于是纷纷鼓吹人权学说，主张平等自由，对当时的制度攻击得体无完肤。大家都觉得当时欧洲人民权利保障最充分的地方要算英国，所以都提倡采取英国的政治和司法制度。于是"三权分立制""陪审制""告劾制"（Accusatory system）[3]等等都受到一般学者的热烈欢

---

〔1〕 英国向来有由国会授权政府行政机关或司法机关就主管事项制定条例（Statutory Orders or Regulations）的惯例。这些条例于制定以后往往须送到国会去，如国会在一定的期间之内没有表示，它们便取得法律效力。美国国会于现任总统罗斯福就任后曾授他以广泛的法律权以便应付经济复兴的事业。法国国会于一九三五年也曾授权政府颁布许多不经国会通过的法律（Decrets - lois）上述这些情形在欧战期间还要常见。因限于篇幅，恕不赘述。

〔2〕 所谓陪审团制度乃指用陪审团（Jury）参加审判或其他司法事务之制度而言。陪审团之常见者有三种：（一）大陪审团（Grand Jury），为决定起诉与否之机关。（二）小陪审团（Petty Jury），为执行审判职务之机关。（三）验尸官之陪审团（Coroner's Jury），为验尸体时列席观察并于发现犯罪者为何人时决定起诉之机关。

〔3〕 告劾制的特点很多。其最要而常见者有三：（一）无论什么案件不告不理。换句话说，没有人起诉，推事无从受理。（二）推事的性质和那决斗或运动时的公证人（Umpire）差不多，他的权限很狭，诉讼程度大都发动于当事人。（三）审判程序大都是公开的。（见 Garraud, Traitetheorigue et pratiqued'instructioncriminelle et de precedurepenale 共计六册。一九〇七至一九二九出全第二段（Ⅱ）第二节。）

迎。这种运动最初酝酿于法国，到了法国革命之时便有一发而不可遏止之势。在一七九一年国民会议（Assemblee constituante）便决议采用英国的大陪审团和小陪审团制。经过十余年的讨论和试验以后，大家觉得大陪审团制虽非必要，而小陪审团却是绝对应该采取。所以等到拿破仑制定法典时，这个制度便被对容纳在刑事诉讼法典（Coded' instruction criminelle 此系一八〇八年颁行）里面。以后法国的政治和文化势力扩充到欧洲大多数的国家。这种小陪审团的制度也随着流传到这些地方去[1]。这是陪审团在欧洲发展的经过。至于在美洲，则更值得注意。美国最初为英国的殖民地，文物制度取法于英国者颇多。陪审制度之流行于该国，自系当然的结果。在那里不但大小两种陪审团制度（各州中也有采验尸官之陪审团制的。）都被采取，并且在宪法上还享有着特别保障，换句话说，对于某种民刑案件如立法机关取消陪审制或法官不适用陪审制（民事案件毋庸适用大陪审制），那便是违背宪法[2]。由此看来，陪审制度—至少小陪审制度—在已往的几百年中确曾受到欧美一般人的热烈欢迎；其理想的价值可想而知了。可是到了现在它的地位怎样呢？经过长期的试验以后，大家都感觉它的实际效用和以前一般人所推想的不同。因为陪审员的不懂法律，知识浅薄，和偏重感情，裁判往往不能公平。因为陪审程序的复杂迂缓，时间精神和金钱的损失往往很大。因此从前受人歌颂的制度今日几乎到处被人反对。在英国大陪审团制度的适用范围比从前已小了好几倍，就是小陪审团的活动机会也一天少一天，美国反对陪审团制的浪声也一天高一天，从前许多须经大陪审团侦查起诉的刑事案件现在可由国家律师直接起诉。大陪审团的地位已经不如往昔重要。小陪审团的适用范围，因为进来诉讼法的改革，也渐渐地缩小[3]。照该国重要学者的态度来看，若不是因为宪法的限制和宪法修改的困难，恐怕这些制度早就要被取消或成

---

〔1〕 见 Esmein，*Histoire de la procedure criminelleen France*（一八八年出版）之英译本（*A History of Continental Criminal Procedure with Special Reference to France*，Translated by John Simpson）第二七二至四一五页及五二八页即 Garraud 同书第九段第一节。

〔2〕 见美国联邦宪法第三条第二节第三项及补充条文第五条第六条与第十四条第一项。关于各州宪法的规定可阅 *Dodd State Government*（1923）第三〇七至三一五页。

〔3〕 关于英美二国陪审制的变迁或失败的情形可参看 Pound，"The Jury" 一文［见 *Encyclopedia of Social Sciences*（1923）第八册，第四九二至四九八页］及 Howard，*Criminal Justice in England*（1931）第十四页，三〇七至三〇九页，四〇六至四〇九页。

为一个无足轻重的东西了〔1〕。在法国刑事陪审的案件原由陪审法院
（Courd'assise）审理。但是因为该法院裁判之不当与程序之迁缓，实际上有许
多陪审法院管辖的案子都由检察官送给普通罪法院（Tribunal de police correc-
tionelle）审理，以避免陪审法院的裁判。这种办法在法国称为 Correctionnal-
isation（即由陪审法院改归普通法院审理之意）。〔2〕英国法学权威戴雪（Dic-
ey）氏于其名著《宪法学导言》一书内常因此批评法国的司法制度不好〔3〕。
他的批评对与不对，我们现在可以不必深究。不过有一点是不容否认的，那
就是：这种现象即 Correctionnalisation 之发生，实足以证明陪审团制度之不合
宜。德国自从采取陪审团制度以后也感觉到这种制度的实际效果远不如理想
上那么好，早就有人主张将它废除〔4〕。到了一九二四年终于由联邦政府根
据授权立法的法律（Ermachtigungsgesetz）颁布一个条例，将它根本地修改。
这样一来陪审法院（Schwurgericht）之名虽然照旧保留，但其内容却和那参审
法院（Schoffengericht）差不多。因为原来的陪审法院内有十二个陪审员。他
们的职务以决定事实（即有未犯罪的问题）为限。至于法律适用问题（即处
刑问题）则由推事解决〔5〕。参审法院则不然。其组织分子只有一个推事和
两个参审员。审理和裁判时，所有的事实和法律问题都由推事和两个参审员
共同决定。参审员的地位作用和推事一样〔6〕。但是自从一九二四年以后陪审
法院便变成一个由三位推事和六位陪审员共同审理事实和法律问题的机关〔7〕。
意大利原来也有和法国相似的陪审制度。但是因为效果不满意，最近已将它
根本改造。陪审员已变为参审员（Assessor），和德国现在的"陪审员"性质
很近。并且他们的资格已提得特别高〔8〕。这种资格都是为保证陪审员的知
识和道德而设的。其实社会上能够合得上这些资格的人仅居极少数。这种办

---

〔1〕 美国学者攻击这个制度的文章很多。除注七 Pound 所著之文外，还可参看 Moley, *Politics and Criminal Prosecution*（1929）第七章及 *Our Criminal Courts*（1930）第七章和 Green, *Judge and Jury*（1930）第十五章（Why Trial by Jury?）。

〔2〕 见 Gavraud, *Traited'intructioncriminelle et de procedure penale* 第四册第四六一至四六三页。

〔3〕 见 Dicey, *Introduction to the Study of the Law of the Constitution*（1920）第三九七至三九八页。

〔4〕 见 Kiseh, *Unsere Gerichte und ibre Refoem*（1980）第一五〇至一五六页。

〔5〕 见一八七七年之 *Gerichtsverfassungsgesetz* 原第八十一条。

〔6〕 见同上原第二十七条（现行修正第二十九条）及第三十条（现行条文同）。

〔7〕 见同上一九二四年修正第八十一及八十二条。

〔8〕 见一九三一年颁布的陪审法院条例（OrdinamentodelleCourtid'assise）第二条第四条及第五条。

法是否可以行得通[1]，我们姑且不必去管它，不过有一点至少是值得注意的，那就是陪审制度决不是像理想上那样的优美，适用时非十分小心不可。以上所举各点不过欧美重要国家的司法家和学者对于陪审制度心理的一般变迁。至于这种心理变迁的详细理由何在，因受题目的限制，不便申说，只好等将来另外为文讨论。不过由着简单的叙述，我们不难得着以下的结论：那从前被认为保障人权所必需，完美无缺，而风行一时的陪审制度，现在已暴露出它的弱点，使许多理想家失望。

（二）法院权限的变更

法院权限的变更可以在许多地方表现出来。现在只提出两点来加以说明。第一点就是推事和检察官权限的划分。检察官在欧美各国大都被认为一种行政官。在英美两国不必说，就是在大陆法系的国家也大都如此。（这一点限于篇幅不能细说，以后如有机会当另做文章讨论。）因为这个缘故，他们的地位没有推事那么独立。所以为贯彻三权分立主义并避免诉讼上发生流弊起见，欧美各国大都对于检察官的传讯，拘捕，羁押等全有严格的限制。（这和我国的制度不同。）这些权限在英美两国差不多等于零，就是在大陆法系的国家也只可于几种例外的情形之下，（如现行犯等）行使之。这种制度可谓欧美近几百年来理想的典型[2]。从前大家对于它几乎毫无怀疑。可是进来有许多人觉得这种制度在事实上行不通。因为检察官若缺乏讯问，拘捕，羁押等权，实际上很难行使侦查的职务。意大利有鉴于此，曾于编订一九三〇年的刑事诉讼法典时将检察官的权限扩充。照那个法典的规定，对于某几种刑事案件检察官应举行"简易预审"（Istruzionesommaria）。在举行"简易预审"时，他的权限和预审推事相仿。（见该法典第三九一条）这些应举行简易预审的案件中有一种是很有伸缩性的，那就是关于陪审法院或普通罪法院管辖，最高本刑为有期徒刑，且证据确凿的案件。（见该法典三八九条）所谓"证据确凿"须依检察官主观的标准决定。所以检察官很可利用这一点以扩充他的职权。在欧美其他国家不久也有发生同样情形之可能。著者最近赴欧美调查司法，在美国及德国和许多学者谈到这个问题。他们大多数主张扩充检察官的

---

[1] 实际上恐怕难行得通。因为那具有高尚资格的人既然不多，而他们又往往有职务在身，要找到适当热心的陪审员，很不容易。

[2] 关于这一点的参考书太多，暂不列举。关于检察官的权限，读者只要看欧洲重要国家（如法，德，奥，比等）和英美两国的刑事诉讼法规或关于这种法规的著作，便可知其大概。

权限。据闻德国正在编订中的新刑事诉讼法典已决定这样办〔1〕。

关于法院权限变更的第二点事实便是法院诉讼指挥权及裁判权的扩充。现在先讲诉讼指挥权。我们在说明陪审制度的失败时已附带提及诉讼上两种主义，即纠问主义和告劾主义。前者的结果往往是诉讼程序由法院依职权进行；后者的结果往往是诉讼程序由当事人自动地进行〔2〕。后者一向为英美所采。（这当然有例外如英国从前的 Star chamber 便采用纠问主义。但此制存在不久。）前者自十二世纪以后盛行于欧洲。但到法国革命时便大为失势。从那时候起大家也差不多把告劾主义及其包含的当事人进行诉讼主义当做一种维持推事超然地位及保证裁判公平的理想的良药。所以自十八世纪的末叶以后告劾主义及其所包含的当事人进行诉讼主义在欧美可谓风行一时。（这当然不是绝对的，不过说这种色彩比较浓厚而已。）可是近几十年来大家的态度忽然起了变化，无论在民事或刑事诉讼方面，法院指挥诉讼的权都一天大一天。从前由当事人主动的事情现在有许多可由法院依职权办理。所以告劾主义的轮廓虽然还存，其内容却大非昔比。这不但在大陆法系的国家是如此，就是英美等国也不能例外。讲到法院的裁判权，我们只要提出一个例来以资说明。那就是刑事上处罚权的扩大。十八世纪末叶以后罪刑法定主义（即法律无明文者，不为罪，法律无明文者不罚 Nullumcrimen sine lege，nullapoena sine lege.）一变二为欧美各国刑法的极则。那比附援引或类推解释的办法为大家所摒弃〔3〕。可是欧战以后，立法的趋势居然渐渐地与此反背。一九二二年苏俄刑法典便首先打倒罪刑法定主义而规定法律无明文者亦可依比附援引或类推解释的办法处罚〔4〕。德意志一九三五年修正刑法第二条亦采类似的规定。〔5〕意大利一九三〇年刑法典虽没有采上述的规定，可是对于那具有社会危险性的（socialmentepericolose）人，纵然其行为依法律明文不构成犯罪，仍

---

〔1〕 这是德国联邦司法部的参事赖曼博士（Dr. Rudolf Lehmann）告诉我的。

〔2〕 这当然指较为常见的情形而言，并不是没有例外。

〔3〕 见 Liszt, *Lehrbuch des DeutschenStrafrechte*（第廿三版）第八十八至九十页。

〔4〕 见该法典第十条。现行一九二六年颁布之刑法典第十六条亦有类似之规定。见 Code Penal de la R. S. F. S. R, *traduitpar Jules Patouillet*. 该书所载法国里昂大学教授卡禾（Pierre Garraud）氏之序文关于法定罪刑主义在近代之变迁亦略有讨论。（见该文第四十三至四十四页。）

〔5〕 这条是经一九三五年六月二十八日的刑法典修正案（Gesetzzur Aenderung des Sirafgesetzbuch-es）改订的。

准施以保安处分[1]。实际上已和罪刑法定主义不能一贯。(这可谓一种变相的比附援引主义)

由上面几点事实看来,可知从前那些关于法院权限的天经地义的原则,经过长期的试验,也不免使人们渐渐地觉得它们不合实际的需要。

(三) 刑事及监狱政策的转移

关于这一层可讨论之点很多,兹就其最重要者——即关于自由刑的政策——一言之。在十八世纪末叶之前,欧美常用的刑罚大都为死,流,身体,及财产等刑;监狱不过是一种羁押顽强民事债务人,宗教犯,及未决刑事犯的地方,并未用作执行刑罚的正式机关。到了十八世纪的末叶,有人觉得当时的死刑,流刑,身体刑等太不合人道,便主张以自由刑(即监禁拘役等)代替这些刑罚。在同时又有一批人提倡刑罚重感化改良而不重报复恐吓的学说,并且认为监狱为实施感化改良最有效的工具。这样一来自由刑便渐为各国所采,不到百年居然成为顶普遍重要的刑罚制度。近代刑法典所规定的犯罪案件,得处及专处自由刑者常占十分之八九。法院所判罪的人当中,处自由刑者常在十分之六七以上[2]。社会上一般人谈及犯罪的事情,往往很容易联想到"坐监牢"上面去。他们差不多以为"坐监牢"便是犯罪的当然处刑;犯罪而不"坐监牢",那简直是没有国法。由此可见得近代崇拜自由刑的心理的坚固与普遍了。可是实际上自由刑是否像理想上那么有用呢?许多学者研究的结果都证明他非但无甚效用,并且还有大害。因为自由刑之发生感化改良的效力,一定要具备几个条件。这几个条件是:(一) 监狱内人及物的设备都适当。(二) 犯人在监狱内的期间相当地长。(三) 犯人在事实上有入监狱之必要。近代各国所采的自由刑制度至少有三个毛病。(一) 适用范围过广。有许多不必入监狱便可改善的人反因此弄到身败名裂,丧尽廉耻。(二) 好用短期刑,致多数犯罪人无充分改善的时间。据各国统计,处三月或六月之短期自由刑者常合全体处自由刑者百分之五十以上,其处一年以下之自由刑者总计合全体处自由刑者百分之八十以上。[3](三) 因犯人过多及经费不足而监

---

[1] 见该法典第二〇二条。

[2] 关于这一点可参看拙著《关于疏通监狱之研究》一文。(载《现代司法》第九期六十七至一〇二页及第十期七十五至一三二页。)该文关于各国之情形已有详细之统计及说明,因限于篇幅,恕不赘述。

[3] 见同上之文。

狱内人及物的都不适当。这些毛病的结果，便是使监狱变成犯人的养成所；凡进过监狱的人多数是变得更坏而不会变好。所以自由刑愈发达，社会上的累犯会增减。现在欧美累犯的人数常合犯人总数百分之四十左右。据德国联邦一八八四年的统计，轻罪以外之累犯中有百分之六十八点五系最近曾处不满三月之自由刑者〔1〕。若连其他处自由刑者计算，其累犯人数之多更可想而知了。因为上述的缘故，自从十九世纪末叶以来，各国的学者及司法当局中有许多觉悟到从前迷信自由刑的不对，纷纷研究缩小自由刑适用范围的方法。这些缩小自由刑适用范围的方法种类很多，可不必叙述〔2〕。此处应该提出的只有一点事实，那就是：有许多国家如英国，美国等因合理地采用替代自由刑之方法或改变自由刑之方式而减少的犯罪数额颇值得注意。〔3〕这实在足以证明自由刑之害多利少而和从前一般人所理想者大相反背。

三、我国今后应有的觉悟

前面一段所举的虽不过几个普通的例，可是我们由此便可知道欧美司法制度确实渐渐地脱离那十八世纪末叶及十九世纪初叶理想主义的范畴而受那唯实主义的支配。我们虽不敢说这种趋势完全能切合事实而适应需要，但是对于这种趋势所表现的态度—即不能随波逐流或保守自满而根据事实研究司法制度之得失利弊的态度却不能不赞同。因为我们觉得我国以往所欠缺者就是这一种态度。我们自清末变法以来，司法制度已经有了好几次的变更，司法改革的意见不知已经发表了多少。这些制度的变更和改良的意见虽然不是全无理由，可是有时却似乎来的过于操切，最明显的例便是关于自由刑的政策。刑法虽已修订过好几次，而这个问题还没有适当的解决。至今刑法上所规定的犯罪事件有十分之八九是得处或专处自由刑的。值此监所人满经费支绌的时候似乎不应该将这个问题轻轻地放过〔4〕。其次便是关于陪审制的讨论。这样一个在欧美遭人反对的制度，在我国居然还有许多人竭力提倡。并且这些提倡的人有时竟专说它那似是而非的好处，而把它在欧美由实验而得知的短处完全不提。再其次是检察制度的讨论。照我们详细研究调查的结果，

---

〔1〕 见同上之文。
〔2〕 欲知其详，可参阅同上之文。
〔3〕 见同上之文。
〔4〕 见同上之文。

检察制度不但在大陆法系的国家颇为发达而有显著的效用，就是在英美等国也占很重要的地位；并且它在美国联邦的贡献比在任何国家还要大些。可是国内有许多学者竟会提倡将它根本废除〔1〕。此外可举的例还很多，不过从上面所提出的几点事实已足以见其一斑。这些事实所告诉我们的便是：我国研究司法制度的学者，以后须多多地根据事实及需要，以批评的态度及科学的方法来解决司法问题。讲到这里，我们便不能不去注意到一个附带的问题，那就是：如何准备向这条路上走？我们觉得若要向这条路上走，其最重要的准备工作便是想法子充分认识中外司法的情形及其他有关系的事实。因为各种制度在一国有一国的特殊背景和作用。倘若不用比较的方法来探求它在中国和外国的真相，则无从知其价值之所在。我们必定要做到这一步工作，方才谈得上真正解决司法问题。这种工作当然是很困难，并且决非一二人之力所能胜任。所希望者，国内有志司法改革之士能从今天起奋发起来，戮力同心地向这个目标前进。那么不但对于本国的司法裨益良多，就是对于世界的文化也不无贡献。

---

〔1〕 关于检察制度在各国发展的情形及其存废问题可参看拙著"由检察制度在各国之发展史论及我国检察制度之存废问题"一文。（载《东吴法学杂志》第九卷第五期《检察制度专号》。）

两大法系法院组织之比较[*]

孙晓楼

　　世界上最重要的法系，除大陆法系外，当然是要推英美法系了。我们从国别方面来看，大陆法系的国家，于中国及德法意俄日比等国外，还有罗马尼亚、匈牙利、墨西哥、希腊、塞尔维亚、保加利亚〔1〕丹麦、挪威〔2〕、瑞典、西班牙、葡萄牙、土耳其、埃及、荷属南菲、加拿大之魁北克〔3〕、美国之路易斯安那〔4〕、英国之苏格兰等。英美法系的国家，于英美等国外，还有加拿大澳洲印度菲律宾以及英美等国的其他殖民地。我们从地域方面来看，大陆英美两法系所统治的土地，各占全球约五分之二；我们再从人口方面来看，大陆英美两法系的人数，各占全球总人口约六分之一，大陆法系英美法系不是无形中将世界并分了么？英国伦敦大学法科学长詹克思〔5〕（Edward Jenks）说，"近世仅有两大法系，即罗马法系（即大陆法系）与英美法系"，这句话是不错的。这两大法系所以有今日的地位，能并驾齐驱的称雄于全球，固各有其历史地理风俗人情政治经济军事外交等做它们的背景，做它们的后盾；然而从法制的本身上看，大陆和英美确各有各的特长，各有各的优点，而足为其他各国取法。我国的法律一向是追踪于大陆法的，离开了自己的社会，戴不上人们的法律，同时我们又应当注意，大陆法制不是绝

---

　　* 本文原刊于《法学杂志（上海1931）》（第8卷）1935年第5期，第131~142页，续刊于第6期，第70~86页。

　　〔1〕 "保加利亚"原文作"保加利"，现据今日通常译法改正。——校勘者注。

　　〔2〕 "挪威"原文作"那威"，现据今日通常译法改正。——校勘者注。

　　〔3〕 "魁北克"原文作"宽勃克"，现据今日通常译法改正。——校勘者注。

　　〔4〕 "路易斯安那"原文作"路易塞阿那"，现据今日通常译法改正。——校勘者注。

　　〔5〕 "詹克思"原文作"晋克斯"，现据今日通常译法改正。——校勘者注。

对是好的，英美法制不是绝对是坏的，有许多地方大陆制优于英美制，也有许多地方英美制优于大陆制；便是在大陆派的法学家们现在也放大了目光，扩充了胸襟，很重视着英美法制的研究。同时英美法派的法学者，更消除其睥睨一切惟我独尊的陈见，而重视着大陆法制的研究；故今后的两大法系，决不致再像以前界分疆，判若鸿沟的各不相谋了。英儒布莱斯〔1〕（Bryce）氏说："各国法律其有关乎生计的利害者，渐趋于大同"，这于大陆英美两法系的融会贯通，更足以证明此说之不谬。作者不敏，因念于比较法学的重要，而比较法学中又当以大陆英美两大法系为比较之骨干，故曾于教育杂志上发表《大陆英美法律教育之比较》一文，于武汉社会科学杂志上发表《两大法系刑事诉讼法之比较》一文，今再将两大法系法院组织中的几个特点，作一比较研究，还冀读者有以指正之：

一、司法官的任用

世界各国司法官位置的取得，不出于三种方法，一是由于考试，一是由于选举，一是由于委派。大陆法系诸国，对于司法官资格的取得，类以考试为必要条件，而且于考试的手续上规定得非常之严，尤其是在德国，要经过两次的考试，第一次的考试，一定要在大学修习法律的学生方可参加，考试的种类，于四种学科的笔试外，还要加以口试，并指定其研究的工作，限六星期内交卷，第一次试验及格的叫做 Referendar，得 Referendar 的资格后，还要以三年分做六个时期的实习，实习的地点，自下级法院到高级法院，下级检察处到高级检察处，以及其他律师公证人（Notar）事务所的实习，与劳工营房（Labor Camp）几个月的苦工，都是实习期中所应做的工作。而且在实习期中是没有报酬的，工作没有成绩，司法部随时可以将其开除。实习期满后，再须向高等法院（Oberlan desgeriehtsprasident）的院长请求第二次考试，经院长审查其实习工作认为满意后，然后推荐到司法行政部，由司法行政部决定其有无参加考试之权。第二次的考试，是注重实际的，要测验该学生于司法行政上有没有独挡一面的才能，所以常常有许多实际的案件给他们研究，以备最后的口试。口试及格，方取得（Gerichtsassessoren）的资格，不及格的，将来可以请求再试，及格的不一定是做司法官，要做司法官，还要在检

---

〔1〕 "布莱斯"原文作"勃赖斯"，现据今日通常译法改正。——校勘者注。

察官署（Amtsgericht）学习。学习时间，除于代理正式推事时有相当的俸给外，普通是没有俸给的。取得 Gerichtsassessoren 的资格后，还要在法院经过六年半的工作，才可以在下级法院得到一个永久的推事位置，这也可以见得取得司法官资格的困难。其他像意法等国，于司法官的选任上和德国很相仿佛，不过没有像德国那样的严格罢了。至于英国呢，司法官的选任并没有所谓考试和实习，完全由行政长官直接委派的，而被委派的人员，类以有资格出庭辩论的大律师（Barrister）而有相当成绩者为必要条件。美国司法官的选任也并不采取考试制，和英国很相仿佛，是采取委任制的，不过今年除联邦法院的推事是由行政长官委派外，各州的最高法院或区法院的推事，大部分[1]有放弃了委任制而进行到选举制的趋向。我们看到美国历年举行司法官的选举时，也像选举总统议员一样，候选人在各处忙着演讲和宣传等种种活动的工作。在这三种选任司法官的制度中，我是赞成考试制的；大陆派的考试制，的确比较的是选任贤能最周密的一种制度；像英国的委任制，能以办案有成绩的律师来充任，这种律师，一定于法律学问上已有相当的研究，并且于法律常识办事经验以及其他关于社会经济财产等各种现状与趋势上，均有相当的认识，拿这种人来办法司法，比考试制度下所得的人才当然是强。不过这种委任制度，于一般大律师中委任少数的高级司法官，是一件可能的事，要全国的司法官都是这种由行政长官任命，不但委派司法官的行政当局，不一定都能识人，而被委派的人也不一定是贤能，所以比较的还是采取大陆制来适用于一般的司法官，采用英国制来适用于少数高级的司法官，为最适合。至于选举法官，则不免为政客官僚所操纵，我认为是最危险的一件事，美国的司法，所以能保持它独立的尊严，全仗着被行政长官委派的几位联邦法院推事，至于各州的司法，因为采取了选举制度，所以毁誉参半，毫无成绩可言，这所以最近美国有很多学者要高呼着州法院应恢复英国委任制了。

二、司法官的晋级

司法官的晋级，大陆派与英美派又有明显的不同，在大陆派的国家，像德法意等都规定司法官升级的步骤。我们拿法国来看，法国自 1927 年一直到现在，便适用了十二位晋格表（Tableaux d'avancemeut）制，司法官的晋级，

---

[1] "部分"原文作"部份"，现据今日通常用法改正。——校勘者注。

一定要拿这张表做标准，依该表升一级，至少要经过二年的时间；各法院的院长和首席检察官每年将可以晋级的推事呈报于司法部，其未经呈报的，也许由推事直接向司法部申请登表存记，而同时附以院长与首检的意见书。关于司法官晋级的职权，由最高法院（Cour de Cassation）院长检察长与最高法院推事四位，及司法部四司长组织委员会审查之；迄后因为司法部长的权柄太大，司法官之晋级往往为司法部长所操纵，所以最近有法令限定司法部长选任司法官，只能于委员会提出的三位候补司法官中选任其一。其他如最高法院的推事，上诉院（Courd，appel）的院长，及巴黎京都法院院长及首检（Presiding Justice and Procnreur de la Republigue of the Paris Court）等司法官的委派，不适用普通司法官的选任和晋级办法，这许多重要司法官的晋级，大都由司法部长和其他阁员会商决定之。至于意德等国的晋级制度，和法国很相雷同，德国的制度固比较是简单些，意大利的晋级制度比法国更为复杂，尤其是下级法院的推检，升到上级法院时，于其办事的成绩（Merit），和做官的资格（Seniority）都应经过严格之审查。至于英国的司法官，便没有所谓晋级，无论什么司法官，不论他是最高法院的推事（Lord Chief Justice）或者还是区法院的推事（County Judge），一经委任，便终其身于此职，没有像大陆制的司法官，拿低级司法官的位置，来做高级司法官的踏脚凳（Stepping Stone），他们死心塌地的忠于他现任的职守，他们看司法官是一种荣誉，而这种荣誉，下级法院的司法官和高级法院的司法官是一样的，间或也有于上级司法官出缺的时候，由行政院长委任下级的司法官升任，但这是很少的事。所以英国司法官的位置是固定的是永久的。美国于司法官的委派，虽是采取了选举制度，不过他们于司法官的晋级方面，仍严守英国的制度，不像大陆制的可以循序晋级的。拿这两法系的制度来比较，可以说各有各的长处，在大陆制方面，于司法官有晋级的机会，可以鼓励司法官办事的兴趣，不过因为有了晋级，便不免使下级的司法官起活动的野心，做出请托求荐请调甚而至于行贿等种种不正常的事来，这样便不免使神圣的司法，信誉扫地。至于英美制度关于这点的长处，是在于司法官的能忠于职守，安于其位，并无朝秦而暮楚，久静而思动的倾向，他们既具弃律师而做法官的决心，那么[1]他们早预备终其身于此职，很少有借此活动其他高官厚禄的野心，这实在可

---

[1] "那么"原文作"那末"，现据今日通常用法改正，下同。——校勘者注。

以说是英美制胜过大陆制的地方。

三、法官的待遇

再有一点和司法官的操守很有关系的，便是待遇问题，讲到司法官的待遇，大陆法系国家和英美法系国家又有明显的不同，在大陆法系的国家，对于司法官的待遇，远不如英美法系国家来得丰，我们拿下[1]列几国司法官的俸给来比较：

国名	法官人数	每人每年所得俸给
德国	推事与检察 6000 余人	1100 元至 2100 元美金（2970 至 5670 元国币）
	推事约 240 人	1550 元至 3150 元美金（4185 元至 8505 元国币）
	推事 42 人	3500 元美金（9450 元国币）
	推事 15 人	4000 元至 5050 元美金（10800 至 13635 元国币）
法国	初审推事 Tilulary Judge	
	第一级	880 元美金（2376 元国币）
	第二级	1120 元美金（3024 元国币）
	第三级	1400 元美金（3780 元国币）
	上诉审推事	
	各省推事	1880 元美金（5076 元国币）
	巴黎	2480 元美金（6696 元国币）
意大利	最低级推事	870 元美金（2349 元国币）
	最高级推事	3700 元美金（9990 元国币）
美国	纽约市法院推事	9000 元美金（24300 元国币）
	最高法院推事	25000 元美金（67500 元国币）
英国	区法院推事 County Court Judge	7500 元美金（20250 元国币）
	高等法院推事 High Court Judge	25000 元美金（67500 元国币）

---

[1]　"下"原文作"左"，现据今日排版需要改正，下同。——校勘者注。

从以上几国司法官的待遇来看，大陆派最高级法院司法官的俸给，还不及英美派法院最底级司法官的俸给。当然英美法系国家的司法官的待遇比大陆法系国家的待遇高得多，而且在大陆法系的国家的下级法院推事，比普通行政官吏的待遇固不见得低，比普通执行律师的收入确少得多，所以他们下级法院的司法官，大都是一般年轻资浅的法律学生，有经验学识的律师，往往视法官为畏途，便是这般年轻资浅的司法官，有因为待遇的菲薄，常常抱着活动晋级的野心，不能安于其位做事，这样便不免使下级司法官的队伍薄弱，更失去了司法官有保障的本意。在英美法系的国家，因为他们低级司法官的待遇比一般行政官吏的待遇来得高，比一般普通律师的收入来得丰，所以司法人才集中于司法官，他们下级法院的司法官，和上级法院的司法官，有同样坚强的队伍。原来下级法院和社会民众的利害关系，比上级法院和社会民众的利害关系更加密切，英美法系国家这样重视下层阶级的法官，我认为是非常合理的。国内现在有很多人高喊着以提高司法官待遇来吸收司法人才，不错，提高司法官待遇是吸收司法人才的必要方法，也是改良司法的必要条件，不过所谓公务员待遇的厚薄，应当拿客观社会的生活状况来做标准，中国现在最低级荐任法官的年俸为一千八百二十元（荐任十三级）日本最低级荐任法官的年俸为一千一百三十元，就中国一般社会生活状况以观，岂得认为过低；不过拿普通行政人员的待遇来比较，则行政官荐任最低级的年俸为二千四百元（荐任五级）相形见绌，便不能不说司法官的待遇是薄了。所以在中国社会经济的现状中，并不是司法官俸给的过低，而是行政官俸给的过高，这是改良中国公务员待遇上所应当注意的。

四、合议制与独任制

再从法院的内部来看，在大陆法系的国家的审理案件，除掉最低级法院是适用独任制外，普通审理案件，无论那案件是初审还是上诉审，都是采取合议制的；他们坚信着合议制的长处，认为合议制可以收集思广益，减少裁判的错误，同时可以互相监视，不致有徇私枉法之弊，容易得到审判的公平，所谓独任推事是不公正的推事（Juge Unique inique）这种思想，是充满于欧洲大陆诸国的民众，所以他们不主张以独任制来审理案件，初审上诉审至少要有法官三人组织合议庭审理之。在英美法系的国家便不然，他们是以独任制为原则的，普通民事案件的审理，除上诉审外是很少采取合议制的，这样一，可以使结案敏捷，二，可以使审判官责任专一，不致互相推诿，三，可以使经费节省，不致虚靡国币，英美法系国家因为采取了独任制，所以司法官的人数比大陆法系的国家少得多，我现在将英美德法意等国司法官的人数，列表比较

国别	美国（纽约省）	英国	德国	法国	意国
人口	10 000 000	40 000 000	65 000 000	42 000 000	42 000 000
法官人数	450	175	12000	5400	4300

从上列几国司法官的人数看来，德国是每五千四百十六人中有一个司法官，法国是每七千七百七十七个人中有一个司法官，意国是每九千七百六十七人中有一个司法官，这可以见得大陆法系诸国司法官的人数，要多出于英美法系诸国几倍。司法官的人数多不但加重国家的负担，并且于人才的延揽也非常困难，于是不免有滥竽充数的法官。司法官的人数少，不但国家所费的钱来得少，而且可以充实现有法院的经费，提高司法官之待遇，集中人才，使办事更见其敏捷而有效能，无形中增加人民对于法院之信仰，这又是英美制优于大陆制的地方。

五、固定性与流动性

大陆英美于法院组织中再有一点不同的地方，便是大陆制的法院是有固定性的，他们是根据地方区域来设立法院的，下级法院如此，上级法院也是如此。假使人民因为路途过远，往来诉讼不便，他们惟一的办法，只有多设法院或法院的分院来救济这种困难，这也可以说是他们司法官人数增加之原因。同时他们于最高法院是始终维持着独一无二的尊严而不设分院的。英美法系的国家，他们于最下级审的法院，准许不相干的而没有法律智识的地方人士来（Laymen）参与审判，像英国的治安法院（Justice of Peace）便是这种性质。至于上诉法院呢，他们便采取了流动式的巡回制，由最高法院的推事与各地高级法院的推事合组成巡回法院，每年依季节分区到各地流动开审，这样当然可以使上级法院的组织简单，而同时又便利了当事人的诉讼，减轻了国家的负担不少，这也可以说是英美制的优点。不过幅员广大像我们中国，是否可以适用英美国家这种巡回制，这确是值得我们研究的一个问题。我国

法院组织法立法原则第十二项，谓各级法院均设分院，故不采巡回审判制度，其根据之理由不外有二：一，诉讼发生宜于随时处理，巡回未及之际，贻误将多；二，调查证据，往往不能立时完毕，审判开始后，久驻其地，转失巡回之真意，故不采用巡回制度。这固然也有相当理由，不过我国各省的幅员辽阔，交通很感困难，各县人民的诉讼，因为距省窎远，需费过距，所以不愿上诉，即或上诉，又因传提人证，动辄经年月日，不能审结，现在能于各省交通不便的地方，酌采巡回审判制度，由高等法院每年分期派遣推事三人检察一人，前往受理各法院上诉案件；这样：一，可以节省设立分院之经费，二，可以便利证据及习惯之调查，三，可以便利人民之就审，实在有值得我们效仿的价值。

六、审级的划分

关于法院的审级制度，大陆法系的国家和英美法系的国家，又有明显的不同；在大陆法系的国家，法院的审级，界限划得很清，名称定得很整齐。例如法国的法院有：一，治安法院（Justices de Paix），二，地方法院（Tribunaux d'arrondissement），三，高等法院（Cour d'appel），四，最高法院（Cour de Cassation）；在这四级法院之中，治安法院好像是一个调解法院，不适用普通的诉讼程序。所以法国的法院组织实际上只有三级，而在这三级之中，不服地方法院的判决，可以上诉到高等法院，不服高等法院的判决，可以上诉到最高法院；不过法国的最高法院，对于原法院的判决是不改判的，只有将上诉驳回，或发回原法院或另一高等法院更为审判，这所以以撤废法院（Cour de Cassation）之名称之。所以在形式上法国法院的审级是一个三级三审制，和我国现行的法院编制相仿佛，而实际上可以说是一个三级三审制。在讲到德国法院的审级，德国的法院有：一，区法院（Amtsgericht），二，地方法院（Landgericht），三，高等地方法院（Oberlondesgericht），四，莱希法院[1]（Reichsgericht）；自国社党执政后，于法院的审级上，可以说是没有多大更动，诉讼程序之进行，在区法院为初审者，以高等地方法院为终审，在地方法院为初审者，以莱希法院为终审，这是一个四级三审制，我国以前的法院编制法便是抄袭这种制度。再像比利时的法院有：一，治安法院（Justise de

---

[1] "莱希法院"指德国最高法院。——校勘者注。

Paix），二，第一审法院（Tribunal de premiere instance）即轻罪院（Tribunal correctional），三，上诉法院（Cour d'appel）即重罪院（Cour d'assises），四，最高法院（Cour de Cassation）。民事案件视其诉讼标的的大小由第一审法院起至最高法院止，或为二审，或为三审；刑事案件则轻罪为三审，重罪为二审；最高法院审理阁员时，则仅一审可以终结，然而原则上比利时的法院组织是一个三级三审制。大陆法系其他的国家，像奥国和意大利是采取三级二审制的，日本是采取四级三审制的，我国现在的法院组织是采取三级三审制的。总之，他们于审级方面，有明显的整齐的划分，而且于每一级的法院上，都各别的有检察机关的配置，无论这检察机关还是独立于法院外的机关，还是附设于法院内的机关，都是随着法院的等级而这样分配着。

在英美法系的国家的法院组织便不是这样了，英国的法院组织于审级上几没有一定的划分，并且还有民事刑事分设法院的不同；在民事法院方面有：一，地方民事法院（County Court），二，民事高级法院（High Court），三，民事上诉法院（Court of Appeal），四，上议院（House of Lords）；民事高级法院又有独任制合议制巡回制三种的不同，在这样四种法院中，并非必以地方民事法院为初审，倘能多缴讼费，便可以民事高级法院为第一审；至于民事上诉因为要得原审法院的许可，又因上诉法院的书记官得不经开庭而可以下裁定驳回其上诉，这样于法院的审级，并没有具体的规定，而法官确有伸缩的全权了。其在刑事法院有：一，治安法院（Justice of Peace），二，地方刑事法院（Court of Quarter Session），三，刑事上诉法院（Court of Criminal Appeal），四，上议院（House of Lords）；地方刑事法院又分简易法庭刑事法庭二种。此外关于杀人的案件又于各地设立巡回法院（Court of Assize），于伦敦设中央刑事法院（Central Criminal Court）；而在英国刑事法院中，治安法院是好像地方刑事法院的支部，受理轻微的刑事案件，担任预审的工作。英国刑事案件的审理原以一审而终结，到1908年始设立刑事上诉法院，准许刑事上诉；不过上诉的程序非常繁杂，而且要提供相当的担保，所以现在英国的刑事法院，形式上好像是一个三级三审制，而实际上仍以一审终结者为多。再有所谓上议院，在名义上不是英国的惟一的最高法院么？然而这最高法院管辖的范围，不能及于英国的全部，像苏格兰印度和爱尔兰自由邦等，还各有他自己的法院的审级，和以上所述的英国的法院编制并不属于同一系统。至于美国的法院可分为联邦法院与州法院的两个系统，在联邦法院之中有：

一、区法院（District Court），二、巡回上诉法院（Circuit Court of Appeals），三、最高法院（Supreme Court）。各州的法院有：一、治安裁判所（Justice of the peace），二、第一审地方法院（Court of General Original Jurisdiction），三、中间上诉法院（Court of Intermediate Appeal），四、最高法院（Supreme Court）或称为最高级上诉法院（Court of Appeals）；联邦法院当然以最高法院为其终审，其第一审或第二审有属于州法院者，亦有得上诉于联邦之最高法院者，而巡回上诉法院，亦受理不属于最高法院一部分之终审案件；其关于州法院之名称与管辖范围则又因各州而有不同，彼此缺少联络，事权亦不统一。总之在英美法系的国家，因为他们是以习惯为中心，不但审判案件都以判例为前提，便是法院的审级也没有一定的纲领，都是随着历史的变迁而各有为政的，于权限的分配和组织的方法，有非考其原始不易明了者。法院的审级，既这样的不能整齐划一，不特于司法职权上难于统一，即于人民诉讼的进行上亦感觉不便，这也可以说是英美法系国家的重大缺点之一，所以美国法学家的权威哈佛大法学院院长庞德（Roscoe Pound）氏及美国律师公会等机关等，均竭力提倡着单一法院制（System of Unitary Court）了。

七、特种法院的设立

大陆法系国家和英美法系国家，因历史风俗习惯等的不同，所以于其普通法院审级的不同外，还有一点值得我们注意的，便是特别法院（Special Court）的设立，在大陆法系的国家，有大陆法系的特别法院，在英美法系的国家，有英美法系的特别法院，我现在简略的提出来比较一下：

A. 行政法院（Conseil d'Etat）

在大陆法系的国家，对于行政官吏的诉讼是由行政法院受理的，他们认为国家的官吏，在法律上是有特别身份[1]的，因为他有特别身份，所以对于这行政官吏于行政职务上有不当的命令处分或判决，以致人民受到冤抑损害的时候，应当由特别的人才，适用特别的法规特别的程序，在特别的法院审判。他们认为以国家公官吏的地位，和人民在普通法院打官司，是很不容易得到公平的判决；他们又认为官吏在职务内的行为，是代表国家的行为，既是代表国家的行为，那么官吏之命令处分或判决的不当，便是国家的不当，

---

〔1〕 "身份" 原文作 "身分"，现据今日通常用法改正，下同。——校勘者注。

国家是不能不负连带责任的，这和普通人民间的私诉的性质完全不同。在大陆法系中，第一个国家首先有这样一种特别法院组织的，是在大革命以后的法国，这是法国人民努力于民权保障的结果，后来便风行于德奥比诸国，现在东方的日本和我们中国，也采仿这种制度，同样的设立行政法院。至于英美法系的国家便没有这个特别组织，他们认为人民于法律前是平等的（all men are equal before the law），既是平等，那么不应当适用于人民的是一种法律，适用于国家官吏的是另一种法律；虽是他们也承认国家的公官吏的权利义务，和普通的人民不无有些两样，不过他们始终坚信着官吏和人民是平等的，不应当有所歧视的，所以关于行政的诉讼，是应当由普通法院受理，不应当适用特别法规组织特别法院来审理。因此人民于国家官吏有不当的命令处分和判决而受到损失时，其惟一请求救济的机关是于普通法院，适用普通的法律，其结果，法院看得官吏好像普通人民一样，官吏没有过失固不负赔偿责任，便是有过失，也只酌量官吏个人之经济能力来赔偿，国家不负什么责任，叫受冤抑的人民，那里可以得着公正和圆满的救济呢。所以我们从人民权利的保障上看，行政法院的特别的组织，是在可以说是大陆法系国家法院组织中的优点，所以近年来英美法系的国家，也渐渐放弃了他原有的主张，于行政诉讼上虽还没有特别法院的设立，不过已有很多的判例是根据着法德诸国的行政法而逐渐地产生着，事实上已形成了一种特别诉讼了。

B. 商事法院（Tribunaux de Commerce）

大陆法系中有很多国家是拿商事法院来受理商事诉讼的，他们认为商人为商事而涉讼，非有商事专门知识的人员是不能审判的；有认为商事纠纷应注重商事习惯，而这商事习惯，普通法院的法官是不能明了的，所以非有特别商事法院的设立不可。首创这种商事法院的是 1349 年的法国，到后来比利时德意志即瑞士等国也相继成立。德国虽不能说有特别的商事法院，不过有商事法庭（Kammer fur Hsndelssachen）附设于地方法院内，也可以说是商事法院的变相了。其在英美法系的国家便没有这种特别的法院，像英美二国关于商事纠纷是由普通法院受理的，但是在英国于审理商事案件时，恐怕法官不能彻底明了商事习惯和事实，所以适用了商人陪审制度以救济这种困难。同时英美二国又盛行了一种商事仲裁制度，凡遇到商事争议的发生，先付仲裁委员会仲裁；这仲裁委员会的组织，于政府指派之仲裁人外，争议的当事者得派代表参加仲裁；这样可以化除争议当事者双方的意见，减少商事上很多的讼累，同时也兼顾了商事纠纷上的事实和习惯了。所以大陆制和英美制关于这种特别组织的比较，我是赞成英美制的商事仲裁制度，而不设立商事法院的。所谓商事纠纷，固应注重商事习惯，然而注重习惯，是不是一定要设立特别法院？我国民法第一条不是开宗明义的说，民事法律所未规定者依习惯，是可知民事争讼随时随地都应注意习惯，并不以商事争讼为应特别注意；今若以注重习惯而设立商事法院，则民法各编中可以设立特别法院的将不知多少。再有关于商事纠纷的主因，不外是关于契约和债务问题的争执，这两种问题既于民法总则债编中有明白规定，那么民商合一，商事既不必有特别法，更不必再有商事的特别法院了。

C. 劳动法院 （Couseils de Prud'hommes）

在大陆法系国家，对于各种雇主与各个受雇人间所发生之个别争议，又特别组织劳动法院以审理之；他们认为劳动阶级是社会上经济能力最薄弱的人，这般无产阶级的人们，一旦和雇主发生争讼，他们既没有法律知识来进行诉讼，也没有钱来委请律师，而且他们是没有贮蓄的，是今天等候不到明天的，然而普通法院的民事诉讼，第一要缴讼费，第二不懂法律一定要请律师，第三诉讼还不知什么时候可以了结，迟慢得非常，普通法院的程序那里可以适用于劳资间个别的争议，所以法国于1806年由劳动法院（Conseil's de Prud'hommes）的设立，可以说是开劳动法院特殊组织之端；迄后奥德比俄等相继设立，现在已风行于大陆法系诸国了。至于英美法系的国家便没有这种特别的法院，他们坚信着普通法院（Common Law Court）的无上的尊严，看得劳资间的争议和一般人民的争议并没有什么分别，所以不主张组织特别法院来受理劳资个别的争议，虽是到了近年，他们也有很多劳动的特别法规的制定，不过关于劳资间的争讼，仍是由普通法院审理判决的。关于这一点我是赞同大陆制的劳动法院的特别组织的，因为普通法院的诉讼手续是非常繁杂，绝不是头脑简单的工人所能运用裕如的，普通法院的讼费赔累，绝不是极穷苦的工人所能负担的，普通法院的诉讼进行迟缓，决不是待来而炊的工人所可等候的，因为有这几点的理由，所以我主张以劳动法院的特别组织，适用特别的简捷程序来审理劳资间之特别争议，那是最适当最公正的一个办法。

关于雇主或雇主团体与受雇人团体间所发生的团体争议，那么于英美方面先发动了一种调解与仲裁制度：由争议当事者的双方的协议来解决团体争议，这叫做调解（Couciliation）；由第三者出而判断，双方争议当事者参加讨论以解决团体争议，这叫做仲裁（Arbitration）。调解有预防与事后之别，仲裁有任意与强制之分，这种调解和仲裁制度，自从英国发创于先，加拿大（Canada）新西兰（New Zealand）及美国等奉行于后，今则大陆法系诸国亦有采访斯制的，我国现行劳资争议处理法亦导源于英美这种制度，这是我们不可忘记的。

D. 衡平法院（Equity）

在英美法系国家中有一个特殊的法院，而在大陆法系国家所找不到的，便是衡平法院。所谓衡平法院是依据衡平法的原理手续和判例来执行公平解决纠纷的法院；因为英美的普通法（Common Law）是太守旧了，往往不能适应时代的需要，不合公正的原理，所以有很多地方在普通法院适用普通法而不能得到相当的救济，虽是到了最近已产生许多新法令（Statute）来救济这种缺憾，但是最初在普通法院没有解决的时候，当事人只有上诉于国王，由国王恩赐裁决，因为于英国，人民看得国王是公正地源泉（The King is the fountain of justice），国王是不会错的（The King can do no wrong）。然而皇帝是不暇及此的，于是由他的宗教大臣（Chancery）根据罗马法上所谓衡平（equitas）之公正观念来代替国王裁判，最后这大臣也不胜其繁了，于是由他直接委派了许多衡平法的专员（Master in Chancery）来协助审理，这样便组成了今日所谓的衡平法院了。所以衡平法院（Court of Equity）又叫做大臣法院（Court of Chancery），便是这个缘故。到后来经过长时期的光阴，衡平法院也有很多的判例产生了，也有特殊的衡平程序法可以依据了，在英美法系中和普通法竟占同一的重要地位了。所谓强制执行（specific performance），所谓契约的撤销（rescind the contract），所谓非法行为的禁令（writ of injunction），于普通法所不能得到救济的，于衡平法院竟可以措置裕如了。不过这种特殊组织，在初原已成了一种独立的法院，到了1875年的英国，为便利法官的运用起见，将衡平法院合并于民事高级法院，而成功一个衡平法庭，现在美国大部分的州法院，亦将衡平法庭附设于普通法院者为多。英美法院有这样一种特殊组织，当然有他过去的历史，和社会的背景，不过我认为英美普通法系国家的法律，所以能够从十八世纪推进到二十世纪的现代，那衡平法的公正观念不能说是没有相当的贡献的；然而在成文法典主义的大陆法系的现代，要再恢复罗马时代僧侣法院的特殊组织，那是不可能也是不需要的。

E. 遗嘱法院（Probate Court）

英美法系中再有一种特别法院为大陆法系国家所没有的，便是遗嘱法院，遗嘱法院的功用，英美各国大致相同，他们的目的是在监督与处置死者的遗产，孤儿的财产，与遗嘱所成之信托（Trust）。所以遗嘱法院的义务，是在如何验证这个遗嘱，如何将书证授予执行人，如何将书证授予无医嘱死者之代表人，如何接受执行人委托与监护人等之账单，如何命其清偿债务，如何将遗产分析予继承人等；总之遗嘱法院所做的工作，以偏于行政性质者为较多，这点和衡平法院也颇相类似，惟不能以遗嘱法院仅系执行人或监护人等之顾问看待；其于遗嘱争议发生时，该法院负有公断的责任，死者代表人之如何处理遗产，又应依据该法院之判决而实施之。就遗产法院的历史来讲，在英国关于遗产的证明和执行，源来是宗教法院（Ecclesiastical Court）的工作，到后来英国根据了 1857 年的遗嘱法（Probate Act），便成立了单独的遗嘱法院，受理遗嘱离婚及海事诸种案件。到了 1873 年与 1875 年的法院编制法颁布后，便将遗嘱法院归并于民事高级法院，而成立了现在的遗嘱法庭。美国州法院中成立单独遗嘱法院的现在也不多见，不过美国大部分州的遗嘱法庭并不受理离婚与海事等案件，这是和英国遗嘱法庭的不同地方。这种法院的产生完全是英美宗教法院历史上遗传下来的一种过渡办法。在大陆法系的国家，既以遗嘱离婚等事件画归普通民事法庭审理，使法院的组织归于划一简单，当然无设立专庭的必要。

F. 儿童法院（Juvenils Court）

在英美法系中再有一种以犯罪年龄而设立的特殊法院，便是儿童法院。英国于 1908 年的儿童法，承认了儿童法院的设立适用特别审判之程序。至于美国于 1899 年的伊利诺州（Illinois）便制定了儿童法院法（Juvenile Court Act），于芝加哥[1]设立克郡儿童法院（Juvenile Court of Cook County），现在美国设有儿童法院的于四十八州中已经有四十六州了。其他像美国的殖民地有这种幼年法院的也不在少数，其幼年法院中的训诲师大都以女子为多，在工商业繁盛之区，犯罪的儿童较多，所以常有独立的幼年法院设立，至于工商业比较不发达，人口比较少的地方，也有将儿童法院附设于普通法院的；这种法院所受理的案件，类多以二十几岁一下之儿童为限。至于此儿童之犯

---

〔1〕"芝加哥"原文作"支加哥"，现据今日通常译法改正。——校勘者注。

罪，是由于过失，由于无人依靠与遗弃，或神经失常，皆所不问，且又受理与儿童有关系的各种案件，用以消除儿童犯罪的源因。这样以犯罪年龄为标准而设立的法院，实可以说是英美法系中的优点，因为儿童犯罪和普通人不同，儿童的知识程度低，身体弱，很容易被社会环境所转移，他们的犯罪，是不能认为有恶性的犯罪，既不能认为有恶性的犯罪，那么假使交与普通法院审理，不但足以减少儿童的羞耻心，并且足以增加儿童的犯罪性，今有儿童法院用保育的方式，来实施感化的教育，使儿童渐趋于改善，这实在是国家实施社会政策上所必要的一政策，所以在最近的几年中，大陆法系的国家像意大利德国也已经有这种同样法院的设立了。

以上几种特别的法院，不过就大陆英美两大法系中重要的特别法院作简要的比较；当然两大法系中各国所设立的特别法院很多，此间固不能一一详为论列，不过就其主要的约略加以说明罢了。

八、参审的人员

在大陆法系的国家，关于民刑案件的审理，无论这案件是轻微的还是重大的，都是要靠有专门法律知识的法官来审判，没有法律知识的人（laymen），很少是参加审判的，他们的所谓陪审员，虽是也能和法官一同坐在法庭上，然而：一、这种陪审员只限于很重大的刑事案件，二、这种陪审员不是专用来决定事实问题的，他在刑事的案件上诉的时候和司法官会同解决法律和事实问题的，三、这种陪审员的人数只限于三人到五人，是没有所谓大陪审和小陪审的。至于英美等国便不是这样了，英国的治安法院（Justice of Peace）虽是有一小部分的案件是由司法官来审判的，然而大部分的案件是由非司法官的第三者（Laymen）来审判的。有时虽也可以有陪审员来陪审，不过他们的裁判员并不是以司法为职业的，并且也不是研究法律的人们，他们也并没有一定的俸给，这好像是处于调解人的地位来实施排难解纷罢了。再讲到参加审判的陪审员，因为英美是采取陪审制度的国家，重大的刑事案件固是不可没有陪审员来陪审，便是民事案件也时有陪审员来参加着审判，而且所谓陪审员又有小陪审（Petty Jury）与大陪审（Grand Jury）的不同，小陪审员是由十二人以下的陪审员决定民刑案件事实为专务；大陪审是由七人至二十三人的陪审员组织之，适用于重大刑事案件以决定其应否起诉。既经起诉，然后由小陪审参加审判，先论定其事实之是否犯罪，下一犯罪（guilty）与不犯罪（not guilty）之意见书（verdict），由法官根据此意见书以为判决。而民事的重要案件，小陪审可以列席，较诸法德奥等国陪审员所活动的范围，一广一狭，不可以道里计了。在这两种制度之中，当然适用了英美的陪审制可以使司法的审判切合社会人情，而于事实方面的调查，比较的可以周密些。不过像英美陪审制的手续这样的麻烦，倘若陪审员不负责任，那么诉讼的进行，必反感迟延，殊应缩小其活动之范围，以利诉讼的进行。至于大陆法系的国家，倘得于一部分重大刑事的疑难案件，扩大陪审员的职权，那么：一、可以补助法官见闻之不足，二、可以切合社会的实情，三、可以周密法官的采证；不过于陪审员之选择上当然非有相当之标准，是不能收功效的。

九、司法行政的机关

再有一点大陆制和英美制不同的地方，便是司法行政机关的不同，在大陆法系的国家，有司法部总辖全国司法行政的职权，关于司法官的委派晋级与调迁，司法行政人员的监督，司法经费的支配等等，都是由司法部长行之。至于英国便没有所谓司法部，司法行政最高的机关是 Lord Chancellor，他是英王的书记官长，也好像英王公事房的一部分，他的职权是有限的，他只有权委任极小的地方民事法院（County Court）的法官及高级法院（High Court）的补缺法官（Rauk – and – file Judge）。至于上议院的法官，是由内阁总理任命，再有一部分的法官（Recorder）及无法律知识的法官（Stipendiavies）与伦敦的法官是由内务部长（Home Secretary）委任之。至于美国也没有总理司法行政的专属机关，联邦政府虽有司法部（Department of Justice）的名称，不过它的权限只及于国家律师执达吏书记官及承审员。法院的推事司法行政部既无权委任，也无权指挥与监督，所有推事的晋级和委任，司法部是无权过问的；最高法院的推事，由大总统委任，各省的推事，或由民选或由省长委任。至于推事的调迁及分配与司法工作效率的计划等，都应由最高法院的首席推事及各巡回上诉法院之主任推事于每年司法会议（Judicial Conference）中决定之。不过美国的国家律师是由司法行政部长直接委派，仅受司法部长指挥监督，执行职务时应当绝对服从他的命令。至于各州法院司法行政的组织，较联邦法院更为涣散，推事及检察官因为是选举的居多，所以大都不受任何司法行政机关的监督，司法人员每各自独立执行职务，彼此不相干涉，在同一法院之内，不但首席或主任推事无权监督，其他推事便是书记官警务官亦可独立行事，不受别人干涉。拿这种制度比较起来，大陆法系国家的司法部长大权独揽，往往不免于滥用其职权，以至不能维护司法独立之精神，这是大陆系国家所应设法补救的，英美法系国家的司法行政，因为没有统一的组织，所以各法院每不免各自为政，过于涣散，于兴废改革事项，有不能收敏捷之效能，这是英美法系国家所应设法补救的。

以上不过就大陆英美两大法系关于法院组织上相异之点举其大者要者提出来和读者讨论讨论，因为所写的题目太过宽泛了，不能将所举各点尽量发挥，但就上述各点以观，我们可以知道大陆法系有大陆法系的优点与弱点，英美法系有英美法系的优点与弱点，所谓取彼之长，补我之短，大陆英美是不应当有所歧视的。

不过一个国家司法制度的改善，当我我们希望它于法院方面有健全的组织，同时我们还希望有精明强干的人来运用这种组织，因为有聪敏诚实的人，方可以补充法院组织的混乱与废弛。反转来说，健全完备的法院组织，往往被无能力腐化恶化的官僚政客摧残无余。法国的法院组织不是有很多人认为完美的么，然而 Stavisky 的一案，几使法国司法的威信扫荡殆尽。英国司法制度不是有很多人批判它混乱与顽固的么，然而它确依旧保持着它的尊严和独立的精神，有非任何国家所可与其比拟的。美国密尔沃基〔1〕（Milwaukee）城的法院组织，并不见得比纽约（New York）城来得好，然而在美国几有口皆碑的称颂着该都会办理司法的完善的成绩；这没有别的缘故，一是办理司法的得人，一是办理司法不得其人罢了。所以我说一个国家的政治制度好像一部机器，好的机器，还仗着精巧的技师来运用，不然机器无论怎样好，用之不得其人，不得其道，不但收不到功效，或者还要发生极大的危险呢！孟子所谓徒法不能以自行，便是这种意思。然而现在有很多提倡法治的人，误信法律的万能，而忽视了运用的人的重要性，这是现代办理司法者的最大的错误，这是我们于研究比较法中所应当注意的。

本文参考书

一、Ensor, *Courts & Judges in France, Germany and England.*

---

〔1〕 "密尔沃基"原文作"密尔华基"，现据今日通常译法改正。——校勘者注。

二、Morris, "the Career of Judges and Prosecutors in Continental Countries", *Yale Law Journal*, *Vol.* Xllv, no. 2 pp. 267~291.

三、Munro, *The Government of Europe*, 1930 l. c, 263~282, 512~533.

四、Wigmore, *Panorana of Wsrlds legal svstems*, 1928.

五、Ensor, *Courts & Judges in France*, *Germany and England*.

六、Morris, "the Career of Judges and Prosecutors in Continental Countries", *Yale Law Journal*, Vol 44. , No. 2, pp. 268~291.

七、Munro, *The Government of Europe*, 1930, pp, 263~282, 512~547.

八、Wigmore, *Panorana of Wsrlds legal svstems*, 1928. Vol. 2~3.

九、Callender, *American Courts*, *Their Organization and Procedure*, pp. 17~46, 133~164.

暹罗司法及其法律教育*

季福生**

一、绪论

暹罗素奉中国为宗主国，一八二五年，其国之三世皇，犹受中国之册封，一八四三年，鸦片战后，中英订立江宁条约，损权辱国，暹罗乃生不信任之心。及至安南缅甸相继沦亡，更加引为殷鉴，于是倾心西化而作自之存谋。此为暹罗脱离中国独立之梗概。

英人既得志于中国，遂转念于暹罗，一八五五年，英女皇维多利亚遣香港总督约翰鲍林〔1〕（Sir John Bowring）至暹，本其白人欺骗黄人之惯技，亦用以欺骗暹人。当时暹人亦无订约之经验，误认最惠国条款，关税协定，以及领事裁判权等，看为国际友谊上应有之事。中日既皆曾如此签订，暹罗较中日为后进之国，自无异议。兼之当时四世皇之亲欧政策，更易堕其计中。以后各国与暹订约，皆以英暹条约为蓝本，而加以增补，于是暹罗遂陷于中日同样之命运。

自后日本维新，兴奋及于暹罗。五世皇瘁力治理国政，年在进步，准备于二十世纪中，在国际上争一席地。但处于不平等条约之下，焉能雄飞猛进，于是五世皇遂有废除不平等条约之谋。一八九七年皇亲游西欧，假考察政治为名，其实从事废除不平等条约之接洽。曾为废约牺牲，捐地四区，其决心于此可见。然而所采取之方法未当，卒不能遂所希冀，徒然牺牲已耳。

---

* 本文原刊于《法学杂志（上海1931）》（第7卷）1934年第2期，第107~115页。

** 季福生，1932年毕业于东吴大学法律系（第15届），获法学士学位。

〔1〕 "鲍林"原文作"宝林"，现据今日通常译法改正。——校勘者注。

六世皇曾留欧九年，非特常识丰富，而且交游亦广。即位后，续五世之志，励精图治，不遗余力。知欲废约，非先改良司法，整理内政不可：必至内政已修，然后乃有机会可乘；于是遂注意内政之革兴。至一九一七年七月，暹罗正式加入协约国，对德宣战，并派兵至法，实地助战。及欧战大定，暹罗以协约国会员之资格，乘机在议席上慷慨陈词，要求废除不平等之条约，果得美人之提挈，于一九二○年，另订暹美友谊通商行船条约。将一八三三年及一八五六年旧约中种种特权，完全放弃。后又得赛系博士（Dr. Francis B. Sayae）为之赴欧游说得力，至一九二六年，而各约俱废，皆依暹美新约为蓝本重订新约。此暹罗废约至简至略之情形也。

不平等条约中，以领事裁判权最易有所借口，若欲要求废除，每以改良司法为其停止条件。倘司法制度未至完善程度，废约之法律行为即不发生效力。故改良司法为废约之先决问题。司法之改良，又需一班司法人才[1]，故法律教育之兴也，恒先于司法之改良，而司法改良之成绩，又足以证明法律教育之效果；吾辈不言法律教育则已，言必先及其教育之目的。此所以余论暹罗法律教育之际，而涉及司法之改良之；因中暹皆已历受领事裁判权之苦痛，故并废约之事而论及之：欲借以阐明其教育之效果已耳。

二、暹罗司法之改良

暹罗五世皇朝以前，无有正式之司法机关，所有局所部署皆可受理各种案件。一八八三年，五世皇维新，乃知整理司法，使成为有系统之组织，归纳为划一之部署。至一八九一年，始设立司法部，但当时不属于司法部之法院，为数尚属不少。至一八九五年，乃将皇室刑事法院，归并于刑事法院，尬胜民事法院，该西民事法院，归并于民事法院。

一八九二年，颁布模范法院条例，为司法刷新之基础。间或因特别事件，而设立特别法庭。一八九二年，又颁布地方法院诉讼程序法，为设立地方法院之基础。至一八九七年，始设立法院于大城府，为暹罗初有地方法院之第一声。嗣后始推广至于各处。

至暹京初级法院，系于一八九二年设立。至一八九四年，复续设三处，惟其中第四初级法院，又于越年废止。同时并将模范法院组织法，加以修改。

---

〔1〕"人才"原文作"人材"，现据今日通常用法改正。——校勘者注。

至一九〇八年，颁布诉讼审判程序，及民事审判法。同时并将各部所有司法机关，——如民政厅公堂，中央民事法庭，地方刑事法庭，内务厅高等审判厅，田务署法庭，华人法庭，印人法庭，国际法庭，贵族法院，遗产法院，税务公堂，宗教法庭大理院，——皆归并于模范法院，成为一个系统，至刑事审判程序，则于一八九二年颁布，嗣后发生事件，若无明文规定，则依据一九〇八年颁布之民事审判法办理。至办理外侨诉讼之法院，最初设立于清迈，迨司法部成立后，乃将国际法庭，划归司法部管辖，惟仅限于一九二一年以前无约国而已。至于有约国人民，完全不受暹国法权统治，各归各该国领事裁判，斯为暹人最痛心疾首之事。后经赛系博士代表暹罗赴欧游说之后，各国方愿舍弃在暹之领事裁判权，于一九二五年，今皇登极时，始能实现。

除上述法院外，尚有特种法院。例如隶于皇家法制厅之特别法院，用以审判关于宫闱之事。自一九二六年五月念五日，皇家法制厅奉令结束所有职务，完全划归宫务部暨皇家秘书厅分别办理。至海陆军部，亦各设法院，专受理关于海陆军人之诉讼。至模范法院之组织法，又另加修改。现在法院，分为下列各等级。

（一）初级法院。设于哒叻行区者，为初级裁判所，审理简易民刑案件。即是监禁不满六月，罚款不过二千铢之案件。并为重要刑事之预审，然后转移于刑事法院。惟限于拍那空府及通武里府所发生之案件而已。初级法院计分三庭：

第一庭　审判拍那空府南部（即城外）所发生之案件。

第二庭　审判拍那空府北部（即城内）所发生之案件。

第三庭　审判通武里府所发生之案件。

初级法院，又为国际法庭之一部，有权审理简易案件，及国际法庭之预审，故亦受国际法庭之指挥与监督。若各国侨民所诉讼之案件，发生于第二第三庭管辖之内，亦皆归第一庭办理。

（二）刑事法院。受理全国刑事案件。

（三）民事法院。受理全国民事案件。

（四）府法院。受理该府所辖民刑案件。

（五）省法院。受理该省管辖内不服府法院裁判之民刑上诉案件。

（六）国际法庭。受理外国侨民之诉讼，并掌理尚未明白规定于律例之诉讼。此法庭属于过渡性质，俟各国所订条约实现时，则该种法庭，当即废止，统归普通法院办理。

（七）高等法院。昔者分为京畿高等法院及特别高等法院两种。一九二六年四月一日，特别高等法院取消，所有事权，统归京畿高等法院办理。其职权，即受理全国不服省法院上诉之案件。

（八）大理院为最高之终审机关，所有判决，为最终之决定，不可再为上诉。

至于代表国家公诉之机关，亦于一九〇八年设立，定名为检察，为国家刑事诉讼代表人。在职之官吏，苟有民刑事件，皆由其提起公诉，最初设立之检察厅，仅行使其职权于京畿。至省检察及府检察，仍由司法部设立，不隶属于检察厅。至一九一五年，方将各省府之检察官，统归检察厅直辖，以一事权。至现皇登极后，复陆续颁布法典多种，如一九二九之引渡犯人条例，一九三一之上诉条例，婚姻法，社团注册条例，增加商民律第四章，增修刑律。至土地法，现虽尚未颁布，自一九三〇年已经着手研究编制。

由此观之，暹罗司法之改良，年有进步，其能废除不平等之条约，不亦宜乎！

三、暹罗法律教育

暹罗司法之改良，既已如此之速，其中必需一往人才。最初之人才，多由皇室选派特出之人，至欧美各国留学，务使于最短期间学成归国，为国家谋改进，然而所需人才至众，非少数留学者所能应付，故当皇兄辣武里子爵为司法部长时，设立法律专门学校，一九一〇年，奉令收归国有，直隶于司法部。此外有政务训练学校，目的在使人民得受行政上之训练，至一九一六年，扩大为朱拉隆功大学之法政学院。其后复有法学研究会和法制局之设立。自此以后暹罗司法人才，遂有长足之进展。然而数量上尚不敷用。故又奖励自习，如律师等可由考试取得其资格。此暹罗司法人才教育之梗概也。

论法律，不过条文而已，论其所应用之学理，却无边际。故论司法人才教育，必先研究其应有之基本教育基。苟欲研究其本教育必先研究其学制，庶乎可以清晰。依照一九二一年暹罗教育条例规定，其教育阶段划分如下：

（甲）义务教育。义务教育计五年，前三年为必修学程；其后二年，为职业教育。如果修毕前三年，不欲入职业科，（此中亦有法律一科）则可入中等学校求学。

（乙）高等教育。修完义务教育以后，即可升入中等学级。中等学级为期八年，内分三期：（一）初级中学三年，（二）中级中学三年，（三）高级中学二年。修完八年之后，已算有相当学识，应为社会服务。倘年龄尚在十八岁以内，可应国家派送官费留学考试或转入专门以及大学，再求高深之学问。

若前所述之法律专门学校，及朱拉隆功大学，必须修完义务教育三年，及中等教育八年，且而年龄尚在十八岁以内者，方得自由转入。至若课程，除暹罗法律外，亦注意研究外国法律，而探求其法理。通盘研究，暹罗法律教育，大致与中国无异，所异者约有三点：（一）限十八岁以内者方得转入大学，而中国则无此限制。（二）中国各校皆有入学考试，暹罗则否。（三）暹罗法校，完全归为国有，中国则颇有私立之法校，此中得失，堪作一番研究。

暹罗强迫教育条例，原定七岁即有受强迫教育之义务。后因经济困难，乃改定十岁。然而开始受义务教育者，颇不乏七八岁之儿童。若中等教育修毕，仍在十八岁以内者，必然未尝有留级之事。此等青年，推知其为可造之人，故准升入大学，再求高深之学问，以为将来国家之人才。至若大于十八岁之人，虽未必皆为无可造者，不过国家所需要者，不必皆是大才，各种之人，皆须有之。所谓大材大造，亦大用；小材小造，亦小用；但求各得其宜而已。况国家之建设，完全为人民全体工作之结晶，若年龄已长这空，不使为社会国家服务，仍听其求学，则于其个人之知识上虽有所增，而于社会上反无实益。壮年既不能为社会服务，终身求学亦不足以求文化上有新贡献，因钝者进步甚迟，时间不许，将来徒学得相当学问入棺，美其名曰一生好学，其实为社会中之坐食者矣。故暹罗政府不许，未尝无有相当理由。然而考察事实，中小学之优等生，升入大学后未必皆为优等；中小学之劣等生，升入大学后，未必皆为劣等；说少时不受挫折，长大难有作为，处处视事过易，类多败多成少，此亦为习见不鲜之事。然则孰是孰非，未可昧然决定，姑计两方理由，以待硕学研究。

考试为一日之短长，非屡试不能决定其程度。学校之考绩，为屡试之结果。入学试验，不过一次抽问而已。故学校能决定学生真正之成绩，入学试验不能决定应考者真正之成绩。况无论何种学校，皆为国家所办，至于私立学校，亦为国家考绩后所准予立案，即是国家之信托者，今学生既已由较低级学校毕业，自应有升入较高级学校之权利，倘谓恐其成绩不足，何以准其毕业？是国家之教育，成为挂名之教育；而学校毕业之资格，亦不足以认为标准；将来国家选才仍非凭一日短长之考试不可。试问国家如何能知国内共有若干有用之才？势必教育变为无计划矣。据此理由，暹罗之办法似是。然而欲精益求精，似又非假考试以选择不可。孰是孰非？又为一疑问。

法学人才，为治人者也。既不可少，亦不可过多，盖非生产者可比矣。苟学成后而为国家服务，是为最有用之人，其有利于社会，每比其他各种人士，更加显著。苟学成后而不能为国家服务，致列于过剩者之群，则非特于社会无利，且可为社会之大害，至少亦为社会中之坐食者矣。故暹罗法校完全收为国有，可视国家之需要而伸缩，似甚正当，不知海内硕学尚有异议否？余不学，不敢决定暹罗之政策一定是也。

四、结论

暹罗之文化甚落后；暹罗之教育，亦甚幼稚；然而比年以来，当局者至为努力；教育一个人，必有其目的；使学成后，必有以用之；故教育上之耗费。将来皆有更大之收获；是愈费而愈有利也。暹罗虽处于英法两强之间。犹能屹然独立，国家地位日见增高，岂偶然之事哉！中国兴教育亦已三十余年，教育是教育，社会是社会，故虽不费而甚费矣。长此以往，中国岂止二十年之乱哉？恐一日不知改革，一日不能臻于太平，坐守亡国已耳。可叹也夫！

二十二年（1933）十一月二十三日脱稿于南京

我国检察制度之评价[*]

孙晓楼

世界各国之刑事诉讼，原无所谓检察制度。我国汉朝之所谓御史与司隶校尉，皆为检举官吏犯罪而设，其于普通人民，则适用私人之追诉，固无所谓检察制也。再就欧美各国之刑事法而言，则刑事诉讼虽由纠问主义进而至弹劾主义，然于追诉犯罪之方法上，始终维持其私人告劾之旧制，原亦无所谓检察制度也。逮至十二世纪之法皇，为欲保护其个人之私产起见，设代理人以代表参加诉讼，嗣又予以直接向法院起诉之权，于是检察（Ministere Public）之名称，即由此兴矣；迄后其职权乃渐次扩大，至1808年拿破仑法典成，而确立今日之所谓检察制度[1]。此种君主独裁，摧残民权之新法制，是否适合于二十世纪之中国，固有重行估价之必要也。

夫检察制度之优点：一、在刑事既采取干涉政策，有检察官可以实行检举犯罪，使犯罪人不致纵逸，借以谋社会秩序之安宁；二、在检察官之代行起诉，借以减少人民之讼累；三、在检察官之先行侦查，可以便利法官之审判；四、在检察官之指挥执行，用以保全法院裁判之公平。因此四利，故一般学者于此已成之局，不愿改弦更张，轻言撤废。惟检察制度之于我国，行使将三十年，在此三十年中，于社会秩序之维持上，诉讼之便利上，审判之公平上，执行之指挥上，究有多少贡献；无检察制度是否现有之社会秩序即不能维持，诉讼进行即发生窒碍，审判即难冀公平，执行即无人指挥乎？此为我研究刑事诉讼法者，所不可不注意之问题。以管见所及，则检察制度于我国现行法制上实一赘瘤耳，废除之适足以有助审判之公正，有益于诉讼之

[*] 本文原刊于《法学杂志（1931）》（第9卷）1937年第5期，第116~126页。

[1] 参阅 History of Continental Criminal Procedure, pp. 115~118.

进行，而于社会秩序裁判执行上并无若何影响，兹举其要点分别说明之如左：

一、法院审讯被告，调查证据，重在初次讯问，若事过境迁，则所传不免失实。今一刑事案件之发生，于检察制度下，类经公安局之侦查，再经检察官之侦查，然后方至法院审讯，以长久之时间，经复杂之手续，欲求被告与证人等不勾串编造证据者难矣。因此被告之供词，往往公安局与检察处不同，检察处与审判处不同，且有先后矛盾，尽翻前供者。有检察机关之周转，反使审判处办案增加许多困难，此检察制度之应行废除者之一。

二、好逸恶劳，人之常情，事非于己，最易漠视，况犯罪之发觉，既出于人民自卫之结果，则案件之起诉，由本人进行者，自较妥协而公允，今若以起诉之权，付与漠不相关之检察官，而被害人自己反处于旁观者之地位，不能有直接参加追诉之机会，殊非所以尊重被害人权利之道也，此检察制度之应行废除者二。

三、现行刑事诉讼既由纠问主义而入于弹劾主义，则当事人间之原被告，必使之处于对等之地位而后可以收弹劾主义之效〔1〕。今若使检察官与法官并肩高坐，而法官对检察官曰“请”，对被告则曰“命”，对检察官用“通知”，对被告则用“传唤”，一方面又予检察官以传唤逮捕羁押之特权，使被告人望形生畏，又奚敢与之有所抗辩〔2〕。是不啻将检察官与法院打成一片，追诉与审判立于一体，将何以收弹劾之实效，此检察制度之应行废除者三。

四、检察官与推事同为法院之职员，平日相叙一堂，共处一室，彼此因交谊关系，每不免互相卫护；检察官为顾全推事之颜面，于法院之判决，应上诉而不予上诉，推事为顾全检察官之颜面，于检察官之起诉，应宣告无罪而宣告有罪，所谓官官相护，而冤狱成矣，此检察制度之应行废除者四。

五、夫检察制之最大优点在于能检举犯罪，盖犯罪而无检察官之检举，则被害人不免因恐惧报复而不敢告诉，贪图小利而私自和解，或冷淡消极而不愿告诉，是非所以逞凶安良之道，吾人所望于检察制之效能，即在于此。然试问我国自实行检察制度以来，除有一二重大政治犯由上级长官谕令检举外，其由检察官自动检举者有几？检察官侦查之案件，类皆仰助于警局之移

---

〔1〕 弹劾主义（Accusatorial System）之优点，在于原被告处于对等之地位，而法院超然于其间，以评亭其曲直是非，比较容易达到公正之目的。

〔2〕 参阅 Morris Ploscowe，"The Development of Present Day Criminal Procedure"，*in Europe and America Harvard Law Review*，Vol. 48，No. 3，p. 436.

送。日本为实施检察制度比较完善而有历史的国家，然近年统计检察官侦查案件，由警察官厅移送者约百分之八十九，由于告诉告发者只居百分之九强，由检察官自行发觉犯罪者仅居百分之一强〔1〕。是可知我国在现行法制之下，欲检察官以职权检举犯罪，非不为，而实不能。是吾人希望于检察官之最大功能，既无行使之可能，则亦何必多此骈枝之机关，以虚靡国币，此检察制度之应行废除者五。

六、或谓有检察制度可以减少法院之负担，因检察官于犯罪之起诉与不起诉，有斟酌之全权，其于全无犯罪嫌疑不能成立犯罪之案件，与犯罪轻微之案件，皆可不为侦查或予以不起诉之处分，如此则无谓之争讼当不致事事拖累法院，而可以减轻法院不少之负担，此亦为维持检察制度重要理由之一。但检察官认为可以不起诉者，皆可为法院谕知免刑免诉不受理或无罪之理由〔2〕，其结果实相同；所不同者，一以处分之形式，一以判决之形式；是又何必以两种之机关，达到一种之目的，且与其由检察官以不起诉处分之方式减少争讼，毋宁由审判处以判决之方式减少争讼，殊较郑重而合法也，此检察制度之应行废除者六。

七、或谓检察制度可以减少人民之讼累，使不知法律又无钱以聘请律师之被害人，有检察官代为侦查起诉，可以减少被害人之讼累。但被害人于公诉案件，一须经过警察官之讯问，二须经过检察官之讯问，三须经过审判处之讯问，则所谓减少讼累者，不免因检察处之讯问，而增加其讼累。至于不懂法律又无钱以聘请律师者，则尽可由国家律师以代行起诉，事实上亦何必有检察机关之设置，此检察制度之应行废除者七。

八、被害人提起自诉之案件，不服审判处之判决者可以作上诉之救济，对第二审判决不服者，且可上诉至第三审。乃同一刑事案件，经检察官侦查终结者，即不得再行自诉（刑诉法第315条第1项），倘检察官为不起诉之处

---

〔1〕 见石志泉等《考察日本司法报告》第22~23页。

〔2〕 刑诉法第231条规定检察官不起诉处分之理由，如（曾经判决确定），（时效已完成），（曾经大赦），（犯罪后之法律已废止其刑罚）等，均可为法院谕知免诉判决之理由（刑诉法之294条）。又（如被告死亡），（对于被告无审判权），（告诉或请求乃谕之罪，其告诉或请求已经撤回，或已逾告诉期间）等，可为法院谕知不受理判决之理由（刑诉法第295条）。再如（犯罪嫌疑不足），或（行为不罚）等，皆可为法院谕知无罪之理由（刑诉法第293条）。如（法律应免除其刑）者，可为法院谕知免刑之理由（刑诉法第291条）。

分，被害人只得申请再议，再议被驳回者，即无可以救济之道，如此则不免剥夺被害人享受司法审判之权。再检察官于起诉之后，法院判决无罪者，被害人上诉之权又操诸检察官，倘检察官固执成见，则虽上诉亦恐不能发生何种效力，殊非所以保障被害人之道，此检察制度之应行废除者八。

九、夫意图他人受刑事或惩戒处分而向该管公务员诬告者，应负诬告之罪责，此系对普通人民之追诉而言。至于检察官之追诉，则无论其起诉之有无理由，起诉之能否成立，皆不受刑事诬告之责任，刑法第二十五条第一项第三款虽有"追诉或处罚犯罪职务之公务员，明知无罪之人而使其受追诉或处罚，或明知为有罪之人而无故不使受追诉或处罚者，处一年以上七年以下有期徒刑"之规定，然事实上之检察官，或则感情用事，或则逢迎权贵，应起诉而不起诉，或不应起诉而起诉之事实甚多，其曾援用本条以处检察官以罪刑者，万不得一。且检察官每任意逮捕，滥施羁押，往往有羁押数月，而结果仍下一不起诉处分者，有虽起诉而仍为法院宣告无罪者，被告蒙此冤狱，检察官不负任何责任，天下不平之事，孰有过于此哉。此有权无责之检察官，实与专制时代之帝皇何异，将何以适应以三民主义为立国基础之国家，此检察制度之应行废除者九。

十、现行检察制度，虽以检察官配置于法院，然检察官仍与法院院长同操司法行政之权，其于司法警察之进退惩奖，由首席检察官主持，检察方面之书记官等由首席检察官监督，而同时于会计统计赃物等事项，则完全受法院支配，检察官无权过问。于是在法院则欲谋事权之统一，不能循检察之所请，在检察则欲维持固有之尊严，不甘受法院之干涉；院长与首席之间，往往因琐屑细故而闹意见，而互相破坏；甚至法院挟经济以控制，检察持法警以捣乱，两者竟成水火，于是法院与检察之长官，应付行政上之纠纷且不遑，欲求其彼此努力合作，以增进司法之效能者难矣，此检察制度之应行废除者十。

十一、关于刑事裁判之执行，其所以不由推事而由检察官指挥者，盖恐推事因指挥执行上之困难，而影响裁判之公平。惟此种维持裁判公平之方法，固非必须检察官行之。苟能特设刑事执行推事专司其责，亦未尝不可达到裁判公平之目的，是亦何必多一检察机关之周转，而增加执行时日之稽延哉，此检察制度之应行废除者十一。

十二、再就世界之法制言，则所谓大陆法系国家，固莫不采取检察制度，然英美法系国家，则犹维持其私人告劾之原则，而并不采取大陆法系之检察制度，其一切犯罪案件，有告诉人时，则以告诉人为原告，无告诉人时，则由国家律师为公诉人，英国虽有公诉指挥官之设，然其职权之行使，仅限于特定之罪刑，至一般案件，则必须经被害人之追诉，其社会秩序未必较逊于大陆法系诸国[1]。再就上海租界两特区法院而言，其刑事案件除一部分侵害我国国家法益之罪刑，应由我国检察官起诉外，其他犯罪案件类由捕房律师起诉，此于我国法权之完整上为不应有之畸形制度，然就追诉制度之本身以观，固不能谓其不能维持租界之安宁秩序也。况近代大陆法系诸国之刑事诉讼，有取法英国，以提高当事人地位之趋势[2]，吾人亦何必拘泥于大陆法系之成见，而以检察为不可动摇之制度哉，此检察制度之应行废除者十二。

夫诉讼立法之趋势，由复杂而日趋于简单，由稽延而日趋于便捷，此为近代法学者之所公认[3]。一案之审理，其以一月之时间解决者，无论其解决如何公正，其成效每与以一日之时间解决者相等，一案之审理，其以复杂之手续解决者，无论其解决如何圆满，其结果未必较诸以简单手续解决者为优。何哉，以长久之时间，复杂之手续，而进行诉讼之程序，被害人与其亲属所受精神上物质上之损失，往往较诸受被告所侵害法益之损失为大；而被告及其亲属所受精神上物质上之损失，亦往往较其所应受之罪刑为大。夫审判之公正，有形式与实际之别；时间之长久，文书之复杂，机关之重叠，审

---

〔1〕 有谓英美亦用检察制者，余认此对检察制之解释，不免过于广泛，因美国之所谓 State Attorney，District Attorney，Prosecuting Attorney，county Solicitor 与 Attorney General 等，虽皆有公诉之权，然此系国家公众原告之律师，故实有国家律师之地位，同时又得加入律师公会执行律师职务，似不当以检察官称之。至于英国则有所谓 Attorney General，Director of Criminal Prosecutions，Police Solicitor 等名称，固皆有执行公诉之权，惟其权甚狭，与法德诸国之所谓检察官 Procurator 者，究有不同。且在美国上级公诉官又未必有指挥下级公诉官之权，吾人固不能以检察制名英美之刑事诉讼也。关于英美公诉制应参阅 Long and Baker，"The Prosecuting Attorney"，*Journal of Criminal Law and Criminology*，Vol. 23，pp. 932～937，及 Morris Ploscowe，"The Organization for the，Enforcement of the Criminal Law in France，Germany and Italy"，同杂志 Vol. 27，No. 3. pp. 315～316.

〔2〕 参阅拙著 "两大法系刑事诉讼法之沟通"，载《武大社会科学季刊》第五卷第三期。Moris Ploscowe，同书 p. 471.

〔3〕 关于司法组织宜简单，可参阅 R. Pound，"Causes of Popular Dissatisfaction with administration of Justice Report Amer"，Bar . Assoc. 29，pp. 395～417. 关于诉讼手续亦力求简单，可参阅 Parmelee，*Criminology*，p. 281；Story，*The Reform of Legal Procedure*，pp. 91～191；Callender，*American Courts*，pp. 220～224；Smith，*Justice and the Poor*，pp. 17～19；郑天锡："对于改良司法之意见"，《法令周刊》第 145 期。

级之加增，形式之公正而已，非审判实际之公正也。实际之公正，当以该案解决之结果，当事人精神物质之得失，与夫国家社会因该案所受得失之总积，以比评其价值，固不能只就该案判决之本身而衡量其公正之程度也〔1〕。或曰检察制度之不良，由于办理不得其人，警察之不听其指挥，于制度本身何有。余认为无论检察官如何得人，又无论检察制度之如何有利于法院，通常之刑事案件，须经过警察，调查庭推事，再加之第一审第二审第三审共六次以上之审讯，五处司法机关之周转，然后可以达到最后之判决，羁押时期之延长且不论〔2〕，只就诉讼之繁简言，已足摧残实际的公正而有赊。况际此司法人才缺乏，司法经济拮据之时，多一种制度，不如少一种制度，多设一机关，不如少设一机关；倘得将此无益有害之检察机关废除，则于企求刑事司法实际的公正外，或有助于法院之普设，法院经济之充实，于司法人才之集中乎。重以我国被害人告劾之办法，行之已数千年于兹，其政治界之黑暗与腐败，与夫社会秩序安宁之维持，固不能谓自实施检察制度以后而有特殊之改进也。法律随时代而演进，拘泥既往，固非必当，然亦何必削足就履，放弃我中华法系固有之长处，而作东施之效颦哉。

惟检察制度撤废以后，于刑事诉讼之程序上，有应行改革者甚多，兹举其大者要者说明于后：

一、追诉犯罪不限于被害人而有行为能力者，被害人本人外，被害人之法定代理人配偶直系或三亲等内旁系血亲或家长家属均得到法院自诉，惟法院得命自诉人缴纳保证金，以防滥诉。

二、于各重要之警察机关设置国家律师一人至三人，当被害人等不提起自诉时，该律师应指挥警察检举犯人，代行起诉。于侵害国家及社会法益之重大罪犯，亦得由该律师检举犯人后起诉。被害人等自诉后经撤回之案件，该律师亦得斟酌案情而代行起诉；同时并应辅助无法律知识又无资力以选任律师之被害人等起诉。

三、于司法行政部设公诉总指挥官一员，以监督并指挥全国国家律师公诉之实行。

四、法院于审判期日前开调查庭时，以不公开为原则，但推事认为无秘

---

〔1〕 关于实际之公正，应超越形式之公正，可参阅 Schafer，"Deutsche Justiz"，1935，p. 991.

〔2〕 ［日］松尾萄太："司法制度之刷新"，载《法曹共论》第40卷第1号，第9页。

密之必要者，亦得以公开之方式行之。

五、司法警察应予以法律常识与侦探技术之训练，俾佐法院搜查犯人与证据。

六、法院设刑事执行处，由执行推事指挥之。

七、命案验尸，由法院推事督同法医办理，盗案履勘可交付警察与侦探办理。

以上数点有关于法院组织者，有关于诉讼程序者。诚然，检察制度一经撤废，所牵及之问题甚多，于司法制度上不免发生重大之影响。惟吾人既具改善中国司法制度之决心，则所当维护者，为于国家有利，于人权无害之法制；倘于国家无益，于人权有损，则去之唯恐不速，岂可以其改革之困难，牵动之过大，而踌躇彷徨哉。

意大利之检察制度[*]

薛光前[**]

自赴意大利负笈以后，与彼邦人士相接，读其书，观其事，耳濡目染，感触殊多。归与师友倾吐，无论关于政治，经济，财政，法律，教育，社会诸端，辄感兴趣。或曰：盖追而纪之。自维一鳞半爪，无关宏旨。虽然，可以自课其学识之进退也，因值东吴法学杂志"检察专号"之辑，草成，《意大利之检察制度》一文，以供同好，并求指正。

（一）

政治与立法，形影相随，不可或离。故欲言意大利现代之刑事立法，不可不追求其现代之政治主义。意大利现代之政治主义为法西斯[1]。法西斯之注意无他，曰一切应统治[2]于国家之下，无物能于国家之外，对之抗衡是已（Tulto dello, Stato, niente contro lo stato, niente al fuori dello stato）。为贯彻[3]是项"国家至高无上"的主旨起见，立法上自须根本改革，爰有一九二三年十二月三十日之法律，及一九二四年六月三日之命令，组设修订法律委员会，修改民，商，海商，诉讼各法典。其中刑法及刑事诉讼法即于一九二五年由司法部长罗科[4]氏（Rocco）（卸任后，曾任罗马皇家大学校长，

　＊　本文原刊于《法学杂志（上海1931）》（第9卷）1937年第5期，第95～101页。

　＊＊　薛光前，1933年毕业于东吴大学法律系（第16届），获学士学位，曾任东吴大学法律系教授。

　〔1〕　"法西斯"原文作"法西斯蒂"，现据今日通常译法改正，下同。——校勘者注。

　〔2〕　"统治"原文作"统制"，现据今日通常用法改正。——校勘者注。

　〔3〕　"贯彻"原文作"贯澈"，现据今日通常用法改正。——校勘者注。

　〔4〕　"罗科"原文作"罗哥"，现据今日通常译法改正。——校勘者注。

为有数之刑商法学家，一九三四年病故于罗马，法家惜之），与一特种委员会负责起草，几经研究，费时五载，始于一九三〇年十月十九日以一三九九号敕令公布，翌年七月一日施行。今之言近代刑事学思想者，辄以意大利之刑法法典为其表率，是则罗氏当居首功矣。

意大利刑事法典之改革经过，既如上述；则基于刑诉法之检察制度的递嬗情形，可约得一二。兹分政策，主义，组织三端言之：

一、检察之政策

意大利刑事诉讼，采用国家追诉主义。起诉之权，专属于代表国家之检察官。被害人除对于初级管辖之直接侵害个人法益案件得迳向法院起诉外，其余仅得向检察官或司法警察官告诉，不得自为刑事之原告。故意大利检察制度所取之政策，为"依法起诉"主义，而非强迫主义，或自由主义。盖在自由主义者，提起公诉与否，可听检察官之自由处断；在强迫主义者，检察官一经被害人之告诉，或警察署之报告，即有提起公诉之强迫义务。故今日意大利刑诉典中，关于公诉权之行使，既非单纯的权利，亦非单纯的义务，唯有依照法律之规定，而取决一切。换言之；检察官应侦查各种事实是否适合于法定之起诉案件。以是意大利之检察官，于执行职务时，一以"实体真实发现[1]主义"为依归。良以刑事诉讼之目的，在于确定刑罚权之存否及其范围，重在维护社会利益，自宜充分发现事实真相，据以裁判，然后无枉无纵，可成信谳也。

二、检察之主义

意大利检察官之性质，既代表国家为原告，故采同一体主义，与法院之采各级独立主义者不同。合全国检察官互相联系[2]以为一大有机体，综其特点如下：

甲、检察官有绝对服从长官命令之义务；

乙、检察长及各首席检察官对该管区域内检察官之事务，有自行处理并移使他检察官处理之权；

---

[1] "发现"原文作"发见"，现据今日通常用法改正，下同。——校勘者注。

[2] "联系"原文作"连系"，现据今日通常用法改正，下同。——校勘者注。

丙、检察官遇紧急事件，得于管辖区域外，行使其职务。

三、检察之组织

欲言意大利检察之组织，当先明其各级司法之机构。意大利各级司法机关如下：

甲、和解法官；

乙、治安裁判官；

丙、地方法院；

丁、高等法院——高等分院；

戊、审判重罪法院；

己、大理院。

高等法院或地方法院中均有检察处之设置，治安裁判有所虽不设检察官、但遇刑事案件，亦有候补治安裁判官，或普通律师一人，行使检察官之职务。高等法院地方法院检察处，及治安裁判所皆设书记官若干人，此外尚有承发吏，庭丁等，其职务与中国略同。至法官共分以下八级：

甲、实习推事及实习治安裁判官；

乙、候补推事及候补治安裁判官；

丙、地方法院推事，法院检察官及治安裁判官；

丁、高等法院推事，候补检察官，地方法院院长，首席检察官及治安裁判长；

戊、大理院推事，候补检察官，高等法院庭长，高等法院检察官；

己、高等法院院长，首席检察官，大理院庭长及大理院检察官；

庚、大理院检察长；

辛、大理院院长——为意大利全国最高之法官。

各级法官之任用及升迁等等，均须经过极严格之考选。惟法官自升为大理院推事后，欲升任高等法院院长或其他同等职务时，并不受任何考选规则之拘束。高等法院院长，大理院检察长与大理院院长，均由司法部长于大理院推事中遴选资历较深且有行政之才具者，提请国务会议通过。盖此种官吏，均为国家司法权之代表人物，必须与政治发生直接联系也。至其各级检察处之组织，详见其法院组织法中，关于行使职权之细则，则由刑事诉讼法为之规定。综其公诉行为，均为三种：

甲、侦查人犯证据；

乙、请求科刑或赦免；

丙、监督判决之执行。

检察官虽一面与被告居于对立地位，但一面又有求法律正当适用之职务，此种地位，与法官相同，均负有发现实体真实之义务；惟一则为司法行政官，一则为真正法官，此检察官之性质，与推事又有不同者矣。

（二）

虽然，以上所述，皆为意大利检察制度之一般概况，要无特殊之征象可言。然则其特点果何在乎？请先述其司法制度之特色，而后进言其检察制度之异点。

意大利之司法制度及其近年自法西斯党执政以来之改革，笔者曾于本志"司法制度专号"中略及一二。尝考民刑诉讼制度与法院之组织，关系最密，意大利之法院组织，系自一八六五年始。当一九二二年法西斯党执政以后，对此并未有重大之改变，惟为贯彻法西斯党之党义与政策起见，特新创三种特别审判机关：一为劳工法院；一为儿童法院；一为国防特别法院。此三者之理论与实际，笔者均曾于《意大利司法制度》一文中，郑重介绍，而于劳工法院及儿童法院设立之主旨，组织之统系，运用之方法等等，叙述尤详。兹所申说者，仅及于国防特别法院方面，盖与检察制度关系甚切也。

意大利国防特别法院之组织，系根据一九二六年十一月二十五之法律，其存续期限，原为五年，嗣经期满，展长五年，旋又期满，更延长二年，以迄于今。该院设于意京罗马，所有政治性质之罪犯，如破坏国家之统一，谋害国王或首相之身体，组织叛乱团体，妨碍外交等罪，均归其管辖。以陆军中将一人为院长，党军军官五人均系法学博士出身者为法官。凡被告一经裁决犯罪时，其应受之刑则，依战时军法之例，从重处断。至该院中另有预审委员会之组织，专任搜集与审查证据，且为决定应否继续追诉，或将被告解送于法院等等。是则名义上该院虽无检察官之设置，实质上该委员会固代表国家为原告，实施检察之机能。此每为研究意大利检察制度者所忽视，而为吾人所不可不注意者也。

至意大利儿童法院中之检察官，当其执行职务时，并非为一纯粹之检察官，而为一精谙生理学、病理学、心理学、教育学之专家。盖其侦查或预审儿童犯罪时，不重于口供之陈述，与证据之搜集，而重于儿童的生理上、病理上、心理上、教育上的检验，无论出于环境之影响，或属于遗传的原因，均须充分研究，彻底明了。此为意大利刑事立法新纪元之开始，亦为各国检察官制度中之最别开生面者。

尝考各国之检察制度，实滥觞于法国，英美二国，今日仍无检察制度。至日本维新以前，亦无检察制度，均以警察官吏充之，嗣仿欧洲大陆诸国，亦有检事之设置。意大利之检察制度，亦大都采自外国，惟能根据国情，迎合时势，用能适应机宜，推行尽利。吾国刑事诉讼向采个人弹劾式，至清末公布法院编制法，始采用检察制度。但近来学者对于检察制度之存废问题，议论纷纭，莫衷一是。主张废止者，唯恐藩篱之不撤，主张保存者，深惧壁垒之未坚。词锋针对，迄无定案。惟念世界者变动不居者也，一国之形势与时代之进化，亦月异而岁不同者也，故非于此者或是于彼，非于今者或是于后，要在放开眼光，从大处远处深处认清时势，针对民情之需求，博采各国之精华。所谓"从根着眼，迎头赶上"之说，实为一切事页改进之要图。须知天下之事，无绝对之利，亦无绝对之弊，唯在因时制宜，因地设施，取精用宏，舍短补长，苟能参透此理而笃信之，则言中国检察制度之应存应废，庶几近矣！

二十五（1936 年），十一，十四，南京

由检察制度在各国之发展史论及
我国检察制度之存废问题[*]

杨兆龙

这次东吴法学杂志社发行检察制度专号，向我征稿，我当初本想将已往几年关于检察制度所搜集的材料加以整理，做一篇有系统而带比较性的文章。所以我曾告诉同学孙晓楼兄，我将担任写以下的题目：中外检察制度之比较及我国今后应取之态度。谁料刚预备开始动笔，便有了疾病，而痊愈以后不久又发了其他的症候。这样几次耽搁，便蹉跎了好几个月的的光阴。现在检察制度专号已届出版之期，而我那预定要写的文章呢，篇幅既长，并且还未开始，实在难以如期缴卷。不得已只好商请老同学原谅，准我换一个小一些的题目，聊以报命。也许这篇文章写成时，他已经对外公布了前一个题目。那么〔1〕，我不但要请他原谅，并且还要向读者道歉。

近年来国内法学家及司法当局对于检察制度讨论颇多。其中有主张根本废除这个制度的，也有主张保存他的。而主张保存他的人又可分为两派：即（一）守旧派，和（二）改革派。前者赞成维持现状，后者提倡加以改革。我觉得这些人所提出的问题虽然都有研究的价值，但是其中最值得注意而亟待解决的，莫过于检察制度的存废问题。因为这个问题须先于其他问题而解决；若是这个问题不先解决，那么其他的问题有无讨论之必要便无从决定。不过从来研究这个问题的人，其出发点也各不相同。有些是偏重于事实的，也有些是偏重于理论的。偏重于理论的研究，近来在国内比较常见些；就是在本期专号里面也许占比较重要的位置；毋庸再加以补充。所以就我的立场

＊ 本文原刊于《法学杂志（上海1931）》（第9卷）1937年第5期，第7~61页。
〔1〕 "那么"原文作"那末"，现据今日通常用法改正，下同。——校勘者注。

而论，最好多就事实方面贡献一点意见。检察制度在各国之发展史乃是事实中最不可忽视的，我便拿他做一个主要的出发点。这就是我选择本文题目的用意所在。

本文共分两大部分。第一部分叙述检察制度在各重要国家之发展史；第二部分根据第一部分所叙述的事实，并参照我国的情形，推论我国检察制度的存废问题。

一、检察制度在各重要国家之发展史

检察制度与法院组织法及诉讼法——尤其是刑事诉讼法——有密切的关系。所以要研究检察制度的发展史，至少非同时研究法院组织法及刑事诉讼法沿革不可。但是本文因限于时间对于这一层势难办到。现在只好将那些细点一概略去，专就检察制度在重要各国发展的阶段加以简单的叙述。近代谈法学的人，都习惯将大陆英美两系对举并列，我们为便利起见，姑且亦照样分别说明如下：

（一）检察制度在大陆法系国家之发展史

有人说：检察制度在从前罗马时代就已经存在。但是据一般法制史学家的考证，这似乎不足置信。因为在罗马时代无论何人都可追诉[1]犯罪的人，国家并未设置专官担任这事。就是到了以后皇权发达的时期，也没有人想到这一点。其勉强可以说是与检察制度有些关系的，只有两件事：第一是在帝制全胜时代有一批"国家或皇帝代理人"出现，他们的名称种种不一。有叫Procurator principis 的，有叫 Procurator caesaris 的，也有叫 Procurator rationalis 的。不过他们的职务大都不外替国家或皇帝保障财政上的利益并管理财务。据说以后法国一种类似的制度（这种制度是法国检察制度的滥觞，本段下面当补行说明），便是渊源于此。第二是在当时有一批公务员（叫做 defensores, irenachae, curiosi, stationarii, nuntiatiores 等等）担任警务及地方治安事宜。他们有时侦察犯罪并将缉获的犯人移送法院，但是他们在法院内的地位并不因他们的公职而与私人有何区别。倘若他们不能就所告的事情举出充分的证据，或不能使法院认为其所告属实，法院得处以诬告罪。[2]

---

〔1〕 "追诉"原文作"诉追"，现据今日通常用法改正，下同。——校勘者注。

〔2〕 以上见 Otto, *Die Preussische Staatsanwaltschaft*（1899）第一至第二页。

　　检察制度在大陆方面的真正发源地，当推法国。在法国古代王政时期有一种人叫做"国王的代理人或律师"（Procureurs ou avocats du roi）。据说这一批人是由罗马时代的 Procuratores caesaris 等脱胎而来的。因为罗马的制度曾随着那些占领高卢〔1〕（Gaul 按此为欧洲古国，其领土包含今之意大利北部，法，比及荷兰，瑞士之一部）的弗兰克民族（Franks）传到法国去。〔2〕这批"国王的代理人或律师"最初是专管国王或诸侯私人的事情的。所以他们只是国王或诸侯私人的代表。他们所处理的都是关于国王或诸侯本人权利的事件，如财政上的利益及领土的完整等等。并且他们不一定专替国王或诸侯服务，有时自己执行律师职务而兼办私人的法律事件，所以他们的地位处于普通律师一样。〔3〕迨后王权扩张，国家活动的范围一天大一天，于是关于国家利益及公共秩序一类的事业归他们过问了。他们所担任的职务一变而包括追诉犯罪，维护失踪人之利益，保障被监护人，贫穷人际弱病者之权利，检察官吏之行为等等。到了十四世纪的初叶，他们便成为正式的公务员。自十五世纪以后他们的职位更带上了专任的性质，他们便不能再办理私人所委托的法理事件。同时因为他们的职务渐趋固定，人数日形增加，在组织方面也渐渐地具有系统。不过虽在这个时候，他们对于国王的关系还没有根本改变。他们执行职务时，仍不失为国王的代表，因为在专制政体之下，一切权力都是以国王为泉源的。他们在当时之所以以"国王的人"（gens du roi）见称于世者，就是因为这个缘故〔4〕。迨十七世纪的下半叶，法王路易〔5〕第十四颁布了各种条例，将以前的法律制度及思想加了一番整理及改革。于是检察制度在条文上更有明确的规定。不过到了十八世纪，因为政治思潮的转变及人权观念的发达，渐有人攻击当时的司法制度——尤其是刑事诉讼制度。其攻击最烈的莫过于那纠问式的，秘密〔6〕的，用刑讯的不准用辩护人的刑诉程序。当时的学者和政论家中有一班很推崇英国的制度——尤其是英国的私诉（即

　　〔1〕　"高卢"原文作"高尔"，现据今日通常译法改正。——校勘者注。

　　〔2〕　见同书第五页。

　　〔3〕　见 Esmein, *Histoire de la procedure criminelle en France* 之英译本 *A History of Continental Criminal Procedure*, *Continental Legal History Series*, Vol. V（以下照此）第一一四至第一二一页

　　〔4〕　见 Brissaud, *History of French Public Law*（法文英译本）*Continental Legal History Series*, Vol. IX, 第四六六至第四六八页。

　　〔5〕　"路易"原文作"鲁易"，现据今日通常译法改正，下同。——校勘者注。

　　〔6〕　"秘密"原文作"密秘"，现据今日通常用法改正。——校勘者注。

私人追诉犯罪），公开审判，辩护，及陪审等制度。这班人中有孟德斯鸠（Montesquieu），伏尔泰[1]（Voltaire），狄龙[2]（De Lolme），贝卡利亚[3]（Beccaria）在内；他们都主张采取像英国那样的刑诉制度这种思想激荡既久，附和者一天多一天。所以到了法国革命之时，几有一发而可遏止之势。国民会议（Constituent Assembly）关于一七八九年十月八日及九日通过改革法制的议案外，复于一七九一年九月十六日及二十九日议决了更进一步的改革方案。依后者的规定，检察官的职权，因为大陪审团制（grand jury）的采用和私诉制的容纳，大被消灭[4]。同时有人认为检察官关于追诉犯罪的职务与国家主权所属之人民的利益有密切的关系，检察官不应该由行政机关任命，所以该法案（即一七九一年者）复规定检察官改由人民选举[5]。到了法国第一共和四年有所谓"罪行法典"的颁行，这部法典一方面将以前的法律加以整理和编制，使成为一个整个的系统而便于引用遵守，一方面又将几点认为不满意的地方加以改革。不过检察官的地位并未受着什么显著的影响。但是此法施行不久，大家便觉得国家关于追诉犯罪的权太薄弱，不足以应付那革命后社会不安的情形。于是在共和第八及第九两年将革命前固有的检察制度恢复了。检察官民选的办法因此也被取消。拿破仑秉政时代，努力立法事业，于一八〇八年便颁布了现行的刑事诉讼法典（Code d'intruction criminelle）。这部法典是折衷路易第十四时代所订的制度革命时期所行的制度而成的，所以和两者都有些不同的地方。不过当时因为对外连年作战，国内未能安定，觉得有维护检察制度以保持国家权力治必要。所以对于固有的检察制度，殊少更张处[6]。一八一〇年四月二十日另外颁布了一种关于司法组织的法律（Loi sur l'organisation del ordre judiciaire et l'administration de la justice），对于检察官的系统结构职权等有更详密的规定。这种法律至今还是有效。

我们对于检察制度在法国发展的情形既已说了一个大概，以下便要略述

---

〔1〕 "伏尔泰"原文作"伐尔泰"，现据今日通常译法改正。——校勘者注。

〔2〕 "狄龙"原文作"德罗姆"，现据今日通常译法改正。——校勘者注。

〔3〕 "贝卡利亚"原文作"贝卡里亚"，现据今日通常译法改正。——校勘者注。

〔4〕 见 Esmein 同书第二一一至二五〇页，第二七二至二七五页，第三六二至三九〇页，第四一八至四一九页。

〔5〕 见 Mangin, *Traité de l'action publique*, (1876) 第八至第十页及见 Esmein 同书第四一八页。

〔6〕 以上见 Esmein 同书第四二六至四四一页，第五二八至五二七页，及 Howard, Trosection, *Encyclopedia cf the Social Sciences*, *edited by Seligman and others*, Vol. XII, 第五四七页。

这种制度传播到别的大陆法系国家的经过。按别的大陆法系国家之采取这种制度，大都是由于法国现行一八〇八年刑事诉讼法典及其他拿破仑法典的影响。这些法典颁行以后，由于法国政治及其他势力的膨胀，欧洲重要的国家便相继被迫或自动的摹仿或采用他们。因此那些法典所规定的检察制度也随着由法国向外流传，不到百年。非但那些和法国在历史或种族上关系密切的国家如比利时，意大利，和瑞士之西部各州等采用这种制度，就是那背景相差很远的俄国，德国，奥国及其他许多漠不相关的国家也不能例外〔1〕。至于今日，则凡是大陆法势力所及的地方，几乎没有一处不有这个制度。我们没有工夫就各国采取这制度的经过一一加以说明。现在只好将比较值得注意的一个国家——德国——的情形拿来做个例，以补充上面所说的种种。

德国本是一个日耳曼民族的（Germanic）国家。我们研究检察制度在德国发展的经过，最好从日耳曼的法律说起。按照日耳曼古代的法律，追诉犯罪乃是私人的事情，非国家所过问。遇着犯罪情事发生时，不但被害者及其家属享有追诉之权，就是他们的朋友或第三者（在他们自己不行使此权时）也享有此权。不过无论如何，国家对于这些事情是向抱着不干涉主义的。所以在古代日耳曼法制中我们找不出检察制度的痕迹。这种情形一直到十五世纪才渐渐的改变。自从那时候起皇帝为保护她的以及国家的财政利益起见专任了一位官吏代表他在法庭里进行诉讼。这位官吏后来以皇家法庭财务代理人（Kammer Prokurator Fiskal）见称于世。自从弗里德里希〔2〕大帝第三（Friedrich III，1440～1493）时起，这位官吏便以皇帝代表的名义追诉一切违背皇帝命令侵害皇帝权利的人〔3〕。同时在各邦里面还有比这个更值得注意的情形发生。在一四七四年拜恩〔4〕（Bayern 英文为 Bavaria）的；路德维格〔5〕（Ludwig）公爵曾发布命令，称：如遇犯罪情事发生而无人愿出面追诉，该邦的官吏应依职权办理这事。在一五一三年该邦的威廉（Wilhelm）公爵曾于慕

---

〔1〕 见 Howard 同文第五四七页及 Grand，*Traité théorique et pratique d instruction criminelle et de procédure pénale* 第九段。

〔2〕 "弗里德里希"原文作"弗力特雷"，现据今日通常译法改正。——校勘者注。

〔3〕 见 Schröder，*Lehrbuch der deutschen Rechtsgeschichte*（1907）第五六四至五六六页及第八四八至八四九页及见 Otto 同书第四页。

〔4〕 "拜恩"原文作"贝恩"，现据今日通常译法改正。——校勘者注。

〔5〕 "路德维格"原文作"鲁易"，现据今日通常译法改正。——校勘者注。

尼黑[1]（Perlach）地方设了一个公务员专办这事，在一四五六年符腾堡[2]（Württemberg）的伯爵派了索林根[3]（Göpingen）地方的督察员为办理特种案件的公诉人，到了一五六六年在安斯帕赫[4]（Anspach）及拜罗伊特[5]（Bayreuth）等处又设了追诉犯罪的官厅律师。在慕尼黑[6]（München 英文为 Munich）那一邦里面，公诉职务由市长任之，在宫禁里面自从一六一〇年的犯罪条例（Malefizordnung）颁行以后，这类职务由犯罪代理追诉人（Malefiz prokurator）担任。[7]

不过以上种种仅足以表示德国渐渐的有与检察制度接近的可能，我们未便因此就说德国现在的制度是发源于此。我们只可说这些事实为现在的制度造成一种相当有利的空气罢了。至于讲到检察制度的真正起源，我们还得回溯到法国法制之流传于德国。在十九世纪的初叶，因为法国政治及文化势力的膨胀，欧洲有许多地方都采用了法国法典——尤其是一八〇八年颁行的刑事诉讼法典。德国虽没有采用这些法典，间接却不免受着影响。所以拜恩邦于一八三一年便略仿法国的制度设了检察官，以后汉诺威[8]（Hannover）邦（一八四〇年），维耳登拜耳格邦（一八四三年），巴登（Baden）邦（一八四五年）及普鲁士邦（一八四六年）等也跟着实行这个制度。同时德国黑森[9]（Hessen）及普鲁士两邦沿莱茵河左岸的几省曾一度在法国统治之下而正式奉行一八〇八年的刑事诉讼法典等。那些地方所实行的检察制度是和法国一样的。等到这些地方脱离了法国的统治以后，德国为维持固有状态以免紊乱社会起见，仍然听以前的制度存在。所以德国自从十九世纪中叶以后，不但有那略带些法国色彩的检察制度，并且还有那十足法国式的检察制度[10]。后者之发现于德国，完全由于一时政治的关系，没有什么可以使我们注意之处。

---

〔1〕"慕尼黑"原文作"泼拉黑"，现据今日通常译法改正。——校勘者注。

〔2〕"符腾堡"原文作"维耳登拜耳格"，现据今日通常译法改正。——校勘者注。

〔3〕"索林根"原文作"古滨根"，现据今日通常译法改正。——校勘者注。

〔4〕"安斯帕赫"原文作"昂斯怕黑"，现据今日通常译法改正。——校勘者注。

〔5〕"拜罗伊特"原文作"拜陆脱"，现据今日通常译法改正。——校勘者注。

〔6〕"慕尼黑"原文作"满星"，现据今日通常译法改正。——校勘者注。

〔7〕见 Otto 同书第三页。

〔8〕"汉诺威"原文作"汉诺佛"，现据今日通常译法改正。——校勘者注。

〔9〕"黑森"原文作"海生"，现据今日通常译法改正。——校勘者注。

〔10〕见 Otto 同书第七页及 Brunner, *Grundzüge der deutschen Rechtsgeschichte*（Zweite Auffage）第二七七页。

不过前者之发现于德国，却不是一件偶然的事情；其中有一点值得我们相当的重视，那就是：在有些邦里，这种制度经过了长时期的酝酿，讨论，和观察才能产生或发展。这一点我们只要看普鲁士便可知道。

在普鲁士古代法中也有一种类似检察官的国家财务代理官。这种国家财务代理官的权限，比其他任何邦同等的公务员都要大。他们的职务包括（一）监督刑事诉讼程序之进行，（二）追诉各种犯罪者，（三）侦查犯罪。这种公务员简直可以说就是检察官。但是这种制度发达不久，就有人提倡一种与他不利的学说。依照这种学说，国家司法权应该集中于法院；国家财务代理人的存在，足以使司法权分化，不问其方式如何，都有损法院的地位，所以应该取消。这种学说以后盛行一时，国家财务代理官渐为一般人所不重视。而成为一种骈枝机关。结果在一八〇九年三月十日国王竟下令将这个制度裁撤〔1〕。所以从这一段历史看来，普鲁士本是与检察制度无缘的。不过制度的沿变往往非意料所及者。在那时候普鲁士正实行着那纠问式的刑事诉讼制度。因为采用秘密，书面，及独任推事审理主义——尤其是独任推事审理主义——颇引起一般人的不满。当时有许多人认为办理刑事的推事办理多为疏忽，态度偏颇，并且易于自负武断。因此对于他们几发生了一种不可解的怀疑。这种情形同时引起了朝野的注意，到了一八四三年政府便开始讨论改革的办法。当时一般的意见，以为检察官的制度乃是纠正那不好的刑诉制度的最有效方法之一。所以同年七月里，在有一次专为讨论改革刑诉制度而召集的国务会议的席上，普王除制定当时两位的司法部长，于最短期间研行与无方法暂行补充当时的刑事诉讼条例等问题外，另外还叫他们决定关于采行检察制度的原则。那时候的司法部长中，一位是穆勒〔2〕（von Mühler），还有一位是那大名鼎鼎后世称为历史学派鼻祖的萨维尼（von Savigny）。后者同时又是法律修订部长。这两位部长都认为当时刑事诉讼制度有改革之必要，他们也一致表示普鲁士应采行检察制度。他们所不能一致者，无非是检察制度的实行时期及规模而已。谁料他们二人正在讨论于一点时，一般人对于当时刑诉制度不满的论调一天厉害一天。这种论调居然直接传到普王的耳朵里去了。普王大为所动，于是在同年八月十二日又单下了一道命令给萨维尼，

---

〔1〕 见 Otto 同书第四至第五页。

〔2〕 "穆勒"原文作"密纳"，现据今日通常译法改正。——校勘者注。

说："我在本年七月七日的国务会议席上就已经口头指派你研究如于不修改现行刑事诉讼条例之条件下适用检察制度于刑事预审了。近来又有几件事情使我感觉到这个制度之应立即实行与不可缺少。因此我着你先办理这件事，于最短期内拟一个关于这个制度的条例，送交国务会议讨论。"不过萨维尼关于检察制度实行的时期及规模和检察官于警察机关的关系等问题未能与国务会议诸人及共同起草者取了一致态度，大家反复讨论，一再起草了将近三年，都没有结果。同时国内不满现状者比前更多而更坚决。许多法院的院长都纷纷向司法部建议改革，而他们所建议的方案，都证明检察制度之不可不采。有一部分人知道这样迁延下去，卒非善策，便想了一个折衷的办法，那就是：先在柏林的几个刑事法院里试行这个制度。普王很赞成这个办法，于是在一八四六年七月二十五日颁行了一个专适用于柏林法院的预审程序法（Gesetz betreffend das Verfahren in den bei dem Kriminalgericht zu Berlinzu fhrenden Untersuchungen）。此法对于检察制度有详密的规定。当时普王本想马上将这个制度推行到全邦。但是萨维尼因新刑事诉讼法典还没有颁行，认为尚非其时。普王亦以为然，便将这件事暂行搁下。不过一八四六年七月二十五日的法律颁行以后，大家觉得经过还好。同时一般人对旧制度的恶感比前更深，恨不得立刻将他推翻。所以不到一两年，大家又将旧事重提，而主张全邦立即采行新制度。恰好一八四八年革命运动发生，大家便乘此机会向政府为严重的表示。普王知民意难违，除于一八四八年十二月五日颁布宪法，允许改革刑事诉讼制度外，并于一八四九年之初颁行两种重要法律。这两种法律一方面将普鲁士在莱茵河区域以外各地方的诉讼制度加以根本改造，一方面复将检察制度普遍的推行到那些地方。但是这些法律施行不久，大家便觉得检察制度有修正之必要。其修正之方案，在起初种种不一。有的是关于组织的，也有的是关于权限的。不过自一八六〇年起，大家所注意的渐渐的集中于检察官"起诉独占权"（Anklagemonopol）一点。这种赋予检察官的特权，不但遭了人民的反对，就是司法行政当局和法院的推事检察官等亦以为不妥。因此司法部长便拟了一个关于刑事被害人刑事起诉权的法律草案（Ein Entwurf eines "Gesetzes betreffend die Ank lagebefugniss des Verletztem im Strafverfa hren"）。这个草案于一八六二年一月十日奉王命送交议会讨论。恰好这时有两种新的运动发生。一种提倡乘此机会制定一个适用于普鲁士全邦的刑事诉讼法典，另一种提倡乘此机会制定一个适用于全德国联邦的刑事诉讼法典。这两种运动居然转移了许多人的视线。一时议论纷纭，莫衷一是。因此那个法律草案始终未成为法律。到了一八六六年普鲁士因战胜之结果合并许多地方，疆土大为扩充。于一八六七年七月便颁行了一个刑法典刑事诉讼的合并条例，以便专适用于那些被合并的地方。这个条例对于检察制度也有规定。所以从此以后检察制度适用的区域比前大大的增加。这种情形一直继续到德国联邦颁行了全国一致适用的法院组织法，刑事诉讼法，及民事诉讼法为止〔1〕。以上关于检察制度在普鲁士发展的一段故事，在有些读者看来，也许是太长了。不过我之所以这样不惜笔墨，却有一种用意。因为普鲁士在从前是德国最大而有势力的邦，他的情形可以代表大部分的情形。我们如能明了检察制度在普鲁士的发展的经过，那么对于这个制度在全德国的情形亦可知其十之五六了。我们看了刚才所述的各点，便可以知道检察制度在普鲁士并不容易发；正如我上面所说的，其间曾经过了长期的酝酿，讨论，和观察。可见得检察制度在那里只能够推行到全邦，不是偶然的事了。

闲话少说，言归正传，我们还是回到检察制度在全德国发展的情形。检察制度自从十九世纪的初叶由法国正式传到德国后，经过几十年的发展，居然为德国大部分的邦所采行。到了一八七〇年左右，全国各邦中只有四个没有实行这个制度。这四个邦就是（一）Mecklenburg－Schwerin，（二）Mecklenburg－Strelitz，（三）Schaumburg－Lippe，及（四）Lippe〔2〕。正在这时，德国因为内部政治团结，格外感到统一司法制度之必要。于是在普鲁士的领导之下从一八六九年起先后起草全国适用的法院组织法，刑事诉讼法，及民事诉讼法。这些法律都于一八七七年正式公布，于一八七九年施行全国。从此以后，检察制度便通行于德国全国，而以前那些不同之点也大都归于消灭。最近自从希特勒〔3〕执政以来，各邦都由那半独立国而降到普通省的地位，立法司法行政都呈统一的现象。从前各邦所保留的司法行政权现在都移中央（即前联邦政府）。因此那从前受各邦司法部节制监督而资格待遇名称等不甚一致的检察官，现在都一变而受中央司法部的节制解读，并且他们的资格待

---

〔1〕 见 Otto 同书第八至一三二页。

〔2〕 见 Otto 同书第一二六页。

〔3〕 "希特勒"原文作"希脱勒"，现据今日通常译法改正。——校勘者注。

遇名称等等也不容再有什么出入〔1〕。同时因为国社党主张提高国家的权力和促进民族的幸福，他们（检察官）以国家及民族利益代表者之资格在司法上占着很重要的地位。在最近的将来，他们的权限也许有扩张的可能〔2〕。

（二）检察制度在英美法系国家之发展史

英美法系的国家很多。现在专提出英国和美国来讲一讲。在英国本部（即英格兰，威尔斯，苏格兰，及爱尔兰）现在大概都有执行检察职务的公务员。兹因限于时间，专就类公务员在英格兰及威尔斯发展的情形略述其梗概。英格兰和威尔士〔3〕在古时对于刑事向采私人追诉主义。凡遇着犯罪的事情发生，人人都可提起刑事诉讼。虽然在理论上他们之提起刑事诉讼是用国王的名义，但是这种理论完全是一种法律的"拟制"或"假定"（a legal fiction）。在实际上他们都不失为刑事原告。他们的地位和民事原告差不多，所以那时好检察官是认为不必要的。在从前那样组织简单的社会里，这种制度，就一般人民讲，原无什么不便；不过就国王及政府的立场而言，却有补充之必要。因为假使有人犯了一种侵害国王或政府利益的罪，国王因地位关系未便亲自进行诉讼，政府因无人主管起诉的事，亦无从向法院请求救济（这当然以法治主义已确立为前提）。而一般人民呢，因为这种犯罪行为与他们自己的利益无关，恐未必肯管这一类事情。国家法律因此不免失其作用，犯罪者往往可以漏网。所以自从中世纪起国王便雇用了许多律师担任这一类事情。到了一五三〇年这类律师都被裁撤了，另由国王任命了两位法律大臣代替他们。这两位法律大臣（law officers of the Crown），一位是叫做 Attorney – General（以下为便利起见认为"国家律师长"），另一位是叫做 Solicitor – General（以下为便利起见译为"国家副律师长"）。他们的职务包括（一）代表国王及其所属行政机关在法院进行诉讼，（二）对国王及其所属行政机关所提出的法律问题贡献意见或予以援助。第一种职务的范围最初本是很狭的——只包含关于国王及其所属机关本身权利的事情。以后因为王权扩张，凡关于公共利益的民刑事案件他们都有权过问。他们办理刑事案件时，享有几种特权。

---

〔1〕 见 *Zweites Gesetz zur überleitung der Bechtsofiege auf das Reich vom 5, Dezember 1934*（BG Bl. I S. 1214）

〔2〕 著者前在德国时曾与联邦司法部参事赖曼（Rudolf Lehmann）君谈及此点。据称在起草中之新刑事诉讼法拟将检察官之职权扩大。

〔3〕 "威尔士"原文作"威尔斯"，现据今日通常译法改正。——校勘者注。

第一是：凡由他们检举的刑事案件毋庸经过大陪审团的侦查便可起诉；他们的起诉状（information）与大陪审团的起诉状（indictment）有同样的效力。第二是：他们随时可以对刑事被告行使答辩权（right of reply）——普通律师只可在被告提举证据辩护后行使这种权利。第三是：国家律师长得将任何刑事诉讼——无论由私人或国家代表官吏起诉者——撤回（enter a nolle prosequi）。不过在其他方面，他们在法庭的地位是和普通律师一样的。关于上述第二种职务——对国王及其所属行政机关所提法律问题贡献意见或予以援助——他们所担任的事情大概不外乎解决国王及各部的法律问题和在国会里替政府所提的法律案等加以辩护等等〔1〕。国王法律大臣产生以后的一百多年（即一六五五年）政府又任命了一位财政部律师（Solicitor to the Treasury）。他的职务在最初是专替财政部办理法律上的事情，如贡献法律意见及代表该部进行民刑诉讼等。但自从一八四二年以后他便兼任了其他许多部及机关的同样职务。因为在一八四二年那年他便奉命兼任内务部，外交部，殖民地部，枢密院及其附属机关的律师，到了一八七六年他又奉命兼任建设部的律师，在翌年更兼任了陆军部与海军部的律师〔2〕。

有了上面所述的几种公务员，诉讼制度似乎可以不受批评了。但是社会的情形和需要是在不断的变迁；旧的缺点刚弥补好，新的毛病又产生。虽然添了上面几种公务员，诉讼制度还是有不满意处。因为自从工业革命以后社会组织比前大为复杂，犯罪案件以及其他关于国家或公共利害的事情亦随着激增。以少数之公务员代表国家进行法律上的事务——如提起诉讼贡献意见等——实在应付不了。对于许多刑事案件他们都不大管。如国王的法律大臣等仅对于那些特别重要或社会上特别注意的刑事案件有所举动。结果每年有大部分犯罪事件不得不由警察机关以原告代表的资格依法追诉。这些警察机关所派到法院去办理这类事务的人，有的固然懂得法律或是律师出身，但是这一类的人仅居极少数。其中有十之八九都是不懂法律或对于法律懂得很有限的——他们不过是普通的警官。所以他们对于所办的案件往往措置不当，授被告以可乘之隙。有许多本来应该宣告有罪的被告，结果都被宣告无罪。

---

〔1〕 见 Plucknett, *A Concise History of the Common Law*, 1999, 第一五七至一五八页。

〔2〕 以上见 Howard, *Criminal Justice in England*（1931）第三十二至三十七及五十三至五十八页，与 Maitland, *The Constitutional History of England*（1926）第四八一至四八二页。

同时还有一点值得注意的情形，那就是：当时的法律异常艰深而注重形式，非普通人所能懂；一般提起刑事诉讼的私人往往非请律师代表不可；因此所化的讼费多，许多贫穷后怕多事的人便不敢轻于尝试。因为这个缘故，犯罪的人往往可以逍遥法外。当时国会有鉴于此，曾屡次制定法律授权法院遇私诉人胜诉时酬以讼费。但一般谨慎的人还是不肯冒这个险[1]。

以上所说的诉讼制度之缺点，不过其中之最重要者，此外还有许多别的缺点，以篇幅关系，容于本文后段附带说明之。因为这种种缺点，当时便有人提倡遍设公诉人即检察官的制度，由中央集中指挥监督。从十九世纪的中叶起国会便开始讨论这个问题，这种讨论足足赓续了二十五年之久。在此时期之中关于这个问题曾有七次不同的法律案提出于国会。同时国会曾几度组织委员会审查各法案。这些委员会都曾提出详密的报告，他们在报告里大都主张遍设公诉人的制度，并且他们所主张的公诉人颇有些和大陆法系的检察官相似。可惜国会和政府富于保守性，对于这事不大热心，所以讨论好久，没有成为事实[2]。我们对于上述七种法律案的经过和内容无暇一一叙述，暂且不必管他们。不过当时国会里面和社会上关于这些法律案的论调颇有值得注意的地方，现在将他们综合说一下，以供大家的参考。当时赞成这些法律案者所提出的理由可归纳为九点：（一）私诉人因受社会势力之引诱或压迫，往往中止诉讼或与被告私了。（二）私诉人易因细故或无理之事而提起诉讼。（三）在当时所行之私诉制度之下无人对警察机关于拘捕被告或起诉前就法律点为适当之指导。（四）在被告被押至大陪审团开庭侦查之时期内证人每受人运动，以致许多案件子因证据缺乏而不能成立。（五）那些担任公诉的警察机关，因为觉得自己负有胜诉的责任，往往露出要使被告判罪的过度热忱，以致被告时常受到不当的待遇。（六）遇着私诉人不愿或不能聘请律师时，案件准备便不充分，在法庭上的陈述，便难适当；结果，有许多本来有罪的人都被宣告无罪。（七）法院有许多案子足以确切证明在国内有些地方的警察机关往往因为得着律师的酬劳将案件委托那些酬劳他们而本领差的律师办理。（八）法院所判定的讼费完全不足抵偿私诉人的损失，贫穷或吝啬的私诉人因

---

〔1〕　见 Maitland, *Justice and Peace*（1885）第一四四至一五〇页；Howard 同书第八至第八至第十一，第四十六至第五十三页；Pound, *The Spirit of the Common Law*（1921）第一二八页。

〔2〕　以上见 Howard 同书第五十八至第五十九及第六十三至第七十七页。

为怕增加负累，往往不能容许他们的律师充分搜集证据。（九）刑事诉讼由各地的警察机关或私人进行，并无划一的办事制度，法律失其普遍与固定性，同一内容的诉讼，其结果每各不相同〔1〕。

反对这些法案的人也有种种理由提出，其要旨可分四点。（一）在有些采行公诉制度的国家，公诉人即检察官每受政党之牵制而不能主持公道，因此公诉制度不及私诉制度之足以保障人权。（二）全国遍设公诉人，则刑诉事件将由少数被派充为公诉人之律师办理，其他律师——尤其是那些初做律师的——将没有生意。（三）遍设公诉人，费用好大；即使公诉人制度较胜于私诉制度，就国家之立场言亦属得不偿失。（四）在当时所行的制度之下财政部律师对于许多事件有公诉之权，实际上英格兰与威尔士已实行司法部公诉制度。这种制度施行以来可谓相当的满意；有了这种制度足够了，实在毋庸再多事更张而添出不少麻烦；所以就是要设立公诉人，也只要对于现行的制度略加整理或损益就行了〔2〕。

自从最后一次遍设公诉人的法律案（一八七三年提出于国会）失败后，国会及政府方面对于这个问题便沉寂了五六年。一直到一八七九年才由政府向国会提出一个犯罪追诉法（Prosecution of Offences Act）的草案来。这个草案总算没有经过什么困难而通过于国会，并于一八八〇年一月一日见诸实施。可是他的内容与当时所行的制度相差有限，和以前几个法律案不可同日而语。该法的条文很为广泛，依照他的规定，中央应设立一个公诉主人（Director of public Prosecution），由内务大臣任命。他的使命是在国家律师长的监督之下或承他的命令提起，担当，及进行刑事诉讼并对于警察机关之长官，治安裁判官之书记官（Clerks to justices 按此类书记官往往得执行公诉人之职务），或其他提起刑事诉讼之官吏或私人贡献法律意见。该法所规定的不过是些大纲，至于详细的原则，依该法之规定，须由国家律师长征求司法大臣（Lord Chancellor）及内务大臣之同意拟定之。此项原则应遍设成条例（Regulations）送交国会两院；如国会于四十日内不表示异议，该条例即取得法律之效力。依犯罪追诉法之规定，该条例须容纳下〔3〕列之原则：

---

〔1〕 见同上第六十至第六十二页。

〔2〕 见同上第六十二至第六十三页。

〔3〕 "下"原文作"左"，现据今日排版需要改正，下同。——校勘者注。

"遇有重要或繁难案件或其他因具有特殊情形或关系人拒绝或怠于追诉而需要公诉主任追诉之案件发生时,公诉主任应进行公诉。"(见该法第二条)

从该法的广泛条文看来,我们一定以为从前财政部律师所担任关于刑事诉讼的职务此后都要移归公诉主任执行了。谁知国会及政府的意思并不是这样,他们主张以后财务部律师的职务还是照旧。公诉主任之作用无非代国家律师长行使一部分职权及代内务部对于财政部律师就刑事方面加以指挥监督以补其不足。所以这次立法的结果,实际上不过对于当时所行的制度正式予以法律上承认(legal recognition)而已。

这个法律行了不久,便有人表示不满。在一八八三年政府组织了一个委员会专研究这事。这个委员曾经过一番研究之后,觉得在当时的制度之下,大部分关于提起或进行公诉的实际工作,都是由财政部律师担任,公诉主任简直没有多少事可做;所以他们建议将财政部律师与公诉主任两个人的职务改由一个人担任,以一事权而省经费。政府认为这种建议有理,便于一八八四年使国会另外通过一个犯罪追诉法。依照该法的规定,凡以前由公诉主任担任的职务,一律改由现任财政部律师担任;不过公诉主任的名义还是保留。换句话说,以前由两个人担任的职务,此后改由一个人担任;这个人同时带上财政部律师和公诉主任两个官衔。他的底下共设两部:一是民事部,一是刑事部。民事部所管的事包括财政部律师以前所担任政府方面的民事诉讼及顾问事项;刑事部所管的事包括提起,担当,及进行公诉。上述的法律于一八八四年八月十四日施行,一直到一九○九年才被变更。在那一年国会又通过一个犯罪追诉法,将公诉主任和财政部律师仍旧改为两部分立的官职,由两个人分别担任。此法至今还是沿用。依照他的规定,财政部律师的职务仅包括以前民事部的事情;所有刑事部的职务都归公诉主任担任。据当时国会会议录记载,政府要求国会通过这个法律的动机是要避免将过多的职务由一个人负担,致妨害办事的效能。因为自从一八八四年以后,民事部职务既因政府职权及组织的扩大而大非昔比,而刑事部的职务也因社会情形的复杂及刑诉制度的改革而增加不少。以一个人而综理这么许多事,实在干不了。自从一九○八年的犯罪追诉法施行后,公诉主任由内务大臣任命而受国家律师长的监督。他的属员也是由内务大臣任命。他的办公处设在伦敦。据一九三一年的调查,他的办公处有个副主任和十三个副手。这些人大部是有经验的律师,并且都是经文官委员会(Civil Service Commission)考核合格的。在伦敦或附近地方的公诉案件，大都由公诉主任自己或其属员办理；在较远地方的公诉案件有时由公诉主任的属员去办，也有时由公诉主任委任律师代办[1]。

上面已经说过，一八七九年的犯罪追诉法曾授权国家律师长以便征求司法大臣与内务大臣的同意制定一个补充该法的条例。这个条例曾于一八八〇年颁布施行。到了一八八四年的犯罪追诉法颁行以后，大家觉得这个条例不能适用，于是又由国家律师长征得司法大臣及内务大臣的同意，于一八八六年一月制定一个新条例。这个条例至今还是沿用。一九〇八年的犯罪追诉法虽将公诉主任仍曾变为独立的官职，但是一切办事程序还是照常。所以我们若要知道公诉主任现在的职权怎样，还得研究这个条例。按照这个条例的规定，公诉主任对于下列案件应提起公诉：

（一）得处死刑之案件（此指杀人，内乱，海盗，焚烧军器制造厂，船坞，军舰，军火，及海陆军用储藏品等案件）。

（二）向由财政部律师提起公诉之案件。

（三）经国家律师或内务大臣特别命令提起公诉之案件。

（四）公诉主任依犯罪之性质及情形所认为在公益上应行追诉而同时因性质困难或其他关系而需要公诉主任参加之案件。

由上面所列举的第三和第四两种案件看来。公诉主任所应该提起公诉的案件，范围非常广泛。因为第三种包括无论什么经国家律师长或内务大臣认为有关公益或具有其他情形而应提起公诉的案件。第四种包括无论什么经公诉主任自己认为有关公益而应提起公诉的案件。这两种范围的决定标准都是主观的，其伸缩性颇大。所以只要国家律师长，内务大臣，或公诉主任肯管事，公诉主任实际的职权范围便会扩充得非常之大。现在公诉主任下的属员不多，在办事上还受着限制。将来若是人员够支配，那么他所主管的刑事案件一定会特别增加的[2]。

美国最初为英国的殖民地，司法制度大都以英国为模范。所以在十七世纪的时期差不多各州（当时为各个独立的殖民地）都设有像英国那样的国家律师长或副国家律师长[3]。到了一七〇四年，康奈狄克[4]州（Connecti-

---

[1] 以上见同上第七十八至九十二页，第一〇一至一〇二页，及第一一九至一二二页。

[2] 见同上第九十六至一〇一页。

[3] 见 Dodd, *State Government* (1923) 第二三七页及 Howard, *Prosecution* 第五四九页。

[4] "康奈狄克"原文作"康奈的克脱"，现据今日通常译法改正。——校勘者注。

cut）又于国家律师长之外，开始设立了郡公诉律师（county prosecuting attorney）。这种郡公诉律师的主要职务[1]，是帮助国家律师长执行职务，这种制度在当时可谓创举，别的州中便有起而摹仿者。到了革命以后，美国各州，因为痛恨英国，对于英国的司法制度也表示反感[2]。当时便有一班法律及政治家主张采取法国的制度。恰巧法国的检察制度在那时已很发达，就有人提倡在美国也设立类似的制度[3]。于是已采郡公诉律师等制度的州便将原有的制度按照法国的方式加以改造；其还没有采这种制度的便逐将法国式的检察官在各郡设立起来。到了现在美国所有的州中没有一个不采这种制度。不过大家所用的名称并不一致。有的称这类公务员为"区律师"（district attorneys），也有的称他们为"国家律师"（State attorneys）或采用其他类似名称[4]。自从十八世纪末业以后，"主权在民"的思想风行一时；美国各州的官吏有许多都是民选的，郡公诉律师这一类的官吏与人民的生命财产有极密的关系，其产生亦应取决于民意；所以他们大都不由政府任命而由人民选举，据最近统计，全国四十八州中有四十五州是采行选举制度。因此那原来为帮助国家律师长而设的郡公诉律师或其类似的官吏，到了革命以后便一变而具有两个特征：（一）因为选举的结果他们能不受行政或司法机关的干涉或牵制。（二）他们和国家律师长的关系很浅；后者主要作用乃是政府的法律顾问；他们只可对于前者加以监督，难得参加追诉犯罪的实际工作[5]。

以上所说的乃是美国各州的情形。现在再就美国联邦政府的情形述其梗概。按美国联邦政府成立以后便设立一个司法部（Department of Justice）。综理司法部事务者叫做国家律师长（Attorney – General）。在国家律师长之下有副国家律师长（Solicitor – General）；他的职务是帮助国家律师长办理司法部所管的一切事情，并于国家律师长去职或不能执行职务时代行其职权[6]。此外还有几种重要职员，那就是：（一）国家律师长之助理官（Assistants to

---

[1] 见 Howard，*Prosecution* 第五四九页。

[2] Pound，*The Spirit of the Common Law*（1921）第一一六页。

[3] 见 *Report on Prosecution by the National Commission on law bservance and Enforcement*（1931）第一至第十九页。

[4] 见 Dodd 同书第三一二及三一六至三一八页及 Howard，*Prosecution* 第五四九页。

[5] 见 Howard 同文第五四九页及 Dodd 同书第二九〇页。

[6] 见 United States Code Annotated（1927）第二九一及二九三条。

the Attorney – General)；（二）助理国家律师长（Assistants Attorney – General)；（三）各部之律师（Solicitors for Departments 按此即为各部而设之顾问律师。此类律师隶属于司法部，受国家律师长之监督而为各部解决法律事项）；（四）助理副国家律师长（AssistantsSolicitor – General)；（五）侦察司长（Director of the division of Investigation)；（六）监狱司长（Director of the Bureau of Prisons）等。以上这些都是属于司法部本身的职员〔1〕。此外在法院方面还有许多职员也在司法部的系统里面。其中最重要的便是与本文有关的"区律师"（district attorneys）及"助理区律师"（assistants district attorneys）。这些"区律师"及"助理区律师"都是配置在区法院（district courts）的检察官。他们的职务和各州的郡公诉律师等大同小异。他们在国家律师长的指挥监督之下代表国家进行民刑事及行政诉讼。国家律师长对于他们不仅可就诉讼之进行加以指挥及监督，并且还可于必要时调他们到别处去办案，或派人襄助或代他们进行诉讼，或将他们承办的诉讼移归自己进行〔2〕。

实在讲起来，美国联邦政府的国家律师长虽然是司法部的首领，但就性质而论，他却是个变相的英国式的国家律师长。这不但从他的名称上可以看出来，就是从他的职务及司法部的组织上也可见得到。因为：（一）他的助手副国家律师长和他的关系有几分像英国两个国王法律大臣彼此间的关系（在英国遇国家律师长不能行使职权时，于某种情形之下得由副国家律师长代行其职权）；（二）他是总统及其所属各部长的法律顾问，对于他们有贡献意见及办理法律事件的义务，仍不脱那英国国家律师长和行政元首及其所属机关的关系；（三）他对于关于国家利益的一切诉讼案件，无论属于民刑或行政诉讼的范围，都有亲自或派其属员替国家辩诉及其他必要手续的义务，在职务上有几分和英国的国家律师长相似。所以我们若对于美国联邦政府的国家律师长和区律师及助理区律师制度加以综合的观察，我们不能不承认当时立法者确曾用了一番心血，将那英国和法国的制度熔于一炉，使他们不但不起冲突而且互相调剂。

美国各州执行检察职务的官吏——尤其是郡公诉律师等——以及联邦司法部国家律师长和他所统率的那一批部曹重要职员与"区律师""助理区律

---

〔1〕 见同上第二九四至三○一条及 Annual Report on the Attorney – General of The United States (1934) 之目录。

〔2〕 见 United States Code Annotated 第三○六至三一六条。

师"等在诉讼上近来占很重要的地位。各州的国家律师长或副国家律师长和郡公诉律师等，除有时代表国家进行极少数的民事诉讼外，对于大多数的刑事案件都得过问。依照一般的规定，凡是刑事案件以由他们追诉为原则，被害人或其亲属不过立于证人的地位而已。后者（即被害人或其亲属）仅得就少数的轻微案件提起自诉。在联邦的制度之下，我们可以见到一种更值得注意的情形。国家律师长及其部曹属员和"区律师"与"助理区律师"等不但在刑事诉讼上占重要的地位，就是在民事及行政诉讼上也负有重大的任务。据一九三三年度统计，联邦区法院在该年度内所结的案子共计二〇五六二九件。其中有刑事公诉案子八四七八〇件，由联邦政府参加为当事人的民事案子二七七四四件。在一九三四的年度内该法院所结的案子共计一五三五七三件。其中有刑事公诉案子四五五七七件，由联邦政府参加当事人的民事案子一六四七九件。一九三三年度请求法院（Court of Claims）所结的案子有四一三件，关税法院（United States Customs Court）所结的案子有六六九五五件，关税及特许专利权上诉法院（United States Court of Customs and Patent Appeals）所结的案子有二四二件。一九三四年度请求法院所结的案子有三七六件，关税法院所结的案子有七一七六四件，关税及特许专利权上诉法院所结的案子有三二七件。这些案子都是与国家的利益有关的，国家律师长及其部属有直接或间接参加的义务（尤其请求法院的案件他们非直接参加不可）。此外还有巡回上诉法院（United States Circuit Court of Appeals）及哥伦比亚特区（即美京华盛顿所在之区）上诉法院（Circuit Court of Appeals of the District of Columbia）每年所结的案子也不在少数（前者在一九三三年度结二八二四件，一九三四年度结二八八六件。后者在一九三三年度结三五三件，一九三四年度结三七五件）其中也有许多是由司法部的职员或"区律师""助理区律师"等参加诉讼的〔1〕。联邦国家律师长及其僚属在诉讼上所担任的工作当以在最高法院（Supreme Court）方面者最值得注意。他们在这一方面所办理的案件为数很可观，并且还有增加的趋势。兹将一九二五至一九三三年度间这类案件的数额列表如下，以供参考〔2〕：

---

〔1〕 见 *Annual Report on the Attorney – General of The United States*（1933）第一三二至一三三页及（1934）第一六三至一六四页。

〔2〕 见 *Annual Report on the Attorney – General of The United States*（1933）第十三页及（1934）第十二页。

年度	一九二五	一九二六	一九二七	一九二八	一九二九	一九三〇	一九三一	一九三二	一九三三
最高法院结案之总数	八四四	八八五	八五七	八二二	七九五	八九三	八八三	九〇六	一〇二五
国家律师长等办理之件案	二九七	三一六	二四三	二一六	二五四	三七六	三三二	三五六	四〇四
与结案总数之百分比例	三五	三六	二八	二六	三二	四二	三八	四十	四十

上面这些由国家律师长等办理的案件可大别为二类，即（一）政府方面请求撤销原判或声明不服的案件，和（二）政府之对适当事人请求撤销原判或声明不服的案件。兹将一九二六至一九三一年度间这两类案件胜败的结果列表于后[1]：

年度	一九二六		一九二七		一九二八		一九二九		一九三〇		一九三一		一九三二	
类别	（一）	（二）	（一）	（二）	（一）	（二）	（一）	（二）	（一）	（二）	（一）	（二）	（一）	（二）
政府胜诉案件之百分比例	六七	七〇	九〇	六〇	六五	八三	六五	五五	五七	六三	六三	七七	七〇	七一
政府对造当事人胜诉案件之百分比例	二三	三〇	一〇	四〇	三五	一七	三五	四五	四三	三七	三七	二三	三〇	二九

---

[1] 见 *Annual Report on the Attorney – General of The United States*（1933）第十四页。

由上表看来，凡国家律师长等办理的案件，其结果为政府方面胜诉者常居多数。足见国家律师长等的贡献很值得注意。也许有人说：仅从他们办案的多寡和结果的胜负，我们未必能看出他们的贡献。这句话，就一般的情形而论，当然具有相当的真理；可是用在这里，却未必是对的。因为美国联邦最高法院里用得着国家律师长等参加的案件有许多是牵涉到宪法或行政法问题的。这些案件一经裁判，往往足以影响到国家根本的组织和权限，其关系真是非常深远。国家律师长等因办理这些案件而能向最高法院充分贡献意见，使那些法官知道如何下适当的裁判，以确立宪法或行政法的原则，其贡献实不小。

二、我国检察制度之存废

检察制度在各重要的发展史既略述如上，现在便要进一步讨论我国检察制度的存废问题。近十余年来国内学者关于这个问题所发表的意见很多。现在为研究的便利起见，先将那些主张废除检察制度的综合的提出来加以讨论。就我们所常听到或见到的论调而看，一般人主张废除检察制度的理由大概可归纳为十二点。

（一）检察制度乃大陆法系之产物，为英美法系国家所无。英美法系国家在诉讼上既没有因缺乏这种制度而感到什么不便，我国保留这种制度未免无谓[1]。

（二）检察制度使刑事案件先由检察官侦查而后移送推事审理，其间程序复杂，曲折繁多，足以拖延诉讼而增加被告及告诉人等之负累；且往往因检察官事务之繁重，工作之不力，或处理之欠当，致证据消灭，真相难明[2]。

（三）在检察制度之下有些证据 确或被告供认不讳的刑事案件，也须由检察官先行侦查而后移送推事审理，徒费时间而无实益[3]。

（四）刑事案件，普通因被害人或其家属之告诉，或第三者或公安机关之告发，或侦缉而发动者，常居多数，其由检察官直接发动者殊不易观。检察

---

[1] 见朱鸿达"检察制度论"，载《东吴法学季刊》第二卷第三期。参看第一四五页。按朱氏所称之检察官似专指常见于大陆法系国家者而言。故得"英美法系无检察之制度"之结论。

[2] 雷彬章"论检察制度之应废"，载《法律评论》第五十三期（十三年出版），参看第四十五页。王树荣"改良司法之意见"，载《法律评论》第九十期（十四年出版），参看第十八页以下。朱鸿达《检察制度论》第一四六至一四七页。

[3] 见雷彬章同文。

官实际上不能尽其检举犯罪之责，可谓虚设〔1〕。

（五）检察官之侦查程序不公开，告诉人对于不起诉之处分无充分之救济，易使检察官流于专横而减少人民对于法院之信仰〔2〕。

（六）检察官受司法行政长官及其他上级长官之指挥监督，不若推事之独立，其措置每欠公平〔3〕。

（七）我国向无检察官制度，犯罪案件例由被害人或其家属亲朋检举。今之检察制度不合我国情形〔4〕。

（八）检察官决定起诉或不起诉，每凭自己武断之见解，并无严格法定之限制。以此为公益之保障，危险实大〔5〕。

（九）现在检察与审判对峙，首席检察官往往与院长意见分歧〔6〕，致司法行政权不能统一。废除检察制度可免此弊〔7〕。

（十）我国检察官因环境压迫，或性情怠惰，对于所任职务一味敷衍，殊失国家设立检察制度之本意〔8〕。

（十一）近来欧美各国刑法学者对于检察制度不如往昔之重视。日本各级裁判所虽设有检察官，然均附设于裁判所内。且该国近日多有主张废除检察制度者。检察制度可谓与世界各国立法之趋势相背〔9〕。

（十二）我国司法经费支绌，与其留此有害无益，或害多利少之制度，毋宁将其撤废，以所省款项增添推事，而利诉讼之进行〔10〕。

以上所举理由，据我们看来，似乎都不大充分。现在请分别批评如下：

（一）第一及第十一点理由。第一点理由与英美的事实不符。这在上面叙

---

〔1〕 雷彬章同文。涂身洁"对于法院编制法草案之意见"，载《法律评论》第六十五期（十三年出版）第十九页以下。燕树棠，曹俊，张庆桢及王命新四君在民国二十四年全国司法会议关于检察制度之提案，载全国司法会议汇编。

〔2〕 朱鸿达同文第一四六至一四七页。

〔3〕 见同上。

〔4〕 见燕树棠"在全国司法会议所提裁撤检察官改充审判官案"，载《全国司法会议汇编》。

〔5〕 见同上。

〔6〕 "分歧"原文作"纷歧"，现据今日通常用法改正。——校勘者注。

〔7〕 见王命新"四君在全国司法会议所提请废除法院检察制度以便统一司法行政而资整顿案，及张庆桢在该会所提检察制度亟宜裁撤案"，载《全国司法会议汇编》。

〔8〕 见王命新及张庆桢同提案。

〔9〕 见王命新同提案。

〔10〕 雷彬章同文。张庆桢，曹俊，燕树棠同提案。

述检察制度在英美法系国家之发展史时已说得很明白。实际上英国除老早就有国王法律大臣外，以后因为事实上之需要，又添设了一个财臣律师。这个财臣部律师经过多少年的变化和发展，乃兼管许多别的行政机关的法律事务。同时国内又一再有人提倡遍设公诉人。经过几十年的奋斗讨论，终于产生了现在的公诉主任制度。这种情形不但证明英国有检察制度，并且这种制度还不是因为盲从别国而产生的，至于美国之有检察制度，那更不可否认。虽然这种制度之发生于美国，有一部分是由于摹仿。但是看到执行检察职务者在美国近来所占的地位，以及他们的贡献，我们决不敢说：假如这种制度被取表，大家会不感到困难〔1〕。第十一点理由也和事实不符。因为英美没有废除检察制度的趋势固不必言，就是欧洲和远东的日本也莫非如此。在法德等国，虽有学者不满于现行检察制度，但是唱废除的高调者，真是凤毛麟角。至此在苏俄和意大利，检察官的权限近来已实行扩充〔2〕。我们深信将来国

---

〔1〕 国内学者对于检察官似不乏因名称关系而误解其性质者。实则我国之"检察官"系从日本之"检事"脱胎而来，在名称上与欧美各国之执行检察事务者微有出入。盖欧美各国执行检察事务者，其名称大都含有"国家律师"或"国家代理官"之意。法之 procureur de la République，Procureur général de la République，avocat général，德国之 Staatsan walt，英之 Attorney – Genera，Solicitor – General，美之 district Attorney，State attorney，与 county solicitor 等皆其明例。我们决不能仅因某种官吏的名称与检察官三字不大合，便断定他的性质与检察官有别。一国之有无检察制度，应以他有无办理检察事务的专任官吏为断，至于名称之同异，所不计。有些学者因为不明白这一点，便以为英美无检察制度，未免错误。朱鸿达君当然是其中之一。此外孙忱照君也曾主张英美无检察制度，不过他并没有想废除我国的检察制度。（见孙君著《比较司法制度》第一三八页该书为孙君任中央大学之讲义。）

〔2〕 苏俄于一九一七年曾将检察制度取消而实行私人诉讼主义。但因着种制度不能适应政治及社会的需要，于一九二〇年便改采那私人诉讼与国家诉讼的混合主义，而将检察制度局部的恢复。依照一九二二年五月二十八日法律的规定，检察官对于各政府机关，各公共及私人组织，和各个人的违法行为负有检察之责（见第七十八条）。他们俨然成为法律的监护人。他们不但办理刑事案件，并且对于上诉于最高法院的民事案件得参加诉讼，以保社会利益（见 Salaban, *Europabuch der Rechtsanwaelte und Notare*, 10, Tausend 第八〇三页及 Freund, *Das Zivilrecht Sowjetrusslands*, 1924, 第十三页，第五十七至五十八页）。意大利的检察官，自从墨索里尼秉政后，已取得一种从前所没有的权限。一九三三年的新刑事诉讼法典规定检察官遇后开三种情形之一时，对于刑事案件应举行「简易预审」（istruzione sommaria）：（一）案件属于陪审法院（corte d'assise）或普通第一审法院（tribunale）管辖，而被告系现行犯或于受保安处分之执行而被逮捕，羁押，或监视之时期内犯罪，且不能举行「迅速裁判」（giudizio direttissimo）。（二）被告于「正式预审」（istruzione formale）或「正式预审」中供认犯罪情事而无继续预审之必要。（三）案件属于陪审法院或属于普通第一审法院，而最高本刑不超过有期徒刑，且证据确凿（证据之是否确凿由检察官自行决定，故此类案件之范围有伸缩性）。检察官举行简易预审时，得行使预审推事所有之权，如拘提讯问等（见 Codice di procedura penale 第三八及第三九一条）。这种权限是大陆及英美法系的检察官（从前意大利的检察官也不能例外）所没有的。这种情形和中国比较，本不足为奇，但在欧美却值得注意。

家的权力愈提高，检察官的地位将愈属重要。这种情形，无论在人民阵线的国家，或是法西斯〔1〕的国家，都是不能免的。至于日本，虽间由一二学者提倡废除检察制度，然而司法及立法当局未必以此为然。现行刑事诉讼法典连"自诉"都不许。在最近的将来能打破检察官"独占追诉权"的制度，已经不容易了，怎还谈得到根本废除检察制度呢？

（二）第二点理由。依照这一点理由，检察制度的缺点有二：第一，足以拖延诉讼，增加负累；第二，足以消灭证据，使真相难明。第二种缺点之发生完全由于检察官人选或组织之不当。若是人选与组织都得当，证据便不容易消灭。就是有消灭之可能，检察官亦必能为必要之措置——如设法保全或加以详实之调查而记载于笔录或制成图表等，决不会使推事无所依据而莫名真相。所以这种缺点与检察制度之本身无关，不足以证明检察制度之应废除。第一缺点之发生，一部分固然是检察制度本身的当然结果，但是也有一部分是人选之不当及办事程序之不妥所造成的。我们若是慎重人选，使检察官都由精明强干而负责的人充任，同时再改良办事程序，使一切手续都简单而经济化，那么节省的时间一定很多，讼累必可大减。所以我们在这里关于第一缺点应该研究的，只有那由检察制度本身当然发生的一部分。要知道这一部分缺点是否足以构成根本废除检察制度的理由，我们须讨论到刑事诉讼的立法政策；换句话说，我们须研究检察制度对于被告及告诉人有什么利益，并且这种利益是否比那缺点的程度大而使检察制度值得采取。我们觉得检察官的侦查程序对于告诉人虽未必有什么好处，但对于被告确实一个保障。刑事诉讼有许多往往因为告诉或告发人的恶意，误会或气愤而发生的。这一类的诉讼，若不经过检察官的侦查，便许正式向法院提起，那么一般无辜的人便可因为无谓的细故或仅凭"莫须有"三字受到有损名誉地位的公开审判。结果法律将变成一般坏人愚人敲诈诬陷的工具。其受损者恐怕还不止被告而已。讲得厉害一些，整个社会的秩序也许因此动摇。这种情形，我们只要看司法统计便可推想得到。据民国八年十年十二年十九年至二十二年的统计，这几年内检察官侦查过的刑事案件，依其处分之性质，分配如下〔2〕：

---

〔1〕 "法西斯"原文作"法西斯蒂"，现据今日通常译法改正。——校勘者注。

〔2〕 见八年度十年度及十二年度之刑事统计第一表，十九年度司法统计第七九○及七九一页，二十年度司法统计第二四四及二四五页，二十一年度司法统计第二五八及二五九页，二十二年度司法统计第三一○及三一一页。

年度	八年	十年	十二年	十九年	二十年	二一年	二二年
检察官受理案件之总数	六八二六〇	八一〇八〇	八九五一九	一三六一一九	一三八五九三	一六三〇二三	二〇二六七七
起诉者	二八九五五	三四〇〇九	三六三六一	五二九八九	五二七〇九	六五四五五	八一七四九
不起诉者	三九三〇五	四七〇七一	三九六六八	七七八七五	八一八一八	九二一八二	一一五六一七
因犯罪嫌疑不足或行为不成犯罪而不起诉者	二九八七五	三三二一九	三七四三九	四七二〇二	四七二二八	五四四〇〇	六四八五四

从上表看来，检察官受理的（即收到的新旧）案件中，常有一大半是不起诉者，而其不起诉的案件中，常有百分之六十至九十四左右是因为犯罪嫌疑不足或行为不成犯罪而不起诉的。我们虽不敢断定这些不起诉的案件都没有办错的地方，至少我们应该承认其中大部分是处理得当的。由此可见得被告之容易被人诬告了。我们如以为上面所说的还不大准确，那么我们可以提出一个统计上的佐证，这就是公诉（即经过检察官侦查而起诉的）案件和自诉（即由被害人或其亲属迳行起诉的）案件结果的比较。现在请将民国十九年度至二十二年度全国第一审正式法院的情形，列表于左，以资参考[1]：

年度	十九年		二〇年		二一年		二二年	
案件类别	（公）	（自）	（公）	（自）	（公）	（自）	（公）	（自）
案件总结数[2]	五〇八四六	八五九五	五三二五四	一〇二七五	七〇一九三	一〇五八五	八〇一五八	一三五七八

---

〔1〕 见十九年度司法统计第八八八及八八九页，二十年度司法统计第二六八页，二十一年度司法统计第二五八页，二十二年度司法统计第三四三页。

〔2〕 自诉案的总结数不包括撤回者在内。

续表

年度	十九年		二〇年		二一年		二二年	
案件类别	（公）	（自）	（公）	（自）	（公）	（自）	（公）	（自）
科刑者之数	四九一六二	二二六一	五〇七六九	二六九〇	六五二〇〇	二三二七	六九六〇〇	六六四
无罪者之数	二四九四	九六九	二三〇七	一二七七	二九一八	一二四一	三〇〇六	一八二二
科刑与无罪者百分比	四	四十二	四	四十六	四	五十三	四	六十三
总结数与科刑者之百分比	九十六	二十六	四	二十五	九十二	二十二	八十六	二十一

由上表我们可以知道以下两点事实：第一，公诉案件其被告经宣告有罪者常合百分之八十六至九十六，而自诉案件其被告经宣告有罪者只合百分之二十一至二十六。换句话说，公诉案件因被告无罪或其他原因而失败者只有百分之四至二十，而自诉案件因此而失败者倒有百分之七十四至七十九。第二，根据公诉与自诉结果的比较，我们可以推定：若是自诉的案件都先经过检察官的侦查而后移送审判的，至少有百分之五十以上可以不必到推事那里去多添麻烦；那就是说，至少有百分之五十以上的被告可因此而免吃许多苦[1]。

从上面两种统计的证明看来，可见得检察制度确能因着侦查程序而使许多无辜被告的名誉地位不受到无谓的侵害或损失其贡献实未可忽视；就是足以拖延诉讼，也是很值得的。人们因为这小小的缺点，便主张废除检察制度，未免权衡失当。况且侦查程序并非检察制度之特点，在那还没有检察制度的地方或时代，为适应事实上之需要起见，也曾有人采用过这种程序。足征检察官的侦查，就是足以拖延诉讼，也是个"必需的坏东西"（a necessary evil）。英格兰在检察制度没有形成之先早就采用好几种保护被告或防止诬告滥诉的程序。一件刑事案子发生以后，照例先由治安裁判官（justice of peace）举行侦查（preliminary examination）。如系属于治安裁判官管辖的轻微案件，

---

〔1〕这百分之五十的估计还是从检察官不起诉处分的案件而得来的。因为不起诉处分的案件常在侦查终案的百分之五十以上。若专就公诉和私诉的结果而论，其成数还不止此。

他便自行判决。若是其他的案件，他便斟酌情形为下列之处分：第一，如认为被告没有犯罪嫌疑或不应办罪，则将他开释；第二，如认为被告有犯罪嫌疑或应该办罪，则将他移送法院办理。被告到了法院以后，法院的推事并不马上就公开审判。他们还得召集大陪审团对于这个案子再加一番侦查。必定要等到大陪审团侦查终结提出起诉书（indictment）以后，推事们方可公开审判。这种制度，在我们今天看来，也许是过于复杂。但是其中有一点是值得我们注意的，那就是：那采极端私诉主义（doctrine of prosecution）的，社会组织简单的古英格兰也深感到有设侦查程序以保护无辜被告之必要。我们固然不敢说我国的社会组织处处都比当时的英格兰复杂。但是自从欧风东渐，科学的进步和物质的文明已使生活的许多方面挂上西洋的招牌，至少那通都大邑和商埠海口已非当时的英格兰可比。那么侦查的程序岂不更为重要？

（三）第三点理由。这一点理由所举的事实虽是现行检察制度一种毛病，但是不难想法补救，我们只要在刑事诉讼法里对于证据确凿或被告供认不讳的案子设一种特别的规定，这种毛病便可避免。所以这一点与检察制度的根本存废问题无涉。

（四）第四点理由。这一点理由所忽略者乃是检察官之性质。我们该知道检察官在刑事方面的主要职务是以法律家的资格代表国家追诉犯罪，使触犯刑法者都能得到适当的制裁。他虽然负有侦查犯罪的责任，但是他的地位是和那实行侦缉的公安或警察官吏不同的。我们决不能希望他像警察，侦探，宪兵，保安队那样去发现或缉获犯罪者。这些事情自有那主管的官厅去管，检察官只可于必要与可能范围内为之而已。这不但我国如此，就是别的国家不能例外。据我们所知，近代各国的检察官没有一个是完全负得起侦缉的实际工作的。美国联邦司法部总算设有侦缉犯罪的专属机关（即侦察司 Division of Investigation），那里面侦缉犯罪的一切物和人的设备（如指纹部，犯罪科学研究所，特派侦缉员等）可谓相当完美。可是那些在同一系统下的"区律师""助理区律师"或司法部担任检察职务的人并不亲自参与侦缉犯罪的事情，他们不过对于实施侦缉者予以指导而已。至于侦缉的责任还得由侦察司负担。可见得刑事案件难得由检察官直接发动，乃是各国通例，并不足怪。况且检察官须精通法学。能具备这个条件的，已不可多得，怎能再希望他懂得并且能担任侦缉的实际工作呢？这样的人恐怕在全世界各国也找不到多少！即或很多，那么他们既一面须在室内工作，一面又须在外面奔走，事务之性质彼此矛盾，也绝不会办得好。

（五）第五点理由。这一点理由关于检察制度指出两个缺点：第一，侦查程序不公开，第二，对于不起诉之处分无充分之救济。关于侦查程序的作用，前面已经说得很详细。我们所以要有侦查程序者，就是因为他能使那些无辜的被告免受那足以损害名誉地位的公开审判。不但如此，有时为防共犯闻声潜逃或有关系者湮灭证据，在侦查期间也有秘密询问之必要。至于检察官之流于专横与否，那乃是人的问题。只要人选得当。这种情形自不会发生。讲到不起诉处分这一层，那是检察制度的运用的问题；如果有什么不妥之处，不妨设法修改诉讼法规以资补救。废除检察制度实在谈不到。

（六）第六点理由。这一点关于检察官之身份及组织系统，对于这个问题。学者的意见颇不一致。因限于时间及篇幅，可不必讨论。不过无论检察官应受司法行政长官及其他上级长官之指挥监督与否，我们觉得这问题都很易解决。因为检察官之存在，与其受司法行政长官等之指挥监督，并无不可分之关系。如果司法行政长官等之指挥监督是有流弊无利，或弊多利少，那么尽管可以将司法行政长官等之指挥监督权取消，根本说不上废除检察制度。

（七）第七点理由。我国向来有无检察制度，乃是很费研究的问题。可惜董绶经先生预备为本专号写的那篇关于我国古代检察制度的文章没有完成。不然我们定可得着一些可靠的消息。不过就检察制度的存废问题而论，我们觉得我国向来有过这个制度与否似乎没甚关系。因为从前虽然有过，若是现在的社会变迁，也许不复合用。反过来说，假定从前未曾有过，若是近来因为时代的不同，已对于这个制度发生一种需要，那么我们不妨无所顾忌的采用他。换句话说，检察制度之存否应以时代之需要为依归，绝不是专靠历史的背景所可定夺的。不错，立法须顾及民族固有的精神，但是这种态度应该是相对的。不然，法律便变为死的东西。以死的东西来应付那时刻变迁的活的社会，那一定会毛病百出的。我们在上面已经说过检察制度在各重要国家——尤其是英国——发展的历史。那些国家对于检察官的需要有许多也是我们现在所有的。人类是应该和时代并进的。我们现在既需要检察制度（这一点当于本文后面详细说明），那么为使自己不做时代的落伍起见[1]，就是

---

[1] 此处所说的"时代的落伍者"乃指那"不知或不能适应时代的实际需要以求发展者"而言。

这个制度不合我们向来的生活习惯，也只好忍痛的采取他。

（八）第八至第十点理由。这几点理由所提出关于检察制度的几种事实，都是制度运用不当或人选不宜的结果，并不是检察制度本身的缺点。这种情形在推事或其他的公务员方面也未尝没有。若是这个便可构成废除检察制度的理由的话，那么我国恐怕有许多地方的法院（此专指审判部分）以及其他公务机关都应该被裁撤。其在理论上之不讲不通，不言而喻。

（九）第十二点理由。这一点理由之不当，有两个事实可以证明：第一，检察制度并非如那些批评者所说的有害而无益或害多利少，这一层前面已经讲过。既然如此，我们便不应该因为经费支绌而将他取消。第二，我国自从有了检察制度，每年有一大半的刑事案件因不起诉处分而没有去麻烦推事。若是检察制度一旦裁撤，法院推事审理的案件一定要加上一倍。以现在推事们工作之忙，他们决管不了这些案件。那么为适应新的需要起见，恐怕非将推事的员额增加一倍不可。不但如此，那些经检察官侦查终结而提起公诉的案件，在证据方面比较有相当的眉目（这从上面所说的公诉结果可以看出）。就一般情形而论，总要比那些没有经检察官侦查过的案件省事些。所以一旦检察制度取消，即使推事审理的案件数额不增加，其工作恐怕也要比现在紧张得多。就此一点而论，也许推事的员额有增加之必要了。所以综合的讲起来，检察制度废除后，法院的推事至少要增加一倍以上。我们仔细想想看，以废除检察制度所省下来的经费是否够供这笔开支？我国现在检察官的数额大概只合到推事（连院长庭长在内）数额的一半[1]，所以法院审判部分因检察制度之废除而能增加的经费大概只合到原有经费百分之五十。以百分之五十的经费而想增加一倍以上的推事，恐怕谁都都有知道行不通的。那么检察制度不废除则已，万一废除，则政府为顾全事实的需要起见，不得不将司法经费增加。所谓节省经费，结果适得其反。

主张废除检察制度的理由既然都不大充分。我们便要进一步研究主张保存检察制度者有无正当的理由。关于这一点，在上面讨论主张废除的理由时

---

[1] 全国高等法院以下的院长，庭长，推事及候补推事的总数，于二十年为一五八一人，于二十一年为一四七二人，于二十二年为一一八九人。全国高等法院以下的首席检察官，检察官及候补检察官的总数于二十年为你八三四人，于二十一年为七三三人，于二十二年为五三二人（见司法统计）。

已经好多次附带的有所说明，所以有许多话可不必再提。以下仅就以前没有提到的加以讨论，或就已提到而讨论不详细的加以补充。现在为讨论的便利起见，先将一般人常主张的保存理由列举如下：

（一）检察官能防止推事之专横武断[1]。

（二）社会上每有犯罪事件发生，而私人因怠惰怕事，或其他关系，不愿或不敢过问者，犯罪者往往逍遥法外，检察制度可以补救这种情形[2]。

（三）检察制度能减少私人诬告滥诉之机会[3]。

（四）检察官对于情节轻微，或不值得诉讼的案件，得便宜行事，不予起诉，这样可减健讼之风[4]。

（五）检察制度可使推事与检察官分工[5]。

上述第一点所称"推事之专横武断"在那采纠问制度及推事不好的国家固属不免。但是在那采告劾制度及推事好的国家，这种现象未必常有；就是常有，也有法子救济，用不着检察官来防止。所以检察官在这方面的贡献殊属有限，不能充分证明检察制度有保存之必要。第三点理由颇为充分，这在上面讨论主张废除检察制度之理由时已经说得很详细，毋庸赘言。第四点理由所说的"健讼之风"不必专靠检察官的不起诉处分去减削；我们如将同样的"便宜行事"之权授诸推事，与不难得着同样的效果，所以这一点理由也不大充分。现在所应该特别提出讨论者仅第二及第五两点理由。

关于第二点。我们知道现在确有许多刑事案件与私人利益无涉，或虽涉及私人利益，而私人因怠惰怕事，知识浅薄，受人恐吓利诱或其他关系，不肯或不敢追究。这一类案件的犯人若没有一个公务员去担任追诉，便可不受制裁；社会的治安将蒙其影响，法律的尊严必因之扫地。检察官之设正所以

---

〔1〕 黄寿"改良司法之意见"，载《法律评论》第八期第十八页以下（十四年）。

〔2〕 朱广文"论国家诉追主义及职权主义"，载《法律评论》第六十九期第一百以下（十三年出版）。

〔3〕 同上及郭卫"从理论实际讨论现行法律"，载《中华民国法学会主编之中华法学杂志》第一卷第二号。参看第二十九至三十页。

〔4〕 朱广文同文。

〔5〕 见 Brissaud, *History of French Public Law*（法文英译本）*Continental Legal History Series*, Vol. IX，第四六六至第四六八页。朱鸿达同文曾附带提及此点，但不以为然。

补救这种现象。检察制度之所以发展到今日这样程度，其主要的原因亦即在此。这种情形我们在上面叙述检察制度的发展史时已经说得很明白。尤其我们看了这个制度在英国和美国的发展经过以后，对于这一点更不能否认。近代国家常发生三种现象：（1）政府所管的事一天多一天。古昔所认为仅干己或无足重轻的事情现在有许多都被认为关系公益而由政府加以干涉或管理。因此有许多事情在从前不违法者在今日却构成犯罪行为。这一类事情虽经法律规定处罚，但是一般人因为还保持着向来的观念，仍以为他们不违法；就是知道他们违法，而因为事不干己，依然抱着"各人自扫门前雪的态度"，并不愿出头追究[1]。（2）国家的法令一日比一日密，其内容也一日比一日复杂；非专门研究此道者往往不能了解[2]。打官司往往非请懂法律者或律师帮忙不可。那些懂法律者或律师既不能白替人家服务，那么打官司的结果往往就是化钱。所以遇着一件刑事案件发生——民事案件更然——若是事不干己，固然没有人肯过问；即使损害到自己的利益，有时亦不免抱宁人息事的主义而不诉诸法院。（3）因为知识的提高，科学的进步，都市生活的发达，团体关系的松懈（如邻里之物联络或不关切），道德观念之薄弱，舆论制裁之无效；一方面犯罪者组织严密，手段灵活，声势浩大，而他方面则主张正义或遭受屈抑者缺乏能力，一盘散沙，限于孤立。弄得那些"明哲保身"而"怕吃眼前亏"或贪利者，往往遇着犯罪的事情，只好受犯罪者及其党羽的压迫利诱，而不敢或不肯声张[3]。这三种现象，在我国虽然不像在欧美那样厉害，但是也值得相当的注意。现在试举一个司法统计以示其一斑。这个例便是几种不大侵害特定人之私益的案件，因告诉告发司法警察机关（包括警察宪兵等）移送，而由检察官侦查之数的比较。依照民国十九年度至二十二年度的统计，鸦片，赌博，私监，吗啡，赃物，公共危险，及伪造货币等案中这一类数的比较如下[4]：

---

[1]　见 Pound, *Criminal Justice in American* (1930) 第十五至二十页。

[2]　见同上第十五至二十页及 *Fosdick American Police Systems* (1921) 第二十九至三十二页。

[3]　见 Pound 同上之书第十至十五页及 Fosdick 同上之书第四十三至四十五页及第三六〇至三六三页。

[4]　见各该年度司法统计之罪名别侦查事件受理件数及已结未结表。

罪名	鸦片				赌博				私监				吗啡				赃物				公共危险				伪造货币			
年度	十九	二十	二一	二二	十九	二十	二一	二二	十九	二十	二一	二二	十九	二十	二一	二二	十九	二十	二一	二二	十九	二十	二一	二二	十九	二十	二一	二二
由于告诉者	六四五	一九五五	四七五九	一二三二	二四八	一七四	二一八	一四二	一一	一二	三一	七	三五	三五	无	一	二九七	三一○	二七九	二八一	三五四	四二一	三五五	四九一	二一○	一四五	一二三	一二一
由于告发者	一七二○	九九七	一三六七	一四三七	三六五	二四七	二一○	一一	七	四	六	二八	二九	二八	三	无	一一	九四	八四	七六	二四九	四三	一五○		一六一	八一	六六	六○
由于司法警察机关移送者	一四○○六	一三一八○	一五○三四	二三九二四	三三三八	一六七六	一九九四	三三九五	六七	四八	六七	一一	六二	三九	二四六	三四九	四七二	五四三	二九二九	四二九	五三五	四三九	五九七		三六九	四六六	三七三	六五三

　　从上表看来，鸦片，赌博，私监，吗啡，赃物，公共危险，及伪造货币等案，由司法警察机关发动者比由私人发动者多得多。我们固不敢说那些由司法警察机关移送侦查的案子中没有由私人向司法警察机关告诉或告发者在内。但是我们如知道我国有许多公安机关的腐败情形（如办事怠惰，不明法律，缺乏纪律，受贿舞弊）那么可以断言那实际由司法警察机关直接发觉而不移送法院或可由司法警察机关直接发觉而不予追究的案件一定要比上表所列的数额大好几倍。若是一旦我国的公安机关都经过相当的改革，这些案件都要由司法警察机关直接发动移送法院办理。那么由私人发动的案件和由司法警察机关发动的案件相差的数额，比上表所说的还要大上好几倍。足见前面所说的近代国家三种现象在我国已相当的或局部的发生。既然如此，那么我们便不能不进一步提出以下两个问题："那些私人所不肯或不敢追诉的案件，是否应该由国家设法追诉呢？若是应该由国家设法追诉的话，应该由国

家指定那种人去追诉呢?"对于第一个问题,我们应该毫无疑义的给一个肯定的答复,这一点大概谁都不能否认。对于第二个问题,大概可以有两种答案:(1)由国家指定司法警察官吏兼办这类事情;(2)由国家专设一种公务员(即检察官)办理这类事情。第一种答案不能成立。以为追诉犯罪需要相当的法律知识;以不懂法律的司法警察官吏担任这种情事,那一定干不好的。这在英国已经充分的证明。以英国警察制度等那样进步,对于这一点尚且还有困难,我国更可想而知了。所以我们的结论应该不出第二种答案的范围。

由此看来上述关于保存检察制度的第二点理由,确有相当的根据。不过我们对于那一点理由还有一些要补充的地方。那就是说,检察官不但为追诉那私人所不肯或不敢追诉的刑事案件的适当机关,并且对于行政诉讼案件和那些有关公益的或政府为当事人的民事案件也有相当的贡献。这在英,美,法国等——尤其是美国——已经见诸事实。我国今后将渐渐的走入法治那条路上去,而同时那社会立法(social legislation)及带有国家统制性的经济立法也有发达之趋势,用得着检察官的地方真是不少。对于刚才所补充的一点也有注意之必要。

第二点理由既说明如上,以下便要讨论第五点理由(即检察制度可使推事与检察官分工)。我们觉得这一点理由有三种事实可以做根据[1]。

(一)检察官可借侦查程序对于那些无理由,不合法,或不值得诉讼的案件予以不起诉处分,一面防止人民的滥诉诬告,一面减轻推事的工作。这正和那大规模的宰牛场先将牛摆到那剥皮的机器里,然后再传到割肉去骨的机器里是差不多的。可谓深具分工的作用。

(二)检察官在侦查方面的主要职务是搜集证据以巨鼎有无犯罪嫌疑。因为要搜集证据,往往非奔走不可。所以检察官的工作大部分是动的,不是静的。不但如此,搜集证据,以迅速为主。有许多案件往往须随到随办。所以检察官的工作大部分也是在时间上不规律的。这种工作当然和推事在现行制度之下所担任的不同——后者是比较静而在时间上有规律的。这种工作若是由推事担任,那么推事的工作时间一定很难支配,并且他的工作也一定不容易做好。现在由检察官分工担任,可免此弊。或者有人说:这种工作预审推

---

[1] 这张这个理由者,其出发点各有不同。其中有些是不对的(如主张检察制度能使检举与裁判由二人分任以免不公平之结果。见朱鸿达文。)但这并不能证明根据其他出发点的分工理由都不能成立。

事也担任得了，何需乎检察官？殊不知预审推事对于侦查犯罪及决定有无嫌疑虽和检察官差不多，可是对于参加言词辩论，提起上诉，声明抗告，请求再审，及为其他诉讼上攻击防御之行为则无权过问。若但有预审推事而不设检察官，这些事将没有人管，还得另外想法解决。若是设立检察官，这些事便可和侦查事务由一种人负责办理，岂不较为彻底[1]痛快？

（三）侦查及追诉犯罪等事若常归一种公务员办理，久而久之，那一种公务员关于这类事情便积有许多经验和心得。并且因为这类工作的范围较狭，研究起来也较为便利，有为之士比较容易成为专家。在这种情形之下工作的效率往往要高些。

以上三种事实，在我国虽因人选及环境的关系还未完全表现出来，但其已有相当的证明实无可否认。这一点我们只要看检察官侦查终结的及不起诉的案件之多便可以知道了[2]。所以上述的第五点理由实是检察制度应该保存的一个有力证据。

从上面这一番讨论，我们关于我国检察制度的存废问题，可得以下的结论：根据各国历史的考察和我国情形的比较，我们深信检察制度在我国有保存之必要。我们虽不能否认现行的检察制度有不少缺点，但是这些都是人选配置不宜和制度运用失当所造成的，并非制度本身必然的结果。我们今后所应该努力的乃是积极的改革这个制度，使臻于完善之域，决不是消极的采纳"因噎废食"的办法将他根本推翻。凡是留心我国近二三十年来法制典章之变迁的人，大概都不免有一种感想，那就是：我国的各种制度改革得太快，而改革的结果有时未必满意。足征我国对于各种制度在改革之先未必有充分的认识。这种情形实在令人不安。司法界的分子，照一般人的推测，总算比较的稳健虚心；可是从以往改革法制的经过及所发改革法制的议论看来，有时也不免使大家觉得他们的态度不大合理。有些人（我们当然不敢说这种人很多）往往不肯从深处远处切实研究。他们不是保守自满，便是缺乏耐心。一种很简单的改革，竟可几十年不知实行，而一个极须考虑之计划，倒会贸然提倡采取。最近废除检察制度的口号，不消说，便是第二种态度所促成的。

---

[1]　"彻底"原文作"澈底"，现据今日通常用法改正，下同。——校勘者注。

[2]　全国检察官（连首检在内）只合推事（连院长庭长在内）之半数。但侦查终结案件的总数常较各级法院审判终结案件的总数为多。可见推事结一案，检察官可结二案。检察官结案如是之多，由于环境压迫，办事草谁，或程序简单者固属有之，但由于分工之得法者实占大部分。

我们很希望大家能觉悟到已往的缺点，别再把这个问题看得太简单容易。本文仓卒脱稿，遗误之处在所不免。我们并不妄想得着读者完全的赞同。我们所切盼者只是这篇草率的文字能够引国内同好者的注意，而使他们对于这个问题为更进一步的研究。倘若因为本文之作而这个问题将来终于得到圆满彻底的解决，那么著者便觉得荣幸万分了。

反对陪审制之一说[*]

张志让[**]

陪审制在今日颇有蔓延东亚之势。利弊果何在。为一极应研究之问题。即在英美今日亦尚时有著作，讨论此制。最近美国律师月刊发表律师所著主张与反对之论各一篇。足以表示实行界中所得经验之谈。兹以陪审制利之所在，论者较多。暂缓陈述。先将上述反对之说，介绍读者，借资研究。（Bruce G. Sebille, "Trial by jury An Ineffective Survival " in *America Bar Association Journal*, January, 1924.）

陪审制之成立，原以应一时之需要。至于今日，已无存在之理由。人类进化状况变更。陈腐之制，应即扫除。考十三世纪初期之英国，系由相互间争讼，全由封建地主任意判决。其权利保障之薄弱，自可想见。故大宪章保证人民自由，采取陪审制。两造争执改由特种司法团体审判。此种团体之份子，与两造有相同之利害。当时土著奴仆，尽属良民，所有争执，不外农事问题。故能全体一致，与地主抗，以博得同类听审之制。

当时之人深恐推事不悉民情，判案结果，仍与人民利益相冲突。故决采陪审制，陪审官选自邻近居民，应不仅熟悉当事人，并深明与争斗相关之事

　＊　本文原刊于《法律周刊》1924 年第 54 期，第 3～5 页；续刊于《法律周刊》1924 年第 55 期，第 7～9 页。

　＊＊　张志让（1893～1978 年）中国当代著名法学家、法学教育家。江苏省武进县人。早年曾求学于复旦公学，后留学美国哥伦比亚大学，回国后任复旦大学校务委员会主任委员，北京大学、东吴大学教授。张志让积极投身反帝反封建的大革命洪流，是一名热诚的爱国民主志士。1931 年"九·一八"事变后，积极参加抗日救亡活动，为营救爱国人士沈钧儒、邹韬奋等"七君子"进行了不屈不挠的斗争。中华人民共和国成立后，张志让出任复旦大学校务委员会主任委员，参加了中国人民政治协商会议第一届全体会议，先后被选为第一、二、三、四届全国人民代表大会代表，担任全国人大和全国政协的多项领导职务，并出任最高人民法院副院长、中国政治法律学会副会长等职。

实，夫然后人民乃信其权利确得相当之保障。今人不察，墨守成规，选择陪审官，以政治区域为范围。区域之广，或至数百方英里。人民之众，或至数千。时或移转管辖，以僻远之人民，定安全之真伪。在进则人苟略悉案情，即不合陪审资格。必须两造律师，认为对于本案事实，绝无闻见，方为合格。

判断事实为陪审官之惟一职务。夫以常任之判定事实，已非易事，然尚可利用其天赋听视臭味之官，与夫智慧之本能。陪审官则不然。关于法庭四壁之间。天赋官能，皆无可用。加以律师之奸诡，证人之偏颇。于此而欲求事实之真相，岂不甚难。况听讼者之感情每易为证人之诡诈所引动。装啼作泣。拟愤佯羞。以陪审官素无经验之人，而欲望其有烛奸洞秘之能，宁非过当。

听讼之人应反复比较两方冲突之词。审查证人之状态与其言词前后之是否一致。凡此皆听由智力发达富有经验之人为之。法学家才经训练。学理经验，蓄积较富。证言之真伪，较易辨别，律师之奸诡，较易觉察。陪审官则不然。召自市井田野之中。事前毫无预备。甚或陪审职务，为其闻见之所未及。关系之重，为其梦想之所不到。加以仓卒被征。弃置本业。悬心私事。仇恨公家。以此人才，以此心理，而欲望其安心听讼，识别秋毫，岂不难矣。

且即假定上述种种情形，皆可免除，然陪审官既属常人，且无训练，当然不能免人类之弱点。故每每忘却固有司法上之责任，离去判断事实之范围，而专依其对于两造所争权利与所据原则之私见，以定诉讼之结果。此种结果，自与创设陪审制之初意，完全属背驰。矧近世文明愈近，人类利益之不同愈甚。陪审官对于各种互相冲突之利益，当然各有一定偏袒或反对之意见。此种偏见之存在，有时且不为本人之所觉。然其在判断事实上所发生影响之大，则实有足以使人惊诧者。且陪审官所受影响并不限于本性之中之原因而已。外来之力或更较大。盖陪审官虽为十二人，而每个人皆在举足轻重之地位。关系之人自必尽全力以影响之。而陪审官既不过为一寻常之人，又无丰产，则其易受运动，自属意中之事。故在金钱案件中，其判断每有金钱之价值，与诉讼标的价额成正比例。在死刑或徒刑之案件中，则其判断每为无价之物。盖由关系人方面观之，固与生命自由等值也。除金钱运动之外，尚有其他情形，足使陪审官之意见不尽出于良知。夫人皆有欲望。陪审官亦何独不然。故幽处四壁之中，或互相逢迎，借增情谊。牺牲己见，冀博人欢。或视外界之舆论或一部分人之意见而定其个人之主张。推事之独立已受有种种保障。

转较学问经验充富之人为甚耶。

或谓以常任推事代行陪审官之职务，则所增经费必巨。殊不知以能力充足之法官审判事实。实较临时召集之陪审官可以事半功倍。非惟不至多糜国帑，且可节省国家及当事人之费用。试思全国每年陪审案件之多。与夫因陪审官意见不能一致而发生再审之频繁，则靡费之大，实非初料所及矣。

再进而言之，不见律师因熟知陪审官之可以利用，故凡遇可得陪审之案件，常较乐于代理乎。今苟以富有学识经验之人代之，则对于明知败诉之案，必不顾轻于尝试。而诉讼之数，因此可以减少。息事宁人，岂非计之得者。由此观之，陪审之制，弊多利少。取舍从违，不难抉择矣。

拥护陪审制之一说[*]

张志让

在陪审制发达最完全之英美两国中，拥护反对两方，至今仍时有论者发表。前已将美国律师月刊本年正月一期所载反对之论，介绍于读者。兹再将二月一期所载拥护之论，述其大意，借示实行界中，对于此制之各种态度。

陪审制度并非为大宪章（Magna Charta）或克拉伦敦宪法（Constitution of Clarendon）所创造，而系长时期中自然发达之物。在英美制度中根深蒂固，无废除之可能。然近世颇多反对此制之言论，其理由之是否充分，不可不一加审察。

反对方面所指弊害，多有属于表面者。兹可不辩。例如陪审官皆由以此为业之人充之，则不难以法律限制每人于每时期内至多不得充当一次或两次以上。如西弗吉尼亚〔1〕州（West Virginia）限于每二年一次，联邦法院限于每一年一次是。

评论陪审制者多注重其民事方面。虽偶有涉及于刑事审判之言，然不过于最小范围之内，主张变更。关系尚微，兹不赘论。其关于民事方面反对之理由，除属于表面者外，大略不外三种。（一）陪审官因须全体一致，方能判定，故每有不能合意之时。（二）陪审官不但对于所听特种案件未有训练，即寻常教育，亦甚欠缺。（三）陪审官易受其所执偏见之影响。

陪审官之判断究竟应否有全体一致之合意。尚不无讨论之余地。美国有数州于民事案内已废除此种条件，而并未有何种弊害发现，故此点亦非陪审制根本之病。

---

[*] 本文原刊于《法律周刊》1924 年第 56 期，第 4~7 页；续刊于 1924 年第 57 期，第 7~9 页。

〔1〕 "弗吉尼亚"原文作"浮瑾尼亚"，现据今日通常译法改正。——校勘者注。

根本反对理由由仍不外教育欠缺与易执偏见之两项。然但言陪审官之有此两种缺点，不必即能证明陪审制之有弊。盖仅以陪审官与哲学家理想中之蜃楼相比较，而断定前者之不如后者，未必即证明陪审官于事实上真较他人为逊也。必也确无经过完全训练且无丝毫偏见之人足以替代，而后乃能表明原制之有弊。故根本问题仍系民事审判中，有无其他较善听审之人。其解答当然不外由推事一人或数人或甚至由苏维埃委员会判断其事实与法律问题。其理由则为推事所受教育与训练较多。殊不知教育与训练皆系程度问题。无论推事陪审官或学者皆各有其限度。不能对于日常所发生之各种问题，皆有训练，盖或则有最充分之专门学识。或则于人事富有阅历。然于初次听审之日，难免无缺乏相当知识之时。于陪审官为然，于推事亦何独不然。遇有此种情形，尽可乞灵于鉴定人。听审之人，但须有相当智力，平心听断，即为已足，而推事所具此种资格，并不较陪审官为优。

试一思推事与陪审官选派方法之不同，则可知审断事实，后者实较前者为宜。推事之产生或由选举，或由任命。其任期或为终身，或为特定时期。要皆非可以随时更易之职。遇有案件可以预知必由其听断。陪审官则不然。系由民间选出。服务时日限于法院之一期。于此选定之人数内，每一案件又仅提召数人。而于此数人之内，又得将偏袒及有利害关系之人摒除。此外两造并可任意挑剔数人。可见陪审官皆系新试无成见并无利害关系之人。此种组织，有下列之各项优点：

（一）推事之任期倘有一定时期，则受易政治之影响。倘系终身，则易变为政府之压制机关。陪审官则无此弊。

（二）陪审官判断较速，推事有时考虑案情，经年累月，不能判决。

（三）法院有承认固定方式与观念之趋向，驯致判决每反常识。陪审官来自民间，本其公允之观念，判断事实，转无此病。

（四）推事一二人所执偏见，较之陪审官，为害尤甚。盖十二人之意见尚可互相改变，期归于正，一二人则绝少此种机会也。但言陪审官之非完人，不足以证陪审制之弊害。必须举示推事优胜之点，乃能表明旧制之病。须知推事亦不过为常人。并非哲学家心中所想象之大公无私之人。故时或因原其家庭之常受宠招，而偏袒社会领袖之利益。最后则尚有选民之舆论与党长之请求，皆为不可忽识党，平心静气，审别是非，转无此弊。

终身推事虽可免除因希望再选而所受之政治影响。然另有他种影响。则绝难幸免。其一则愿为政府尽力之心是也。推事受任命之后，常觉其个人为政府之一部分。故常易偏袒政府，反对个人。其二则政党之影响是也。夫推事于未经任命以前，必为党员，从事党争，深受党纲党志之熏陶。于时局紧张之时（如战争之类），倘有原属政党适当政局，则此种法院，将变为政府压制个人之危险机关。当此时期，陪审制度，实为保全自由之惟一良规。

陪审官听审案件，应即时判断。推事则不然，每每经年累月，不能结案。即如埃尔登[1]氏（Lord Eldon）为英国史上有数法学家。其判决亦绝少谬误。然在其衡平大法官任内，英国人民倍受诉讼延迟之苦。盖埃尔登氏之习惯于律师辩论既毕后，表示意见。此种意见，十九皆是。于是携取案卷，细为斟酌。时或再召律师辩论，重行考究。乃至最后或将全案忘却。经十年十五年或二十年之久，而当事人已两败俱伤矣。此种危险，在今日当然不复存在。然推事兼断事实与法律问题之结果（在衡平法之下事实问题亦由法官判断），则亦可以想见。衡平法诉讼之迟延远甚于习惯法，固为律师人人所知也。

然推事兼断事实尚有更大之弊，即判案原则易成固定秘传之品也。法庭所守原则常有结晶之趋势。易变为固定程式。牢不可破。国会未尝不制定法律，告诫推事勿为程式方法所拘，而应就案情判定曲直。然推事之泥守成规，则绝不因之稍变。英王爱德华[2]第一即有此项法律颁布。其后几于代代有之。以迄于一九一九年，美国国会尚制定相同法律，各州亦皆有之。然推事对之则置若罔闻，始终如一。

陪审官选自民间自无此弊。然论者则复以其易执偏见为病。已如上述。殊不知以陪审官与推事较，则后者时或因贫乏而借贷。时或欲在社会上谋上进。时或有意猎官。种种缺点实为前者之所无。且即就偏见一端而论，推事亦不较陪审官为愈。阶级观念即其最著之例。盖此种观念于上等社会中为独强。而上等社会又为推事之所从出也。

其实凡属人类，皆有偏见。智慧之于世界，犹隙光之暗室，所烛甚微。农夫为然，政治家亦何独不然。陪审官所执之偏见，当然与城市高级社会所执者不同。前者所有之知识与经验当然不若后者之多，其观念较旧，思想感

---

〔1〕"埃尔登"原文作"艾尔敦"，现据今日通常译法改正。——校勘者注。
〔2〕"爱德华"原文作"爱特渥特"，现据今日通常译法改正。——校勘者注。

觉均较简单。然此皆陪审制之优点，盖为政原非易事。一国之人甚众。大半皆属常人。诚有受高等教育之人，每日必浴，衣服齐楚，声调抑扬，所谈之书，为他人之所会读，所述风景，为他人之所会见。然此种人终属少数。世界人类，大半仍属常人。或以一艺谋生，或以驱车自给。政府之事在使此辈安居乐业，各得所求。此辈亦自有其艰苦中所得之人生观念。陪审制之所以能久存不败，亦正以此种观念此种偏见之足以存在，而陪审官之足以代表此种观念与偏见也。

公平之观念在各人心中皆不相同。然陪审官代表常人所怀观念，常较他种足以相替之人为当。盖专门职业之人，易有私心。感情较为冷淡。且易有胶柱鼓瑟之病。而陪审官则反易得心广智足之人也。谓余不信，请举往事以证之。昔于工厂工人损害赔偿案件中无论原告过失之证据如何充足，陪审官之判断，皆准其得偿。嗣后工人赔偿法律所采取陪审官之态度，使工厂负赔偿之责。可见陪审官之意见每足以代表常识，为判案适当之标准。综而言之，陪审制度以法律问题，划归推事，事实问题，划归陪审官，用意至善，绝少流弊。妄事更张，徒滋纷扰，非长策也。

各国冤狱赔偿制度之检讨*

孙晓楼

一

在几年以前，美国马萨诸塞[1]州的伍斯特[2]区（Worcester County）的国家律师在他的报告中说："无罪的人，决不会处刑的你们可不用担忧，世界上没有这回事，这是事实上不可能的事。"唉！真的无罪者决不会处刑么？

美国耶鲁大学的教授博查德[3]（Edwin M. Borchard）氏，于 1932 年汇集英美两国六十五件巨案，编成冤狱（*Convicting the innocent*）一书，这六十五件的巨案，有的经过法院判决确定后，因为发现了新证据而宣告无罪的，有的因为发现了真的犯罪者，而宣告无罪的，有的因为发现了被害的死者活着，而宣告无罪的，有的经过州长或大总统的命令特赦而认为无罪的，甚至有几件杀人犯在法院判决死刑后，正要解送法场执行死刑的时候，经当地士绅的呼吁，由法院再审后宣告无罪的。博氏又声明说这许多案件，是限于二十世纪一个时代所收集到的，是在报纸杂志已经发表过的案件，那么[4]在别世纪报纸杂志没有发表的冤狱，当然还很多很多。英美的刑事审判，在许多先进的法治国中间，因为陪审制采证的严密，因为陪审官意见的难于一致，宥免犯罪的机会比处罚犯罪的机会来得多，还有这样的结果。像我们采自由

---

* 本文原刊于《东方杂志》（第 32 卷）1935 年第 10 期，第 93 ~ 102 页。

〔1〕 "马萨诸塞"原文作"麦萨歇萨茨"，现据今日通常译法改正。——校勘者注。

〔2〕 "伍斯特"原文作"吴山斯脱"，现据今日通常译法改正。——校勘者注。

〔3〕 "博查德"原文作"鲍解得"，现据今日通常译法改正。——校勘者注。

〔4〕 "那么"原文作"那末"，现据今日通常用法改正，下同。——校勘者注。

心证制的国家，推事的权威，比英美的推事大得多，司法官的保障和训练又远不如英美，当然审判上的错误，造成冤狱的危险，一定要比英美大得多。唉！"堂上一点硃，阶前千滴血。"枉死城里不止送了多少冤魂。谁可以说无罪的决不会处刑呢？无论法律规定得怎样周密，司法人才的选择怎样严格，冤狱可以希望它减少，总不能叫它绝迹于人世间罢！

所谓冤狱的造成，从法律的本身方面来看，那么文义的含糊，法律本质的硬性化，失掉时代性，社会性，足以造成冤狱。从法律的运用方面来看，那么司法官的昏庸、过失、故意、胁于权威，在在足以造成冤狱。这种冤狱的造成，在官吏方面，认为小小的出入，无关大体，当事者不服，尽可上诉，不知道在被冤人方面，乡愚无智的占多数。既没有法律知识，有没有钱请律师辩护，要从法律的手续上得着救济，实在很不容易，没有别的办法，只有含冤受罪，忍气吞声的到监狱里去渡过刑期；这样便不免使很多的人因为身困囹圄之中，家属没有人抚养，子女没有人照顾，于是积忧成疾，身体的健康上受到很大的影响。还有很多的人，因受着不白之冤，而感到自己社会地位之损失，于是长此心灰意懒，消极沮丧，不能再有增进，于人生奋斗的精神上受到很大的打击，甚至因冤狱变成了真的犯罪者。所以冤狱的造成，形式上好像只影响到少数人的生命财产及自由；而实际上增加社会对于犯罪人的负担，断丧了社会的元气，影响到法律的威信，和整个民族的复兴。这无怪在 1788 年法皇路易斯[1]十六（Louis XVI）要晓谕总检察长说："冤狱而无赔偿，岂非法国之大怪事，岂非公道之大憾事了！"

二

冤狱和社会国家的关系既这样的重大，当然不可没有适当补救方法；所谓补救方法在刑事方面，一个人捏词告诉他人的，应受诬告之罪；为词指证使他人不利的，应处伪证之罪；公务人员司法官吏的专门职司，是应当公正明允，以处理案件；现在因为他们的昏庸过失故意受权威[2]威胁而造成许多冤狱使人无故感受损害，那可不受严厉的惩戒处罚？不过公务员或司法官

---

〔1〕"路易斯"原文作"罗易"，现据今日通常译法改正。——校勘者注。

〔2〕"权威"原文作"威权"，现据今日通常用法改正。——校勘者注。

之惩戒处罚，固然可以为后来者戒。于受冤狱的人的损失应当怎样补救呢？有的国家像法国等的刑法，规定造成冤狱的告诉人应负赔偿的责任。有的国家像奥法德西班牙等国的法律，规定渎职舞弊的司法官应负赔偿的责任。有的国家像德国的法律，规定造成冤狱的司法官应与国家负连带赔偿的责任。再有像瑞士有几郡的宪章，规定非法逮捕的被害者可以向国家请求赔偿。而现在欧洲大部分的国家，于立法上已接受了冤狱应由国家赔偿的理论，非但于非法的逮捕的损失应由国家赔偿，便是判决前的羁押，判决后刑罚的执行，只要经过审理而宣告免诉或无罪的，都应当由国家负赔偿责任。不过话虽这样说，反对国家冤狱赔偿的声浪，仍是非常的高。这是因为有许多学者对于国家的责任观念认识不清楚，正像德国学者默克尔〔1〕（Merkels）所说，"这个赔偿制度是代表现代德国人民心理中所希望的公正，然而所以迟迟不能见诸法典者，就是因为大多数的人还不能以法律的目光看它。"究竟这还是一个法律问题呢？还是道德问题呢？究竟应当由个人负责呢？还是由国家负责？为了这几点，确引起了欧洲学者的热烈争执，我现在把反对国家冤狱赔偿说不能成立的理由逐一说明于后：

一、国家行为不负责任

第一种反对国家赔偿制度的，是认为国家是根据主权的能力来执行公正行使职权的，它的行为便是有了错误，也不能算不合法。假使国家的公务员有滥用职权及其他违法的行为，以致人民受损害时，那么公务员应当负责赔偿，国家不负责任。不过这种国家行为不负责任说，对于一般公民所加的损害，还说得过去。若是对于特定的少数国民所加的损害，国家那可免除其责任？譬如像法院传唤做证人鉴定的公民，因恐传染病的蔓延，而被杀死的家畜，恐怕火灾的扩大，而被毁去的房屋，以及收归公用的土地，这都是为社会公益而牺牲，国家给予相对的赔偿。冤狱的赔偿的理论，正与此同一根据。若于冤狱而没有赔偿，那么无谓的拘禁特定人的自由，于国家固没有益处，而无谓的判处罚金，于国家确是不当得利呢。

---

〔1〕 "默克尔"原文作"梅盖尔"，现据今日通常译法改正。——校勘者注。

二、国家合法的行为，不损害任何人

第二种反对国家赔偿制的，是根据民法的理论来说，拿合法的行为不损害任何人（Oui juresuo utitur，neminem laedit）的理论来推论到国家合法的行为不损害任何人。国家对于冤狱既没有不合法的地方，当然不负责任。不过私法上这种"合法施用自己的财产不负任何责任"的观念，已渐渐地随着潮流而变迁到"合法施用自己的财产以不侵害他人的权利的范围"的观念。所谓施用自己的财产，不应损害别人的财产。（Sic utere tuo ut alienum non laedus）英国于 1862 年因班福德〔1〕（Bamford V. Turnley）一案，于私法上形成了一大转变；而且这种观念的变迁，又逐渐从私法推广至公法，国家行为的合法，没有过失和恶意，只能推论到那种行为没有侵犯到别人的权利。冤狱的造成固不能说是国家的非法行为，不过在这种行为，侵害到人民的生命财产时，当然应负赔偿的责任。

三、无过失，无责任

第三种反对国家赔偿制的，是根据无过失无责任（Without fault no liability）的理论来说，各国民法上对于侵权行为的民事责任，都是建筑在过失责任上的。国家于冤狱上既没有过失，当然不负责任。不过今年来因为经济情形的变迁，这种无过失无责任的观念，也渐渐的变更了。我们看到各国法令中承认了雇主对于被雇者侵权行为的责任，运输人的对于货品安全的责任，雇主对于被雇者工作安全的责任，这许多责任问题的发生，并非由于任何一方面的过失，实在是由于双方的身份〔2〕关系，在一方面即无侵害他方的故意，只要他方受到损害，便不能避免他的责任。冤狱的造成，虽可以说于国家方面并没有过失，好像不能负什么赔偿责任；不过责任问题的发生，并不一定要有过失；国家为维护社会共同生活的安全计，当然不可不负相当赔偿的责任。

---

〔1〕 "班福德"原文作"白福"，现据今日通常译法改正。——校勘者注。

〔2〕 "身份"原文作"身分"，现据今日通常用法改正。——校勘者注。

四、顾全大的利益，牺牲小的利益

第四种反对国家赔偿制的，是认为大的利益与小的利益冲突时，那么在两种利益的比较之下，那小的利益应当牺牲，大的利益应维护；国家的利益是大的利益，个人的利益是小的利益，所谓犯罪者的检举，是顾到国家公的利益，而受冤抑者的损害，是个人私的利益；公的利益和私的利益冲突时，当然应当顾到公的利益，而牺牲私的利益，这是冤狱不能请求国家赔偿的缘故。不过国家要维护社会的共同生活，不可不注意到社会的公正；当我们发现到大的利益，有不公正的时候，有错误的时候，便应当把那被牺牲的小的利益，私的利益，补偿充足恢复原状。为国家利益计，当然嫌疑的犯罪者应当追诉，然而法院既已宣告无罪或免诉，已明显地承认它自己行为的错误，国家那可不给予相当的赔偿呢？

德国柏林大学的教授戈尔德施密特[1]（Goldschmidt）说："冤狱的赔偿，正好像国家对于公务员合法行为的保证，罚错了人，正好像民事债务执行错了非债务人的财产一样，那指挥执行的人，应当负赔偿之责。"戈失此说，实在是很有见地。

五、道德责任，不是法律责任

第五种反对国家赔偿制的，是认定冤狱赔偿是一个道德问题，不是法律问题，可无庸规定于法律之中；而国家公务员的行为，应由公务员负法律责任，只限于恩惠的范围，所以受冤抑的被害人，对国家不能有追诉之权。不过我不从法律的立场看，国家的公务员是代表国家执行职务的，好像是国家的代理人一般，既与代理人一样，那么代理人的行为，便是本人的行为，代理人的过失，就是本人的过失，国家那里可以说不负法律上的责任呢？所以冤狱的造成，虽可以说是司法官的责任，也可以说是国家的责任；那里可以说这是道德问题，来避免法律上的责任呢？

有的学者像布兰迪斯[2]（Brandies）及盖尔[3]（Geyer）等，拿保险制

---

〔1〕 "戈尔德施密特"原文作"戈智吉密"，现据今日通常译法改正。——校勘者注。

〔2〕 "布兰迪斯"原文作"白朗达斯"，现据今日通常译法改正。——校勘者注。

〔3〕 "盖尔"原文作"盖尤"，现据今日通常译法改正。——校勘者注。

来比方冤狱赔偿，人民平日所付一部分的租税，好像被保险人所付的保险费一样，在人民受到冤狱的时候，国家应付赔偿费，正好像被保险人的生命或财产受到损害时，保险者应当给付保险赔偿费一样。从这一点观察，那么冤狱赔偿当然不是一个道德问题。

再讲到证人鉴定人，他们因为法院做了一些小事，国家便于法律上规定给予相当的报酬。土地因为被国家收用，国家于法律上规定给予相当的代价，受到冤狱制裁的人，其所受精神上的痛苦，名誉和财产上的损失，千百倍于被传唤的证人鉴定人，千百倍于被收归公用的土地所有人；而国家于此点竟避免法律上责任，不与相当的赔偿，揆诸法理人情，又岂得谓之公平？

这也无怪在以前的立法家，因为受到传统法律思想的影响太深，所以于法律上都侧重于人民财产的保护，而忽视了人民生命与自由的保护。我们看到很多国家的刑法，对物罪的处刑往往比对人罪来得重，法律承认病兽杀死后的赔偿权，比个人自由剥夺的赔偿来得早；这也是因为各国的立法权都操诸社会有产阶级之手，于产权的保护，特别周密，而受到非法的逮捕，羁押，或处自由刑的人，又大都是社会上的弱小贫民，冤狱赔偿权，便因为这畸形的公正观念，而不容易得到法律上的承认。法学者洛夫（Loffer）说："国家到现在，还不愿负冤狱赔偿责任的缘故，就是因为法律与公正侧重于产权的保证，而轻忽了自由的保护。"我们冀望法律达到社会公正，那么此种传统思想的畸形公正观念，应当完全地打破，而认清了冤狱的须要赔偿，和犯罪者须惩戒，无罪者须开释同一重要。不要误认了犯罪者不惩戒于社会有危险，而被冤人不赔偿，与社会便没有危险呢？

三

冤狱赔偿制在欧洲各国确有很长久的历史，在古代希腊罗马时代，于民刑诉讼法上虽没有明显的划分，不过于告诉不成立而被告受有损失时，告诉人应负赔偿的责任。在法国 1533 年查尔斯[1]第五刑章（Constitutio Criminalis Carolina of Charles）内规定告诉人应提供担保以备告诉不成立而被冤人受损害时的赔偿，后来因为公诉制的实行，由国家以职权行使告诉，于是冤狱

---

〔1〕 "查尔斯"原文作"查利士"，现据今日通常译法改正。——校勘者注。

赔偿制便一时湮灭无闻。到十八世纪的法国，因为自由平等的思想澎湃一时，于是激起人民对于冤狱赔偿的要求。1781年法国 Chalous‐sur‐marne 的文哲学院，因为有见于冤狱赔偿制的重要，曾悬奖征文，又引起欧洲学者研究这问题的兴趣，当时获首奖的是布里索〔1〕（Jean Pierre Brissot）所作受《由受冤人报复呢，还是赔偿受冤人呢？》一文，根据卢梭〔2〕民约说的立场，阐发冤狱赔偿制的重要，至1790年，杜伯特〔3〕（Duport）氏提出于法国议会的刑事诉讼法草案中，已规定冤狱应由国家负责赔偿，惟赔偿的数额，由陪审官决定之。至1895年的法律，复明显的规定冤狱赔偿，仅限于被冤处刑的损害；至于被冤羁押的损失，不得请求赔偿。而可以请求赔偿的冤狱，法律上也不规定什么条件，也并不是强制的，被冤人并没有追诉之权。不过要请求赔偿，一定要提出相当的证据，证明白他的无罪，由最后宣告无罪的法院，斟酌事实案情来决定他应不应受到赔偿，和赔偿额的多寡。被冤人死后，其赔偿的请求，可有其直系尊亲属或卑亲属提出。凡是受到损害的人，都可以得到赔偿。所以被冤人死亡时，其亲属受有损害者，都有请求赔偿权。损害有道德上的和物质上的区别。所谓道德上损害的赔偿，各国大都仅以公告的方法来恢复个人名誉之损失，法国则于此规定，更为周详，无罪的判决，应公告于判决有罪的地方，最后宣告无罪的地方，在法律上认为有罪之地方，及当事人要上诉的住所。倘被告业已死亡者，该被告临死的住所，并应登载于公报及任何上诉人选择五种报纸公告之。其于赔偿的损失规定得十分周详。据法国司法部最近的报告中，有两个被告，因为两次矛盾的裁决，而得到三千法郎的赔偿，再有两个矛盾的裁决，因为伪证而没有赔偿。在四十三个相反的判决，因为新事实的发现，中间有六件案子是由赔偿的，其赔偿额自从二千五百法郎至一万法郎。

意大利在1783年，有菲兰杰里〔4〕（Filangieri）建议于政府，主张筹集巨款用为冤狱的赔偿。到1786年此项建议始订入 Leopold of Thscany 法典，其四十六节中规定法院应以罚款作为冤狱的赔偿，至于赔偿额的多寡，由推事

---

〔1〕 "布里索"原文作"勃列素"，现据今日通常译法改正。——校勘者注。
〔2〕 "卢梭"原文作"罗骚"，现据今日通常译法改正。——校勘者注。
〔3〕 "杜伯特"原文作"狄波得"，现据今日通常译法改正。——校勘者注。
〔4〕 "菲兰杰里"原文作"飞兰及立"，现据今日通常译法改正。——校勘者注。

决定之。此法典颇为意大利犯罪学者如凯洛（Carrars）及卢基尼〔1〕（Lucchi-ni）等热烈的赞助。至1913年的刑法第551条，规定凡受冤的人轻判处徒刑三年以上而经再审后宣告无罪者，应予赔偿。迄后认定三年时期的限制过严，乃于1931年新法典中将三年减为三月。意国也和法国一样，并不采取强制赔偿制度，而于应受赔偿的人，也只限于判决罪刑后经再审宣告无罪者的损失，其于判决前所受羁押的损失，便不能请求赔偿；1931年的新法典，又限制冤狱赔偿的请求者为贫苦的被冤人，富裕的被冤人不得请求赔偿。请求赔偿也应当提出积极的证据，至于该证据的能否接受，赔偿的应否照准，应由最后宣告无罪的法院决定之。被冤人死后，其直系亲属也有独立请求赔偿之权，这又与法国的制度很相仿佛。

德国于1766年普鲁士时代，因为卡拉斯〔2〕（Calas）一案，经大学者伏尔泰〔3〕（Voltaire）力争的结果，弗雷德里克〔4〕大帝（Frederick the Great）曾下令谓："凡被拒审讯之被告，因罪嫌不足而宣告无罪者，应返还其应得之费用，并应赔偿其所受之损失。"此令虽未见诸施行，然于德国冤狱赔偿制上，确有多少的贡献。到1830年德国的议会为了冤狱赔偿问题，辩论得很厉害，有的主张冤狱应当赔偿，有的主张冤狱不应当赔偿，一时没有什么结果，到最后因为得着许多学者如Geyer及Schwarze等的提倡，再加以律师公会的鼓吹，所以在1876年后，有许多冤狱在事实上已得着赔偿了。到1898年始订定于法规，准许被冤处刑及被冤遭判的被告给予赔偿。到1904年复推广赔偿之范围到无辜受羁押的冤狱，甚至轻罪重罚的冤狱也可以请求赔偿。德国是采强制赔偿制的，冤狱的被冤人于得不到赔偿时，可以向国家追诉；这种强制赔偿制无论是于判决前的羁押，或是判决后执行的刑罚都适用之。其请求赔偿的适当与否，由再审法院或最后宣告无罪的上诉法院判决之，当事人对此判决，不能上诉，惟判决而准许赔偿的，应由声请人向再审法院或上诉法院之检察官声请执行赔偿，再由该检察官行文至最高之行政公署，由该行政公署决定其赔偿额之多寡后始给付之。不过在声请赔偿的时候，一定要提出积极的证据，证明白他根本没有犯罪的嫌疑，因为请求赔偿在德国人看来是

---

〔1〕 "卢基尼"原文作"露昔尼"，现据今日通常译法改正。——校勘者注。
〔2〕 "卡拉斯"原文作"凯莱斯"，现据今日通常译法改正。——校勘者注。
〔3〕 "伏尔泰"原文作"服尔泰"，现据今日通常译法改正。——校勘者注。
〔4〕 "费雷德里克"原文作"夫莱驼立克"，现据今日通常译法改正。——校勘者注。

提起新的诉讼，应当提出新的证据。关于冤狱赔偿的请求权，那么凡是受被冤人供养而受到损害的人，都有请求赔偿之权；不过在被冤人死后，那么仅其子孙有追诉之权，又请求赔偿者苟犯逃狱，湮灭罪证，伪证，教唆伪证等情事者，便丧失其请求赔偿的权利。1904年的德国法，又规定羁押后宣告无罪的冤狱，果然罪刑并未成立，不过那种行为倘使有不名誉或不道德的性质者，或在酗酒失知觉时所作为者，或有犯其他罪刑之可能着，为维持法律的公允起见，不准其请求赔偿。又苟于无罪开释时，而请求赔偿者已丧失其公权，或系假释，或于另案曾被判徒刑执行完毕未满三年者，亦不得请求赔偿。德国最初于审理前因逮捕或羁押所受之损失，不得请求赔偿，后为刑诉法修订委员所改正，因审理前之羁押或逮捕，均为诉讼程序之一部，自不应有审理前后之分，不过于逮捕后未经审理而受的损失，到现在还不承认他的赔偿权，这大概是因为他们认为逮捕后立即释放，等于没有逮捕，而且不容易证明他的损失。德国刑事诉讼法虽是这样的规定，究竟应当不应当赔偿实有讨论的余地。根据德国司法部的报告，自1924年一月到1927年的几年中，有37 650的马克是赔偿给判决前受羁押处分的三十七人，其中有十八人是羁押八天至一月的，有十八人是羁押自一月至三月的；最长的有羁押自八月到九月的；有一个裁决有28 579马克是赔偿给予受六十四天羁押的被害人，这实在是一件可惊的事。普通对于羁押被害人的赔偿亦不出三百马克。

在英国方面对于冤狱赔偿运动，正在那里萌芽发动，所以也没有什么特点提出来讲；英国的边沁（Jeremy Bentham）氏是主张冤狱赔偿最有力的人，他认为冤狱赔偿是国家的责任，1808年五月十八日，有罗米利[1]（Samuel Romilly）者，为英国修订刑法的巨子，曾提出一草案于国会，建议由法院决定赔偿额的应否给付与多寡，当时有国家律师普卢默[2]（Plumer）反对此提案最烈，谓无罪者而推事准许赔偿，与不许赔偿有同一危险，同一违法，路氏草案不久即行撤回；不过在事实上英国国会曾几次授权法院集巨款以备冤狱的赔偿。像Slator一案，国会准许给6000镑巨款的赔偿，Beck一案给5000镑的赔偿，Habron一案给500镑的赔偿，到现在的英国实在很有编订法典的要求。

---

〔1〕 "罗米利"原文作"路密雷"，现据今日通常译法改正。——校勘者注。
〔2〕 "普卢默"原文作"泼柳磨"，现据今日通常译法改正。——校勘者注。

美国的冤狱赔偿运动到 1913 年才开始，美国参议院议员现任最高法院的推事雪萨瑟兰[1]（Sutherland）曾题改造联邦法院的议事 bill 7675，同年有加利福尼亚[2]（California）和威斯康星[3]（Wisconsin）两州，也采仿法制，制定冤狱赔偿法规，惟不久因欧战发生，终未能有所改进。至 1917 年，有北达科他[4]（North Dakota）州，追踪威斯康星州之后，而制定同样的法规。美国这三州的法律，和法国的法律很相类似，其赔偿也只限于已执行的判决，经再审后而宣告无罪者可以请求赔偿。不过这三州与众不同的地方，就是省长的特赦也可以认为无罪理由之一，而为请求赔偿的根据。再有像加利福尼亚州要请求赔偿也须证明并无犯罪的事实，假使有犯罪的事实便应提出请求者并无犯罪的证据。北达科他与威斯康星两州只要有请求者并未犯罪之证明便可。至于何种事实可以为无罪的证据，究竟这种证据可否接受，完全听法院或行政官属的决定。法律上并无明文规定。在美国有几州，于一罪确定后，声请再审的时效，规定得非常之短，而判决后无罪的宣告，大都由州长以职权特赦之，这样赔偿额的多寡，司法机关几没有过问之权。所以在以上三州的法律中，规定请求赔偿，应由行政局（Administrative）执行司法审理之职权，不服也可以上诉到高级法院，不过这行政局于法院宣告无罪，及州长特赦的被告，是否须重行考虑其无罪，犹是一个问题。在加立夫尼亚行政局（Board of Contral）之裁决，等于议会的议案。在北达科他和威斯康星的行政局对于赔偿的裁决，州库应负责给付，倘其裁决有不当时，应提出议会审核。加州的法律则不管冤狱的大小，限制最高赔偿额为 5000 美金。北达州与威州规定赔偿额，一年为一千五百元，而行政裁决的赔偿额，于威州为五千元。在北达州为二千元。不过在那两州的赔偿局，苟认为法令所规定的数额为过少时，可以提出于议会，请求较大之数额。美国议会对于特别贫苦者，可酌给予五百元至五千元之赔偿额。其于近几年中，各州所付之赔偿额如 Mississippi 州的 Purvis 一案给予五千元的赔偿，Utah 州的 Philion 一案给予 4533.36 元的赔偿额，Ledbetter 一案给予 3313.39 元的赔偿额。Alabama 州的 Wilson 一案给予 3500 元的赔偿额。Florida 州的 Brown 一案给予 2492 元的赔偿额，Cali-

---

〔1〕 "萨瑟兰"原文作"疏朗特"，现据今日通常译法改正。——校勘者注。
〔2〕 "加利福尼亚"原文作"加立夫尼亚"，现据今日通常译法改正。——校勘者注。
〔3〕 "威斯康星"原文作"威士康辛"，现据今日通常译法改正，下同。——校勘者注。
〔4〕 "北达科他"原文作"北戴哥泰"，现据今日通常译法改正，下同。——校勘者注。

fornia 州的 Roban 一案给予 1692 元的赔偿额，Massachusette 州 Usher 一案给予 1000 元的赔偿额，Alabama 的 Murchison 一案给予 750 元的赔偿额，Mississippi 的 Walker 一案给予 500 元的赔偿额，和 Florida 的 Henry 一案给予 431.81 元的赔偿；可见得美国制度冤狱赔偿法者，虽只有三州，而事实上实行赔偿制的州，确已有六七州了。

四

其他实行冤狱赔偿制的国家，除德意志，法兰西，意大利，及美国之三州外，复有比利时、挪威、匈牙利[1]、瑞典、墨西哥、西班牙、日本、葡萄牙、丹麦、奥地利、荷兰、摩纳哥[2]（Monaco），提契诺[3]（Tessin），白瑞尔斯特（Baselstadt），阿根廷[4]（Argentina），智利（Chile），墨西哥沃德[5]（Vaud），纽沙特[6]（Neuchatel），巴塞尔[7]（Basel），弗里堡[8]（Fribourg），巴西（Brazil），与日内瓦（Geneva），伯尔尼[9]（Berne）等。其在英国则岁未见诸法令，而事实上冤狱得有赔偿者，亦已数见不鲜。可见冤狱赔偿运动之普遍与迫切，我现在根据各国赔偿制的不同而提出几点来讨论讨论。

一、赔偿范围的广狭

关于赔偿的范围有广狭之不同。在采狭义制度的国家，冤狱赔偿仅限于被冤处刑被冤遭判的赔偿，在判决前羁押的赔偿则不与焉，像法、意、比、葡萄牙、西班牙、与巴塞尔、日内瓦等，便是这派的代表。其采广义制度的国家，则冤狱赔偿并不限于被冤处刑，或被冤遭判的损害，且及于无辜收羁

---

〔1〕"匈牙利"原文作"匈加利"，现据今日通常译法改正，下同。——校勘者注。
〔2〕"摩纳哥"原文作"蒙奈哥"，现据今日通常译法改正。——校勘者注。
〔3〕"提契诺"原文作"天星"，现据今日通常译法改正。——校勘者注。
〔4〕"阿根廷"原文作"阿真廷"，现据今日通常译法改正。——校勘者注。
〔5〕"沃德"原文作"服特"，现据今日通常译法改正。——校勘者注。
〔6〕"纽沙特"原文作"牛加得"，现据今日通常译法改正，下同。——校勘者注。
〔7〕"巴塞尔"原文作"被山耳"，现据今日通常译法改正，下同。——校勘者注。
〔8〕"弗里堡"原文作"佛兰鲍葛"，现据今日通常译法改正，下同。——校勘者注。
〔9〕"伯尔尼"原文作"波纳"，现据今日通常译法改正，下同。——校勘者注。

的损害，像德、奥、丹、荷、挪威、瑞典、伯尔尼、弗里堡等，是这派的代表。甚至如德、奥、比与瑞士有几郡于轻刑重罚的损失也可作为冤狱赔偿的理由。当然冤狱赔偿既为维持公道与正义而设，则被冤人的损失，无论由于诉讼程序进行中发现的错误，抑或由于损失程序终结后所发现的错误，皆有请求赔偿的权利，当然不能有所歧视，所以于冤狱赔偿的理论上殊以广义的见解为当。

二、赔偿的政策

冤狱赔偿的政策，可分为强制赔偿与任意赔偿二种，在强制赔偿的国家，只要于事实上已证明白是冤狱，那么国家是不可不赔偿的，国家苟不履行赔偿的义务，受到冤狱的被冤人有权向国家诉追，在德奥、挪威、丹麦、匈牙利、墨西哥、纽沙特，及巴塞尔，便是这派的代表。在任意赔偿制度的国家，于赔偿的决定，与赔偿额的决定，法律上并无何种限制与条件，一任法院或政府自由裁决，被冤人不服裁决也无权向国家追诉，这派的代表像意、法、比及巴西、瑞典、荷兰、与弗里堡等，皆以此为原则。强制与任意两种制度中，我是赞成强制的，因为冤狱赔偿不是一个道德问题，是一个法律问题，既是一个法律问题，当然在这种请求权剥夺的时候，法律上应予以一种救济的机会。

三、新证据的提出

对于冤狱赔偿的证据方面，有的认为无论什么案件，判决免诉或无罪，便反证他的冤枉，可以请求赔偿。况且判决无罪和判决赔偿是属于一个诉讼，无用再提出新证据来证明他的无罪，像奥国、丹麦、荷兰、葡萄牙、西班牙、白锐尔斯特，及天星即为此派的代表。有许多国家，则于宣告免诉或无罪后若要请求赔偿，一定还要提出新的证据来证明白他的无罪，只有无罪的判决，并不足以为请求赔偿的理由；因为他们认为请求赔偿是提出新的诉讼，和宣告无罪的判决不是同一诉讼，像法、意、德、比、挪威、瑞典、西班牙、匈牙利、纽沙特、墨西哥、摩纳哥、巴西等国均足为此派的代表。在德国请求赔偿的人，一定要证明他完全没有犯罪的嫌疑；在匈牙利与瑞典，关于羁押的冤抑而请求赔偿者，一定要举出下列证据之一：（一）这种犯罪行为他们是没有做过的。（二）在匈牙利证明被冤人未曾犯过此罪。在瑞典证明犯罪者并非被冤人而是另一人。（三）在匈牙利证明那行为虽是他做的，不过于法无处罚明文。在瑞典证明于各种情形中不足表现此系彼之作为。主张提出新证据的最力者，为法国学者包纳维（Bonneville de Marsagny）。反对最力者为德国学者海因策[1]（Heinze），附加他的有楚克尔[2]（Zucker）与盖尔[3]（Geyer）等。反对派认为刑法上只承认有罪和无罪的两方面，不应当于无罪的判决中再分有证据的给予赔偿无证据的不给赔偿的两种偏颇的分界。不过在事实上同一无罪的情形中，有的因为搜集不到有罪的证据，所以宣告无罪的；若于无罪者皆使国家负赔偿之义务，是宜奖励一部分工于犯罪者之技能，于国家所谓利用刑事政策以减少犯罪而维持公共秩序的，其结果适得其反。所以比较的还是主张提出新证据为请求赔偿的条件者，较为适当。

四、请求权的转移

请求赔偿权又主张不可以转移的，有主张可以移转的。主张不可以移转的最有力者为德国法学者耶利内克[4]（Jellinek）氏，他认为冤狱赔偿是属人的，受损害的人死亡，请求权便因之而消灭，此外无论何人不得承继其请求权。主张可以移转的，认为一个人道德上的完整，是包含他家属的共有财产，对于这种财产权有损害时，构成该家属的各个人都有请求赔偿之权，所以冤狱赔偿的请求权应当准许其转移或继承。现在实施冤狱赔偿制的国家，在德国则被冤人抚养者，都有独立请求赔偿之权，不过请求的标的以其于抚养部分所受的损失为限。在匈牙利则须于被冤人不诉追时，其利害关系的第三者始有请求之权。在奥、比、意三国则于被冤人死后，其父母配偶或子女始有请求之权。现在的欧洲各国，除德国外，均以被冤人死亡为第三者或其子女请求赔偿制要件。在法、意、比、奥、匈牙利、摩洛哥，以及瑞士的有几郡，则请求权之转移，止限于受冤人之直系尊亲或卑亲属。在丹麦则尊亲属又除外。在匈牙利则被冤人于判处之罚金而已缴纳者，凡在法律上应受其护养而受有损失之人，均有诉追之权。总之在现代的欧洲各国对于请求权的转移，都是向不受限制方面推进，尤林尼克的主张，已不适用于现代了。

---

[1] "海因策"原文作"海因粹"，现据今日通常译法改正。——校勘者注。
[2] "楚克尔"原文作"顺哥"，现据今日通常译法改正。——校勘者注。
[3] "盖尔"原文作"盖伊"，现据今日通常译法改正。——校勘者注。
[4] "耶利内克"原文作"尤林尼克"，现据今日通常译法改正。——校勘者注。

五、请求权的消灭

关于请求权的消灭，有的国家不用法律明文来规定，有的国家是用法律明文来规定。前者像法国并不规定请求权应行消灭之条文，而请求权的应否因被冤人他种过失而消灭，一任法院的自由心证决定之。后者像奥国对于非法羁押之请求赔偿权，如因被捕人的犯罪嫌疑并未消失，或无罪之出于法无明文的，或其行为虽不负法律责任，然因不道德不诚实而含有恶性的成分的，或于羁押时因别种犯罪嫌疑而进行另一诉讼程序的，皆足为消灭请求权之原因。若丹麦倘发现被冤人的委避，隐匿罪证，而于法官认为有可以原谅的过失时，法院虽有给予赔偿，但每扣除其因过失而消灭的一部分的赔偿权利。此法于美国 Johnson, Olson, Preston, Stielow 等案亦曾行之。在德国则对于羁押后宣告无罪的案件，倘发现受冤人之行为有不名誉不道德或酗酒失知觉时之作为，则请求赔偿权因之消灭，又苟于释放时请求赔偿者已丧失公权，或系假释，或曾判处徒刑至三年未满者，亦不得请求赔偿，是其规定又较他国为严密。

以上几点，是申说各国对于冤狱赔偿立法上的特点和评价。总之，二十世纪的冤狱赔偿制，是由狭义而至广义，由任意而至强制，可以说是现代立法上的一个普遍的运动。回看到我国，自从唐律明律清律例一直到现在修正的刑法，于过失故意的冤狱，规定公务员的惩处办法，固不可谓不严；不过我在上面已经说过，所谓冤狱的造成，并不限于官吏的过失和故意；况且官吏的惩戒处分，或是整顿吏治的一种方法；无辜的被冤人的损失，应当怎样补救呢，于我们的法律上还没有相当的规定。立法诸公既努力创造时代上最公允的法律，那么冤狱而没有赔偿我们便不能不说这是公允上的一件大憾事！

国家赔偿制度之现在与将来[*]

严荫武[**]

民国十七年夏，国民政府司法部，约集法制局最高法院人员商议刑事诉讼法制定之原则。其最令吾人注意者，为国家对于误判的赔偿责任问题。当时法制局对此案提出之意见，为"已受羁押或已科刑之被告，有下[1]列情事之一者，该被告得请求国家赔偿损害：（一）再审判决无罪者。（二）初审或上诉审判决无罪者。（三）受不起诉处分，而以行为不成犯罪为理由者。前项第一款之损害赔偿，应向该再审法院请求之。第二款之损害赔偿，应向该判决无罪之法院请求之。其赔偿金，由最后为有罪判决之法院给付。第三款之损害赔偿，应向为该处分检察官所属之法院请求之。其赔偿金，即由该法院给付。但自无罪判决或不起诉处分确定后已逾十日者，均不得请求。损害赔偿之范围，由受请求之法院决定之。对于此项决定，不得声明不服。损害赔偿金，应由司法收入项下支出，抑另作开支……由司法部另以命令定之"。该会议议决谓："法制局此项提案，理由极为充分，惟应否于刑事诉讼法中规定之，尚待研究。"而当年七月二十八日国民政府所公布之刑事诉讼法，遂未将国家赔偿制度采入矣。予正拟就此史实，为文以实法学丛刊。而刘君韵风，乃强予为作《国家赔偿制度之现在与将来》，不得已，惟有略述拙见以复之，其当否还望同社诸君子，有以教正之也。

---

[*] 本文原刊于《法学丛刊》（第 3 卷）1935 年第 3 期，第 88~93 页。

[**] 严荫武，1924 年毕业于东吴大学法律系（第 7 届），获法学学士学位。

[1] "下"原文作"左"，现据今日排版需要改正。——校勘者注。

一

欲知国家赔偿制度的现在与将来，则国家赔偿制度的过去，自然要把它，弄个清楚，这想当为任何人不能否认。本来，国家就其司法机关所为错误判决的结果，负担损害赔偿责任，这是第十九世纪末叶，一种新兴的制度。而吾人因此曾发生了一回疑问，就是：在第十九世纪末叶以前，尤其法国大革命当时，所发布的人权宣言，把人民的多种基本权利，给了它切实的保障，何以对于这种与人民的生命，自由，财产，有很密切的关系的国家赔偿制度，都不采用呢？

随后，我研究到：法国在人权宣言的精神下面，制定的多种法律，其所保障的，乃在防制替国家服务的官吏之横暴，换句话说，当时法律的精神，乃在防制横暴的官吏，侵害人民的自由，所以官吏，假令当执行职务的时节，有加损害于人民自由的事情，就应该由官吏自身负责，于国家自然毫不相干。

更深一层观察，法国人权宣言的精神，明明是受了卢梭[1]民约论的影响，这种国家不负赔偿责任的原由，也明明是受了卢梭国家主权概念的支配。卢梭说："主权这个东西，是由构成主权的个人形成的，所以主权这个东西，不致于反个人的利益，也不能反个人的利益。此，主权者的国家，对于其构成分子的国民，没有予以何等保障的必要。这是什么道理呢？因团体图加害于其本身的构成分子，在事实上是一定没有的啊！"（Contract Social, Live, I. Chap. VII）然而，在理论上的话，虽然是这样说，在实际却使政府在国家的名义下，行其绝对无限制的权力，自然要酿成一种为恶而不负责任的现象[2]，这岂是一般国民所能忍受的吗？法人责任论，是必然的要应时产生，而国家赔偿制度，也就必然的要适应社会之要求，树立起来。

二

照上面的叙述看来，简直可说国家赔偿制度，是国家无限制说的一种反

---

〔1〕 "卢梭"原文作"陆梭"，现据今日通常译法改正，下同。——校勘者注。

〔2〕 "现象"原文作"现像"，现据今日通常用法改正。——校勘者注。

动，否，是国家主权无限制说的一剂良药。那么〔1〕，现在世界各国的国家赔偿制度，究竟达到什么样的程度呢？

吾人从公法方面看：各国为其国家及公共团体等的公益，依据法律，而为征发，征收，以及强制通行等事，都以为这是大家的利益，使特定的个人遭受牺牲，若不给予〔2〕赔偿，负担显不公平，因是一概由国家为相当之赔偿，以期国民负担之均一。

至于国民因国家司法处分，所发生的损害；也有不少的国家，认为这是个人在团体生活里面，因国家为维持公益的司法权之发动，自己无过失，无责任，而亦遭受不正当之牺牲，国家自当对之负赔偿损害的责任，庶几不违背社会正义的要求，所以刑事赔偿制度，亦甚发达。

惟欧洲各国，国家就官吏行政处分，所发生的特别损害，负赔偿责任的制度，一般尚未通行。即关于司法处分的国家赔偿制度，其于民事裁判上所发生的损害，亦似无被承认之观。这又是什么道理呢？

学者举其重要理由有二：即

（一）行政处分，纵然可由诉愿或行政诉讼，予以取消。但那自始就没有依据法律，而以国家权力，侵害及于当该本人生命为对象的重大性。所以现在国家，不采行政上裁判赔偿制度。至于民事上裁判赔偿制度，现在亦尚未采用的，其理由，亦不外乎此。

（二）国家赔偿制度，它的领域，不扩张到民事裁判或行政处分的，是恐怕直接增加国库的开支，间接扩大国民的负担，大有利不胜害的危惧。

因有以上两点的理由，所以才有现在残缺不全的国家赔偿制度。那么欲知国家赔偿制度，将来如何？就要研究这两个理由的本身如何？

三

上段所述国家赔偿制度，现在所以不能扩张到行政处分或民事裁判方面的理由，据我个人观察，敢斩金截铁的说，它本身根本不能成立。何以呢？

就其第一点说：意谓行政处分，自始就没有依据法律，而以国家权力，

---

〔1〕 "那么"原文作"那末"，现据今日通常用法改正，下同。——校勘者注。

〔2〕 "给予"原文作"给与"，现据今日通常用法改正。——校勘者注。

侵害及于当该本人生命为对象的重大性，这真是显然无理由的话。因为刑事裁判，不尽是含有侵害当该本人生命的重大性。而刑事赔偿制度，也不尽是对于有侵害生命之虞或已侵害生命的冤狱，而为赔偿。为什么这里忽然拿出这个有无以侵害生命为对象的话儿，来作应否采用国家赔偿制度的标准呢？

再就第二点说：意谓国家赔偿制度，扩张到民事裁判与行政处分，结果就增加国库的负担。这也是一种似是而非的话。因为这种赔偿制度的施行，全靠它的反射作用。换句话说，有了这种国家赔偿制度，自然儿，行政官不敢滥用权力，以为处分。司法官不敢滥用权力，以为审判。那里来增加国库负担呢？

所以我敢斩金截铁的说：这两种理由，都显然的不能成立，不久的将来，定有完备的国家赔偿制度，来保障一般人们的利益。

关于疏通监狱之研究[*]

杨兆龙

导言——本文之目的与范围

本文之作意在研究疏通监狱之方法。全篇共分四节。第一节论各重要国家监犯激增之趋势。第二节论监犯激增之原因。第三节论减少监犯之方法。第四节论吾国目前应取之途径。按监狱问题本与刑罚制度互为表里。疏通监狱，每须与改革刑制相辅而行。是以本文间接虽以研究疏通监狱之方法为目的，而直接实以检讨刑制改革之原则为对象。顾刑制改革问题，浩如烟海。专书讨论，犹难尽其底蕴。附带研究，挂漏自所不免。幸明哲有以教之。

第一节 各国监犯激增之趋势

按监犯之激增，几为近代各国之共同现象。东西重要国家或政治区域大都不能例外。兹请举例说明于后，借示其梗概。

（一）美国

美国联邦司法部监狱司于一九三四年刊行之报告，尝就一八九六年至一九三三年间联邦监狱之人犯（此专指刑期较长之联邦人犯而言。其刑期较短者大都监禁于各州监狱）。为精确之统计。其所昭示吾人者。为下列之事实。[1]

---

[*] 本文原刊于《现代司法》（第 1 卷）1935 年第 9 期，第 67～102 页；续刊于 1935 年第 10 期，第 75～132 页。

[1] Federal Offenders 1932～1933, pp. 38～99.

年度	每日监狱人犯之平均总数
一八九六	三〇一
一九〇〇	七九二
一九〇五	一五五〇
一九一〇	一八八四
一九一五	二二六五
一九二〇	三七六〇
一九二五	六四六四
一九三〇	一一二五〇
一九三三	一二五一五

是美国联邦监狱人犯之平均总数于三十八年间竟增至四十一倍以上。即专就最近十四年（一九二〇至一九三三年）之情形而论，其增加速度亦达于三倍有奇。

以上为美国联邦监狱人犯激增之情形。至美国各州监狱人犯激增之趋势，虽无精确之统计可资说明，顾观于各监狱当局及学者之报告，亦不难知其梗概。据美国全国法律遵守及执行研究委员会（National Commission on Law Observance and Enforcement）[1] 报告，于一九二七年间美国四十州之监犯数额不超过其监所固有之容量。其他各州之监狱均感人满之患。纵赶设新监狱，亦应付不及。如密西根（Michigan）之监犯于一九二七年竟较该州监所固有容量超过百分之七十八零六。（即可容纳一百人之监所现须容纳一百七十八人有奇）同时加利福尼亚[2]（California）之监犯则较固有容量超过百分之六十二零二。俄克拉荷马[3]（Oklahoma）之监犯则较固有容量超过百分之五十六零七。俄亥俄[4]（Ohio）之监犯则较固有容量超过百分之五十四零一。迨一九三零年及一九三一年，则各州监狱人犯之充斥更有甚于此者。其人数之激增，

---

〔1〕　按此委员会系胡佛总统时代所组织。其委员会皆类美国之法律专家。所编调查及研究报告，曾由政府印行。内容注重实际情形，颇有价值。

〔2〕　"加利福尼亚"原文作"加尼福尼亚"，现据今日通常译法改正。——校勘者注。

〔3〕　"俄克拉荷马"原文作"阿克拉贺马"，现据今日通常译法改正。——校勘者注。

〔4〕　"俄亥俄"原文作"阿海阿"，现据今日通常译法改正。——校勘者注。

往往达于一倍左右。原可容纳一千人之监所，现须收容二千人。监所当局至不得已时，往往须令犯人于监所之走廊或夹衖内度夜。[1] 上述各点系以监所固有之容量为观察点。若以监所历年之人数为观察点，其结论亦复相似。据美国哥伦比亚大学法学院前任院长葛尔基威氏（Kirchwey）统计，纽约州各州立监狱犯人之总数，于一九二三年仅为四五九八名，迨一九三零年，遂增至六六一八名。（七年内增至加百分之四十四）于同一时期内，伊利诺伊[2]州（Illinois）各监犯之增加数额竟达于百分之一百三十一（即原有一百名者现增至二百三十一名），而俄亥俄州（Ohio）之监犯亦由三八三七名而增至八六一三名（即百分之一百二十一有奇）。[3]

（二）加拿大

按加拿大正式监狱（Penitentiary）内人犯之总数，于一九二五年为二三四五名。以后逐年均有增加。于一九三二年遂增至四一六四名。易言之，其七年内所增之人数竟达于百分之七十。[4] 若就全国所有监所及感化院之人数而论，其增加之速度亦颇值注意。兹将一九二九年初至一九三一年终之人数列表于后，以见其一斑。[5]

年度	年初之人数	年终之人数
一九二九	八五六一	九四七八
一九三〇	九七九六	一一二二三
一九三一	一一二二三	一二二九三

是加拿大全国监所及感化院之人犯于三年内增加三七三二名。若依百分数计算，其增加速度值达百分之四十三有奇。

（三）瑞士

据一九三四年之瑞士统计年鉴（Statisches Jahrbuch der Schweiz, 1934）报

---

[1]　National Commission on Law Observance and Enforcement——Report on Penal Institutions, Probation and Parole, 1931, pp. 11~13.

[2]　"伊利诺伊"原文作"伊利诺"，现据今日通常译法改正。——校勘者注。

[3]　The Annals of American Academy of Political and Social Science, September, 1931, p. 13.

[4]　The Canala Year. Book, 1933, Otawa（Official Publication）, p. 1027.

[5]　同书 p. 1026.

告，瑞士全国各监所内已决定未决犯之总数自一八九〇年以来变迁如下。[1]

年度	每年终监所内已决犯之数额	每年终监所内未决犯之数额
一八九〇	三〇八七	八二四
一九〇〇	三四三七	八五九
一九一〇	三一八九	一〇二一
一九二〇	三三四九	一三四四
一九三〇	三九一六	一四〇二
一九三四	四二五九	二四四五

（四）挪威[2]

依挪威一九三二年统计年鉴（Statistisk Arbok for Kongeriket Norge. 51 de Argang, 1932）之记载，该国监狱内人犯之总数自一九一六年以来增加如下。[3]

年度	每年监犯在监狱内拘禁数之平均总额
一九一六至一九一七	二四二六三二
一九二五至一九二六	二六六八二〇
一九三〇至一九三一	三二二〇八四
一九三一至一九三二	三一八〇八〇

依上表所记载者，乃每年监犯在监狱内拘禁日数之平均总额。此项日数之增减视监狱人犯之数额为转移。人犯增，则日数亦增。人犯减，则日数亦减。观上表乃知挪威监犯之总数于一九一六年至一九二一年之期间内增加百分之三十三有奇。一九三一至一九三二之年度内监犯人数虽较上年度为少，然较诸一九一六年之人数仍超过百分之三十一有奇。

---

[1] 见该书 pp. 424~427，428~429.
[2] "挪威"原文作"瑙威"，现据今日通常译法改正，下同。——校勘者注。
[3] 见该书 pp. 153，159.

（五）意大利

意大利监狱及感化院之人口，自一九〇七年至欧洲大战期间，每年均见减少。如一九〇七年监犯人数为四万七千一百四十七名。迨一九一六年遂减至三万三千六百五十二名。其感化院之人数于一九零六年为五千四百十八名。自一九一六年遂减至四千六百五十七名。[1]

但欧战告终后感化院之人数虽无甚增减，而监狱人犯则有增加之趋势。此观于一九二五至一九二九年间之统计可以知之。兹列表说明于后：[2]

年度	监犯之总数	感化院人口之总数
一九二五	四五五九九	三四三七
一九二六	五七五一四	三五二八
一九二七	六四七〇九	三五三六
一九二八	五五八二七	三五七一
一九二九	五九三五六	三五五〇

依上表之记载，该国监犯之总数于一九二六至一九二九之四年内均较一九零七年为大。若与一九一六年之总数相较，则其增加额达于百分之七十以上。

（六）德意志

德意志监狱之犯人，于一八八二年至一九二一年之期间内，除欧战时期不计外，大都有增加之趋势。此观于该国联邦处自由刑者之人数可以知之。当一八八二年之际，全国处自由刑者仅二四二五八九人。（按此仅指重要及普通罪者而言。关于犯轻罪者，无正式之统计可凭，其确数不得而知。）于一八九〇年乃增至二四八六八六人。迨一九〇〇年遂达二六四一六六人。一九一〇年之人数较一九〇〇年为少，仅二五九四六六名。但当一九二〇及一九二一年之际，人数顿形增加。计一九二〇年为三五三二四四名，一九二一年为三七九四六〇名。一九二三年以后，处自由刑者渐见减少。如一九二二年为二四三〇七五名，一九二五年减至二〇二三二〇名，一九二八年复减至一七五七七七名。惟此数年内处罚金者特别加多。如一九一一年处罚金者仅二五

---

〔1〕 Annuario statistico italiano, anno 1913, Pag, 126；anno 1917~1918, Pag. 148, 156.

〔2〕 Annuario statistico italiano, anno 1930, Pag, 142，146.

六〇一四名，一九二二年增至三七八七八一名，迨一九二八年则增至四〇五六四二名。司法当局实有扩充罚金适用之范围而从轻处断之意。不然处自由刑者未必如是锐减也。[1] 以上所述系一九二八年以前之概况。至论一九二八年以后之情形，则德国处自由刑者转有增加之趋势。兹列表说明于后：[2]

年度	处自由刑者之总数
一九二八	一七五七七七
一九二九	一八三六三四
一九三〇	一九六九〇六
一九三一	一二〇五四四
一九三二	二四三七五四

（七）保加利亚（Bulgaria）

保加利亚之监犯亦有增加之趋势。此观于一九二四年至一九二七年关于处自由刑者之统计可以知之。按该国处自由刑者于一九二四年仅一三七六五名。迨一九二七年遂增至一五五九四名。[3]

（八）芬兰（Finland）

芬兰之处自由刑者，于一九二〇年共计六五八〇名，一九三〇为七七八七名，迨一九三一年突增至九一三四名。观于此，其监犯人数之增加不难推知矣。[4]

（九）波兰

据一九三〇年波兰统计年鉴记载该国监犯人数自一九二八年以后亦有增

---

〔1〕 以下参看 Kriminalstatistik für das Jahr, 1928, S. 69 ff. 此处所述之人犯并不包括因触犯欧洲大战后过渡时代之特别刑法而受罚者在内。

〔2〕 Kriminalstatistik für das Jahr, 1929, S. 8; das Jahr 1930, S. 11; für das Jahr 1931, S. 21; für das Jahr 1932, S. 23. 按德国联邦政府（现为中央政府）关于监狱人犯之数额迄未公布正式之统计报告。故全国监犯之确数，仅司法行政当局知之。著者尝为此事亲指该国联邦司法部调查。顾该部以对外体面关系，不肯宣布真相。据该部监狱行政主任称：政府当局恐引起误会，暂不准战员就此点对外发表意见。惟观于德政府此种态度，吾人不难推知该国近年来监犯人数确有增加之趋势。盖非然者，其监犯人数断无不可对外宣布之理也。

〔3〕 Bell, The Near East Year Book, 1931~1932, p. 263.

〔4〕 Die Entwicklung der Kriminalität im In - und Ausland nach dem Kriege, Bearbeitet im Statistischen Reichsamt, Berlin, 1935, S. 18.

加之趋势。盖当一九二八年之际，全国监犯仅合监狱可容人数（即监狱之容量 Capacité）之百分之七十三。迨一九三〇年，则增至百分之八十六。[1]

（十）印度

印度之监犯亦有增加之趋势。其监犯之总数于一九二四年为一一〇三九九名。迨一九二八年遂增至一一八七九六名。四年内增加八千三百九十七名。合百分之七有奇。[2]

（十一）日本

据一九三四年之英文日本年鉴（The Japan Year Book 该书系由日本 Foreign Affairs Association of Japan 印行）载称，该国一九二八至一九三二年间处自由刑者之数额如下[3]：[4]

年度	人数
一九二八	二八八七八
一九二九	二九三四一
一九三〇	三三一七五
一九三一	三三九一九
一九三二	三六二六五

是该国监犯之有增加，可由此推知。

（十二）英属澳大利亚（Commonwealth of Australia）

据该殖民地之政府年鉴载称，其监犯之数额于一九二八年至一九三二年之期间内，增加至百分之十以上。如一九二八年原为三七二八名。迨一九三二年乃增至四二六三名。[5]

（十三）南菲洲联邦（The Union of South Africa）

该联邦制监所人口自一九一一年以来增加甚多。兹列表说明于后：[6]

---

〔1〕 Annuaire statistique de la Répubiue polonaise, 1930, p. 497.

〔2〕 Reed, The Indian Year Book, 1931, p. 504.

〔3〕 "下"原文作"左"，现据今日排版需要改正，下同。——校勘者注。

〔4〕 见该书 p. 763.

〔5〕 Official Year Bool of the Commonwealth of Australia, 1934, pp. 304~305.

〔6〕 Official Year Bool of the Union of South Africa, 1932~1933, No. 15, p. 317 按此处所载之监所人口，包括刑事未决犯及被看管之民事债务人在内。

年度	每日平均之总数
一九一一	一三五五五・一
一九一七	一五八七八・九
一九二二	一七二五二・一
一九二八	一八四二三・一
一九三二	二〇八三一・一

除上述国家或政治区域外，尚有少数国家可附带论及之。按此类国家监犯之确数，虽因统计材料缺乏而一时无从调查，顾观于其历年犯罪者总额及犯较重罪者（即大都以处自由刑以上之刑为主者）之人数，亦可断其有增加之趋势。兹略举数例列表如下：[1]

国别	年度	犯罪者之总额	犯罪重罪者之人数
希腊	一九二六	三六五〇八	三一〇八四
	一九三一	七九三九七	六九八〇〇
西班牙	一九二〇	八四七〇六	七〇三一九
	一九三二	一二六六一一	一〇一一二五
罗马	一九二〇	四三九一二	二二五九〇
	一九三一	七五六〇四	二八〇六一
罗马尼亚	一九二九	三六〇二二九	七六八一四
	一九三一	四一七五二五	九一三七五

近世重要国家中，其能避免监犯增加之趋势者，厥惟英国本部瑞典比利时奥地利[2]（Austria）法兰西等少数国家。英国本部（即英格兰威尔士[3]爱尔兰及苏格兰）之监狱人犯，据学者统计，于近六十年内减少百分之八十

---

〔1〕 Die Entwicklung der Kriminalität im In – und Ausland nach dem Kriege, 1935, S. 21, 37, 41, 54.

〔2〕 "奥地利"原文作"奥大利"，现据今日通常译法改正。——校勘者注。

〔3〕 "威尔士"原文作"威尔斯"，现据今日通常译法改正。——校勘者注。

一。易言之，即原为一百名者，现降至十九名。[1]瑞典之监狱人犯，于近六十余年内则减少百分之三十八有奇。当一八七一年之际，其监犯之平均总数为四九二九名。迨一九三二年则降至二六二〇名。[2]比利时由下级法院处自由刑之人犯于一九二四年为一七一九三名。至一九三一年减至一五五四一名。[3]奥地利经法院判决而送监执行之犯人。于一九二二年为二六四六〇名。至一九二六年减为一三七一六名。迨一九三二年降至一〇七六四名。[4]法兰西之监犯自一八九五年以后几减少半数。一八九五年送监执行之犯人共计五二三二五八名。迨一九三一年降至二七二四五三一年，仅为七七七七〇〇〇日。[5]

第二节　监犯激增之原因

考监犯激增厥因有二。一曰犯罪之增加，一曰自由刑适用范围之扩充。兹分论于后。

（一）犯罪之增加

犯罪之增加，其原因因时因地而不同。惟概括言之，可大别五类，即（甲）经济的，（乙）教育的，（丙）家庭及社会的，（丁）自然的，（戊）立法及司法的是。请分别说明于下：

（甲）经济的原因　经济原因最足增加犯罪。此观于欧美各国最近之情形盖可知之。欧战甫终，各重要参战国均感经济困难。其犯罪人数遂因之增加。如德国当一九二三年之际，经济恐慌达于极点，是年犯罪者之总数特大，合八二三九〇二名。（此指犯轻罪 übertretung 以外之罪而依联邦法规处断者而言）为该国从来未有之现象。而其中犯盗窃[6]罪者竟达三六七四三五名，合百分之四十四有奇。在该国亦未之前闻。又妇女犯罪者，在平时每属有限。

---

〔1〕　见美国联邦司法部监狱司长培芝士（Bates）一九三四年十二月十二日之演讲"Protection as Penal Policy"第三页。

〔2〕　Statistisk Aook för Sverige，1934，p. 253.

〔3〕　Annuaire statistique de la Belgique，T. 51，1935，p. 119～121.

〔4〕　Statistisches Handbuch für den Bundesstast österreich，Wien，IV. Jahrgang，1924，S. 118；Ⅷ. Jahrgang，1927，S. 161；IX. Jahrgang，，1928，S. 166；XX. Jahrgang，1935，s. 204.

〔5〕　Statistique générale de la France，1933，（Imprimerie Nationale，Paris），p. 55～56.

〔6〕　"盗窃"原文作"窃盗"，现据今日通常用法改正，下同。——校勘者注。

但在一九二三年之德国，其数竟达一三四九四三名。（其中以犯盗窃者居多数）亦打破以前之记录。自一九二四年以后，德国经济情形渐见改善，上述各数额亦随之减少。如一九三三年犯罪者之总数仅四八九〇九〇名，其中犯盗窃罪者仅一〇一五九六名。妇女犯罪者仅五八一七三名。[1] 此外如英法奥等国于欧战甫终之后，经济亦殊窘迫。故当一九二〇年之际犯盗窃罪者特多。嗣后情形转佳，此项犯罪者亦随之减少。[2] 又据美国学者统计当一九二三年之际，全国监狱及感化院之人犯中平均有十分之三本系失业者。若专就女犯而论，则其中失业者占五分之二。[3] 该国学者（Breckenridge 及 Abbott 二氏）尝就一九一二年以前芝加哥（Chicago）犯罪之幼年人有所统计。据称其中有四分之三至十分之九之幼年人系来自经济最窘之家庭者。美国其他各城之情形虽无如此之甚，然据调查之结果，幼年犯之来自贫苦而不能自立之家庭者，有时亦在半数以上。[4]

（乙）教育的原因 人之犯罪，往往由于缺乏应付环境之能力。如谋生技能之不足也，道德观念之薄弱也，理解能力之欠缺也，皆其明例。教育之主要功用，在发展技能，培养道德，启迪理智。故教育之有无及其良否，每与犯罪之发生有因果关系。兹请将美国一九二三年关于监狱及感化院犯人之统计列表于后以示其一斑。[5]

教育之程度	不识字者	曾在小学肄业者	曾在中学肄业者	曾在大学肄业者	曾否入校情形不明者
每一百普通人教育程度之比例	七·一	六一·一	二五·一	六·七	无
每一百监狱及感化院犯人教育程度之比例	一〇·七	六七·五	一五·四	三·四	三·〇

按上表所昭示吾人者，为下列之事实。

---

〔1〕 Die Entwicklung der Kriminalität im In – und Ausland nach dem Kriege，1935，S. 6～7. 按此处所述犯罪者之数额，均不包括因触犯欧洲大战后过渡时代之特别刑法而受罚者在内。

〔2〕 同上 S. 14，20，32.

〔3〕 Best，Crime and Criminal law，1930，pp. 248～249.

〔4〕 见同上 pp. 255～256.

〔5〕 见同上 p. 203.

（一）美国之普通人中有百分之七·一为不识字者，百分之六十一·一为曾在小学肄业者，百分之二十五·一为曾在中学肄业者，百分之六七·五为曾在大学肄业者，

（二）监狱及感化院之犯人中有百分之十·七为不识字者，百分之六十七·五为曾在小学肄业者，百分之十五·四为曾在中学肄业者，百分之三·四为曾在大学肄业者，百分之三为识字而曾否入校情形不明者。

（三）教育程度之高低常与监狱及感化院犯人数额之多寡成反比例。即教育程度愈高者，其在监犯人口中所占之比例愈小，反之，教育程度愈低者，其在监犯人口中所占之比例愈大。如不识字者，在普通人中占百分之七·一，而在监犯人口中所占之比例只较其在普通人口中所占之比例多十分之一。至于曾在中学或大学肄业者，则其在监犯人口中所占之比例，均较其在普通人口中所占着为小。如曾在中学肄业者，在前者所占之比例较在后者几减少五分之二。曾在大学肄业者，在前者所占之比例较在后者几减少二分之一。若教育之缺乏与犯罪之发生无因果关系，则上述情形必不至发生。

（四）美国全国监狱及感化院之人犯中不识字者及仅受初等教育者合计共占百分之七十八·四。（其曾否入校情形不明者尚未计入。）由是以观，教育之缺乏，或过低，实为促成或增加犯罪之最有力原因之一。

（丙）家庭及社会的原因 按家庭及社会之组织，大都随各时代之经济状况为转移。自广义言之，家庭及社会的原因亦大都可视为经济的原因之一种。讨论家庭及社会之原因时，势虽将经济现象与其他关于家庭及社会之现象，截然划分而绝对不提。故本段所述者应与（甲）段关于经济的原因者合并观之。夫家庭及社会环境之不良与犯罪之增加有密切关系，乃近世学者公认之事实。德国刑法权威李斯特[1]氏（Franz von Liszt）尝言之矣："凡犯罪之行为系因犯罪者之个性及其犯罪时四周之团体关系而发生。故可谓一个个人的原因及无量数团体的原因之产物……至论二种原因之意义，则吾人愈研究，则愈觉团体原因意义之重大。远非个人原因所可比拟。此殆极浅显之事实也。"[2]

---

[1] "李斯特"原文作"李滋脱"，现据今日通常译法改正。——校勘者注。

[2] 见其所著犯罪为社会病态现象论一文（Das Verbrechen als sozial – pathologische Erscheinung. 1898）。可参阅 Liazt. Strafrechtliche Aufeätze und Vorträge，2 Band. S. 234～235.

李氏所谓团体的原因者，即吾人所谓家庭及社会之环境。玩味李氏之言，则犯罪之增加多数由于家庭及社会环境之不良也明甚。美国法学泰斗庞德氏（Roscoe Pound）尝论美国刑法执行及困难，所举执行困难之原因凡六。而其所认为最重要者，莫如社会制裁背景之变迁。（Changes in bachground of social control）其言曰：

"夫家庭者，当十九世纪之际，乃吾国社会组织最重要之基础也。一家之人，俨然成一社会的经济的及法律的单位。家庭之制裁，为法律所承认而具有实效。一家之人而涉诉于法庭者，乃罕见之事实，为向来之法律政策所不许也。家庭之外，复有邻里（Neighborhood）邻里之舆论，亦有制裁之效力。夫邻里自中世纪以后虽非复法律所承认之组织，顾仍系社会的及经济的单位，对于里中各个人依然具有雄厚之势力焉。抑更进者，十九世纪之有组织的宗教，尝吸引社会大部分[1]之人士，使成为组织严密之团体。宗教教育几为普遍的。社会人士无不为基督教团体之势力及其舆论所左右。凡此种种社会制裁之势力，在今日之都市及工业社会显已大为消减。良以今日之家庭，非复经济的单位。即在法律上，其各个人相互间之关系亦远不如曩日之密切。今日所存者，无非旧制之一鳞半爪。就子女控诉父母之案件而言，法律之政策已起激烈之变化。家庭之威权削减殆尽。至论邻里，则亦迥异旧观，不复构成如昔日之经济的单位。一日之间，常有多数人往来于工商业之中心区域。若辈所度之经济生活，及其他社会生活，并不限于同一区域。其在经济生活上所接触之人与在他种社会生活上所接触者常不相同。每日与各个人发生关系者，未必为其邻里。此于同住于 apartmenthouse 者（按 apartmenthouse 为供人居住之大厦。内有房间可出租与各个人或家庭以为住宅。此为欧美都市社会之产物，所以济普通住宅不足之穷也。）是以往昔可由邻里之舆论制裁之许多事件，在今日不得不由法律及警察制裁之。至于有组织之宗教，则其势力之减削乃明显之事实，更毋庸申论矣。上述社会制裁背景之完全改变，固不乏由于刑法效果之缺乏而促成者。顾自他方面观之，此亦足以证明刑法任务之加重。诚以在往昔由刑法与其他社会制度分任及刑法所不常过问之职务，在今日非由刑法单独任之不为功也。"[2]

---

〔1〕 "部分"原文作"部份"，现据今日通常用法改正。——校勘者注。

〔2〕 Pound. Criminal Justice in American，pp. 12～15.

细绎庞氏之意，其要旨可归纳为一点：（一）美国当十九世纪之际，家庭、邻里、宗教均有严密之组织足以制裁人之行为，以补刑法之不足。社会上防止犯罪之动力大。故犯罪者少。（二）近年以还，上述各种组织均形崩溃，不复能制裁人之行为。社会上防止犯罪之动力减少。犯罪之机会于以增加。故触犯刑法者日益多而刑法乃不胜其烦。庞氏之言论，虽专对美国而发，然对于近代工商发达都市生活方兴未艾之国家，亦大都可以适用。即就工商业素属落后之我国而论，近数十年来，因受西方物质文明及个人主义之影响，亦渐呈类似庞氏所述之现象。试观今日农村生活之衰落，都市人口之集中，家族思想之淡薄，邻里关系之疏远，与夫宗教及道德观念之缺乏，殆无一非趋向于庞氏所述现象之征兆。

以上所述仅系关于家庭及社会原因之一般的观察。兹更就此项原因对于犯罪之实际影响一言。按家庭及社会原因对于犯罪之实际影响，可自各方面观察之。因限于篇幅，谨就见于亲属关系及生活区域者述其崖略于后。

（一）见于亲属关系者。依一般学者之意见，凡已结婚而夫妇同居者，大都较诸未结婚或虽结婚而已离异者不易犯罪。盖前者之生活较有规则，其责任观念亦较为浓厚，每不敢轻于犯罪。美国学者贝斯脱氏（Best）尝统计该国一九二三年之监犯（十五岁以上者）其所得结果如下：[1]

身份[2]	未婚者		已婚者		鳏寡者		离婚者	
	（男）	（女）	（男）	（女）	（鳏）	（寡）	（男）	（女）
每一百十五岁以上普通人中所占之数额	三五·二	二七·四	五九·四	六〇·七	四·八	一一·二	〇·六	〇·八
每一百监狱或感化院犯人中所占之数额	五三·九	三三·五	三九·八	五二·九	三·五	七·九	二·七	五·九

观上表，可知已婚而夫妇同居者，在监犯中所占之比例较诸在普通人口

---

[1] Best, Crime and the Criminal law, pp. 227~228.

[2] "身份"原文作"身分"，现据今日通常用法改正。——校勘者注。

中所占之比例为低。（即已婚而鳏寡者亦复如是）反之，未婚者及已婚而离异者，在监犯中所占之比例则较诸在普通人口中所占之比例为高。故婚姻关系之不调协或发生阻碍，亦为增加犯罪之重要原因。贝斯脱氏就美国一九二三年监犯之其他家庭关系亦有所统计。其结论如下：

（1）每一百男犯中有三十八人于犯罪时不与任何亲属同居。每一百女犯中有四十二人于犯罪时不与任何亲属同居。[1]

（2）每一百男犯中有七十六人于犯罪时已与父母分居。每一百女犯中有八十四人于犯罪时已与父母分居。[2]

（3）羁押于特别监狱（即专为幼年犯而设者）之幼年犯中，仅有五分之二于犯罪时与本生父母同居至于羁押于普通监狱之幼年犯，则其中于犯罪时与本生父母同居者仅占三分之一。[3]

由是以观，家庭生活之失常，实为增加犯罪之有力原因。

（二）见于生活区域者。凡都市生活发达人口集中之区域，犯罪者之比例常较其他区域为高。此观于学者之统计盖可知之。如当一九二〇年之际，美国全国人口之分配于都市者（即人口在二万五千以上者）占百分之五十一·四，其分配于非都市区域者（即人口不满二万五千者）占百分之四十八·六。但是年都市之犯罪额占全国犯罪额之百分之七十七·八，而非都市区域之犯罪额仅占全国犯罪额之百分之二十二·二。此系关于男女犯之综合统计。若就女犯分别统计，则都市与非都市区域犯罪额之相差尤堪注意。盖一九二〇年分配于都市之妇女占全国妇女之百分之五十二·三，其分配于非都市区域者占百分之四十七·七。但是年在都市犯罪之妇女占全国女犯之百分之八十八·七，而在非都市区域犯罪之妇女仅占百分之十一·三。[4] 美国全国法律遵守及执行研究委员会[5] 尝就该国六大都市［即芝加哥（Chicago）费城（Philadelphia），里士满[6]（Richmond，Virginia），克利夫兰[7]（Clevwland，

---

[1] 见同书 p. 232.

[2] 见同书 p. 236.

[3] 见同书 pp. 239～240.

[4] 见同书 pp. 216～217.

[5] 按此委员会系胡佛总统时代所组织。其委员会皆类美国之法律专家。所编调查及研究报告，曾由政府印行。内容注重实际情形，颇有价值。

[6] "里士满"原文作"芮基门"，现据今日通常译法改正。——校勘者注。

[7] "克利夫兰"原文作"克里务兰"，现据今日通常译法改正。——校勘者注。

Ohio)，伯明翰[1]"Birmingham，Alabama"，丹佛[2]（Denver，Colorado）及西雅图，（Seattle，Washington"是）犯罪人口之分配为精确之统计。其所得结果均证明犯罪之比例愈高。反之，人口愈疏之区域，其每百人中犯罪者之比例亦愈低。而人口最高之区域常与工商业中心地点相毗连。每区域之人口密度常与其距离工商业中心地点之程度成反比例。故犯罪比例之升降亦与每区域距离工商业中心地点之短长互为因果。例如芝加哥人口密度最高之区域内，每一百个十岁至十六岁之儿童中犯罪者占二十余人。（此系警察机关之统计）而人口密度最低之区域内，每一百个此类儿童中犯罪者不及二人。其人口最密之区域，即距工商业中心地点最近者也。[3]

（丁）自然的原因 按所谓自然的原因者，系指吾人身体上或心理上足以促成或增加犯罪之特殊现象而言。关于此点，学者意见最为分歧[4]。兹为节省篇幅起见，只举其大纲说明如次。

（一）凡身心上有某种缺点者，往往易于犯罪。美国医学心理学家尝就麻省州立监狱（Massechusetts State Prison）纽约新新监狱（Sing Sing Prison，New York）纽约州立感化院（New York State Reformatory）及印度安那州立监狱（Indiana State Prison）之犯人举行医学及心理之检查。其所得结果如下：[5]

监狱名称	麻省州立监狱	纽约新新监狱	纽约州立监狱	印度安那州立监狱
每百人中具有变态心理或神经者	三十四	五十九	五十八	四十五

当美国密苏里州（Missouri）组织委员会调查该州犯罪情形之际，汉密尔

---

〔1〕 "伯明翰"原文作"勃明汉"，现据今日通常译法改正。——校勘者注。

〔2〕 "丹佛"原文作"旦佛耳"，现据今日通常译法改正。——校勘者注。

〔3〕 见 Report on the Causes of Crime，Vol，11，1931，pp. 23～33，107，146～149，154～155，160～163，167～169，174～177，182～184，187～188.

〔4〕 "分歧"原文作"纷歧"，现据今日通常用法改正，下同。——校勘者注。

〔5〕 此为 The Missouri Crime Survey，1926 所转载之消息。见该书 p. 112.

顿〔1〕氏（Dr. Hamilton）尝出该州州立监狱中提出二百三十人以供检查。结果发现其中染有显著之神经病者有二十二名，合百分之九·六。〔2〕据英人诺伍德〔3〕氏（Dr. W. Norwood）报告，英格兰及威尔士于一九三一年因刑事嫌疑被羁押之人共计六六二四七五人。其中有四一四六人系神经错乱者，二六二六人系高度神经衰弱者。是年轻判决处罚者共计四二三五〇二人。其中有一一五六人系神经错乱者，六八六人系高度神经衰弱者。又英国 监狱之幼年犯中。有百分之四·一五系神经错乱或高等神经衰弱者。〔4〕

上述情形虽不一致，然其足以证明犯罪之与身心上之缺点于某种情形下不无关系殆甚明显。

（二）某种犯罪往往由于遗传。遗传之能否影响犯罪，学者间聚讼纷纭，莫衷一是。惟就多数意见而论，神经错乱或衰弱等病之足以遗传后人，殆为不可否认之事实。故先人因罹此病而具有犯罪之趋势者，其子孙亦往往易罹此病而流为犯罪者〔5〕。综上以观，人之身心上缺点之足以增加犯罪，可于下列二点见之：（一）因不设法治疗或防范而增加犯罪之可能；（二）因遗传而使具有犯罪趋势者繁殖。

（戊）立法及司法的原因　足以增加犯罪之立法及司法的原因，各国不同，虽以枚举。兹仅就二点说明之，借见其一斑。

（一）法律之增加。近代社会，因工商之繁盛，交通之发达，组织日趋复杂。人群相互间利害冲突之机会，与时剧增。国家为调整社会关系起见，往往增加法律以资制裁。刑法为基本法律之一，其内容之扩充，自属当然之结果。此征诸欧美先进国家之情形，殆甚明显。〔6〕夫刑法内容之扩充所引起之社会现象，其最堪注意者，厥惟犯罪数量之增加。考其所以致此之原因，约有二端。

（1）社会上受刑法制裁之事项日益增加。此点甚为明显，毋庸申论。

---

〔1〕"汉密尔顿"原文作"汉密顿"，现据今日通常译法改正。——校勘者注。

〔2〕见同书 p. 412.

〔3〕"诺伍德"原文作"瑙和特"，现据今日通常译法改正。——校勘者注。

〔4〕见该氏向第十一届国际刑法及监狱会议之书面报告 p. 2.

〔5〕同上 p. 6 又 Paul Popenoe, *Rapport Presenté au me Congrés Pénal et Pénitentiare internatioanl*, p. 6.

〔6〕Von Liszt, *Das Verbrechen als sozial – pathologische Erscheinung*,（见诸三十一所引之书）S. 242~244; Pound, *Criminal Justice in American*, pp. 15~24.

（2）社会上对于刑法之观念不能与刑法之内容同时扩大。法律之收效有赖于社会心理之扶助者甚多。而社会心理之造成，非一朝一夕之功。其速度不及法律之制度远甚。近代刑法内容之扩充，往往出于社会之心需要。其基本观念与固有者颇多出入，每为普通人所不能了解。故虽经颁布施行，而仍不能为社会所重视。[1]

美国学者尝就因新法而增加之犯罪数量有所统计。据称专就芝加哥一市而论，其于一九一二年因犯罪被捕之十万人中，有半数以上所犯之法律为二十五年前所未见者。[2]至于美国联邦，（此指触犯联邦制刑法者而言。触犯各州刑法者不在此限）则其情形更为惊人。盖即就监狱人口一端而论，其中触犯一九〇九年以后之新法者，截至一九三三年止，已达百分之七十六有奇。此类监犯于一九〇九至一九一三年之时期内，共计仅六七二名。（即此数年内送监执行者之总数）而于一九二九至一九三三年之久时期内，竟增至三九三一五名。后述时期之总数几较前述时期之总数增加八倍。自一九〇九年以来监犯中触犯旧法（即一九〇九年以前之法律）者，固亦增加。惟其速度不可同日而语。如于一九〇九至一九一三年之时期内，此类监犯之总数为三七一三名。于一九二九至一九三三年之时期内，仅增至九四〇二名。前者与后者相差不过三分之二。[3]

（二）法律防止犯罪之无能。近代刑法，因制度本身之陈旧或适用方法治不当，往往不能收防止犯罪之效。此观于各国累犯之增加盖可知之。如德国联邦犯轻罪（übertretung 即处拘役或罚金者）以为之罪（即重罪 Verbrechen 及普通罪 Vergehen）者中累犯者于一八八二年占百分之二十五强，合八万二千三百九十五人。于一八九二年增至百分之三十四强，合十四万六千六百九十七人。于一八九九年增至百分之四十四强，合十九万五千二百五十一人。于一九〇八年增至百分之四十五强，合二十四万五千九百七十人，欧战甫终之际。犯重罪及普通罪之累犯较减。如于一九二〇年其数仅占百分之二十一，合十二万五千零三十三人。但于以后数年内其数几常有增加之趋势。迨一九三三年复达于百分之四十，合二十一万三千九百三十八人，（按此处所述之犯

---

[1] Pound 同书 pp. 22～23.

[2] 同上。

[3] Federal Offenders，1932～1933，p. 105.

人均不包括因触犯欧洲后过渡时期之特别刑法而受罚者在内）较诸一八八二年之情形诚有过而无不及。[1] 保加利亚之累犯（专就犯轻罪以外之罪者而言）于一九二〇年仅占百分之七，合七百七十五人。迨一九三一年增至百分之十，合二千二百十三人。[2] 奥国之累犯（专就犯重罪 "Verbrechen" 者而言）于一九二四年占百分之四十一，合八四二五人。迨一九三三年增至百分之五十七，合一〇八〇六人。[3] 匈牙利之累犯于一九二一年仅占犯罪者总数百分之六·九，合二三二九人。以后逐年递增，迨一九三三年达百分之二十五·六，合一二一二五人。[4] 希腊之累犯于一九二六年仅占百分之十七强，合六二五二人。迨一九二一年增至百分之二十六，合二〇六一五人。[5] 意大利之累犯（专就犯轻罪以外之罪者而言）自一九二〇年议会在百分比例上虽无显著之增加趋势，顾就人数而论几逐年递增。如一九二〇年之人数为三五六一四名，一九二七年为五〇九五七名，增加一五三四三名。[6] 芬兰之累犯于一九二三年共计一八〇一名，一九三一年增至四三三三名。[7] 法国之累犯（专就犯轻罪以外之罪者而言）于一九二六年占百分之十九·二，合四三五一四人。迨一九三一年增至百分之二十二·二，合五一六一九人。[8] 立陶宛（Lettonie）之累犯于一九二七年仅占百分之二十五·五，合二三一二名。迨一九三三增至百分之三十六·四，合五三四九名。若就人数而论，六年间几增加一倍。[9] 挪威之累犯（专就犯轻罪以外之罪者血言）于一九二三年为一二〇一名，迨一九三二年增至一六九六名 [10] 波兰之累犯（专就犯轻罪以外之罪者而言）于一九二四年为二九九八二名，一九二八年增至一八九八二名。[11] 瑞士之累犯（专就犯轻罪以外之罪者而言）于一九三一年为七四五五名，一九

---

〔1〕 见 Liszt 同文（注四十三 p. 239）；Die Entwicklung der Kriminalität im In – und Ausland nach dem Kriege, 1935, S. 6 ~ 7, Kriminalstatistik für das Jahr 1899, I. S. 30, für das Jahr 1908, I. S. 4.

〔2〕 Die Entwicklung der Kriminalität im In – und Ausland nach dem Kriege, 1935, S. 11 ~ 12.

〔3〕 同上 S. 33.

〔4〕 同上 S. 44 ~ 45.

〔5〕 同上 S. 21.

〔6〕 同上 S. 23 ~ 24.

〔7〕 同上 S. 18.

〔8〕 同上 S. 19.

〔9〕 同上 S. 19.

〔10〕 同上 S. 29.

〔11〕 同上 S. 34.

三三年增至八三〇四名。[1] 捷克之累犯，专就 Böhmen，Mähren，Schlesien 等区域而论，于一九二〇年为六五八一名，一九三一年增至七五二三七名。[2] 比国之累犯于一九二〇年为一五〇六七名。以后逐年递加。迨一九二六年增至一七五八五名。一九二八年至一九三〇年间虽逐年递减，顾其最低数（即一九三〇年者）仍较一九二〇年之数多一千六百三十八名。[3] 丹麦之累犯（专就犯轻罪以外之罪者而言）于一九二〇年为一五六七名，以后几逐年递加，迨一九二八年增至一八〇三名。一九三〇年为数较少，仅一七八三名。但仍较一九二〇年为多。[4] 加拿大之累犯（专就犯较重罪 indictable offences 者而言）于一九二一至一九二二之年度内占百分之十七·一，合二六九八名。以后逐年递加，于一九三二至一九三三之年度内增至百分之二十二·三，合八三六六名。[5] 美国关于累犯无十分精确之统计，其增减之趋势，殊难一概而论。惟据学者研究之结果，全国监狱及感化院近十余年来每年所收之犯人中平均有百分之四十至五十为累犯。（即以前已处自由刑而曾送监狱或感化院执行者）[6] 依美国全国法律遵守及执行研究委员会之意见，其实际之人数尚不止此，虽定为百分之六十，亦不得谓为过高。盖犯人对于以前犯罪情事每讳莫若深，其确系累犯而无从发觉者不知凡几。[7] 夫以美国监狱人口激增如是之速，则上述之百分比例（即百分之四十至六十）无论为最高额与否（按更高之平均数额于十年前尚无所闻）均足以证明该国累犯有增加之趋势。良以该国近十年来治监狱人口较诸十年或二十年前增加甚多，纵十年或二十年前累犯之百分比例与近十年相等，其实际人数仍不及近十年之多。兹请先就联邦监狱（连感化院等在内）人口之累犯举例说明如次。[8]

---

〔1〕 同上 S. 40.

〔2〕 同上 S. 42.

〔3〕 同上 S. 9.

〔4〕 同上 S. 13.

〔5〕 同上 S. 50.

〔6〕 Best 同书 p. 279；National Commission on Law Observance and Enforcement——Report on Penal Institutions，Probation and Parole，1931，p. 221.

〔7〕 见同上第二书 p. 221. 按累犯之实际数额，非仅在美国较统计数额为高，即在他国亦莫不如是。良以犯人之讳言以前犯罪入狱等情，各国所同。非美国独有之现象也。况美国自联邦司法部综理指纹事宜以来，非惟与国内各地侦查犯罪之机关协力合作。抑且与各重要国家互相扶助。组织既密，累犯乃易于发现，其未经发觉之累犯或许少于他国也。

〔8〕 Federal Offenders，1932～1933，pp. 38～99.

年度	一九〇二	一九一二	一九二二	一九三二
监犯人数	一〇一九	二〇八七	四七八五	一三〇八五
依百分之四十计算之累犯人数	四〇七·六	八三四·八	一九一四·〇	五二二四·〇
依百分之五十计算之累犯人数	五〇九·五	一〇四三·五	二三九二·五	六五四二·五
依百分之六十计算之累犯人数	六一一·四	一二五二·二	二八七一·〇	七八五一·〇

上表所昭示吾人者，有下列颇值注意：（1）纵十年以前累犯之百分比例与近十年绝对相等（如同为百分之四十或五十。）其实际人数仍不及近十年之多。（2）纵十年以前累犯之百分比例较近十年为高（如近十年为百分之四十，十年前为百分之五十或六十。）其实际人数仍不及近十年之多。盖一九〇二年之累犯纵依百分之六十计算（六一一·四）其数额仍少于一九一二年依百分之四十计算所得（八三四·八）。一九一二年之与一九二二年及一九二二年之与一九三三年亦然。以上为联邦之情形。兹更就各州之情形一言之。纵观美国学者之研究报告，各州监狱及感化院人犯近十年之平均数额至少较十年前增加百分之五十（见前）纵近十年累犯之百分比例与十年前相等，其实际人数至少已较十年前增加百分之五十。良以监狱及感化院人犯之增加既达百分之五十以上，则累犯之百分比例如同时无相等之下降趋势（如由百分之三十降至百分之二十或百分之六十降至百分之四十等。）其实际人数比较以前为多也。按上述各国罪犯增加之情形，固不乏由于社会及其他之原因所造成者。然其因法律本身之不善或适用之不当而产生者，亦不在少数。曩者德儒李滋脱氏论德国刑法制度时，尝曰："吾国之刑罚，既不足以改善犯人，复不足以予以警戒，殊无防止犯罪之效力。不宁惟是，刑罚之实施，反足以增加受刑者犯罪之趋势，刑罚之结果，无非使以犯罪为职业者之队伍逐年扩大耳。"[1]斯言

---

〔1〕 Von Liszt, *Das Verbrechen als sozial – pathologische Erscheinung*, S. 242～244；Pound, *Criminal Justice in American*, p. 231.

也，虽专对德国而发，亦可使他国之关心刑事者知所猛醒矣。

（二）自由刑适用范围之扩充

夫犯罪之增加，虽为近代国家监犯充斥之重要原因。然自由刑（此处所谓自由刑指监禁拘役等而言）之适用范围设不若今日之扩大，则犯罪者纵属增加，其影响于监狱人口者必不至如是之严重。良以犯罪与监狱本无密切之关系，有之自各国之重视自由刑始耳。考古代所借以处罚犯罪者，大都为死、流、身体及财产等刑。监狱者在多数国家不适羁押顽强民事债务人宗教犯及未决刑事犯之所，从未今日之重要也。监狱之成为正式之刑罚机关，殆始于十八世纪之末业。其初也不过用以代替死刑及残酷之身体刑，意在减少犯人之痛苦。故在此类刑罚不盛行之国家，尚不甚重视。迨后感化主义推行，各国乃渐认监狱为改良犯人及防止犯罪之重要机关。英美等国倡导于先，其他诸邦继行于后。不及百年，而此类思想已弥漫全球。于是乎曩者无足重轻之自由刑一变而为近代刑法之天经地义矣。[1]按自由刑在近代刑法上之被重视，常可于下列之事例见之。

甲、法定适用自由刑之案件特别增多　近代刑法对于死刑、身体刑，及流刑，或绝对不规定，或规定而适用之范围甚狭。其所采为基本刑罚者，乃自由刑，即无期、有期徒刑及拘役等是也。吾国旧时法典规定处刑者，动辄数百事，其采用笞刑者亦不胜枚举。[2]今日之新刑法对于笞刑既完全摒弃，而规定适用死刑者亦不过十余事。其分部分之后文共计二百五十八条（自第一百至三百五十七条）。而其中规定"专科"罚金者不及十处，得"或科"罚金者不逾百事。其余皆专处徒刑或拘役，而间或并科罚金者。纵观该法虽规定得处自由刑之事，几达十分之九。即专处自由刑之事（连并科罚金者在内），亦合十分之六。与清代以前之刑法典何可同日而语。复观欧美各国，其情形亦属相似。如当十八世纪之末，英国刑法所规定处死刑之罪，后达三百种。其他犯罪行为，或处以身体刑，或科以罚金，自由刑不与焉。美国之情

---

〔1〕Mitelstädt, *Gegen die Freiheitsstrafen*, 1879, S. 3 ~ 17; v. Liszt, *Lebrbuch des Deutsen Strafrechts*, 23. Aufiage, S. 255 ~ 259; Pollitz, *Strafe und Verbrechen*, 1910, S. 4 ~ 40; Barnes, *The Repression of Crime*, pp. 156 ~ 173.

〔2〕关于此点可参阅《唐律疏议》等书及《沈寄簃遗书甲编刑制总考》一至四卷，死罪之数。按我国旧时虽亦有"徒刑"之制，顾其性质今日之"徒刑及拘役"非可同日而语。盖前者侧重于"劳役"，未必将犯人收入监所，对于犯人自由所加之限制不若今日"徒刑及拘役"之甚也。

形，虽与英国不尽一致。顾当殖民地时代（Colonial Period）其刑制宗采英国，死刑而外，亦以身体刑与罚金为主。自由刑之适用殊属罕见。然而是二国者，今日对于自由刑之态度，亦大体与吾国相似。回首百余年前，诚有霄壤之别矣。[1]

乙、自由刑之适用近于呆板　自由刑适用之呆板有由于法律者，亦有由于司法机关者。前者之例如法律对于缓刑假释等之不采用或限制过严是。后者之例如司法机关对于缓刑及假释等制之不切实推行是。斯二种情形发生之方式虽不相同，然其背景则属一致。盖二者皆"自由刑万能"之思想使然也。此点颇有考虑之价值，容于下节申论之。

第三节　减少监犯之方法

夫监犯之激增，既由于犯罪之增加与自由刑适用范围之扩充；则欲谋监犯之减少，其必去除此二种原因也明甚。按犯罪之增加，其背景种种不一，已如前述。就中有直接或间接涉于司法而为司法当局所得防止者，亦有涉于整个之政治或社会问题而非司法当局所能为力者，（如一般之经济教育家庭及社会等背景是。）后者系乎一般之政治及社会改革，头绪纷繁，不遑枚举，因限于篇幅，姑从略。兹请专就前者择要言之。考司法当局对于防止犯罪之增加所可为力者，以下列数事较为重要。

（一）注意幼年犯

人之犯罪，往往于幼年时已种其因。今日之幼年犯，每易流为他日之成年犯。故为防止再犯起见，应于幼年犯特别注意。近代各国中颇多忽视此点者，其措置幼年犯之方法，往往失之呆板。非惟不足以收改善之效，抑且足以使偶犯者变为习惯犯。如德国一九〇六年联邦犯罪者之总数（此指犯轻罪 Ubertretung 以外之罪者而言）为五二四一一三名。其中幼年犯占五五二七七名。一九〇七年联邦犯罪者之总数为五二〇七八七名。其中幼年犯占五四一一三名。一九〇八年之总额为五四〇〇八三名。其中幼年犯占五四六九三名。是数年内幼年犯中之累犯均在九千人以上。若与累犯之总数（其成年人及幼

---

〔1〕　Barnes 同书 pp. 42～43, 80～90.

年人中之累犯总数）相较，其比例如下：[1]

年度	一九〇六	一九〇七	一九〇八
累犯之总数	二三四二三二	二三五〇三五	二四五九一〇
幼年犯中之累犯	九〇九七	九五七一	九二八〇
幼年累犯与累犯总数之百分比例	三·八	四·一	三·七

若就累犯之此数（即因犯罪而被罚之此数）而论，则是数年内幼年累犯之分配如下。

年度	一九〇六	一九〇七	一九〇八
已罚一次者	五八五七	六〇七二	五九六九
已罚二次者	一八四一	二〇二五	一八七二
已罚三次至五次者	一二四一	一三一二	一三〇五
已罚六次以上者	一五六	一六二	一三四

幼年犯之措置失当，不仅足以养成幼年之累犯（即于幼年时期内再犯罪者），抑且足以增加成年之累犯。（即成年后犹再犯者）。良以幼年犯而不能悛改，则成年后亦必再犯。故今日有一未经改善之幼年犯，异日即多一成年之累犯，未经改善幼年犯之来也源源不断，而成年累犯之去也则戛乎其难。于是成年之累犯遂愈积愈多矣。谓余不信，请再德国之例以说明之。按德国自一八八二年至欧战发生时止之累犯，依照累犯此数（即因犯罪而被罚之此数）分配如下。[2]

---

〔1〕 自一九〇六至一九〇八年之统计见 Krminalstatistik für das Jahr 1908，I，S. 10. 下表所列者亦同。

〔2〕 Kriminalstatistik für das Jahr 1899，I，S. 30；für das Jahr 1908，I，S. 4；für das Jahr 1912，I，S. 5；für das Jahr 1913，S. 312~313.

年度	一八八二	一八八七	一八九二	一八九七	一九〇六	一九〇八	一九一一	一九一三
已罚一次者	三六三八四	四二九六三	五九五二八	六九六八一	八〇一六九	八一八三六	八〇一三四	八三八二一
已罚二次者	一七九一〇	二一八五一	三〇五八六	三六八七二	四四二〇八	四五三七五	五四三七七	四七四一六
已罚三次至五次者	二〇四一〇	二六八二四	三七七二八	四八一六八	六一八〇七	六五四九六	六六〇四〇	六八六八二
已罚六次以上者	七二六八	一一一九二	一八八四六	二九一二二	四八〇四八	五三二〇三	五七五四七	六〇五五五
总数	八二三九五	一〇二八三九	一四六六九一	一八三八四三	二三四二三二	二四五九一〇	二四九〇九八	二五二一二七

欧战期间举国入于军事戒严状态，犯罪之机会不多。故累犯人数较前较少。其总数于一九一四年为二〇九一一三名。一九一六年降至一〇五一〇四名。一九一七年复降至九四四九八名[1] 惟欧战告终以后，社会渐复常态。犯罪之机会增多。累犯人数又呈增加之趋势。依照累犯之次数分配如下。[2]

累犯之总数	八一九三九	一二〇八三二	一七八五四四	一四三八九二	一七七五二二	二一一七五五	二三一九五三	二四二三九六
其中已罚五次以上者	二〇五三四	三〇五三五	四一〇七三	三八二七三	四九六四三	六一四四九	六九八〇七	七二一二九
其中以下已罚四次以下者	六一四〇五	九〇二九七	一三七四七一	一〇五六一九	一二七八七九	一五〇三〇六	一六三一四六	一七〇二六七

---

[1] Kriminalstatistik für das Jahr 1914, S. 306 ~ 307; für das Jahr 1916, S. 20 ~ 21; für das Jahr 1917, S. 20 ~ 21.

[2] Kriminalstatistik für das Jahr 1919, S. 34 ~ 35; für das Jahr 1921, S. 28 ~ 29; für das Jahr 1923, S. 34 ~ 35. für das Jahr 1931, S. 20; für das Jahr 1932, S. 100 ~ 101.

上列二表所昭示之事实，有下列四点深值注意。

甲、于一八八二年至一九三二年之时期内，除欧战期间不计外，累犯之总额有显著一贯之增加趋势。

乙、于一八八二年至一九一三年之期间内，程度深之累犯（即累犯次数多者）较诸程度浅者（即累犯次数少者），其增加速度之比例为高。如已罚一次者一八八七年较一八八二年增加不及六分之一。即一九一三年亦只较一八八二年增加百分之一百二十三。但已罚二次者，则一八八七年较一八八二年增加四分之一有奇，一九一三年较一八八二年增加百分之一百六十四。至已罚三次至五次者，则一八八七年较一八八二年增加三分之一有奇，一九一三年较一八八二年几增加百分之二百三十六。而已罚六次以上者，则一八八七年较一八八二年增加二分之一有奇，一九一三年较一八八二年增加百分之二百四十四有奇。

丙、一九一九年至一九三二年间累犯之分配情形，记载虽欠详明，顾即就已罚五次以上者与已罚四次以下者增加速度之比例而论，其所证明之事实亦与第一次（即关于一八八二年至一九一三年间之累犯者）相同。盖已罚五次以上者增加速度之比例，每较已罚四次以下者为高。（但遇累犯减少时，则前者减少之速度较诸后者为低。一九二五年即其明例。）

丁、自犯罪以至被罚而受刑之执行，其间须经过种种程序，需要若干之时间。故自初犯受罚而至五次以上累犯，其间所隔之时间往往甚久。其非于幼年时即罹法网者，每不克臻此。是项累犯在德国既如是之多，则其中于幼年时期已开始犯罪者为数必大有可观。故即专就成年累犯而论，幼年犯之不可忽视亦彰彰明甚。

上述各点虽系德国之情形。然幼年犯之宜慎重应付于此可以见之。考幼年犯之养成及其变为习惯犯，大都由于三种原因。[1] 其一为生理及心理上之缺点。其二为家庭及社会环境之恶劣。其三为刑法制度之不当。此数额原因之去除或减少，虽非司法机关一方之努力所克济事。顾苟本此以谋刑法制度及司法行政之改善，其裨益当非浅显。兹为说明起见，姑举数例于后。

甲、于可能范围内设立专为管理及改善幼年犯之机关。此类机关不应仅

---

[1] 以下参看 v. Liszt, Die Kriminalität der Jugendlichen, Strafrechtliche Aufsätze und Vorträge, 2. Band, S. 340 ~ 353.

具空名，而宜切实行事。其人的及物的设备，应尽量予以改善。就人的设备而言，此类机关应置心理医学及教育之专家。就物的设备而言，此类机关应置有相当完备之医院与图书课室工场及其他为发展幼年人德智体育所必需之物。此类机关应于可能范围内摒除普通监狱之空气，而以治疗幼年犯之医院及学校自居。幼年犯之送入该处者，由各部主管人，就其身体心理之状态及其家庭社会之环境施以检验及调查，借明其犯罪之原因，而予以适当之措置。

乙、于可能范围内使幼年犯于其身体或知识未相当成熟前与其促成犯罪之家庭或社会环境隔离或设法纠正其不良之家庭或社会环境。属于此者，如使幼年犯与其父母或亲族隔离及惩罚或训诫幼年犯之父母或亲族等是。

丙、设立独立或附属于普通法院之幼年人法庭，由对于幼年犯案件由兴趣及研究之法官主其事。普通法院之法官，须兼理其他案件。对于幼年犯案件，势难悉心研究。若专设法庭办理此事，则责任既专，兴味亦浓，收效必宏。

丁、于可能范围内避免对于幼年犯适用自由刑并改良自由刑之方式及内容。近代之自由刑，在理论上虽以改善犯人为主旨。而按诸实际，则因适用之过滥或不当，其效果适得其反。此观于累犯之激增盖可知之。幼年犯血气未定，其易于为自由刑所毁坏，较成人为尤甚。故措置幼年犯之上策，莫若避免自由刑指适用。即或不得已而用之，亦应就自由刑之方式及内容，因幼年犯之特别需要而予以改良。此点不仅关系幼年犯，即于成年犯亦不可忽视。容于讨论自由刑问题时申言之。

戊、在案件未终结前，于可能范围内避免羁押幼年犯并改良羁押之方法。看守所之不适于幼年犯，往往更甚于监狱。故羁押之为害，较诸普通之自由刑诚有过而无不及。为使幼年犯不受恶习之传染起见，应竭力避免之。即或不得已而用之，亦应就其方法加以改革。如使幼年犯与成年犯之隔离，使幼年犯各自分居，并将累犯与其他犯隔离（按后者当然以推行指纹检查犯罪制度为前提）等是。

（二）改良监狱以防累

犯监狱充斥，累犯之激增实其主因之一。而累犯之激增，由于处刑之失当者固属有之。然由于监狱之不良者，确居多数。盖近代监狱往往短于设备与人才。其能收改善犯人之效者殊难多得。故改良监狱以防累犯，直接固可以减少犯罪，间接亦可以减少监犯。惟于此有不得不注意者，即在司法经费不充裕之国家，监狱之改良应与自由刑适用范围之缩小相辅而行。（按关于缩小自由刑适用范围之办法当于本节他处详论之。）良以监狱之改良，恃乎经费之充裕。而在司法经费已感困难之国家，其充裕监狱经费之方法，应系消极的而非的积极的。所谓消极的充裕监狱经费之方法者，即不增加经费而用节流之道，以使监狱不感经费之困难也。自由刑之适用范围果能缩小，则送监执行之犯人必形减少。其因是而节省之经费可移作他用。监狱之改良自无困难矣。（按改良监狱之道经纬万端。详加论列，固势所不能，而简单言之，又失之揖漏，只好俟异日补述之。）

（三）保护出狱人

犯人出狱后，因不能适应社会环境而重罹法网者，乃事所恒见。故对于出狱人予以有组织之援助，藉以消灭或减少其再犯之机会，亦为预防犯罪增加之一法。此事我国已开始实行。其原则已为国人所了解。兹不赘述。

（四）对于生理或心理上有犯罪趋向者施行医学上之手术，以杜再犯或生殖

此种手术之目的，不外三种。（甲）去除本人生理或心理上犯罪之趋向，如对于性欲反常而易犯性交罪者施行手术，藉以减少或去除其性欲是。（乙）使犯罪之趋势不遗传于子孙，如对于某种生理或心理上具有犯罪趋势者施行手术，藉以去除其生殖能力是。（丙）使有犯罪趋势而不适于教养子女者不能生殖，如去除无遗传可能之犯罪者，（即其犯罪之趋势不能遗传于子孙者）之生殖力，以免生育子女而因受其熏陶流为犯罪者是。近代国家中之实行此法者仅美德二国。[1] 按美国之采此法始于西历一千九百零七年。是年印第安纳州（Indiana）制定法律，准许去除神经有缺陷者及顽固之犯罪之生殖能力。（Sterilization）嗣后其他各州踵而倣之。至今行此法者约有二十余州，惟此等州之法律多数偏重于优生方面，非专为防止犯罪而设。故其具有强制性者（即准许不经本人或关系人之同意而实施手术者）尚不多观。至在犯罪上受此类法律拘束之人，大都系具有严重之生理或神经缺陷者性欲反常者及习惯犯

---

[1] 按近代国家优生及其他目的而准许医药上之手术，藉以去除生殖能量块或去除或减少性欲者，已不乏其例。如加拿大，墨西哥，丹麦，瑞士等皆其著者。惟其以防止犯罪为目的而准许施行此类手术者，除美德两国外殊不多观。（见 Silvio Longhi, Dans quels cas et suivant quelles régles y a－t－il lieu, dans le systéme pénal moderne, d'appliquer la stérilisation, soit par castration, soit par vasectomie ou par salpingectomie? ——Rapport presenté au Xle Congrés pénal et penitentiaire international, pp, 1~4)

等。[1]德国对于此法之采行，讨论已久。惟以学者间意见分歧直至一九三三年始于刑法中有所规定。现行修正刑法第四十二条补充条文第十条[2]规定遇下列情形之一时，如被告系于裁判时已满二十一岁之男子，法院除宣告应科之刑罚外，并得命令去除被告之势（entmannen）。

甲、被告于犯下开任何罪而依法被处自由刑后，复犯此等罪（即下开任何罪之一，不必与以前所犯者完全相同），经判处六月以上之自由刑，而其犯罪之情形足以证明其为具有危险性之妨害风化道德之犯人者。

（1）以强暴胁迫或利用威势等使人为奸淫或猥亵之行为。

（2）奸淫或为猥亵之行为。

（3）与子女奸淫或为猥亵之行为。

（4）与或使未满十四岁之人为猥亵或奸淫之行为或对妇女以强暴胁迫或其他使其不能抗拒或失去知觉之方法而奸淫或与之猥亵行为或因上述行为而致被害人于死。

（5）其他因激动或满足性欲所犯之罪。

（6）公然为猥亵之行为。

（7）因公然为猥亵行为或故意而伤害他人或对于子女，幼年人或受保护扶养或监督而弱病之人，因虐待或玩忽职务而伤其健康。

乙、被告同时或先后犯二个以上之同种罪，经判处一年以上之自由刑，而其犯罪情形足以证明其为具有危险性之妨害风化道德之犯人者。（至其以前有未因犯同样之罪而被宣告有罪则在所不计。）

丙、被告因欲激动或满足性欲而谋杀或故杀他人，经宣告有罪者。

夫减少犯罪之原因，虽为疏通监狱之根本办法。顾以事实上种种困难，每不克如愿以行。即或勉底于成，而费时孔多，恐无以应目前急切之需要。故欲求监犯之减少，不应专以此为急务，而宜于自由刑适用之道，多加注意。按自由刑在近代之所以为各国重视者，实缘于一般人过于迷信其具有防止犯罪之特殊效力。盖自理论言之，自由刑不仅足以消极的使犯罪者及社会上其他人因戒惧而不敢犯罪或使犯罪者与社会暂时或永久隔离以避免犯罪之机会，

---

[1] 见同上 pp. 1～4，又 Camporredondo Fernandez 关于同题之报告 pp. 1～4，Barnes/同书 pp. 180～181.

[2] 该补充条文系一九三三年十一月二十四日颁布，自一九三四年月一日起施行。

抑且足以积极的对于犯罪者之品行予以改善，使不复有犯罪之趋向。顾夷考其实，所谓自由刑之特殊效力者，往往徒具虚名，与理想相去甚远。其结果所至，非惟不能改善犯人或促其觉悟，抑且足以使其变本加厉，由轻犯偶犯而成为重犯习惯犯。近代各国累犯如是之多即其明证。是以自十九世纪下半叶以来，各国学者非虽自由刑之声不绝于耳。[1] 考自由刑之所以不满人意者，依一般学者之意见。其原因种种不一。惟其最重要者当推下列三端：

（一）自由刑适用之范围过广

自由刑适用范围之过广，每足以引起后述之结果。

甲、监犯人数过多国家限于财力而不克为适当之设备。监犯过多，则国家因财力有限，非降低其监狱设备之标准无以资应付。于是原可采分房别居制者，势不得不采混合杂居制，一任监犯之互相熏陶。原可以良好之待遇而罗致适当之职员（如典狱长，教诲师，医士等）者，势不得不以劣等之人才充其数。原可多置图书医药及其他必要之设备者，势不得不因陋就简而敷衍其事。凡此种种，皆目前监狱制度之大缺点。其影响于犯人之品性者至为深远。窃尝思近代刑法学家所提倡最力者。莫如刑罚之个别化（individualization of punishment）。所谓刑罚之个别化者，固不仅指刑罚之宣告而言。其涉于刑罚之执行者尤不可忽视。盖诚如德国监狱学权威克罗耐氏（Krohne）所言，"徒有至善之法律推事及判决，而无称职之执行刑罚者，则法律尽可掷之纸篓，判决尽可付之一炬。"[2] 然而反观近代监狱之设施，其在事实上果能注意及此者，殊不多观。他且勿论，即就监犯与教诲师人数之比例言之，其不能使刑罚执行个别化已甚明显。良以监狱人犯每较常入虽以教诲。其数额动辄达于数百以至数千。而教诲师少则仅有一人，多亦不过数人。以待遇之菲薄。任其事者又未必对于监犯教育有科学的特殊研究而具过人之才。于此而言教诲之个别化，直等于缘木求鱼矣。

乙、多数犯人因刑期过短，根本无从改善。且因监狱环境不良而变本加

---

[1] 关于此点之著作甚多。惟由下列各书可知其梗概：（一）Mittelstädt, Gegen die Freiheitstrafen, 1879（按此书为攻击自由刑之名著，虽持论过激，殊足以促人猛醒，颇值一读。）；（二）Rosenfeld, Welche strafmittel konnen an die Stelle Der kurzzeitigen Freiheitstrafe gesetzt werden?, 1890, 41 ~ 75；（三）National Commission on Law Observance and Enforcement——Report on Penal Institutions, Probation and Parole（美国），1931, p. 170.

[2] Mitteilungen der internatioanlen kriminalistisohen Vereinigung, Bd. Ⅵ, S. 364.

厉。近代之自由刑不仅适用于较重之罪，抑且适用于较轻者。其刑期之长短与罪之重轻适成正比例。故近代自由刑之适用常足以使监狱内增加多数之短期刑犯。德儒罗森非尔特氏（Rosenfeld）于其讨论短期自由刑之名著[1]内，尝就此点为精密之研究。其所得结论有极堪注意者。据称德国联邦自一八八二年至一八八七年间，其每年处自由刑者平均合全体犯罪者百分之七十。而其中处刑（即自由刑）不满三月者平均均占全体犯罪者百分之五十三（合全体处自由刑者百分之七十七）法国自一八八三年至一八八六年间由重罪法院（Cours d'assises）及普通罪法院（tribunaux correctionnels）判决有罪之犯人中处普通监禁（lemprisonnement）者合百分之六十一〇九十二。其处一年以下之普通监禁者合百分之五十八〇十三。若专就处普通监禁者而论，其每百人中处刑不满一年者占九十三个零百分之八十八。比国自一八七六年至一八八〇年间处自由刑者（即监禁等类者）共计九万人。其中处六月以上一年以下之普通监禁者仅四千人。而处六月以下之普通监禁者则达七万零二百十人。其处一日以下之普通监禁者亦有三万九千六百九十四人之多。奥国自一八七四年至一八八一年间处不满三月之自由刑（即监禁拘役等）者合全体犯罪者（连违警罪在内）百分之七十六〇五十九。其处刑不满一月者合全体犯罪者百分之五十八〇五十一。即处八日以下之拘役者亦合全体犯罪者百分之五十三〇三十四。[2]按此等短期刑之犯人，因在监狱之时日过少，根本无从改善。且因管理设备不良，彼此杂居，互相熏陶，转足以传染种种恶习，流为习惯犯。德国联邦一八八四年之累犯中（犯轻罪者尚不包括在内）有百分之六十八零五系最近曾处不满三月之自由刑者。[3]普鲁士一八八四年至一八八五年间之累犯中有已犯至三十次者。曾因盗窃罪被罚十一次。其最初七次所处自由刑之期间如下：（一）十四日，（二）四星期，（三）三日，（四）一星期，（五）四月，（六）三月，（七）六月。即其最后四次之刑期亦不过自九月至一年半。（其第十一次之盗窃即系其第三十次所犯之罪，处刑一年六月。）另有一犯曾犯盗窃罪至十六次之多。其最初三次所处之自由刑为：（一）一星期，（二）六星期，（三）六月。合计十六次中处刑不逾六月者共有五次。复

---

［1］ Rosenfeld, *Welche strafmittel konnen an die Stelle Der kurzzeitigen Freiheitstrafe gesetzt werden*, 1890，41～75.

［2］ 同上 S. 6～14，32～40.

［3］ Kriminalstatistik für das Jahr 1884，S. 41.

有一犯已犯三十一次，其中九次所犯者系盗窃罪。最初八次之盗窃罪所处自由刑之期间如下：（一）十四日，（二）一月，（三）一星期，（四）三星期，（五）二星期，（六）四星期，（七）六月，（八）四星期。即第九次之盗窃罪亦不过处九个月之普通监禁。（按第九次盗窃罪系第三十一次所犯者）此外尚有一犯已被罚十一次。其所犯之罪及所处之刑罚如下：（一）一八七三年盗窃罪，训诫（Verweis）；（二）一八七九年毁损罪，十四日普通监禁；（三）一八七九年盗窃罪，三日普通监禁；（四）一八八〇年盗窃罪，三月普通监禁；（五）一八八一年盗窃罪，三月普通监禁；（六）一八八一年盗窃罪，四月普通监禁；（七）一八八二年妨害公务罪，十四日普通监禁；（八）一八八二年局所无定罪，二日拘留；（九）一八八二年乞丐罪，三日拘留；（十）一八八三年盗窃罪，六月普通监禁；（十一）一八八三年伤害及诈欺罪，十日普通监禁。[1]凡此种种情形皆为短期自由刑有害而无益之明证。是无怪近代之反对自由刑者，尤以短期自由刑为集矢之的耳。[2]

丙、自由刑之浪费。人之犯罪，由于本性之不良者固属有之。然由于一时之失检或无知者实居多数。前者或因恶习较深而需要监狱式之感化，或因危险性大而应与社会隔离。处以自用刑，犹无不宜。至后者则大都习染浅而无甚危险，其触犯法律既属偶然，纵不置身囹圄，亦能悛悔而不再犯。实无所用其监狱式之感化院与隔离。自由刑之适用实类无的放矢。谓为浪费允无不宜。

（二）自由刑警戒犯人之效力不足

自理论言之，自由刑对于犯人应具有充分之警戒效力。乃事竟有大谬不然者。盖犯人于未受自由刑之执行前，往往视自由刑为畏途。待自由刑执行完毕后，则反不甚介意。此种情形于处短期自由刑者尤为习见。考此种种情形所以发生之原因，约有二端。

甲、犯人因受自由刑之执行而减少丧失其廉耻及自尊之心 自由刑之执行乃一般人所引以为耻者。故犯人一经执行自由刑，则往往信誉扫地。意志不坚者，因感前途之绝望，每易抱消极之人生观而丧失其廉耻与自尊心。于是

---

[1] 见 Rosenfeld 同书 S. 21～22.

[2] S. 41～75；又 Aschaffenburg, DasVerbrechen und seine Bekämpfung, 1903, S. 223；v. Liszt, KriminalpolitischeAufgaben（Strafrechtliche Aufsätze und Vorträge, 1. Band）, S. 340～359.

作奸犯科，转可放胆为之。

乙、犯人不以监狱生活为苦。犯人于未入监狱前，因未谙其内容，往往异常恐惧。迨既入监狱以后，则或因逐渐习惯其生活或因管理松懈或待遇优良，往往不以为苦。加以其廉耻及自尊之心，因身系囹圄而荡然无余，于社会之毁誉不复有所顾忌。于是自由刑无论于若辈之精神抑身体方面均失其警戒之效力。

（三）自由刑对于犯人之家庭及被害人，害多而利少

犯人身系囹圄，既不克扶养亲族，复足以玷辱门楣。每至家庭分散，骨肉流离。小则家人生活受窘，大则子女走入歧途。犯罪者一人，而被累者甚众。社会因是所遭之损失恐十倍于其因犯罪行为本身所遭者焉。夫犯人中固虽免品质过劣而不宜与家庭同居者，处以自由刑而使其子女亲族等不为恶习所传染，原亦保护社会之要道。顾此类犯人究属有限。近代自由刑适用之范围既若是之广。其不具备此种条件而亦处自由刑者，实居极大多数。故犯人之家庭能因自由刑之执行而得益者，仅属极少数。复自被害人方面言之，自由刑之效果，亦大有不满人意者。良以被害人本人及其家属所望于法律者不外二事。一曰惩罚犯人，以泄愤恨。二曰责令犯人交还财物或赔偿损害。法律对于前者虽宜于可能范围内予以注意以应民众心理上之需要，而维社会信赖法律崇尚公道之观念，顾不必专恃自由刑而违其目的。矧刑法所规定之罪以涉于财产者最为普通。此类犯罪行为之被害人，大都注意于财物之交还或损害之赔偿。倘法律对于此点能予以适当之救济，则若辈对于犯人之恶感不难立即冰释。故即令自由刑为发泄被害人愤恨所必需之手段，其适用范围亦殊属狭隘。专就此点言之，自由刑所贡献于被害人者，实不足道。至论责令犯人交还财物或赔偿损害，则自由刑之适用非惟无益而反足以引起极大之困难。盖犯人一经送入监狱后，非复能担任职业。其处境不裕者，家庭生活犹且无着，遑论交还财物赔偿损害。即令其处境充裕或有交还财物赔偿损害之能力，然彼既身系囹圄，信誉荡然，对于民事之执行更无所畏惧。其故意延宕或借词而不履行债务者，比比皆是。近代刑法学者，因误解社会利益高于个人利益之说，往往忽视刑事被害人之益利而谓交还财物赔偿损害等事在刑事上无足重轻。殊不知社会利益之大部，系以个人利益为基础。个人利益设无适当之保障，社会利益将何所寄托。法律最重要之效用，在于可能范围内调和个人与社会之利益俾得于彼此不妨害之限度内为充分之发展。刑事之与

民事划分，原出于研究与应用之便利。若论其最终目的，实殊途而同归。自由刑之适用，既有损被害人之私权而无裨国家社会之公益，殊与法律之目的不符也。

夫自由刑之不满人意及其所以不满人意之原因既如上述，则吾人对于其适用之道可得如下之结论：

1. 自由刑之收效恃乎其适用范围之缩小。

2. 缩小自由刑之适用范围时，应注意下列数事：

（1）适用自由刑者应以后述二种犯人为主：

（甲）因犯罪情形及个人品性而具危险性，应与社会隔离者。

（乙）因犯罪情形，个人品性，及所处环境，而舍处以自由刑外，无以收感化或警戒之效者。

（2）自由刑于后述情形应竭力避免之：

（a）犯罪情节轻微不能处以长期之自由刑者。

（b）因一时之失检或无知而犯罪，不待处以自由刑而已有悛悔实据或可望悛悔，不再犯罪者。

3. 自由刑之适用范围缩小后，对于自由刑之执行应注意后述数事：

（1）以固有之经费，集中力量，谋监狱之改善。

（2）以科学之方法，将监犯详细分类，（如使危险性犯习惯犯等与其他犯人分开，即其一例）按其各类之需要，施以适当之措置。

（3）于可能范围内使监犯不混合杂居，以免互相熏陶。

4. 多用专家担任监狱职务。

由上以观，自由刑之运用适当，在近代各国现状之下，几完全以其范围之缩小为前提。诚以其适用范围一经缩小，则一般因滥用自由刑而引起之不良结果，如犯罪之增加，监犯之充斥，犯人被害人及家庭社会所蒙之不利等，既能减少或避免，即监狱本身亦可望改善。其成功与否实不仅与疏通监狱有密切之关系，抑且为整个刑事制度能否推行之先决条件。故吾人虽因疏通监狱而讨论此问题，实所以就近代之刑罚制度谋根本之改革。与夫削足适履者，未可同日而语也。按自由刑适用范围缩小之原则，虽已概述如上，而其实施之具体方法则殊费推敲。兹因限于篇幅，不获详加论列，请就其荦荦大者一言之。窃以为自由刑适用范围之具体方法可大别为二类。其一系以替代自由刑为目的者。其二系以变通自由刑之适用方式为目的者。前者采用之结果为自由刑全部或一部之根本废除。后者采用之结果仅为自由刑适用方式之暂时变换。属于前者，种类甚繁，何去何从，学者间之主张殊不一致。兹请举其较为重要者略论其得失于后。

（一）训诫

训诫之制，在西洋已有悠久之历史。罗马法，寺院法，法兰西，及意大利古代之法律均有所规定。近代各国立法例中采此制度者甚多。依意大利学者阿立梅那氏（Alimena）之意见，此类立法可大别为二类。其一规定训诫仅适用于幼年犯。属于此类者，如德国联邦一八七〇年之刑法及瑞士阿彭策尔〔1〕州（Appenzell）一八七八年之刑法等是。〔2〕其二规定训诫亦可适用于成年犯。属于此类者，如德国奥尔登堡〔3〕（Oldenburg）一八一四年之刑法（第二十五条）。布伦瑞克〔4〕（Braunschweig）一八四〇年之刑法（第十七条），汉诺威〔5〕（Hannover）一八四〇年之刑法（第十八条），黑森〔6〕（Hessen）一八四一年之刑法（第七条），巴登（Baden）一八四五年之刑法（第四十九条）俄国一八六六年之刑法（第二条第三十条），奥国一八五二年之刑法（第四一三至四一九条），西班牙一八二二年之刑法（第二十八条）及一八七〇年之刑法（第二十六条），及意国一八九〇年之刑法（第二十六条）等是。近代学者鉴于短期自由刑及罚金之未必尽适于情节轻微而犯罪动机或态度可原之案件，颇有主张扩充训诫之适用范围，以济其穷者。如法之 Boneville de Marsangy 德之 v. Holtzendnorff 等皆其著焉者。惟持反对之主张者亦颇不乏人。如 Garofalo, Dreyfus, Foinizki, Jacquin 等皆其明例。主张扩充训诫适用之范围者，大都谓情节轻微而犯罪动机或态度可原之犯人一经训诫即可悔悟，短期自由刑或罚金既非必要，或且有害。其持反对说者，则或谓训诫之效力过于薄弱，易引起轻视法律之心而损及司法之尊严，或谓犯人之体面因训诫而受损害者

---

〔1〕 "阿彭策尔"原文作"阿本荣耳"，现据今日通常译法改正。——校勘者注。

〔2〕 参看德国一八七〇年刑法典第五十七条及阿本荣耳州一八七八年刑法典第三十七条。按德国一八七〇年刑法五十七条已因一九二三年二月十六日幼年人法院法（Jugenderichtsgesetz）之施行作废。惟幼年人法院法第七条仍承认训诫为应付幼年犯之一种感化处分（Erziehungsmassregeln）。依该法第六条之规定，如法院认为此项感化处分已足以改善或感化幼年犯，则不得再处以刑罚。

〔3〕 "奥尔登堡"原文作"阿登布尔克"，现据今日通常译法改正。——校勘者注。

〔4〕 "布伦瑞克"原文作"勃劳西伐哀克"，现据今日通常译法改正。——校勘者注。

〔5〕 "汉诺威"原文作"汉瑙佛尔"，现据今日通常译法改正。——校勘者注。

〔6〕 "黑森"原文作"海森"，现据今日通常译法改正。——校勘者注。

甚大（如公然受法院训诫是），比之自由刑反有过而无不及。[1]窃以为训诫之是否胜于短期自由刑或罚金视其适用之得法与否而定。倘犯罪之情节轻微而犯人之秉性确属善良无处以短期自由刑或罚金之必要，则予以训诫以示薄惩，正所以慎重刑罚而开自新之路。其受惠者必感激之不暇，更何至引起轻视法律之心而损及司法之尊严。至于训诫之足以损害犯人之体面，此固当然之结果。然因是而谓其比之自由刑反有过而无不及，则非平情之论。盖身系囹圄，常人所引以为大耻。其影响于犯人之体面者，实十百倍于训诫也。

（二）罚金

近代学者颇有主张扩充罚金之适用范围以代短期自由刑者。其所持之重要理由约有三端。（甲）罚金可使犯人避免因自由刑之执行所受之恶影响（如习惯品性之变坏，社会地位之降低，家庭之分散等）。（乙）以罚金替代短期自由刑，可减少监犯，节省国家之经费。（丙）犯人之物质利益因罚金而受相当之损失。罚金之适当运用，亦足以警诫犯人，防止再犯。[2]德国于一九二四年修改刑法时，对于此点尝特别注意。其修正刑法第二十七条补充条文第二条有如下之规定。

"因犯普通罪（Vergèhen）或不得科罚金或仅得于自由刑外并科罚金之轻罪（Ubertretung）而应处不满三月之自由刑者，如刑罚之目的得因罚金而实现，应以罚金代自由刑。"

自此法实行后，德国联邦每年处不满三月之自由刑者平均几较一九二四年以前减少半数（约十余万人）。此类犯人在监犯中所占之百分比例向属甚高（约百分之七十以上）。故其数额之减少影响于监狱人口者颇大。[3]惟罚金刑之能否收效，视其运用之当否而定。罚金刑之制在各国难属常见，顾因所采标准过于呆板，每足以引起下列二种结果：[4]

甲、对于富有之犯人，因法定数额过低不足以资警戒。

---

〔1〕　本段参看 Rosenfeld 同书 S. 88～104 及 Liszt, Kriminalpolitische Aufgabe S. 376～379.

〔2〕　Rosenfeld 同书 S. 202～203.

〔3〕　Kriminalstatistik für das Jahr 1928, S. 69 ff.；für das Jahr 1929, S. 8；für das Jahr 1930, S. 134～135. für das Jahr 1931, S. 170～171；für das Jahr 1932, S. 134～135 按此处所述之数，尚不包括犯轻罪（übertetung）者在内。因德国联邦之刑事统计仅论及重罪（Verbrechen）及普通罪（Vergechen）。若连犯轻罪者计算，则其所减之数必不止此。

〔4〕　Rosenfeld 同书 S. 203.

乙、对于贫苦之犯人，因法定数额过高或缴款期间过促，或使其经济上受过大之痛苦，或逼其走入易科监禁一途。

故推行罚金制时，应采较有伸缩之标准，俾法院得量犯人之财力而予以适当之制裁。关予此点德意二国最近之立法有颇值研究者。如德国修正刑法第二十八条第一及第二项规定。

"遇被告之经济情形困难而不能预期其立即完纳罚金时，法院应准其延长完纳之期间，或许其依一定之数额分期完纳。

"前项措置于判决后亦得为之。法院就关于此点所为之决定（连与判决同时所为者在内），得于事后变更。如被告不遵期完纳应分期缴纳之款或其经济情形已有重要之进步，法院得撤销其允许。"〔1〕

意国一九三〇年新颁之刑法第二十四条第三项规定："如法定之罚金（la multa）纵处至最高额，而因犯罪者之经济地位，仍嫌过低，认为有效力薄弱之虞，则推事得将其增加至三倍。"同法第二十六条第二项关于罚锾（l'ammenda）亦设同样之规定。

以上二种规定，一则可以使罚金不过于加重贫者之负累，一则可以增加其对于富者之效力。如能斟酌并用，则法院于量刑时有充分伸缩之余地。裁判苟得其人，处刑呆板之弊自可避免矣。

（三）笞刑

关于笞刑之应否采用，学者之主张不一。惟归纳言之，不外二类。即（一）赞成者与（二）反对者是。采赞成说者所持之重要理由不外后述各端：〔2〕

甲、刑罚之主要作用，在予犯人以痛苦，使其本人及社会一般人有所戒惧。近代之自由刑，因深受人道主义之影响。往往缺乏此项作用。即或不然，其靡费亦过于浩大，徒增国库之负担。实不若笞刑之直捷痛快。

乙、笞刑虽予犯人以身体上之痛苦，其时间性甚短而无其他副作用。（如与其他同化是）以之代替时间性较长而含有毒性之监狱生活，亦未尝于犯人无益。

丙、笞刑只影响犯人本人。其家庭及亲族不至陪同受累。就此点而言，

---

〔1〕 按此种办法早经学者提倡。（见同上 S. 204～207）

〔2〕 Mitelatädt, Gegen die Freiheitsstrafen, S. 81～84; Krausse. Die Prügelstrafe, 1899, S. 82～87; Feder, Die Prügelstrafe, 1911.

笞刑不仅胜于自由刑，抑且优于罚金刑。

丁、笞刑易于因犯人之情形分为种种等级，有个别化之作用。

戊、笞刑与父母对于子女所加之扑责相似，具有教育之作用。

采反对说者所持之重要理由略如下述：[1]

甲、笞刑足以毁灭犯人爱好名誉重视尊严之心理，非惟不能收改善之效，抑且有使人堕落之危险。

乙、笞刑足以损害犯人之身体，有背人道。

丙、笞刑对于顽强之犯人往往不足以资警戒，而对于其他犯人则每失之过重。若不论何人均予适用，则有轻重失匀之弊。若专适用于顽强者，则势必成为一种阶级刑。

丁、笞刑所加之痛苦易于忘却，对于犯人之警戒力颇薄弱。

戊、笞刑易于养成执行刑罚者残忍之心理。

主张仅适用于幼年人者，有主张仅适用于幼年人及成年人之男子者，亦有主张对于任何人皆适用者。就适用之方式言之，其中有主张用为本刑者，有主张用为从刑者，亦有主张用为维持纪律之刑（die Disniplinarstrafe）者。[2]按笞刑之采用，在理论上虽不无根据。顾夷考实际，其采用后是否利多于弊，殊属疑问。盖犯人中之生性良善者，每因一时之错误而犯罪，其改善固无待乎笞刑。而其生性顽强者，则往往不畏痛苦而缺乏羞耻，虽加以笞刑，亦未必有戒惧之心。矧笞刑之执行，轻重漫无标准，易于发生情弊。此在吾国旧制之下，已数见不鲜。为维持司法之尊严及信威计，实以避免采用为愈。

（四）提供结状

依此制度，于某种条件之下，法院得责令被告提供一种结状以代自由或罚金刑。被告应于此项结状内声明以后不再犯罪，倘有再犯情事当缴付一定数额之金钱。此项结状于法院认为必要时应由法定数额之保证人副署。如被告将来不能缴纳此项金钱，各保证人。应代为负责。此制为英国意国（一八九〇年之刑法典）及少数英属殖民地所采。惟英国及其殖民地之制与意制稍有不同。盖依英国及其殖民地之制，法院得以提供结状代替或补充自由或罚

---

[1] v. Liszt, Die Kriminalität der Jugendlichen（Strafrechtliche Aufsätze und Vorträge, 2. Band）, S. 350～351；Krauses 同书 S. 73～82.

[2] Krauses 同书 S. 105～136；Rosenfeld 同书 S. 200～201.

金刑。被告如再犯罪大都只须缴纳结状内所载之金钱，可免其制裁。故此种制度可谓一种变相的罚金刑。意国一八九〇年之刑法所规定之提供结状系专以补充训诫为目的者。依该法第二十六条之规定，遇法定刑为一月以下之监禁或拘役三月以下之"限定拘留"（confino）或三百利耳（意币）以下之罚金或罚锾时，如犯罪情节可原而被告以前尚未因犯重罪（delitto）而被宣告有罪或因犯轻罪（contravvenzione）而被处超过一月之拘役，则推事除依法判处所规定之刑外，得宣告以训诫代其所宣告之刑。如被告不遵时赴法院听受训诫或虽遵时赴法院听受训诫而态度不严重，则判决内所宣告之刑仍照常适用。复依同法第二十七条之规定，凡遇根据第二十六条而以训诫替代其他刑时，被告应单独或经他人担保提出结状，声明如于法定期间内（此项期间对于重罪，不得过二年，对于轻罪，不得过一年。）再犯他罪，当缴纳一定数额之罚金云云。如被告不履行结状内所规定之义务或不提出适当之保证人，则判决内所宣告之刑仍照常适用。故此项制度实可谓一种变相的缓刑。[1]意国一九三〇年之新刑法关于保证不再犯罪（cauzione di buona condott）亦有所规定。惟其内容与前述者大异。兹举其特点如下：

甲、不再犯罪之保证，由犯人向法院提供一定数额之金钱或物的或人的担保为之。此项金钱或担保之数额不得少于一千利耳，亦不得多于二万利耳。（第二三七条第一及第二项）

乙、此项保证之有效期间，不得少于一年，亦不得多于五年，自提供金钱及担保之日起算。（第二三七条第三项）

丙、如于保证之期间内被告不再犯重要或足以处拘役（arresto）之轻罪，则提供之金钱发还之，其提供之物的或人的担保作废。不然，其提供之金钱或担保之金额由法院没收之。（第二三九条）

丁、不再犯罪之保证系一种保安处分，非用以直接或间接替代其他刑罚，乃所以补充刑罚之不足。其适用之案件以下述者。（第二〇二条）

（甲）被告之行为足以构成犯罪（即经法律明文规定为犯罪者）而其本人具有社会危险性（socialmente pericolose）者。

（乙）被告之行为虽不足以构成犯罪而其本人具有社会危险性，经法律规

---

〔1〕 以上参看 Posenfeld 同书 S. 182～191 及 liszt, Kriminalität Aufgaben（Strafrechtli–che Aufsätze und Vorträge, 1. Band）, S. 379～382.

定得加以保安处分者。〔1〕

据以上观，与自由刑之替代问题无涉，可毋庸讨论。其足供吾人知参考者，当不外英国及英属殖民地与意国一八九〇年刑法所采之制度。按此二种制度各有其优点与缺点。必参酌并用而后始克有利耳无弊。英国及其殖民地之制度不将训诫与结状之提供并列，较意制有伸缩之余地，其适用范围较广。此其优点。顾违背结状之效果，只限于结状内所载金额之缴纳，对于贫苦谨慎者，虽具有充分之警戒力，而对于富有放浪者，往往不足以防再犯。为增加其效率起见，似宜略师意制之方法，授权法院，俾得于必要时，除责令被告提供缴纳一定金额之结状外，并宣告如被告于特定期间内有再犯情事，其依法应处之刑罚应照常执行。（按意制与英国之缓刑相似而实不同。见本文关于缓刑之讨论。）

（五）不加拘禁之强制劳役（Zwangsarbeit ohne Einsperrng）

依此制度，犯人得服强制劳役，以代自由刑或罚金刑。其目的在以劳役改善并警戒犯人。犯人之处此刑罚者，毋庸入监狱。如能按时执行特定之劳役，即为已足。此制在吾国古代固属常见，即在西洋各邦亦不乏其例。〔2〕学者间关于此制之意见颇不一致。惟按诸实际，似以反对者之理由较为充分。请述其梗概如下。〔3〕

甲、在现代失业者充斥之社会，犯人颇难得充分而适当之工作。

乙、管理极感困难。盖使犯人集中于一处，则往往为工作之性质所不许。若听其分散各地，则监督难以周到。

丙、犯人集合一处工作时，每易彼此同化，仍不脱自由刑之弊。

丁、劳役及于犯人之效力，因犯人之职业及地位而不同。其惯于劳力者，固未必因此而感觉痛苦。而在不惯于劳力者视之，则其痛苦或胜于自由刑。此种情形虽可因劳役之适当选择及分配而避免之，然以适宜工作之不易多得（尤以不劳力之工作及较为复杂专门之工作为然），实际上殊难办到。

---

〔1〕 按被告之行为不构成犯罪而得加以保安处分之案件为数甚少。其例见于第四十九条及第一百十五条。（参看 Saltelli e Romano – Di Falco，Commento teorico – pratico del nuovo codice penale，Vol. I – Parte secunda，1930，pag. 841. ）

〔2〕 按此制早已行于德国、法国、瑞士、俄国、意国。（见 Liszt，KriminalitätAufgaben S. 36 ~ 375. Rosenfeld 同书 S. 208 ~ 242. ）

〔3〕 Liszt 同文 S. 386 ~ 387，及 Rosenfeld 同书 S. 349 ~ 354.

戊、服劳役之贫苦犯人往往因此而不克维持其个人及其家庭之生活。

（六）本人住宅或房屋内之拘禁（der Hausarrest）

犯人之受此刑罚者。不准出其住宅或拘留之房屋。此制为西西里[1]（Sicily）一八一九年之刑法（第三十八条）及奥国一八五二年之刑法（第二四六及二六二条）所采。意在避免监狱式之自由刑。惟以适用时颇有困难，备受学者之反对。纵观各方反对此制之理由，不外三点。（1）其所予犯人之痛苦甚微，不足以替代自由刑。（2）其及于犯人之效力，因犯人之职业及地位而极不相同。盖此种刑罚在本须常在住宅或营业所工作或生活舒适之富人受之，固无甚不便。而在职务忙碌之商人公务员及雇用受之，则职业生活均发生问题。（3）无法监督犯人。[2]

替代自由刑之方法既略述如上，请进而论变通自由刑之方法。按变通自由刑之方法可得而言者有缓刑与假释二种。[3]此二种方法近百年来深为学者所重视。不仅对于疏通监狱有特殊之贡献，抑且对于改良刑罚制度示以正当之途径。吾国革新司法以后，采行此制已二十余年。其内容已为国人所熟知，无一一赘述之必要。兹就其与本文关系者，略论如次：

（一）缓刑

缓刑之制可大别为大陆与英美二种。兹分述于后：

甲、大陆制　就大陆制而言，缓刑者，乃对于某种犯人附条件的停止开始刑之执行之谓。其堪为此制之代表者有比法意等国。比国为近代欧洲各国

---

[1]　"西西里"原文作"昔西莱"，现据今日通常译法改正。——校勘者注。

[2]　Rosenfeld 同书 S. 193～196.

[3]　按流刑及移犯殖边或开拓殖民地等，本亦变通自由刑之方法。顾其推行之结果，未必于疏通监狱有何裨益。盖对于犯人不加以身体上拘束之流刑，事实上殊难推行，颇为识者所不取。而移犯殖边或开拓殖民地等，又不能不藉监狱或其类似之机关以资管束。内地之监狱虽可因此类方法之实施而免拥挤之患，而边省及殖民地等处之监狱或其类似机关，则非大事添设不可。国家之经济负担，绝难因之减少。况法国自采行流刑制度后，每年对于受此等刑罚之每个犯人所用之经费，较诸用于受其他自由刑之犯人（非处流刑而处监禁者）者多至二倍。（即三与一之比例）此项增多之费用中有半数以上系犯人运送费。其余系因特别防范管束犯人所增之费。欧战前之俄国亦尝采用流刑，将犯人移送西伯利亚等处殖边。顾其每年对于每个受流刑之犯人所用之经费，较诸其他自由刑者亦多至一倍以上。（即二与一之比例）法国之情形虽与吾国不同（因处流刑者须送至海外殖民地，路途过远，费用特大）而俄国之情形足资吾国之借镜者，则属甚多。故专就疏通监狱言之，流刑及移犯殖边或开拓殖民地等制度，无推行之可能。（Politz, *Strafe und Verbrecben*, 1910, S. 113, 120; *Garrand, Traité théorique et pratique du droit pénal francais T. 2iéme*, 3éme édition, p. 173.）

中采行此制最早者。其现行法之规定略如下述。

（甲）被告因受主刑或从刑之宣告而应执行六月以下之普通监禁（l'emprisonnement）者，如以前未因犯重罪（crime）或普通罪（delit）而受刑之宣告，法院得宣告五年以下之缓刑。其期间自判决之日起算。[1]

（乙）被告如于缓刑期间未因犯重罪或普通罪而受其他刑之宣告，其因缓刑而未执行之刑以未经宣告论（comme non avenue）。[2]

（丙）被告如于缓刑期间因犯重罪或普通罪而另受其他刑之宣告，其因缓刑而未执行之刑与以后宣告之刑合并执行。[3]

法国之制仿自比国。其内容略如下述：[4]

（甲）被告因犯重罪或普通罪受普通监禁或罚金之宣告而以前未因犯重罪或普通罪而受普通监禁以上之宣告者，法院得宣告缓刑。（按比制与法制稍异。依前者缓刑亦得适用于犯轻罪者。）

（乙）被告如自判决之日起五年内不因犯重罪或普通罪而另受普通监禁以上刑之宣告，其因缓刑而未执行之刑以未经宣告论。

（丙）被告如自判决之日起五年内因犯重罪或普通罪而另受普通监禁以上刑之宣告，其因缓刑而未执行之刑应先执行，不得与以后宣告之刑混合。

意国一九三〇年之新刑法关于缓刑所采之原则与比法二国略有出入。其要点如下：[5]

（甲）遇下列情形之一时法院得对于被告宣告缓刑：

子、所处之刑为一年以下之普通监禁（reclusione）或拘役（arrest）。

丑、所处之刑为专科或与自由刑并科之财产刑（即罚金罚锾等类）。而此项财产刑，如依法折合为自由刑，其刑期连并科之自由刑在内，不超过一年。

（乙）如被告为不满十八岁之未成年人或已满七十岁之成年人，法院亦得就下列案件宣告缓刑：

---

[1] 见 Loi du 31 mai 1886 modififiée établissant la libération conditionnelle et les condamnations conditionnelles dans le systéme pénal 第九条第一项（Servais et al.，Les codes el les lois spéciales les plus usuelles en vigueur en Belgique，1935，pp. 1373～1374）。

[2] 见同上第九条第二项。

[3] 见同上第九条第三项。

[4] Georges Videl，Cour dedroit criminel et science pénitentiare，siéme edition，1935，pp. 623～632.

[5] 见该法第一六三条至一六八条。

子、所处之刑为二年以下之自由刑。

丑、所处之刑为专科或与自由刑并科之自由刑在内，不超过二年。

（丙）缓刑之期间，因所犯之罪而不同。犯重罪者，其期间为五年。犯轻罪者，其期间为二年。[1]

（丁）宣告缓刑前，法院应就犯罪前后之情形及犯人之品性等为综合的观察。必由犯罪之情形及犯人之品性足以推定其不再犯罪，始得为缓刑之宣告。

（戊）下列各被告不得宣告缓刑：

子、以前已因犯重罪而受刑之宣告者。

丑、习惯犯或以犯罪为职业者。

寅、具有易于犯罪之性格者。

卯、因具有社会危险性而除受刑罚之宣告外并应受足以限制人格活动之保安处分（misure di sicurezza personale）之宣告者。[2]

（己）法院宣告缓刑时，得责令被告归还犯罪所得之物及赔偿因犯罪所引起之损害，或公布判决以填补因犯罪引起之损害。法院为前项命令时，应于判决内规定被告归还犯罪所得物及赔偿损害之期间。

（庚）被告于缓刑期间不犯重罪或再犯同一性质之轻罪，并履行其应履行之业务（如归还所得物及赔偿损害等）者，其犯罪以消灭论。

（辛）遇下列情形之一时，缓刑之宣告当然撤销。

子、被告于缓刑期间犯重罪或再犯性质相同之轻罪或不履行其应履行之业务。

丑、被告于缓刑期间因宣告缓刑前所犯之其他重罪而受刑之宣告。

被告于缓刑期间因宣告缓刑前所犯同一性质之轻罪而受刑之宣告者，法院得斟酌犯罪之性质及其轻重之程度，撤销缓刑之宣告。

乙、英美制　英美制为英国美国及一部分之英属殖民地等所采，兹为节

---

〔1〕　按法比德等国刑法均将犯罪分为三种：即（一）重罪（Crime，Verbrechen），（二）普通罪（Délit Vergechen），及（三）轻罪（Contravention，übertretung）是。意国刑法（旧刑即已如此）则仅将犯罪分为二种。其第一种包括法比德等国之地一及第二种在乃，谓之。delitto 兹为求明了起见，特以重罪名之。其第二种，即法比德等国之第三种罪。兹仍照译为轻罪。

〔2〕　按意国新刑法所规定之保安处分共分二类。即（一）足以限制人格活动者；如保护管束（libertàvigilata）等是。（二）含有金钱之性质者；（misure di sicurezza patrimoniali）如提供不再犯罪之保证（la cauzione di buona codotta 见前）及没收用以犯罪及因犯罪所得之物（la confisca）等是。

省篇幅起见，专就其在英美二国之情形言之。

（甲）英国。英国现行修正一九零七年八月二十一日之犯人保护管束法（Probation of offeders Act）第一条规定如下：

（一）凡因属于简易法院（court of summary jurisdiction）管辖之犯罪行为被控于该法院，经认为所控业经证明属实者，如法院鉴于被告之品性、历史、年龄、体格、智力程度，或所犯事件之轻微，或犯罪时可恕之情形，认为未便处以刑罚，或仅应处以徒有其名之轻刑罚（nomonal punishment）或认为应将被告开释而交付保护管束，得不予定罪（without proceeding to conviction）迳行（1）将诉讼注销，或（2）将被告附条件开释，限令提供单纯或具有保人之结状，声明以后不有恶劣行为，并于法院所规定不超过三年之期间内（即法院所定之期间。此项期间不得超过三年。）经传唤后，随即到案，听候定罪及定刑。（conviction and sentence）

（二）凡因可处监禁（imprisonment）之罪，经大陪审团检举而定罪者。（convicted on indictment of any offence punishable with imprisonment）如法院鉴于被告之品性、历史、年龄、体格、智力程度，或所犯事件之轻微，或犯罪时可恕之情形，认为未便处以刑罚，或仅应处以徒有其名之轻刑罚，或认为应将被告开释而交付保护管束，得不为监禁刑之宣告（in lieu of imposing a sentence of imprisonment），而将被告附条件的开释，限令提供单纯或具有保人之结状，声明以后不有恶劣行为，并于法院所规定不超过三年之期间内，经传唤后，随即到案，听候定刑（sentence）。[1]

（三）法院依本条之规定为前述之命令时，并得限令被告缴纳讼费或赔偿损害（此项损害赔偿额，于属于简易法院管辖之案件，除法律有特别规定外，以五磅为限。）或同时缴纳讼费及赔偿损害。（此项系于一九二六年修正。）见（Criminal Justice Amendment Act。）

---

〔1〕 按此条第一项所规定之"附条件的开释"与第二项所规定实同。盖第二项所规定之案件系由小陪审团与法官审理者。小陪审团专司"定罪"；法官专司"定刑"。故"定罪"与"定刑"可以截然划分。第一项所规定之案件，系专由法官审理者。"定罪"与"定刑"均由同一机关任之，殊无划分之必要。且实际上亦无所谓"定罪"之独立程序。其足以认为"定罪"之表示者，无非法官之"认定所控之罪业经证明属实"而已。此项"认定"既已发生于"开释被告"之先，则被告以后之到案，多虽曰以听候"定罪及定刑"为目的，而实则不过以听候"定刑"为主旨。与第二项之"听候定刑"云云，含意殊无出入。

（四）法院依本条之规定所为之命令，对于取回被窃之财物或交还财物与原主或因交还财物而给付金钱等，与定罪之命令有同等之效力。

上述第一项关于注销诉讼之规定，近于吾国免刑之制度，与缓刑制度无涉。姑置不论。兹专就第一项其余之规定既第二至第四项之规定一言之。按照各该规定，英国之缓刑制度，实际上与大陆之缓刑制度最不同者，共有四点。

子、缓刑之效力不仅及于刑之执行，抑且及于刑之宣告。一言之，缓刑者，乃停止刑之宣告之谓。其效力不仅及于刑之执行而已也。[1]

丑、缓刑之范围甚为广泛。凡属于简易法院管辖之案件，不问其法定刑为罚金或自由刑，均得受缓刑之宣告。其不属于简易法院管辖之案件，不问法定自由刑（即监禁）之长短，亦复如是。至于缓刑之宣告与否，是否视被告以前曾否因犯罪而受刑之宣告而定，法律上亦无明文规定，法院斟酌之权亦殊宽大。

寅、受缓刑之宣告者，得付诸保护管束。担任保护管束者，依同法第二条之规定，由法院指定之。至必要时并得由国家任用之保护管束员（Probation officer）任其事。（见 Criminal Justice Act, 1925, Part I, S4 1.）

卯、受缓刑之宣告者，须提供结状。此项结状之内容与上述用以替代自由刑罚金或其他刑罚者相似。惟其效果与后者不同。盖被告如于缓刑期再行犯罪或违背缓刑之条件，应到案听候定罪处刑，非仅缴纳结状内所载之保证金额所可了事也。

（乙）美国。美国所采之缓刑制度，因地而异。惟其要点可概述如下：[2]

子、缓刑大都与保护管束打成一片。美国联邦及多数州（依一九三一年之

---

[1] 按此条第一项所规定之"附条件的开释"与第二项所规定实同。盖第二项所规定之案件系由小陪审团与法官审理者。小陪审团专司"定罪"；法官专司"定刑"。故"定罪"与"定刑"可以截然划分。第一项所规定之案件，系专由法官审理者。"定罪"与"定刑"均由同一机关任之，殊无划分之必要。且实际上亦无所谓"定罪"之独立程序。其足以认为"定罪"之表示者，无非法官之"认定所控之罪业经证明属实"而已。此项"认定"既发生于"开释被告"之先，则被告以后之到案，多虽曰以听候"定罪及定刑"为目的，而实则不过以听候"定刑"为主旨。与第二项之"听候定刑"云云，含意殊无出入。

[2] National Commission on Law Observance and Enforcement——Report on Penal Institutions, Probation and Parole, 1931, pp. 157~159, 191~193.

统计，已有三十八州）之立法例均采保护管束（Probation）式之缓刑制。[1]其未采此制者，均有所谓"停止刑之宣告之法律"（"suspeension of sentence"）。其性质与上述英国之法律相似。法院于决定停止刑之宣告时，得附以种种条件。于必要时亦得将被告交付保护管束地不同。在不采保护管束式之缓刑制之区域，缓刑之效力为停止刑之宣告。在采保护管束式之缓刑制之区域，缓刑之效力有及于刑之宣告者。亦有仅及于刑之执行者。

丑、对于得宣告缓刑之犯罪行为，有加以限制者，亦有不加任何限制者。美国多数法律对于得宣告缓刑之犯罪行为有所限制。其不加限制者，仅马里兰[2]（Maryland），马萨诸塞[3]（即麻省 Massachusetts），新泽西[4]（New Jersey），犹他[5]（Utah），佛蒙特[6]（Vermont）弗吉尼亚[7]（Virginia）等少数州。其加以限制者，规定亦不一致。有规定得处死刑或无期徒刑之罪不得宣告缓刑者。有规定携带凶器所犯之罪不得宣告缓刑者。亦有规定得处多于十年有期徒刑之罪不得宣告缓刑者。复有规定仅轻微罪得宣告缓刑者。

寅、对于得宣告缓刑之人大都有所限制。关于得宣告缓刑之人所加之限制，种种不一。惟概括言之，可大别为二类：

（子）以从前有未犯罪为标准。属于此类之限制计有三种。（一）拒绝对于任何因犯罪而曾受监禁刑之执行者，宣告缓刑者。如蒙大纳[8]（Montana）及宾夕法尼亚[9]（Pennsylvania）州之制度是。（二）拒绝对于曾因犯重罪（felony）被宣告有罪（Convicted）者，宣告缓刑者。如加利福尼亚，爱达荷[10]（Idaho），伊利诺伊（Illinois）等州之制度是。（三）拒绝对于以前曾因犯重罪被宣告有罪而现有复因犯重罪被宣告有罪者宣告缓刑者。如密西根（Michigan），密苏里（Missouri），威斯康星（Wisconsin），及哥伦比亚特别区（Dis-

---

[1] 按 Probation 一字，有译为"监训"者。兹因我国新刑法采用"保护管束"等字样，含义较广，故照改。

[2] "马里兰"原文作"梅内兰"，现据今日通常译法改正。——校勘者注。

[3] "马萨诸塞"原文作"麻色诸色"，现据今日通常译法改正。——校勘者注。

[4] "新泽西"原文作"纽杰赛"，现据今日通常译法改正。——校勘者注。

[5] "犹他"原文作"右塔"，现据今日通常译法改正。——校勘者注。

[6] "佛蒙特"原文作"佛尔茫"，现据今日通常译法改正。——校勘者注。

[7] "弗吉尼亚"原文作"佛琴尼亚"，现据今日通常译法改正。——校勘者注。

[8] "蒙大纳"原文作"孟他那"，现据今日通常译法改正。——校勘者注。

[9] "宾夕法尼亚"原文作"朋雪佛尼亚"，现据今日通常译法改正。——校勘者注。

[10] "爱达荷"原文作"阿达火"，现据今日通常译法改正。——校勘者注。

trict of Columbia）等之制度是。

（丑）以有无某种疾病或是否犯关于性的罪为标准者。属于此类之限制复可分为二种：

（一）拒绝对于染有某种疾病者宣告缓刑者。如爱荷华[1]（Iowa）之制度是。该州法律规定：凡染有性者不得受缓刑之宣告。

（二）只准对于有某种疾病或犯某种性罪者宣告缓刑者。如北卡罗来纳[2]（North Carolina）之制度是。该州法律规定：得受缓刑之宣告者，为染有性病者及犯某种卖淫罪者。

卯、缓刑之期间有预由法律明文规定者，亦有由法院临时酌定者。其预由法律明文规定者，大都只就期间之最长限度有所规定。至最短限度，则仍由法院临时酌定。

辰、保护管束人大都为（一）义务的或（二）由法院或政府专任的。义务性质之保护管束人，发达最早。盖当保护管束制推行之始，各种设施均因陋就简。保护管束之职大都由愿尽义务者任之。此制虽未尽满意，顾以限于经费，至今尚未若干州所采行。各州中尝有利用经常机关担任此职者。惟以警察机关不宜于感化及保护犯人，颇遭学者之非议。此制几绝迹于今日。最近为社会所最重视者，厥惟由法院或政府专任之保护管束人。

缓刑之应否采用，在理论上虽不无争执；顾按诸实际，其有采用之价值，似已无甚疑义。英国近六十年来，监狱人口减少百分之八十。而缓刑制之切实推行，实为其重要原因之一。且在此六十年内，全国法院刑事案件之总额亦减少百分之四十一；其由警察机关发现之案件则减少百分之四十三。由是可知缓刑非惟足以疏通监狱，抑且足以减少犯罪。[3]

缓刑之在美国，亦有显著之效果。该国各州中实行保护管束式之缓刑制最早而最有成效者，当推马萨诸塞。该州于一千九百年宣告缓刑者共计只六千二百零一人。至一千九百二十九年，其数竟增至三万二千八百零九人。（由一倍增至五倍）。该州监狱之人口于一千九百年为二七八〇九名。至一千九百二十九年，乃减至一九六五〇名。其于一千九百年受缓刑之宣告者，其中于

---

[1] "爱荷华"原文作"阿屋华"，现据今日通常译法改正。——校勘者注。
[2] "北卡罗来纳"原文作"北加罗拉那"，现据今日通常译法改正。——校勘者注。
[3] Bates, *Protection as a Penal Policy*, p. 3.

缓刑期间未违犯缓刑规则或再犯罪者合百分之七五。至一千九百三十一年，其数乃增至百分之八十。易言之，其受缓刑宣告着，每百人中只有二十人至二十五人于缓刑期间违背缓刑规则或再犯罪。当一九一五年之际，该州法院所受理之重罪案件共计二九二八〇件。至一九二八年乃减为二一六二五件。当一九〇四年之际，全国普通人口与监犯之比例为十万分之六十八零五（即每十万人中监犯占六十八个半）。至一九二七年增至十万分之七十九零三。但在同时期内，马萨诸塞州之普通人口与监犯之比例反由十万分之六十四零五降至十万分之四十五。[1]学者尝将采行缓刑制之州与不采行或推行不力之州杀人案件之数额互相比较。据称于一九三四年一月至六月之期间内，其比例（依每十万人口计算）如下。[2]

甲、不采行或推行不力之州。弗吉尼亚（一〇。即每十万人中有十个之谓），南卡罗来纳[3] South Carolina（一二·九），阿拉巴马[4] Alabama（一七·三），田纳西[5] Tennessee（一五·一），密苏里（六，八）。

乙、采行或推行较力之州。新泽西（二），纽约（一·八），密西根（一·四），马萨诸塞（〇·九），威斯康辛（〇·二）。

复就强盗与盗窃罪之案件而论，在上述时期内，推行缓刑制较力各州之数额亦较他州为少。如犯强盗罪者，马萨诸塞州每十万人中只有十七个零二；纽约州每十万人中只有九个零二。而南部沿大西洋及东北近中区各州，则每十万人中有三十就个半至七十一个零一之多。犯盗窃罪者，依每十万人计算，在马萨诸塞州为二五七个零九，在纽约州为二一二个零六，而在东南部近中区各州及沿太平洋各州，则自三百七十七个零八至五百九十个零七不等。[6]

美国联邦司法部自一九三〇以还，推行保护管束式之缓刑制度不遗余力。其受缓刑宣告者年来增加甚速。如一九三〇年七月一日其数（专指在缓刑中者而言）为四二八一。翌年七月一日为一三三二一。于一九三二年七月一日

---

[1] Report on Penal Institutions, Probation and Parole, 1931, pp. 164～165.

[2] Bates, *Protection as a Penal Policy*, pp. 2～3.

[3] "南卡罗来纳"原文作"南加罗拉那"，现据今日通常译法改正。——校勘者注。

[4] "阿拉巴马"原文作"阿拉拔马"，现据今日通常译法改正。——校勘者注。

[5] "但乃西"原文作"但乃西"，现据今日通常译法改正。——校勘者注。

[6] 同上 pp. 2. 按关于美国之假释制度，除本文已注明外，均系根据 Report on Penal Institutions, Probation and Parole, 1931, pp. 172, 241～242, 299～316.

增至二三二○○。迨一九三三年七月一日则增至三○八七○。其每年因违背缓刑规则而撤销缓刑之数如下：（一）一九三○年七月至一九三一年六月底，四四四名。（二）一九三一年七月至一九三二年六月，七二八名。（三）一九三二年七月至一九三三年六月，一二四四名。若与每年在缓刑中者之总数相比，只合百分之三至百分之四。缓刑之制裁力，实未可轻视。[1]

缓刑之足以减轻国库负担，乃不言而喻之事实。即就保护管束式之缓刑而论，其费用亦较诸耗于监犯者减少至十分之一到二十分之一。如纽约州于一九二六年所耗于监犯之费用，平均每人为五百五十五元八角（美金）。但其耗于因受缓刑宣告而付诸保护管束者，平均每人只二十九元。前者几等于后者之十九倍。同年俄亥俄（Ohio）州所耗于监犯者，平均每人为八百二十六元。而其耗于因受缓刑宣告而付诸保护管束者，平均每人只三十二元。前者等于后者之二十六倍。印第安那（Indiana）州所耗于监犯者，平均每人为三百元。而耗于因受缓刑宣告付诸保护管束者，平均每人只十八元。前者几等于后者之十七倍。此二种费用在麻色诸色州相差之数不若上述者之大。但前者亦合三百五十元。而后者只有三十五元。适等于十与一之比例。以上所述耗于监犯之费用仅指每年用于监犯之经常费而言。其建设监狱之费用尚未算入。若将后者一并算入，则耗于监犯者与耗于受缓刑宣告而付诸保护管束者，更不可同日而语。[2]

（二）假释

假释之制，在美国与在其他多数国家不同。美国之假释谓之Parole。其性质不若其他多数国家假释之简单。盖前者大都与（一）保护管束及（二）不定期刑制合并运用。而后者则大都与此种制度不发生关系。[3]后者之情形为吾人所习见者。姑不赘述。兹请专就前者一言之。按美国之不定期刑制度，系相对的而非绝对的。依此制度法院于宣告自由刑时，大都规定其最高限度及最低限度。（例如处犯盗窃罪者以一年以上三年以下之徒刑。一年为最低限度，三年为最高限度。）凡受不定期刑之宣告者，于执行最低限度刑期完毕后，如

---

[1] Federal Offenders 1932 – 1933，pp. 100 ~ 101.

[2] Report on Penal Institutions，Probation and Parole，p. 168.

[3] 按意国新刑法第二百三十条规定凡假释应付诸保护管束（liberta vigilate）。但不定期刑制为该法所不承认。挪威及澳大利亚（Australia）等亦采不定期刑制。但此制运用者，未必保护管束及假释有不可分之关系。

平时品行良好，足证以后无再犯之趋势，得享受假释之权利。如平时品行不良，则仍继续受刑之执行。但至最高限度刑期完毕后，应即释放。故在不定期刑制度之下，其最低限度刑期之执行大都为假释之必要条件。[1]犯人经假释后，每付诸保护管束或监视。其期间大都至最高限度刑期届满时为止。（按采此规定者，依一九三一年之调查，已有二十三州。）依一九三一年之统计，美国采假释制者已有四十六州。其中采不定期刑制者，据学者报告，[2]于一九二六年已达半数以上。考不定期刑之目的，在避免机械式之刑之宣告而使执行刑罚之机关有充分之时间以改善犯人。法院于宣告刑罚时，对于被告往往观察不周贸然确定刑期，未免失之武断。在此种制度之下，执行刑罚之机关，纵欲改善犯人，亦每因限于时间而无能为力。不定期刑之设，实所以纠正此弊。自理论言之，为贯彻[3]目的起见，不定期刑应系绝对的。即刑期之长短一任执行刑罚之机关于观察及感化受刑人后决定之。法院之职务只限于确定罪之有无。被告一经宣告有罪后，应即交由执行刑罚之机关全权处理。美国学者如是主张者颇不乏人。如全国法律遵守及执行研究委员会 设之监狱缓刑及假释顾问委员会（Advisory Commtttee on Penal Institutions, Probation and Parole）即其明例。[4]顾按诸实际，绝对不定期刑之能否推行，以执行刑罚机关之是否完全称职为断。在完全称职之执行刑罚机关尚未普遍以前，绝对之不定期刑殊易发生流弊。无论为保障受刑人或社会之利益起见，均不应采取。[5]

假释之虽已见采于近代多数国家，顾其实际上运用最广者，当推美国。该国一九一七年全国正式监狱及感化院（Prisons and reformatories）之出狱人共计四万四千二百零八人。其中有百分之四十九系因假释出狱者。若就各州而论，则假释者在出狱人中所占之百分比例更有高于此者。如加利福尼亚及密西根同为百分之六十六，宾夕法尼亚为百分之七十，俄亥俄为百分之七十六，新泽西为百分之七十九，伊利诺伊为百分之八十三，纽约为百分之八十六，马萨诸塞为百分之八十七，印第安那为百分之八十九，华盛顿（州）为

---

〔1〕 但蒙大拿州（Montana）有一例外之规定，即：凡执行最低限度刑期已满一半者，得行假释。

〔2〕 Barnes, *the Repression Of Crime*, pp. 221～222.

〔3〕 "贯彻"原文作"贯澈"，现据今日通常用法改正。——校勘者注。

〔4〕 Report on Penal Institutions, Probation and Parole, pp. 241～242.

〔5〕 按美国全国法律遵守及执行研究委员会即如是主张者。（见同上 p. 172）

百分之九十八，美国联邦司法部自一九二九年以来，厉行保护管束式之假释制度。其每年所处理之假释犯人增加甚速。如于一九二九年至一九三〇年之年度内其人数为三六三七名。于一九三〇年至一九三一年之年度内为六四五八名。于一九三一年至一九三二年之年度内乃增至八一五三名。于一九三二年至一九三三年之年度内复增至八三七零名。此项数额若与每年监狱所收之人数相较，殆等于一与七至一与五之比。[1] 是以吾人欲知假释制度之价值如何，莫若取美国之经验而研究之。据该国人口统计局报告，一九三二年该国十八州（其他州除外）在假释中之人犯共计三五五二七名。其中违背假释条件而经撤销假释者，共计二四九六名，约合全体百分之七。而此二四九六人中，因再犯而经撤销假释者只有九百八十人。其他皆系因违背单纯之假释规则而经撤销假释者。各专就假释中再犯者而论，其数额只合全体假释者百分之二·八（即2.8%）[2] 据该国联邦司法部犯罪侦察组统计一九三四年全国因犯罪嫌疑（此与真犯罪者有别）被捕之人共计三四三五八二名。其中在假释中者只有二五九七名约合千分之七。[3] 复据该国联邦司法部监狱司报告，于一九二九年七月至一九三三年六月之四年内，每年因违背假释条件而经撤销假释者（指属于联邦者而言）仅合联邦司法部每年所处理假释犯人百分之二·六至百分之四·二。[4] 由是以观，假释之制可谓利多于弊，际此监狱充斥，自由刑无能之时代，其价值实堪注意。

第四节　吾国目前应取之途径

上述减少监犯之种种方法，系就各国一般之情形立论。其能适用于吾国，尚不无问题。故此后须研究者，即在吾国现状之下此类方法于何种限度内有采取之价值。易言之，即关于前节所论各点，吾国目前应取何种途径，以谋监犯之减少。按减少监犯之方法不外防止犯罪之增加及缩小自由刑适用之范围二者。此在上节已分别言之。夫防止犯罪增加之道虽有多端，其较为重要而可由司法当局直接或间接为力者，则不外（一）注意幼年犯，（二）改良

---

〔1〕　同上 p. 127 及 Federal Offenders 1932～1933，pp. 97，131.
〔2〕　Report of Census Bureau，1931，pp. 42～43.
〔3〕　Bates，*Protection as a Penal Policy*，p. 14.
〔4〕　Federal Offenders，1932～1933，p. 130.

监狱，（三）保护出狱人，与（四）对于生理或心理上有犯罪趋向者施行医学手术以杜再犯或生殖。保护出狱人之运动，我国近年来已开始推行。顾事关社会组织，有赖于民众之切实合作。在吾国现状之下，恐难速成。至对于生理或心理上有犯罪趋向者施行医学手术，近代提倡者虽不乏人，顾于其实施之方法即范围乃至基本之原则（如犯罪之能否遗传及医学手术之能否除去某种生理或心理上犯罪之趋向等）。学者间尚多争议。[1] 在此种科学尚未发达之我国，似无推行之可能。他如注意幼年犯及改良监狱等，虽为切要之图，顾一则收效较迟，无补目前，一则于经费，难以举办。就疏通监狱而言，均非迅速有效之办法。故自吾国目前之情形观之，欲求监犯之减少，对于防止犯罪之道，固不可忽视，而欲期其收效迅速，则非对于缩小自由刑适用之范围特别努力不为功。夫自由刑在我国刑法典上所处之地位，已于本文第二节言之。其在实际运用上之情形，虽无精确完备之统计可凭，顾就最近全国正式法院及监狱之报告以观，亦不难知其梗概。按诸司法行政部出版之司法统计，吾国正式法院于十九至二十二年四个年度内判处刑罚之被告，分配如下：

年度	十九	二十	二十一	二十二
处刑被告之总数	75 408	72 171	91 622	109 454
其中处死刑者	238 （0.03 + %）	188 （0.02 + %）	135 （0.01 + %）	137 （0.01 + %）
其中处罚金者	15452 （20 + %）	16106 （22 + %）	23592 （25 + %）	46266 （42 + %）
其中处自由刑者	59 712 （79 - %）	55 877 （81 + %）	67 895 （74 + %）	60 031 （55 - %）

是数年间，处自由刑者中处不满一年之自由刑者，分配如下：

---

[1] Paul - Boncour, Dana qne's cas et suivant quelles règles y. a - t - il lieu, dans le syseème pènal moderne, d'appliquer la sterillisstion, soit par castration, soit par vasectomie ou par salpingectomie? ——Rapport prèsente au Xle Congrés pénal et penitentiaire international, p. 1~14; Norwood 同题 pp. 6~13.

年度	十九	二十	二十一	二十二
处自由刑之总数	59 712	55 877	67 895	60 031
其中处拘役者	9723	8013	13 032	13 598
其中处一月以上不满六月之徒刑者	26 518	26 027		
其中处二月以上不满六月之徒刑者			31 349	23 652
其中处不满六月自由刑者之总数	36 231 (60 + %)	34 040 (60 + %)	44 381 (65 + %)	37 250 (62 + %)
其中处六月以上不满一年之自由刑者	10 990	10 421	11 771	12 172
其中处不满一年自由刑者之总数	47 221 (79 + %)	44 461 (79 + %)	56 152 (82 + %)	49 122 (82 + %)

　　上列各表所载之数字，并未将全国各省正式法院判处刑罚之被告，尽行包括在内。盖十九年度所载者仅十五省，二十年度所载者仅十四省，二十一年度所载者仅十六省，二十二年度所载者仅十八省。其余各省，因统计材料缺乏，未经列入。

　　观上表，乃知十九至二十二四个年度，经各正式法院处死刑者，只合由该法院等处刑者全体千分之一至千分之三强。其被处罚金者，合全体百分之二十至百分之四十二强。而其被处自由刑者，则合全体百分之五十五弱至百分之八十一强。其处自由刑者有百分之六十至六十五强，系处不满六月之自由刑者。其处不满一年之自由刑者，合全体处自由刑者百分之七十九至八十二强。（参考民国十九年度司法统计下册第一七三〇页至一七四五页。二十年度司法统计第五六二页至五七页，二十一年度司法统计第六二八页至六四一页，二十二年度司法统计第七三六页至七五五页。）复查是数年间新式监狱新收人犯之总数，计十九年度二五七一〇名（仅十三省），二十年度二三〇一一名（仅十四省），二十一年度四〇五二五名（仅十四省），二十二年度三四三一八名（仅十六省）。其中处不满一年之自由刑者，分配如下：

年度	十九	二十	二十一	二十二
新收人犯之总数	25 710	23 011	40 525	34 318
其中处拘役者	2030	2126	3971	7156
其中处不满二月之徒刑者	2002	2686	6719	784
其中处二月以上不满六月之徒刑者	10 193	8074	13 142	8845
处不满六月自由刑者之总数	14 225 (55 + %)	12 886 (56 - %)	23 732 (58 + %)	23 785 (70 - %)
其中处六月以上不满一年之徒刑者	3925	4185	6155	6842
其中处不满一年自由刑者之总数	18 150 (70 + %)	17 071 (74 + %)	30 627 (74 + %)	30 627 (89 + %)

依上表之记载，各新式监狱中处不满六月自由刑之犯人，在每年新收犯人中，约合百分之五十五强至百分之七十弱。其处不满一年自由刑之犯人，在每年新收犯人中，约合百分之七十至八十九强。（参考十九年度司法统计下册第一九四四至一九四九页，二十年度司法统计第六七二至六七七页，二十一年度司法统计第七七八至七八五页，二十二年度司法统计第九一四至九二三页。）

由是以观，吾国今日之自由刑非仅在法典上占重要之地位，即在实际运用上亦为法院所重视。而其中在实际运用上所常见尤以不满一年或六月者为最。故吾国目前疏通监狱之道，莫若对于自由刑之适用加以限制。而限制自由刑适用之道，更莫若避免不满一年或六月之短期自由刑。至避免短期自由刑之方法，当不为（一）训诫，（二）罚金，（三）提供结状及（四）缓刑四者。请分别略论于后。

（一）训诫

吾国新刑法第四十三条规定："受拘役或罚金之宣告而犯罪动机在公益或道义上显可宥恕者，得易以训诫。"依此规定，训诫之适用以下列二条件之存在为前提：

甲、被告受拘役或罚金之宣告。其受有短期有期徒刑之宣告者，不在此限。

乙、犯罪之动机在公益或道义上显可宥恕。其犯罪之动机在公益或道义上非显可宥恕者，纵犯罪之情节轻微而被告之素行上佳或已有悛悔之实据无以拘役或罚金之必要，亦不得易以训诫。

上述第一条件只许以训诫代替拘役及罚金，所以使训诫易于发生效力，尚无可非议。惟第二条件则未免对于训诫之适用范围限制过严，似有修正之必要。意者该条之文字不妨改订如下，使法院处刑时较有伸缩之余地：

"受拘役或罚金之宣告者，如犯罪情节轻微或犯罪动机显可宥恕，而平时操行尚佳或已有悛悔之实据，无再犯之虞，得易科训诫。"

（二）罚金

现行新刑法于分则编虽设有"专科"及"或科"罚金之规定，顾其适用范围尚嫌过狭。为适应事实上之需要，似应略施德国修正刑法第三十七条补充条文第二条之意，规定：凡应处不满六月或三月之自由刑者，如刑罚之目的得因罚金而实现，得以罚金代自由刑。（按此项规定与吾国现行之易科罚金制有别，不可相提并论，故有增设条文之必要。）更有进者，刑法总则编所定罚金之标准及执行罚金之期间与方法，均失之呆板，恐有碍罚金制之推行。关于此点，德意二国之法制（德修正刑法第三十八条第一及第二项，意新刑法第二十四条第三项。见前第二节。）殊可供吾人之参考。

（三）提供结状

提供结状之制共分二种。一为保证人者，一为无保证人者。无保证人者效力薄弱，无足取法。故今后所宜采行者，当以有保证人者为限。按有保证人之提供结状制可使犯罪者因保证关系而受保证人之监督及劝告，实为防止再犯之良法。于吾国之农村社会尤属相宜。此制之适用方式可分二种，即：（一）替代自由刑或其他刑罚，（二）补助缓刑及假释制度。前者系一种变相的罚金缓刑制度。在承认罚金缓刑制之国家，无采取之必要。故吾国所宜采取者乃第二种方式。（见后缓刑。）

（四）缓刑

现行缓刑制度得与保护管束制度相辅而行，（新刑法第九十三条第一项）实为新刑法一大改革。惟依新刑法之规定，保护管束仅交由警察官署，自治团体，慈善团体，本人之最近亲属，或其他适当之人行之。（第九十四条）所谓其他适当之人者，是否包括美国及英国式之非义务性质（即有俸给）之专任保护管束员（Probation officer）在内，似不无疑问。窃以为非义务性质之专任保护管束员往往为某种犯人（即都市中之犯人或无适当官署私人或团体保护管束之犯人是。）所不可缺少者。美国缓刑制度之所以有如是之成绩者，实由于此项机关之存在。吾国纵因经费关系，一时不可多设此项机关，亦应在法律上予以规定，以便逐渐推行，而应事实上之需要。故此项机关倘为新刑法所不承认，应即设法修正。复按提供结状之制（有保证人者）为防止再犯之良法；用以辅佐缓刑制度，允称相得益彰。此观于英国之情形盖可知之。新刑法未予规定，殊属美中不足。将来切实推行缓刑制度时，实有补充规定之必要，更有进者，按照英国及意国之制度，缓刑之实施，遇法院认为必要时，得以被告之履行因犯罪所发生之民事义务（如归还因犯罪所得之物赔偿损害等）为前提。此项制度，不仅足以保护被害者之利益，抑且足以消弭其对于被告之恶感，而维持其对于法律之信仰。（此于侵害财产权之犯罪最易见之。）在一般人民法律常识不充足之我国，殊有采行之必要。异日推行缓刑制度时，尤属不可忽视。

夫避免短期自由刑虽为限制自由刑适用范围之要道，顾吾人于避免长期自由刑之方法亦应为相当之注意。按避免长期自由刑之方法不外二种。一为前述之缓刑制度。一为假释制度。关于缓刑制度应注意各点，已略述于前，毋庸复论。兹所须研究者，仅为缓刑宣告之自由刑之刑期问题。依新刑法第七十四条之规定，得宣告缓刑之自由刑，以二年以下之有期徒刑或拘役为限。关于此项规定有二点可得而论之。（一）二年之刑期是否嫌长。易言之，即受二年以下一年以上有期徒刑之宣告者，是否宜于缓刑。（二）二年之刑期是否嫌短。易言之，即受超过二年自由刑之宣告者，是否宜于缓刑。关于第一点，窃以为二年之刑期并不嫌长。其理由有二。（一）一年以上二年以下之有期徒刑，就时间性而论，对于一般犯人未必尽能收改善感化之效。其执行之结果未必胜于缓刑。（二）受一年以上二年以下之有期徒刑宣告之犯人中，不乏秉性良善，无须执行自由刑而能改过自新者。宣告缓刑，正所以慎重刑罚，于社会私人均属有益。至于第二点，各国立法例及学者之意见种种不一。有认为二年之刑期已足者。亦有认为二年之刑期失之过短者。其认为二年之刑期失之过短者，关于刑期延长之限度，主张亦不一致。有认为凡死刑或无期徒刑外之刑均可宣告缓刑者。（美国多数州之制度）亦有认为一年限以下之有期自由刑（如十年以下之有期徒刑是）均可宣告缓刑者。窃以为就吾国目前之情形而论，缓刑之宣告不妨暂以二年以下之自由刑为限。其理由如下：

（一）现行刑法所规定之自由刑，大都具有伸缩性。法院对于情节可恕之案件，得处以最低刑或将法定刑减轻。按诸实际，其最低之刑或减轻后之刑仍超过二年之有期徒刑者，殊不多观。故在现行制度之下，其有受缓刑宣告之必要而因限于法律之规定不能宣告缓刑之案件，殊属寥寥。

（二）缓刑之见诸法典，虽已二十余年，而迄未切实推行。为慎重起见，不宜骤将其适用范围特别扩大。目前不妨暂时就处二年以下自由刑之案件切实推行。俟将来确有成效后，再议扩充其适用之范围。

关于假释制度应注意者计有四点：（一）保护管束，（二）结状之提供，（三）因犯罪所发生民事义务之履行，（四）假释前必须执行之刑期。就前三点而言，现行制度所应改革者与缓刑相同，姑置不论。兹专就第四点一言之。按假释前必须执行之刑期，有由法律预先予以概括的规定者，如法比德意及其他大陆法系之制度是；有由法院于判决还时斟酌案情临时决定着，如美国之不定期刑制度是；亦有由执行刑罚后办理假释之机关自由决定者，如美国少数州之制度是。如吾国新刑法第七十七条关于假释前必须执行刑期之规定，导源于第一种制度。故法院及执行刑罚或办理假释之机关，对于假释前必须执行刑期之长短，因各犯人自之情形与需要而不同。倘于事前予以概括的规定，必近于武断，难免有闭门造车之弊，其效力实不及第二与第三种制度也。惟于此有不得不研究者，即吾国如放弃第一种制度，将如何抉择于其他二种制度之间。自理论言之，决定假释前，必须执行刑期之机关，应对于受刑人有充分之观察机会。其能当此无愧者，莫若执行刑罚之机关。故第三种制度较第二种为可取。顾在吾国现状之下，新监狱未经遍设。关于人才与管理方面，有待改革者尚多。倘采行第三种制度，则执行刑罚之机关职责过重，恐不可胜任，转易发生情弊。其折衷之道，当莫善于采第二种制度。

改良监狱卫生刍议[*]

周克传[**]

科学昌明，文化盛兴，物质享受，日趋进步，社会愈文明，国势亦不愈富强，此殆人所共晓。惟兹世界愈进化，犯罪者亦随之递增，而行使犯罪之方法，亦愈精明。吾人固愿国家之进步；至因以增加犯罪之可能，乃所不取者也。西哲龙白罗梭[1]会有言曰："犯罪之于社会，如影之随形。"细味斯言，洵不虚也。昨日[2]课暇，借同道者数人，往南市地方法院参观，见及男女看守所，既入，颇觉积味触鼻；每室面积仅及方丈，内容被拘留者一二十名；床铺之设备，桌椅之布置，均未顾及，纵有之，亦不得其所；至若内部卫生之讲求亦欠完善。现时已当春夏之交，时疫流行；本市卫生当局有鉴于此，已备救护车数辆，沿途为民众注射预防针；以防患于未然，固守得计矣。然而忆彼别拘留者，若干人困守一室；大小便溺，多感不便，难免随地遗撒；病菌随风而起，浸入口鼻，酿成疫症，殊堪顾虑。彼死因者，固无论已。至彼罪不至死者，倘任其蓬首垢面，常居斗室，因疾病之传染，而致牺牲性命者，此非吾人所应体恤者乎？故为实现法律之真义计，为讲求公共卫生计，为避免疾痛之传染及时疫之流行计，为安全被拘留者之生命计，狱中卫生方面之改良，不得不加以注意焉。改善之方法维何？且就拙见屡列数端，述之如下，借供参考：

（一）**室内多置抽水溺桶** 便溺之为物，其害至广，举凡诸种并病菌自肠胃排出者，无不混迹便溺中排泄体外：倘令囚徒随处小便，则病菌之为害，

---

  * 本文原刊于《康健杂志（上海1933）》（第1卷）1933年第3期，第43～44页。

  ** 周克传，1940年毕业于东吴大学法律系（第23届），获学士学位。

  〔1〕"龙白罗梭"原文作"郎伯罗梭"，现据今日通常译法改正。——校勘者注。

  〔2〕"昨日"原文作"日昨"，现据今日通常用法改正。——校勘者注。

势所难免。欲避免此项危险，须于狱室内多设抽水便桶，俾得消灭菌迹，而不致贻害狱中之卫生。

（二）**四周多开窗孔**　室中空气之流通，端赖乎窗孔之多设，盖空隙多则空气流通之机会亦多，新陈代谢，周流不息，浊气出而清气入，囚徒借资呼吸，得与常人等。若以窗孔而妨碍坚守，可于窗口树立铁栅，铁柱之距离，较通常者略近；如此防卫之道，亦得安全矣。

（三）**宜常洒扫并喷以卫生药水**　夏令一届，昆虫滋生，如蚊，如虫，如臭虫，如灯蛾，均为疾病之媒介；轻者疟，重者痨，危险滋甚。然人类为万物之灵，自能与虫类抗；气体如飞力脱（Jlit），价值颇昂；液体如防疫药水，且能渗以温水，所费无几；遍洒室内阴湿处，用以消毒，俾此等虫类之寄生所，可得灭除，庶几不致危害矣。

上述三条，虽于监狱之卫生方面，未必尽善；然较现有之设备，已大相径庭，且兹类改良之办法，据为经济能力所容许；以有限制金钱获莫大之效果，殊属值得，故愿为司法当局一贡焉！

一九三三，五，一八，写于复旦大学

英国华渥司克勒监狱考察记[*]

马君硕^{**}

英国各监狱归内务部之监狱司统辖[1]；盖在他国由最高司法领袖单独行使之权限，在英则由司法大臣及内务大臣等分别职掌之。作者前奉命考察欧美司法事宜，得英国司法大臣黑尔什姆[2]氏（Lord Chancellor Hailshan）之介绍，由英内务部派监狱司副司长[3]华敦氏（W. H Waddams）领导，方能一观英国监狱之概况[4]。考英国监狱，以能革新监犯，俾于再入社会之日，成为有用分子，为其主要目的之一；故对于监犯征尘，力除非必要之鄙薄待遇，且养成其自敬心，责任心，及正当观念。初次犯人又称优等犯（star class prisoners）[5]因感化而收效者最多。据英国犯人统计，自一九三〇年以来，初次犯人出狱后，有一百分之九十未曾再犯；盖近年监狱领袖，益注重初次犯人之待遇，于教育之熏陶及职业之训练，皆尽最大努力焉[6]。

　＊　本文原刊于《法学杂志（上海1931）》（第10卷）1937年第1期，第24~42页。

　＊＊　马君硕，1927年毕业于东吴大学法律系（第10届），后任东吴大学法律系教授。

　〔1〕　关于最近英国监狱制度参阅"Prison, England"Statutory Rules and Orders, 1933, No. 809.

　〔2〕　"黑尔什姆"原文作"赫尔山"，现据今日通常译法改正。——校勘者注。

　〔3〕　监狱司副司长"Assistant Commissioner of Prisons"系由内务大臣任命同时兼任全国视察（Inspector of Prisons）。

　〔4〕　英国各监狱除非依法律（Statute）之规定或内务大臣及监狱司正副司长之命令不得允许任何人进内参观但高等法院之推事及主教Bishop of Diocese不在此限。

　〔5〕　凡在二十一岁以上之初次犯或非屡犯者称为优等犯（Star Class）凡不满二十一岁者称为少年犯（Young Prisoners）除优等犯少年犯及其他特种犯外均称为普通犯（Ordinary Class）。

　〔6〕　参阅一九三三年英国监狱管理规则"Rules for the Government of Prisons"第四十条及四十五条（关于教育）又第三十五条至三十八条（关于作业）该法自一九三三年十月二日旅行。

英国监狱对于各种犯人，采取分类监禁主义[1]，少年监狱将年经与年较长者隔别，又将未决者与已决者隔别。至成年监狱，则更将初犯与屡犯及轻罪犯与重罪犯隔别之。关于专禁初次犯人之监狱，有下[2]列三处：

（甲）华渥司克勒（Wormwood Scrubs Prison）成立于一九二五年，最初只收成年初次犯人，现亦收少年犯人，系在伦敦区域内犯罪者。

（乙）维克菲尔德[3]（Wakefield Prison）成立于一九二三年，其所初次犯人，系从英格兰中部及北部选出，其刑期须在六个月以上。

（丙）梅德斯通[4]（Maidstone Prison）凡初次犯人被处劳役（penal servitude）及刑期较长者，通常均解送该监狱执行之。

除应归属上述各监狱初次犯人外，凡在英格兰各处（除中部及北部），威尔士[5]（Wales），以及凡在伦敦区域以外判罪，而其徒刑不足六个月者，均由各该地方监狱（local prison）监禁之，惟此等初次犯人，须经特别分配，另居一处，力谋避免与他种人犯混杂，且受监狱牧师，教师，监狱视察员（prison visitors）及出狱人辅助会（Discharged Prisoners Aid Society）所格外注意耳。

依英国最近统计，约有一半犯人之刑期，俱在一个月以下；约有一百分之七十五犯人之刑期，平均在七八年以上；在维克菲尔德者，平均十个月左右；而在华渥司克勒者，平均十星期上下。职是之故，各监狱对于犯人工业与教育之训练方法，不得不有因事制宜之处[6]。是篇叙述华渥司克勒监狱之概况；篇末各注解，论及英国监狱之一般章则，以资参考。该监狱位于伦敦郊外阿克顿[7]车站（Acton Station）附近，房屋宽敞整洁，设备殊为新颖，在注重于犯人之悔过自新，其办理之完善，有足使吾国取法者也，兹分条言之[8]：

---

〔1〕 参阅监狱管理规则第六十八条一百六十条及一百二十条。
〔2〕 "下"原文作"左"，现据今日排版需要改正。——校勘者注。
〔3〕 "维克菲尔德"原文作"惠克费尔得"，现据今日通常译法改正，下同。——校勘者注。
〔4〕 "梅德斯通"原文作"梅得司唐"，现据今日通常译法改正，下同。——校勘者注。
〔5〕 "威尔士"原文作"威尔斯"，现据今日通常译法改正，下同。——校勘者注。
〔6〕 见华渥司克勒监狱杨典狱长（Governor Young）所作英文"Wormwood Scrubs Prison"演说辞（一九三六年六月八日）。
〔7〕 "阿克顿"原文作"阿克登"，现据今日通常译法改正。——校勘者注。
〔8〕 以下记载参考前述杨典狱长之演说辞该监狱印刷文件监狱管理规则及与监狱司副司长华敦氏等之谈话而作。

一、关于训练方法

（一）宗教。该监狱之设施，重在训练，务使犯人从各方面改造成为有用之人，在宗教方面，特设三种礼拜堂，以供信奉耶稣教，天主教及犹太教各犯人之用[1]。每礼拜堂至少由一神父（Roman Catholic priest）或牧师（Minister）布道，除举行向例之礼拜以外，在犯人进监，执行期间以及出狱之际，由小牧师（Chaplain）到场照料[2]，按宗教入人之深，每为法律所不及，犯人在囹圄之中，最易忏悔，再加以宗教之感动与安慰，尤足使人去恶迁善，即英国之司法官亦于星期日至教堂参与礼拜，且各着法衣，列队出入，仪式颇为隆重，司法界重视宗教可见一斑。

（二）体育。该监狱甚注意犯人之体育，各犯体格经医学上之检验后，举行一种适当之操练。在少年监部分，设有健身房一所，聘有教师训导之[3]。

（三）工艺。监内设备工场分木工，鞋工，皮工，成衣，制刷，皮夹，及针织各部。此外尚有寻常家庭事务，如烹饪，烘面包，洗衣，清洁，园艺，储藏及图书管理等事。至监狱房屋及职员依据亦于监狱职员指导之下由监犯负打扫之责，监犯工作时间每日八小时，上午八时半至十二时，下午一时至五时半。职员服务计分两班，第一班自上午六时半至下午四时半；第二班上午八时半至下午五时半。此两班各有用膳之休息时间，亦以工作八小时为原则[4]。

（四）监犯之刑期在三个月以上者，有自愿于晚间随班听课之权利。多数课程系由教育界分子担任，而以一教育专家为其领袖，并供典狱长随时咨询。彼等在每星期中，有一晚间前来授课，视为社会服务之一种，不受酬金。其余课程由监狱职员任之，授以各项职业之学理与经验，尚有少数课程系在犯人中慎选有专门学识者担任，在作者前往考察时，每周约有四十班之多，其

---

[1] 此种宗教设备系依据监狱管理规则第三十九条及四十条办理。

[2] 小牧师（Chaplain）每日在监狱服务除宗教事务外尚按日探视患病及受特别禁戒之监犯又监狱神父及牧师由监狱司司长依据 Prison Minister Act, 1936 法律案任命之在犯人入监后及出狱前监狱神父及牧师须接见其教内之犯人平日亦须与监犯常有个人接触之机会其他位较高于小牧师而职务则较清闲多系兼任（详监狱管理规则第九十六至一百零三条）。

[3] 英国各监狱对于少年犯之智育德育及体育训练均特别注意。

[4] 监犯非经医师根据医理赦免须自执行期间开始时起从事作业每日工作时间不得多于十小时亦不得少于八小时（监狱管理规则第三十五条第一及第三项）。

科目如下：

法文，西班牙文，文学，历史，地理，自然科学，数学，簿记，速记，五金制造，砖瓦作，皮鞋修理，园艺及机械工程。

（五）监狱视察员（Prison Visitor）。在监狱职员以外，有所谓监狱视察员者[1]，在成年监计有视察员六十人左右，用谈话式，与各监犯接触，彼等监狱职员相处颇和善，可收合作之效。

监视视察员属于各监狱视察委员会（Visiting Committee）。其任务可分述如下：第一，襄助监狱司司长及典狱长促进监狱之效能，关于监犯作业，教育，及娱乐事项对于监狱司供献其意见，以备采纳。第二，就内务大臣或监狱司命调配之事项，调查并具意见呈报之。第三，监狱职员对于监犯如有滥用职权之情事，视察员得随呈报监狱司核办，如有紧急处分必要时，得暂停其职务，以待监狱司之最后决定。第四，讯问并裁判狱内犯罪事件。第五，督促监犯辅助曾或其他为监犯谋幸福各机关之工作。

（六）出狱人辅助会（Discharged Prisoners Aid Society）。该会工作殊为重要，对于初次犯人尤不可少，凡犯人入狱，即由该会职员照料，在刑期中继续与该犯接触，迨犯人出狱则在职业及生活各方予辅助，以谋该犯在社会上得相当机会，不致无所立足。

（七）收监会（Reception Board）。该会为收受监犯而设，由典狱长，天主教祖父，牧师，及监犯辅助会代表共同组织之，每日举行会议一次，决定犯人应作之工艺（以医生检查体格报告为依据）及应受之课程，并配置其姓名于监狱视察员名单中，俾便接触。

二、关于犯人特权（Privileges）方面

初次犯人大都因环境之不良，而蹈入法网，与怙恶不悛之屡犯未可同日

---

[1] 监狱视察员之产生方法在各处稍有不同其由各季裁判所（Quarter Session）委派者须于每年十二月二十八日后之第一星期中委派之惟在伦敦郡（County of London）内可在每年一月二十五日前委派其由各城邑（Borough）之治安法官委派者亦须每年十二月二十八日后第一星期中委派之监视视察委员会之主席须将受委派全体委员之姓名及住址呈报于内务大臣每一监狱之视察委员会应于每年二月中第一个星期一日在该监狱举行第一次会议并于每月在监内举行一次有相当理由时得减少其次数但每年不得少于八次在每星期中派一人或数人到监视察一次监视视察员制度详监狱管理规则第一百八十七至二百一十二条。

而语，故初犯得较大之信任与较多之权利。为便于自行监督起见，在监犯中选择优秀者充任头目（Leaders），于会食时为桌长（第桌十人），又于工作，接见，沐浴及上课之际，头目对于小组犯人亦尽管束与指导之职。

关于监犯所享一切特权，该监狱采用"时期制度"（Stage System）将刑期分为四个"时期"，犯人特权随时期之递进而增加之[1]，兹分叙于后：

第一时期

犯人进监后，最初之八星期，为第一时期，在此期间其应享之权利如下[2]：

（一）通信。在进监之日及以后每四星期可寄信一次[3]。

（二）接见。进监两星期又再逾四星期后均可接见家属或亲友，其接见处将犯人与探望者隔开，而在一有铁丝网之窗口对立谈话。

（三）阅书。在监房（Cell）中每星期可阅教育书籍两册[4]，其中一册为标准寓言小说。

（四）听讲。进监一月后，每星期可至公共讲堂听课一次。

（五）上课。刑期如在三个月以上，每星期授课三次[5]。

（六）进膳。在监房用膳。

（七）娱乐。在第一期中无参与娱乐之权利

第二时期

在第一时期后，以六星期为第二期，在此期间监狱应享之权利如下：

（一）通信。自第一时期末次通信日计算，在第二时期中每三星期通信一次。

（二）接见。每三星期一次（从上次接见日起算）仍隔开行之。

（三）阅书。监犯可至图书馆阅书，每星期得选择两册寓言小说及两册非寓言小说。

（四）听讲。不进会食堂之监犯，每星期得至公共讲堂听讲一次。

---

〔1〕 英国各监狱均适用"时期制度"时期愈趋高级监犯所得特权愈增加盖所以鼓励其迁善及作业参阅同上规则第六十九条。

〔2〕 "下"原文作"左"，现据今日排版需要改正，下同。——校勘者注。

〔3〕 关于各监狱通信及接见办法见同上规则第四十七条。

〔4〕 各监狱皆设图书馆一所置备各种适合犯人应用之书籍见同上规则第四十五条。

〔5〕 各监狱皆有课程设备以促进监犯之知识见同上规则第四十四条。

（五）上课。每星期上三课。

（六）进膳。如食堂有空位置时，得参加会食。

（七）娱乐。第二期中，监犯在每星期六及星期日下午五时至七时均有往D厅参与室内游戏之权利。

第三时期

第三时间亦有六星期之久，监犯在此期间应享下列权利：

（一）通信。每三星期一次。

（二）接见。亦每三星期接见一次，隔开行之。

（三）阅书。每星期得选择四册寓言小说又四册非寓言小说，在图书馆阅览。

（四）听讲。无。

（五）上课。每星期授课三次。

（六）进膳。在食堂会食。

（七）娱乐。星期一及星期五下午六时至七时，星期六下午五时至七时四十五分，又星期日早餐后及下午五时四十五分均得参与D厅之室内游戏。

第四时期

第三时期以外所余刑期，称为第四时期，在此期间所受待遇，大致与第三时期相同，尚有进一步之优待如下：

（一）接见在第四期中，监犯得与来访亲友，在第一接见室中坐谈，不若第三期之隔开，又夏季可在露台接见。

（二）娱乐依第三时期规定之时间，在休憩室（Recreation Room）游戏，夏季可以D厅前空场举行游戏。又当盛暑晚间，在犯人头目监督之下，可随便在C厅及D厅前空场作各种游戏或操练。

监犯头目（Leaders）额外特权

（一）通信监犯头目每两星期得通信一次。

（二）接见享有普通监犯在第四时期，所享在接见室与家属或亲友坐谈之权利，且每两星期得接见一次，故相距期间较短。

（三）娱乐星期一至星期五下午六时至八时一刻；星期六下午半时至一时半又下午五时至八时一刻；星期日早餐后，下午半时至一时半又五时至八时一刻，均可在休憩室游戏。

（四）其他权利

1. 每晚八时半归监房，其余时间可在房外。

2. 电灯夜间十时熄灭。

3. 可在房内阅日报。

4. 卧弹簧床。

5. 刑期未满前开释。

三、关于监犯食品方面

（一）犯人初次入监之日给下列食物[1]

早餐	面包	六两
	植物油	半两
	菜羹	半磅
	茶	一磅
午餐	面包	八两
	冷藏肉	四两
晚餐	面包	八两
	植物油	半两
	可可茶	一磅

（二）自进监日后及判罪后十二个月中犯人之食量如下

早餐	面包	六两
	植物油	半两
	菜羹	半磅
	茶	一磅
午餐	面包	二两

---

〔1〕 对于每一监犯须按照内务大臣批准之"食量表""Dietary Tables"给以清洁卫生之充分食品非有特殊情形经监狱司司长命令或医官根据医理之酌定不得增减之见同上规则第二十七及二十八条。

又得选择下列各菜之一：

菜名	分量	二十八日中之次数
1. 荳咸肉	二十八两	二
2. 牛肉熏或煮	二十二两	一
3. 牛肉及糖水布丁	二十七两	一
4. 煮牛肉及团子	二十三两	一
5. 菜荳羊肉	二十五两	一
6. 香草咸肉包	二十八两	二
7. 肉包	二十五两	一
8. 肉布丁	二十一两	一
9. 煮羊肉	二十二两	一
10. 熏羊肉	二十两	一
11. 海鱼包	二十八两	四
12. 汤	一磅	二
13. 烧猪排香布丁	二十七两	二
14. 冷藏肉	十五两	四
15. 热罐菜肴	二十三两	二
16. 爱尔兰煮肴	二十五两	一

	面包	八两
晚餐	植物油	半两
	可可茶	一磅
	乳酪	一两

（三）在十二个月以外之刑期中犯人除应得各项食品外再加下列食量

早餐	加面包	二两
午餐	加面包	二两

前条第四款，加新鲜菜蔬四两

前条第八款，加新鲜菜蔬四两

前条第十二款，加汤四分之一磅

前条第十四款，加新鲜菜蔬四两

前条第十六款，加酸果（Pickles）一两

（四）注意事项[1]

（1）以上各项食品之分量在有汤汁及番芋之食品均包括其分量在内如番芋不去皮增加二两。

（2）凡每日从事工作之犯人除应得之普通食量外再加油质半两及菜羹半磅。

（3）凡素食之犯人得向典狱长请求给予素食经查明后可照准犯人对于某种食品有宗教上之怀疑时亦得请求调换。

（4）犯人对于食品如有不满意时须于供给此项食品后即申诉倘一再提出琐屑及无据之申诉可以破坏监狱纪律论。

（5）多数监狱每日下午四时四十分后无食物供给犯人故在此等监狱中犯人须在四时四十分进膳时预留应得之食物以备在晚间或就寝前食之。

四、关于房屋方面

全监占地十四亩，其房屋之鸟瞰如附图[2]。正门南向，六之下首为典狱长室，总办公室，及医院等，上首为工程师室及其他办公室，犯人所居者在后方，主要部分计有四幢分 A. B. C. D. 四厅，其次序自西向东，为狭长式建筑，均朝东，每幢有八十八监房，其中少数作事务室之用。犯人进监先住 B 厅之南端，刑期较长者按其时期（Stages）渐进至 C 厅及 D 厅。

A. B. C. D. 四厅中间各有充分之距离，除建有应用之房屋外尚余相当空场，故空气日光甚为充足，在 A. 厅与 B. 厅中间者，为木匠，鞋匠（成年犯），及制刷等工场，在 B. 厅与 C. 厅中间者，南首为耶稣教礼拜堂，中为厨房，北首为面包房，及浴室，在 C. 厅与 D. 厅中间者，中有天主教礼拜堂，邮件室及裁缝间，其南首为健身房，卧具间，会食堂，学校，及收监室，其北首为休憩室，洗衣间，及鞋工室（少年犯）等。该监狱工程，大部分由已决犯担任。

五、关于监犯及职员方面

华渥司克勒监狱仅收男犯。依一九三六年六月三日统计，共有男犯九一

---

[1] 上述各食量及本注意事项均译自华渥司克勒监狱男犯食量表（Dietary for Men Prisoners）。

[2] 凡经许可参观英国各监狱者非得内务大臣或监狱司正副司长之特许各监狱典狱长应禁止其作任何图样或摄影（监狱管理规则第九十三条第二项）。

二人，其详如下：

1. 成年犯（Adult prisoners）

2. 已决少年犯（Young prisoners under sentence）

3. 未决少年犯（Young prisoners on remand or awaiting trail）

4. 感化犯（Borstal case prisoners）

该监狱职员兼任成年监及少年监两部职务，其专在少年监服务者，系由普通职员中选用之，兹将职员之名称及人数分述于下：

典狱长（Governor）[1] 一人

副典狱（Deputy Governors）[2] 二人（成年监与少年监各一人）

管狱员（Housemasters）[3] 二人（同上）

庶务员（Steward）一四人

打字员（Typists）三人

天主教神父（Roman Catholic Priest）一人（兼任）

耶稣教神父（Non‑Conformist Minister）一人（同上）

犹太教神父（Jewish Minister）一人（同上）

小牧师（Chaplains）三人

主任教师（Chief Officer, Discipline Staff）一人

副主任教师（Deputy Chief Officer, Discipline Staff）二人（一人属于少年监）

训育部高级职员（Principle Officers, Discipline Staff）九人

训育部普通职员（Officers, Discipline Staff）一○一人

（上项职员有图书馆管理员二人，各项工艺，园艺，及体育教师二十九人）

兼任工艺教师（Trade Instructors, part time）四人

---

〔1〕 各监狱典狱长之职务依监狱管理规则第八十四条可分述如下：（一）典狱长须亲自严密并时常监督全监事务；须每日视察凡有监犯作业之监狱各部；对于被禁于监房及在医院疗病之犯人尤应特别注意。（二）典狱长应于不定之间断期间及不定之次数常在夜间视察监狱俾臻安全每十四日不得少于两次。（三）典狱长须于犯人入监后及出狱前提早接见之其他详细任务详同上规则第八十五条至九十五条。

〔2〕 于典狱长因事离职时其职务由副典狱长代之无副典狱长时典狱长得委托其他监狱官员代理典狱长经监狱司司长核准后得将其职务之一部托副典狱长或其他监狱官员代理（同上规则第九十二条第一及第二项）。

〔3〕 管狱员除管理犯人外兼办教育事务。

工程师（Engineers）二人

工头（Foreman）一人

伙夫（Stokers）四人

夜间巡逻警（Night Patrols）八人

医官（Medical Officer）[1] 一人

副医官（Deputy Medical Officer）四人

心灵治疗医师（Visiting Doctor for Psychotherapeutical Cases）一人（外间特约）

医院主任（Hospital Chief Officer）一人

医院高级职员（Hospital Principal Officer）一人

医院普通职员（Hospital Officers）一四人

看护妇（Nursing Sister for Operation Cases）一人（施外科手术时用）

民国二十五（1936）年六月，于英伦

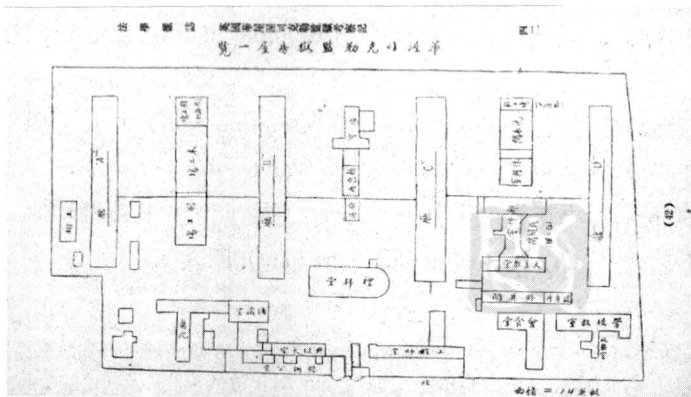

华渥司克勒监狱房屋一览

---

　〔1〕　医官掌理全监犯人职员及佣仆等医疗事务又关于食品饮料之清洁卫生衣服床被之适当置务监狱全部之空气热度及其他有关犯人健康事项均由医官负责查察随时报告典狱长或监狱司司长以谋改进关于医官一切任务详监狱管理规则第一百零五条至一百十四条。

英国少年犯之学校[*]

周碧钗[**]

原名 *English School for young Offenders* 系 Norman S Heynor 所著载一九三七年二月之刑法典：《犯罪学杂志》（The journal of Criminal law Criminology vol X X V Ⅱ，No5.）

各国风俗习惯之不同，其处罚犯罪亦异：譬如在法被告若不被证明为无辜，则概为有罪，在英被告若不被证明为有罪，则概属无辜，此其出发点之不同。又例如在纽约，警察被戕于罪犯，已司空见惯；倘在伦敦则必宣传全市，以该地警察，素鲜佩带武器故也。

笔者尝至美国及西欧一带作罪犯研究之旅行，见其他管理犯罪之方法，均随习惯而各异。例如：美国之监狱长官，其任期平均为一年半，下级人员亦有随之更动者，此种习惯仍存在于大多数州中。在奥在德则处理少年犯之情形，亦别树旗帜，其国有所谓史蒂芬[1]制度（Steffen system）者，少年犯约百人，在十八岁以下，先须于其三分之一刑期，入下等史蒂芬，衣深色之衣，居隔离之室，每三星期可写一个归家；殆乎三分之一刑期届满，而品行有改善可能者，则送至中等史蒂芬，眠于宿舍，而衣淡色之衣，每隔两星期即可书一信归家，且可衣平人服，而徜徉街市，一转瞬间，即可还我自由而离此地远矣。在笔者旅行之间，觉感化少年犯制度方法，无如英国之佳者，于此足为吾人效法之处良多，不可不介绍焉。

英国处置少年犯之场所共有二种：（一）年在十七岁以下者入特准学校

---

[*] 本文原刊于《法学杂志（上海1931）》（第10卷）1937年第1期，第93~99页。

[**] 周碧钗，1939年毕业于东吴大学法律系（第22届），获学士学位。

[1] "史蒂芬"原文作"司铁芬"，现据今日通常译法改正，下同。——校勘者注。

（approved school），（二）年在十七岁至二十一岁者入波师图（Barstals），兹分述如下：

A. 特准学校。据一九三三年通过之儿童少年条例，此种特许学校，实为彼等家庭环境不良，缓刑监视失败之儿童而设。其经费实由地方与政府分担，每人一星期须十四先令。在一九三五年，英国有经内政部允许设立之特准学校七十二所，期间收容儿童不下七千人。女校共二十一所，以十五岁以下者为初级组，十五岁至十六岁者为高级组。男校五十一所，十三岁以下者为初级组，十三岁至十四岁者为中级组，十五岁至十六岁为高级组。

少年犯之分配，每依其宗教及将来所习之工业而定其区域，且亦以距离家庭之远近为标准，如其家乡之工业为煤矿者，则不宜命其习他业，俾其学有所用也。

入此特准学校，不必任何资格，只须该少年应加特别注意保护者即可，但以法院判决送来者为多。据儿童少年条例规定，其期限并无限制，但不得过三年，又不得超过十九岁之年龄，初级学校类似普通小学，稍高级者，则咸职业化矣。其间职业训练，务期专门化，使儿童适合学校，而不以学校适合儿童。少年训练经过一年以上者，校中主事人如认为适当，则有权释放之，但在三年之内，亦有权召之重来也。是以在三年期间，校长为之选择适宜之职业，训练期满，鲜有失业者。

视察监督者为内政部之儿童训练处，视察员凡八人，均为各种专家，例如农业专家。其视察无定期，随时考察，随时报告。

特准学校之写真，可以红山之非兰法鲁辟社会（Philanthropie Society）之学校为代表，该校已有一百五十年之历史，为感化学校之最古者，自从一八四八年迁（在伦敦之南），已收容近七千儿童，其间屡获维多利亚皇后，爱德华第七及佐治第五之赞助。地广可三百英亩，有建筑物五十，田园花木，纯为农家景象，每一屋居童四十余，主事者之家庭，亦杂居其间。自一九三三年以远，此校已定位高级，而限制收容人数为一百三十。管理人多为学校教员出身，但其校长则为一牧师为人和蔼可亲，自一九一八年即已长校于此，迄今已有三十五年之久。职业训练，有农事班，冶金班，土地管理班等。儿童之稍良于品行者，则每隔六月得回家省亲一星期，在一九三四年，经允许回家一星期或二星期者，凡一百十人，彼等均准时归校。每届暑期，每童均得赴大食堂，至睡息时又有一角饼食与之。膳听之旁为一美丽之教堂，校长兼司精神上之顾问，以该小童多属于圣公会之故。每童零食费，每星期有二至十八便士，除第一月外，且可接受家庭相当津贴，以之卖物，或者看电影，或吸烟，均无限制。信札如无嫌疑者，则均不兴以干涉。儿童之逃逸者，虽间亦有之，然不多见。儿童居此，在三年之中，未至二十一岁之前，均受学校之监督，学满之后，授其全副工具，例如：习木匠者，则据其绳墨与俱。然则此种英国学校之特点为何？即精神病学之注意是也。非惟医学心理学须加以特殊注意，而精神病学亦为感化儿童所不可缺者，欲借鉴[1]者，于此宜三注意焉。

B. 少年犯之波师图（Barstals）之名，始于一小村，其地自一九〇九年，即有监狱之设，故波师图直接为内政部之监狱会议所管辖，而与儿童支部并无关系。入此者之年岁，为十七岁至二十岁，间有十六岁者。入此者之资格，则必须经法院之解送，认为有刑事犯习惯或趋向，或与莠人相交，而认为须受长期感化及训练者，其时期大概为二年。在未送至波师图执行之前，例须先在本地监狱受训，其时即可向其父母，学校，雇主，或警察等得其情报，而决其应归于何处，时心理学家，医生均来试验，波师图之校长，得多方面之协助，而后决定其应归于何，故凡于犯罪有案而凶顽之儿童，多送港地波师图，使受较严训练。又盗车犯，则送至营幕山，在一小岛之上，俾不能违逸。童犯之品行较佳者，则送至原来之波师图（近 Rochester），其他则诺丁汉[2]波师图专容稍长之少年，鹿汉庄则专收容精神病或肢体残废者。

波师图之目的为训练而非处罚，其训练之方法，可于 Feltham 观之，四百小童分居于五屋，每屋有一小校长管理之，每童一日工作八小时，工作又分多类：有机器业，木匠铁匠业，洗染业，屠宰业等，心脏衰弱者则授者裁缝，如识差者则授以粗作，凡烹饪班毕业者，则由内政部一专门厨师来此主考，及格者则授以证书，与外间无异也。运动场之设备则有足球场十，体育馆游泳池各一，故诸童每处均有足球队四，以时比赛，而夺锦标。至晚六时至八时，则有各种自修指导班，星期日早晨，则举行礼拜于美丽教堂，乃任意参加；然夜祷则为强迫者。

童犯初来 Feltham，均衣棕色制服，迨年终品行稍进，则专衣青衣，而享

---

〔1〕 "借鉴"原文作"借镜"，现据今日通常用法改正。——校勘者注。
〔2〕 "诺丁汉"原文作"诺亭汉"，现据今日通常译法改正。——校勘者注。

受几种特殊利益：例如晨起可较迟，散步可单独，娱乐较自由，若受罚即剥夺此种特益，甚至开黑房，搬大石，食则惟水与面包，而鞭答尚未之见也。

童犯之至鹿汉庄（Lowdham Grange），匪惟须先经选择，且未往之前，须先宣誓，其誓词为："因谓信托加于我身，我必竭我之力，保持鹿汉庄之令名。"据其前管理者言，鹿汉庄无围墙，无铁窗，其监禁为内心的，而非外形的。笔者尝至该地参观，承其管理者 Cape 先生之优待，其人富于宗教观念，思想极清澈迅速，衣普通童犯之衣，承将鹿汉庄之哲学及方法笔告如下：

"此组织惟一目的，即尽量使内部各种生活情形，吻合外间。故一切管理，居委自身管理，无威迫强制之命令，少年各负自治之责，其来此工作，亦为自愿者，至于工作之与兴奋剂，舍工资莫属，如无工资，则工作等于刑罚耳。他处儿童之为英雄，以其长于运动，而我处之英雄，则为最佳之砖瓦匠木匠电器匠，铅管匠，厨师、农夫，备受全体之崇敬，每星期将各人所长之工作揭出，故结果工作之效率，每倍于前，工资虽较外间为少，但与技巧出产成比例。每童均起于小工，久则进而为大工，每星期增加二便士，最高为一先令二便士。故工作纪律较佳，则工资必稍增，每人之工资，均随工作之优拙而不同。每星期所得，扣除去三分之二为食宿外，尚有甚微之所得税，所余则概付现金。参加运动集会者，固为任意，而必须付费，始能享受；音乐会，电影场亦须购票入门；糖果。香烟。头胶之属，均有小店可购。每童必须存入四先令于银行，此为最低额，甚有存入三十四先令者。此种工资制度，间接造成彼等私有财产，由是则不注意其衣服者，使自负缝补之费；故意或过失碎窗者，自负修理之资；过七时半而工作者，罚以二便士，再犯者倍之。凡重大处罚，则由主管人召开会议，其最后方法为移送他波师图，发生者不过占全量的百分之三而已，召开会议时，亦有童犯之代表参加。平时会议举行，为每月一次，其间食宿问题，工作问题，一切有关于童犯者，均可提出讨论，主管人可加以允许或拒绝，但其结果必为一有理由至答案。其初诸喜为代表，出席会议，迨后则觉请求被允许者，固为有功，惟请求被拒绝者，则为同情所诟病，事亦殊不易为也。一月中例有一二次允许十二童中之一人，衣平人服，而独游诺丁汉城。章程规定，若失事一次，则须停止全部旅行。但以往四百童子之游行，尚未有事故发生，凡居此已有六月者，即可交其名于其代表，提出于会议，而由议员投票，若票数三分之一，不赞成该童出游时，则该童将无出游之望矣。"

世界上永无十全十美之制度，其间可资借鉴者，惟其特长而已。英国少年犯之学校之特长为何？则有以下数点：

（一）中央机关之视察与监督，例如联邦儿童局，或儿童幸福部之分布各地。

（二）成年犯与幼年犯之隔离，若如美国之混之十六岁儿童与四十岁之成年人于一处，是为不堪。

（三）慎选管理者，以便长期任用，切莫使之存"五日京兆"之心，而无心于工作之研究。

（四）男童女童之职业训练，宜稍延长其期。

（五）学校生活，须尽量模仿外间社会生活。

律师法之立法精神[*]

赵 琛[**]

律师职务，虽属自由职业之一种，而与司法机关之间，实具有特种关系，其地位之重要，殆与推事检察官无所轩轾。在民事案件之诉讼代理人，原则上以律师为限，非律师而为诉讼代理人者。法院得以裁定禁止之。（民事诉讼法第 68 条）在刑事案件被告于起诉后选任辩护人，除经审判长许可者外，亦应选任律师充之。（刑事诉讼法第 29 条）盖法律现象，随文化之进展，而日趋于复杂，法律内容，不乏专门之术语，条文之解释，非仅就文义解释即可确知其法理，加以诉讼法上规定之诉讼行为，往往要求一定之程式，若使不谙法律素无经验之普通人自为诉讼行为，不仅权利不能伸张，攻击不能防御，且拖延时日，诉讼不能诉结，社会经济，亦必受其影响，故特设律师制度，以协助司法之进行。刑事案件之采律师制度，较之民事案件，尤有进一步之理由，盖刑事案件之辩护人，非仅保护缺乏法律知识之被告，以免阻碍诉讼之进行，更进而为被告监视法院审判之是否公平适法，不致无辜受累，使社会对于法院增高其信赖之心。若使被告被人为自己犯罪嫌疑之辩护，反足以妨害法官之自由心证，故使律师充任辩护人，庶足以促起法官注意，不致等闲视之。是就整个法律体系观察，正如一部精巧复杂之机器，非具有专门学识与技能莫由加以利用，吾人遇有诉讼事件，须求助于律师，亦正如遇有疾病，须求治于医师，西人谓律师为正义辩护者（An administrator of justice），良有以也。

我国律师，创自民国初年。十六年国民政府奠都南京，司法部修订律师

---

[*] 本文原刊于《新法学》（第 2 卷）1949 年第 1 期，第 4～6 页。
[**] 赵琛，曾任东吴大学法律系教授。

章程，于同年七月二十三日公布施行，为其甄拔律师之章程，则较之为宽松，大抵只须修习法律之学三年以上得有毕业证书，照章缴纳免试合格证书费及律师证书费连同印花费合计二百零四元，即可取得律师资格，而其之学识是否优良，实务是否谙练，人格是否高尚，及拥护正义协助司法是否具有热诚，则不暇过问。其间虽不乏法学精深品格高尚之士。而流品庞杂行同讼棍者，亦复常见叠出，律师风纪，每况愈下，司法行政部有见于此，爰拟具律师法草案四十三条，报由司法院于二十九年二十七日咨请立法院审议，当由立法院发交法制委员会指定赵琛、史尚宽、林彬、刘克儁、罗鼎五委员初步审查，经于八月三日，十二月三日五日十日，先后召开初步审查会议，并请司法行政部部长列席陈述意见，讨论结束，根据理论事实，就原草案及司法行政部所提补充意见，斟酌损益，修正为四十八条，报由法制委员会审查通过，呈报院长提交大会公决，经于二十九年十二月二十四日立法院第四届第一百九十七次会议通过，并由国民政府于三十年一月十一日明令公布施行，此律师法制定经过之大概也。法界人士有以该法之立法精神相询者，爰撮述要旨数端，以供留心律师制度者之参考：

一、严定律师资格

本法因鉴于旧律师章程取得律师资格之条件甚宽，以致律师界良莠不齐，为世诟病，爰严定律师之积极资格，以依本法第一条第一项经律师考试及格或第二项检验合格者为限，方得充任律师，而经检验合格得充律师者，又仅以（一）会充推事或检察官者，（二）会在公立或经立案之大学独立学院专门学校教授主要法律科目二年上者为限，其资格似较推检为严，（参照法院组织法第33条）良以：1.律师兼办事实审法律审之诉讼事件，非有比较高深之法律知识，焉能胜任；2.律师经办案件，报酬还教法官为厚，职业亦较自由，则其资格之取得，自不应流于宽滥；3.律师散处民间，日与社会接近，其行为是否失检，势不能如法官之可随时加以监督，故特严定其资格，提高其他地位，使知厚自爱重，以转移社会之反感。

抗战以还，不肖律师参加为组织者颇有其人，实属律师界之污点，本法针对事实，爰于第二条第一款，明定背叛中华民国证据确实者，不得充任律师，其已充律师者撤销其律师资格，以示惩儆。其他之消极资格者，则于第二条第二款至第七款详为规定，均较旧律师章程为严密。至在新法施行前领有律师证书者，若一概否认其资格，不无溯及既往之嫌，然以当前律师界流品之杂，其法理不精，文理不通，事理不明者，非无其人，倘不加以甄别，殊不足以增进社会对于律师之信赖心，故于本法第三条规定"在本法施行前领有律师证书而不具有第一条第二项之资格者，应予以甄别，甄别不合格者，撤销其律师资格，"其甄别办法，则授权于司法院定之。

二、确定律师公会组织

依旧律师章程规定，律师公会是采会长制，固与时代潮流不合，法部原草案折中于会长制即委员制，亦嫌其过于分歧[1]，故本法第十一条改采监事制，使与一般人民团体组织之精神相符，至理事名额规定为三人至二十一人，监事名额规定为一人至九人，则视律师公会会员之多寡，留有伸缩余地也。

律师得向二地方法院及其直接之上级高等法院或分院申请登录，登录后得在所登录之法院及最高法院执行职务，（第五条第七条）然非加入律师公会，不得执行职务，（第九条第一项）律师公会章程，除规定一般处理会务之必要事项外，并就律师承办事件之酬金标准及其最高额之限制，律师风纪之维持方法，平民法律扶助之实施办法等，应为详明之规定，此亦本法之特色。

三、整饬律师风纪

律师受当事人之委托，或法院之命令，得在法院执行法定职务，并办理其他法律文件，而依特别法之规定，又得在军事或其他审判机关执行职务，是其职务范围，颇为广泛。使充律师者，对于自己职务，果能本其学识，维护正义，守法尽职，修德慎行，以保持律师之品味，则声誉既立，自能取得社会之信仰。然我国律师界中，惜身自爱者，固所在多有，而逾越规范行同讼棍者，亦不乏其人，恶马害群，恶草害稼，社会不察，遂疑操律师职务者，悉为嗜利奸恶之徒，亟应确立律师之道德信条，使其共守不渝，方足以曾社会之信心，而一新其视听。故本法特就律师应为及不应为之事项，设详细之规定，举其要者如下[2]：

---

〔1〕"分歧"原文作"纷歧"，现据今日通常用法改正。——校勘者注。
〔2〕"下"原文作"左"，现据今日排版需要改正，下同。——校勘者注。

1. 律师应予执行职务之地方法院所在地置事务所，并报告法院，但统一地方法院管辖区域内，不得设二以上之事务所，并不得另设任何类似之名目。（第21条）

2. 律师非经释明有正当理由，不得辞法院所命之职务。（第22条）

3. 律师接受事件之委托后，应忠实搜求证据，探究案情。（第23条）

4. 律师接受事件之委托后，非有正当理由，不得终止其契约，如须终止契约，应于审期前十日通知委托人，在未得委托人同意前，不得中止进行。（第24条）

5. 律师对于下例事件，不得行其职务：（第26条）

（1）曾受委托人之相对人之委任或曾与商议予以赞助者。

（2）任推事或检察官时曾经处理之案件。

（3）依仲裁程序以仲裁人之资格曾经处理之事件。

当事人之请求，如是职务上所不应为之行为律师应拒绝之。

6. 律师在法庭执行职务时，应遵守法庭之秩序。（第27条）

7. 律师对于法院及委托人，不得有不得有蒙蔽或欺诱的行为。（第28条）

8. 律师不得有足以损及其名誉或信用之行为。（第29条）

9. 律师不得兼任公务员，但充中央或地方人民代表机关之人民代表，学校兼任教员，或担任中央或地方机关特定之临时职务者，不在此限。（第30条）

10. 律师不得兼营商业，但与职务无碍，经所登录之高等法院或分院许可者不在此限。（第31条）

11. 律师不得与执行职务区域内之司法人员，往还酬应。（第32条）

12. 律师不得受让当事人间系指权利。（第33条）

13. 律师不得挑唆诉讼或以正当之方法，招揽诉讼。（第34条）

14. 律师不得代当事人为无理由之起诉上诉或抗告。（第35条）

15. 律师不得违背法令或老布什公会章程，要求期约或收受任何额外之酬金。（第36条）

凡此均属律师道德之规律，为其行为之正确。如有违反之这，且定为应付惩戒之原因，（第40条第1款）借以整饬风纪，用戒方来。

四、采用律师回避制度

律师转任司法官，或司法人员改充律师者，为事实所恒定，其与旧日同事之交宜，未能完全隔断，故于本法第 37 条规定，司法人员离职之日起三年内，不得在曾任职务之法院管辖区域内，执行律师职务。第 38 条规定律师于注销登录后一年内，不得在曾任区域内之法院充任司法官，以防流弊而杜物议。再律师与执行职务区域内之法院院长首席检察官，有配偶五亲等内血亲或三亲等内婚亲之关系者，最易招嫌速谤，故第 39 条第 1 项规定为凡有此种关系者，不得在该法院登录，已录者登，应行回避，注销登录。复于同条第 2 项，明定律师与办理案件之推事检察官有前项之亲属关系者，就其案件，亦应回避，以杜瞻徇。

五、明定律师惩戒机关

律师有：1. 违反本法第 21 条第 22 条第 24 条第 26 条第 28 条至第 36 条之行为者；2. 有犯罪之行为应受刑之宣告者；3. 有违背律师公会章程之行为情节重大者，应付惩戒。（第 40 条）惩戒处分，分警告、申诫、停止执行职务二月以上二年以下，除名四种。（第 45 条）律师应付惩戒者，除由高等法院或其分院或地方法院首席检察官，依职权送请惩戒外，律师公会亦得依会员大会或理事监事联席会议之决议，声请所在地法院首席检察官转送惩戒。（第 41 条）至惩戒机关，在高等法院为律师惩戒委员会，在最高法院为律师惩戒复审委员华，关于律师惩戒之详细程序，由司法院定之（第 47 条）第 42 条，第 44 条，仅分别规定其组织之大略而已。

司法当局，诚能依据本法规定，整饬律师风纪，举办律师考试，则过去律师制度之弊害，当可去除大半耳。

美国关于律师之新判例*

陈传钢** 译

"立法规定律师之资格，司法监督律师之服务，行政管理律师之执业。"

美国威斯康星〔1〕省（Wisconsin）近颁一法令：凡现在本省居住，曾在本省任何法律学校中取得文凭，而该学校在其毕业之时为美国律师公会所承认者，虽其文凭在本法令颁布之前取得，亦准予执行律师之职务。然最高法院认其为违宪，以其虽属假定未来法律学校毕业生之资格，而在其文字上之运用则及过去之法律学校毕业生，此举实属抵触宪法。盖彼辈毕业之时，既经请求入会手续，又经律师甄别考试，合者留，不合者自必淘汰，而事过境迁，横以法令对其资格加以种种之假定，自当驳斥，无可容疑。故普通法令对于律师之资格，不能作最大限度之规定，而仅规定拘束此一组织严密团体（即律师公会）中特殊份子之法令，尤不能认为有效之立法。其所应为者，厥在根据宪法之规定，确认彼辈在毕业之时加入公会者，有充分之资格，而由法院考察彼辈现在是否能胜任其职务。

本案之判决在调和立法警察机关与司法机关之争议。缘前者以法令规定律师之资格，而后者则视律师为法律上之官吏不愿受其限制，本案乃折中二说，而为之判决焉。窃按美国所有法院，根据社会政策与夫历来关于分权而治（Separation of Powers）之成例，咸主法院有至高无上之权威，持异议者在法院已耳。况在事实上此种优越权威之卓立亦已极尽其融洽，司法立法二机关感情避免轧铄之能事；由是，立法机关所颁布之法令，对于律师资格仅为

---

    * 本文原刊于《法学杂志（上海1931）》（第7卷）1933年第1期，第82~83页。

   ** 陈传钢，1935年毕业于东吴大学法学院（第18届），获法学学士学位。

  〔1〕"威斯康星"原文作"威斯康辛"，现据今日通常译法改正。——校勘者注。

最低限度之规定，而此规定直接限制请求执行律师职务之人，法院概不受其限制。虽然，本案之中所用假定（Presumptions）一字似亦渊源斯义，而就其程序推论之下，其实质的作用，不无可疑。其于未来毕业生所定之标准，仍须拘束法院也。规定律师资格之权衡有二：一在审查律师之资格，而决定其去取；一在革除取缔未经审查认可之律师。就其各别的性质观之，立法机关似最宜于掌握前一权衡，以其便于一把事务之处理；而后一权衡，即决定考验律师之方法，已视为法院之专业，立法机关绝不能越俎以代谋。故凡立法机关施惠于特殊个人或团体之企图，均认为违反宪法上禁止特别立法或不合理的等级制度之规定，而司法机关拒绝具有不受任何限制之权利之人执行事务，亦有碍于事实上合法的程序之运用，姑无论其于革除律师之职务前，有否公正之审问，警察机关往往在其权力范围之内，管理律师开始职业之事件，以保护社会人士受不良律师之损害。据云律师获得认可之困难，与立法之干涉恰成一反比例，申言之，律师之获得认可，初未受立法干涉之阻碍，而反受其庇。最近立法机关与律师公会亦已进行舍弃毕业文凭特权制，而采律师考试制矣；同时，律师执业认可之事务，亦多由立法机关与法院转交律师委员会处理，惟法院仍坚持其监督权，而立法机关则因对划分法庭上之官吏与法庭外之律师间之区别，几将司法权力之一部剥夺殆尽矣。

原文载于 Columbia Law Review Vol. XXXIII, No. 6 June, 1933.

公证制度之探源[*]

杨兆龙

按公证制度最初产生于欧洲，后世各国制度，莫不渊源于此。故欲研究其沿革，当自探求其在欧洲之变迁入手。本篇所述，即以此为主旨。顾公证制度在英国之发展与在他国不同，其经过情形，别饶兴趣，殊有分述之必要，附论之，借明其梗概。

一、欧洲公证制度之探源

（一）胚胎时期

欧洲之公证制度起源于古罗马。当罗马建国之始，其公务员中有所谓文士者，初仅专司抄录，继乃成为特殊之知识阶级，以具有专门技能，于政治上占重要地位。其职务种类不一，有为议会及法院之常任职员，而以记载会议及诉讼之情形，誊写国家之文书，办理罗马法官之文牍，及登录其裁判命令等为专司者。亦有以处理人民之私事为主要职务，而代订契约、单据，及遗嘱等文件者。文士之下每有助手，任此职者，或为自由人民，或为奴隶。其所司者，大都不外抄写记录等事。迨罗马共和末年（约当西塞罗[1] Cicero之时代），有速记术之发明，时人每以特定符号，代表普通文字。此类特定符号，谓之 Notae。而其连用之以速记者，即谓之 Notarius。后之公证人一名词，如英文中之 Notary，法文中之 Notaire，皆脱胎于此。故今之所谓公证人者，在昔无非以速记术登载事件于备忘录或簿册者流，其职务相去殆远甚也[2]。

---

[*] 本文原刊于《中华法学杂志》（第 4 卷）1933 年第 1 期，第 1～12 页。原文仅有简易句读，本文句读为录入者添加。

[1] "西塞罗"原文作"雪氏罗"，现据今日通常译法改正。——校勘者注。

[2] 见 *Brooke's Notary*, Eighth Ed., pp. 1～2。

（二）发展时期

阅若干年后，司速记者，不复以 Notarius 见称于世，而称 Notarius 者，几一变而专为各省省长所管辖法院之典册掌理员，或帝王之大臣，与夫司法部枢密院等官署之最高长官，斯时之 Notarius，大抵除掌理诉讼记录等事宜及襄助裁判外，兼办法院之非诉事件。其职务上与后之公证制度有关系者，莫如为他人作成契据及其他私文书、是类文件。经作成后，即携至法院领袖法官处，盖用法院印记，而取得公文书之性质。惟人民之私文书，多有不经此程序者，凡私文书之作成。大率由人民委托一般文士为之。此辈以代作文书为专业，其职务之执行，虽受法律之监督，而其身份则与公务员不同，时人称之曰 Tabelliones。盖由罗马字 Tabellae 引申而来，Tabellae 者，初为一种薄板，上敷以蜡，可以作书绘图，历时既久，其意略有变更。举凡纸类或兽皮类之文件，皆以此名焉。Tabelliones 执行业务之地点，常为近法院之区域或交易之场所，其业务之范围，为法律所规定，其详虽不复可考，而其大概则不外遗嘱契据等文件之作成及证明。今日欧洲各国之公证职务，盖即渊源于此也。Tabelliones 之业务发达者，每雇用谙习速记术之助手，当委托者有所请求声明或指示时，若辈即速记于簿册而编为记录，然后据以作成正式之文件，由当事人签名，证人副署，并由 Tabellio（即 Tabelliones 指单数）证明。凡文件经上述之程序而作成者，对于当事人即发生拘束力，其在书证中之地位，初本与普通私证书不相上下，与一般公文书殆难同日而语，盖遇文件内所载事件发生权义上之纠纷时，关于系争之事实，该文件非当然具有证明力，必经 Tabellio 或副署之证人到场宣誓证明后，其所载事实方得认为真确[1]。顾 Tabellio 及证人之到场宣誓证明，手续过繁，行之稍久，颇感不便。于是政府乃制定新法，以文件之向官署登记及保管于国家之库藏内代昔之繁重程序，凡 Tabellio 作成之文件，经履行此条件者，即取得公文书之效力。此制施行后，Tabelliones 之地位日见重要，其人数亦日形增加。殆优士丁尼[2]（Justinian）帝即位，乃联合而为一独立团体，以一人为领袖，称之曰 Prototabellio（即首席公证人之意）[3]。

---

〔1〕 平时由 tabellio 宣誓证明，遇 tabellio 死亡，则由副署之证人宣誓证明。

〔2〕 "优士丁尼"原文作"优斯鼎尼安"，现据今日通常译法改正。——校勘者注。

〔3〕 本节见 *Brooke's Notary*, Eighth Ed., pp. 2～4.

西罗马帝国灭亡之时，原有之公证制度，虽受政局之影响，但未完全废除。盖战胜者虽挟其原有之风俗制度以俱来，而对于古罗马遗留于被征服各省之法律文物，则认为有保存之必要。以故各市省之行政机关及其法院官制公文程式等，虽在鼎革之后，仍与往昔相若。所不同者不过曩日各省司法之由省长掌理者，今则改归条顿族之伯爵及教区之主教管辖而已。而时被征服之各省，划为若干巡回区域，人民之诉讼案件，于每区域内之主要城市审理之。此类城市为伯爵举行巡回或普通裁判之所，诉讼进行时，当由罗马之法学家襄其事。故裁判方法殆与往昔罗马省长时代无异，伯爵之法庭内有掌理典册之人员，曰伯爵公证人（Notaries of the count）[1]。任斯职者，类皆无一定居所之传道师，其职务有二，一曰诉讼事件，诉讼之记录属之。一曰非讼事件，公证书之作成属之。二者皆属诸伯爵法庭之管辖范围，为公证人者，不过以法庭之名义行其事而已。公证书作成时，先由公证人拟稿，誊清后始携至伯爵处盖用法庭印记。凡文书之作成，经过上述之程序者，有公文书之效力，此外欧洲弗兰克[2]民族统治之区域内，复设有王家法庭（Curi argis, the king's court）。主其事者，为宫廷伯爵（Count palatine, or count of palace）。此殆为各地伯爵法庭之上诉机关，办理非诉事件，亦其职务之一。重要之买卖及其他有关系事件，每于此法庭履行之，以昭慎重。遇有不动产之单据遗失或毁灭时，如须补发单据，应由所有者向该法庭呈请之。其补发之单据，即由该法庭以国王之名义作成后交付请求者，王家法庭内亦有公证人，时人称之曰宫廷公证人（Palatine Notaries）。其任免之权，操诸宫廷伯爵，凡于王家法庭内成立交易之证书及补发之单据，即由若辈作成之[3]。

第九世纪之际，伯爵法庭内容腐败，信誉荡然，怨声载道。查理曼[4]大帝（Charlemagne the Great）即位以后，励精图治，改革司法，亦不遗余力。于是另派专员，巡行各地，掌理裁判。此辈专员，谓之钦差大臣（Missi Regii），每年出巡四次，其性质与后之巡回大法官大致无异。于西历八百零三年，尝奉朝廷之命，任用公证人随行，以襄其事，并督促各主教方丈伯爵一

---

[1] 实则 Notary 一字在当时尚不过典册掌理员之意，不能称为公证人，兹为避免用西文名词起见，姑以公证人一名词代之，读者幸勿以辞害意也（以下称公证人者亦同）。

[2] "弗兰克"原文作"佛兰克"，现据今日通常译法改正。——校勘者注。

[3] 本节见 *Brooke's Notary*，Eighth Ed.，pp. 4~5.

[4] "查理曼"原文作"查理明"，现据今日通常译法改正。——校勘者注。

律任用公证人，其随从钦差大臣之公证人，谓之王家公证人（Royal Nota-
ries）。迨第十世纪初叶，王家公证人及宫廷公证人均成为有一定居所至典册
掌理员，专司诉讼记录及作成私文书等事宜。降及第十世纪中叶，王家公证
人之数额超出于宫廷公证人远甚，渐有掩盖而同化之势。至第十一世纪，则
举凡伯爵公证人宫廷公证人及王家公证人名称及性质上种种区别均归消灭，
公证人之职务至此乃告统一，同时宫廷伯爵不复为王家法庭之主任，惟任用
公证人之权尚为其保留。泊乎第十一世纪末叶有所谓教皇公证人者（Papae
Notaries）产生，专承教皇之命于其统治区域外执行职务，其任命之权操诸教
皇。自十二世纪以降，日耳曼族之君主均继奥古斯都[1]（Augustus）帝先后
即位，行使帝王之权，于是亦效法古罗马之君主而授其他大臣及地方长官以
任用公证人之权，此后之公证人谓帝国公证人与宫廷公证人[2]。

（三）成熟时期

自十三世纪以降，公证制度几经变迁后，渐臻其于近代欧洲之状况。其
重要之发展凡三：

甲、公证人证书之取得公文书之效力。本节第二项尝言之矣，罗马时代之
Tabelliones 所作之证书，不具备公文书之效力，此非罗马法仅有之原则也，其他
法律中亦不乏其例。盖日耳曼（Germanic）、撒利[3]（Salic）及伦巴第[4]
（Lombard）等民族之法律，亦规定公证人以个人之名义所作成之证书，其内
容事实非当然可认为正确，必经持有证书者宣誓证明，在法律上方足取信。
顾当第十二世纪罗马法学复兴之时，意大利之公证人，以习于罗马法，每以
自己之地位与古罗马法院之公证人相比拟，对于以个人名义所作成之证书，
辄以公文书（Instrumenta Publica）自居，而主张证书经其署名证明后，与罗
马法上盖用官印之文书有同等之效力。久之，此种思想渐为世所赞同，而成为
法律原则，即向持反对态度之宗教法庭，亦不能不为所动而表示接受焉[5]。

乙、公证人证书之具有强制执行性。古代意大利伦巴第民族之法律，尝
与债权人以特别之保护，凡债务之成立，有书面之证据者，债权人取得债务

---

〔1〕 "奥古斯都"原文作"屋格斯脱斯"，现据今日通常译法改正。——校勘者注。

〔2〕 见同上 pp. 5～6。

〔3〕 "撒利"原文作"舍利克"，现据今日通常译法改正。——校勘者注。

〔4〕 "伦巴第"原文作"郎巴德"，现据今日通常译法改正。——校勘者注。

〔5〕 见同上 p. 7。

人之财产以为执行之担保，于债务到期之时，债权人即当然对于债务人之财产取得抵押权。在罗马法复兴之前，凡债务人负责所为之一切书面契约。按诸伦巴第等处之法律均有充分之执行性（Force executoire），债权人之取得执行权，概不以经过审理裁判之程序为条件，固不仅公证人之证书为然也[1]。迨罗马法复兴以后，此项制度，以与罗马法不合，在法理上难以见容于世。顾以相沿已久，而当时意大利之商业发达，复崇尚简捷之诉讼程序。按诸实际，未便尽废，于是当时学者倡折衷罗马法理与现行制度之说，主张以罗马法上"法庭中之自认"（Confessio in jure）[2] 为债权人取得执行权之条件，凡债务经债务人在法庭或公证人之前承认者，均可不经审理及裁判等程序，遂行执行[3]。此种主张于十三世纪初业即见诸实行，后乃流传于德法意奥诸国，至今犹有沿用者[4]。

丙、公证人之渐离法院而独立。上述各情形之发生，复引起二种变迁，一曰，公证书因一经公证人署名即取得公文书之效力，致法院盖印及其他行为等于赘文，无足重轻。二曰，公证书因关系重大而作成之手续日趋严密，不得不由具有专门学识之公证人专任其事，至当时不精斯道之裁判官之无复有过问之者。此二种变迁之结果为公证人之与法院分离，而以自己之名义独立办理其向所代表法官所为之公证事件，惟此在法国初犹未尽然，盖当时法国

---

〔1〕 *A History of Continental Civil Procedure*, By Arthur Englemann and Others（The Continental Legal History Series，1927），p. 498.

〔2〕 按罗马法自十二铜牌以后，尝规定当事人之一造于诉讼中在法官前承认对造所主张之权利者，法官毋庸下判。而该当事人之自认（或自白），即等于判决。故罗马上有"法官前之自认（或自白）以判决论"一成语（见 *Sohm's The Institutes*，Third Ed. ，Transtated By Ledlie，p. 56）。

〔3〕 按公证制度之臻此程度。尝经过二时期。一曰假设诉讼（Fictitious action）之时期。时人以法庭中自认有判决之效力。遇成立重要之契约时。为使其取得强制执行性起见。每假向法院起诉。迨传讯时，债务人乃当庭自认。此项自认经记明笔录后。即具有判决之效力。而可强制执行。久之。契约当事人之同赴法院为假诉讼而自认。殆成为订立契约时通行之手续。二曰非讼管辖之时期。假设诉讼行之既久。渐失其本来面目。法院知当事人用意所在。渐不以讼诉事件目之。为办事简捷起见。乃改作非讼事件处理之。由掌理典册者（即后世所称之公证人）专司其事。顾处理其事者之性质虽与前不同。其作成之文书仍具有判决之强制执行性（参看 *History of Continental Civil Procedure*，pp. 498 ~ 500；*Brooke's Notary*，p. 7）。又罗马法亦尝利用假设之诉讼以移转土地确认身份等。其经过与上述者略同（见 *Sohm's Institutes*，pp. 56 ~ 58）。

〔4〕 法国一三〇〇年至一五〇〇年间之法律即已如是规定，德国一八七七年之民事法典亦采此原则（见 *History of Continental Civil Procedure*，pp. 613，699 ~ 705），又法国现行民事诉讼法第五四五条至第五〇七条。

法律仍规定：公证书非经对于公证人有管辖权之法院盖印，其内容事实不能认为真确。直至路易第十四即位之时，此项仪式始经废除。自是以后，凡公证人均由国家发给印章，其盖有该项印章之公证书于盖有法院之印者具同等之效力[1]。

二、英国公证制度之探源

（一）英格兰公证制度之探源

公证制度之传入英格兰，始于何时，征诸典籍，颇难稽考。惟英王爱德华（Edward the Oonfessor）御宇之时，尝赐土地与威斯敏斯特[2]（Westminster）之寺院方丈。其所发之土地执照，即由一公证人名斯华尔狄司（Swardius）者所作成。又于西历一一九九年英王约翰尝立一契据，允每年赐三十马克（Marks）之银与一教皇所派遣之公证人菲利普[3]氏（Master Philip）。此类公证人大抵为教皇及外国君主所派遣，在当时殆属寥寥。迨西历一二三七年，教皇之代表奥托[4]总裁（Cordinal Otto）应亨利第八世之请赴英格兰，当于伦敦召集会议，谋固改良英格兰教会之道。因鉴于当时英格兰无公证人执行职务，尝规定凡属总主教教寺院方丈等及其属员均须置用一证明文件之印章，于是英格兰之公证人始稍稍增加[5]。当英王爱德华第二之世，外国之公证人，无论受命于教皇或外国君主，尝一度被禁，不准于英格兰执行职务。其所作之文书亦认为无效，但该项禁令未几即等于具文[6]。

当中世纪之际，教会之势力澎湃，凡商人及地主所雇用之掌理文牍者，大都为教会中人，尔时之公证人亦未能例外。凡操此业者，纵非属于僧道之阶级，至少亦必受其指挥监督。其所著之服装，所享之权利，均带有宗教之色彩。当时公证人之职务，可大别为二，一曰根据教皇君主及其代表之授权行为作成应用于外国之公证书，一曰（如近代英国不出庭之律师然）办理转移不动产事宜及订立遗嘱契据与其他文件。久之，教会中之僧道阶级不复过

---

[1] *Brooke's Notary*, pp. 7~8.

[2] "威斯敏斯特"原文作"威斯闵斯脱"，现据今日通常译法改正。——校勘者注。

[3] "菲利普"原文作"费立泼"，现据今日通常译法改正。——校勘者注。

[4] "奥托"原文作"屋多"，现据今日通常译法改正。——校勘者注。

[5] 同上 pp. 8~9.

[6] 同上 p. 11.

问俗事，于是商业繁盛之区，渐有一般普通人起而代之，以办理僧道阶级所不过问之公证事务为业。若辈所办理者，大都涉及商业，与教会势力范围内之公证人所担任者不同。积时既久，其程序之复杂与夫内容之精微，每有为教会中之公证人所不能了解者，于是二者之性质乃日趋分歧，而形成互相对立之阶级，此盖英王理查[1]二世时代之事也。后伦敦有司书人公会（Company of Scriveners）之设立，其会员在伦敦城内及其四周三里之区域内取得作成各种依法应经盖印证明之文件如契据执照等之专权，自十四世纪以降，凡公证人之欲在伦敦及其四周三里之区域内执行职务者，必先在该公会取得会员之资格[2]。

初公证人资格之授予权属诸教皇，而教皇尝以该权转授予[3]坎特伯雷[4]之领袖主教（Archbisnop of Canterbury）。惟宗教革命以后，教皇之势力渐衰，其权遂转移于英国国王。按英王之行使该权，始自亨利第八世，当该王御宇之时，尝于一五三三年创立条例，规定各资格之授予如公证人资格之授予权等嗣后不属于姜黄而属于英王所指定之人，此指定之人即康脱勃内之领袖主教是也。领袖主教之下，设有资格授予署（Court of Faculties），公证人资格之授予权即由该署行使之。总理该署事务为署长，英文谓之 Master of Faculties，对于公证人总揽监督权焉[5]。

（二）苏格兰与爱尔兰公证制度之探源

苏格兰在宗教革命以前，无专任之公证人，其公证职务概由教会中人兼任之。惟自一五八四年以降，凡在教会中担任职务者，即不准充当公证人，而公证人之任命权遂转移于苏格兰王矣[6]。

公证制度之行于爱尔兰，由来已久，此征诸古代所传于今日之公证书盖可知之。宗教革命以前，公证人资格之授予权亦属诸教皇及其代表，惟当亨利第八世改变英格兰之公证制度时，爱尔兰亦蒙其影响，其公证人亦改由康脱勃内之领袖主教任命之。领袖主教之下，另设资格授予署，专理该岛之事，其

---

〔1〕"理查"原文作"礼查"，现据今日通常译法改正。——校勘者注。

〔2〕同上 pp. 12～14.

〔3〕"授予"原文作"授与"，现据今日通常用法改正。——校勘者注。

〔4〕"坎特伯雷"原文作"康脱勃内"，现据今日通常译法改正。——校勘者注。

〔5〕Halsbury, *Laws of England*, 1912, Vol. 21, pp. 493～494 及同上 pp. 14, 25～26.

〔6〕Brooke's, p. 15.

组织及作用与英格兰所有者同，旋公证人资格之授予权改由爱尔兰阿尔马[1]（Armagh）之领袖主教行使之。惟至一八七〇年复由领袖主教而转移于爱尔兰之大法官焉[2]。

---

〔1〕 "阿尔马"原文作"阿尔迈格"，现据今日通常译法改正。——校勘者注。
〔2〕 同上 pp. 15 ~ 16.

下编　法学教育

法学教育与现代*

丘汉平

法学教育的目的，浅而言之，不外四端：其一，训练立法及司法人才；其二，培养法律教师；其三，训练守法的精神；其四，扶植法治。

不过法律教育要达到上述几种的目的，不是容易的事，法律是社会现象的纲领，要使文字的法律见于实行，非有适当的法律人才不可。孟子说："徒法不能以自行"，即是此意。所谓适当的法律人才，至少须具备五项条件：一、要认识时代的精神及时代的倾向；二、要了解法律的旨趣及现行法的文义；三、须熟谙审判方法及应用心理学；四、须知悉人情世故及社会的复杂组织；五、须有道德的涵养并能舍弃小己。过去的法律只重视第二点的后半段，或有注意到第五点者，此外大多忽略。这都是以法律为死的东西，与社会不发生痛痒的关系。社会学派的法家，他们所极力提倡的"治法应注意到社会现象"的一个原则，是为各派所公认的。但要达到这种目的，非有适当之训练机关不可。这种适当的训练机关，当然是法律学校了。法律学校既为实施法律教育的机关，则其重要毋待赘言。我现在对于如何达到以上几个目的，约略的说一说。

一、要认识时代的精神及时代的倾向，当然要研究历史，尤其要注意从某一时代转移到另一时代的如何过渡及因此所生的社会效果。故法律教育的实施，第一个方法，是要使学者明白时代的过去现在与将来，认识时代是研究法律最重要的工作。

二、要了解法律的旨趣及现行法的文义，比较容易些。但是法律之目的是什么？它的作用如何？及其他相关的问题不可不先明了，否则，简直习法

---

* 本文原刊于《法学杂志（上海1931）》（第7卷）1934年第2期，第1～3页。

不知有什么用了。故对于法律的变迁经过并其每时代的意义，应加注意。那么〔1〕法律史，法律现象变迁史，法律思想史，当然不可忽略的。至于现行法之文义，一面须尽阐明之能事，一面须使其抓住中心问题及应用方法。本此原则，习法者不可不将现行法通盘的研究其梗概并其关系之点，而于问题之提出，尤其注意于解决的方法。

三、审判方法包括的内容很多，如对于当事人及证人的如何审讯，证据的如何审择，论理方法如何应用等等，皆应加以注意。此为适用文字法律到人事的渡桥，非常重要。但是"听讼吾犹人也"，审判心理学是鉴别〔2〕人犯最重要的科学，我认为有研究的必要，不过在中国各法律学校的课程多不注意，不免引为遗憾。

四、熟悉人情世故，是习法者应该常常追求的，我们常说"法律不外乎人情"，适用法律，离开人情，便是走错了路。所谓人情不是普通所说的"情面"或"交情"，是说一般人在社会上应该如此如此的。英美法以 reasonable man（一般人）为评判是否过失的标准，这和我们中国的法律以"未尽相当注意者为过失"正复相同。一时代有一时代的法律，同时亦有一时代的人情。若以甲时代的法律依照甲时代的人情，当然是符合的。如果以甲时代的法律施用于乙时代的人情，那便是牛头不对马嘴了。

法律离开其对象（社会），便是乌托邦，习法的人不可不先认清这一点。知悉现社会的组织情形，为应用现行法的第一步。譬如在陕西的推事调到上海来办理案件的时候，不注意上海社会的风俗习惯和组织，拿十八世纪的头脑，来判二十世纪的案件，当然要闹出笑话来了；所以在法律教育方面，应该使其认识些"社会学"及"现代物质文明史"等叫他于现有社会认识清楚才好。

五、"道德涵养"，在近今的社会已成严重问题。现在研究法律的人，太偏重功利而不顾道德，法律教育对于这一点万不能忽略。如"伦理学""法律道德""名法家传记""人生哲学"等，都应在教授之列。

以上五端，我以为是现代的法律教育所不可忽略的，办学者固宜认真指导，在国家方面，亦应扶植成绩优良的法律学校，至于腐败的法律学校，当

---

〔1〕"那么"原文作"那末"，现据今日通常用法改正。——校勘者注。

〔2〕"鉴别"原文作"检别"，现据今日通常用法改正。——校勘者注。

然要加以整顿或淘汰。同时，更要鼓励法学的著述，以唤起人民对于研究法律的兴趣。就中国现状来论，不但法院因陋就简，未能普设，及司法人才亦大感缺乏。假使每县设一地方法院，每省设五高分院，则需要司法人才近十万人。就现时司法行政部已核准注册之数千律师及全国法校注册学生来说，且不过五分之一。何况法律教育之目的，除培养司法及立法人才之外，兼有造就法学教师及行政人员的任务。照此看来，法律教育在现代的中国应注意于下述两点而进行：一方面本上述五项原则实施严格的训练并提高入学的程度；一方面就现有的法律学校，择其善加以扩充，其不良者加以整顿或淘汰；并仿英国伦敦大学，美国纽约大学西北大学等，分设夜校，使已在社会服务之普通大学毕业生得受高深的法律教育。此辈人才，因为大都具备了上述第一和第四条件，且因思想成熟，施以训练，收效较速；观于吾东吴法科十九年来之夜课毕业生，在立法司法行政外交及商学届中之成绩，益觉信然，未知当局及教学界同仁以为然否？

法律教育与法律头脑[*]

吴经熊^{**}

此篇本为教育杂志所作，刊载该杂志第二十五卷第一号，兹以法律教育问题，在我国现状下，无论在教育方面，司法方面，关系均颇重要，故特再付本刊，期读者共商榷焉！

燕树堂先生在他的法律教育之目的一文中[1]说得再妙不过的。他说法律教育的目的就在养成法律头脑。

怎么才能养成法律头脑呢？燕先生说有四个必备的条件。第一须要有社会的常识，第二须要有剖辨的能力，第三须要有远大的思想，第四须要有历史的眼光。

我对于燕先生的主张是完全赞同的。不过我在这里要声明的是，"法律头脑"一语在传统上说起来似乎是指剖辨的能力而言的，——就是所谓核名实，辨异同的工作。待我举出一个很有意思的例子：

汉景帝时，廷尉上囚：防年继母陈，杀防年父，防年因杀陈。依律杀母以大逆论，帝疑之。武帝时年十二。为太子，在帝侧，遂问之。对曰："夫继母如母，明不及母，缘父之故，比之于母。今继母无状，手杀其父，则下手之日，母恩绝矣；宜与杀人同，不宜以大逆论。"[2]

---

* 本文原刊于《法令周刊》1935年总第239期，第1~4页。

** 吴经熊（1899~1986年），字德生，浙江省宁波人。东吴大学第三届法学士，曾任东吴大学教授，东吴大学法学院院长。1917年入东吴大学法科学习。1920年赴密歇根大学法学院学习，1921年获法律博士学位，后赴巴黎大学、柏林大学、哈佛大学访学。

[1] 见《法律杂志》第七卷第二期一一〇至一一六页。

[2]《折狱龟鉴》（光绪壬午年署内藏版）第四卷第一页。

这段故事，确否无从考证。我们如果假定它是确实的，那么[1]我们可以断言汉武帝这个人是富有"法律头脑"的了。因为他能把亲生母与继母辨别得清清楚楚。这岂非能尽核名实辨异同的能事了吗？

燕先生把"法律头脑"这个概念扩充了。在他的手里，它的含义变成更丰富，更有意思的了。这也是一个正当的办法；因为概念的含义本来不是一成不变的，而与历史的过程有密切的关系。在十九世纪的西洋法学中，分析派是比较最占势力的，所以"法律头脑"（legal mind）也就是"分析头脑"（analytical mind）罢了。到了现在，法学家大都承认要知道法律的真相，除非讨研它的社会基础，历史背景和它的目的和理想。所以"法律头脑"的概念也得改变一下，方能符合现代的学术上的要求。

在燕先生所列举的四个条件当中，我们尤须注意第三和第四两项——"远大的理想"和"历史的眼光。"他在上引的文章里已经有简单明了的讨论，可是语焉不详，我在这里请专就这二个要件比较详细地发挥一下。

一、远大的思想

我们教授法律，目的并不是仅在产生一般法律的事务家，将来毕业之后，挂牌当律师，解决个人的职业和生活问题。这当然也是法律教育的所有事，但是法律教育的目的不仅在此，我们要知道一切教育有三等不同的而同时又相互补充的目的在那里。第一是求实用，第二是满足求知欲，第三是对于人生的总价值的促进。这句话是对于一切教育都可适用的；法律教育当然也不能例外。不仅如此，在法律教育的立场严格地说，这三等目的是不可分割的，是混而为一的。法律是实际和理想的会合点。法律凭着实际的力量促进人类的理想，——好像一朵荷花种在泥土之上，而不染泥土，而同时却又少不得泥土。总之，不知道法律的目的，也就是不知道法律；不能用"为求知而求知"的态度去研究法律，也就是不能致法律于实用。

我们可以举一个实例来证明上述主张之不误。我国《民法》第一条就开宗明义地说"民事，法律所未规定者，依习惯；无习惯者，依法理。"这是明明揭出民法的三个渊源：条文，习惯和法理。法理是和条文习惯成一个鼎足之势的。不懂法理，也即是不懂民法，至多也不过一知半解。但是什么是

---

[1] "那么"原文作"那末"，现据今日通常用法改正之。——校勘者注。

叫做"法理"，法理不是天上掉下来的，只能在法律和人生的关系里面去找的。人生的理想，也就是法律的理想了。要达到人生的理想，当然不能专恃法律的力量。可是法律总也是主要工具之一种。这里面就发生了三个重要问题。第一，人生的理想何在；第二，对于实现人生的理想，法律的贡献何在；第三，法律在种种所促进人生理想的工具中处什么地位，如何和它们分工合作。我们教授法律学生的时候，一定要时时刻刻使它们注意到这些问题，并且帮助他们推求对于这些问题的解答。燕先生说得好："办理俗事的任务而有超俗的思想，此乃法律教育不可少之要件。"但是我要进一步说：有了超俗的思想，才配办理世俗上的事务。因为识得法外意，才算识得"法内意。"这句话是似非而是的真理。

据以上所说。就可知道自然科学（Naturwissenschafr）和文化科学（Kulturwissenschafr）的不同了。自然科学的最后目的当然也是在促进人生的理想。但研究自然科学的时候，并不须时时刻刻联想到人生的利害关系。文化科学可不同了，因为人生的利害关系就为构成文化科学的对象的一个重要分子，在自然科学，评价的作用是超然的；在文化科学，评价的作用是内在的。尤其在法律学，更是以评价为骨髓的。法律学乃是权衡利害关系的科学，如果没有高超的标准，怎么能够得到一种公正的权衡呢？

二、历史的眼光

关于历史的眼光的重要，燕树棠先生有下列的叙述："法律的问题是社会问题之一种，社会问题是社会整个的问题。不明社会的过去，无以明了社会的现在，更无以推测社会的将来。学习法律必须取得相当的历史知识，才能了解法律问题中所占的位置，才能对于其所要解决之问题为适当之解决。学习法律的人，必须能够把眼光放大，才能把问题认识的清楚。近年来法学的发达，历史的知识供给很多的帮助，其效果业已影响到实际法律之适用。"

这段言论，和我向来所主张的法律相对论，如出一辙。法律是和时代相对的。比方，封建时代的法律和个人资本主义的时代的法律，当然不可同日而语的；个人资本主义时代的法律和三民主义时代的法律又是不同的了。法律的相对论本来是最简单的道理；可是从前西洋的法学家惑于绝对的自然法论和天赋人权说，竟会对这种显而易见的现象熟视无睹，一味主张法律的绝对性和普遍有效性，比方美国制定宪法的时候，还是农村经济的国家，在十九世纪中工商业的发达非常迅速，遂一变而为工业经济的国家。最近二三十年以来，美国最高法院解释宪法中的各种自由权——尤其是契约自由——就发生了两派不同的学说。一派是守旧的，他们主张拿从前人的解释作为宪法的真诠。另一派叫做社会法学派。法官中如霍姆斯〔1〕（Holmes）布兰迪〔2〕（Brandeis）卡多佐〔3〕（Cardozc）都是这一派的健将。他们主张解释宪法当以社会的情形为前提。同一个法律的概念——譬如契约自由——因时代的不同仅可有不同的解释。现在的解释只反映现在的时代要求，正和从前的解释反映从前的时代要求一样的有根据。他们的学说，是和孙中山先生在民权主义里所说"权利是时势和潮流所造出来的"的话是不约而同的。

绝对的自然法论和天赋人权说既经推翻了之后研究法律唯一的门径是社会历史的方法，即使再要提倡自然法，也不能任凭玄想去寻出一种万古不灭，普遍有效的一种法律。自然法是法之时者也。所以我会说："自然法是适合社会情状的实事求是的，具有先见，能促进文化，使其于最短期间之内，从现有的地位，踏进比它高一级境界的一种法律。"法律教育的最高目的就是在帮助学生去寻求出这种的法律。如果不能找到这种自然法，那就是没有法律头脑了。

---

〔1〕 "霍姆斯"原文作"荷墨士"，现据今日通常译法改正之。——校勘者注。

〔2〕 "布兰迪"原文作"白兰特士"，现据今日通常译法改正之。——校勘者注。

〔3〕 "卡多佐"原文作"卡铎锁"，现据今日通常译法改正之。——校勘者注。

瑞士法律教育[*]

艾国藩[**]

第一，论总

瑞士位居欧洲中心，全境由山岳构成，湖山景色，秀丽绝伦，为全世界最古之共和国。西历一二九一年，由乌里[1]（Uri），施维茨[2]（Schwyz），及下瓦尔登[3]（Unterwalden）三邦联合组成。厥后领邦来归，迨一八四八年，有二十五邻邦之联合，号曰联邦共和国。瑞士宪法，即成于该年。至一八七四年修正人民赋有创制权及复决权。瑞士虽系蕞尔小邦，人种宗教言语庞杂，国内又缺乏原料，今日工业之进展，与教育之昌明，胥赖人力之奋斗战胜天然之环境耳。

第二，瑞士大学

瑞士计有二十五邦。分为三部，曰法兰西瑞士（共五邦），曰德意志瑞士（共十九邦），曰意大利瑞士（共一邦）。故其人民所用之文字，因各邦南北地位之不同，而有德法文之别，各大学教授所用之语言亦因之而异。如伯尔尼[4]邦为德意志瑞士，通用之言语为德文；日内瓦邦为法兰西瑞士，通用

　＊　本文原刊于《法学杂志（上海1931）》（第7卷）1934年第3期。

　＊＊　艾国藩，1928年毕业于东吴大学法学院（第11届），获法学学士学位。1931年毕业于东吴大学法学院（第14届），获法学硕士学位。担任东吴法学院法律学系教授，中国比较法学院教员。东吴大学法学院三十五年春所开课程教授日校法二下国公战时课程等。

　〔1〕"乌里"原文作"乌利"，现据今日通常译法改正。——校勘者注。

　〔2〕"施维茨"原文作"瑞华士"，现据今日通常译法改正。——校勘者注。

　〔3〕"下瓦尔登"原文作"翁特华尔登"，现据今日通常译法改正。——校勘者注。

　〔4〕"伯尔尼"原文作"白恩"，现据今日通常译法改正，下同。——校勘者注。

之言语为法文。惟瑞士初级及中等学校均规定学生必须读两国文字，而以其中之一为母国文字。瑞士共有七个大学，均设有法律系，其名如下：

1 巴塞尔[1]大学（The University of Basel），于一四六〇年成立，设有神法医文理五科。

2 伯尔尼大学（The University of Bern），于一八三六年成立，设有神法（包括商科）医文理师范新闻七科。

3 弗里堡[2]大学（The University of Fribourg），于一八八九年成立，设有神法文理医五科。

4 日内瓦大学（The University of Geneva），于一五五九年成立，设有文理经济社会法神医七科。

5 洛桑[3]大学（The University of Lausanne），于一五三七年成立，设有神法（包括商学院政治经济系领事系）医文理五科。

6 纽沙特尔[4]大学（The University of Neufchatel），于一八六六年成立，设有文理法神四课。

7 苏黎世[5]大学（The University of Zurich），于一八三三年成立，设有医法政治文理五科。

此七大学均由各邦设立。各邦有独立教育行政系统，惟联邦设有联邦教育委员会（Bundegschulrat），审查有关全国教育之重要事项。又各邦教育长官每年有定期集会，是为邦际之重要联络机关。

第三，学制

一、教授之阶级大致可分为五：

1 Professeur ordinaire 教授。

2 Professeur extraordinair 特别教授。

3 Professeur honoraire 名誉教授。

4 Privat Docent 随意讲师。

---

〔1〕 "巴塞尔"原文作"巴色"，现据今日通常译法改正。——校勘者注。

〔2〕 "弗里堡"原文作"飞利堡"，现据今日通常译法改正。——校勘者注。

〔3〕 "洛桑"原文作"罗森"，现据今日通常译法改正，下同。——校勘者注。

〔4〕 "纽沙特尔"原文作"牛峡特"，现据今日通常译法改正，下同。——校勘者注。

〔5〕 "苏黎世"原文作"楚立合"，现据今日通常译法改正。——校勘者注。

5 Lecteur 讲师。

6 Assistant 助教。

（1）教授大抵有一固定之讲座，其薪金优渥而稳，不受政治影响，地位清高，人民对之亦非常尊崇。联邦政府或最高法院遇有困难而不能解决之问题，恒征询于各大学法律教授，请其下一解释。复将征得的反正两面之理由为根据，再请第三教授决议。由此观之，大学教授之地位之尊崇不言可知。

（2）特别教授无固定之讲座，所任之课程，为其个人研究较有心得者而已。

（3）名誉教授完全为名誉性质，无到校授课之必要，不过一空头衔而已。

（4）随意讲师，凡欲毕身作教育事业而将来获一教授之位置者，非以此作为阶梯不可。各大学教授之讲座，有固定之数额，设无教授出缺，即无法另为安置也。故随意讲师，除教课外，必另兼他种业务，庶无两失之虞。学校方面对于随意讲师之待遇，亦无固定之薪水，其酬劳悉依学生选读彼所教之课程应缴之学费而定之。

（5）讲师系担任教授一部分〔1〕之工作。

（6）助教系教授在每班中选其优秀者为之辅佐耳。

二、学费：

入学费二十法郎（按一九三四年市价一点一零瑞士法郎约合中国银洋一元）。

每科每季之学费约在五法郎至七法郎之间。

毕业文凭费三百至四百法郎之间。

图书馆费每季五法郎。

保险费五法郎。

大学医院费五法郎。

三、入学手续：

A. 入学者须年在十八岁以上，但得教务长特许者，不在此限。其程度须曾在所进大学认可之中学古文科或实科毕业，并有文凭者。其他同等学力者，得入学与否？须由教务长定夺之。外国学生，须受入学试验。其最低限度应考之课程为拉丁文，德文或法文，及欧洲一大国之文学，世界史，政治史

---

〔1〕 "部分"原文作"部份"，现据今日通常用法改正，下同。——校勘者注。

（十九世纪初至欧战〔1〕），政治地理，论理学，心理学通论或哲学史通论（两者听学生自选）。

B. 学生缴费后由教务处给一上课证，持此证即可至课室呈请教授签证（vise）。

C. 凡年在十八岁以上而有志向学者，可选课缴费为旁听生，但不给学分文凭。

欧洲大陆国家中学颇重古文，论者多谓其地位与英美大学文科相同，中学毕业生有称之为学士者，瑞士中学亦然。故外国学子，欲入其法律科肄业，入学时有须预知其中学情形而对于古文科有相当之准备者。姑将其大略述之如左，以备入学之参考也。

瑞士中学名为 Gymnasium，均分为三科：

1 古文科（Classical section）。

2 实理科（Modern section）。

3 商业科（Commercial section）。

古文科中之拉丁文希腊文为强迫应读之课程，必须读毕，此科为将来做医师律师药剂师及中学教师之预备课。

实理科中有一种古文字及一种外国文字为强迫课程，此科为将来做工程师化学师之预备。

商业科毕业后，经一二年之实习，即能在商业界工作。或则毕业后即升入大学专预两科，或即作为中学教师之预备课。

由 Gymnasium 毕业者得有 Matur 或 Baccalaureat 文凭，而彼国又称此项之文凭为 B. A. 或 B. Sc. 此乃瑞士中学之大概也。

四、课程之研究：

学校之良窳，视其课程表配置之是否得法为断。故学校教务上有课程委员会之设置，其目的为研究课程是否适合学生之需要。兹将瑞士之大学课程择其一二比较之：如德意志瑞士的伯尔尼大学法律科，其范围较广，政治经济二系均包括在内。又法兰西瑞士的洛桑大学之法科更将医政配置在内。两校之课程有支配于晚间七时至八时者，是瑞士虽无独立的法律夜校，亦有因人而在晚间上课者。综观瑞士各大学之课程，伯尔尼大学之法律课程似较多

---

〔1〕 "欧战"指第一次世界大战，由于主要战场在欧洲，故又常称为"欧战"。——校勘者注。

而更完备。

又其于比较法课程之配量，均采取邻近国家之法律而比较之：如伯尔尼大学在德意志瑞士部内，其比较法则置德国民法；而洛桑大学因在法兰西瑞士部，则置法国民法等。可见其比较之读法，以取其性质相通者而研究之，庶几其于学问获有良好之效果也。

第四，考试

法科考试，德意志瑞士与法兰西瑞士亦各不相同，请约略言之。

一、学士考试：

A. 在德意志瑞士之大学法科，其制度与德国相仿。学生于缴费后取得上课证，呈验于所选课程之教授，请其签证于其上，即可到课室听讲。但到校上课（attendance），非强迫性，来否悉听学生之便。且无期间之季考，学年亦无一定之标准，毕业以修完若干科为止。但既修完其需要科目后，即可参加毕业考试，其范围包括以往所选之科目。考试分口试笔试两种：口试由各教授合问之，并由政府派员监试。笔试由教授命将选读课程做一报告。即根据此两重考试，以定舍取。

B. 法兰西瑞士大学学生取得上课证后，应到校听讲。且有期间之季考与毕业考，其制度与法国大学法科相似。

二、博士考试：

按瑞士学制，应将所做论文提出，由教授保荐，经过评议而定舍取。但于修完科目时，应先声明为参加学士考试抑博士考试。

三、律师考试：

在瑞士经考试而取得律师资格为最荣誉之事。其考试之范围甚广，举凡瑞士之法律均有考题。参加考试者，是否法律学校毕业，并非为必要之资格。凡自信对于法律有研究而胜任者，均得参加考试。

四、学术竞赛会（Concours Universitaires）：

瑞士大学有设置学术竞赛会者，其目的为研究一专门问题，而给竞赛者之相当奖学金。与赛者仍名为学生。题目由教务会议选定之。

竞赛期限为一年，奖学金最高为三百法郎。兹将纽沙特尔大学一九三零年及一九三四年之法律竞赛题目录之如下：

1. Les negotia claudicantia du droit civil federal.

2. Droits de la femme sur ses apports dans l'union des biens.

3. La prevention et la repression en droit penal moderne.

4. La police politique de la confederation et la ministere public federal.

5. La protection legale du travail dans le commerce et dans la petite industrie et les projets d'une loi federale sur les arts et les métiers.

6. Examen des mesures de guerre prises par la Suisses（ou par un autre Etat）au point de vue des trios principos politiques：individualisme，protectionisme et socialisme.

7. L' usage de la force en droit civil.

8. Etude des mesures prescrites par le code civil Suisse（art 554 a 559）pour assurer la devolution des successions.

9. La developpement des competences federales depuis 1848.

第五，日内瓦国际学术研究院

瑞士大学法科之情形已如上所述。兹因国内关心国际法者日多，更将新立之国际学术研究院略为介绍，聊备参考。

瑞士向有世界乐园之称，而日内瓦尤为国际之中心，国际联盟与劳工局悉设其间。当九月间有国际大会，五六月有劳工大会。各国人才荟萃于此，空气带有国际性。因是于一九二七年适应国际之需要而产生此学院，命名为国际学术研究院（Institut Universitaire de Hautes Etudes Internationales），由罗斯毕门基金（Laura Spelmann Foundation）资助而成。现由煤油大王之基金与日内瓦邦及瑞士联邦政府供给。行政虽不统属于日内瓦大学，惟互通生气，如法律系经济社会系之图书馆，院中之研究生均可通用。该院之设，其目的为研究一切关于国际性的问题，中间分为四部：一，政治的；二，法律的；三，经济的；四，社会的。彼此琢磨砥砺，以谋国家间相互之谅解。教授悉为世界知名之士。有时请国际联盟之人员到校演讲讨论，校中英法语文并用。

凡在与日内瓦大学相等之大学毕业，而对于政治经济及现代史地有专门之研究者，均可请求入学。如获有硕士学位者，则更为合格。名誉学位亦得认可。其未曾卒业于大学而对于国际学科有职务上之经验者，须经校董会之特许，方得入学。其无资格者，只可作为旁听生。

该院之学年为一年，共分两季。卒业后给有文凭，其条件除考试外须作论文一篇。学生在院毕业，非但可得院中所给之文凭，如作论文一册，经日内瓦大学法政科及国际学院之联合委员会通过时，得给日内瓦大学博士学位。

课程（一九三零年至一九三一年）

1. 专任教授之演讲及讨论：

    A. 政治问题。

    B. 外交历史。

    C. 国际公法。

    D. 经济问题。

2. 国际组织：本课由国际联盟及劳工局公务员担任之。

3. 特别问题：其细目另定之。

现在院中设有奖学金，每名五千瑞士法郎。凡在院已读完一年者，均得向院中请求之。

伯尔尼大学法学院春季课程表

	星期一	星期二	星期三	星期四	星期五	星期六
七时至八时	伯尔尼邦公证法 普通国事法规	伯尔尼邦公证法 普通国事法规	伯尔尼邦公证法 普通国事法规	普通国事法		实业会计学
八时至九时	瑞士民法（债编）国际法（如红十字会法规等）实习	瑞士民法（继承法）国际法	保险法 国际法 斐洲经济地理	瑞士民法（继承法）国际法	瑞士民法（债）宗教法 民事诉讼法	国事法实习 实业会计学
九时至十时	瑞士债编（种类）德国与瑞士私法 实习	瑞士民法（继承法）德国与瑞士私法	保险法 实习	德国与瑞士私法 瑞士私法	德国与瑞士私法 瑞士民法（债）宗教法 民事诉讼法	联邦法与铁石邦法 国事法实习

	星期一	星期二	星期三	星期四	星期五	星期六
十时至十一时	瑞士商法 刑法分则	刑法分则 罗马法（债）	联邦刑法 罗马法（债）实习	罗马法（债）瑞士商法 刑法（分则）	罗马法（债）瑞士商法 伯尔尼邦刑事诉讼法	罗马法实习 联邦法与铁石邦法 宗教法 民事诉讼法
十一时至十二时	罗马法制史 伯尔尼邦刑事诉讼法	伯尔尼邦刑事诉讼法 市场之经济组织 罗马法制史	联邦刑法 罗马法制史 市场之经济组织	罗马私法 伯尔尼邦刑事诉讼法 市场之经济组织	罗马私法 市场之经济组织	罗马法实习
十四时至十五时	法制文件考据研究 瑞士意外强迫保险		民事诉讼法实习	刑法与刑诉法实习 企业管理之学习	刑法与刑诉法实习 法医精神病学（十四时至十五时半）	
十五时至十六时	法制文件考据研究 国民经济原理	国民经济原理	民事诉讼法实习 国民经济原理	国民经济原理 企业管理之实习	奥国经济家 Dr. Boem Bawerk 之价值学说	
十六时至十七时	瑞士民事强制执行法	瑞士民事强制执行法	瑞士民事强制执行法	伯尔尼邦刑事诉讼法 瑞士民事强制执行法	瑞士民法实习 联邦政府与邦联政府 关税政策及关税经济之原理	

	星期一	星期二	星期三	星期四	星期五	星期六
十七时至十八时	德国法制探源研究 关税法研究（十七时半至十九时） 国民经济政策 社会主义史 国民经济思想史	刑法实习	伯尔尼邦民诉法（实习） 国民经济政策 法医学（民，刑，保险）	伯尔尼邦刑事诉讼法 联邦刑法 瑞士民事强制执行法 经济新闻之研究 会计制度及会计学	瑞士民法实习 联邦政府与邦联政府 关税政策及关税 经济之原理	
十八时至十九时	德国法制探源研究 法学入门（十八时一刻至十九时一刻） 社会主义史 国民经济原理	刑法实习 立法问题（十八时至十九时半） 邮政法 信托之研究（十八时至十九时半）	行政法实习（十八时至十九时半） 瑞士人民经济之组织 法律与经济（十八时至十九时半） 社会主义问题（布尔扎维主义） 贸易之观察	经济新闻之研究 经济与统计之关系	铁石邦法院组织法 法律哲学（十八时至十九时半） 币制问题（讨论瑞士情形）	

除此表中所列之课程外，每周尚有左列未定日期之课程：

伯尔尼邦民法实习　一小时

瑞士民法实习　二小时

强制保险实习　一小时

瑞士与各国之引渡条约　一小时

国际联盟重要问题 一小时

经济史通论 一小时

瑞士实业史 一小时

新瑞士经济史

秋季之课程除于春季未修完者仍继续外，有新添左列之各门：

票据法 星期一四自十时至十一时

商业实习 星期一自十七时至十九时

公证法实习 一小时

损害赔偿保险法 二小时

铁石邦民法 星期六自九时至十一时

铁石邦刑法 星期五自十七时至十八时

铁石邦法统组织法 星期五自十八时至十九时

联邦刑法及其施行 一小时

犯罪学 一小时

法理学 星期二至四自八时至九时

联邦国事法 星期一至五自十五时至十六时

法律哲学讨论

瑞士局外中立之研究 星期二自十五时至十六时

伯尔尼邦行政法 星期一二四自十一时至十二时，星期三自十时至十二时

破产法实习 星期四自十六时至十八时

民诉之简易执行部分 星期五自八时至十时

国际运输法规 星期二四自十八时至十九时

统计史（理论及技术） 星期六自十时至十二时

社会学之研究 星期二自十八时至十九时半

公用事业之经济观 星期五自十八时至十九时半

瑞士邮政关税史 一小时

瑞士上古及中古之经济史 二小时

马克思之社会主义研究 星期四自十七时至十九时

公会法规 星期二五自十五时至十六时

国外汇兑 （理论及技术）一小时

商业技术　一小时

中古法制史之研究　二小时

洛桑大学法学院秋季课程表

	星期四	星期五	星期六	星期一	星期二	星期三
八至九	宪法通论 瑞士民法	福多省 宪法 瑞士民法	联邦宪法	古代法 制史	瑞士民法债编（法律行为学说，债之通论，设定效力，消灭债之总类，债权之让与）	现代法制史通论
九至十	福多省 宪法 外交领事 法规 优帝判例 之解释	联邦宪法 罗马法 实习	宪法通论 刑事诉讼法（侦查，裁判）	福多省 宪法	法国民事 诉讼法 瑞士民法 债（同上） 德国民法 （总论）	现代法制史通论
十至十一	刑法 民法债编 （同星期二 自八至十 时）	国际公法 法国民法 （亲属法） 罗马法 练习 德国民法 （总论）	福多省民 事诉讼法	福多省行 政法德国 民法（总 论）	法国民法 （债编） 罗马法 （总论） 瑞士民法 德国民法 （分论）	商法（公司总论，无限公司，两合公司）
十一至 十二	刑法 德国民法 （分论）	刑法 法国民法 （亲属法） 德国民法 （分论）	国际公法 福多省民 事诉讼法	罗马法 德国民法 （分论）	法国民法 （债编） 罗马法 （总论） 瑞士民法	商法（同上） 德国民法 （分论）

续表

	星期四	星期五	星期六	星期一	星期二	星期三
十四至十五	罗马法（各论，物权）社会学通论	社会立法			财政学 科学警察之实验	政治经济
十五至十六	罗马法（各论，物权）社会学通论	统计学		保险法（保险契约，人寿险意外责任保险）政治经济	政治经济 科学警察之实验	行政法通论（行政机关，公务员，国家与公务员之责任）统计学
十六至十七	法医精神病实验			瑞士民法及民诉法实习（十六点三十分起）科学警察学（伪造文书货币之侦查与累犯之识别）	瑞士民法（继承法）社会政治经济实习 科学警察（体格检查等）	行政法通论（行政机关，公务员，国家与公务员之责任）法医学（总论，伤害及保险）
十七至十八	财政学			瑞士民法及民诉实习 科学警察学（体格检查等）政治经济	瑞士民法社会政治经济实习政治经济	瑞士民法（继承法）德国民法实习财政学

除此表中所列之课程外，每周尚有左列未定日期之课程：

国际私法　两小时

民法比较　两小时

法学入门　两小时

秋季之课程除于春季未修完者仍继续外，有新添左列之各门：

外交领事法规　星期四自九时至十时

债务执行法及破产法　星期六自十时至十二时

洛桑大学法学院内另分三支院：社会政治学院，高等商学院，及科学警察学院。社会政治学院又分四系：为社会系，政治系，儿童教育系，领事系。兹将三院之课程录之于左，以供参考：

社会政治学院：

儿童教育之历史　星期一自十八时至十九时

儿童教育之实习　星期二自二十时至二十一时

教授法通论　星期五自十六时至十七时

儿童教育及实用心理学之讨论　星期五自十七时至十八时

教授中学之实习　星期一自十七时至十八时

心理学通论　星期四自十七时至十八时

心理学之实习　星期四自十六时至十七时

儿童心理学　星期二三自十七时至十八时

十九世纪社会思想研究　星期四自十七时至十八时

除此数种特别课程外，有一部分之课程，系借用法学院文学院及高等商学院之课程。

高等商学院：

商业经济　星期一自九时至十时，星期四自十一时至十二时，星期六自八时至十时；实习星期五自十六时至十八时

商业技术　星期三四五自八时至十时

初级商业技术之实习　星期二自十时至十二时

高级商业技术之实习　星期一自十时至十二时

法文商业函牍　星期一自十六时至十八时

会计学之技术　星期一自八时至九时，星期二自七时至八时

高级商业学入门　星期二自十时至十二时，星期四自十时至十二时

商业教授法　星期三自十时至十一时

国家会计法　星期五自十时至十二时

经济地理　星期四自十四时至十六时

经济地理实习　星期一自十六时至十八时

财政算术　星期二自十四时至十五时，星期四自十六时至十八时

估计学　星期二自十五时至十七时

财政学算术实习　星期三自十时至十一时

保险学之补充　星期一自八时至十时

保险学　星期一自十一时至十二时

保险技术　星期三自十五时至十七时

保险技术之实习　星期一自十八时至十九时

商业史　一小时

德文商业函牍　星期二自十六时至十八时

除此数种特别课程外，有一部分之课程，系借用法学院文学院理学院之课程。

借用法学院之课程：

政治经济学　统计学　财政学　社会立法　法学入门　行政法　瑞士民法（债编）　商法　债务执行法及破产法　法国民诉法　宪法　保险契约

借用文学院之课程：

法文　德文　英文　意大利文

借用理学院之课程：

卫生学　工业卫生　微积分　解析几何及普通算术

科学警察学院

科学警察（伪造文书货币之侦查，累犯之识别）　星期一自十六时至十七时

科学警察（司法甄别，体格检查，字迹及照片之侦查）　星期一自十七时至十八时，星期二自十六时至十七时

科学警察实习　星期二自十四时至十六时

摄影之理论　星期二自十七时至十八时

摄影之实习　星期三自十四时至十七时

比利时的法律教育*

凌其翰**

一

比利时夹在德法两大国之间，成为列强争逐的甬道。欧战〔1〕以前比为中立国家，但战后比就取消中立的地位。比利时处于这种地理的和政治的环境，就不得不励精图治，追踪大国之后。但立国之道，不外乎两端：一教育，二国防；而法律教育尤为主持正义，维持秩序的基础。比利时既遭遇这种特殊的环境，对于法律教育的建树，也应富有特殊的表现。

还记得一八五六年时，正当比利时立国后的二十五年，比政府特派贝尔纳特〔2〕（Beernaert）（后为比首相）访问德法两国，专门考察这两大国的法律教育，俾资借镜。贝尔纳特归来报告，极力称扬德国的法律教育而左抑法国的法律教育，这一个报告的结论对于比国的法律教育是很有潜势力的。这一个报告的结论颇有一引的价值，兹录于后：

---

* 本文原刊于《法学杂志（上海1931）》（第7卷）1934年第2期。

** 凌其翰（1906～1992年），法学家，上海市人。震旦大学肄业，1927年赴比利时留学，1929年获卢汶大学政治学院政治外交系硕士学位，次年获布鲁塞尔大学法学院海事立法硕士学位，1931年获布鲁塞尔大学法学博士学位，同年回国。后任上海《申报》国际评论员兼东吴大学法学院教授，以及东吴大学在渝复校后教授。国民党政府外交部国际司科长、专门委员、礼宾司司长，驻法国大使馆公使。1949年10月参加驻法国大使馆部分人员通电起义，1950年回国。历任外交部专门委员、中国人民外交学会理事，外交部法律顾问，外交学院兼职教授，欧美同学会名誉副会长，民革中央常委会顾问、中央监委常委。1956年加入中国共产党。是第二至四届全国政协委员、第五至七届全国政协常委。主编《国际条约集》（1648～1971年）。

〔1〕 "欧战"指第一次世界大战，由于主要战场在欧洲，故又常称为"欧战"。——校勘者注。

〔2〕 "贝尔纳特"原文作"培尔那"，现据今日通常译法改正，下同。——校勘者注。

"法国的法律教育仅囿于现行的，条文的和呆板的法律之中，德国则不然，在德国，法律哲学和法制史占着很重要的地位。法国对于条文的疏释，非常擅长，其解释[1]法律条文有条有理，最为清晰，然而法科的全部教育仅止于此。德国则不然，德国所注意的是法律的科学，大学教授超然立在法律条文的上面，居高临下，对法律作客观而深刻的估量，判断，穷溯其起源，紧随其发展，揭示其进步，在大学中所费的光阴皆在法律的理论中，深信行易知难，苟于理论一通，则实际迎刃而解了。故德国的科学精神深入法律的研究中，使法律的研究顿现活泼生动的气象，而法国对于法律的研究竟不知科学为何物"。诚然，今日法国的法律教育，其精神已不能与贝尔纳特时代同日而语；然而贝尔纳特的报告，字里行间，对于德国，法律教育则颂扬备至，对于法国的法律教育则充满着冷酷的批评至少贝尔纳特个人对于德国的法律教育是非常的钦佩。

二

贝尔纳特是比国著名的政治家，这一报告的结论，对于比国法律教育自有伟大的潜势力。按比国的教育制度向取自由主义而非干涉主义，教育自由载于皇皇宪章（见比宪第十七条），私人或团体均可设立学校，但国家制有教育法令，规定了一个最低限度的课程表，规定了统一的升学标准。凡要得到国家学位的学生，必须一致受这教育法令的拘束。此外，私立学校尽可随意发挥它的长处，国家绝不加以干涉。这是比国教育的一般精神。现在我们当从比国的高等教育法律里揣摩比国法律教育的精神。比国的高等教育法最初于一八三五年九月二十七日颁布，曾经好几次的修订。

第一次修订　一八四九年七月十五日

第二次修订　一八九零年四月十日

第三次修订　一九二九年五月二十一日

依据比国高等教育法第二十二条的规定，无论国立，或私立大学，至少均须有四学院的设备。

---

〔1〕"解释"原文作"释解"，现据今日通常用法改正，下同。——校勘者注。

一、文哲学院

二、数理学院

三、法律学院

四、医学院

按比国有四大学，两个是国立的，两个是私立的：

国立大学：$\begin{cases} 根特 [1] 大学 Universite de Gand \\ 列日 [2] 大学 Universite de Liege \end{cases}$

私立大学：$\begin{cases} 布鲁塞尔 [3] 大学 Universite libre de Bruxelles \\ 鲁汶 [4] 大学 Universite Catholicpe de Louvain \end{cases}$

这四大学，都有法律学院的设置，这完全是根据高等教育法的规定的。比国的高等教育法规定了一个法律教育的标准课程如下：

一、法学通论

二、罗马法

三、法律哲学

四、罗马法学说及判例

五、国内公法与国际公法

六、行政法

七、民法史要及总论

八、民法

九、刑法及军法

十、民事诉讼法法院组织法

十一、商法

十二、税法

以上课程须分三年排列，但根据比国高等教育法的规定，法律学院共分五年，两年为预科，三年为正科，在预科的两年中几乎没有法律课程可言，而且预科也不附设于法律学院，其实就是文哲学院本身，换言之，凡中学毕业者，须先入文哲学院修读两年，然后可升入法律学院正科。

---

〔1〕 "根特"原文作"岗城"，现据今日通常译法改正。——校勘者注。

〔2〕 "列日"原文作"里士"，现据今日通常译法改正。——校勘者注。

〔3〕 "布鲁塞尔"原文作"比京"，现据今日通常译法改正，下同。——校勘者注。

〔4〕 "鲁汶"原文作"鲁文"，现据今日通常译法改正，下同。——校勘者注。

凡在文哲学院的法律学生须受下列课程的考试：

一、拉丁翻译及拉丁文学讲解；

二、法国文学或佛兰梦文学史，近代文学概论；

三、伦理学及逻辑学；

四、心理学包括人体生理及解剖学；

五、自然法；

六、古代，中世，近代政治史；

七、比国政治史；

八、现代统史；

九、罗马政治制度。

以上课程须分两年修读两次考试考试及格则授以 Candidat en philosophie et lettres 之学位，然后可以升入法律学院，正式修读法律课程。

得到了 Candidat en philosophie et lettres 学位以后，就可正式进法律学院，专门修读法律课程，其课程已如上述，兹缕述如后。

法学博士候补班 Candidature en Droit 一年一次，考试课程列后：

一、法学通论

二、民法沿革史

三、罗马法

四、公法

五、民法概论

法学博士班 Doctorat en Droit 两年两次或三次，考试课程列后：

第一次博士试：

一、罗马法学说及判例研究

二、民法亲属编

三、民法债权总则编

四、经济法

五、国际公法

六、行政法

七、刑法及刑事诉讼法

第二次博士试（可分两次考试）：

一、民法物权编

二、民法债权分则编

三、民法继承编

四、民法婚约编

五、商法

六、法院组织法

七、民事诉讼法

八、税法

九、国际私法

法学博士候补班考试及格，可以升入法学博士班，修读课程两年每年经过考试一次，惟第二年，即博士班最高级课程很繁重，可分两次考试。经过这两次考试及格后，始授以法学博士的学位。

三

我们从上面所述法律课程的分配，就可以看出比国法律教育的编制，和法国的法律教育大不相同。

一、法国大学分硕士班与博士班，中学毕业即可升入硕士班，肄业三年，即可得法学硕士学位，而比国大学，则不然，中学毕业后，必须先入文哲学院，修读文哲课程两年，然后可以正式修读法律课程。

二、法国法学硕士班的课程，与比国法学博士班的课程几乎完全相等，至法学博士班尚须分私法，公法，经济等各系，而比国法学博士班始终混合编制，绝不分系。

三、法国法学博士班的课程多属专门问题，经过口试以后，尚须做论文，比国法学博士班的课程多属基本知识，仅凭口试即可毕业。

假使我们拿比国的法律教育和德国的法律教育比较一下，很有些相像的地方。

一、比国大学视法律哲学或自然法当做基本的课程，在文哲学院两年中即须修读，而德国大学法科初年级也以法律哲学做基本课程；

二、比国大学每年举行考试一次，每次试验，以口试为主体，并无笔试，若有一门不及格，则全部不及格，必须候期重试，德国亦然。但在法国，考试不及格的课程尽有补考的机会，考试及格的课程，不必再经重试。

从上面种种比较看来，比国的法律教育，很有些日耳曼的色彩。然其课程的编制也很有商酌的余地；

（一）文哲学院的课程与法律学院的课程很难衔接，而且文哲课程太轻松法律课程的排列也有头重脚轻之弊，前两年太空闲，后一年太繁重。

（二）法律课程的内容已嫌陈旧，已不足应付现时代的新需要，譬如海商法，劳工法等均付阙如，这样简陋的课程，实在和时代精神不符。

比国的法律教育家看到这种弊病，深知有改良的必要，于是才有一九二九年五月二十一日颁布的新法令。在这新法令里有两点是改革的要点。

一、法学通论，民法沿革史，罗马法三门功课以前须在法律学院博士候补班（即三年级）修读者，现在文哲学院（即一二年级）即须修读完毕，这样可使一二年级（即文哲学院）和后三年（即法律学院）的课程完全衔接，而文哲课程也不再觉得轻松了。

二、法律学院后三年的课程，因为三门功课都排在一二年级后，就可重行分配，一方面避去头重脚轻的毛病，他方面可以补充以前没有的功课，如海商法，劳工法等。并且为充实课程起见，向来无必修和选修的区别的现在也有选修课程的排列，如外交史，商业政策，财政学等选修课。

这改订的法律教育制度自一九二九年秋季学期开始，正在逐年施行，成效若何，在没有得到正确的调查报告以前，尚难臆测，但课程的编制至少较以前合理化，时代化得多。

四

比国法律教育的特点在不分系的混合编制，绝不像吾国法学院有法律系，政治系，经济系等区别。从这方面看来，比国制度很有些和东吴法律学院的编制相仿。比国大学的法律学院全副精神都注在私法的上面，从罗马法起到全部现行民法止，这就是法律学院课程的全部骨骼。比国大学的法律学院既偏重私法技术，对于政治，社会，经济等自多疏忽，于是各大学都有政治学院的附设，内分政治系，经济系，社会系，外交系等，其课程的编制，就各大学本身的便利，绝无法令的拘束，所授学位也只为大学学位而非国家学位。此外，各大学的法律学院往往各就其所长，附设种种特殊的专科，如布鲁塞尔大学有海商法专科，鲁汶大学有犯罪学专科，此项专科内容由各大学自由设置，也可颁授大学学位。这些政治学院及专科学院的宗旨在补充法律学院的不足，如由法律学院的学生兼读最为相宜。这种情形也可以算是比国法律教育的特点。

二二、十一、十、[1]上海

---

[1] 此文凌先生用民国纪年标注的写作时间，换算成公历即1933年11月10日。

美国之法律教育[*]

卢　峻

　　美国俄亥俄州[1]马萧庭长说："现代教育界中，对于教育的真实功用，尚有争议[2]，过半[3]主张大学教育的着眼，并非纯在文化之陶养，而在职业之预备；其重心不在谋思想的启发，而在行为上效力之增进；造就特殊人才，非灌输[4]一般的知识；但尚有少数人以为大学教育，当注重文化及智力之递进，其特点即是训练学生有完美之思想能力；盖实用知识，当于经验中求之，这二种对峙的理论，都能适用于各种专门教育之上；然法律教育，当取中庸之道，不能偏执一方也。"马氏之言，足以代表美国办法律教育者一般的宗旨，再视美国哈佛大学法学院的教育目的，第一预备学生在施行英美法的区域中实际上能执行法律职业，如法官和律师等。又与此目的相连的，尚有二种目的：即训练法律教授及研究人类法律关系之调剂问题，这一点可是与日本和我国的情形不同，我国法律学生除预备做律师及法官之外，尚有人进入文官阶级，在美国固然在议会中学律的人也有，但是比较执行律务的人数却是少得多了。

　　据美国一九三三年调查所得，美国各大学之设有法律学院者，共有一百八十余所，散布各州，尤以加利福尼亚州[5]及麻州为最多；其中在历史上最

---

　　[*]　本文原刊于《法学杂志（上海1931）》（第7卷）1934年第3期，第68~76页。

　　〔1〕"俄亥俄州"原文作"沃海渥州"，现据今日通常用法改正。——校勘者注。

　　〔2〕"争议"原文作"争疑"，现据今日通常用法改正。——校勘者注。

　　〔3〕"过半"原文作"泰半"，现据今日通常用法改正。——校勘者注。

　　〔4〕"灌输"原文作"贯输"，现据今日通常用法改正，下同。——校勘者注。

　　〔5〕"加利福尼亚州"原文作"加利福厄州"，现据今日通常用法改正。——校勘者注。

久远、最负声誉的大都在美国之东部及中部，这是因为美国的文化，最初是由欧洲移至东部，由东部而至中部而西部；最久的首推哈佛大学法学院，创设于一八一七年，其次为耶鲁大学及哥伦比亚大学的法科；近年文化西移，在西方诸洲，也有几个完美的法律学校，例如斯坦福大学〔1〕的法科，也很有声誉。

美国法律学院虽多，但加入法律学校联合会的不过八十余校。凡入联合会的学校，其程度和编制大略相同，入学资格，至少须已受三年以上大学教育。近年来程度尤见提高，如哈佛，耶鲁，必须已得了学士学位方有入学资格。其用意便是法律教育，与其他科目，不论历史、政治、经济，都有密切关系，非把普通的知识做为根底，引为背景〔2〕，一则不能明了法律之所以然，二则毕业之后，恐怕不够应用，容易感到办事不便之痛苦。在这样复杂的社会里，做律师的虽不能懂得一切，但至少能够适应环境。这种入学资格的限制，在我国惟有东吴法律学院一校。除此之外，其入学之手续，如耶鲁及哥伦比亚，尚须经过教务长的能力试验 Capacity test，即测验入学者是否有〔3〕学习法律的兴趣〔4〕及才力；至于哈佛法学院除有正式大学毕业证书及转学成绩书外，就无其他的条件了。这种放任的入学办法，也有一种好处，就是使无论何人都有适尝学律的机会，同时也对于学年考试，非常严格，除第一年外，每年每班规定一定的学额，用优胜劣汰〔5〕，自然淘汰的原则，使学生的人数逐级减少；所以每年考入一年级者，总有六七百人之多，而到二年级，则只有三四百人，到毕业的一年往往最多不过三百人。上面所述的能力考试，只限于读法学士学位的而言。凡进入任何学校的研究院，大概无须经过此种考试，除几个有名大学须要法学士，文学士二个衔头外，只须有法学士的学位和入法科前已有三年的大学教育便够了。

一般的美国法律学校，都设有学士班及研究院二种；学士班的目的，是灌输一种完全的和科学的法律教育，预备将来做律师或法官等。研究院的目

---

〔1〕 "斯坦福大学"原文作"斯但福大学"，现据今日通常用法改正。——校勘者注。

〔2〕 "背景"原文作"背境"，现据今日通常用法改正。——校勘者注。

〔3〕 "是否有"原文作"有否"，现据今日通常用法改正。——校勘者注。

〔4〕 "兴趣"原文作"兴味"，现据今日通常用法改正。——校勘者注。

〔5〕 "劣汰"原文作"劣败"，现据今日通常用法改正。——校勘者注。

的，在奖励一般法律原理、原则之研求，纯粹的研究法律之性质及效用，使合于现代的人生，课程的编制因而亦异。美国法律学校的课程各校均大同小异〔1〕，大概包括英美法系之普通法，衡平法，美国典律，国际公法，国际私法，古代及近代罗马法，及法理学等。

学士班采取三年制，所有课目，比较切于实用；第一年级，都是基本的功课，如契约，侵权行为及刑法等。但是法学通论一科，可说是很少的编入，因为推定法律学生，在读法律之前，已经读过了。第二、第三学年选科较多，在第三学年成绩优良者，如哈佛、耶鲁，经教务长之许可，也可选读研究院的课程。现在社会情形愈复杂，各种法律的分类也愈繁，除少数学校，繁列课程，俾学生有自由选择之机会外，美国法律学校的趋势，不在学生课程本身上探讨，而在教导学生对于法律的认识，和解决问题之方法。哈佛法学院之庞德教务长说："法律教育并非单纯的灌输法律上知识，因为法律随时随地而有变更；即以罗马法而言，虽较为确定，但百年前的罗马法教本与现代比较已觉不适用；所以美国的法律教育，并非灌输一个〔2〕理想律师所应有的一切法律知识，此为事实所不许；所要的，乃是造就一个机智〔3〕的律师。"关于这点，我们把哈佛课程之编制，来做一个例子；该校第一年的功课，不过五门，不任学生选择，每周仅十二小时，但学生于此十二小时中已觉不胜其忙，所以数年来各种新颖科目，如无线电法，海空法，法律实习等，哈佛始终没有添设；该校国际私法教授卞尔说："我们学校当然也灌输现实的法律知识，同时我们觉得启发学生的理智〔4〕，和训练他们思想科学化的习惯，比较专攻现实的法律知识还重要。"

教授法律的方法，自哈佛法学院雷迭教授（Langdell）发明成例方法，著名的几个法学院，都用成例教本内的成案为基础，加以教授和学生的自由讨论，以阐明法律之所在。其研究方法，关于某一种法律点，往往搜集有关系的法律材料，和其他社会科学中之非法律事实的材料，用演绎，归纳，和比较方法反复研究；使学生不但得着法律上之原理、原则，并且明了与法律有

---

〔1〕 "大同小异"原文作"大同小翼"，现据今日通常用法改正。——校勘者注。
〔2〕 "一个"原文作"一"，现据今日通常用法改正，下同。——校勘者注。
〔3〕 "机智"原文作"机知"，现据今日通常用法改正。——校勘者注。
〔4〕 "理智"原文作"理知"，现据今日通常用法改正。——校勘者注。

关系之经济、政治和其他社会问题。

这种研究方法，使学生的工作加繁，课室外的工作比较课室内的工作还要紧；因为在短促的教课时间要搜集一切的材料，事实上是办不到的，所以教授不过处于指导者之地位，督促学生自动的去研究，在下次上课的时候，摘录紧要几点，作一个具体的讨论罢了；所以往往一点钟的教授时间，学生须要三点钟的预备工作。

前面已经讲过，美国法律学校，除了学士班修毕三年以后，即授予[1]法学士学位外，皆附设研究院。但据美国人的观念，以获得法学士为已足，其故有二：一、他们相信实用，既得了法学士学位，就可应律师试验，研究院所授予的学位，不过是点缀品罢了。二、一般法律学校规定得有任何学士学位者方有入学资格，所以获得法学士学位者，往往以为其地位和文理学博士相埒自引为荣；是故读法学士者人数很多，而入研究院者则甚少。美国统计一百八十余法律学校中，读学士班的学生人数，少则数百名，多则千余名，但从未闻研究院的学生超过一百的名额。美国人于对法律研究院的观念既如此，则研究院的目的，根本也就不同；学士班为律师法官而设，研究院乃为从事法律教育者及对于法律有特殊研究兴趣者而设。其入学资格，往往因各校研究院的学位制度不同而殊，通常的至少已得有法学士学位，方可入学，其中如哈佛、耶鲁、哥伦比亚、密西根及西北大学的法学院，必须获有美国法律学校联合会的学校法学士，或外国著名大学法科经认可者方有入学资格。

研究院中有并设硕士班及博士班者，有单纯设博士班或硕士班者，各因编制不同，其程度不可概论。属于第一种的，有哈佛，哥伦比亚，西北，密西根等法学院。其间亦各有互异；哈佛研究院中，欲读法学硕士学位者，须具三年以上大学程度，并得有法学士学位，经学校当局认可后，在学校修满五科，及格则授予学位。凡已由哈佛获得法学硕士学位，或曾任三年以上法科教职，且有相当著作，经学校认为有研究法律资格者，在学校修满一年以上，经过一次口试，二次笔试，成绩特优，并论文有心得者，得授予法理学博士学位 Doctor of Juridical Science。哥伦比亚的研究院，则硕士班与博士 Juris Doctor 的程度，可说完全相同，不过在入学的当时，由学生自由选定，大概得了法学士学位，再读一年，便可完成。但一般普通的法学院，情形却又不

---

〔1〕 "授予"原文作"授与"，现据今日通常用法改正，下同。——校勘者注。

同，他们所授予的法学博士学位，只等于哈佛、耶鲁的法学士学位；得法学士学位者，可读法学硕士学位，得法学博士学位者，可读法理学博士学位。其他如耶鲁研究院中有法学硕士班，法理学博士班，及民法学博士班（Doctor of Civil Law），授予法学硕士及法理学博士学位的要件，大约与哈佛法学院相仿佛，但读法理学博士，无须经过口试，只须在学校修满一年学程，到第二年年终，完成论文，就可得法理学博士学位。民法学博士学位，可说是耶鲁的独创，为欲获得这个学位，至少须修业二年以上，对于民法有特殊的心得和贡献方可。所以往往数年授予一次，中国人获得此学位者，惟王宠惠一人而已。再如加利福尼亚大学法科的研究院中，只授予法学博士学位，本薛凡尼亚大学法学院，只授予法学硕士学位。总之美国各大学法学研究院中，所授学位名称虽同，而其程度差殊，未可概论。其中学生，除少数外籍外，大都是国内范围较小的各法学院教授，他们往往利用闲暇的机会，到东方的几个著名法学院自修一二年。但是近数年来，美国法学界，鉴于法科学生注重于实用科目，往往能明了几条法律原则，即入世应用；而对于法理切实的研究，绝少注意，所以各学校研究院多设奖励金，其数目数百至二三千美金不等，像哈佛的学校奖金，和耶鲁的施德利奖金，每年各有十余个，哥伦比亚的"教职员奖金"，有三十余个之多，不论国内外人，均得享受，我国人之入美国法学研究院的，以上海东吴法律学院毕业生为最多，自民国七年迄今，自美国获有研究院学位者不下五十余人，盖东吴法律学院课程之编制以及程度等等，与美国的著名法科，不相上下，是以我国人一入彼邦，自能适应裕如，无感困难也。

研究院既以自动研究，务求心得为目的：则其教授方法，自亦不同。大都不采教室内之演讲制，也不用特定的教本，因其人数不多，所以设教室讨论班（Seminary）。每一课目，于上课之前，由教授指定，特定疑题，分发各生，使学生参阅群书，研究结果，作一个简明报告，于上课时逐一报告讨论，如有未善之处，随即改进，俾收事半功倍之效。

美国法律教育，足为我国借鉴〔1〕者，除上述的状况外，要算是他们的教授设备和校外的工作了。各法律学院的教授，几乎都是专任，尤其是东部有名的各学院教授，他们都以教书为终身职业，对于所授课目，均有特殊的贡献，学校当局也想种种方法，奖励教授，使各安于位，专心于教。至于设

---

〔1〕 "借鉴"原文作"借镜"，现据今日通常用法改正。——校勘者注。

备，法律学校所最重要的，当然是完美的图书馆，像哈佛，耶鲁，及密西根的法学图书馆，各藏书数十万册，不论任何疑豫问题，不难索解，使学无因噎废食之虞。此外美国法律学校中有二种组织，堪为注意，其一是美国法律学校联合会（The Association of American Law School），这是由美国著名法学院所发起组织而成的；要加入该会者，必须有相当资格，并须经该会认可；现在会员已达八十余校，每年开大会一次，除选举会长，秘书，会计，及执行委员五人外，设有课程，国际公法，法理学及法律哲学，法学史等各种委员会。每次开会时，由各委员会会长报告一年内工作之经过，并共同讨论改进法律教育之各种方案。其一为美国法学社（The American Law Institute），这是美国著名法学院的教授所组织的；纯然为一学术团体，交换法学上意见，使现实的法律，更臻完美；每年开常会一次，于各种法律科目，择其比较成熟的分组讨论；将讨论结果，由各组推选报告起草人，做成〔1〕报告，转理事会交年会通过。各种法律草案之已经通过而印发社会者，有信托物权，代理契约，法律的冲突，侵权行为等数种。此种草案自问世以后，法学界之与论不一，或有赞成，或有反对，但其能刺激学生法律知力的运用，认识现实法律及补助课内工作的不足，当不能否认。

考美国法律教育，自来分学校教育及律师教育二种；殖民之初，学校教育未普及之先，当然是律师教育比较重要；但在近世，美国律师教育的潜势力，却也未可轻视。法律教育不能像医学教育在一个学校里，一方面读书，一方面便实际学习。理论的知识，现实的法律，固然可在学校里得到，但实际的法律经验，如非在律师事务所或法庭里面，是不能学得到的。所以美国初出学校的法学生，考取律师试验后，还须到律师公馆去学习。此外美国的律师公馆和法律学院有密切的关系，并有相当的联络。在一九二〇年美国律师公会，为了增进会员之效力及才能起见，通过限制律师资格须于学律前具备二年以上的大学教育案后，各法律学院的入学资格，也须随之而改变。美国的法律教育，其所以有今日蓬蓬勃勃的气象，实因各方面有精密的合作和组织。作者在哈佛法学院求学之时，还记得该校图书馆里的一个侍役说："欧战以前，我们学校里还派遣留学生到欧洲各国去研究法律，现在却只见欧洲各国派学生到这里来了"，及今思之，犹有感焉。

---

〔1〕 "做成"原文作"作成"，现据今日通常用法改正。——校勘者注。

大陆英美法律教育之比较[*]

孙晓楼

世界法律系统中最占重要地位的，要算大陆和英美两派了。大陆派国家的代表是德法等国，英美派国家的代表是英美二国，伦敦大学法科学长晋克斯（Edward Jenks）说：“英国法系不是仅一岛国法系，而将与《罗马法》（即《大陆法》）并驾齐驱而朋分近代文明世界了。”这句话不是过分的话；因为历史地理政治经济风俗人情种种的关系，所以世界的法制便产生出这两大系统，而于法律教育上也产生出两种较然不同的制度。我现在且就大陆英美两派法律教育的不同处，提出几点来和读者讨论讨论。

一、大陆英美法律教育的不同

（一）学制

在大陆派方面的法律学校，都是以法律政治经济三门包括在一个学院内，统称叫做法学院。所以他们的法学院，不是单一的法律学院，法学院毕业生，无论是研究法律经济或政治的，都是给以法学士或法学博士的学位。虽是有的法学院内，也有以经济独立一系的，然而它于学位的授予，仍以法律为主。英美派的法律教育制度便于大陆派不大相同，像美国的大学每以一法律系单独成立一个学院和文学院理学院并立，而政治经济二种学科包括在文学院之内，研究政治或经济的将来毕业大学后，和研究文学的同样授予文学士的学位；而研究法律的则兀然独立一个法律学院，毕业后，给以法学士学位，不与政治经济混在一起。英国的学制和美国无大出入，不过英国一大学校每包含许多学院，一学院内包含许多学科，法律亦独立一科，和政治经济文科等

---

　* 本文原刊于《教育杂志》（第 25 卷）1935 年第 4 号，第 5~8 页。

对立，修业期满后，由大学授以法学士学位。大陆英美法律教育制度有这样的不同，其分水点是在两国对于法律观念基本上的不同。大陆派普通对于Droit 这个字义的解释，因为受到哲学法派的影响，不是专指法律，他们对于法律意义之外，包含有理想的公正意义在内：其意义非常广泛，所以他们的法律教育制度，因为法律和政治经济的关系非常密切，遂不免放在一起研究了。其在英国派，因为受到分析法学派的影响很深，所以普通对于法律（Law）这个字义的解释非常狭窄，好像不能有别的问题牵涉在内，因此英美派的法律教育制度，是以纯法律研究的机关来研究法律。当然近年来他们的法律思想，已有极大的变动，很有许多地方和大陆派的思想渐渐地融合；于学制方面，因为历史的关系，到现在虽是还没有什么大的变动，不过在法德比等国的法学院，也很有以政经法分开的趋势，现在已实行将经济和法律分开的，像比国的鲁文、法国的巴黎等大学法学院。这是大陆英美法律教育制度不同的第一点。

（二）研究性

在大陆派的法律学校，大都采取放任主义；平日学生的上课与不上课，听讲与不听讲，一切听学生自便。像德法等国的法律学校一门功课凡是在一个大学注过册的人，不限定在这个大学听讲，可以随意到别的大学去听讲；所以他们的大学教授，好像名角演剧一般，演得好，看戏的人便多，演得不好，看戏的人便少，或者竟至于没有人去领教。英国的大学也有这种同样情形，所以大陆方面教授，要得到学生的欢迎，决不是敷衍学生可以吸引听众的，一定要资望隆崇，于学问方面，教授法方面，有相当的研究，方可吸引听众。所以大陆的法律教育界得到一个教授位置，好像比英美更难；而在学生方面，大部分走到一个讲堂内听一个教授教学，一定对于那位有相当的信仰，对于那门课目，有特别的兴趣，不是强迫的，也不是敷衍的。有的大学像英国的 Liverpool 大学等，学生学问根底深而天资聪颖的，读了二年三年即可毕业，学问根底浅而天资较差的，读了十年八年还不能结束的也很多，所以大陆派的教育是采取放任的自动的研究。至于美国的法律学校，他于学课虽是有必修选修之别，然而于课程的规定是划一〔1〕的；尤其于上课的出席与否，非常重视，无论教授的讲解有无价值，学课的有无兴趣，学生须到校

---

〔1〕 "划一"原文作"画一"，现据今日通常用法改正。——校勘者注。

听讲，随班上课，缺席到几分之几，便不能参加考试。不参加考试，便不能毕业，有很多的学生是为了学分和文凭而去听讲，好像是处于拘束的被动的地位，这是与大陆制不同的第二点。

（三）考试

在大陆派的法律学生，自从入学到毕业，有几种课目一定要经过几次的口试和笔试；所谓口试和笔试不同，口试不限于一学期或一学年的课程[1]，往往问到书本以外和法律关系极远的问题。学生在毕业考试的时候，不特于本学期的课程，应当准备，并且应当准备到学校修习过的各种课程，甚至和法律有关系的各种社会常识问题，而且主考的教授，往往不是授课的教授。有许多国家，像法国，设有国家学位和大学学位两种；国家学位是为本国学生而设，应考甚难；大学学位是为外国学生而设，应考较易，中间不无有些分别；不过考试的方法，并无多大差异。至于在美国方面的法律学生，学课的考试，大部分在一学期终结时举行。其考试的范围，虽间亦及于参考书籍，不过是极少数的，而大部分的考试，只限于本学期或本学年所授课目的范围，主考的人员又类系主教该科的教授，所以只要能将书中要点，强记一下，总可以考试及格而毕业，这是和大陆制不同的第三点。

（四）讨论学课

关于讨论学课方面，在大陆的法学院中，其主要课目很多设有讨论学课（übungen）的。在这种学课中间，由教授提出几个问题，叫学生去搜集材料，到讨论学课的时候报告；由同班同学根据他的报告，各自发挥自己的意见，详细讨论，再由教授加以批评。所有的讨论问题，大都是社会上重要事件，因此可以引起学生自动研究的兴趣，而且这种讨论学课是规定在课程里面的。至于英国和美国，虽间用圆桌讨论（Round Table Discussion）的办法，但是大都放在研究院中，不像大陆派的看得十分重要，于每种主要学课都有讨论学课的附设，不过顺教授一时的兴趣，提出些问题讨论讨论罢了，很少有规定于学校课程中间的，这是和大陆制不同的第四点。

（五）教材

在英美的法学者，常常注重于法律训练，并且汇集判例，著成课本（Case Book），是偏重于分析的研究方法。在大陆一派是注重于法典制度，凡

---

〔1〕 "课程"原文作"科程"，现据今日通常用法改正。——校勘者注。

民刑各法，都是制成典章，判例固然也不轻视，但是一切均须依据条文，为了这个缘故，法律教授都以理论为主判例为从。由法官平衡案情（Judicial process）多采归纳方法，集一案的事实，以纳诸已成的条文，既采自由心证的原则，于事实无须苛究，不过对于条文则咬文嚼字，深究其原理（ratio legis）所以于法律解释学上，大陆派比较的缜密些，这是英美制和大陆制不同的第五点。

从以上几个大陆与英美法律教育的异点来观察，大陆派于法律教育好像侔于自动的，理论的，放任的，归纳的；英美的法律教育好像侔于被动的，分析的，严格的，演绎的。我们研究法律教育当然不能不顾到自己国内的事实同时也不能不选择欧美法律教育的利弊，来取彼之长补我之短，我现在就以上所说的几点的异同来批评一下。

二、大陆英美法律教育异点的批评

（一）学制

关于学院制方面我并不主张采取大陆的学院制，就是以政治经济法律三种学科，合并成一法学院，我主张采取英美法学院的单纯法律学院制，其故有三。

（A）法律与政治经济固是不能完全分离，但是和法律有关系的不是只限于政治经济，其他关于社会科学方面的宗教学、心理学、论理学、社会学、与法律都有密切的关系；便自然科学方面的生物学人类学物理化学等，也与法律有多少的关系。假使以法律的关系论来拿政治经济包括于法学里研究，那么[1]凡是和法律有关系的科学都应当包括在法学院里，那么法学院的范围，未免太宽泛了。

（B）有人认为政治经济法律三种学课，放在一起研究的长处是在于设备的经济。因为研究法律除法律的参考书之外，不能不参考关于政治和经济的书籍，政治经济法律三系合并成一法学院，那么于图书馆的设备上可以完备些。再有许多人说：政治经济法律三系合在一起，于课程方面教授方面都可以彼此合作着；政治经济系须要研究的法律课程，可以在法律系修习，由法律系的教授指导；反之法律系学生须要研究政治经济时，也可以收到同样的

---

〔1〕"那么"原文作"那末"，现据今日通常用法改正，下同。——校勘者注。

益处。殊不知法律学院的图书馆，本当备有与法律有关系的各种参考书；法律政治经济合设一院设备固属经济，但于教学方面，往往不如分立之精而且专，在经济充足的学院，三系并立，设备固较完善，在经济不足的学院，必致三面不讨好，反不如专办法律一学系之为得。至于教课及教授方面，彼此可以通融合作的一点，似较有理，但法律一门包含甚广，应与别系的教课及教授通融合作的地方固不限于政治经济两系，而所谓通融合作又不限于合并一院才可办到，这点也未必成为政治经济法律合成一院的重要理由。

（C）我的所以主张法学院将政治经济分开研究的缘故，是在法律的实用方面着想。法律和政治经济，虽有密切的关系，然而政治究非法律，法律究非经济，研究法律的学生和研究经济科的学生，均各有其特长；中国现有的许多法学院政治系经济系的毕业生，因为他们所授的都是法学学位，所以能和法律系的学生一同取得律师和法官的资格，这固然是由于司法部方面不能实施律师考试的弊端，然而政经法三系在一学院研究，而统授以法学士学位，以至名实不符，而引起法界许多混乱的现象。

（二）研究性

关于学生的研究方面，当然我并不反对像大陆派一任学生自动研究的办法，不过我不主张学生的上课可以完全放任而自由缺席的；因为一只学校于教授的聘请，决非儿戏的。学生对于教师，当然不应当像听戏一般，高兴便去，不高兴便不去；尤其在我们程度较低，辨别力较弱的中国学生，更不应当听他们高兴上课，不高兴便不上课。因为学校的教员，各有各主张，各有各的特长；学生固不应尽信教授的说话，然而也不应不明了教授的见解。最近有友人从巴黎大学的法学院毕业回国，他告诉我说：巴黎大学法学院近年于学生缺席上特别注意，每次上课，教务处常派两个人在课堂外点名，可见得学生的缺席问题，大陆方面也日见注意了。所以我们中国的法律学校，决不可以采取大陆制的放任办法，上课与不上课，悉听学生自便。

（三）考试

考核学生成绩，我是主张严格的；中国大部分的法律学校，其测验学生成绩类以一学期或一学年为单位，如此则不免一时强记，过后便忘。所以我主张采用大陆派的考试办法，于笔试之外，再加以口试；于考试的范围不应限于教授讲述的课目，应当扩充考试的范围，使学生不作死的读书，而作活的有系统的研究。

（四）讨论学课

关于教学方面，我很主张采大陆派的办法，于各种重要课程，都有讨论学课的规定，使学生领略学理的讲述外，兼收事实讨论的益处。英美派课程中间，虽间有由教授设圆桌会议，以与学生讨论学问，不过并不规定于课程中间，所以有很多主要法律课程，还是由教授以讲述之方法来解释例案。但是近来美国有很多的法律教育者，已注意及此，有几只法律学校像耶鲁间亦附设讨论学课，像西北则提倡以法律问题的研究（Problem Study）来替代书本的研究，可见得他们也是有参酌大陆制的长处的地方。

（五）教材

关于教材方面世界各国的法律教育大都以法律条文作研究的基础，采用原理教本制（Text‐book system）的。美国以前也像德法等国的法律学校，以法律原理作教本，及到哈佛教授郎代尔〔1〕（Langdelt）发明例案教本制（Case book system）后，美国法律学风顿时为之一变。现在英美各大学的法律学院，几没有一个不用判例为研究法律的基础，甚至法德等国的法律学校，也有采用这种教材的。固然，判例的研究，一可引起学生的兴趣，二可使学生明了办案的方式，三可使学生明了分析案件的方法，四可使学生明了法官之心理，其得益较诸原理法律教本切实得多。不过最近美国有许多学者，因为例案教本制的不能书法律原理之穷，所以复有主张采用原理教本与例案教本混合制（A Combination of the two system）的办法，拿理论与判例合并编作一种教材，在判例的例证上，冠以简要的法律理论，使学生于理论与事实兼顾。更有主张以一社会问题编作教材的讨论，将该社会问题拟一法律题案（Legal problem）由学生将此案件搜集材料，详细分析引证法条，下一判断，并附以自己的理由，以便在教室内报告讨论。这种取材新法，实在有注意的价值；不过这种以社会问题作教材的方法，当然试行于较高级的学生为相宜，初学法律的人，因为法律知识幼稚，恐不免有困难之处罢！

大陆派和英美派于法律教育的各点上，既有如此之不同，我们在中国谈法律教育，不想改善也罢了，想改善当然于自身法律系统在历史上的特点必须顾到，于欧美各国法律教育的优点，也不可忽视，这是我所以写本文主要原因。

---

〔1〕 "郎代尔"原文作"郎痕特尔"，现据今日通常译法改正。——校勘者注。

我国法律教育之历史谭*

董　康

　　国于瀛寰[1]之上，以外部言，则国与国有交际；以内部言，则人与人有交际。为交际上保持其公平者何，曰属于司法权之法律是。而法律不能自动，何法为之活动，并何法可收活动之功效，厥维法律教育。此问题，为吾人切己之问题，亦为最有兴味之问题也。不佞[2]本保守之观念以说明之。

商以前

　　皇古草昧初开，无足纪述。迨书契聿兴，熙皞[3]之风，日以演进。此为社会状态必然之经历，固不独吾国一国为然也。自虞廷以蛮夷猾夏数款，诰诫皋陶，始有条教。溯创始之功，在以皋陶系之。如春秋左氏传昭公十四年引夏书（昏墨贼杀[4]皋陶之刑）。后汉书张敏传注引史游急就篇（皋陶造狱法律存）。艺文类聚，引风俗通（皋陶始造律）。凡兹皆信实之纪载。夏殷两朝，不闻因革，秦廷烧书，法律不罹其劫，然条目如何，后世不传。此殆因传习无人，随时代以为兴替。在此时期，法律甫经萌蘖[5]，不足以言教育也。

---

　　* 本文分别原刊于《法学杂志（上海1931）》（第7卷）1934年第3、4、5、6期。原文仅有简易句读，校勘者断句改之。

　　〔1〕　"瀛寰"，指世界，地球海洋、陆地的总称。——校勘者注。

　　〔2〕　"不佞"，指没有才能，这里用来谦称自己。——校勘者注。

　　〔3〕　"熙皞"，指和乐，怡然自得。——校勘者注。

　　〔4〕　"昏墨贼杀"，据春秋后期晋国大夫叔向的解释："己恶而掠人美为昏，贪以败官为墨，杀人不忌为贼"，犯此三项罪者，均应处死刑。——校勘者注。

　　〔5〕　"萌蘖"，萌，生芽、发芽；蘖，树木砍去后又长出来的新芽。指事物的开端。——校勘者注。

周

周称尚文，自翦商后。周公锐意撰述，于诸侯定史例，于六官分职掌。制度典章，灿然大备。愿岁正象魏悬书，以示法之改造。而刑书实藏之盟府。汲冢周书尝麦解 俟争罪或大乱之有谬误者，始用鸡卌户，取验于书。周礼秋官司约 当时之所适用，刑事依士师之成事，又秋官士师 非刑事依小宰之成事。又天官小宰 成事即已决之事例，其目各入，许用为比附者。唐孔颖达疏尚书吕刑上下比罪无僭乱辞云："罪条虽有多数，犯者未必当条，当取故事比之，上下比方其罪之轻重。上比重罪，下比轻罪，观其所犯，当与谁同。"谁之云者，为成事之甲乙。即此推知，周之法律，制定之后，岁有修改。因各本条上下之限广漠，只许刑官依案比附定拟。亦犹今之英国刑法，有制定法与判例法之区别。判决之宣告，为判例法，非制定法也。适用法律之方法，为本问题应附带研究者，故先及之。

尼山为世儒宗，其设教，分德行言语文字政事四科，要皆以用行舍藏为指归。汉书艺文志云："儒家者流，盖出于司徒之官，助人君顺阴阳明教化者。节 孔子曰，如有所誉，其有所试。注 师古曰，言于人有所称誉，辄试以事，取其实效也。"六官虽分其职，而法律赅于政事。政事又属之于儒，可以断言，孔子既以此试其弟子。欲致君尧舜，则读书读律，不容偏废。又孔子修春秋，褒则荣于华衮〔1〕，贬则严于斧钺〔2〕。其后得左氏以记其事，得公羊氏以发其微。设非覃精〔3〕法律，焉足使乱臣贼子惧哉。是法律属于儒家必修之科目也。

墨翟为周之宗教家，所著墨子，动举法条，以相引证。第十五卷尤伙，吕氏春秋去私篇。纪墨者之钜子腹？，不允秦惠王赦其子一事，并引杀人者死伤人者刑为墨者之法。此外周秦诸子，亦时引此二语。盖当时名流，莫不富于法律知识，亦几几为教育之普及矣。若慎到申不害韩非诸家，史称其流派出于理官，注重明法饬罚。虽间有病其急功近利，刻薄寡恩。而阐明哲理，多如西儒暗合。宜乎著述流传，于吾国学术上永垂不朽也。

---

〔1〕 "华衮"，指极高的荣宠。——校勘者注。

〔2〕 "斧钺"，是古代酷刑中的一种，指用斧钺劈开头颅，使人致死。——校勘者注。

〔3〕 "覃精"，指深入钻研。——校勘者注。

汉

嬴秦变法，混一寰宇。因之偏重法令，以吏为师。汉兴除其苛暴，沿其习尚，辟士向分四科。其三曰，明习法令，足以决疑。北堂书钞七九引汉官仪 郡县遣诣京师受业，且开实地见习之法。汉书文翁传："乃选郡县小吏，开敏有才者张叔等十余人。亲自饬厉〔1〕，遣诣京师，受业博士，或学法令。节 成就归还，以为右职。节 常选学官童子，使在便坐受事。师古曰便坐别坐可以视事非正廷也 每出行县，益从学官诸生明经饬行者与俱。使传教令，出入闱合。"师古曰闱合内中小门也 以故炎刘以吏治著称。要皆法律教育有以致之，然流派不一，约举如左。

（一）以儒生而兼习者

董仲舒故胶东相，从胡毋子都，传公羊之学，老病致仕。朝廷数遣张汤亲至陋巷，问其得失。于是表春秋之义，稽合于律无乖异者，作春秋决狱二百三十二事，凡十六篇。

叔孙通遁秦归汉，孝惠即位，定宗庙仪法及汉诸仪法，并益律所不及作傍章十八篇。汉时礼仪与律令，同录藏于理官。益律所不及者，盖就律令，而以所撰礼仪益之也。

应劭汉迁都于许，凡朝廷制度，百官典试，多劭所立。汉世善驳，亦以亦劭为首。著中汉辑叙汉官仪及礼仪故事凡十一种，百三十一卷，律略论五卷，汉朝仪驳三十卷凡八十二事。

叔孙宣等汉律有叔孙宣郭令卿马融郑玄诸儒章句。十有余家，四十万言。言数亦繁，览者益难。魏明帝时，诏但用郑氏章句。

按周礼注为郑康成，每举司农郑众之说，其中多引汉律，是先郑亦研习法令也。

（二）世业者

杜周 杜延年周于武帝时为廷尉御史大夫，断狱深刻，号大杜律。子延年，亦明法律。宣帝时为御史大夫，号小杜律，对父顾言小。

于公 于定国于公为县狱史郡决曹〔2〕。决狱平，罹文法者，于公所决皆

---

〔1〕 "饬厉"，指告诫勉励。——校勘者注。
〔2〕 "郡决曹"，指治狱官，下同。——校勘者注。

不恨。子定国，少学法于父。父死后，亦为县狱史郡决曹。以才高举侍御史，迁御史中丞，或作廷尉。集诸法律，凡九百六十卷。

郭弘、郭躬、郭晊、郭镇、郭贺、郭祯、郭禧、郭旻、郭弘，习小杜律，太守寇恂以弘为决曹掾，断狱至三十年。用法平，为弘所决者，退无怨情，郡内比之东海于公。子躬，少传父业，讲授徒众，常数百人。家世掌法，务在宽平。及典理官，决狱断刑，多依平恕。乃条诸重文可轻者四十一事，奏之皆施行，著于令。中子晊，亦明法律，至南阳太守，政有名迹。弟子镇，少修家业，以诛中常侍，封定颍侯，拜河南尹，转廷尉。镇子贺，晓习故事，袭父封，官廷尉。贺弟祯，亦以能法律，至廷尉。镇弟子禧，少明习家业，兼好儒学，延熹中为廷尉。禧子旻，传小杜律，弘后数世。皆传法律，官廷尉者七人。

陈咸、陈宠、陈忠、陈咸，成哀间以律令为尚书。平帝时，王莽辅政，多改汉制，咸乞骸骨[1]，收集其家律令书文皆壁藏之。戒子孙曰，为人议法，当依于轻。虽有百金之利，慎毋与人重比。曾孙宠，明习家业，少为州郡吏，辟司徒鲍昱府。转辞曹，掌天下狱讼。其所平决，无不厌服。为昱撰辞讼比七卷，皆以事类相从。昱奏上之，奉以为法，三迁为尚书。时吏政尚严切，宠疏改前世苛俗，诏有司绝钻诸惨酷之科，解妖恶之禁，除文致之请谳，五十余事。永元六年，宠代郭躬为廷尉。钩校律令条法，溢于甫刑者除之。子忠，明习法律，擢尚书使，居三公曹。自以世典刑法，用心务在宽详。以父在廷尉上溢于甫刑者未施行，宠后遂寝，略依宠意上二十三条。为决事比，以省请谳之敝。又上除蚕室刑，解臧吏三世禁锢。狂易杀人，得减重论。母子兄弟相代死，听赦所代者，事皆施行。

（三）授徒传习者

郭躬已见前钟皓皓温良笃慎，博学诗律，教授门生千有余人。以上律学授受渊源，足征大略。故宋徐天麟撰东汉会要有律学一目。今传本适缺是篇，殊为可惜。综观前后汉书，儒生多以经术饰吏事，以掾曹跻三公者，不遑缕举。设后世踵而行之，日臻进化，法治昌明，不将辉耀乎敦槃之上耶。

---

〔1〕"乞骸骨"，指自请退职，告老还乡。——校勘者注。

魏至南朝陈

魏替汉祚，与蜀吴鼎峙而三。其初承行汉制，至明帝太和时，始删约汉法，为魏新律十八篇。晋书刑法志载新律序一篇，详其因革之迹。从事编辑者，为司空陈群，散骑常侍刘劭等。

篇目亦见唐六典刑部注，有魏一代，以著作名世者。刘劭有律略五卷，钟会有道论二十篇，会为繇之子皓之五世孙东汉时以律世其家者 实刑名家。刘廙与丁仪有刑礼论一篇。法学不逮两汉之盛。然魏志明帝改平望观为听讼观，常言狱者天下之性命也。每断大狱，常幸观临听之。又卫觊传："明帝即位，觊奏曰。九章之律，自古所传，断定刑罪，其意微妙。百里长吏，皆宜知律。刑法者国家之所贵重，而朝议之所轻贱。狱吏者百姓之所悬命，而选用者之所卑下，王政之弊，未必不由此也。请置律学博士，转相教授，事遂施行。"是魏虽亦尽力于法律教育，可见当时对于法律之观念薄弱也。蜀吴偏处一隅，无足记载，从略。

晋行泰始律，唐书艺文志亦称律本。虽出之买充之手，参预其事者，凡十四人。如羊祜杜预，并皆一时俊彦。其篇目分见晋书刑法志唐六典中，盖折衷于汉魏。而守九章之系统者，江左宋齐，两朝，皆所承用。在唐律以前，当推为中典，注者世传张杜两家。杜即征南，从事删定之人，张为张斐，斐一作棐，或作聚。晋书刑法志引所上注律表作裴。泰始中明法掾，后为僮长。所注律表，于律文诠释至详。为吾国历史上有数之法律专家，其书见隋志作一卷。又唐志收杂 疑作新即晋泰始律 律解二十一卷。顾晋代法学衰落，更不足以言教育。盖一由于执法者借口权宜，意为出入，每视宪典为具文。一由于崇尚门第，溺志清淡。论经理者谓之俗生，说法理者名为俗吏。以故隋唐等志，所录于张杜二家之外，撰述无闻矣。

宋齐皆无足记，从略。

梁天监时修律。本晋律之旧，增仓库一篇，删诸侯一篇。其余止于游词费句，加以润色。陈永定时修律，篇目条纲，一依梁法。梁之删定者为齐旧郎济阳蔡法度，家传律学。据齐王纲未施行之齐律，为之损益。陈之删定者为范泉，或作杲，殆其人为梁之明法吏。梁陈二书，未为蔡范列传，其人不足肩创制之巨任可知。然当时已视同麟凤，则两朝之法律教育，无足深论矣。

北魏至隋

魏以鲜卑种人，乘五胡之乱，奄有中原。鉴于江左诸朝，典刑泯弃，礼俗浇薄，注重法律，兹择其可记者如后。

一编纂刑法之勤

甲、世祖神䴥中，诏崔浩定律令 除四岁五岁刑，增一年刑，分大辟为二科，死斩入绞，

乙、正平元年，诏太子少傅游雅与中书侍郎胡方回等，改定律制。盗律复旧，加故纵通情止舍之法，及他罪，凡三百九十一条，门诛四，大辟一百四十五，刑二百二十一条，

丙、高祖太和三年，诏中书令高闾，集中秘官等，于太华殿修改旧文。随例增减，又敕群官㕘议厥衷，经御刊定，五年冬讫。凡八百三十二章，门房之诛十有六，大辟之罪二百三十五，刑三百七十七，除群行剽劫首谋门诛律，重者止枭首，

丁、太和十五年五月己亥，议改律令于东明观。秋八月丁己，议改律令事。十六年四月丁亥，颁新律令。五月癸未，诏群臣于皇信堂，更定律条流徒限制，帝亲临决之。

戊、世宗正始元年十二月己卯，诏群臣议定律令。

二修订人材之盛

世祖时定律，出于崔浩高允之手。崔浩长于汉律，常为汉律作序。高允史称其尤好春秋公羊，是亦精于春秋决狱者。若太和中之改定，高祖刊定轻重，亲自下笔，以人主而职修订，开古今未有之先例。征诸册府元龟，北史各传，在集议之列不下二十余人。如彭城王勰，与高阳王雍。八座朝士，有才学者，五日一集，参论轨制应否之宜，此以亲贵而预其事者。青州刺史刘芳，还朝为大议之主，其中损益多芳之意，此以疆吏而预其事者。又常景繁学博通，知名海内。高祖拔为律学博士，刑法疑狱，多访于景。至是亦敕景同撰，讨论科条，商榷古今，甚有伦序。此以独学而预其事者，圣主贤臣，同堂斠画〔1〕。虽炎刘东西二京法治昌明，无斯盛举也。

---

〔1〕 "斠画"，指校订。——校勘者注。

三当宁体物之仁

元魏虽以夷狄而临中夏，累朝宅心仁厚，为前此所无。如刑法志云："显祖末年，尤重刑罚，言及常用恻怆[1]。每于狱案，必令覆鞠[2]。诸有囚系，或积年不断，群臣颇以为言。帝曰，狱滞虽非治体，不犹愈乎仓猝而滥也。夫人幽苦则思善，故图圄与福堂同居。朕欲其改悔而加以轻恕耳。"已含有后世假释之立法例，而图圄福堂一语，足征当时已行监狱教诲也。高祖定律，死刑止于三等。永绝门诛，为隋唐所取法。其他钦恤之事，史不绝书，申以春秋之志。所谓夷狄进于中国，则中国之也。

四系统承用之远

隋自汉文帝除肉刑后，一变而为罪隶之刑制。自魏高祖皇信堂临决流徒年限后，一变而为流放之刑制。然罪隶刑制之系统，至陈而斩。流放刑制之系统，至清季颁行暂行刑律，始行废止。两者比较，魏律承用之远，不啻三倍于汉律也。

五教授律学品级之优

隋汉晋用人之法，掾属由于征辟，惟僮史出于考试。汉律云：汉书艺文志引萧何律"太史试学童能讽书九千字以上，乃得为史。又以六体书试课最者，以为尚书御史。书令史，吏民上书，字或不正辄举劾。"又云：说文序引尉律"学僮十七以上，始讽籀书九千字，乃得为史。又以八体试之郡，移太史。并课最者，以为尚书史。书或不正，辄举劾之。"晋明法掾张斐后为僮长，僮长必为晋未设律学博士以前，任学僮之教授者。此职而用明法掾擢用，则学僮之必须有法律常识。亦可断言，自晋卫觊奏请置律学博士，以教授律令为专业。其制是否即僮长而扩充，抑或博士置而僮长废，未暇详检。而博士列诸廷尉官属，自必养成明法人材，以供廷尉之奔走者。是职东晋宋齐并同，梁天监中视员外第三班，陈秩六百石，品第八。独元魏初定官制，列诸第六品中，较列朝为崇。尤其殚心法律之表著者也。

本于上之五端，继汉之后，可认为昌明法治之第二时期也。

北齐为高氏，法律有二。一为神武相魏时所修之麟趾格。一为世祖河清三年颁行之齐律。时有封氏，与高氏同郡。世长律学，故格封隆之参定。律

---

〔1〕 "恻怆"，指哀伤。——校勘者注。

〔2〕 "覆鞠"原文作"覆鞫"，指重审，现据今日通常用法改正。——校勘者注。

封绘议定，实出封述之手。律十二卷，凡九百四十九条，篇目见隋书刑法志及唐六典。今律已佚，而唐律篇目，实与之相似。惟违制作职置，捕断唐分捕亡断狱，毁损。唐删其目，而入杂律。重罪十条，不在八议论赎之限。唐定其名为十恶，而八议条亦在除外。祖珽传，受财枉法处绞，刑与唐律适合。世谓唐律完全依隋开皇律者，实祖述北齐律也。隋书刑法志云："是后法令明审，科条简要，又敕仕门之子弟，尝讲习之。齐人之晓法律，盖由此也。"数语，尤揭明法律教育之主旨。而大理寺官属有律博士四人，因典午之制，而定其员额。盖不惟教胄子〔1〕，且以备亭平时谘询〔2〕之用矣。

周虽居北朝之一，而朝廷制作文字，悉模尚书周礼。所颁之律，名曰大律，亦即仿大诰也。篇目增出祀享朝会市廛〔3〕等事例。隋刑法志称其大略滋章，条流苛密，比于齐法，烦而不要。故隋文帝定律，独采齐法，不袭周制，诚有卓见。则此一代之法律教育，亦无庸深论矣。

隋之律书二。一为文帝开皇三年，敕苏威牛弘等所修定，名开皇律。凡十二篇，五百条。并折衷于曹魏至梁各律，凝滞不通，由裴政取决之。即唐所据以降死若干条罪为加役流者。唐律之用齐律，出于推定，条文几差一倍。其用开皇律，仅罪名微分轻重耳。一为炀帝大业三年，仍为牛弘等所修定，名大业律。凡十八篇，亦五百条，志称降从轻典者二百余条。然二帝多行峻罚，定律盖同具文。惟养成法律人材，较历朝独异。大理寺律博士，增至八人，其隶于尚书省刑部曹者为明法。博士断决大狱，先牒明法，定其罪名，然后依断。州县则置律生，颇有司法独立之模范。开皇五年，因始平县律生辅恩，舞文陷慕容天远平反案。下诏停废，殊为可惜。隋刑法志载其文曰："人命之重，悬在律文。科定科条，俾令易晓。分官命职，恒选循吏。小大之狱，理无疑舛。而因袭往代，别置律官。报判之人，推其为首。生杀之柄，常委小人。刑罚所以未清，威福所以妄作。为政之失，莫大于斯。"可见国家定制，务在得人。徒鹜虚名，未蒙其福，先受其害。事理之常，宜注意也。

---

〔1〕 "胄子"，指帝王或贵族的长子，下同。出自《书·舜典》："夔！命汝典乐，教胄子。"——校勘者注。

〔2〕 "谘询"，指征求意见。——校勘者注。

〔3〕 "市廛"，指店铺集中的市区。——校勘者注。

唐至清

唐高祖受隋禅，即命纳言刘文静等损益律令，武德二年颁新格五十三条。惟吏受赇犯盗诈冒府库物赦不原，已而复诏仆射裴寂等十五人更撰律令。即将五十三条附加入内，篇目一准开皇之旧，除其苛细者五十三条。务从宽简，取便于时。凡五百条，于七年四月颁行，此为第一次之修订。太宗即位，复诏长孙无忌等定旧令，议绞刑之属五十，免死断右趾。贞观元年三月，蜀王法曹参军裴宏献驳律令四十余事。乃诏元龄与宏献重加删定，除断趾法为加役流三千里居作，二年降大辟为流者九十二，流为徒者七十一，以为律。外定令格式，并律凡四种，此为第二次之修订。其后历朝虽有修订，除律因顺宗名诵，斗讼之讼与诵嫌名，改斗竞外，内容定无增损也。高宗永徽三年，以律学未有定疏，所举明法，遂无定准。宜广召解律人，条义疏奏闻。于是由无忌等参撰成律疏三十卷，于四年奏上颁于天下。自是断狱者，皆引疏分析之，不知何时改称疏议。论者以为唐律一准乎礼，以为出入，得古今之平。东方奉为系统者，即此书是也。

唐之刑书，分律令格式四种，已如上述。按史记云后主所是疏为令，前主所是著为律。良以律为祖宗所定，一成不变。而按罪科刑，犹疗疾投药，不能不随时变通。苟有出入，悉于令格式斟酌之，颇合与时消息之古义也。又册府元龟刑法部载天宝六载正月诏书"朕承大道之训，务好生之德，于今约法，已去极刑。议罪执文，犹存旧日，既措而不用，亦恶闻其名。自今以后，断绞斩极刑者，宜除削此条，仍令法官约近例详定处分。"遂议以重仗代之。又唐书刑法志，元和八年，诏除十恶杀人铸钱造印若强盗持杖劫京兆界中及他盗赃逾三匹论如故，其余死罪。皆流天德五城，父祖子孙欲随者勿禁。废止死刑，史册实有其事，是唐之法律文明，且为今日最新学说之导师也。

至法律教育如何，诚不能如汉书可胪举[1]若干故实。而就左列之制度言之，其注重法律教育，亦可推定也。

（一）考试及铨选，节录唐书选举志

凡学六，皆隶国子监。律学生五十人，以八品以下子及庶人之通其学者为之。

---

[1] "胪举"，指列举。——校勘者注。

凡生限年，律学十八以上，二十五以下。

旬给假一日，前假博士考试。读者千言试一帖，帖三言。讲者二千言，问大义一条，总三条。通二为第，不及者有罚。岁终通一年之业，口问大义十条，通八为上，六为中，五为下，并三下。与在学六岁不堪贡者，罢归。

每岁五月有田假，九月有授衣假。二百里外给程，其不率教。及岁中远程满三十日，事故百日，缘亲病二百日，皆罢。既罢，条其状下所属。此六学总例

凡明法，试律七条，令三条。全通为甲第，通八为乙第。

太宗即位，增置律学进士，加读经史一部。

高宗龙朔二年，东都置国子监。明年，以律学隶详刑。

永隆二年诏，进士试杂文二篇。通文律者，然后试策。

按此进士亦兼习律也。又唐时文选，吏部主之。其择人之法，分身言书判四事，判取其文理优长。故文苑英华内，判牍累廿〔1〕余卷。白居易亦录入文集，唐张鷟且撰龙筋凤髓判四卷。凡此皆取备程试之用，并非蔽罪议刑，聊存判牍之大体而已。

中宗反正，诏三卫番下日，愿入学者，听附国子学太学及律学。

贞元二年，诏明经习律，以代尔雅。

元和二年，定西京律馆二十人，东都律官十人。

以上考试

凡进士明法甲第从九品上，乙第从九品下。

以上铨选。

（二）教授，节录唐六典

律学博士一人，从八品下。

助教一人，从九品上。皇朝置之

律学博士，掌教文武官八品以下及庶人之为生者。以律令为专业，格式法例，亦兼习之。

助教掌佐博士之职。

宋之法制，一准乎唐。建隆时所颁刑统，袭用唐律。仅删除一条，律目略予修并。节采唐及五代敕文，为当时所承用者，附每条之后。可借以窥见

---

〔1〕 "廿"，指二十。——校勘者注。

变通之迹，为明清等律附例之权舆。然累朝实重编敕，随时修订。适用之时，编敕无文，方许引律。视律文不啻告朔饩羊[1]矣。惟民事法较唐为发达，尝见宋椠名公书判清明集。于钱债田土婚姻继承等项，粗具范模，四库收入存目。有元人辑本，明嘉靖间亦有刻本，卷帙较多。盖元明两朝，据宋本增辑也。关于法律名著，除此集暨刑统赋外，传世者绝少。而法律教育，较唐为详尽。兹就宋史选举志，分类排比，可得其大略矣。

考试及铨选

（甲）考试

考试随时变更，颇为复杂。约举要目，为左列三项。

（子）科目：

初礼部贡举。设进士、九经、五经、开元礼、三史、三礼、三传、学究、明经、明法等科。皆秋取解，冬集礼部，春考试。合格及第者，列名放榜于尚书省。

按唐明清等朝，科举制。举人之上，为进士。据此志进士，为贡举之一。列名于贡举者，初非进士一项。明法虽殿居于末，其资格与进士同也。

凡明法对律令四十条，兼经并同毛诗之制。各间经引试，通六为合格。仍抽卷问律，本科则否。

按此定所考各艺，律以外并及所习之经。于诸经中以通六为合格。惟兼经句疑有误，上文贡举之列，并未专设毛诗一科也。其中额依开宝五年礼部奏进士各科为二十八人。

开宝八年，进士诸科，始试律义十道，进士免帖经。明年第诸科试律进士，复帖经。按此明法外诸科，亦试律义也。

淳化元年，明法旧试六场，更定试七场。第一第二场试律，第三场试令，第四第五场试小经。第六场试令，第七场试律。仍于试律日，杂问疏议六经注。

按此明法分场考试之制。

嘉祐二年，于是下诏间岁贡举进士诸科悉解旧额之半。

按景祐以后，因贾昌朝之建言。罢殿试，趋重进士。科目变更，至是始解旧额之半，出身与进士等也。

---

[1] "饩羊"，指古代用为祭品的羊，比喻徒具之形式。——校勘者注。

神宗时，安石变法。取诸科解名，增进士额。又立新科明法，试律令刑统大义断案。所以待诸科之不能业进士者。未几，选人任子亦试律令始出官。又诏进士，自第三人以下试法。或言高科任签判及职官，于习法岂所宜缓。昔试刑法者，世皆指为俗吏。今朝廷推恩既厚，而应者尚少。若高科不试，则人不以为荣，乃诏悉试。帝尝言近世士大夫，多不习法。吴充曰，汉陈宠以法律授徒，尝数百人。律学在六学之一，后来搢绅〔1〕，多耻此学。旧明法科，徒诵其文，罕通其意。近补官必聚而试之，有以见恤刑之意。

按此可见诸科与进士消长之沿革。盖安石当国，亦主舍此增彼之策，而独维持明法一科。不过变更其考试之法，且并推及于进士第三人以下并选人任子等，殆亦趋重实学之意。（本节宜与后文铨选对照。）

元祐初，知贡举苏轼孔文仲又言"新科明法，中者吏部即注司法，叙名在及第进士之上。旧明法最为下科，然必责之兼经，古者先经后刑之意也。欲加试论语大义，仍裁半额注官，依科目次序。"诏近臣集议。左仆射司马光曰 中略 律令皆当官所须，使为士者，果能知道义，自与法律冥合。何必置明法一科，习为刻薄。非所以长育人材敦厚风俗也。四年，乃立经义诗赋两科，罢试律义。

按明法科再罢，实因温公之议。高宗建炎时，一度复之，未几复罢，其后不闻复设。迄明清两朝，科目专重举业。偶有以折狱明敏见称于世者，皆释褐后奋志自修。加以临事之经验，此七百余年中，法律学几登冥晦之途。而为吏人之世业，其源流远矣。

（五）制举：

按制举本亦属于科目，皆特旨召试。一如清博学宏词经济特科，专以得天下之才杰者。观以下所纪，宋于制举中，固亦提倡法律之学也。

太宗以来，凡特旨召试者，于中书学士舍人院，或特旨专试。中略 言者以国家受瑞登封，无缺政，罢其科。惟吏部设宏词拔萃平判等科，仁宗初复置此科，增其名为六。一曰书判拔萃科，以待选人。

按宋之书判，切于事理。阅清明集，即窥见一斑。不似唐之龙筋凤髓判，文苑英华所引判等，专鹜辞藻。太宗时罢制举而仍留平判，至是盖就平判科，加以定名，示与六科并重也。

---

〔1〕 "搢绅"，指有官职的或做过官的人。——校勘者注。

（寅）律学试：

按此为学校教育之法，原文甚长，节录大要。

律学，国初置博士，掌教授法律。熙宁六年，始即国子监设学，置教授四员。凡命官举人，皆得入学，各处一斋。举人须得命官二人保任，先入学听读，而后试补。习断案，则试案一道。每道叙列刑名五事或七事。习律令，则试大义五道，中格乃得给食。各以所习，月一公试，三私试，略如补试法。凡朝廷有新颁条令，刑部即送学。

按学校本为陶育人才专设以教胄子者，惟宋之律学馆不以胄子为限。命官举人，亦得入学。其重视法律，更在汉唐以上矣。

建炎三年，复明法新科进士，预荐者听试。绍兴元年，复刑法科。凡问题号为假案，其合格分数，以五十五通分作十分。以所通定分数，以分数定等级。五分以上，入第二等下。四分半以上，入第三等上。四分以上，入第三等中。以曾经试法人为考官。

五年，以李洪尝中刑法。入第二等，命与改秩中书驳之。赵鼎谓古者以刑弼教，所宜崇奖。高宗曰：刑名之学久废，不有以优之，则其学绝矣，卒如前诏。后议者谓得解人取应更不兼经，白身得官反易于有官试法。乃命所试断案刑名全通及粗通以十分为率，断及五分刑统义文理全通为合格，及虽全通而断案不及分数者勿取。仍自后举兼经。十五年罢明法科，以其额归进士，惟刑法科如旧。

按考试以分数定等级，是宋时已有之。高宗复明法科，应入前科目内，列此殊乖条理。

（乙）铨选

按铨选之制，屡有变更，兹分时代辑录如后。

（子）太宗：

淳熙四年，铨选之制。明法五选雄望州司理判司，中州录事参军，中县令，次畿部尉，六选紧上州司理判司。下州中下州录事参军，中下县下县令，紧望县簿尉。十一年，明法入上判司，紧县簿尉。

按此为明法铨选之制，与百官制对照。

（丑）真宗：

凡选人年二十五以上，遇郊，限半年赴铨试。命两制三员，锁试于尚书省，糊名誊录。节 习经业者，人专一经，兼试律十。而通五为中格，听与选。

节 京官年二十五以上，岁首赴试于国子监，考法如选人。

按宋初设官分职，多袭五代之制。凡入仕有贡举奏荫摄署流外从军五等之铨注法，盖考试得有资格。而入仕之初，受铨选之试，习经者亦应习律也。

（寅）神宗：

凡设试以待命士而入之铨注者，自荫补铨试之外，有进士律义，武臣呈试，及试刑法官等，而铨试所受为特广。

熙宁四年，遂定铨选之制。凡守选者，岁以二月八月，试断按二或律令大义五，或议三道，后增试经义。法官同，铨曹撰式考试，第为三等。上等免注官，优等升资。如判超格，无出身者，赐之出身。节 任子年及二十，听赴铨试，其试不中，或不能试。满三岁许注官，惟不得入县令司理司法。任子年及三十，方许参注。

按此为选人与铨试所获之权利，仍重断按及律义，试不中及不能与试。虽许注官，惟不得任县令等职也，任子习律减出官年数。元丰间，因司谏苏轼上言，仍追复祖宗旧制。

（卯）高宗：

绍兴五年，复文臣铨试。以经义、诗赋、时议、断按、律义为五场，愿试一场者听。

（辰）孝宗：

七年，始命铨试不中年四十，呈试不中年三十者，令写家状，读律注官。

按此当为乾道七年，又有所谓流外补乃未入流品者，每岁遣近臣与判铨曹就尚书同试律三道之事。虽属微末，亦令备具法律知识也。

元审判之权，率用蒙古人，不谙汉文，因之吏胥用事。一朝制作，无足称述。略。

明以制艺取士，为太祖与诚意之所规定，盖欲消磨英杰于章句之中也。然法律教育，则远不逮宋。兹就明史选举志，摘录如后：

（一）学校

国子学，后改为监。设祭酒司业监丞博士助教学正学录典籍掌馔典簿等官。分六堂以馆诸生，曰率性修道诚心正义崇志广业。所习自四子本经外，及刘向说苑，及律令书数御制大诰。每月试经书义各一道，诏诰表策论判内科二道。

按国学虽兼课律令，乃视为普通科学之一，并非如唐宋之设专科。大诰为太祖所编定，凡三编。又有大诰武臣一书，皆律外之竣令。犯罪到案，能诵大诰者，准予减等，亦创制也。

社学自洪武八年起，延师以教民间子弟，兼读御制大诰，及本朝律令。正统时，许补儒学生员。

（二）科目

三年大比，以诸生试之。初场试四书义三道，经义四道。二场试论一道，判五道，诏诰表内科一道。三场试经史时务五道。

按学校读律令，则考试自应设判之一科，体裁盖与唐之书判同。又明神宗实录，载刑科给事中刘铉，题请讲读律令事。亦可与选举志相印证，一并录之。此外大明律，有讲读律令一目，乃惩于元废律博士之官而设。然终明之世，此条亦属具文也。

万历二年四月乙卯，先是刑科给事中刘铉题。今次办事进士，各司预设大明律例一部，选司属中老成博雅者一二人为表率。堂事之暇，读习讲解，堂上官不时挈诵。每月终面试假如一道，以验进益。其两京国子生常课外，每日读律例几条，亦月季考较招情刑部覆如议。但国子学生，如试判语一道，默写本条全文，亦可为将来服官张本矣，从之。

清学校科目，绳明之旧。而教授及考试，一以经义及策论为主，并缺律令一课，固无足称为法律教育。自来司法事务，约分两派。（一）为刑部，以进士或拔贡小京官签分。到部之后，就辈项稍前者，悉心研究。一方读律，一方治事。部中向分陕豫两系，豫主简练，陕主精核〔1〕，以劳动而擢升秋审提坐等职。且有储为尚侍之选者，如阮葵生薛允升赵舒沈家本皆一代著名之法律大家也。（二）为刑幕，以绍兴人为著名。如道光时之汪辉祖，同治时之谢诚斋，光绪间之俞廉三，亦此中之佼佼者。迨光绪季年，创办京师法律学堂，人才极一时之盛。斯法律教育，蒸蒸日上矣。

---

〔1〕 "精核"原文作"精覈"，指详细考核，现据今日通常用法改正。——校勘者注。

十九年来之东吴法律教育*

盛振为**

一、引言

近世各国法律教育，大体采取大陆英美两系法学之精神。中国法学，经有历史上悠久[1]地位；顾秦汉以前，诸家杂出，而法学之俦，被目为刻薄寡恩。唐宋之际，虽至中国法律大成时代；但儒家者流，羞谈刑名法术之学。甚者取其实而讳其名，偶有论法者，要不过释明成律与论列其利弊而已。降及清末，法律学之发达，竟为欧美文化所独占。泰西[2]各国之典章文物，输入吾邦，始渐知法学之重要。鼎革以还，政局革新，乃知法律之精神；于是始陆续增订诸种法典。迨国民政府成立，倡五权分立之说，至是提倡法治之呼声，益形澎湃。盖法制之完备与否，实为一国民族精神隆替所系；而欲求法制之完备，端在法学人才之充盈，于是乎法律学校尚矣。本校应时势之需求，于民国四年九月创立于沪滨，广聘法学界名宿，分任教授。外以应世

　＊　本文原刊于《法学杂志（上海1931）》（第7卷）1934年第2期，第135～148页。

　＊＊　盛振为（1900～1997年），上海人。证据法学家和法律教育家。1921年毕业于东吴大学文学院，获文学学士学位，1924年毕业于东吴大学法科，获法学学士学位（双学士学位）。1925年赴美进入西北大学法科研究所深造，1926年毕业获法学博士学位后回国，受聘于母校开设证据法学课程，成为中国第一位开设此课的教授。1927年被任命为东吴法学院首任华人教务长，同时兼任设在上海的江苏交涉公署华扬诉讼案件上诉处帮审官。1933年被任命为国民政府立法院立法委员，参与起草民法、刑法、商法等法规，1936年参与起草《中华民国宪法草案》。1941年被任命为东吴大学法学院院长。其主要著作有《证据法学论》、《中国继承法原理》（英文版）、《英美法的审判制》等。1993年获中华人民共和国司法部授予的司法教育银质奖章一枚、奖状一张。

〔1〕　"悠久"原文作"攸久"，现据今日通常用法改正，下同。——校勘者注。

〔2〕　泰西，旧泛指西方国家，一般指欧美各国。清方以智《东西均·所以》："泰西之推有气映差，今夏则见河汉，冬则收，气浊之也。"

界潮流，内以适国家之变迁，擘划深稽，以作育英才为务。其有造于吾国法界人才者，奚可量计。吾辈饮水思源，胥当拜本院创办者兰金 Rankin 氏之功也。

本校成立，茬苒十九年矣，在过去之十九年中，本院教育方针之递禅，殊有足述者。本校原以英美法与中国法为依据，而旁参以大陆法，继应时势之需求，改以中国法为主体，以英美与大陆法为比较之研究。俾学生对于世界各大法系之要理，皆有相当认识。是以本校课程之编制，除依照教育部令所颁布之法学院法律系课程外，更参照欧美各国法律学校课程之优点，使本校学生毕业本校后，除在国内法界服务外，得免试插入世界各国之著名大学院，继续其高深法学研究，此则本校适内而应外之鸟瞰也。兹将本院十九年来教学之大概，记述于后，不特资后来者之追念前贤，且使社会一班，明了本校之精神所在也。

二、办学方针

（一）施教重质不重量

本院选学生，力主严格；凡高中毕业后继续在大学读满社会科学四十学分，平均成绩在七十分以上，并有学校证明书与成绩单者，方得投考本院日校法律科；凡读满大学社会科学八十学分，并有学校证明书与成绩单，或得有国内外大学学士学位者，方得投考夜校法律科；且规定日校三四年级，夜校四五年级，不招插班生；考试科目，又不仅限于国文英文政治经济社会等科，即心理论理物理化学生物等科，亦接在应试之列，此制推行以来，在本校肄业者，四分之一为国内大学得有学位之学生，百分之五为国外留学归来之学生，其程度已无形提高；平日对于学生之札记及月考等，亦从严审核，不及格学程逾三分之一者，不得补考升级，逾二分之一者，必须退学；是以本校每年所收学生，至毕业时落选者颇多；良以法律教育之目的，不在培植专为个人功利之普通人才，当为国家社会培植知行合一品学兼优之法学人才，此本院之所以以重质不重量为办学之方针一也。

（二）训育以校训"养天地正气法古今完人"为主旨

年来士气日渐嚣张，学子日趋浮靡，本校抱挽此颓风之决心，负训教之责者，固应勤诚俭约，修己正人，树立师表；而于一般学子之言行举动，有越出规范着，必剀切劝导于前，严厉训诫于后，冀养成品学兼优之法学人才；

决不委曲求全，因循敷衍，以误学生而误国家，此本院之办学方针二也。

（三）学校行政居超然地位

年来国事蜩螗，时局杌陧，国家教育，频受打击，而办理教育者，常因政局关系，不能安于其位，鹄的既失，射何由中！本校自开办迄今，主持校政者，尚能专心从事，不受任何判别之影响，战战兢兢，惟学校之利是图，使选项常处于超然之地位，此本院之办学方针之三也。

（四）课程以切于实用为标准

本院编制课程，不愿巧立名目，标新立异，以至学生在校则学非所用，出校则用非所学；故今后于课目方面，不切实用者当力求删减，而切于实用者，应尽量增加，于世界法律之大势，固当使学生有相当之研究，于本国之历史及社会之特殊情形，尤应使学生有彻底〔1〕之了解，俾造成切合中国需要之法律人才，此本院之办学方针之四也。

（五）教授选任以专门学识为要件

夫学校之优良，端在办事者之热心，亦在教授之得人；本校聘请教授，素以专门学识为要件，曩时教授，如王宠惠，梅华铨，谢永森，陈艇锐，张君劢，张一鹏，何世桢，郑天锡，林鼎章，罗炳吉（Lobinger），佑尼干（Jernigan），林百克（Linebarger），费信惇（Fessenden），刘伯穆（Blume），博良（Bryan），诸先生，均系中外著名法学专家，先后任本院主要学科；而最近聘请教授中，如担任法理学之吴经熊氏，担任宪法之乔万选吴芷芳氏，担任罗马法之应时丘汉平氏，担任公司法之潘序伦氏，担任德国民刑法之刘世芳氏，担任法制史之董康氏，担任刑法及刑诉之赵琛俞承修郁华氏，担任劳动法之孙晓楼氏，担任国际公法之梁鋆立姚启胤夏晋麟路义斯（Robert E. Lewis）氏，担任民法及民诉之钟洪声张正学瞿会泽过守一曹杰李辛杨氏，担任英美法之张志让萨来德（George Sellett）黄应荣卢峻氏，担任土地法及商事法规吴尚鹰王效文氏，担任审判实务之沈锡庆氏，担任海商法之查良鉴氏，担任国际私法之徐砥平氏，皆负盛望之法律专家，各尽其长，各献其能，来本学院讲学，此本院之办学方针五也。

---

〔1〕 "彻底"原文作"澈底"，现据今日通常用法改正，下同。——校勘者注。

三、学制及课程沿革

本校学制及课程沿革，约可分为前后两期；兹为明晰起见，以民国十八年八月国民政府教育部立案前为前期，立案后为后期。请分述于下：

（一）前期

A. 学制——分大学研究院两部，大学为五年肄业制，修业期满，给予法学士学位，研究院二年肄业制，修业期满，给予法学硕士学位。大学又分为正预两科；预科附设于苏州东吴大学文理学院内，授课时间为日间。正科设于上海，授课时间自下午四时半至七时半。

B. 课程——法律预科课程，若政治，经济，哲学，心理，论理，社会，辩论，外交史，世界史，以及第二外国语文等等，大都为社会科学。正科则均系法律课目。教材为选读各国法学原理及判例，注重于比较法方面。课程支配，系先读私法，后读公法。

（二）后期

A. 学制——大学废止正预科名称，改为大学五年卒业制。并为促进教学方面之效能起见，特增设日校一部，上课时间自上午九时至下午四时。又依照教育部所订定之大学规程，改为四年卒业制；将夜校五年所定之学程，缩短于四年授完。使日校学生，得以专心攻读，不致为尘务所扰，俾致力于学理上之探讨，乃本校推进计划之一项也。夜校授课时间，改为下午四时廿五分至八时，日上四课。第一时为选修学程，第二至第四时系必修课主科学程。盖夜校学生，可利用日间以是实习机会也。至于研究院，则改为三年卒业制。凡本校毕业生，或经本校认可之法学院法律系卒业，并得有法学士学位者，方得投考；肄业期满后，视其成绩，授予硕士学位。

B. 课程——本校向注重于比较法学之研究，故对于大陆英美两系法学课程，均各并重。近年来，因教育部所颁布之法学院法律系课程标准，迭经厘订，而本校为应时势之需求，不得不将以前大一二两级之社会科学，略予削减。一方再对于新变更之法律课目，酌量予以增加，爰将所有学程，重新编配。（详学院一览）大要分之，日校大一，为社会科学及法学通论，大二至大四，均专门法律课目。夜校大一，为社会科学学程；大二至大三，为法律系必修学程，大四至大五，为行政法，法理学，法律哲学等高深课程。教材方面，大概三分之一为各国比较法，用英语或各该国语言教授。三分之二为中国现行法规，用华语教授。程序方面，则改先读公法，后读私法。其他实习等等，除增设诉讼实务及诉状卷宗两课，使学生熟知诉讼程序之方法及各项卷宗之格式记录应用等问题以外，并注重于个人课外自修。兼用导师制度，每生每学年须作书评一篇或两篇，呈由导师评阅。凡由他校转学本院者，所缺之课程，咸须按照部章及本院所订定之学程，完全补读。务使修毕本院三年之法律系学程，与部章校章相吻合。

四、今后之推进事项

关于本院今后之推进事项，自精神方面言，为日校之创设，比较法学讲座之设置及东吴法学丛书之编辑。自物质方面言，则为校舍之扩充，法学图书馆之建设等等。除日校与法学讲座业已增设外，请将校舍法学图书馆法学丛书三种计划，约略述之如下：

（一）校舍之扩充

本院自一二八淞沪战事发生以后，旧校舍损失滋巨。廿二年一月经校董会指拨今址，故于教务训育及办事方面颇见利便。然本院虽经校董会拨给校基校舍，第观将来本校发展之情形，终觉不敷所用。故由西国校董向美国基督教监理公会总会请求临时捐助外，再于新生入学时，一次征收建筑费十元，以冀集腋成裘，备作将来旧校舍重新翻造之用。

一俟积有成效，即可着手进行，此本院推进事项一也。

（二）法学图书馆之建设

本院校友董绥经，王亮畴，陈霆锐，陆鼎揆等，鉴于欧美各国法学图书馆之伟大；吾人一履其境，辄觉琳琅满目，美不胜收。而我国则欲求一比较完善之法学图书馆，竟不可得。爰拟敦请国内法学两界闻人赞助，募款三十万元，以十万元为建筑图书馆费用，以二十万元为购置法学图书基金。所有图书，除供本校师生之研阅外，兼作社会人士之参考。他日蔚观厥成，法界人才辈出，则本校法学图书馆之功伟矣。此本院之推进事项二也。

（三）东吴法学刊物之编辑

本校师生，为资学术上之切磋起见，于民国十一年发起中英文法学杂志各一种。最近，本校毕业同学，为发扬母校荣誉及免除历年来师生之成绩湮没无闻，特集资组织一出版部。将各教授及同学之著作，详加校订，择优付梓。倘经济能力所及，冀于三年内完成本校法学丛书三十种，俾供法学界之研究，此本院之推进事项三也。

本校成立于今，十九年矣。回溯民国四年九月本校诞生之时，惨淡经营，奠其始基者，为兰金先生也。兰氏为美国之名法学家，慨中国国权之丧失，法学之不振，而有斯校之创设，冀为中国法学界有所贡献，微兰氏之热心毅力，何能有今日之法校，故吾人纪述十九年过去教育成绩之余，不得不向兰氏致相当之敬意也。

岁月之推迁，时间上段落之识别也。时间能影响吾人之思考情绪，而时间上之段落，其影响之力尤大。本校十九年来之学制与课程沿革，概括言之，前期以英美法系及中国法为主科，以大陆法为副科；后期则改以中国法为主体，以英美及大陆为比较之研究。办学方针已如上述。至于其他推进事项，均在计划之中。是吾人欲求将来校务之进展，当于今日之现况中，寄以无穷情绪，发生回顾与前瞻之想望。后之视今，亦犹今之视昔，鉴过去，策未来，在继续努力中求改进，斯进化于无疆，惟欲知今日之何自来，始知过去之教育成绩非可湮没，此本文之所以作也。

附本校毕业同学对于法律教育之贡献

本院十九年来办学方针与经过情形之大要，既为上述矣；同人等抱培植匡世济时人才之决心，战战兢兢，不敢一日或懈；现在毕业同学，已达四百余人，在政法商学界中均有相当之地位及成绩，而服务于法律教育者，复日见增加；每届学期终结时，国内公私立大学，向本院聘请法学教授者，时有其人；其已脱离学校之毕业同学，于公余之暇，能从事于学术之研究者，亦不在少数，夫十年树木，百年树人；本院开办迄今，为时只十九载，而于法律教育上已有些微之贡献，此本院所引为荣幸也；爰将本院毕业同学之在法律教育界之工作与作品，列表介绍[1]于后，非所以自炫夸人，实欲以此自勉而勉来者耳：

（甲）本院毕业同学历任国内外各大学法学教授者（以毕业年限先后为序）

姓名	授课学校及所授课目
王士洲	现任本校文理学院法律系民法教授

---

[1] "介绍"原文作"绍介"，现据今日通常用法改正，下同。——校勘者注。

姓名	授课学校及所授课目
吴经熊	曾任国立政治学院法学教授 曾任美国西北大学特约法学讲师 美国哈佛大学特约法学讲师 现任本学院院长兼法理学法律哲学教授
陈霆锐	曾任本学院英美法教授
陆鼎揆	曾任国立政治学院法学教授 私立光华大学法学教授 本学院宪法行政法教授
笪耀先	曾任沪江大学商法教授
何世枚	曾任上海大学法学教授 本学院刑法教授 现任私立持志学院教务长
何世桢	曾任上海大学法学教授 本学院刑事诉讼法教授 现任私立持志学院院长
狄侃	曾任国立广东大学国际公法教授 国立中央大学民事诉讼法教授
张元枚	曾任国立暨南大学刑事学教授 私立大夏大学犯罪学指纹学教授 现任本学院监狱学教授
石颖	曾任国立暨南大学法律系教务主任 本学院英美法教授
江一平	曾任本学院议会法教授
李中道	曾任国立暨南大学法学教授 私立大同大学国际公法教授
高君湘	现任私立沪江大学商法教授
盛振为	现任本学院教务长兼证据法学教授
谢颂三	曾任本校文理学院法学教授
金兰荪	现任私立复旦大学法学教授

续表

姓名	授课学校及所授课目
富刚侯	曾任本学院劳动法教授
胡汉瑞	曾任私立中国公学教务长 现任私立复旦大学国际公法教授
梁鋆立	现任本学院国际公法教授
端木恺	曾任国立中央大学行政法教授 省立安徽大学法学院院长
赵任	曾任国立中央大学法律系主任 现任国立中央大学法学教授
邱汉平	曾任国立暨南大学外交系主任 现任本学院罗马法教授
田鹤鸣	曾任私立大同大学法学教授
孙晓楼	曾任国立劳动大学社会学系劳动法教授 私立东吴大学政治系法学教授 现任本学院代理教务长兼劳动法教授
马君硕	曾任私立法政大学法学教授
陶天南	曾任国立中央大学行政法教授 本学院行政法教授 现任国立武汉大学行政法教授
陈文藻	曾任私立江南学院法学教授
黄应荣	现任国立暨南大学法学教授 私立光华大学宪法教授 本学院英美刑法及法律拉丁教授
杨兆龙	曾任持志学院教务长 私立法政学院法学教授 本学院海商法教授
傅文楷	曾任本学院宪法教授 现任私立厦门大学法律系主任

续表

姓名	授课学校及所授课目
倪征暎	曾任国立中央大学法学教授 本学院法理学教授
章寿昌	曾任本学院行政法教授
何炳荣	曾任国立中山大学法学教授
查良鉴	曾任国立中央大学国际私法教授 省立安徽大学法学教授 现任本学院海商法教授
袁仰安	曾任国立暨南大学法学教授
张庆桢	曾任国立中央大学法学教授 省立安徽大学法学教授 现任私立厦门大学法学教授
费青	曾任国立暨南大学罗马法教授 现任私立朝阳大学罗马法教授
邹玉	曾任国立暨南大学法学教授
谢景山	现任私立上海法学院法律思想史教授
屠广钧	现任国立中央航空学校法学教授
郑竞毅	曾任私立中国公学商法教授
卢峻	曾任新中国学院法律系主任 现任国立暨南大学法学教授 私立光华大学法学教授 本学院法学教授
李宗培	曾任私立复旦大学法学教授 私立光华大学法学教授
陈贻祥	曾任私立光华大学法学教授
郑保华	现任私立江南学院票据法教授
俞恩良	曾任大夏大学教授
刘莹	现任私立南开大学商法教授
谢德风	现任私立复旦大学法学教授

书名	著作者	中文或英文	出版
前清破产条例	张簏云	英文本	别发洋行
英律摘要	张簏云	中英合编	商务印书馆
最低工资立法	马润卿	英文本	中华书局
法理学史概论	王傅璧	中文本	法学编译社
法学论丛	吴经熊	英文本	商务印书馆
法律哲学研究	吴经熊	中文本	法学编译社
法理学汇编	吴经熊	英文本	本院出版部
商法	陈霆锐	英文本	商务印书馆
社会法理学论略	陆鼎揆	中文本	商务印书馆
总理审定五权宪法精义	狄侃	中文本	广东大学法科讲义
国际法原理与国际机关	狄侃	中文本	同上
新民事诉讼法大纲	狄侃	中文本	中央大学法律系讲义
民事诉讼法通论	狄侃	中文本	中央大学法律系讲义
证据法学	盛振为	中文本	本院出版部
中国继承法原理	盛振为	英文本	法学杂志社
国际公法	梁鋆立	英文本	商务印书馆
劳动法学	孙晓楼	中文本	在印刷中
法学通论	邱汉平	中文本	商务印书馆
罗马法	邱汉平	中文本	在编辑中
票据法	邱汉平	中文本	世界书局
先秦法律思想史	邱汉平	中文本	光华书局
唐律概况	贺圣鼐	中文本	民国日报馆
工会法比较	郑竞毅	中文本	作者书店
刑法总则概要	张季忻	中文本	世界书局
刑法分则概要	张季忻	中文本	世界书局
民法总则概要	张季忻	中文本	世界书局

书名	著作者	中文或英文	出版
国际汇兑与贸易	邱汉平 傅文楷	中文本	民智书局
妇女法律常识	陈子藻	中文本	上海女青年会
国际契约的责任问题	姚启胤	英文本	在印刷中
俄国现代史	查良鉴	中文本	商务印书馆
英国宪政论	屠景山	中文本	世界书局
新民法亲属编原论	屠景山	中文本	世界书局
新民法债编原论	屠景山	中文本	世界书局
新民法物权编原论	屠景山	中文本	世界书局
破产法原论	屠景山	中文本	大东书局
中国民法物权编及 票据注释本	朱宝贤	英文本	本院出版部
最近中日问题	桂中枢	英文本	商务印书馆
民法亲属编释义	薛威霆	中文本	上海编辑社
苏俄与远东问题	薛威霆 谢德风	中文本	上海翻译研究会
法学杂志	本院师 生合辑	中文本	本院出版部
法学季刊	本院师 生合辑	英文本	本院出版部
东吴法学	本院师 生合辑	中文本	本院出版部

中国法律教育之弱点及其补救之方略[*]

杨兆龙

一、导言

今年以来，国人对于我国法律教育屡有不满的表示。其中对于我国法律教育之现状能加以详细之分析及正确之批评的，固非尽无；但其言论失当或流于空泛的，实也不在少数。这类言论，可略分为二派；现在为便利起见，可以把两种称号加给它们，就是"高调派"与"低调派"。那些高调派的言论，只知从事于现状之批评与攻击；虽口口声声说中国的法律教育亟须改良，而对于改良之具体方法，则毫无主张提出，以供国人之参考。发表此种言论的人，我们实不敢相信他们对于改良中国法律教育这个问题有何切实之研究。至于那些低调派的言论，则简直是没有出息，他们所标榜的，就是那"因噎废食"主义。在发表这种言论的人看来，中国的法律教育已到了不可救药的地步，我们不必苦费心思去改良它，倒不如痛痛快快的将法律学校的门关闭了。所以他们所提倡的，就是"废除或停止法律教育"等口号。这种过于消极的态度，不消说了，早为识者所不取。因为谁也承认法律这个东西是现代无论哪^[1]个新式国家所不可缺少的；法律既是如此重要，则研究法律的人，当然也不可缺少；法律教育为培养法律人才的工具，其不应废除或停止，自属毫无疑义。所以我们当前的问题，绝不是废除或停止法律教育，乃是如何用切实的方法谋其改良。著者才疏学浅，对于这个问题本不敢说有什么心得。不过在已往的几年中，常觉到中国法律教育之不满人意，曾稍微留心过这个

---

[*] 本文原刊于《法学杂志（上海1931）》（第7卷）1934年第2期，第27～57页。

〔1〕 "哪"原文作"那"，现据今日通常用法改正，下同。——校勘者注。

问题，观感所及，或者不无一得之愚；兹值母校《东吴法学杂志》社惠函索稿，敢就平日之所见述其一二，以资商榷。

二、中国法律教育之弱点究竟在哪里？

中国法律教育之弱点，在文字上早已有人发表过。但是有些人的观察，往往偏于一点，或者过于粗疏；他们所列举的弱点，不免有不确实或不完全的地方。我们现在既想改良中国的法律教育，对于这个问题就非有彻底[1]的认识不可；所以在未讲补救的方法之前，我们应该对于中国法律教育的毛病重新下一番诊断的工夫，藉以知其弱点之真正所在。据我观察，中国法律教育之弱点可大别为二类：一、关于学校方面的，二、关于学生方面的。学校方面的弱点又可分为二大类。一为根本的弱点。这些都可包括在两种情形方面：第一是学校行政当局办事不认真；第二是办理学校无适当之宗旨及计划。第一种情形，在中国现在各学校里———尤其是有几个政府设立而卷入政治漩涡的学校和那些私人设立而以营利为目的的学校里，几乎为一种流行的现象，本不是专发生在法律学校里面；不过我们觉得这种情形在有些法律学校里却是特别的显著。因为在有些政府设立的法律学校里，职员和学生每易为外界的势力所支配；往往由于党派的关系或政治的影响，学校当局不能把他们的全力用于改良学校的行政及课程等事项。至于那些以营利为目的的私立学校呢，又因为办学的宗旨每会带上了不正当的色彩，要想学校当局真办事，那当然更是不容易了。至于第二种情形，虽为一般人所忽视，却也是一个极大的通病。不错，我们常听见办学的人说或看见学校的章程上写着："我们实施法律教育之宗旨及计划，是在应时代之需要，培养法律人才，促进法治"等等的话。但是我们试问发表这种言论的人，他们知道不知道现在时代的需要是些什么；他们能否向我们说一个实施法律教育的具体计划；他们学校的课程是否合乎现代社会的需要，与十年或二十年前所见的有何不同之点。恐怕其中有许多人要被我们问到；因为凭良心说，有许多人办学的态度是一味因循保守而没有计划的。由上述二种根本弱点，便产生了许多其他的弱点。这些弱点大概是一般人早已见到的；举其要者，约有四种，现在略述如左：

---

[1] "彻底"原文作"澈底"，现据今日通常用法改正，下同。——校勘者注。

（一）管理不周

现在中国专门以上的学校最明显的毛病，就是没有纪律；而这种情形，尤以法政学校为甚。这种情形，由于学生的本质不好而发生者，固属有之；但是由于学校当局管理不力而造成者，亦是常事。在有些学校里，学校当局简直怕学生；所以凡是管理方面应该做的事情，往往因为怕得罪学生而不敢做。结果，学生方面便养成种种不守纪律的习惯。这种情形真是中国目前之大患。

（二）教授不好

中国现在各法律学校的教授，好的固然不少；但是不满人意的，却也很多。据我看来，那些不满人意的教授，大概有下面三个毛病：

甲、学识浅薄

在有些学校里，聘请教授，并不十分慎重；往往因于人情的推荐，或震于空虚的头衔，不及仔细考量他的真实学问。浅薄无实学的人，最足贻害学生。

乙、态度因循

这可分为对己与对人两方面说。就对己方面说，一个教授往往对于他所教的功课不肯继续做深切的研究。不说别的，就拿有些学校的法律讲义来讲吧。其中有许多是十年二十年前，甚而至于光绪宣统年间所编而未经大改动过的；又有许多是从前几年朝阳大学出版的法科讲义直抄而来的；更有许多是仅将法律条文拆散，编为普通文字，而毫不加以说明评论或比较的。甚至有些人连讲义都无从编起，只好跑到他的朋友那里去，把人家的讲义，不问好歹，不问新旧，甚至也不问中外，（听说曾有一位教中国民法的教授而用一本中译日本民法概要作讲义）借来就用。其敷衍塞责，又何等骇人听闻呢——再就对人方面讲，有些教授，因为态度因循，在功课上不知督促学生，我们常听到教授在考试之前预先把题目给学生，藉以维持面子；其一味因循苟且，也就可想而知了。

丙、任课过多

现在法政学校的教授，专任的少而兼课的多。因为金钱的关系，往往每人每周担任到三十小时以上的功课；结果，弄得非常忙迫，平均每天都有五六小时的课。再加以所兼教的学校很多，路上来往所需的时间当然也颇为可观。除消费在课堂和路途的时间之外，还要饮食，睡眠，应酬，娱乐。试问还有多少时间可以给他们去预备功课！他们的教材又怎能日新月异而合乎时代的需要！他们既忙碌到如此地步，当然没有功夫对学生为课外的指导，更未必愿意在学校里多给学生工作；因为那样是会给他们增加负担的。试想：法律学校应该存留这一类的教授吗？

（三）课程不良

课程的好坏，一大半是与教授的好坏有极大的关系的。教授之弱点，上面已经叙述过；所以那些因教授不好而发生的课程上的弱点，可以毋庸提起；现在专就其他方面——课程的本身——加以考查，简单的讲，现在中国法律学校的课程本身有一个大缺点，那就是：课程的编制过于呆板保守而没有顾到时代的需要，这可分二点来讲。

甲、关于法律本身之课程不完备

这可再分为六点说明如下：

（甲）忽视法律本身之演进及现代之趋势。要对于法律有深切的了解，非对于它的历史，变迁，因果，及以后之方向，加以切实之研究不可。所以像关于本国或主要外国之法律历史及趋势的科目，实为不可少的课程。但是中国法律学校里有这类课程的，虽不能说是绝无，至少可以说是凤毛麟角。有些学校虽设有中国法制史及罗马法等科目，但其内容完备的，真不可多见。至于现在法制的变迁及趋势等等，那更不容易听到有哪些学校设科研究了。可见得大家对于这一类课程实在是不甚重视。

（乙）缺乏比较法学的课程。这一点的毛病，实与上述者是一而二二而一的；不过为了促起大家注意起见，特地将它提出。我们知道，世界上每一国的制度，总有些地方会对别国发生一种影响或足以供别国的参考。法律也是如此，所以专就这一点讲，我们已经不能否认比较法律的重要。而况中国国内的情形而论，现在正当百废待举的时候，新的法学制度正是方兴未艾，常常须借外国法制为参考；就国际的关系而论，中外的贸易是如此之发达，领事裁判权亟须撤销，适用外国法律的机会，不久就要大大的增加。现在正该准备一班精通比较法学的人才，以应最近的将来之需要。但是说起来真惭愧，现在中国这许多法律学校有几个设有这门功课呢？更有几个能对于它下一番切实的工夫呢？不说别的，恐怕连要找一个这样的教授，就不容易吧！

（丙）有几种必要的法律未经列为科目。现在有好几种法律，在法律学校里简直不教；如商标法，特许法，即其明例。这些法律在今日的中国当然是非常重要；其内容也大有可研究的地方。若在学校里无机会研究它们，试问将来适用起来，怎能胜任愉快？或者有人说："商标法虽已公布实施，但有些法律如特许法等，既未制定，又无草案，那何从研究起来呢？"殊不知，研究法学不当专以解释条文为能事，而应就一国所需要的法律制度，不论已否存在，加以探讨。其已有草案的，我们固然应该加以探讨，批评，及修正；就是那无草案的，我们也不妨设立专科，就各国之成制及本国之情形，为学理及实际的研究，以为将来立法之准备。不然，则事事都要临时抱佛脚，那是何等的危险啊！

（丁）对于理论法学不甚注意。现在有许多法律学校，对于理论法学不甚重视。这不但在他们所用的讲义上可以看得出来；即在他们所订的课程上也可以见得到。像法理学，法律哲学，法律方法论，立法原理等科目，只在少数学校里被列入课程，而与其他法律科学并重。所以无怪现在有许多法律学校的毕业生眼光小而不知应变；对于各种法律制度，只知其然而不知其所以然。我记得有好多次，法官或律师，因为新法与旧法不同，而武断的说新法不好；或因某种事实无现成的判例或解释例可以适用，而茫然不知所措；或因法律点过于深奥，而将大家有争执的重要问题轻轻放过。这种现象，不消说，都是发生于一种错误观念，那就是：视条文判例及解释例为法律学的全体而置法律的理论于不顾。

（戊）对于法律的实际方面没有彻底的训练。我国现在的法律学校，既不注重学理，在一般人推想，或许对于法律的实际方面，必能予以注意了。但是事实并不如此。因为在今日法律学校的课程中，只有型式法庭（或称诉讼实习或假法庭）或其类似科目可算是与法律的实际方面有较深的关系，可是这些功课，虽可给学生们以相当的实习机会，却不能认为关于实际方面唯一满意的科目。其理由有三：第一是假设案件之事实不能予学生以充分之训练。因为案件既是假设的，双方对于事实，在题目之限制范围内，可以任意造出许多物证或人证来；所以在证据方面，往往不会发生像在真实案件中所遇到的那样困难；以后遇着真正案件，还不会应付裕如。第二是假设案件难以引起真正之兴趣。因为案件既是空中楼阁，没有实际上的利害关系，事情绝不会像真正案件那样的严重或会感动人；无论做法官，律师，当事人，证人，或鉴定人，兴味每不能十分浓厚。第三是假设案件每不能使学生为多方之注意及观察，因为有许多真正案件中的问题——尤其是有些程序上的问题——

是无从发生，并且无法使其发生的；即使能够发生，也不是大家容易观察到的，仅凭型式法庭等等，大家还不能有研究或练习解决这些问题的机会。根据上面三种理由，我们可以说：专靠型式法庭等等去给学生以实际训练，是不济事的。但是现在一般法律学校，设有型式法庭这一类课程的，已是寥若晨星；若再要找，设有其他课程的，那真是难得很。可见得大家对于这个问题没有仔细考虑过。或者有人说："实际上的问题，不妨等将来离开了学校，做事的时候再去注意，不必完全在学校里研究；学校里有了型式法庭等类的课程，那也仅够了"，殊不知法律学校的使命应该是：造就一般法学人才，以便离开学校后，立刻可以有充分的能力，应社会之需要而服务。所以法律学校的毕业生，不怕他们的能力充足，但怕他们的能力不够。那些不想有好成绩的学校，终日敷衍塞责，固不足道；但是那些真以法律教育为宗旨的学校，又何必自暴自弃，而不将责任尽到底呢。

（己）没有关于法律伦理的课程。法律伦理的重要，大概是人所共知的。因为一个人的人格或道德若是不好，那么他的学问或技术俞高，愈会损害社会。学法律的人若是没有人格或道德，那么他的法学愈精，愈会玩弄法律，作奸犯科。现在中国律师风纪的不好，就是种因于此，所以关于法律伦理的科目，是法律学校课程中所不可缺少的。我们虽不敢说学校里有了这一科，学生的人格或道德就一定会怎样的改善，但是课程结果之好坏，视乎教授的方法适当与否；若是教授得法，那么关于法律伦理的课程，于培养学生的人格，却是大有帮助的；即使不能收完全的效果，至少总比没有这种课程好得多。然而我们环顾中国的法律学校，觉得设有这门功课的，简直很少；恐怕十个里面得有一个吧！这种现象，若是继续存在，那真是危险万分。因为中国现代教育之通病，就是忽视人格之培养，一般学校，对于学生之德育，可算完全麻木。再加上国民经济的不景气，社会组织的趋于复杂，以及宗教观念的变为薄弱，道德的标准格外容易降低。我们对于学法律的学生，倘再不顾到他们道德的修养，那无异替国家社会造就一班饿虎。所以对于这一点，应该特别注意。

乙、法律之补助课程不完备

法律学的深造，是具有种种条件的；而对于法律之补助科学有相当之研究，实是其中很重要的一个。这一点在从前每为大家所忽视，但是近年来却已成为法律教育家所公认的原则。在大陆派的学校里，固已不成问题；即在英美派的学校里，大家也已渐渐的觉悟，我国的法律学校，对于这个原则，虽也表示相当的尊重；但其办法往往不很彻底。有许多重要科目未经列入课程；并且办法律学校的人，往往对于法律的补助科学不发生兴趣，不免将它们看为一种点缀品。所以就是那些已列入课程的科目，其设备也非常简陋，甚至担任那些科目的教授也极不高明。结果，所谓法律的补助科目，差不多等于虚设。我们不说别的，就拿文字这门功课来讲吧。不消说，我国的法律学校大概都设有国文，英文，日文，或其他外国文的课程；但是毕业出来的学生，有几个是国文通达的呢？有几个是能运用英文，日文或其他外国文看书或作文，而没有错误的呢？固然在中国今日的法律学校里，关于法律本身的课程，还有许多毛病，我们尚谈不到使法律补助的课程臻于完美之域；但是办理这事，并无多大的困难，而这类课程又是不可缺少的，我们实在不懂为什么我们不该从现在起就同时注意到这件事情。

（四）设备不全

现在有一班办法政教育的人，有一个根本错误的观念，那就是以为法政学校的设备可以草率些。所以那班宗旨不纯的人，便以为法政学校可以取巧而专办这一类的学校。结果，所谓野鸡大学者，不知产生了多少。这种学校设备之坏，凡在过北平及上海等处的人，大概都可想象得到。图书馆啦，校舍啦，操场啦，几乎难得有差强人意的。这样的学校，真无异于说书场；那些学生好像一班听书的，除了随意听讲而外，就没有别的事了；至于学生的自修以及学校的管理等等，都谈不到。往往有些学生，在未进这种大学之先，很是老实刻苦；等到一进了这种学校，倒反而染上了许多恶习惯。我们的政府当局似乎已注意到这种可耻的现象；所以在已往的三四年中，对于这些学校严格取缔。这是值得我们钦佩的。不过我们觉得虽经过了这一番的整顿，我们的法政在设备上还差得太远，第一学校的基金太不充足或是简直没有，总难免敷衍了事。第二校址及建筑太狭隘简陋或是简直并非己有，学校生活既感不适，学校管理亦多不便。第三图书的设备太缺乏，学生和教授知识的来源，工作的资料，以及努力的机会都太少。不错，教育行政当局对于以上三点也会予以相当的调查及注意，但是他们被人蒙蔽，却是一件极普通的事。他们的调查及注意有时不能发生好效果；而现在有许多挂上"国立""省立"或"教育部立案"等招牌的法政学校，在设备上，还是够不上标准。我说这话，并非主张物质的设备是高过其他一切，不过最低限度的必要物质设备，是与学校里其他事情一样重要，甚而至于是其他事情所依为基础的。我国现在有许多法政学校的物质设备却以降到最低的必要限度以下；其为害之深，实不亚于上面所说的其他弱点。

以上所讲的，都是关于学校方面的弱点；现在再就关于学生方面的弱点予以说明。严格讲起来，所谓学生方面的弱点，也可以说就是学校方面的弱点；因为他们多半是由于学校当局的疏忽而养成的；不过现在为促进读者的注意起见，特分别予以说明。法律学校学生方面的弱点大约有左列四种：

（一）基本教育不好

现在专门以上学校的学生，在中学时代，往往没有受过充分的基本教育；这在法政学校里尤为普通。其原因大概不外三种。第一是现在的中等教育太差，学生的程度都已降低。第二是有些怕学别的科学——如自然科学等——的学生，以为法政学校的功课容易，往往喜欢入法政学校，致投考者程度坏的占多数。第三是有些学校入学不严限资格，致投考者中有许多没有读完中学的学生。近年来因为教育行政当局的努力，这种现象虽减少；但是因为学校经济的困难，投考者程度的总降低，办学者之疏忽，以及其他种种事实，还没有得到显著的改进。

（二）对于法律之兴趣不浓厚

有些学生并非因为爱读法律而进法律学校；这在上面已经讲过。所以他们对于法律的兴趣，往往不会浓厚。况且他们的基本教育又没有充实，对于学问根本就没有入门；若要希望他们感觉兴趣，升堂入室，那当然是不可能的。所以现在有些法律学生的不爱拿书本，几乎成为很普通的现象。

（三）智力不尽合标准

法律与个人的生命财产既有极密切之关系，而其内容又非如寻常所推想之简单容易，那么绝不是人人所能学的。换句话说，凡是智力太差的人不宜于学它。虽然就个人那方面讲，我们不能反对任何人研究法律；但是就社会这方面讲，法律这件东西是社会上最重要的制度，执行法律职务的人最足影响社会之福利。所以就这一点看来，我们实在顾不到个人的利害；我们只应该问某某人研究法律是否适宜。若是一个人智力不足，那他在法律上的贡献是不会怎样好的；其影响于个人者还小，其影响于社会者则很大。我们时常看见许多法官，连一件极简单的案件都弄不明白；对于当事人证人所说的话，他们就没有理解的能力；一个极明显的道理，往往需要他们许多思索；在别的法官审理一次可以终结的案件，在他审理起来，起码要三次四次，甚而至于十次二十次，更甚而至于案子"开了花"而无从结束。像这样的法官，在他自己方面看来，也许是很卖力气，一天到晚忙得不亦乐乎；但是在当事人方面看来，则受累万分；时间也费了，金钱也化了，精力也疲了，职业也荒了，弄得哭笑不得。试问人民遇见这种法官，是何等的不幸！我们或许要怪司法行政当局误用这种人为法官；但是我们又何能重责司法行政当局？仅凭他们的整顿，又焉能正本清源？老实说，根本的毛病，还在法律学校的招收学生不当心；因为测验学生的智力这回事，在多数办法律教育的人的脑海里，就根本没有想到，学生中聪明的固然不少，愚笨的却也很多，对于那些愚笨者，学校的教育正如撒在瘠土上的种子一般；要想果实硕美，那是不可能的。所以我们要改良法律教育，对于这一点也不可忽略。

（四）纪律不严密

纪律的不好，一半由于学校的管理不周，这在前面已经说过；但是学生的颇不容易，有许多教育专家对于这事还没有办法，我们的法律学校又何必好高骛远？不过我们应该认清：法律学生将来与社会的接触是最深的，他们道德的高下，是最会影响社会的，我们对于他们的标准，自然要提高一些。所以在学校里应该充分的维持纪律，使养成守法的习惯。凡是足以破坏纪律的原因，都值得我们注意。因此我们不仅要当心到学校的管理方面，还应该留意到学生本身不守纪律之品质。

三、怎样才可以补救中国法律教育的弱点？

中国法律教育的种种弱点既已略述如上，第二个应研究的问题就是：怎样去补救这些弱点？解决这个问题的步骤，当然是很多；不过根本的原则，只有两个，其余的各点都是由这两个原则推演出来的。所谓两个根本原则者，就是下面所说的：

（一）纠正办理法律学校的态度

前面已经说过，现在法律学校的当局颇有许多是不认真办事的。这种态度是应该纠正的。换句话说，办理法律学校的人，不应该因循苟且，而应该抱着牺牲服务的精神，去积极的做事。这是很明显的一个原则，可以不必多说。

(二) 确立法律教育之宗旨及计划

关于法律教育的宗旨及计划，学者间已有很多的讨论；本文限于篇幅，无暇详细研究。现在只好将大家所公认的原则说出来；这个原则就是：

"法律教育之宗旨及计划是：要以严格之方法，培养具有健全人格，富有创造精神，及善于适应时代需要之法律人才。"

我以为上述这个原则正是中国办法律教育的人所应该尊重的；因为其中所包含的几点正切中时弊。试简略说明如下：

甲、注重严格教育

前面已经说过，现在中国的法律教育不太慎重；课程管理等都很不上紧。以后实施法律教育，非严格不可。

乙、注重人格之培养

这一点上面也已说过，实是目前顶要紧的一件事。

丙、养成创造及应变的精神

这是应该特别注意的一点。因为中国人现在创造和应变的精神太属缺乏；什么事情都要盲从人家，不知道自出心裁。今天人家采用道尔顿制了，我们明天不问好坏也就照样学起来；今天人家行大学院的制度了，我们明天也就照抄一下；今天人家实行五年计划了，明天我们也就照拟了许多类似的计划；今天人家实行统制经济了，我们明天便设立大规模的机关，以经济统制自命。但是在人家没有实行道尔顿制，大学院制，五年计划，统制经济之先，我们中国那些教育家经济家就没有想到这些事情。其实中国那些从外国回来的博士硕士正多着呢，而人家所有的也不过是些博士硕士；何以我们偏不如人家呢？不消说，其原因是：人家具有创造和应变的精神，所以他们的学问是活的；我们中国的学者是惯于保守自足的，所以那学问就变为死的了。现在我国学法律的人也有许多是犯了同样的毛病。最明显的例就是：我们什么法律制度都要盲从人家；等到采行之后，也难得有人去切实研究其利弊，更难得有人肯用一番苦功，根据中国的需要，提出什么新的方案。有些法律竟拟有好几个草案，但是都是以抄袭一二国法典为能事，几乎全未顾到中国的实际情形。甲草案与乙草案之优点何在，我们真不敢断定。再看那些法官律师呢，拿到几本大理院的判例或司法院的解释，便以为所有的法学"尽在其中矣"。本是一个很好的男女平等的原则，而一到了我们的法官的手里，就解释为只可授未结婚的女子以承继以产权。这些毛病的根本原因，当然也在于缺乏创造应变的精神，以至于学问变为一个死东西。所以根据上述两个根本原则。我们现在可以参照前面所说的中国法律教育之弱点，拟一个简单的补救方略。这个方略可分为管理，教授，课程，设备，及入学五点说明如后：

（一）管理

管理学校，大半是个手段的问题；在学理上几乎没有什么具体的原则可以提出。所以这一点大都要靠办理学校的人自己去体察应变。不过现在中国的法律学校在管理上最应该注意到的，乃是学生的纪律。学校当局应该以最诚挚的态度，不辞劳怨，维持学校的秩序，注意学生的操行，使养成一种守法的习惯。要办到这一步，我觉得须有几个条件。第一是检点自己的言行；因为己不正，便不能正人。第二是多与学生接触；因为多接触，在一方面既可明了学生的情形，在另一方面又可以自己的人格去感化他们，而引起一种友谊。第三是处处顾到学生的困难；因为这样才可以使他们知道：学校当局的确是关心他们的利害，而不是处于对立的地位。第四是赏罚严明；因为这样才不至于使学生侥幸疏懈的态度。第五是学校行政当局和教员共同合作；因为这样才可使纪律易于普通的实现，而学校刑侦当局才不至为众矢之的。

（二）教授

关于教授方面应注意的有二点，就是人选与待遇。就人选这一点讲，我觉得现在法律学校的教授须具备下面的几个条件：

甲、对于法律的理论与实际都有相当的研究

法律与其他的制度一样，应该从各方面去观察，我们要彻底明了法律，不但对于它的理论应有研究，尤其对于它的实际方面应该加以切实的考察。所以一个理想的法学教授，既不是那专长于理论而昧于实际的，也不是那专注重实际而忽视理论的。因为偏于实际者，往往囿于成例，无应变之能力；偏于理论者，往往好高骛远，不知事实之困难。他们教出来的学生，都难免不带上一点畸形的发展。那是与我们法律教育的宗旨不合的。

乙、对于教授法学有浓厚之兴趣

一个教授，除掉应该对于法学有研究外，还应该对于教授法学这种工作具有浓厚的兴趣。因为有了兴趣，才可以热心而有恒，方才不会将教书当为一种过渡的职业而时时想摆脱。如果教授们都能这样，那么[1]他们对于所

---

[1] "那么"原文作"那末"，现据今日通常用法改正，下同。——校勘者注。

担任的科目必能继续不断的研究；于是经验学识，日积月累；久而久之，必有伟大的成就。不消说，欧美日本的有名的法学教授，大都是靠这一点而成功的。所以要希望有好教授，不可不对这一点加以注意。

丙、具有健全之人格

教授的人格对于学生的影响是很大的，学生们往往会于受课时不知不觉间受了教授的感化。所以注意教授的人格，也是培养学生道德之一法。

丁、专任而所任课程不多

教授必专任而后才能将其全副精神集中在一个学校里；而专任教授又必所任的课程不多而后才有时间为充分的预备。所以专任与任课不多，都是理想教授的要件。

关于人选的问题，既已说明如上，其次应该研究的，就是法学教授的待遇问题。现在中国的法律学校，无论是公立或是私立，对于教授的待遇，都不是能认为满意。公立的学校里，教授的薪水虽还算适当，但是因为校长时常更换或内部时常发生意见，教授的任期太无保障。至于那些私立学校呢，又因为经费不足，法学教授的薪水未免太薄。这种情形的结果，就是：有能力的人不愿意当法学教授，而愿意当法学教授的又未必是有能力的人。所以要想得到好法学教授，除限制资格以外，还要提高待遇。其方法有三：（一）提高薪水，（二）延长合同之期限，（三）设养老金。第一点甚为明显，毋庸说明。第二点在中国已有几个学校实行。其办法大概是在聘书内将任职的期限订为若干年，其长短视各个情形而不同；五年十年都可以任意规定。若遇到一个新教授而对于他的能力还没有充分的信仰，那么不妨先订一个短期的合同，以便观察他的成绩。如在那个期间以内，发现[1]他的能力的确不坏，就可以订一个长期的合同。这样的办法，当然还不十分满意；最好是于可能范围内将授教改为一种终身职。不过在中国现在的情形之下，这大概是很难实行的。所以我们只好采上述的折衷办法。至于第三点所说的养老金制，确是教授的一个极好的保障，假使能够[2]实现，那么必定有许多学法律的人以当教授为乐事；法律学校将变为法学人才集中的地方；法律教育的前途是未可限量的。

---

〔1〕 "发现"原文作"发见"，现据今日通常用法改正，下同。——校勘者注。
〔2〕 "够"原文作"彀"，现据今日通常用法改正，下同。——校勘者注。

（三）课程

关于这一点，有左列四件事要做：

甲、扩充范围

现在法律教育学校的课程，有许多脱漏的地方；这在前面已经说过。所以关于课程方面第一件要做的事，就是扩充他的范围。换句话说，就是增加科目。这又可分为法律本身的科目和补助法律的科目二点言之。前者所应该增加的是：（甲）关于法律演化及其现代化趋势的课程；（乙）《比较法学》；（丙）关于法律理论的课程；（丁）法律伦理；（戊）关于几种必需的特殊法律之课程，如《商标法》，《特许法》，《农业法》，《公用法》等等；（己）法律临案实习（Legal clinic）。以上（甲）至（丁）的重要，在前面已经说过，不必再讲。现在专就（戊）和（己）两种课程补充几句话。（戊）种的课程可因着中国社会的需要随时加以扩充；不但可以已存的法律为研究目标，并且也可以拿那些未产生而确于中国有益的法律为课程之对象。就拿《破产法》来讲吧。中国现在还未制定《破产法》；但是这种法律确是与社会经济极有关系的，应列入法学课程。并且这种课程的目的应该有两种：第一是研究重要各国关于破产及其类似情事的制度——其背景，现状，利弊，及共同之原则；既不专研究一国的制度，又不专注意破产一种情事；凡与破产相类似的情事如司法清理（Judicial Liquidation）等等，也都顾到。第二是就本国之破产及其类似情事为立法之设计。此外像农业法等等，我们如发现什么问题而中国尚无法律可适用，亦不妨用同样的方法，设科研究。再讲到（己）种课程，我以为这是中国法律学校亟应增设的。其内容是与医学生的病院实习相似的。在美国已有法律学校设立这种课程，西北大学的法科即其一例。我所希望我国法律学校设立的就是类似于西北大学法科所见的那样的课程，其性质可分三点说明如后：

（甲）目的。这种课程的目的是要给学生一种机会，以便实地观察并练习法律的运用。

（乙）办法。由学校一部分取得律师资格的法学教授独立或与外间之律师联合组织一种贫民法律事务所或法律救助会（Legal Aid Society）或其他类似的机关，以无偿的代办无力贫民之诉讼及非讼案件为主要职务（因为有了这个限制，案件可不至于过多较易应付）。学生等即充各该教授或律师之助手，在各该教授或律师指挥之下办理各该案之手续。但出庭及其他对外之重要事务，仍依法由各该教授或律师自任之；其经办各该案之学生则前往旁听及助理其他必要事务。

（丙）优点。这种课程的优点有三：（一）使学生有办理案件而实地观察并运用法律之机会，可免去离校后之种种困难；（二）所经办的案件以关于贫民者居多，既可使学生知道下层社会的情形，并可引起他们对于贫民的同情而养成牺牲的精神；（三）贫民法律救助事业可因此而发达，贫民受惠不浅。

上述各点不过表明这种课程的大概，当然不免有些不妥之处。不过我的目的是要引起法律教育当局对于这事的深切注意，至于详细具体的方案，还愿与大家在将来作更进一步的讨论。

再讲到法律的补助科目方面，也有几种要加入的课程。这可分为二类。一是工具科目。属于这一类的是：（一）中文，（二）外国文，（三）法律拉丁，（四）中国方言。现在中学校的国文程度，不消说，已是远不如从前；仅凭中学那一点中文根基，还不够出来应付各种事业——尤其是法律的事业。所以法律学校又增加中文课程之必要，并且对于所设的中文课程还应该用严格切实的方法去教授。现在中国有价值的法律著作真是寥若晨星。不懂外国文的人，要想对于法律有深切之研究，实是不可能的事。所以法律学校里应该设立关于主要外国文的课程，如英文法文日文等等；至少要将学生训练到能看懂外国法律书的地步。现在中国学校里设有这类课程的当然很多；但是或则每周的钟点太少，或则训练的时间过短，或则教授的方法不严格，结果好的甚属难得。所以将来对于这一点应该特别注意。至于法律拉丁，亦是治法学的一个重要工具；尤其当我们研究西洋的法律时，对于这门功课不能不有相当之认识。中国法律学校中设有这一科的非常少，应即加以注意。再讲到中国方言，或许有人要觉得奇怪，认为不该将它列入课程。但是经过慎重的考虑，我认为这种课目乃是中国目前学法律的人最必需的，因为现在做司法官的人，每到了一个生地方，就感到方言的不通。例如：江苏或北方人到福建去做法官，审案时，必雇用通译；其困难与流弊当然不言可喻。我们敢说一个江苏人或北方人到了福建这些地方去当法官，便失去了他大部分的功用。因为办案之成绩，全靠观察之周密，审断之明确；言语不通，这些事怎能办到？所以我们若希望造就出一班法律人才，使他们能到中国各处去为司法界服务而收人地相宜之效，对于这一点应加以深切的注意。或者有人说："你所主张的科目乃中外古今的法律学校里所未见过的，这不是故意立异吗？"

殊不知，今日的中国，幅员既广，人文又不一致，自有其特殊的需要；我们现在为适应这种需要而设立特殊科目，正所谓"适合时代之需要"，更有何不可？又或者有人说："中国的方言很多，将学不胜学，法律学校里究竟学了那些个方言好呢？"我以为这也不成问题；因为我们学方言之先，可将中国的方言分为几类，如云贵四川两湖等列为一类；河北，山东等又列为一类；然后再从每一类中检出一种比较大家可以懂得的方言，列为一种科目。这样全中国的方言分类不至过多，学校所设的科目亦不会过于复杂。至于一个法律学校里应该设几类的方言科目，那当然是要以学校所在的地点为标准。譬如江苏的法律学校，就应该就广东福建和其他不懂的方言设立科目；而广东福建所应该设立的方言科目便是现在的国语等等。

除了上述的工具科目，法律学校里还应该增设几个关系科目。属于这一类的是：（一）《哲学》，（二）《论理学》，（三）《心理学》，（四）《伦理学》，（五）《社会学》，（六）《政治学》，（七）《经济学》，（八）《中外文化史》。前二者是讲究思维术的重要科目。学法律者最必需的就是思想正确，这些科目当然是必不可少的。其余都是讲究人类关系及现象的，是法律的根据，亦不可少。现在法律学校里有这些科目的也很多；不过大都很不注重，学生得益很少。所以对于有些学校，我们既可不必说增加科目，亦须要求对于上述诸科目施以严格的教育。

乙、延长年限

法律学校的课程既经扩充，那么修业的年限也有延长的必要；否则，将不免华而不实的毛病。不过关于年限的延长，可以有两种不同的制度。第一种可称为直接延长制。依这种制度，凡高中毕业的学生，经入学考试合格后，都可以直接入法律学校，不过其修业的年限须加以延长。这个制度又可分为两种。一种是将修业期间分为二段，一段是法律预科，一段是法律本科。另外一种制度是不将修业期间分为预科与本科两个阶段的。与直接延长制相对待者，有间接延长制。依这种制度，凡高中毕业的学生不能直接进入法律学校，必定要现在大学里读过别的科目满多少年或先由大学别的科毕业才可入法律学校；而法律学校本身的修业年限还是照旧。上述的两种制度，究竟孰优孰劣呢？据我看来，还是直接延长制度好一些，其理由有二：（一）法律学校延长修业期间目的，是要给学生充分的时间，以便学习法律本身的科目及其补助科目。这种目的，在采用直接延长制的学校，当然不难实现，因为凡是法律学生应读的法学及其补助科目都可由那个学校一手教授，学生确能实受其益。但是在采行间接延长制的学校则不然。因为那些来进法律学校的学生，虽已经在大学读过若干年或已由大学毕业，然而因以前所进的科系不一，对于法律的补助科目，未必受过训练。在这种情形之下，只有两条路可走。第一是在法律学校里加授法律的补助科目，以补以前之不足；第二是在法律学校里，只授法律本身的课程，至于学生们以前有未学过法律的补助科目，则置之不问。可是第一种办法为年限所不许，当然是不行的。第二种呢，又未免使有些学生失去学法律补助科目的机会，也是不妥的。（二）在采直接延长制的学校，可将法学科目逐渐授诸学生，俾得由浅入深，无食而不化之弊；如先授以法学通论，继受以民法总编及刑法总论，再次及于债权物权等等。而在采间接延长制的学校，则因时间有限，往往来不及如此循序渐进。于是法学通论还未读过，便要读民法刑法；总则还未读完，便要读各论；弄得学生茫无头绪。英美派的法律学校就是犯的这个毛病。直接延长制既比间接延长制好些，那么我们的法律学校当然应该采取前者。不过同一直接延长制，其延长制年限有长短之不同，我们究竟应该将中国法律课程的年限延长至什么时期为止呢？我的答案是延长至六年，因为六年的时间已够拿来读上面所说的法律本身的及补助的科目。其次应该研究的问题就是：应否将这六年分为预科与本科？我以为这样一点没有多大关系。因为只要课程分配得当，无论分不分预科本科，在实际都可得到好的结果。

丙、改良次序

课程分配次序，与课程之效力是有很密切的关系的，我们既主张采用直接延长制，使一个法律学生有六年的工夫，继续在一个学校里研究法律本身的及补助的科目，当然不至于像英美派的学校一样，将许多法律科目同时给一个初学法律的人研究。不过课程分配若是不得其当，其结果也不会十分好的。所以我们在研究改良课程时，也应注意课程的分配次序。课程分配的原则，在学理上是不容易讲的。著者既非教育专家，而对于法律条文又无研究，本不敢随便发表意见；不过根据平时的观察，觉得有几条常识上的原则或许可供参考，现在姑且提出和大家讨论一下。

（甲）先法律的补助科目而后法律的科目。补助科目是为准备读法律而设的，所以应先研究。

（乙）先普通科目而后特别科目。普通科目之概括性较大，往往为特别科目之基础，故应先研究。

（丙）先实体法而后程序法。程序法为保护实体法所规定之权利而设，故应于研究实体法后研究之。

（丁）先总论而后分论。此为极明显之原则，毋庸细选。

（戊）先公法而后私法。现在有许多法律学校往往先使学生研究私法的科目，而将有几种公法的科目留到最后的一二年去研究。如国际法及宪法等，即其明例。这样的分配次序是不合理的，因为公法上的原则都比较私法上的原则要"落落大端"些；其内容比较为初学者所容易领会。所以先研究公法而后再研究私法，可收由易而难，循序渐进之益；若是将次序颠倒，则徒使学生感到困难而无实益。

（己）增加各种科目于特定期间之授课钟点，以缩短其训练期间而减少同时所授科目之种类。这个原则的意思是：将每种科目在每学期的授课钟点增加，使那些在平时需要三学期才可读完的功课在两学期内可以读完，而需要两学期内可以读完的功课在一学期内即可读完。这样原来一学期所授的八门功课，现在可以改为五门或六门；而原来只有二小时的功课，现在可以改变为四小时或五小时。譬如：民法总则本来每星期三小时，预定一年读完，现在可改为每星期六小时，于半年内读完。同时因为每星期民法的授课钟点增加，时间不够分配，再将原定与民法同时读的其他功课取消几样，移作其他学期的课程。这样的办法有两个优点：（一）使各种功课可以依适当之次序前后衔接，集中于少数之科目，以为深刻之研究，而无精神涣散应接不暇之弊。

丁、革新方法

关于这一点，有四个问题，就是：（甲）教材之选择，（乙）讲授之工具，（丙）工作之指定，（丁）成绩之考核。以上几点，因课程之性质而不同，现在为节省篇幅起见，专就法律的科目略说几句话。

（甲）教材之选择。选择教材时，应注意下列几件事：（一）明了现状；凡实际方面的问题，应于可能范围内予以研究。（二）讨论利弊；凡各种法律制度之得失，应尽量的予以批评，藉以启发学生之心灵而养成批评之态度。（三）注重比较；凡外国可资借鉴的法律制度，应于可能范围内加以研究，藉以扩大学生之眼光。（四）顾及变迁趋势；研究法律制度时，应注意变迁及趋势，使学生明了法律与时代之因果关系，而知所应变。

（乙）讲授之工具。关于这一点的问题就是：讲授课程时，应该用什么为媒介？还是用课本呢？还是用讲义呢？还是一样都不用，仅凭口授呢？我觉得课本与讲义只可适用于集中法律的补助科目，对于大部分法律的本身科目组号不用。换句话说，对于有些法律的科目，教授们最好注重口授，由学生笔记。因为课本和讲义都会使学生觉得有所恃而怠惰；若采用口授笔记制度，则学生耳手并用，非有深切之注意不可，自然就不能漫不经心了。

（丙）工作之指定。现在许多法律学校，对于学生课室外的工作不甚注重。结果使他们一出课堂，就可以把书完全丢开。这不但与学问有碍；并且因了课余的闲暇过多，使学生们得到过多的逸乐机会，对于品行上也有很大的影响。学生纪律之不好实半由于此。以后教授们对于学生应多指定课室外的工作，以纠正这个弊病。

（丁）成绩之考核。欲使学生们用功不倦，时常考核成绩实在是一个最有效的方法。现在许多法律学校对于这一点都不大注意；教授们难得肯考询学生。所以教授尽管讲，学生尽管不留意。这实是我国法律学校的一个大缺点，以后亟须改良。

（四）设备

一个法律学校，在设备上起码要有三样东西，那就是：充分的基金，适当的校舍，及完美的图书馆。这三样东西的重要，谁都知道，可毋庸细说，我们现在所要研究的是：如何使一个法律学校在设备上能达到这个地步。我以为在中国现在的情形下，要促成这种情形的实现，其最主要的方法还是政府的严厉监督。其法就是由政府主管机关对于基金，校舍，及图书馆三者，分别的规定一个最低的标准，责令各学校切实遵行。这个最低的标准；在基金方面，起码要使学校的经费有相当的着落，而不至于以学费为主要的经济来源；在校舍方面，起码要使学校能够使学生的身体精神不受到损害，而学校的管理也不感到什么困难；在图书馆方面，起码要具备（一）本国的各种法令及关于理论与实际法学的重要著作及刊物，（二）几个主要外国的法典及重要法学著作和刊物，和（三）关于法律补助科学之中外重要著作及刊物。

（五）入学

法律教育之成绩如何，固然取决乎上述各点；但是在上述各点之外，还有一点也是很有关系的，那就是入学时对于学生之甄别。现在许多法律学校在招收学生时所注意的，大概偏重于学历及程度二点。但是我以为仅这两点，还不够做甄别投考法律学校的学生的标准；因为上面已经讲过，法律学生的智力及其本来的操行，关系法律教育的前途也很重大。所以我们在招收法律学生时，除注意其智力及其平素的操行。关于投考法律学校应具有的学历一点，在课程那一节里已经有过讨论，可不必赘言。讲到投考的程度，我以为凡是法律学校，在招收学生时，应该就基本科目施以严格之考试。其考试方法，不妨以笔试为主，而于必要时佐以口试。至于智力的测验，在许多学校里，大概专以笔试试行之。我以为在笔试以外，还要施以口试，以便对于学生为多方面之观察。学生平素的操行，为三者中最难测验者；我们只好从审查学生平素在中学的操行成绩入手。其法大概不外规定投考者应提出中学校长或其他负责人之操行证明书或分数单等等。

四、结论

中国法律教育之弱点及其补救之方略，已简单的说明如上。现在还有几句补充的话，要和大家讲讲，那就是：我们应该认清上述种种，不过是根据中国的现状所拟的改良法律教育的计划；我们要改良中国法律教育，固然不可促成这个计划的实现；但是要促成这个计划的实现，还得靠大家的决心与努力。换句话说，什么改良法律教育的方略等等，都是死的。若是大家不肯下决心去努力促其实现，总不免与纸上谈兵无异。所谓大家的决心和努力，可从三方面表现出来，那就是（一）学校当局的埋头苦干，（二）政府主管机关的监督和奖励，（三）社会一般人的热心赞助。这三方面的决心和努力，是缺一不可的。因为没有学校当局的埋头苦干，法律教育便根本无从改良；没有政府主管机关之监督和奖励，办理法律教育者便易于疏懈；没有社会一般人的热心赞助，办理法律教育者便不免感到力量的单薄。所以本文的主要目的，就是要藉叙述中国法律教育的现状及其改良的大概计划而促成这三方面的决心与努力。著者虽然深知因为才识和时间的限制，本文有许多疏略错误之处；但是却不敢藏拙，仍愿将它发表，总希望这一点微弱的呼声，能引起强烈的共鸣。倘若从此以后，大家能群策努力，致法律教育于光明之途，则本文虽坏，亦将引为无上的荣幸。

今后培养法律人才[*]的办法^{**}

张企泰^{***}

（甲）

今日法律人才的缺乏，既然因于学法出路不好，同时对于法律之学不感兴趣，如上文所述；那么^[1]我们现在欲培养法律人才，自必对于上述两种问题设法解决。否则我们尽管提倡法律教育，广招来者，而应者寥寥，不易收效。我们认为解决上述两种问题，在目前情形，比较容易。我们现在感觉法律人才缺乏，因此欲提倡培养之，就因为我们感觉，目前和今后的中国非以法治不能达到救亡图存的目的，本杂志前一期中，作者说以理工致国于富强，必须法律的合作。所谓法律，不是具文的法律，而是发生实效的。国家社会藉以为治的法律。这个法治就是解决上述问题的总关键。法治的重要和法治与抗战建国的关系，我们前在《中央周刊》中已经述明，想读者均有同感。我们从前忽略法治。或不致有大害：际此国家民族存亡之秋，决不能长此马虎下去。关于厉行法治，我们曾主张三点。其中一点，就是需要在政治上居于领导地位者有决心，不要再为人事交谊问题，牺牲组织和法律。有了这种决心，行政机关必能多多录用法律人才，律师界的情形定能逐渐改良，司法界方面亦非容纳大量新进人才，便其进取之道不可。并且厉行法治，法律适用必较以前认真频繁，法律生活和法律科学，即随之发达活跃。（参开本

---

   * "人才"原文作"人材"，现据今日通常用法改正，下同。——校勘者注。

   ** 本文原刊于《民意周刊》1939年第60期，第6~8页。

  *** 张企泰，自民国三十二年春至民国三十四年夏任东吴大学法律系教授。

  〔1〕"那么"原文作"那末"，现据今日通常用法改正。——校勘者注。

杂志前一期作者之文）。我们提倡培养法律人才，不但容易见功，并且具有莫大效用。

我们对于法律学生的出路和兴趣问题，不止于上文之消极指摘，还有几点积极的建议，提供参考。

（1）推检的资格应另予规定。我们培养出一个大学生，使他终身充任一个书记官，甚为可惜。我们应当为大学生铺好一个做推检的自然进阶，才算合理。做书记官，似乎不必需要大学程度。各法院现任书记官，没有读过法律，甚至中学没有毕业的，怕也不少。大学法律系毕业以后，不妨使在法官训练所受训一年，作种种专题研究，然后派赴法院实习，以一年为期。期满从推检最低级叙俸任用。

（2）中央和地方的行政机关，应任用具有相当法律知识之人员。如以考试录用，应将民刑诉讼各法，列入应考科目之内。钱瑞升先生在他《建设期内的行政改善》一文内，论行政问题，认为（一）战后的行政组织中，须充分发展半独立性的业务法团的制度，（二）半司法性的机关及半司法性的方法，应广为采用。因此今后需要大量法律人才。我们认为战后行政机关，如不依照钱先生所指示的方向走，我们仍然需要大量法律人才。我们不走法治这条路则已，欲走法治这条路——法治精神是现代国家的特征——必定认真适用法令。则负实施法令之责的行政人员，哪[1]能不具有法律知识。

（3）最高法院与高等法院之判决书，应择要刊载。不但要把判决书全文刊印出来，被废弃的原判决，也得一并刊载。因此不但我们有一部分极重要的材料，以助法治之推进。从前只刊印判例要旨，我们认为不够。此外虽然有最高法院判例汇编刊印，怕是极小部分。

以上三点，是我们认为比较重要而特别找出的。

（乙）

我们为学法律的学生谋出路，为其提高为学兴趣，是诱进学生研习法律的一部分工作，不是培养法律人才的全部工作。我们招致来者，有了量，还须求质之改进。这一层，我们也有点意见。

---

〔1〕"哪"原文作"那"，现据今日通常用法改正。——校勘者注。

（1）研究一门学科，不能无材料。材料务求其丰富，应无中外之区别。中文方面，容易采辨，如将来最高法院和高等法院之判决书能择要刊印出来，也是一部分重要资料。外文方面的材料，其重要性自不待言。我国现行各种法典，或仿效德日，或取诸法瑞，大部分系舶来品；则外文的法学册籍，我们应当尽量搜集，以备参考。至少各国的法典，法院判例汇编，和法学名著，应设法齐备。过去各大学的法律参考书，据作者的经验，较其他社会科学的参考书为少。除英美和日本者外，德法之书寥寥，瑞士的著作更其罕见。从前司法院图书馆藏书较为可观。不但有巨著，并且有不少专著，各国法典粗备，可惜留在南京。总之，我国的政制法制既都仿效欧西，欧西的材料自然绝不可少。为发展法律教育和培养法律人才起见，讲买外国材料的一笔钱，怕是省不了的。

对于我们学法律最有用的材料，或者要算德法文。而德法文不是普通大学生所能应用的，因此我们需要翻译来救济，这部分工作在所必做。我们不能希望学法的必识几种外国文，这是很不经济的。翻译以后，大家可以参考，不识外文的，也可以利用外国材料，外人思想，以补助自己知识之不足。譬如瑞士民法及债法和我们很有关系，可是据作者见闻所及，还没有一本完全的中文译本。德民的中文译本已颇陈旧。种种名称术语，非现在所通用，须加修正。其他日本英美的法律及名著，应翻译者尚不少。但翻译工作似易而实难，费时很多而销路甚狭。私人举办，力所不逮。因此，我们认为国立编译馆应担任一部分这种工作。他如立法院的编译处和司法行政部的编查处，未始不可帮一部分的忙。否则另由政府津贴私人从事翻译，促其成功，亦一办法。

（2）培养法律人才，须要师资。目前我们师资似乎很缺乏。假定我们决心厉行法治，则抗战期间和建国期间，诚如钱瑞升先生所言，必需要大量法律人才；则在此四五年中，尚须着意于师资的培养和维护。这一点对于中国法律科学的发达，并有深切关系，如能减少教书的一部分时间，使有余暇作更深研究，未始非良好的办法。

（3）今后几年来恐怕我们不能不继续派遣学生出洋，他种学科还须吸收西洋知识，法律方面，更不用说。最近的十年间，在欧西读法律的人可谓甚少。民国二十三年左右，作者在德国，想在留学生中找几个学法律的同志，百不得一。因此我们认为教育部应每年举行公开留洋考试，凡法律系毕业生在社会上服务满两年者，均得参与。就成绩优良者，选定两三人，分别派赴欧美，专攻私法。至于中英庚款考试，每年至少也应派送一人。不但我们将来师资不感缺乏。并且因生力军之源源增加，法律科学必能日益发达。

（4）关于大学课程方面，我们认为不可太繁琐。主要课目应列为必修。我们提倡大学法律教育的目标，不专在养成司法官，这一点我们要明白。有人专着眼于司法界的充实而办法律教育，我们未敢从同。我们培养了法律人才，一方面固然是为充实司法界，他方面也在改进行政界。同时我们希望从事实业的都具有相当法律知识，一般国民也多少有些法律常识。一个法治的国家，国民活动跑不出法律的圈子。生死是法律事实，结婚是法律行为，各有其法律上效果，我们认定了这个目标，觉得各大学的法律课程，往往太琐碎繁伙。司法院监督国立大学法律科规程所定的必修科目，已经是最高限度。"（一）三民主义；（二）宪法；（三）民法及商事法；（四）刑法；（五）民事诉讼法；（六）刑事诉讼法；（七）法院组织法；（八）行政法；（九）国际公法；（十）国际私法；（十一）政治学；（十二）经济学；（十三）社会学；（十四）劳工法。"大致尚可。其中政治学一门，似可省却。读了宪法和行政法以后，我们不知道还有什么再可从政治学里去学。劳工法可以列为选修。因为关于职业团体，罢工，劳动灾害等法律问题，熟读了民法总则和债编，就可以迎刃而解。至于经济学，同时应着重财政学。商事法仅读公司、票据两法即可，海商、保险两法，不妨列为选修，我们不求学生什么多念，但希望读的少而学得情。假使他有多余时间，可选习些其他社会科学，甚至哲学或论理等。根据上列修正的标准，一个大学毕业生，做个普通行政人员，或在工商界服务，颇能胜任愉快。欲做司法官，则已有向上发展的良好基础，如学识上或实务上有欠缺，尽可在受训时或实习时设法补足。

（丙）

最后我们还有两点意思要提出，作为结束。我们对于学生选习法律愿取一职诱导的态度，所以欲一方面为其谋通畅之出路他方面为其谋求学之兴趣。虽然我们认为就目前情势来讲，上述两问题的解决并不价难，但仍需要相当时日。所以在今后几年内，我们怕要用强制手段，对于学生志愿修习社会科学者，定一个百分数，强其入法律系。固然国家达到修习法治之境，学法律

507

的出路好了，法律之学也发达了，不问意与质，都能自然进展了；可是反过来讲，法律人才增多，必能渐渐造成一种浓厚的法治空气。在上者纵欲违背法令做事，拗不过民众和其下属的法律意识不得不有所顾忌了，因此非这着走上法治的路不可。所以法律人才之增添，自身就是解决出路和兴趣问题的一个要素。我们对于选习法律学生，加以强制，为推进法治起见，因此也有必要。

修习其他社会科学的学生，我们为必制其修习一部分主要的法律课目，例如民刑各法。以前政治学和经济学的学生，藐视法律课目，但这种情形往往怪不得学生。从前如清华等大学，就只有政治和经济两系却没有法律系。以后添设法律系，又经教育部命令裁撤，因此就勉强在政治系附设几门法律功课，不免轻重倒置了。我们既然认定在抗战建国期间，有厉行法治之必要；厉行法治，必须普及法律教育，尤须负实施法令之职者都有相当法律知识；则政治系学生，将来预备在政治上活动服务的，自应多习几种法律课目。至于经济和法律的关系，更是血肉与形体之密切，经济系生理在必修主要法律课目，目前各按课程之编排，已逐渐有此趋向，但希望能加强之。

中国法律学生应研究罗马法之理由*

丘汉平

　　吾国法律，巍成一系，与欧美诸国，异乎其源。汉唐以还，律例相因，代鲜变更，垂两千余载。其所以然之故，殆由于农村社会之保守停滞欤！

　　鸦片一役，逊清逼于外力，弛放门户，与万国互通往来。经济侵略，乘隙而入，固有农村，逐渐崩溃，社会日形杌陧不安。亡清观此情状，知非变法不足以图存[1]。中外人士，咸以《大清律例》过于苛酷，应行废弛；参照欧美法例，编订法典，方为要策[2]。于是创办法律学堂也，开设法律修订馆也，盛极一时[3]。然以大势所趋，亡清虽欲挣扎，终难苟延[4]。辛亥

---

　　* 本文原刊于《法学杂志（上海1931）》（第8卷）1935年第1期，第32~38页。

　　[1] 光绪二十八年4月初六日论旨有云："现在通商交涉，事愈繁多，着派沈家本，伍廷芳将一切现行律例，按照交涉情形，参酌各国法律，悉心考订，妥为拟议，务期中外通行，有裨治理"云云。见沈家本《删除律例内重法折》（《寄簃文存》卷一）

　　[2] 在鸦片战争之前，有清威赫一世，斯时之外国人，只求能获清政府之允准贸易，至于服从中国法律，皆众口同声。远者如一七八零年之沙西斯（Success）船员案。此事发生于广州，彼时有英船沙西斯号水手法国人，杀死英船斯踏尔蒙（Starmont）号葡籍水手，逃入法国领事馆（彼时中国并不承认其为领事馆），清吏要求交付犯人。法领事以在一七五四年拒绝交付杀害英人之法国人，法国贸易曾受停止之苦痛，遂将此法人交付清吏，由巡抚命斩首示众，但外人曾指摘为酷刑，然亦无异议。至一八二一年美国之埃米利号（Emily）水手因过失杀害华妇案，初美人亦拒绝交付，遂将其贸易停止。旋于船中会审，认定有罪，然仍由美人幽羁之，彼时清廷认为不满，终乃交付中国官吏，即为斩决。美国政府对此曾正式承认中国之司法权曰："吾人在贵国领海内，当然遵守贵国法律，即虽属不公平，亦不加以反抗。"鸦片一役，丧地辱国，威权尽失。一八五八年之中英《天津条约》始明文承认领事裁判权之存在，然此时犹未思及改革法制。逮庚子之役，亡清知武力不足以抗敌，自后始觉悟往昔之非。光绪二十七年九月五日缔结之中英《追加通商航海条约》第十二条载明积极革新法制，以期达到废弃领事裁判权，曰："中国深欲整顿律例，期与各国改同一律"云云。故光绪二十八年间有改革法律之论旨。

　　[3] 光绪三十二年由沈家本奉旨创办京师法律学堂，聘日人冈田博士主讲法学通论，九月间开学，入学者数百人。见冈田著之《法学通论》义序。光绪三十年四月初一日法律修订馆成立。自该馆

之役，政制易体；《大清律例》，遂成史迹。惟民国成立伊始，百政待理，民事法律，未遑制定，乃求变通办法：凡《大清律例》民事部分不抵触国体者，暂认有效[1]。自兹以还，民商诸法，次第拟，订究其内容，不外东搜西袭，草草成编，草案俱在，可覆按也[2]。

国民政府成立，以取消不平等条约及修明内政明示国人，故于法典之编订，颇见积极。关于民法方面，先后颁行总则，债，物，亲属，继承五编，是为吾国有民法典之始也[3]。惟吾人窥其内容，类多因袭德瑞，商事部分兼采英美，固有法制，几无一存[4]。论者讥之。良以民法关系人民之日常生活，至深且巨，而亲属与继承二编尤关密切。新民法于此，一本瑞制，似嫌削足适履[5]。虽然此为革命后立法之通病，固不独我国已也[6]。

欧洲各国法系，舍英伦外，几皆直接渊源罗马[7]。即以英美法系而轮，其受之罗马法之熏染者亦灼热可见[8]。他若日本，自维新以来，私法编订，

（接上页）设立后，即从事搜集各国法制，着手编译。其间经过大略，可参看杨鸿烈编之《中国法律发达史》下册八百八十七页以下，各草案可看前北京修订法律馆出版之《法律草案汇编》上下册。

〔4〕 亡清对于法律之修订，纯系迫于外力，兼以清廷重要官员皆无决心，以致卒鲜收效。而制宪一举，尤踟蹰不决，迨革命风云弥漫全国，始将十九条宪章颁布，以冀挽回大局，然已不及矣。

〔1〕 民国成立，法制未及编订，故于元年三月十一日公布《临时大总统宣告暂行采用前清法律及暂行新刑律令文》，其令云："现在民国法律未经议定颁布，所有从前施行之法律及新刑律，除与民国国体抵触各条应失效力外，余均暂行采用，以资遵守。此令。"旋于四月三十日公布附《删修新刑律与国体抵触各章条》。

〔2〕 参较前引《法律草案汇编》。

〔3〕 民国十八年五月二十三日公布《民法总则》，同年十月十日施行；十八年十一月二十二日公布《债编》，十九年五月五日施行；十八年十一月三十日公布《物权》，十九年五月五日施行；十九年十二月二十六日公布《亲属继承》二编，二十年五月五日施行。

〔4〕 吾国以前民法草案，以日民法为蓝本，日则大部分根据德国民法；亲属继承两篇，新民法取材瑞士民法。

〔5〕 例如夫妇财产制，未免繁复，与中国实情不合，是其明证。

〔6〕 美独立革命时，一般人士主张废弃承袭英法例；法国大革命后，法律骤变，矫枉过正，遂酿成法国多年之内乱。

〔7〕 参见 Sherman, *Roman Law in the Modern World*, Vol. Ⅰ, 185 et seq.

〔8〕 诺曼征服英伦后，罗马法乘隙而入。龙巴人华卡雷斯（Lombard Vacarius）于一千一百四十九年偕大僧正施苞特（Theobald, Archbishop of Canterbury）莅英，华氏被邀在牛津大学讲授罗马法，其讲义乃根据意大利注释法学派之方法而编成，因当时难得罗马法原本，故华氏辑选优帝会典及宪令，成一巨帙，都凡九篇，颜曰："Libertex universo enucleato jure exceptus, et pauperius praesertim destinatus"并附短注。一般研究罗马法者莫不奉为圭臬，为时颇久，咸简称其书为 *Pauperistae*，见 Pollock and Maitland, *History of English Law*, Vol. I, p. 118（Cambridge）；Ortolan, *Roman Law*, 615；Colquhoun,

以德法为蓝本，而德法固以罗马法为精髓也〔1〕。即就吾国而论，逊清修订法律馆所拟各种法案，迨皆抄袭东邻，追溯其本，亦罗马法之物也〔2〕。远至南美各国，昔多隶属法西二邦，民法编订，仿照大陆法系〔3〕。所谓大陆法者，罗马法适应于近代欧洲大陆各国之别名也〔4〕。

然则罗马法系果具何种特征耶？吾人不能无以应之。盖罗马法既为各国私法之渊源，即研究法学之士，非先一谙罗马法无义明其理。是则罗马法应有其特征，不言而喻。言其要者有五：一，罗马法为现今世界上唯一之完成

（接上页）*Roman Law*, 144；Sherman, op. citp. 352. 自兹以还，罗马法弥漫英伦，学者趋之若鹜。华氏莅英后之二世纪期间内，其对于英法之影响，至深且巨，堪称为"英国法律史之罗马法时期"（Roman Epoch of English Legal History)，见 Guterbock, *Bractou and His Relation to the Roman Law*, p. 16, Phila., 1866；Hunter, *Roman Law*, p. 109. 迟至十四世纪初季，罗马法在英之权威，毫未稍替，阿摩斯在其所著《罗马法》一书有言曰："《罗马法》之权威著述常为普通法院（即英国之惯习法裁判庭）所引用，为法学家所确认，咸视为法律是非之定判根据，而非视为说明之资料"。见 Amos, *Roma Law*, p. 750. 然排外主义之英伦法学家则标榜英法为独树一帜，绝未受外来法系之影响。此种论据，已被英法律史家布络克（Pollock）及麦特兰（Maitland）二氏视为无稽之谈。见 Pollock and Maitland, 前引及 Maitland, *Collected Legal Papers* (3 vols., 1911)。详见 T. E. Scrutton, *Roman Law Influence in Chancery, Church Courts, Admiralty, and Law Merchant, Select Essays in Anglo - American Legal History* (3 vols.) 1907, Vol. I p. 208 seq.；Same, *The Influence of the Roman on the Law of England*, 1885, Cambridge University Press. 关于英伦之接受罗马法乃出于长时期之陶冶，并非出于立法方式。见 Hunter, *Roman Law*, p. 112. 英美法与罗马法之历史发展，柏来斯曾为文述其大要。见 Bryce, *Studies in History and Jurisprudence*, 1901 (N. Y.) Oxford University Press, pp. 745 ~ 781.

〔1〕 日本之编订法制，初以拿破仑法典为蓝本，嗣因德法颁布，当时举世认为杰作，乃重依德法编订也。

〔2〕 此因吾国鉴于日本维新之后，成绩可观，中日习俗相似，且以咫尺关系，故因袭日本乃势之必至。其后京师法律学堂设立，日本人冈田博士主讲《法学通论》，其讲义颇喧腾一时。影响所及，自无待言也。

〔3〕 关于西班牙时代之美洲殖民地法律，一六八〇年查理斯第二编订成集，定名《印度法规》（Recopilacion de Indias），都凡九篇，二百十八目，共收集六千四百四十七项法令。其后凡经四版，一七五六年，一七七四年，一七九一年，及一八四一年。此书所收集者，颇可了然西属美洲当时之法律也。自一六八〇年至一七八七年之法令，即有墨西哥法曹名家拜黎拿（Beleona）编集成书，名曰 Recopilacion sumaria de toddos los autos acordatos de Real Audiencia y Sala del Crimen de esta Nueva Espana, etc. (2 vols.)。墨西哥政府亦有刊行全集，其所收法令截至一八二一年止。见 Colleccion de los decretos y ordenes de las cortes de Espana, que se reputan vigentes en la Republica de los Estados Mexicanos, Mexico, 1829. 迨一八一〇年至一八二六年，革命风云弥漫全美，于是西班牙之属地相继独立，创设共和国，先后编订民法典，皆以《拿破仑法典》为蓝本，然于商法典则多以《西班牙商法典》为根据也。

〔4〕《大陆法》，乃《罗马法》经过各国接受之法律，为欲示明其与《罗马法》有别，故学者简称为大陆系。此缘欧陆各国，率皆因袭《罗马法》也。

法系，由古代之粗陋法律渐次演进至合理而成熟而分化[1]。二，罗马法为一进化之法系，与其他法系之至半途而停滞衰落者不同[2]。三，罗马法为近代法律名词及概念之渊源。吾人先所习问之债权，物权，质权，抵押权，地役权等词，皆罗马法所恩赐也[3]。四，罗马法为国际法及比较法之基础，欲明此两门学问之底蕴，舍研究罗马法末由[4]。五，吾国新民法泰半[5]脱胎于德瑞，而德瑞民法则承受罗马法系之精髓。故欲明新民法之内容，非研究罗马法不可也[6]。

要之，吾人研究罗马法之目的，非欲以稽古自炫。物有本末，事有终始，研究罗马法者，所以溯其本而究其始也。良以吾国新民法泰半因袭大陆，而大陆诸国之法源，几尽滥觞罗马法。即此一端，已足示吾人研究罗马法之重要。苟从法学之价值观之，罗马法为治法者之基本学问，倘能融会贯通，法学知识已习过半矣[7]。

---

〔1〕 见 Roscoe Pound, *The Spirit of the Common Law*; Bryce, *Studies in History and Jurisprudence*, pp. 748～781; Lefroy, "Rome and Law", *Harvard Law Review*, XX606; Sherman, *Roman Law in the Modern World*, vol. I History; Sohm, *Institutes of Roman Law* (Ledlie's transl.) 3rd ed, Part I; Maine, *Village Communities*, 332 et seq.

〔2〕 如回回法系是。

〔3〕 见 Maine, *Village Cmmunities*, pp. 337, 338, 349, 350, 361.

〔4〕 英分析派法学家奥斯汀（"奥斯汀"原文作"奥士丁"，现据今日通常译法改正——校勘者注）亦认罗马法为国际法之基础。见 Austin, *Jurisprudence* (1832), I. 378; Maine, Village, etc, pp. 351～353; *Ancient Law* (Pollock's ed., 1907) p. 100; *International Law*, p. 20.

〔5〕 犹大半、太半。过半数。《汉书·食货志上》："收泰半之赋。"颜师古注："泰半，三分取其二。"——校勘者注。

〔6〕 瑞士民法之罗马法成分，可见 T. R. Robinson, "Roman Law Element in the Swiss Civil Code of 192", 15 III. Law Rev., 181 (1920) 德国之受罗马法影响，可见 Sherman, op. cit., vol. p. 307。沈家本于《删除律例内重法折》奏中有云："中日两国，政教同，文字同，风俗习惯尚同，借鉴而观正，可无庸疑虑也。"（《寄簃文字》卷一）。

〔7〕 见 Sherman, *Roman Law*, etc., Vol. I, 4～7; Munroe Smith, "Problems of Roman Legal History", *Columbia Law Review*, IV. 539, 540.

建设法律教育之一方案[*]

狄　侃[**]

对于我国大学法律系课程之管见[1]，事变前所提供者姑不论，近数年来余迭在教育建设中大周刊广播电台及民国日报已先后有所发表。兹就现实状况试再提若干私见，以作改革第一步之商榷。惟闭户造车未必合辙，欲求广益，端赖集思。倘苟读者不吝教正，固不仅个人拜嘉已也。为便陈述，分别条举：

（一）第一学期即教授本系科目免除补习性质之学程

中国各大学颇有恐合格学生不易骤集，乃施行一种过乎降格相求另图补救之计划，即于第一年级遍设所谓基本学程如基本国文等等。现在高中毕业生已供过于求，此项科目早规定于高中课程标准内，殊无再予补习之必要。况匆匆一年之时间，程度差者未必果能多所改善；徒令优秀学生不获及早肄业专门学问。基本工具知识固关重要，然只能为入学试验之录取标准。否则

---

[*] 本文原刊于《建设（南京1942）》（第4卷）1944年第5期。

[**] 狄侃（1893～1967年）曾用名狄今生、狄山，溧城镇人。毕业于东吴大学法学院（第4届），获法学学士学位。原在溧阳平陵学校读书，后进上海复旦大学中学部，毕业后升入复旦大学文科，兼读东吴大学法科，两校同时毕业。1919年全国学生联合会在沪成立，狄侃被推为会长。同年担任孙中山先生秘书，加入中华革命党（不久改组为中国国民党）。1924年孙中山指派他为中国国民党第一次代表大会代表。嗣后曾受孙先生委派携孙先生亲笔信，随伍朝枢经日本往奉天联络张作霖，又随廖仲恺往美国接洽党务工作。1925年随孙中山去北京，担任交通部参议，司法部秘书。1927年到武汉任国民政府秘书，转任安徽法学院院长。次年到南京任最高法院检察官。1931年任中央公务员惩戒委员会委员，10月间卸职做律师。抗日战争期间，出任汪伪政府监察院监察委员，兼任宪政实施委员会设计委员。抗日战争胜利后，在南京主持中国公学、南京大学、临时联大学校校务。其著作有《法学概论》等。

[1] "管见"本指从管中窥物，喻目光短浅，见闻不广。在此表示谦虚、谦恭或者谦逊的意思。——校勘者注。

当另开补习班以救济之。至法律系必修科目与医学仿佛，本较他系为繁重。他国尚有增加修业年限者。北京大学初年似亦具此先例。倘因充实工具知识之故反令法律系学程本身缺少充分圆满之发展，殊嫌舍本逐末，轻重倒置。增加年限一层固难办到。在规定之四学年中委宜爱惜韶光尽量利用，不使稍有虚掷，庶能造就真堪应用之法律人材。兹拟四年中应习之学程分左列两种：

甲、主要科目（即法律科目，其种类及进度另详第九节附表）。

乙、辅助科目。第一年（1）论理学、（2）心理学，第二年政治学，第三年经济学，第四年（1）社会学、（2）伦理学。

关于辅助科目如本系人数较众多可另行开班。决定用外国文课本时同。否则按年附入他系上课，因皆系他系之主要科目也。按年分习不准紊乱，庶便利主要科目时间上之支配。（如他系人数过多不能容纳，自当另行设法。）

（二）充实必修课钟点减去选修科目

中国现在大学教授之修养本较逊他国，图书馆器之设备复多因陋就简，此均毋庸讳言。各项专门学程之教授和学习均应格外努力，始能达到世界大学之水平。因之支配于每项专门学程之时间不得不尽量充实，俾[1]有从容讨论详尽研究之机会。今各必修科之上课时间只有较他国之成例减短，而他国向少先例之选修科目例如外交文件立法程序等等，（在他国前者列入"外交学"或"外交实务"，后者列入"宪法学"，多不另行设科。）五花八门纷至沓来，颇嫌喧宾夺主，时间精神经济多受暗损。（吾国大学肄习外国语之分量已较他国为重，不应再节外生枝以分其心力，致影响必修学程。）故此项选修科目应一律剔除。本系选修科目暂限于左列诸组。

1. 前清律例，2. 日德法瑞士民法，3. 英法宪法，4. 美德宪法，5. 国际法名案，6. 第三外国语（暂以德语或法语为限）。

一人一学年中只许选修一种，并规定开班之最少人数。人数不足时得不为开班，或中止进步。

（三）增授三民主义

愚虽系中国国民党党员，向不主张学校中教授党义。惟三民主义已成现阶段中华民国国策之最高原则，非国民党之其他独特主张可比。凡属中国国民均有彻底了解身体力行之必要和责任。大学生系将来国家之栋梁社会之领

---

〔1〕 "俾"指使得，使之，下同。——校勘者注。

袖岂反容自外生成茫无所知。况民族主义足以纠正国家主义和国际主义之缺陷，民权主义足以纠正民治主义和极权主义之缺陷，民生主义足以纠正资本主义之缺陷，不仅系救国主义，实法律政治经济诸学上之一大空前创作也。

（四）第一第二外国语之"一箭双雕"

第一外国语指日文，第二外国语指英文。

吾国现制自初中一年级起，即日文英文并读。经过初中高中各三年之不断训练，已可阅览普通科学书籍。除文学院对文艺欣赏应有特殊修养外，若法律系学生于该项外国语更须深造，不妨采胡适之所谓一箭双雕办法，即寓语文之训练于知识探讨中。举例以明之，法律系固有罗马法国际法日语英语各学程。现择其一：

（1）日文罗马法，以一部分时间用读罗马法之名义兼习日文，以他部分时间用习日文之目的兼读罗马法。

（2）英文国际法，以一部分时间用读国际法之名义兼习英文，以他部分时间用习英文之目的兼读国际法。

苟欲扩充范围加紧训练，更可另选用一日文之心理学或社会学及一英文之政治学或经济学。（此系类推，不必确定何科用何文。）至研读方法则与普通用外国文课本相类，不必亦若上述之精究详解，易言之即另采用一二种外国文课本也。

所以选用罗马法国际法及心理社会政治经济诸学者，因此种学科仅有学派之异同，本少国别之区分，不若实体法之有地域性耳。

愚在中大授财政学已试用"一箭双雕"办法，所得颇觉满意。美中不足者受时间之限制，未能充分作文法之分析和修词之提示。然较之仅读所谓文艺作品，实用方面之获益有过之无不及。在招收之一年级生非从初中第一年即读日语者，英语虽可照此计划试办日语则应仍依现制，合并声明。

（五）注意课外活动

关于本题有先须声明者数事：

第一，活动虽在课外，场所则限于校内。至参观法庭审理巨案时自当别论。

第二，举凡游行示威贴标语喊口号等等，都不在本节所谓活动范围内。

兹所谓课外活动，约包括：

a. 演讲；

b. 辩论；

c. 集会；

d. 假法庭。

演讲之题材限于法律学。辩论之争点亦限于法律学。假法庭之一举一动更不能超越程序法和实体法。即就集会言，手续则根于"社会建设"之"民权初步"（外国称之曰会议规则 Parliamentary rule 或曰秩序律 Rules of order）。事实或为公司之创立，则有公司法等实体法可遵循，或为预算或决算之审议，则有宪法及各种财政法规可参考，或为宪法之修正，则范围愈广资料益丰。聊举一隅可以反三。总之，有所言言法也，有所行行法也。三句不离本行，法外无所活动。至高年级更可借：

a. 解答法律疑问；

b. 指示法律手续。

以救济平民，为社会服务。学以致用，此亦大辂椎轮〔1〕之初步所有事。诸种活动各须订立规则，以资遵守；不仅树立秩序，施行时可有条不紊，亦练习立法技术之一机会也。

（六）注重国文之别解及其他

南京全国大学教授协会前秋在本市开年会时，中大前文学院院长陈柱尊先生临时动议"大学各院系应一律注重国文之教学"。原则固众议佥同〔2〕，若夫实施方案，则聚讼盈庭卒鲜具体善策。法律学生服务社会时需用国文之场合独多，确属事实。拙于行文者每致受累无穷，遗憾终身〔3〕。目下究竟应否另作深造之准备？昔人尝分进修国文之程序为"写""读""作""看"四种。除"写"系另一艺术，当别论外。"作""看"两项功力未必今逊于昔，惟所"看"所"作"之内容则今昔迥殊。至"读"之一着，虽古人有"旧书不厌百回读，熟读深思子自知"，"读破万卷书，下笔如有神"等颂赞，吾师唐茹经先生亦屡称"张廉师（名裕钊）初见曾文正时，文正为读曾子固文一首，张文因而大进"。纵认"读"系进修国文之关键，终因时间及资料等

---

〔1〕 "大辂椎轮"，大辂：古代大车；椎轮：无辐原始车轮。华美的大车是从无辐车轮的原始车开始的。比喻事物的进化，是从简到繁，从粗到精。——校勘者注。

〔2〕 "佥同"指一致赞同。——校勘者注。

〔3〕 "遗憾终身"原文作"贻憾终身"，现据今日通常用法改正。——校勘者注。

关系，苦无方法令法律系学生履行"读"之任务。不得已惟有于招考法律系学生时对国文程度别悬一格，不及者请就别系。是或一不注重之注重，无办法之办法耶。

此外尚有其他学科成绩优越，独于日英两种语文之一为程度幼稚，甚至一无所知。前者多自北而南之学生，后者系从内地来归者。摒诸门外，未免可惜。在此过渡时期，应有一特别补救办法，以济其穷。因私拟左列之方案：

（1）报考时得声明免考右列外国语文之一。录取后应另缴补习费，由校方为设补习班。

（2）录取时之总平均分数应较未免考者超百分之十，以示限制。（未考之科目当然不加入平均时之除数中。）

（3）若第三学已肄业期满时，补习科目未经考试及格，应暂停学补习。俟合格后方许参加第四年学程。外国留学生之国文比附办理。

（七）笔记制与成书制

英美大学之教授法律，多用案例〔1〕研究（Case Study）。（吾国旧时之学习刑名即具斯风度）此风以美国为尤甚。哈佛等大学且已蔓延及财政商业诸学科。近更编辑所谓原理判例混合教材，以增加效能。吾国大学法律系应同时注意最高法院之判例及司法院所为之法令解释，自不待言。惟英美之判例研究，则为成文法制度及教学习惯等关系所不便采用。堪供选择之方法凡三：

a. 口授笔记；

b. 采用课本；

c. 编印讲义。

就效用言，课本与讲义无大出入，可概字之曰成书制。愚于三十一年一月十九日〔2〕出版之中央大学周刊第五一期揭"政法两系应否采用外国文课本"一文，对笔记制颇多微词。其原文曰：

"法律政治两学系之课本，有绝对不应采用外国文者焉，有不妨酌用外国文者焉，有宜尽量倡用外国文者焉。此应就学科之性质而决定从违。'事非一端，言各有当。'刻舟求剑，胶柱鼓瑟，皆有所蔽也。"

---

〔1〕 "案例"原文作"例案"，现据今日通常用法改正。——校勘者注。

〔2〕 "三十一年一月十九日"是民国纪年标注的时间，换算成公历即 1942 年 1 月 19 日。——校勘者注。

例如法律系之民刑法诉讼法等，自应就吾国现行者加以诠释评判。虽系以德日等大陆系之法律为母法，万不容以德国法或日本法取而代之。至政治系之中国政府论，苟有相当书籍，故不妨以外国人之著作承乏[1]。论英国政府者有美 A. Lawrance Lowell 所著 *The Government*[2] *of England*，论北美合众之政治者有英 James Bryce 所著 *The American Commonwealth*，皆震惊政坛，誉重学林。苟英国采用 Lowell 前著美国采用 Bryce 前著，各作大学之本国政府论课本，将均无愧色。吾国何独不然。所惜吾国民主政治肇造一世，（三十年为一世）日在风雨飘摇中，不值异国学人费如许心血耳。

若国际法，（课程表称国际公法）若罗马法，若法理学等等，凡具世界性之学科，均无不可采用外国语课本之理由。欲令学生练习阅读外国参考名著之能力，尤有提倡采用外国语课本之必要，即胡适所谓"一箭双雕"之作用。且自食量纸张之价格相继飞涨，如前之印发讲义，已非校方经济力所克负荷。坊间所售成书，不仅已失时效，大抵内容简陋，不合最高学府之需要。舍此以外，几亦缺乏较良之方案。至笔记制度原属上策。苟能普遍推行，不可谓非开吾国大学教授法学一新纪元。万一教授浅薄而少探讨，学生贪懒而学力差，结果宁只画虎不成反类狗，将有不堪设想者。远不若采用课本之稳妥也。（有无完备之图书设备，与笔记制度有连带关系）纵合教学双方对笔记制度俱堪胜任愉快，尚有一不易治疗之致命伤，即支配于学科之教授时间过短是己，学科之具伸缩性者，固尚可纪事提要纂言钩玄[3]，以精深易广博。若夫硬性之学科如现行法律等，既无法予以删节，倘求应有尽有，又惧来日苦短。尤不若采用课本，俾学生先行自修，已能明了，复乏精理奥义需事发挥者，可略置不议不论之列。仅就理深难明，或事关重要诸点，抒述所见，详予议论。其中苟有不能明了之分子，尽可随事询问以求解答。一举而数善备，惟采用课本时能之。

一独立国之大学教育原不宜摒弃自国文字教授。然在过渡或特殊时期又当别论。与其影响学业之程度，毋宁不拘拘于文字学形式。在需参考异国名著之场合，养成阅读能力之副作用，尤不应蔑视也。

---

［1］"承乏"，指承继空缺的职位，暂任某职的谦称，下同。语出《左传·成公二年》："敢告不敏，摄官承乏。"——校勘者注。

［2］"Government"原文作"Governmnt"，现据今日通常用法改正。——校勘者注。

［3］"钩玄"指探求精深的道理。——校勘者注。

在三十年六月十日〔1〕出版之教育建设第二卷第三期投有《办理大学法律系之管见》一文，其第三"应编印详尽之讲义"一节中称：

"蔡孑民先生之长北大也，主张印发仅列大纲之讲义目录。否则学生尽抱此高头讲章作枕中鸿秘，不再勤作参考之举，足贻学术前途以恶果。愚则谓事非一端，言各有当。若就今日之法律系言，则非编印详尽之讲义不可，其原因至简单。

"第一缺乏设备完善之图书馆。此点苟经费充裕尚易补充。

"第二缺乏相当之参考书。民事法刑事法及民刑诉讼法等多系制定未久，外国之鸿篇巨制，均嫌隔靴搔痒，本国之完善专著，亦复寥若晨星。与其令学生就沙捡金，不若教授之采花酿蜜，事半功倍。迨十年二十年后名著汗牛充栋，始可遵照蔡先生之遗训办理。

"苦虑印刷需费过巨，不妨参用前朝阳大学预约出售法科讲义之办法，以资贴补。"

试言优劣，除用外国文课本一点请参阅文本第四节不另赘述外一言以蔽之，苟能弥补笔记制之缺点，则以采用笔记制为较优，东邻有行之而收效者矣。否则宁用成书制，虽不中亦不远。即讲解条文，亦远胜偷工减料因陋就简之口授"大纲之大纲""概要之概要"万万也。

兹因纸张之价贵而货缺，购用课本难在学生，印发讲义难在学校，战争告成前笔记制势已所必采。即骤难推行尽利，亦当以法律条文充笔记骨干，庶"大纲"有范围，"纲要"有依据，偷减不致过分，"简陋"不致减消效用。涉笔至此不禁四顾苍茫百感交集。贫贱之作祟，宁只限于夫妻关系哉。

（八）聘任教授问题

往岁滥竽私立本京南方大学法学院院长时曾公开向校长及学生宣称："私立学校在现时谈不上设备，成绩良窳全视所聘教授是否得人为断。不异戏班之于角色也。其实不论公私，不问中外，此属普遍适用之原则。何谓好教授，抽象言之，不外：

学问好；

经验富；

---

〔1〕 "三十年六月十日"是民国纪年标注的时间，换算成公历即 1941 年 6 月 10 日。——校勘者注。

学而不厌；

诲人不倦。"

蔡子民先生长北大时所以能蜚声中外者，无非对于教授之罗致不论派别，精益求精，久安其位，熟能生巧十六字耳。试证之该校中国文学系，有国民党忠实同志刘季平三，黄晦闻节，有洪宪发起人刘申叔师培，有吸鸦片之严又陵复，有华长辫之辜阳生鸿铭等。皆朴学大师，负一代人望者。得其一鳞半爪，已足成家而名世。（读者应不以辞害意。随园时话载有纨绔子自诩能实行孔子之"食不厌精，脍不厌细"，及"狐貉之厚以居"三事。倘有人既做忽而民主忽而帝制之骑墙派，兼具严先生之嗜好辜先生之癖性，其结果将还在某纨绔下。成家名世云乎哉！）何怪蔚为风气人材辈出耶。他院系且不论，就现在中央大学法律系言，殊觉得天独厚，有他地法科望尘莫及者。盖：

最高法院；

最高检察署；

行政法院；

司法行政部。

四大百货公司代储优良精美之出品以供选择。苟主事者能不恃私见虚心物色诚意延纳，已不患不当行出色。倘优予待遇久安其位，不柒政界同进退之习尚，尤易执大学法科之牛耳。所谓虽有智慧不如乘势，今地则易然也。此外尚有一点应谨敬避免者，即今古奇观所载乔太守乱点鸳鸯谱是己。法分公私，肇自罗马，（近人有反对法作公私之分者，与此无关。姑不具论。）在公私两法中亦复门分类别。人各有能有不能。代大匠斫，固非愚即妄。令缝衣胜手权事建筑，各不免辜负大匠之功用和盛名。"为事择人"，"用其所学，"实为最适宜之口号与标语。身体力行后，真如百灵机之宣传将有意想不到之功效。

（九）法律系科目进程表

第一年

第一学期	第二学期
宪法 四	宪法 四
民法总则 四	民法总则 四
刑法总则 四	刑法总则 四
罗马法 四	罗马法 四

国际法（通称国际公法）四	国际法 四
三民主义（民族）三	三民主义（民权）三
心理学 三	伦理学 三
实用文程式 二	实用文程式 二
课外活动（演讲）三	课外活动（演讲）三

第二年

第一学期	第二学期
民法债编通则 五	民法各种之债 五
刑法分则 四	刑法分则 四
商人通例 二	法院组织法及律师章程 三
票据法 三	公司法 四
行政法总论 三	行政法各论 三
三民主义（民生）三	犯罪学 三
政治学 三	政治学 三
实用文程式 二	实用文程式 二
课外活动（辩论）三	课外活动（辩论）三

第三年

第一学期	第二学期
民法物权 三	民法物权 三
土地法 三	海商法 三
刑事特别法 三	刑事诉讼法 四
保险法	强制执行法 五
刑事诉讼法 四	法医学 三
中国法制史 三	户籍法 三
诉愿与行政诉讼 四	经济学 三
经济学 三	实用文程式 二
实用文程式 二	课外活动（集会）三
课外活动（集会）	

第四年

第一学期	第二学期
民法亲属编 五	民法继承编 五
民事诉讼法 六	民事诉讼法 六
海商法 三	法律适用条例 三
破产法 五	法理学 五
法律适用条例（通称国际私法）	三监狱学 三
社会学 三	伦理学 三
实用文程式 二	实用文程式 二
课外活动（假法庭）三	课外活动（假法庭）三

尚有须稍加说明者：第（一），参照日本帝大法律科课程不设法学通论，且在高中公民课已肄业及之。第（二），罗马法等时间所以加增，因兼习外国文之作用。第（三），所谓实用文程式，应包括公文程式条例所载各种文件，司法用各程式，及私人契约等项。第（四），中国法律系向不习及户籍法，不知其有助于年龄居住所及亲属关系等调查，不亚于法医学之于刑事。读法院组织法时兼及律师章程，不外使学生明了推动司法行政有关机构之内容，非故标奇立异也。至青少年教育及军事训练等，全校另有通盘计划，不在各系专有学程之内，故未叙及，合并声明。

（十）论文功用之商榷

大学中各系最高年级俱有"毕业论文"之创作。校中特设论文审查委员会及论文指导教授以董理其事。学生于第三年第二学期结束前须与有关教授商定论文题目，然后拟成论文纲要，并于每一学月底填报进度表，可谓郑重之至。论文之有益学业，亦尽人皆知，可谓自明之理，尚何商榷之有。愚则谓俗云"隔行隔山"，他系之需要如何不得知，若就法律系言，实不无商榷余地。昔者随侍，国父及今元首于旧京，偶游中央公园，遇马寅初先生，时彼适主持北国京大学经济研究所，（经济系毕业生求深造者入之，即美所谓 Post Graduate [1] Course）询其事何工作，则以令学员合译英国 Afred Marshall 所著 *Principle of Economics* 对。并痛言轻作论文之无补实际，理由长而确。惟尚嫌

〔1〕 "Post Graduate"原文作"Posf Graduat"，现据今日通常用法改正。——校勘者注。

稍偏于消极方面。夫作论文固有益。倘尚有为益较论文更大之事，万一二者复不易得兼，则取舍之间自不能不分所先后。他姑不论，法律系诸同学苟能在毕业前各将重要法律如民刑法民刑诉讼法等之历年笔记整理一过，缺者补之，应有之新材料尽量加入，其有助于将来之深造和就业绝不亚于论文之创作。冯谖为孟尝君赴薛收债，问归市何物，孟尝君答"视吾家所寡有者"。实则"寡有"之上隐含有"需要"之意。否则不需用之物，多有何用，寡有亦何害？论文诚亦"吾家所寡有者"，然应用程度万不能与整个笔记比拟。行有余力，观电影亦属有益身心，遑论创作论文。惟与其因作论文而怠于笔记之整理，何如反其道而行之。

（十一）附带声明

或有见询者曰"汉申公称：为政不在多言顾力行何如耳。今坐而言者果能起而行欤"。曰"有事与时之关键在"。

第一，系主任仅能建议，并无径付执行之权。中大服务规程虽尚未详读。然机关组织各具系统，秩序井然不容稍紊。此项课程改革自应先经法商学院院长之认可，再经校长之核准，方成定案。

第二，学校课程与其他行政事务不同，即须改革至少当在学期开始前商定。然甚或非在学年开始时不可，本学期已于十二日前（二月一日）开始。即幸得有关权力者之同意和核准，亦须待至来年度始能实施。

第三，本人主任法律系之聘约订至七月底止。期满后设不续任斯职，则起而行者已非坐而言者矣。好在"天下事苟有济，成之何在我。"与事实固无多出入也。

第四，此项私见纯系试探性质，倘达抛砖引玉之目的，下年度纵继续承乏法律系主任，起而行者虽为坐而言者，所起而行者已非所坐而言者矣。

第五，本思对教授地位之保障有所论列，因其关系课程之实质綦巨。第"瓜田不纳履，李下不整冠"，古有明训、"出之母口则为贤，出之妻口则为妒"，立场之嫌疑不容忽视，故存而不论。抑亦平素诚信未孚自反而缩之所致。此外有应注意者，苟教授人选尚未臻理想化，与其有保障，不若无保障。此亦为学校前途着想应有之结论。

果为事与时所许可，此区区九项私见或竟有逐渐付诸试行之一日。

本文赘言

此稿草成后，曾与二三友人谈及，归纳言之约有下列疑问。兹逐项解答。

（一）学分太多高年级尤不相宜

学分本系计算学科进程或数量之一种符号。一门学科究应教授若干时数始能应有尽有致用无碍，乃事实问题。不得以昔人所艳称之"一目十行俱下""问一得十"等不可思议之理想为标准。倘以学分之多少（即时间之久暂）强学科就范，无异削足适履。欲予减少，只能就左列诸点着想。

一何种科目可以免除。

二何种科目之教授不必须如此之长时间。

只求有裨实际，无不愿安承教。若统言美国如何法国如何，无异以法美两国史之年限强吾大中华之两国史年限与之比肩也。鄙意则觉时间之支配似已极度节约。万不得已惟有将辅助科目一扫而光耳。至高年级授课时间应特别减少一层，除所谓注重自动研究等门面语外，彼"活动工作"第一主义之哲学家或振振有词耳。若不避粗制滥造之贻害社会，则固有以一年之时间修毕法律政治两科之速成法政学校在。

（二）兼授律师章程之离奇

中国论法律教育之书，以孙晓楼君所著法律教育为最详备。全书二百一十八面中所载欧美各国大学法律系课程表从未见有教授律师章程者，中日无论矣。何竟异想天开若是。愚谓言必称尧舜，乃孔夫子信而好古之癖性所致。若言必称欧美，与言必斥欧美，可称难兄难弟。实则只问当不当。欧美之有无本无足重轻。设非在他国寻得一根据于心终有所不安，则英美之授 Legal Ethics[1]，正相当于教律师章程，亦犹公务员惩戒法与公务员保障法名异而作用同也。至英美何以设 Legal Ethics 以及中国法律系学生何以须研究律师章程，可读孙君所著原书第五章第一节，一似对马寅初先生之批判"论文"，恕不详述矣。

读者苟有疑问，愿详为解答。倘能因而改正错误，尤所心感也。

---

[1] "Legal Ethics"原文作"Legal Ethris"，现据今日通常用法改正，下同。——校勘者注。

法律教育的一个新制度——理实并重制[*]

孙晓楼

现在研究法律教育的人们，对于现行各大学法律学系的学制每表示不十分满意，他们不满意的焦点，大都在法律学系所开科目，或法律学系应修的学分。于课程方面，有的认为法律学系已设的科目过多，应速设法减少，而选择重要者以修习之。有的认为法律学系的科目太少，应当酌予增加，免得挂一漏万。于学分方面有的认为教育部部章所定，一百四十二学分不免太多，以四年的时间来修习，恐学生忙不过来，所以主张减少。有的认为法律学系的学科非常复杂，一百四十二个学分实在不敷分配，应当设法增加，皆振振有词各有各的主张，我们固不能说他们的主张全无理由，不过法律教育的缺点，是否即在上述的几点，是不是只在几门学科的出入或学分的多少，似乎还成问题。我认为当今中国法律教育上最严重的问题还在教授的方法，我们看到国内一般法律学系的教员，其教授方法，大都抄袭了日本的方法，上焉者教员自编讲义，在教室里念诵讲解，次焉者，则取他人所编的讲义，在教室里念诵讲解，下焉者，则取六法全书的条文在教室里念诵讲解。而其讲解之内容，亦不过将文义加以注释或者外加许多法国的学理，德国的学理，英国的学理，美国的学理，日本的学理或者附加许多德文字，法文字，英文字，日文字，这一大套，或者还有所谓肯定说的理论，否定说的理论，折衷说的理论，讲了又一大套。而究竟中国的理论在何处，实际的中心问题在哪里[1]，则惘然不知所答，这种教授方法，可以说是风行一时，教实体法的是如此，讲手续法的也是如此，教民法的是如此，教刑法的也是如此，教普通法的是

---

[*] 本文原刊于《高等教育季刊》（第3卷）1943年第1期，第13～16页。

[1] "哪里"原文作"那里"，现据今日通常用法改正。——校勘者注。

如此，教特别法的也是如此，所以现在国内一般的法律学校毕业生，于学校里的功课读得很熟成绩很好，各种各说的理论读得很多，好像满肚子的法律，毕竟你请他做一张刑事辩诉状，便发生了疑难，尤其是要他们到法院里去工作的时候，往往什么不懂，不知从何着手，无论做律师做法官，一些一微都要从头学起，好像过去听学的，和他现在所做的，是风马牛不相及者。这种病象不是某一法律学校是如此，可以说是中国法律教育一般的现象，也可以说是中国各种教育一般的现象，这究竟还是法律科系学分多少的关系呢，还是科目种类的关系呢？我认为这种通病，既不是在于学分的多少，也不是在于科目的种类，实在是由于那宣读讲义式的教授方法，是贻误了一般青年学子了，理论学科不能和实验学科配合，这是中国教育上一般的错误，因为这种错误，所以我国的法律教育有左列几点的通病：

一、充满理论的幻想

一个学生在学校里所研究的，假使只是各种空泛的理论的检讨，而没有实验的机会，其结果便不免使其充满了理论的幻想，他的脑海中可以满记着什么主义，什么学理，什么法国制，德国制，英国制，日本制，甚至有其所谓乌托邦的理想制，但是中国的历史背景呢？社会的实际问题呢？则瞠目不知所对，这种法律学生，使任立法工作，可以造或很多的仅凭理想不切实际的法律制度，如任司法工作，恐怕什么实际问题都不能解决。此其一。

二、不能作自动的研究

研究学问，自动的是胜于被动的，因为能自动才可以发展他的天才，表现他的个性，这是教育家所公认的事实，然而概观在一般的法律科系的教授方法，正像我所说的在教室里教课，大都拿来讲义宣读讲述，完全是被动式的灌输，没有问题提出，也没有例案讨论，只是拿一本讲义来诵读，学生呢，有的熟读讲义，有的强记条文，所谓死读书，"读死书"举一而不能反三，思想难以开展，一遇到问题，便无以应付。此其二。

三、不合社会的需要

法律科系的毕业生，经过大学四年的训练，我们希望他能出而应世，无论为律师为法官为立法者，都可应付，不致发生困难。然而实际情形如何呢？

看到一般法律科系的毕业学生，真如我上面所说的，要他择一张辩诉状而不能，要他做一审判笔录而不能，要他拟一判决书而不能，要他订一租赁契约而不能，无论为律师为法官或经营实业，都要从新的学起，在学生所学的完全不是社会需要的。其不合社会实际需要者如此。此其三。

以上许多缺点，其最大原因，便是因为过去的法律教育是重理不重实；即是偏于理论的研究，忽于事务的研究。换句话说，便是事务科目，不能和理论科目相配合。学生于法律理论上或许研究得相当高深，但是实际经验则完全没有。所谓千闻未得一见，究竟真相如何，简直莫名其妙。有许多学校里，为补救此弊，特设诉讼实习一科目，然而其所谓诉讼实习者，于形式上则各种设备与公文程式，既完全与实际不符，于精神上则因各种诉讼，实皆出诸虚构，学生每儿戏视之，甚至或不免养成学生有玩忽法庭捏造伪证之恶习，故现在各大学法学院所实施之审判实务或诉讼实习，其功效几等于零，或且害多于利，故此种审判实务或诉讼实习，决不能救济过去法律教育之缺点，余认为欲纠正此弊，应切实推行理实并重制：推行理实并重制的方法，尤应注意到左列数点的改进：

（一）问题讨论

所谓问题讨论，即是就课程的范围，由学生自己拟出许多实际的问题，教师嘱其先行互相讨论，然后加以批评，也可由教师拟出许多实际的问题，嘱学生一一解答，解答有不当时，由教师加以最后的说明，这种问题讨论，于学生印象较深，且可引起他们不少的兴趣，这种问题讨论，即是英美德法的所谓 eminar 制度，日本早稻田大学，学系的许多主要科目都附设"特殊研究"一课，其用意也在于此，这于学生是很有实益的。

（二）例案研究

什么叫做例案研究，所谓例案研究者即是将法院已经判决案件，就其主文事实理由三者加以分析的研究，先将该案件的事实弄清楚，然后研究他判决的主文，由那个主文再研究他判决的理由，究竟它为什么这样地判，为什么要适用这条法律为什么不适用那条法律这判决是中心思想是什么，时代背景〔1〕是怎样。这种制度即是美国的律教育家郎代尔〔2〕（Langdell）所发明

〔1〕 "背景"原文作"背境"，现据今日通常用法改正。——校勘者注。
〔2〕 "郎代尔"原文作"郎特尔"，现据今日通常译法改正。——校勘者注。

的例案研究法（Case Book System），他的好处是在使研究法律人养成一种分析的头脑，晓得如何活用法律，于学生也是很有益处的。

（三）法院的实习

法院的实习，和法律学生的训练是有极密切的关系，这好像学工的工厂，也好像学医的医院，没有进过工厂实习的工人，决不能成为精巧的技工，没有进过医院的医生，也决不能成为有名的良医，工程如此，医学如此，法学更是如此，因为法院是法律例案创造的地方，也是解释法律的地方，法院内部的组织，固相当复杂，一件公文究应怎样呈送，怎样审理，怎样判决，怎样执行，都有它一定的程序，一定的步骤，不能故为出入，学生在法律科目中，虽是每天在那里讲法院的组织，诉讼的程序，审判的方法，然究竟法院的内容是怎样，程序是怎样，审判的方法是怎样，还是一无所知，这所谓千闻不如一见，听的次数或已不少，然而实际机构的运用还没有机会看到，即或看到，或许是走马观花，没有机会做实际的演习，毕竟理论是理论，事实是事实，彼此各不相谋。所以在德国，一个法律学校的毕业生，要做推事检察官或律师，类须经过三年长期的法院实习，日本的法律学校毕业生，亦须经过二年的见习，方得为正式的司法官，英国的法律学生，类执行律务有相当成绩，方可取得法官的资格。我国法律学生于大学毕业后，经司法官高等考试及格者，应在法官训练所受训六月，法官训练所所授的科目，犹以备于理论者为多，于普通大学课程不相上下，法官训练所毕业后，即分发各法院任推事。余认为此种训练办法，于实际经验[1]尚不敷远甚。欲求理实配合，则各大学法律学系之学生，均应于大学行将毕业时，前后至少在法院应有五个月之实习，其第一个月在检察处实习，第二个月在审判方面刑事庭实习，第三个月在民事庭实习，第四五两月在上诉法院实习，在实习时期，最好能实际参加诉讼工作，由学校之师与法院之法官各一，作为学业成绩之一部，如此则法院之实际状况与法律之如何适用，当可知其大要。

（四）法律救助社之实习

法律救助社（Legal aid society）在英美各国大都是学校的教授和学生共同组织的，这是一个有慈善性的社会事业，在救助社里办案是不收费的，因为社会上贫苦的人太多了，他们受了冤屈，在没有钱请律师而想请求法律救济

---

　　〔1〕"经验"原文作"经念"，现据今日通常用法改正。——校勘者注。

的时候，可以到法律救济社去请求救助，直接为社会造福，同时法院方面可以得着不少的帮忙，而尤其重要的，是于学生方面，在一方增加其热心公益的道德观，在他方可以使学生知道进行案件必要的手续，如何与当事人接谈，如何当律师辩护，如何审理案件，使学生明了法律以外的种种事实问题，一切都在很严重的环境下得良师益友的剀切指导，较诸在教室内的听讲，一定得益多多了。

以上四种办法，都是法律学校中注重实务所最重要的方法，可以救济现在中国法律教育偏于理论研究的种种缺点，回想到中国前清时代一般科班式的研究法律的人们，当然他们研究法律的方法未必有什么大的价值，不过他们以实证的方法来研究法律，也有值得我们注意的地方。譬如当他们追随一个老师研究法律的时候，这老师也可说他是导师，他对这导师正好像徒弟之于师父，不但学他的技能，并且学他的做人，他跟着这个师父学法律，不是在教室中研究法律，也不是在条文中研究法律，更不是在讲义中研究法律，他们是在办案中研究法律，当他老师办理一案件时，他便听从他老师的命令，按部就班地跟着老师学，一个书状如何撰，撰了如何呈，呈了如何审，审了如何判，判了如何行，案情明白了，要查有无前例，查到了例，要寻有无刑律，一字一句，一举一动，都在办案中学，都在学中办案，也有许多刑名师爷，只是从老师办二三案而可以完成他的学业的，甚至有仅从老师办一案而完成他的学业。我举这个例，当然不甚希望中国的法律教育，回刑名爷的那条路上去。不过他这种导师制式的事务训练，其优点也有不能一笔抹杀之处，中国古代的教育思想，本是要叫研究学问的人能时时实验，所谓"学而时习"，这"习"字的真义，绝不是拿本古书来时时念读，就算求学，而所谓学，是叫我们"学"做人。学做人不是一学便成，是要叫我们学而时时的练习，时时的实验。必如此的学，才是真真的学，是真真的习，而能收相当的成效，不然书本是一套，事实又是一套，满腹不合时宜，空泛的唱高调有什么用处，最近英美各国的大教育家，所提倡的社会实验制（Practice Laloratory），观察实验制（Observant Participation），功能实验制（Functional Penetration）和例案研究制（Case study System）等等，都是救济教育偏于学理之弊，也可以说是他们的教育家已觉悟到理论和实务关系的重要，正在努力向着理实并重制的途径迈进罢！

我国法律教育的几个重要问题[*]

孙晓楼

万百事情，不研究便不觉得有所不满，一研究便到处见得破绽，在现代的中国，谈起教育来，当然赶不上欧美各国，不过近二十年来，研究教育的人们已如春笋怒发，一天的多如一天，什么职业教育，社会教育，乡村教育，生计教育，都在一时一地闹得甚嚣尘上，也可见得国人对于教育之注意，不过我们看到国内公私立的法律学校，何只三十，自逊清开办各省法政学校到现在，法律学校的历史，至少已有四十多年，然而关于法律教育的问题，竟没有一本杂志，一种书籍，特别提出讨论过，岂中国的法律教育已办得尽善尽美，不用讨论呢，还是法律教育的本身没有讨论的价值呢？

记得几个月前，我在某地的法律学校讲演，某教务长告诫我说：法律学校的学生，只要能懂得《民法》《刑法》《民事诉讼法》《刑事诉讼法》几种主要课目算了，又何必研究什么《国际私法》《行政法》《犯罪学》《罗马法》等课，来分散他们的心力呢；他认为[1]这许多课目，有的可以放在政治系研究，有的可以等学生到社会里去应用的时候再研究，殊可不必放在法律学校的课程中；在他的心目中唉，这所谓中国的法律教育！

再记得中央某要人曾主张将现有的中国法律学校裁并或停办，他认为中国的法律学生太多了；这许多过剩的法律学生，只知道升官发财，在政治舞台上抢饭碗，不能从事于生产事业的发展，所以唱非将法律学校停办或裁并，不足以救国家的议论。在他们的心目中，又以法律学校为洪水猛兽；唉，这

---

* 本文原刊于《法学杂志（上海1931）》（第7卷）1934年第2期，第11～26页；续于《法学杂志（上海1931）》（第7卷）1934年第3期，第104～130页。

[1] "认为"原文作"认谓"，现据今日通常用法改正。——校勘者注。

所谓中国的法律教育！

的确照中国的现状说来，自然科学人才的缺少，是中国贫穷最大的原因。我们看什么建设工程土木工程电气工程道路工程，无论技术方面，原料方面，都要仰给舶来品，无怪国家的财富，每年像汪洋大海一般的流到外国去。不过我们要想到国家政治不上轨道，便是瓦特史蒂文森〔1〕爱迪生马可尼许多科学家到了中国，也不免叹口气说，英雄无用武之地罢！在没有办法的时候，还不免到政界去活动活动，和学社会科学的人一同抢饭碗罢！所以要使自然科学的人安于其位，发展各个的才能，其先决条件，即在乎政治情形的稳定，要政治情形的稳定，其先决条件，即在乎有学社会科学的人——政治家法律家——来好好地制造一部完善的政治机器，好好地运用这部政治机器，使农工商学各界都安其位以做事，然后可以谋工商实业的发展，再不要误解了自然科学是万能的，更不要误解了政治法律人才在现代的中国是不需要的。西国某学者说，现在世界的紊乱，是因为社会科学赶不上自然科学，这句话确有相当的见地。

一要有法律学问，二要有社会常识，三要有法律道德。只有了法律学问而缺少了社会常识，那是满腹不合时宜，不能适应时代的需要，即不能算做法律人才；有了法律学问，社会常识，而缺少了法律道德，那就不免流为时代腐化恶化的官僚政客，亦不能算做法律人才，一定要有法律学问，法律道德，社会常识，三者具备，然后可称为法律人才。

在中国的现状下，可说什么地方都缺少法律人才，司法界缺少法律人才，立法界缺少法律人才，行政界律师界实业界都缺少法律人才，欧美各国的法律人才，不特再立法界司法界行政界律师界表现着他们的法律才能，便是工商实业军士武官，都有不少的法律人才在那里指导着活动着，所以他们所办的各种事业，无处无时不表示着纪律化秩序化，他们法律人才之普遍化可见一斑。因之他们国家当局，于法律教育只有扩大和发展，像美国一万万五千万人民中间在一九三一年之统计已有二百零五个法律学校，学生注册的在四万六百四十二人以上〔2〕。他们在一九零零年已成立了法律教育会，每年聚法律英才于一堂，讨论法律教育的许多重大问题，所以美国法律教育蒸蒸日

---

〔1〕 "史蒂文斯"原文作"施帝文孙"，现据今日通常译法改正。——校勘者注。

〔2〕 "Registration in Law School", Fall of 1931, Vol. 7, *American Law Scholl Review*, No. 4. p. 336.

上，于近年已有特殊的进步。回看我国，约有四万万五千万的人口，而法律学校竟寥若晨星，在民国十九年教育部之调查全国公私立的学校不过三十二只，学生合政治系经济系在内，也不过一万零六百余人，法政学生已毕业者之总数尚不过三万三千九百五十六人（由东吴毕业者只二百十人）〔1〕。在学校当局固因循苟且，既不知研究改善，在政府当局，复畏首畏尾不知设法推广。比到美国，我们中国的法律教育实在瞠乎其后了。因此写"我国法律教育的几个重要问题"一文，非敢望于法律教育上有所贡献，不过欲借此引起办理法律教育诸公之注意罢了。

一、社会科学的重要

法律教育之目的，在于培植法律人才，所谓法律人才，既据我前段所说的必合乎以上三种条件，一是法律学问，而是法律道德，三是社会常识。所谓社会常识，便是我们普通所说的"法律不外乎人情"。这人情便是常识。没有常识的人，虽是有高深的法律学问和法律道德，是不能适应时代的环境的。换句话说，一个人没有社会常识，便是你读熟了古今中外的法律书籍，便是你再多得几个法学硕士博士头衔，是不中用的。美国的林肯可说是世界上最伟大的法律人才了，他是一个最有法律学问法律道德和社会常识的人，他的社会常识，不是从法律学校中得来的，更不是从法律条文中得来的，他是一个刻苦〔2〕奋斗，饱经世故，从社会的阅历上磨炼得来的。

原来法律这个东西，是一种社会的产物。美国法学者庞德（Pound）氏说："法律是社会机械的工具"〔3〕，美国法学者卡多佐〔4〕（Cardozo）又说："法律的目的是社会的福利"〔5〕，日本法学者穗积重远说："法律是社会生活之规范"〔6〕，以及其他二十世纪的社会法学者，都高呼着"社会利益"（Social interest）"社会需要"（Social need）"社会功利"（Social utility）"社

---

〔1〕《申报年鉴》一九三三年高等教育二八页。《何炳松三十五面来的大学教育》一二三页到一二九页。

〔2〕"刻苦"原文作"克苦"，现据今日通常用法改正。——校勘者注。

〔3〕 Roscoe Pound, *Administrative Application of Legal Standards*, 44 Rep. A. m. Bar – Assn. , p. 449.

〔4〕"卡多佐"原文作"卡独索"，现据今日通常译法改正。——校勘者注。

〔5〕 Cardozo, *The Nature of the Judicial Process*, p. 66.

〔6〕《穗积重远法理学大纲》一〇一页。

会要求"（Social claim）。他们的口号，他们的标语，几无时无地不移社会二字作中心〔1〕，所以我们研究法律，当然不能再像以前的法学者专注于法律条文之分析和穿凿，应当于法律条文之外，于社会的变迁，社会的现状，社会的趋势，都有相当的认识，所以研究法律，不可不与社会科学同时研究〔2〕。

有的人说：法律是各种社会科学的结晶，政治学经济学宗教学社会学都是法律的原料；正像矿物学农学地质学动物学生物学为化学之原料。我们研究化学，一定要研究矿物学农学地质学动物学生物学，研究法律也一定要研究各种社会科学像政治学经济学伦理学宗教学心理学社会学等科目〔3〕。而所谓法律又不过是社会生活的一个断片〔4〕，它只能代表社会拘束力的一部分，不能代表社会拘束力的全部分。而这种社会拘束力，和别的社会拘束力复有连带的关系。试看我中华民国的《民法》九百六十六条，《刑法》三百八十七条，哪〔5〕一条可以完全跳出宗教或道德或政治或经济的范围。再看到我们日常生活中间，所谓衣食住行及柴米油盐酱醋茶等开门七件事，又哪一件不与法律有多少的关系。所以法律的生长，是社会需要的表现〔6〕。我们研究法律，当然应以社会科学作基础。

不过社会科学的范围很广，所谓人类学社会学政治学经济学心理学哲学统计历史及教育等都包含在社会科学之内〔7〕。这许多社会科学，都是我们研究法律必须修习的学程，当然我们承认自然科学和法律也有密切的关系，世界上很有几位名法家，是研究自然科学出身的。不过因为社会科学和法律的关系更加密切，所以我们不得不以社会科学为研究法律的基础学问，而在社会科学中间，又以比较最最重要的社会学与法律学不可须臾或离，因为限于篇幅，不能将法律与各种学课的关系分别作一详细的说明。我且将世界有

---

〔1〕 Roscoe Pound, *Outline of Lecture on Jurisprudence*, 3d ed. , 1920, pp. 129, 133.

〔2〕 参阅 Updegraff, "The social sciences and the Law Curriculum", Ill. *Law Review.* 1931, Vol. 25, p. 522.

〔3〕 See supra notes 5, p. 754.

〔4〕 参阅 Robert C. Angell, "The Value of Sociology to Law", 1933, Vol. 4, Mich. Law Rev. , p. 552.

〔5〕 "哪" 原文作 "那"，现据今日通常用法改正，下同。——校勘者注。

〔6〕 See Kohler, *Philosophy of Law*, 1908（Albrechts Translation 1914）, 58～62；Eugen Ebrlich, "The Sociology of Law, Translated by Nathan Isaacs", 36 Harv. L. R. 129－145, Dec. 1922.

〔7〕 Encyclopaedia of the Social Sciences.

名大学的法学院侧重于社会学的办法介绍如下[1][2]：

（一）在大学社会学系内，增设法律社会学一课，美国密歇根[3]大学（University of Michigan）行之。

（二）在法律学系内，扩大社会学之范围，美国耶鲁大学（Yale University）与哥伦比亚[4]大学（Columbia University）等校之法科行之[5]。

（三）像哥伦比亚大学法科及西北大学法科，最近有以社会问题之研究，作非法律课程的标准，其目的即在使学生注意于法律的社会功用[6]。

（四）于法律教授讲学时，多参酌社会学有关系之问题，详加讨论[7]。

（五）有以经济学为法律系的必修学程，不修习该学不能得法学士学位的，像日本早稻田大学法科及帝国大学法科行之[8]。

（六）有提高学生入学资格，谓不修习社会学课三年以上或未得文学士学位者，不得入学，像美国哈佛大学（Harvard University）法科等[9]。

（七）以社会学经济学为法律学校之必修课程，像我国法律学校的规定[10]。

我国法律学校，除东吴大学法律学院是兼采取第四条第六条第七条的办法外[11]，大多数的法律学校，都是根据部章的规定，只取上开第七条的办法，以社会学经济学为法律学校必修课程，其于社会学之地位，形式上好像比日本所采取的办法为严重。因为日本大学的法科，只有以经济学为必修课目，于社会学反不提及。不过要晓得日本法律教育制度，向以德国为模范，其法科入学资格，类须于普通中学毕业后再由高等专门学校三年毕业[12]，入学资格殊较我国高中毕业的程度为高，这三年高等专门学校的学历，当然

---

〔1〕 "下"原文作"左"，现据排版需要改正，下同。——校勘者注。

〔2〕 See supra note 6, p. 515.

〔3〕 "密歇根"原文作"密西干"，现据今日通常译法改正，下同。——校勘者注。

〔4〕 "哥伦比亚"原文作"哥仑比亚"，现据今日通常译法改正，下同。——校勘者注。

〔5〕 See supra note 6, p. 515.

〔6〕 See supra note 6, p. 515.

〔7〕 See supra note 6, pp. 515~516.

〔8〕 参阅《日本东京帝国大学一览》及《早稻田大学学则》。

〔9〕 参阅 Harvard University Catalogue 1931, Admission of Students, p. 498; Bulletin of Yale University 1932~1933, p. 313.

〔10〕 参阅十九年《司法院监督国立大学法律规则》第二条《司法院司法例规》。

〔11〕 参阅《东吴大学法律学院章程》民国廿一年至廿三年。

〔12〕 See supra note 6, p. 515.

使学生于社会学课之标准十分充足了。我国部章虽规定以社会学经济学两课为必修课，其于社会学课之标准，恐怕还不及日本学制的这样充实。况且自从欧战以后，日本法律教育制度，有由采取大陆制转向到英美制的趋势[1]。像以上所提的第三条第四条的办法，当然也在他们注意的范围。所以他们以社会学与法律学打成一片的呼声，也一天的高似一天了。我希望我国办法律教育的人，能注重这社会问题的研究，不要专就法律来研究法律，而将和法律有关系的社会学置之于不顾呀！

二、课程编制与教材

社会学的重要，我于前节已约略说过，今当进而研究法律课程编制的方法，在我国普通一般法律学校课程的编制，并无一定的标准，就大体讲，则不外以实体法较浅显的为初学法律的课程，实体法中较特别的较深奥的，排作高级法律的课程：像大陆法派则大都以《法学通论》《民法总则》《刑法总则》《宪法》《国际公法》《罗马法》等课为第一学年及第二学年的课程，以《民法各论》《刑法各论》《民事诉讼法》《刑事诉讼法》《商事法规》及各种特别法为第三学年及第四学年的课程，英美法派则以《契约法》《宪法》《代理商》《侵权行为》《民刑诉讼法》初步为初级学课，以《行政法》《国际私法》《公司法》《保险法》《信托法》《证据法》《民刑诉讼法》等为高级学课，手续法方面大都以其内容较为复杂者，列入较高年级的课程。此种课程的编制，都以法律的理论作基础，其所取教材，复不出于现行法的范围，所谓以法律为研究法律之目的，只求能达到明了法律之本质，不问法律的应当如何实地运用，这实在失掉研究法律之本旨——法律不过为求社会福利的一种工具[2]。我们研究法律，固不能以认识了工具为满足，当进一步而研究此工具实地运用的种种重要问题，惟只读了几本诉讼，决不能完成这个目的，近年美国的法律教育家，经几次法律教育会的开会研究的结果，他们认为法律学校课程的编制与教材，应趋重于实用，兹就课程与教授两端来说明之：

（一）就课程方面说

课程的编制，最近有许多学者都主张不应只以法律理论作研究法律的基

---

〔1〕 Takayanagi, "Legal Education in Japan", *The American Law School Review*, Vol. 6, No. 4, p. 165.

〔2〕 Wigmore, *Foreword of Scientific Methods in Law*, 1929, p. 4.

础，而主张应侧重于实际的运用的新计划，如耶鲁大学教授特纳[1]（Rescoe Turner）氏，和西北大学教务长格林（Leon Green）氏等，都主张法律课程科学化；法律课程研究的范围，应当拿社会发生的事实作研究之标准，拿社会发生之问题作研究的纲目。如格林氏于其《法律教育科学化》（The scientific Method in Law）一文中，极力主张法律课程的编制，不应限于讲堂的研究，应当多注意于课外之实习；更应注意社会事实与法律有关系的问题，按其发生之步骤，作研究的基础。譬如研究宪政，则凡关于《租税政制》《社会公用》《法院组织》《司法手续》诸问题，都在讨论的范围，譬如关于《商事法规》，则商业市场，银行保险，信用担保，及种种实业上地产上有关系之各点，凡可意想得到的，都在讨论之列。其他各种法律的研究，也都采用这种办法。惟研究法律的初步，应注意到法律常识的灌输，第二步则注重到实际问题的探讨，一洗以前只有理想而不注重实际，知其然而不知其所以然的积弊[2]。最近有个法学者富兰克（Frank）更主张法律课程的进行，不应在讲堂内，应当在法院和议会或律师的事务所内[3]，也可见法律课程的一天一天趋向于实用方面了。

（二）就教材言

至于教材方面，世界各国的法律教材大都以法律条文作研究的基础，采用原理教本制（Text - book system），美国以前也像我国现在的法律学校，以法律原理作教本，及到哈佛教授郎代尔[4]（Langdell）发明例案教材制（Case Book System）后，美国法律学风头顿时为之一变。现在美国各大学的法律学院，几没有一个不用判例为研究法律的基础，甚至英法德等的法律学校，也有采用这种制度的。固然，判例的研究，一可引起学生之兴趣，二可使学生明了办案的方式，三可以使学生明了分析案件的方法，四可以使学生明了法官之心理，其得益较诸原理法律教本制切实得多。不过最近因为例案教本制的不能书法律原理的规定，所以有很多学者，复主张采用原理教本与例案教本混合制（A combination of the two system）之办法，拿理论与判例合并编作一种教材，在判例的例证上，冠以简要的法律理论，使学生于理论与

---

[1] "特纳"原文作"都纳"，现据今日通常译法改正。——校勘者注。

[2] Green, "A New Program in Legal Education", 7 Am. Bar Assn. Jouanal, p. 299～302.

[3] J. Frank, "What constitutes a Good Legal Education", 1933, A. B. J. , p. 723.

[4] "郎代尔"原文作"郎痕特尔"，现据今日通常译法改正。——校勘者注。

事实兼顾[1]。更有主张以一社会问题编作教材的讨论，将该社会问题拟一法律题案（Legal Promblem），由学生将此案件搜集材料，详细分析，引证法典，下一判断，并附以自己的理由，以便在教室内报告讨论[2]。这种取材新法，实在有注意的价值，不过这种以社会问题作取材的方法，当然试行于较高级的学生为相宜，初学法律的人，因为法律知识幼稚，恐不免有困难之处罢！

查我国法律学校之课程编制殊偏于机械化，而教材又偏于理论化，不切实用之处太多；所以法律学校毕业的学生，于法律条文的解释，或能有相当的了解，于法律的运用方面，总感觉到有所不足，而且每每研究工厂法而不知道工厂的组织，研究银行法，而不知道银行之内容，其他民法刑法上，各种社会经济问题，都缺少普通的常识，于法律学校修习了三年或四年毕业后，必须到社会上去再习练五六年，才能将法律实地运用，这种苦痛，都是法律教育中课程编制与所取教材，不切实用的缘故。庞德说：我们与法律材料有关系各种的组织及内容，在当地当时之发达与运用，都应使学生彻底[3]地明了，不然，不能谓之善良的法律教育[4]，这句话很值得我们注意。

三、法律救助社之组织

法律教育，和医学教育，都是职业教育中的最占重要的；不过很有许多人说，医生没有学识和经验，则庸医有杀人的危险，看得非常严重。确不知道律师法官没有经验学识，他的危险性不是杀了一人两人就算，还要影响到社会一般的治安和国家整体法令的威信，他的严重性更大。我很知道许多案件，因为律师不懂得法律手续，没有诉讼经验，而引起当事人倾家荡产，甚至于自杀杀人的很多。也看见许多案件，因为法官没有常识，没有经验，处事不公，而使当事人倾家荡产，自杀杀人的也不少。现在社会上的每看衙门像虎，认为讼则终凶的观念，由于庸律师法官造成的。

不过在医学教育方面，因为恐怕着无经验的医学生出去杀人，所以有所谓医学实习班 Medial Clinic 的组织，在法律教育方面，为防止无经验的法律学

---

[1] Hulvey, "The Teaching of Commercial Law in School of Commerce with Special Reference to Negotiable Instruments", 1929, 6 The Am. *Law Scholl Review*, pp. 531~532.

[2] Kocourek, *Preface: Materials in the Law of security Transactions*, 1932. Book I., p. iii.

[3] "彻底"原文作"澈底"，现据今日通常用法改正。——校勘者注。

[4] Pound, "What is a Good Legal Education", 1933. Am. Bar Ass. J., p.631.

生出去杀人，或者做出较杀人更大的事来，当然不能没有像医学实习班同样之组织[1]，欧美各国法律学校组织的所谓法律救助社，便是这种用意，法律救助社 Legal Aid Society 的好处，可分为四点来讲：

（一）就当事人方面说

现在的社会贫苦的人太多了，他们因为受了冤屈，想请求法律的救济，因为没有钱请律师，所以只有忍气吞声的屈服着，这是何等可怜的事。假使法律学校有了法律救助社的设立，有高级的法律学生在社里实习，办理法律手续，有好的教授在社里指导着，那么[2]办理案件可以免费，得忠实的人辩护，使冤抑的事情，得到公平之解决，这样有益于贫苦的当事人，当然很大[3]。

（二）就法院方面说

固然从一方面来看，因为有法律救助社，可造就出许多好的法官来平定是非，帮法院造就人才；从别方面来看，因为法律救助社本身目的的正大，有许多案件可以由他们和解；而且法官于审理案件时，可得到该社很多的帮忙，免得许多无谓的侦查和讯问。虽然法律救助社不能说是完全可靠，不过在准备案件时，于学理于事实有师生相互的研究，十之八九比普通慈善性的义务律师团为纯洁而正当，这于法院方面确有很大的贡献。

（三）就学生方面说

法律救助社于学生的利益，我前面已经约略说过，学生所学的，假使都偏于学理，那么将来运用起来，一定非常困难。所以最好能得真实案件的习练，使学生知道进行案件必要的手续，如何与当事人接谈，如何当律师辩护，如何审理案件，使学生明了法律以外的种种事实问题，一切都在很严重的环境下，得良师益友的切磋指导，所谓千闻不如一见，其得益自较在课堂上听教师讲解多多了。

（四）就社会方面说

这一点与以上三点，似乎都有连带的关系，法律救助社可以代法院行使

---

[1] Bradway, "the Legal Aid Cline and Mental Fiber", 1931, 5 *Southern California Law Review*, p. 36.

[2] "那么"原文作"那末"，现据今日通常用法改正，下同。——校勘者注。

[3] Duley, "the Harvard Legal Aid Bureau", 1931, 7 A. B. J. 10, p. 692.

和解，得到息事宁[1]人，社会上可以减少很多的纠纷，使法院办事顺手，增加它的效能，维持法律的威信，并间接为社会造福；学生亦藉此有诉讼的经验，有高尚之法律道德，有坚毅之果断（Taugh Mental Fiber）[2]；且可减少许多像我以上所说的庸法官庸律师杀人的情事，而增加社会上很多的福利[3]。

法律救助社的利益，既是这样的大，当然我国法律学校也有采取的必要。像美国哈佛大学在一八九三年，便有哈佛法律救助局（Harvard Legal Aid Bureau）的组织，每年平均接受三百余案件，以民事为主体，自开办至现在，解决的案件已不下二千五百余起，中间有百分之七五是在法院解决而胜诉的，百分之十二，是由该局试行调解成立[4]。现在辛辛那提[5]（Cincinnati）法科，加州大学（California）法科，西北大学（Northwestern）法科，都有同样的组织，不过有的由法律学校与当地律师公会合组的，有的由法律学校于学生青年会合办的，有的由学校独办的，其成绩最推哈佛教授万鲍[6]（Wambaugh）、氏杜德利[7]（Dudley）氏及加州大学之布莱德温[8]（Bradway）氏等，都是有几十年的经验，专心研究法律救助社之组织的专家，美国法律救助社成绩的特著，此三公实有相当的功绩。

有人认为我国法律学校有诉讼实习一课，可以代替法律救助社的组织；殊不知，诉讼实习一课，无论其形式如何，内容如何，学生每多敷衍了事，不肯十分用心，总没有真实案件的在法律救助社的严重而有趣[9]，教员也不能像法律救助社的指导周详。至于当事人和法院及社会的利益，更不必说了。

或以法律救助社当于法律学校中给每级学生以实习的机会，我认为可以不必；因为初习法律的学生，其于法律的常识，未能窥其门径，假使给予案件的实习，则不特于指导者空费心力，且于学生得益甚少，而于当事人及社

---

[1] "宁"原文作"甯"，现据今日通常用法改正。——校勘者注。
[2] See supra note 11, p. 692.
[3] See supra note 1, p. 38.
[4] See supra note 2, p. 692.
[5] "辛辛那提"原文作"辛新那底"，现据今日通常译法改正。——校勘者注。
[6] "万鲍"原文作"惠鲍夫"，现据今日通常译法改正。——校勘者注。
[7] "杜德利"原文作"狄特莱"，现据今日通常译法改正。——校勘者注。
[8] "布莱德温"原文作"勃莱特惠"，现据今日通常译法改正。——校勘者注。
[9] Hepburn, "Law Schools and Legal Clinics", 1928. *The American Law School Review*, p. 244.

会的利益，更不必谈起，或者反有危险性。所以哈佛大学名教授比尔[1]Beale 氏曾说，"我们的法律教育，应于学生到了第四年级，始给以律师事务所同样工作的实习"[2]，这句话是不错的。

四、专任教授的重要及其应备之资格

再有一个重要问题，我们于法律教育上所极应注意的，便是教授问题。无论哪种学校，若当的专任教授少，则不特支配功课不易，对于学生必缺少课外的指导，学校当局不得谓为己教育之责。美国法律教育者里德[3]Reed 氏以多聘专任教授为改善法律教育的重要方案之一[4]，有见地。我认为法律学校的专任教授，一定要备有三个要件：

（一）须有高深的学问

做一个法律学校的专任教授，不是叫他温故知新，以学校为养老堂的；他应当对于所授的功课，有高深之研究。譬如在讲堂上讨论一个法律上的某一问题，他不能只拿与该问题有关系的几条条文，解释字义就算；他应当拿这问题的起源，构成的要件，解决的方法，于时代上的过去现在将来，世界各法系各法学者种种不同的理论，纵的方面横的方面理论方面实用方面，都能作一比较的讨论。他所取的材料，不能限于关于该问题的几条条文，他应当将凡关于这问题上的学识意见著作判例都能介绍给学生参考，这才算有学问的教法，才算有学问的教授。教实体法是如此，教手续法也是如此，教普通法是如此，教特别法也是如此，这是专任教授所应当具备的第一点。

（二）须有教授的经验

教授的经验也是做好的法学教授不可不备的要件。有很多的教授，有了高深的学问，甚至有很多的著作，不过因为没有教授的经验，所以没有教授的方法。一个学科到底哪里不必使学生注意，哪里应当使学生注意，学生怎样可以得益，怎样便不能得益，做教授的都不能注意到，即注意到了，也没有切实办法来实施它。这样的教下去学生未免太牺牲了。所以一个大学教授，

---

〔1〕 "比尔"原文作"皮尔"，现据今日通常译法改正。——校勘者注。

〔2〕 Beale: Discussion of Dickinson: The Aims and Method of Legal Education 1931, 7 Am. L. School Rev. 145, 146 ~ 147.

〔3〕 "里德"原文作"李特"，现据今日通常译法改正。——校勘者注。

〔4〕 Arfred Z. Reed, "Legal Education", 1925 ~ 1928, Vol. 6. The Am. Law School.

至少要在国内外有名的大学内做过四年的助教，有了相当的经验才可以担任正式的教授。初自东西洋毕业回国的学生，虽是他有高深的学问，因为他不明白学生的心理，不知道教授的方法，决不可即请他担任重要的课目。

（三）须以教育为职业

有了学问，有了经验，若以大学为传舍，今天没有官做，便去教书，说做官是腐化，明天官运临到，便视学校如敝屣，说教授太清苦。这种教授，于学术上既不能接续努力，于教育上也不免敷衍了事；所谓"鹄的既失，射何由中"，学生的牺牲，实在太大了。大学教授，一定要希望他能以学校为家庭，以教授为终身职业；于学问上继续不断的努力，于经验上可望日新月异的长进，于学生生活上学问上都可由正当的指导，那学校的精神便可一天一天的振作。

我看到现在国内一般的大学教授，便感觉到中国大学教育的失望；所谓大学教育商业化，不一定说是办学者的商业化，那许多大学教授都在商业化。你看国内有很多大学内的名教授，他们像开留声机器片的一般，从甲大学开至乙大学，从乙大学再开到丙大学；一日之间，至少可开到五小时或六小时，一周之内，至少可开到二十小时或三十小时。所授的讲义往往经过五六年还没有完全，或者从没有增删。而且对于法律学校的功课，什么实体手续法公法司法普通法特别法都可以教，好像是万能的一样。他所讲的也无非拿教科书读过一遍，至多也不过下一些注解，好像从不欢喜介绍一本新的参考书给学生。到考核学生成绩的时候，除了一个或两个很大的题目，由学生自由发挥。批起分数来，每个学生至少在七十分以上，使学生个个满意，没有人反对便是好教授。以这种大学教授来教授学生，学生到底可得益多少，我实在有些怀疑。然而这种教授，竟占了国内法律学校教授的大多数；尤其是在国内的通商大埠，充满了这样跑街式的大学教授，这也难怪法律教育的日暮途穷了。

当然国内大学教授如此，他的原因很多：一、由于大学教授的俸给太低，希冀多在几个大学担任几小时功课，可以增加些收入。二、因为公立学校随着政治影响，学校行政当局常常更换，不得不多担任几个大学的功课；狡兔三窟，免得一时落空。三、因为现在的士气嚣张，学生很难应付，倒不如敷衍了事可维持饭碗。四、因政治的不稳定，政府多一次改组，便多造出几个新政客，多下台几个旧官僚，大学里的教授，因此不免常常的更动者，这是中国大学教授少专任的原因，也是中国大学教育日趋于腐败的最大原因。中国的大学生和世界相比较，每百学生中教员以中国为最多，每万人口中之学生数以中国为最少[1]。大学生少，不是中国的好现象，大学教授多，也不是中国的好现象。因为大多数的大学教授，都好像律师挂牌子一样，虽没有案件也可以修养资格。他们的目的，并不是为教育而教育，为学问而教育，是想拿教授的地位，来做升官发财的踏脚蹬（Stepping stone）。心猿而意马，学问哪里会有进步，经验哪里会得丰富，于人格上更不足为学生表式。唉！世风日下，师表不立，师道难行，中学教育如此，大学教育更甚，这实在足以影响到社会的风纪，国运的阽危。你看已往政治舞台上的官僚政客，他们很少没有做过大学教授的；以已往测未来，我所以敢说现在中国大学教授的比例打破世界纪录，并不是中国的福[2]。

看到欧美各国的大学，每一个专门学院中，总有几个对于某一种学问有高深的研究，有极高深的品格，做一个学校的台柱。他们拿学校看得像家庭一样，拿学生看得像自己子弟一样，自从讲员（Instructor）升到助教（Assistant professor），从助教升到副教授（Associate professor），从副教授升到正教授（Professor），中间至少于学问上经过十多年的努力。他们所授的科目，每学年至多二门或三门，每周任课的时间，也不出五小时或六小时，至多也不过十二三小时。除上课的时间在教室里和学生讨论学问外，他们几无时无刻不熔化他们的生命在图书馆里及实验室中研究。他们的俸给并不比一般公司及银行里的普通职员来得高；不过他们为教育而教育，为学问而教育，他们对学问的研究有特别的兴趣，能毅以身许学校；他们并没有大的野心，想在政治武台上活动，更没有大野心，想做交易所发财。这种现象当然在一方面是由于他们政治的上轨道[3]，使他们的学校生活安全，有相当的保障；在他方面也见得他们于学术上兴趣的浓厚。我们看欧美各国大学里的重要教授，平均都在四十岁以上，每人至少有一二种著作，像法国的狄骥（Duguit）教授，在波多大学执教至五十年以上至于死，其学术思想对世界有极大的贡献。

---

[1] 一九三四年二月五日申报教育消息——我国二十年度高等教育与世界主要各国之比较。

[2] 参阅一九三三年十一月二日申报消息——周佛海的"为实行专任制度告省立中等学校教职员同人"。

[3] "轨道"原文作"规道"，据今日通常用法改正，下同。——校勘者注。

再看像德国柏林大学的施塔姆勒〔1〕（Stammler）教授，美国西北大学的魏格摩尔〔2〕（Wigmore）教授，哈佛大学的庞德（Pound）教授，类已头童齿脱，年逾花甲，犹时时蹀躞于图书馆中，孜孜矻矻以研究法学，曾不知老将至。魏格摩尔〔3〕氏年龄已逾七十，犹复依仗挈妻，不远数万里走非洲等处，游列各小国，考察司法状况，以完成世界法制概观一书。唉！这许多学者，其好学之精神，真是老而益壮；他们的伟大，不在华盛顿、林肯、哥伦布之下，是在使我钦佩到五体投地了。我希望国内的大学教授也追随着以上的几个学者努力；要想学术救国，先以身许学术罢！

五、会计学的增添

普通研究法律的人，都认定会计学和法律是没有直接关系的；所以在中国的法律学校中还没有人想到会计学课的添设。我认为会计常识，是我们研究法律的人们所不可缺少的；我们看法院里的民事案件，十分之六七是为着债务金钱的纠葛；再看到法院里刑事案件，除烟赌案外，要推窃盗罪诈欺罪是最多了〔4〕。这许多债务纠葛的民事案件，这许多窃盗欺诈的刑事案件，我们读了法律，无论做法官做律师做实业机关的顾问，要使它有一个公平的解决，哪一个可以没有账目计算的关系，这所以读法律的不可不有会计的常识了。

看到中国现在的许多律师和法官，太缺乏会计的常识了；上海有很多的律师和法官，连簿记上的借方贷方都不清楚，极小的事情，一定要请教会计师，那律师未免常识太差，而法官也不免有失尊严了。

这不独中国如此，便是欧美各国的司法界他们也很感觉得会计学识的重要。美国芝加哥〔5〕大学的教授克莱哈（Willard J. Graham）于一九三一年曾在芝加哥城乡律师界中，征求他们对于会计课学的意见；于五百十九件答案中，有五百十个律师是认定做律师的有会计训练的必要。而在这五百十人中间，有二百五十二个人是主张会计学在未进法律学校的时候便应当准备的，

---

〔1〕 "施塔姆勒"原文作"施担默罗"，现据今日通常译法改正。——校勘者注。
〔2〕 "魏格摩尔"原文作"魏格模"，现据今日通常译法改正。——校勘者注。
〔3〕 "魏格摩尔"原文作"惠格姆"，现据今日通常译法改正。——校勘者注。
〔4〕 参阅上海市统计——上海各法院统计表司法第八页。
〔5〕 "芝加哥"原文作"支加哥"，现据今日通常译法改正，下同。——校勘者注。

有二百三十五人主张待进了法律学校再修习，有十七个人主张到法律学校毕业之后再补习[1]。这可见会计学识的重要，在美国的律师界中，已为一般所公认的事实。他们有很多学者认定会计是做律师不可少的常识，没有普通的会计常识，不能做成好的律师[2]。明尼苏达[3]（Minnesotn）高等法院推事施东（Stone）氏，曾发表以会计一课，为入律师公会必考的科目。考试及格了，方可进律师公会得律师资格[4]。其重视会计学识，更可想见。

看到我们国内的法律学校，无论他是国立或私立，大部分以高中毕业为入学资格。在高中文科或普通科的课程中，有会计簿记学课的不多见；那么他们对于法律学课的准备方面，已感觉到十分的不够了。再加之于法律学校里的课程，又没有会计和簿记等课的修习，当然他们从法律学校毕了业，无论做法官或律师或工商实业的法律顾问，不免感觉到会计常识的不够了。这是我们办理法律教育的人应所注意的。

六、限制学生人数于提高入学资格

法律教育不是公民教育。公民教育只求学生有些法律常识，教他如何做一个国民。法律教育是希望培植出完善的法律人才，有组织头脑，有高尚品格，于做一个好的国民之外，并能为人民服务，为社会维持秩序。法律教育负了这样一个重大使命，当然不能希望于一般普通的学生。所以法律教育有望它普遍化是不可能的，法律学校断不可以来者不拒的手段来滥招学生，应当看学校的资力，社会的环境，提高入学的资格来限制学生人数。我觉得限制法律学生后，可以有两点的成效，现在约略的释明如下：

（一）可以选择人才[5]

上面已经说过，研究法律一定要以社会科学作基础。所以法律学校，于招收新生时应当拿测验的方法，去测验学生的智慧和辨别力，去测验学生对于社会科学各门的基础。并应当注意到学生的品行和体格，这种学生可以不

---

〔1〕 Willard J. Graham, "Accounting in the Law School Curiculum", 1931, A. L. S. R., p. 216.

〔2〕 See supra note 3, p. 219.

〔3〕 "明尼苏达" 原文作 "明尼宿塔"，现据今日通常译法改正。——校勘者注。

〔4〕 An address delivered before the American Law Institute in Washington D. C. on May 12, 1930, reported in U. S. Daily of May 15, 1930.

〔5〕 Leon Green, "A New Program in Legal Education", 1931, A. B. A. J., p. 301.

可以造就，值得不值得造就。我们希望因材施教〔1〕，于招收学生时应当以重质不重量为原则，选择可以培植者而教育之，乃可望其将来为好的律师法官及学者。不然来者不拒，不问他资格品行学问身体如何，什么都收了。于是一齐皆休，好的学生受人牵制，不能发展他们的天才，坏的学生，侥幸到毕业之后，借了张毕业证书，在社会敲诈杀人，这是多么危险的事！

（二）可以集中训练

法律学校，每级的学生人数，应当有一个限止，每级至多不得过六十名。因为一级的学生过分多了，教授很不容易知道和考察他们。尤其是关于实习方面；一级学生太多，往往不能普遍的实施实习。那么要一级的学生，都受到严格的训练和陶冶，当然是不可能的事。所以一级学生成绩的优劣，对于人数的多少亦很有关系的，办学者实不可忽诸。

因为以上的两点理由，所以近年来欧美各国的法律学校，多以限制学生人数为改善法律学校的方法。像美国的哈佛芝加哥耶鲁及西北大学等，各限制其学额为四百为三百以下的不等〔2〕。像哈佛大学，在第一学年招收新生每有八九百人之多，而结果仅二三百人可以毕业。这并非有感于法律人才之过剩，而特限制其学额；实因有鉴于以前滥收法律学生的不能因材施教，有鉴以前学额众多的不能集中训练，弊窦百出，贻误社会。所以在好的大学校，都自定限制学额的办法。像我们中国的法律学校毕业生，到美国去研究法律，进他的研究院读书，以前有凭中国几只大学法科的毕业文凭而不经考试的，读了一年或二年就可以得博士学位。现在大都已变更办法，有的非经过考试测验不能入学；有的非得到它们的承认的多少学分，再经过考试不能入学。而且现在他们大部分法律研究院里的年限有提长到三年四年方可得法学博士学位的。这不是他们不欢迎外国学生去进它的学校，实在是因为学生程度不齐，相差过远，不免影响于学校施教上整个的计划〔3〕罢了。

关于限制人数方面，再有一件事我要连带的讲到的，便是入学的问题。上节不是已经说过美国法律学校为了要限制学额，同时又提高入学的程度么？

他们对于提高入学资格问题，学者争执得非常厉害。有的主张研究法律

---

〔1〕 "因材施教"原文作"因才施教"，现据今日通常用法改正，下同。——校勘者注。
〔2〕 参阅哈佛耶鲁西北芝加哥大学章程。
〔3〕 "计划"原文作"计画"，现据今日通常用法改正。——校勘者注。

至少应当在大学文科修习二年，有的主张研究法律至少应当在大学文科毕业得有文学士学位。主张前说的，认为有大学文科二年的学理，于社会科学的准备已经足够。若一定要他大学毕业后再进法科，恐怕他们研究法律的锐气已挫，不能精其所学：如芝加哥大学教授伊格尔顿〔1〕（William L. Eagleton）氏等即作是说〔2〕。主张后说的，认为研究法律，非在大学文科毕业，其基本学识准备不够，将来毕业后到社会里去运用，一定感觉到不足，像西北大学格林（Leon Green）氏便作是说〔3〕。一时聚讼纷纭，惟现在美国的大学像哈佛耶鲁西北及密歇根诸大学的法律科，都已实施了大学文科毕业为升入法学院的条件。可见得入学资格之日见提高，已为必然的趋势，其以大学文科一年的学历，为读法律的入学资格的，在一九三零年已不多见了〔4〕。

不过有人主张以延长年限代替提高入学资格的。我认为与其延长年限，不如提高入学程度：第一点，因为法律学校的年限过长，足以减少学生研究法律的兴趣。我国大学的法律学院有四年的法律学程，已经足够支配一切重要的法律课程。你看像美国大学的法律年限普通不过三年（研究院不在其内），最多不过四年，像法国大学的法律年限普通亦不过三年（研究院不再其内），日本大学的法科普通亦不过三年，德国大学的法科普通亦不过四年，英国大学的法科普通也不过三年。当然要求得于某一种法律有高深的研究，决非三年四年的学程可以竣事。不过这一种要求，只可希望于研究院的学生，似不能希望于普通的法律学生。所以我不主张将法律学课的年限延得过长。第二点我之所以主张以提高入学资格代替延长年限的理由，是关于法律的基本学识方面。现在的法律学校内，有很多课程应当作为法律的预备科目。譬如社会科学中的各种科目，除法律学社会学经济学为特别注重起见，应当于法律学校中再行修习外。其他关于心理学论理学人类学政治学哲学统计历史教育会计及自然科学中的化学物理生物数学于其他关于语言方面之国文、英文、日文、德文、法文、俄文，都应当放在学法律的准备科目中修习。要偏于专门性质的法律学院兼开办许多科目，于教授方面设备方面，不免有些困

---

〔1〕 "伊格尔顿"原文作"意格尔登"，现据今日通常用法改正。——校勘者注。

〔2〕 William L. Eagleton, "Academic Preperation for Admission to a Law School", Vol. 26, Ill. L. R., p. 894.

〔3〕 Leon Green, "Academic Preperation for Admission to a Law School", Vol. 26, Ill. L. R., p. 607.

〔4〕 Arfred Z. Reed, "Legal Education", A. L. S. R., Vol. 6, No. 12, pp. 773, 775.

难。不如提高了入学资格，限定入法律学校者一定要修习社会科学及自然科学到多少学分，方可应考到法律学校读书。这样比较的可以经济些，完备些。根据这个点理由，所以我认为提高入学资格，是比延长年限重要得多。

回看到我国的法律学校，就从前几年的经过的事实上说，有许多公、私立法政学校，每因经济关系而滥收学生。有的法政学校，即使初中没有毕业，也可以去读书；高中的毕业生即可进去越级插班。只要挂一二年的名，付一二年的学费，便可给予大学文凭。学生挂了这种学校法学士头衔，便可去领取律师证，在城市里居然也挂起律师照牌来，执行律师职务了。甚至有付了几年学费，到校上课的时候很少。在教授的点名册上，每级到有一百多个学生，而上课时候只有五六十人到场。且这五六十人的面孔，又是常常更换的。中国有这样的法律学校，也无怪乎国家的混乱，一天可怕一天了。最近教育部因为这样，所以力事整顿，颁布限制学额的办法。二十二年教部训令规定法学院所招新生数额，连同转学生不得超过理农医工等任何学院所招新生之平均数；独立法学院所招新生之数额，不得超过该学员二十年度新生数额[1]。

教部对于中国各法律学员规定限止人数的原则，与我的主张很相附合。不过我对于这部令所规定限制人数的办法，尚有商榷的几点：

（一）教部规定凡大学兼办文法商及理农医工或学院学系学科者，其法学院或学系所招新生数额不得超过理农医工等各学院或学系或学科所招新生的数额。窃惟大学各院系科的设立，其时间有迟早，其办事方面有得人不得人，其设备有完善不完善，社会之毁誉有好有坏，因之其于经济方面也有充实与不充实[2]。假使一只大学所办的法学院已有悠久[3]的历史，有极好的成绩，有完善的设备，有充分的经济，有极能干的人在那里办事。而其兼办的理学院，或者还在萌芽的时代，或者主持者不得其人，设备不周，经济很不充实；于历史及办事上种种都不及法学院。所以投考该法学院的学生特别多，投考该校理学院的人特别少，在这种情形之下，是不是依旧照这部令来比较学额呢？此其一。

（二）教部规定独立法学院所招新生的学额，不得超过各该学院二十年度

---

〔1〕 教育部民国二十二年四七一八号训令。

〔2〕 私立大学的经济，类由社会人士的捐助，其捐助之多寡，每以捐助者个人之兴趣及受捐助者学校的历史信誉与毕业生的成绩而定。

〔3〕 "悠久"原文作"攸久"，现据今日通常用法改正。——校勘者注。

新生数额，这是限制独立学院学额的又一种办法。不过假使该独立法学院在民国二十年时，竟滥招学生到一千余人。而同时有一只大学兼办的法学院，他因为向来主张严格办理教育，对学生素不滥收；而这个学校在社会上历史上及国家的地位上确有相当的贡献，社会上对它确有相当的信仰，谁都承认比那独立学院好得多。那么假使它在民国二十年前有二百法律学生，现在该大学兼办的理学院只有四十个学生，而每年招收的新生至多不出三十名，那么是不是一定要限制该法学院的学额和理学院一样，也减收新生到三十名，学生总额到四十名呢？还是因其有特殊情形，得援独立学院的办法，可以稍稍扩充它的学额呢？此其二。

（三）因为法律对于人生的关系较普通，用处较广，所以研究法律的当然要比学医理工农等科的来得多。教育部的统计告诉我们说我国文法商等科学生全数十分之七[1]，在教育当局或者认为这是中国特殊的现象，我以为这不但中国如此，其在欧美各国的大学生亦莫不如此。日本是个工业国家，我们看到他们东京帝大最近的学生总数，法学部学生的人数超出理学部学生的人数有五倍之多[2]。在美国的大学，社会科学与自然科学学生的多少，完全拿该大学某系某科的历史和声誉来定。像哈佛是最负盛望的大学，它的社会科学自然科学的各学院，都是办得很好。然而我查考它一九三一年的学额，法律学院的学生总数，超出于医学院约三倍，超出工学院约五倍，而中间法科的人数，竟占全校人数总额五分之一，而合理工医科的学生总数只得全学额八分之一[3]。所以研究法律的人数特多，不是中国一国如此，是各国普遍的现象。不过在政治上轨道的国家，他们在学校是学其所用，出学校能用其所学。在政治不上轨道的国家，他们在学校里是学非所用，出了学校，是用非所学。研究理科工科的非作教员即做官，研究法科的何能限制他不做教员不做官呢？以限制法律学校的人数，作为整顿法律学校的方法，我很赞成的。不过限制法律学校的人数，作整顿大学教育的目的，于教育原理似乎不甚符合。以提倡理工医农等科来发展自然科学，我很赞同的；以提高理工医农等科来限制文法商政等科自然的发展，亦不无有斟酌之处。况且大学教育

---

〔1〕 参阅教育部民国二十二年四七一八号训令。

〔2〕 参阅日本东京帝国大学一览。

〔3〕 See Official Register of Harvard University, 1931, pp. 914~915.

首在顺学生性之所近，发展其个人的理智。如果勉强对于社会科学没有兴趣的人去学社会科学，勉强对于自然科学没兴趣的人去学自然科学，这恐怕不是因材施教的办法罢！

总之我是非常赞成以限止学额来整顿法律学校的，不过也要顾到学校的历史已往的成绩和学校本身经济的情形。假定所有公私立大学的各学院各学系各学科是同时开办的，是平均发展的，是成绩相同的，是经济充裕的。那么照这个办法，或者可以使学校当局以贯注办法学院之心力财力移到理工医学院去，使一只大学内的各院系科仍得平均的发展，不致有畸轻畸重之弊。但私立大学的各学院，往往因历史人才地域的关系，成畸形的发展者很多。有的私立大学的农学院理学院医学院办得很好，而法学院文学院商学院办得很无成绩，所以理农医各学院的人数，竟超出于文法商学院几数倍。有的文法商各学院办得很好，而理农医各学院等确办得毫无成绩，所以文法商各学院的人数，竟超出理农医各学院几倍。这不但中国的大学如此，欧美各国的大学也都有这种情形。所以强理农医等各学院的学生和文法商等各学院相等，固不可能，强文法商等各学院的学生和理农医等各学院的学生相等亦未见其可。若强而行之，我恐怕在理农医等学院方面，因经济不足，设备不够，不足以供多数学生的实验而难于办好；而在文法商各学院方面或者不免以人数太少而不能发展，致两败俱伤罢！

七，法律伦理之必修

法律和道德，都是社会的重要现象，彼此有很密切的关系。道德是约束个人活动的目的，法律是规定达到这目的的条件[1]。社会道德其未能以法律规定的很多，我们研究法律，无时无地不应当不注意到法律以外的社会道德[2]。

法律伦理学一课，是教我们于研究法律之外，注意到应用[3]法律时在社会上所应有的态度。尤其是于执行律务方面，使他知识技能品性方面都有相当的准备，明了自身到执行律务时对法院的责任，如何接受案件。在刑事

---

〔1〕 Dhireudra Nath Roy, "A Comparative Study of the Theory and Practice of Canon Five of Legal Ethics", *Phillippine Law Journal*, 1929, p. 6.

〔2〕 参阅《法学杂志》第六卷第二期拙著《今昔法律的道德观》。

〔3〕 "应用"原文作"营用"，现据今日通常用法改正。——校勘者注。

案件上所负的责任是怎样，在民事案件上所负的责任是怎样。如何应付当事人，如何尽力保障人权，如何接受酬劳。诸如此类，都是指示和训练律师在社会服务的时候，于自身对国家社会及当事人不可不备的道德〔1〕。诚然我们读了法律，不是都希望个个向执行律师的路上走的。不过执行律务，是我们研究法律的对社会最重要服务之一，但律师的好坏，影响于国家之安危綦大〔2〕，欧美各国的政治家大半是出身于律师的，所以他们办法律教育者对于法律伦理学一课颇为注意。美国的最高法院院长塔夫特〔3〕氏（Taft）说：

律师应当知道在法律范围谋保护当事人的权利，他们不应当忘了本身地位之重要和法官相等，而妄自博讼案的胜利。

再有美国的法律家露得（Root）氏说：

律师成功的先决条件有六：一、要有高深的学问；二、要有清楚的思想，能作建议的表现；三、要有智慧和道德的诚实；四、要忠心办理案件；五、对于同行应表示真挚态度；六、倘能果断和谐二者兼备则更好了〔4〕。

有的人说我们中国的律师过剩了，法律学校殊可不必再以律师为要图，去培植许多律师出来。我认为中国现有的律师不能算多〔5〕，而有道德有学问的好律师则实在太少了。你看法律学校每年的毕业生，至少三分之一是执行律务的，而这大部分的新律师好的有道德的果然间有一二，然而拿张律师证书，利用人民缺少法律知识去到处敲诈欺骗乡愚的实在也不少。这样的律师利己损人，甚或摧残人类的生命，那里谈得到保障人权呢。像这种没道德的律师社会上当然少一个好一个。但律师界有这许多的败类，法律学校实应负其责。因为中国现有的法律学校专注重于法律学的灌输〔6〕，而忘掉道德的训育。查阅全国法律学校的课程中，讲到法律伦理学的，除东吴法律学院外，其他简直没有。我不是说读了法律伦理学，一定可称为一个有道德的律师；我是说读了法律伦理学至少可以使学生知道些他们将来做律师时对社会所负的使命，不致盲人瞎马，去害了人，还要害自己。

---

〔1〕 参阅 Costigan, *Cases on Legal Ethics*.

〔2〕 42 Chicago Daily News 353.

〔3〕 "塔夫特"原文作"答夫脱"，据今日通常译法改正。——校勘者注。

〔4〕 Elihu Root, "Some Duties of American Lawyers to American Law", 14 *Yale Law Journal*, 63.

〔5〕 美国芝加哥一城有律师一万余，中国律师集中上海一隅，然上海律师亦仅千余人。

〔6〕 "灌输"原文作"贯输"，现据今日通常用法改正。——校勘者注。

最近美国律师公会，对于会员监督非常之严。会员做一些违反道德的事，他们便将他开除了。有很多省份的律师公会，以法律伦理学为进会做律师应考的科目〔1〕，所以有很多法律学校，已将法律伦理学放在必修课的范围内，也可见得该课程的重要了。

有人主张法律伦理学这一课，应当在毕业的最后一年休息；不过我很赞成拜束（Passos）主张，将它放在初学的时候修习。因为在初学的时候修习，可以先指示他们一条研究法律的正规，使他们明了法律对社会所负的使命〔2〕。

有的人说，我们读法律不是专为执行律务，为什么要拿法律伦理来训练一般研究法律的学生呢？我认为法律伦理不特是做律师的应当注意的，做无论什么事，只要用到法律，都应当注意的。那么做司法官为国家公务员的，当然更不必说了。

八、图书馆之设置

工欲善其事，必先利其器，我们要研究高深的学问，当然不能没有完备的图书馆〔3〕。我们看到欧美各国有名望的大学，都有极伟大的大学图书馆（College Library）。像柏林大学的大学图书馆，巴黎大学的大学图书馆，哈佛大学的大学图书馆，其藏书多的在一二百万卷以上，少的也有三四十万卷。而其中于法律一学院或一学系，复有独立的法律图书馆（Law Library）之设立。像美国哈佛大学的屋立凡国际公法图书馆（Oliver Library of International Law），所藏国际公法书籍在二万五千卷以上；西北大学之葛莱法律图书馆（Gray Library），其藏书亦有十万余卷，哥伦比亚的法学图书馆，藏书在十七万卷以上；耶鲁大学的法学图书馆，藏书已在十四万卷以上，其于罗马法一课，更有独立之屋罗罗马法图书馆（Albert Sproull Wheeler Library）之设置，中间于世界各国罗马法律的书籍，搜罗殆尽，吾人一履其阈，觉琳琅满目，有美不胜收之慨。近闻日本东京帝国大学，于其法学图书馆之扩充，也不遗余力。该校法学部之经费，十之六七为推扩图书馆之用，亦可见其于法律图

---

〔1〕 Kinnane, "Compulsory Study of Professional Ethics by Law Students", 1930, 16 A. B. A. J., 222.

〔2〕 John R. Das Passos, *The American Lawyers*, 1907, p. 67.

〔3〕 Helen S. Moylan, "Fundamental Material for the Law School Library", 1930, A. L. S. R., p. 751.

书馆之努力。回顾我国公私立大学之有大学图书馆者已不可多得，其于法律一学院之有独立图书馆者，更属罕见。于是国内的法律学生，于法律学校毕业后，欲作高深之研究者，非耗费万金，远涉重洋，到外国去留学不可。根据教部统计，我国在十八年到二十年三个年度，派遣到各国去习法政的人有九百八十三人〔1〕。假使每人平均之消耗以五千元计，总计便要流出四百九十万五千元。这四百九十万五千元的漏疤，便可造成一东方最完善的法学图书馆。我不是说图书馆是研究学问惟一的工具，我认定图书馆是研究学问最重要的设备，尤其是研究社会科学中的法律。看得很多留学回国的法政学生，因为中国没有相当的法学图书馆；所以他们虽一度在外国吸收了很多的学问，回国以后，不能继续他们研究的工作，过几年连在国外所学的都还了它。所以别国正在计划着铲除文盲，我国不免要变做学荒了。这是何等危险的事。最近吾东吴法学院有集资三十万元建筑法学图书馆之计划，我希望这计划之能早日实现，为我中国法律教育前途一放异彩。

九、法律夜校的改善

法律教育是多么重大的事。就原则上说，不应当以夜校来培植法律人才。因为夜校的上课时间总在每天五时以后，拿每天剩余的精神，来研究最重要的学科，当然不甚相宜。所谓一日之计在于晨，日间修习功课，精神焕发，思想敏锐，其成效自比晚上好得多（一般敷衍及抱营业性质的日校当作别论）。所以就原则上说，当然法律教育应采取日校制度。况且所谓法律学课的研究，不能只限于教室内当然听讲，于实习班的演习，在晚间进行非常不便，这又是夜校不及日校之处。最近教育部训令上海各大学的夜校赶速自行结束，其重要理由不外：一、夜校无课外活动作业。二、不能实行军事训练与体育。三、不能专心读书，有挂名学籍以求取文凭资格的。四、不能限制住校及训育管理。所以教育部的结论，只准开设补习性质的夜校，不能与日校受同等待遇〔2〕。

教部这种整顿法律夜校的办法，我是很赞同的，不过我有几点的主张认为夜校应当给予存在，并当给予与日校受同等待遇的几点理由，现在提出来

---

〔1〕 参阅廿三年二月九日申报教育消息。

〔2〕 教育部廿三年教字第五五七号训令。

讨论讨论：

（一）夜校是适应社会的须要

现在社会经济如此困穷，我们国内公私立的大学为数不多，而所收的学额有限，所定的学费又很贵，有志不能进大学研究法律的人很多。自从一二八战事发生以后，因为社会经济的不景气，各大学的学生数额已日见减少，中途辍学的更形增加。那么有了夜校，或者可以救济一部分的失学青年；他们日间做工，夜间读书，得一些法学知识，可以应付社会上一切的需要和困难。所谓教育要它社会化，我想夜校的设立未尝不是一种极好的办法[1]。

（二）夜校无须另添课外作业

所谓读书，原是希望他能到社会上运用的，只在讲堂上或图书馆研究理论，而不晓得如何运用这种理论，这种读书是徒然的。所谓课外作业，也不过是想给学生有一个实地演习其学理的机会罢了。现在很多的学生，因为经济关系，没钱进日学，所以不得不做事，做事感觉到法律知识的缺乏，所以不得不到法律夜校来补习。这样的日间做事，夜间求学，做事可以增长他们的经验，读书可增进他们的学识，固不必再有其他的课外活动课外作业了。况法律夜校学生的做事，在律师事务所和法院及其他需用法律知识机关的占大多数，什么事情和法律都有多少的关系，或者比日校的课外作业还切实些罢。

（三）夜校应延长年限或提高入学程度

夜校在晚上上课，上课的时间少，准备的工夫也少，这是与普通日校不同的地方。其补救的方法，只有从加长年限或提高入学程度入手。倘将年限加长至五年或六年，使学生有充分读书及研究的时期，也未尝不是补救夜校上课时间及准备工夫缺少的一个好的办法[2]。倘将入学程度提高，则学生对于应读的各门社会科学俱已读毕，专攻法律三四年其及亦必可观。然最要者全视乎办学者认真与否耳。

从我个人的观察，进日校的学生大多数是强迫读书的。进夜校的学生，大多数是好学刻苦的学生；而且一方面做事，一方面读书，经验学问兼收并

---

[1] 参阅 Arfred Z. Reed, "Social Desirability of Evening or Part - time Law School", 1931. A. L. S. R. , pp. 198～207.

[2] 东吴法律学院夜校须五年毕业。

进,其得益实大。曾记得我在东吴法律学院夜校读书的时候,很有许多同学一方面做事一方面读书,其毕业后做事的成功,比许多日校毕业生及从外洋留学归来的,但知专事学理而并无经验者大得多。美国法学者富兰克 Frank 氏主张研究法律,不应限于教室之内[1]。我想夜校的学生,日间在机关上律师事务所或法院工作,晚上到学校里读书,日间工作有了问题,夜间到校询问教授,他们的进步,当然特别的快。富兰克氏的说话,其着眼点亦即在此。至于所谓有挂名学籍以求取文凭资格的,那不是学校的制度问题,是学校的办得好坏的问题。我们不能以一二日校办得不好,而说日校的制度不好;当然也不能以一二夜校内容腐败,而说夜校的制度不好。至于毕业后的待遇问题,又应以学校程度为标准;假使讲学分制,日校的学生在四年内能读满一百四十个学分,可以准许他毕业授予法学士学位。则夜校的学生在五年或六年内能切切实实的读满一百四十个学分而及格者,当然也应准许他毕业而授予法学士学位。假使不讲学分制度,那么在学年制度下,夜校的学生倘能与日校的学生一样适合其学年制度的要件者,当然亦得予以同样的待遇。说是夜校学生于军事训练体育等不能实行,那么尽可提高夜校学生的入学程度,以资补救。譬如日校学生的入学程度是以高中毕业为标准,夜校的学生一定要在大学的日校修习到几年以上方准入学,或者竟规定要受过几年以上的军事训练或体育等方准入学亦无不可。未识当局诸公以为如何?

至于大学高级的学生,是否一定需要严格的训育管理?严格的训育管理,是否一定要限制学生住校后才可实施?我皆不无有疑。大学教育的管理,当然我也主张严格,不过在严格之中,我们还要注意到他自己的活动是否合于正规?而这种活动最重要的还在社会的应付,和各种事业的活动。在欧美各国的大学中的规程,一定要限制学生自治自立的精神,比住校过严格的学校生活重要得多呢。而且学生之守纪律与否?与学校当局对于学生功课之顶真有正比例;若功课顶真,学生自能恪守校规,住校不住校,无多大分别也。

况且欧美各国设立夜校的大学也不在少数,像美国纽约大学法科,西北大学的商科,都在美国大学中占重要的地位。再像英国伦敦大学法科的夜谈,法国的 Istitut des etudes Sociales 学校的夜校。它们每年为国家造就人才不少,我国学生毕业后于以上诸大学在社会服务而负盛望的也很多。当此社会经济

---

[1] Jerome Frank, *What constitutes a Good Legal Education*, 1933, A. B. J., pp. 723~725.

不景气之时，穷苦失学的子弟一天多如一天，欧美各国既很有提倡以夜校救济失学之办法〔1〕，我们法律夜校，尚在萌芽时期，教育当局亦宜择其善者有以奖励之也。

结论

以上几点，不过就我感想得到的列举出来谈一谈。我们的所谓法律教育，不是完全抄拾外国的课程和设施可以达到目的的。我们的所谓法律教育，是希望以外国的科学方法，来训练出适合于中国国情的法律人才。本文引证美国法律教育家的主张和说话很多，作者并不是对美国法律教育作偶像的崇拜，不过是因为美国的法律教育家，他们不是惟我独尊的，也不是守旧不变的。他们近几十年来能感觉到自己的缺点，常常纠集各大学法律学校的教授和教务长，开会讨论，详细研究。为了法律教育的问题，化了几十年的心血，研究改善的方法。法国有个学者万鲁（Valeur）氏，也为了美国法律教育制度的革新，曾费二三年的时间，专程往美国各只有名的法律学校去考察观光。所以他们也感觉得自己法律教育的缺点，思借彼之长，补己之短。再像日本法律教育家，近几年来也渐渐由欧美移他们的视线到美洲，理由固然不止一点，而于教育方法方面也是一个重大原因〔2〕。当然英美法派的法律观念，与大陆法派的法律观念是很有不同的地方，不过于教育法律人才的方法上，实在各有可以取法之处。而美国方面近年来因教育费较欧洲各国更雄厚，和法律教育者的热心研究，他们的进步确是惊人可佩的，我们实在不能不特别的注意它。

美国法学者庞德氏说：近代的法律教育已由分析的到社会功用的一途〔3〕。又说已往的法律教育是专注重于律师人才的造就，现在则渐倾向于立法家司法官法学者及各种事业的法律指导人才了〔4〕。这可以见得法律人才于现在的法律教育言，法律教育应切于实用，然不能专事乎律师的训练；法律教育

---

〔1〕 参阅 See Supra note 2.

〔2〕 Takayanagi, "Legal Education in Japan", *The American Law School Review*, Vol. 6, No. 4, p. 165.

〔3〕 Roscoe Pound, "Administrative Application of Legal Standards", 44 Rep. A. m. Bar – Assn., p. 449.

〔4〕 Roscoe Pound, "What is a Good Legal Education?", Vol. 19. Am. Bar Assn. Journal, p. 629.

应注意学理，然不能只倾向于空洞的理论。所以我提出社会科学的重要，课程编制与教材，法律救助社之组织，专任教授的重要及其应备之资格，会计学的增添，限制学生人数与提高入学资格，法律伦理学之必修，图书馆之设置，及夜校的改善诸重要问题来和办理法律教育者讨论讨论。其他关于比较法学，及法律课程之详细编制方法，法律研究院之设立，我国法律学校注意之者亦很少。而于法理学法律哲学等课复误认为偏于理论，不切实用，而有主张删除之者。殊不知此等学课于法律本身之认识与改善方面有莫大的关系。本文因限于篇幅，不及一一详谈，我当另行提出讨论，作者对于此文，不望其于法律教育有所贡献，不过提出这几点与读者讨论讨论，希望引起研究法律教育者的注意罢了。

我国大学法学课程之演进[*]

薛铨曾^{**}

关于我国大学法学课程之演进，可分三个时期叙述。第一个时期为民国成立以前，第二个时期为国民政府成立以前，第三个时期为国民政府成立以后以迄今最近。

（一）民国成立以前

清末废科举，设学校。同治元年，设同文馆于北京。其课程中列有万国公法（国际公法）一科目，是为我国学校中设立法学课程之嚆矢。

光绪二十八年，张百熙即拟学堂章程五种，即所谓钦定大学堂章程。大学分为政治、文学、格致、农业、工业、商务、医术等七科。大学预备科分政艺两科，法学课程则系设于政治科及政科之内。此项钦定大学堂章程行之未久，即行废止。光绪二十九年十一月，清廷另颁布奏定学堂章程，于各级学校章程之前，冠以学务纲要一章，其中论及学习法律科目之重要曰：

"外国之所以富强者，良由于事事皆有政治法律也。学堂内讲习政法之课程，乃是中西兼者，择善而从。于中国有益者采之，于中国不相宜者置之。政法一科，惟大学堂有之，高等学堂预备入大学政法科者习之，此乃成材入仕之人，岂可不知政法。果使全国人民皆知有政治，知有法律，决不至荒谬悖诞，拾外国一二字样一二名词以蛊惑〔1〕人心矣。"

当时高等学堂章程学科程度章内第一类学科中，列有法学一科目。法政科大学法律学门置主课如下：

---

* 本文原刊于《中华法学杂志》（第 3 卷）1944 年第 8 期。

** 薛铨曾，1930 年毕业于东吴大学法律系（第 14 届），获得法学士学位。

〔1〕 "蛊惑"原文作"摇惑"，现据今日通常用法改正。——校勘者注。

（1）法律原理学；（2）大清律例要义；（3）中国历代刑律考；（4）中国古今历代法制考；（5）东西各国法制比较；（6）各国宪法；（7）各国民法及民事诉讼法；（8）各国刑法及刑事诉讼法；（9）各国商法；（10）交涉法；（11）泰西各国法。

补助课则为各国行政机关学、全国人民财用学、国家财政学三种。按奏定学堂章程所谓主课，为主要专门科目。补助课为辅助专门科目，均为必修。此外尚规定有随意科目，则类似现行之选修科目，不必全修。主课及补助课均定修习年级及授课时间，随意课则仅定科目，选习年级授课时间从略，或规定选习年级，而不定授课时数。

（二）国民政府成立以前

民国肇建，万象更新，学校章制，亦有变更。民国元年公布之大学令，规定法科大学修业年限为四年，而文理商农工及医科之药学门，则其修业年限仅为三年，可见当时重视法律教育之一般。民国二年公布大学规程。大学分为文科、理科、法科、商科、医科、农科及工科，法科分为法律学、政治学、经济学三门。大学预科共同必修课目中，列有法学通论之科目。大学法科本科法律学门置科目如下：

（1）宪法；（2）行政法；（3）刑法；（4）民法；（5）商法；（6）破产法；（7）刑事诉讼法；（8）民事诉讼法；（9）国际公法；（10）国际私法；（11）罗马法；（12）法制史；（13）法理学；（14）经济学；（15）英吉利法；（16）德意志法；（17）法兰西法。以上三门任选一种。

此外，另设有比较法制史、刑事政策、公法学、财政学四种为选择科目。以上各科目，均未订定修习年限及授课时数，仅规定"大学各科目授业时间及学生应选修之科目，由校长订定，呈报教育总长"。以是各校办理情形，不免参差不齐。惟科目名称因系政府规定，尚能维持一致。迄民国八年以后，教育界受思想自由潮流之激荡，对于大学课程，认为无统一之必要，应由各校自由取舍。民国十一年（公元1922）十二月，前北京教育部颁布学校制度改革令，于高等教育段内说明大学采用选科制。民国十三年颁布国立大学条例，其中规定国立大学各科系及大学院，各设教授会，规划课程及其进行事宜。不啻将厘订课程之权，授权于学校。自是以后，各校各自为政，所开课程，甲校与乙校不同，乙校又与丙校不同，大学统一课程，因之中断。

（三）国民政府成立以后以迄于最近

国民政府成立，迄今约十七年。其间关于大学课程之计划、讨论、厘订、修正等工作，在教育史上极有记载之价值。兹为叙述方便起见，分为三部分[1]。第一部分为大学课程问题之讨论与计划改进；第二部分为大学法学课程之厘订；第三部分为大学法学课程之修订。

甲、大学课程问题之讨论与计划改进

大学课程由各校各自为政后，自必发生凌乱繁杂之现象，而各校程度亦因之参差不齐。十七年五月二十八日第一次全国教育会议有鉴于此，曾于实言中指明大学教育应当严定标准，提高程度；并规定私立学校课程标准，从事积极的指导、奖励或取缔。民国十九年四月，第二次全国教育会议，复对于大学课程问题，加以郑重的讨论，其所通过的改进高等教育计划，特别说明各院系课程，应分共同必修课目、基本课目、每系主要课目、辅助课目四种。其在甲系为必修者或在乙系为选修，不得各不相谋，滥设名异实同的课目，并不得避重就轻，随意设置讲座。二十一年十一月，"九个月来教育部整理全国教育之说明"中，对于改进大学课程，曾有专章叙述，兹节录如左：

"今日大学课程泛复凌乱，缺乏体系，已为不可掩饰之事实，盖设置课程应顾到课程本身体系与客观条件，今日各大学似于此点未加考虑。大学为研究学术之所，其所研究之学科，必须由基本而专门，作有系统之研究，倘轻重倒置，先后失序，轻于基本而重于专门，先于专门而后于基本，则学生先乱其门径，研究学术，安得有济！专门学术之研究，就体系言，原无止境，决非大学四年之教育所能为功，必待学生于毕业后，继续不断作专深之研究，方为有济。今日大学设置课程，序次轻重先后之际，必须尊重学术体系，使学生习于自力研究。专深之图，可任学生于毕业后之继续求成，不必虑其专深之不能穷，而纷设各种专门问题之课程，贪多务高，反掩基本课程之重。"外设置课程，尚有须注意之客观条件，即护门是也。课程开可轻设，课程愈专门，设备愈繁重，苟未有充分之设备而纷设专门课程，则此专门课程，皆为滥设。现在各大学之设置专门课程，往往避重就轻，择取设备可以较简之各种专门问题课程，肆为设置，如文法科课程之纷设是也。因有此种特殊情

---

[1]"部分"原文作"部份"，现据今日通常用法改正，下同。——校勘者注。

形，故本部对于大学各院系之课程，拟设立标准，加以限制。现在大学课程有别为预备课程、主要课程、专门课程、补助课程四类者。本部拟将预备课程与主要课程合为一类，称为基本课程，其分量应特别加重。不甚重要与适近重复之课程，则加以删除。至于各种专门问题，乃为学习基本课程之补助，应留诸学生自习参考，亦以不必设置为宜。而一大学中所有各学院之专门课程，亦应通盘筹划，统一设置，使无重复，俾互能为选修必修，以节经费，而资合理。在学生之研究，亦可使其相互沟通，免去拘于系别之偏狭诸弊。

观上所述，亦可见当时大学课程之凌乱混杂，有必须加以整理改进者。法学课程为大学课程之一部，故叙述法学课程之演进，必须引述上段，以资参考。至大学法学课程之厘订经过，详于此节。

乙、大学法学课程之厘订

教育部于民国十九年曾组织大学课程标准起草委员会，其任务为：（一）议定大学各院系各种必修及选修课目之标准，（二）议定大学各院系必修及选修科目之教材标准，（三）议定大学各院系必修及选修课目在各学年之分配标准。原定此项工作，以二年完成，但因各院系学科浩繁，整理工作，甚感不易，迄未完成。惟关于大学法学课程，于民国十八年在"司法院监督国立大学法律科规程"中曾有规定。该规程于民国十九年修正一次，其第二条规定："国立大学法律科，应以左列学科为必修课目：（1）三民主义；（2）宪法；（3）民法及商事法；（4）刑法；（5）民事诉讼法；（6）刑事诉讼法；（7）法院组织法；（8）行政法；（9）国际公法；（10）国际私法；（11）政治学；（12）经济学；（13）社会学；（14）劳工法。前项课目之授课时间，在该法律科授课之总时间内应为三分之二以上。"

此外又规定自第三年起，应于授课时间以外，每星期增加四小时以上的研究时间。研究方法为：讨论学理，实习诉讼，法律的补助科学之研究及检证的研究四项。

以上科目虽有规定，但仍嫌笼括。如各科目授课时间、修习程序，及学分计算方法等，仍无一定标准。

迄民国二十七年，教育部对于大学课程之整理，始锐意进行。其整理步骤为先行微求专家意见，继由各系大学教授会，拟一合于理想并适于施行之分年科目表，以备参考。其后综合其结果，并根据大学教育方针及国家实际需要，分院拟定草案。草案拟定，复召集各校教授及专门学者，缜密商讨，送部决定公布。关于整理原则及整理要项，兹照录如次：

一、原则

（1）规定统一标准。大学课程向由各校自行规定，得因人材之宜，自由发展。惟各校所定标准，颇不相同，遂至科目相异，程度不齐，失去大学教育一贯之精神。此次整理大学课程，以建立统一标准为第一原则，先从规定必修科目入手，选修科目暂不完全确定，仍留各校斟酌变通之余地。此种规定，不仅在于提高一般大学课程之水准，且期于国家文化及建设之政策相吻合。

（2）注重基本训练。各大学现有课程，分系过早，对于一般学术之基本训练，未能有深厚之基础。各科学术，相辅相成，本无严格之分野，学生专门过早，与深造之道，殊不相合。故大学课程，应先注意于学术广博基础之培养，文理法各科之最基本学科，定为共同必修，然后专精一科，以求合于由博反约之道，使学生不因专门之研究，而有偏固之流弊。

（3）注重精要科目。一般大学科目设置，不免于繁琐，学生所得知识，不免支离庞杂、未尽能提纲挈要，得一科学术之要旨。故今后大学科目之设置，力求完整与集中，使学生对于一种学科之精要科目，有充分之修养，精密之研讨，而有融会贯通之精神。凡偏僻与琐细之科目，得由学生自习，一律不列入大学课程。

二、整理要项

（1）全国大学各院系必修及选修课程，一律由本部规定。必修科目，须全国一律，选修科目，各校得在本部规定范围内，参照实际需要，酌量损益。

（2）大学各学院第一学年，注重基本科目，不分学系，第二学年起分系，第三、四学年，视各院系性质，酌设实用科目，以为出校就业之准备。

（3）国文及外国文为基本工具科目，在第一学年终了时，应举行严格考试。国文须能问读古今书籍，及作通顺文字。外国文须能阅读各学院所习学及外国文参考书，方得及格，否则仍须继续修习，至达上述标准，方得毕业。

（4）各大学仍采用学年制，各学科学习分量，得学分计算。每一学分规定教师须每周授课一小时。学生得每周自习两小时，其需要自习时间较多之科目，教师授课时间，得减少为每二学分每周一小时。

（5）各科教学，除由教师上课讲习外，对于自习讨论与习作或实验，应同时并重。考试范围，除教师讲习材料外，亦应包括自习讨论及习作或实验之材料。

（6）各科目应由教师详细规定自习书目与其他参考资料，督令学生按时阅读，并作摘记。文法学院学生应研究古今名著每科一种或数种。课间并宜举行讨论，培养学生独立研究之精神。

（7）各科目须确实规定学生习作或实习次数，凡习作及实习报告，应由教师按期批阅。

（8）各学系除规定学生注重平时习作外，并应在高年级课程中规定重要科目数种，指导学生作学科论文，其题目应由教员指定或核定。

根据上项整理结果，二十七年秋遂有大学各学院分院必修科目表之颁布。并规定自二十七年度第一年级新生开始施行。兹将大学法学院共同必修科目表抄录于后，以见[1]一斑。

大学法学院共同必修科目表　教育部第七五五一号训令颁发（二七、九、二二）[2]

科目	规定学分	第一学年		第一学年		备注
		第一学期	第二学期	第一学期	第二学期	
国文	六	三	三			每两周须作文一次
外国文	六-八	三-四	三-四			每两周须作文一次
中国通史（注重文化的发展）	六	三	三			
西洋通史（注重文化的发展）	六			三	三	
论理法	四	二	二			

---

〔1〕 "见"原文作"觇"，现据今日通常用法改正。——校勘者注。
〔2〕 此文陈先生用民国纪年标注的写作时间，换算成公历即 1938 年 9 月 22 日。

科目		规定学分	第一学年		第一学年		备注
			第一学期	第二学期	第一学期	第二学期	
哲学概论	任选一种	六			三	三	
科学概论							
数学及自然科学	数学	任选一种	六-八	三-四	三-四			数学应注意练习，自然科学须演讲及实习并重
	物理						
	化学						
	生物学						
	生理学						
	地质学						
社会科学	社会学	任选二种	一二	三	三	三	三	每种六学分
	政治学						
	经济学						
	民法概要						
总计		三一-五六	一七-一九	一七-一九	九	九	

附注：

一、除表中所列必修科目外，党义、体育及军训，均为当然必修科目，不计学分。

二、表中所列，六至八学分之科目，各校得在此规定内斟酌情形，决定学分数。

至大学法律系必修及选修科目表之颁布，则系二十八年八月间事。因该项科目表尚须与司法行政部商讨，故特于科目表后附注内注明系暂行课程，嗣后再行修订。兹将该表列后：

科目	规定学分	第二学年		第三学年		第四学年		备注
		第一学期	第二学期	第一学期	第二学期	第一学期	第二学期	
社会学	六	三	三					以上三门除在共同必修中修习两门外另一门在本系中必修中修习之
政治学	六	三	三					
经济学	六	三	三					
民法总则	六	三	三					
民法债编	八			四	四			
民法物权	四			二	二			
民法亲属继承	四							
商法	六			三	三			
刑法总则	六	三	三					
刑法分则	四			二	二			
法院组织法	一			一				
民事诉讼法	八					四	四	
刑事诉讼法	六					三	三	
宪法	四	二	二					
行政法	六			三	三			
国际公法	四-六	二-三	二-三					

科目	规定学分	第二学年		第三学年		第四学年		备注
		第一学期	第二学期	第一学期	第二学期	第一学期	第二学期	
国际私法	四－六					二－三	二－三	
法理学	三				三			
中国法制史	三					三		
破产法	二					二		
劳工法	三						三	
强制执行法	二					二		
诉讼实习	不计学分							
毕业论文或研究报告	一－四					一－二	一－二	
总计	92－98	13－14	13－14	18	17	16－18	15－17	

【附注】本表系法律学系暂行课程，俟教育部会商司法行政部后再行修订。

大学法学院法律学系选修科目表

科目	规定学分	设置学年及学期
近代大陆法	二	第三、四学年
犯罪学	三	第三、四学年
监狱学	三	第三、四学年
英美法	三	第三、四学年

续表

科目	规定学分	设置学年及学期
刑事政策	三	第三、四学年
证据法	三	第三、四学年
土地法	三	第三、四学年
法医学	三	第三、四学年
犯罪心理学	四	第三、四学年
中国政治史	六	第三、四学年
中国经济史	六	第三、四学年
西洋政治外交史	六	第三、四学年

关于大学法律学系学生毕业学分，在二十八年八月十二日颁布之大学各学院分系必修及选修科目表施行要点内，曾规定至少须修满一百四十二学分，方得毕业。必要时得增修学分，但增修之学分，最多不得超过八学分。

至民国三十一年，教育部以上项科目表，业已施行数年之久，有待于修订之处，当不在少，于是年十月，召集法学教育讨论会详加研究。研究结果，原表应加修订各点如下：

1. 关于法律系学生之分院共同必修科目：社会教育类之民法概要、社会学、政治学、经济学等四科目中，该系学生免修民法概要，必须修习经济学及社会学、政治学三科目中之一种；自然科学类之各科目得免修习。增列伦理学一科目三学分，并规定三民主义之学分数。

2. 关于分系必修科目者：增设"法学绪论"及"外国文（二）"；商法一科目改称商事法概论，与公司法、票据法、保险法、海商法等四科目，并列为两类，任令学生择其一类必修，法院组织法一科目改称中国司法组织，破产法、强制执行法二科目改列为选修诉讼实习一科目删。

3. 关于分系选修科目者：如罗马法、中国旧律研究、比较法学绪论、比较民法、英美法、近代欧洲大陆法、中国法律思想史及法学专题研究等选修科目，得应国际需要，规定学生必须选习；法医学删，选习第二外国文者，强制其修习两学年，以为专攻比较法学之准备，而法律专题研究一科目之增设，亦为选修科目内之特色。

同年十二月，教育部公布修订法科学系必修科目及选修科目表如下：

修订法律学系必修科目表

科目	规定学分	第一学年		第二学年		第三学年		第四学年		备注
		上	下	上	下	上	下	上	下	
法学绪论	二－三	二－三								
宪法	四	四								
民法总则	六		六							
刑法总则	六			三	三					
民法债篇	八			四	四					
民法物权	四			二	二					物权中于一学期内讲授
国际公法	四－六			二－三	二－三					
中国司法组织	二－五			二－三						
外国文二	六－八			三－四	三－四					
民法亲属继承	四－六					二－三	二－三			
刑法分则	四					二	二			
行政法	六					三	三			
中国法制史	四－六					二－三	二－三			
刑事诉讼法	六					三	三			

续表

科目	规定学分	第一学年 上	第一学年 下	第二学年 上	第二学年 下	第三学年 上	第三学年 下	第四学年 上	第四学年 下	备注
商事法概论	六					三	三			商事法概论一科目有□□；商法科别有为□，由生择类修□□，名事科别丙得学任一必定一□，有类须□□□四科目
*公司法	二-三					二-三				
*票据法	二-三					二-三				
*保险法	二-三						二-三			
*海商法	二-三						二-三			
民事诉讼法	八							四	四	
国际私法	四-六							二-三	二-三	
法理学	四-六							二-三	二-三	
劳工法	三							三		
毕业论文或专题研究	二-四							一-二	一-二	

科目	规定学分	第一学年		第二学年		第三学年		第四学年		备注
		上	下	上	下	上	下	上	下	
总计	101～121	6～7	6	16～19	14～16	19～23	19～23	12～15	12～15	

说明：

1. 自第二学年起得选习选修科目但每学期所习必修选修科目之总学分数以不超过二十六学分为原则。

2. 法学绪论科目之目的在使学生对于"法"之基本概念作用及体系、世界重要法系之发展概况、各国法学教育之现状研究法学之方法等有所认识，引起其对于法学之兴趣，进而研究各部门法学科目。

3. 在二十七年九月二十日本部颁行之法学院共同必修科目表未行修订以前，本系须将三民主义四学分列为第一学年第一、二学期必修，伦理学三学分列为第二学年第一学期必修，数学及自然科学各科目，本系学生得免修习，社会科学中民法概要一科目，本系学生免修，但须选习经济学其他任一科目，并须于第一学年修毕。

修订法律学系选修科目表

科目	规定学分	第一学年		第二学年		第三学年		第四学年		备注
		上	下	上	下	上	下	上	下	
第二外国语（一）	六									第二学年选习第二外国语之学生，以有志研习外国法及比较法等为限，既经选习须持续二年，否则不给学分
＊罗马法	六									同上〔1〕

---

〔1〕"同上"原文作"同右"，现据今日通常用法改正，下同。——校勘者注。

续表

科目	规定学分	第一学年		第二学年		第三学年		第四学年		备注
		上	下	上	下	上	下	上	下	
第二外国语（二）	六									第三学年
刑事特别法	三									同上
＊中国旧律研究	六									同上
＊比较法学绪论	六									同上
＊比较民法	六									第四学年
＊比较刑法	四－六									同上
中国司法问题	二－三									同上
比较司法制度	四－六									同上
＊英美法	六									第三四学年
＊近代欧洲大陆法	六									同上
立法学	四－六									同上
破产法	二									同上

续表

科目	规定学分	第一学年		第二学年		第三学年		第四学年		备注
		上	下	上	下	上	下	上	下	
土地法	三									同上
证据法	三									同上
强制执行法	二									同上
犯罪学	三									同上
证据学	三									同上
刑事政策	三									同上
*中国法律思想史	三-六									同上
中国政治史	六									同上
中国经济史	六									同上
西洋政治外交史	六									同上
*法学专题研究	三-六									同上

学生得就民刑法、商事法、行政法、比较法、法理学、中国法制史及其他科目择定专题从事研究，此项专题研究科目得同时设置数门。

说明：

1. 选修科目之选习次序得由各校视实际情形酌予变更。

2. 凡有牵连关系之选修科目得由各校分别列为先修与后修，凡未修毕先修科目之学生，不准其选修后修科目。

3. 凡有＊号之科目，得因实际需要改为必修科目，但需报部备案至关于司法组之设立，其经过如下：

三十一年六月，司法院以普设法院，曾饬令 司法行政部筹设中央法官学校，嗣经该部与教育部协商，拟于各公私立校院各就原有法律学系改设法官班，不复另设专校。嗣复经会商，将法官班名称改为司法组，于三十一学年度饬令国立中央大学、私立朝阳学院等九校院法律学系增设司法组。其课程草案，原系司法行政部所草拟，嗣经法律教育讨论会加以修订，由教育部于三十 一年十月二十二日公布，兹将该项必修选修科目表列表，俾便参考。

科目	学分	第一学年		第二学年		第三学年		第四学年		备注
		第一学期	第二学期	第一学期	第二学期	第一学期	第二学期	第一学期	第二学期	
三民主义		二	二							
军训		二	二							军训、体育两科目不列入总学分计算
体育		一	一	一	一	一	一	一	一	
国文	六－八	三－四	三－四							
外国文	一二－一六	三－四	三－四							
社会学	四－六	二－三	二－三							
经济学	六	三	三							
政治学	四－六	二－三	二－三							
法学绪论	二－三	二－三								
宪法	四	四								
民法总则	六	六								
论理学	三	三		三						

续表

| 科目 | 学分 | 第一学年 | | 第二学年 | | 第三学年 | | 第四学年 | | 备注 |
		第一学期	第二学期	第一学期	第二学期	第一学期	第二学期	第一学期	第二学期	
伦理学	三	三								
民法债篇	八-十		四-五	四-五						
刑法总则	六		六							
中国司法组织	二-三		二-三							
公司法	二-三			二-三						
民法物权	四			四						
刑法分则	四-六			四-六						
国际公法	四				四					
第二外国文	六		三	三						
罗马法	六		三	三						
劳工法	三		三							有 * 号者二年级学生每学期得任选六学分
土地法	三			三						
民法亲属继承	四-六				二-三	二-三				
民事诉讼法	八-十				四-五	四-五				

续表

科目	学分	第一学年		第二学年		第三学年		第四学年		备注
		第一学期	第二学期	第一学期	第二学期	第一学期	第二学期	第一学期	第二学期	
刑事诉讼法	六				三	三				
行政法	六				三	三				
中国法制史	四-六				二-三	二-三				
票据法	二-三					二-三				
保险法	二-三					二-三				
第二外国文（二）	六				三	三				
比较法学绪论	六				三	三				
罗马法	六				三	三				
刑事特别法	三				三					
犯罪学	三					三				
监狱学	三				三					
劳工法	三					三				

续表

科目	学分	第一学年		第二学年		第三学年		第四学年		备注
		第一学期	第二学期	第一学期	第二学期	第一学期	第二学期	第一学期	第二学期	
土地法	三				三					
国际私法	四-六						二-三	二-三		
法理学	四-六						二-三	二-三		
强制执行法	三-四						三-四			
海商法	二-三						二-三			
破产法	二								二	
刑事案审判实务	四						四			
民事案审判实务	四								四	
检察实务	二								二	有＊号者四年级学生每学期选六-九学分
论文	二-四						一-二		一-二	
比较民法	六						三		三	
比较刑法	四-六						二-三		二-三	
英美法	三						三			

续表

科目	学分	第一学年		第二学年		第三学年		第四学年		备注
		第一学期	第二学期	第一学期	第二学期	第一学期	第二学期	第一学期	第二学期	
近代欧洲大陆法	三								三	
中国司法问题	二-三					二-三				
比较司法制度	四-六						二-三		二-三	
证据法	三							三		
刑事政策	三									
总计	143~176	21~26	21~25	21~24	17~22	18~21	18~22	14~19	16~18	

说明：

1. 本表系据二十七年九月本部颁定之法学院共同必修科目表，及二十八年八月颁行之法学院分系必修选修科目表暨司法实务训练上必修之科目，斟酌编成，各校实施时，须完全遵照本表规定，毋庸另设分院共同必修科目及分系必修科目。

2. 本组学生最少须修满必修科目一百四十三学分至一百七十六学分，选修科目十八至二十一学分，方得毕业；但每学期修习学分总数至不得超过二十六学分。

3. 法学绪论一科目之目的，在使学生对于"法"之基本概念作用及体系、世界重要法系之发展概况、各国法学教育之研究法学之方法等有所认识，引起其对于法学之兴趣，进而研究各部门法学科目。

4. 选习第二外国文之学生，以有志研究外国法及比较法者为先，既经选习，应继续选习二年，否则不给学分。

5. 本表未有规定之事项，均依照大学科目表之规定办理。

司法组科目表拟订之基本原则，共有五端：

（1）司法组注意培养一般司法裁判机关所需要之司法人才，及战后领事裁判权撤废时，各司法裁判机关处理涉外诉讼案件所需要之司法人才。

（2）注重法学人才创造、应变能力。

（3）理论与实务并重。

（4）司法组之修业年限，仍以现制招收高中毕业生，肄业四年，为毕业期限。

（5）各种基本法学科目，以尽量提前讲授为原则，不必要之辅助科目，酌予减少。

至本年八月，教育部以大学课程，尚须加以讨论研究，以臻完备，经在渝召集大学课程讨论会。大学法学院法律系科目表，系于八月二日上午九时起开始审查，审查委员为夏敬民、戴修瓒（召集人）、孙晓楼、盛振为、卢峻、何义均、梅仲协、杨兆龙、薛铨曾。审查结果如下：

1. 法律学系必修科目学分数较多，该系学生任务已甚繁重，法学院共同必修科目表修订草案中世界通史一科目，应予免修。

2. 法学院共同必修科目中之社会学、政治学、经济学，在法律学系均应为必修，但得酌减学分。

3. 该系毕业学分数定为一百六十五学分。

4. 民法概要该为法学概论。必修科目表中"外国文（二）"改为选科，商事法概论改为商事法绪论。劳工法改列为选科。选科科目中证据法改为证据法学，加列破产法、诉讼实务等科目。

兹将修订法学院共同必修科目表、修订法律学系必修科目表、修订法律学系选修科目表三种草案，附列于后，以资比较。唯上项草案，尚未正式颁布，现只能作为参考之用。特附注于此。

修订法学院共同必修科目表草案

科目	规定学分	第一学年		第二学年		第三学年		第四学年		备注
		上	下	上	下	上	下	上	下	
三民主义	4	2	2							
伦理学	3		3							
论理学	3		3							
国文	6	3	3							
外国文	6	3	3							
中国通史	6	3	3							
世界通史	6			3	3					法律系免修
哲学概论	3～4	3	4							
科学概论										
数学										
物理学										经济学系必选数学，法律学系免修自然课目各科目
化学	（选习一种）6	3	3							
生物学										
心理学										
地质学										
地学通论										

续表

科目	规定学分	第一学年 上	第一学年 下	第二学年 上	第二学年 下	第三学年 上	第三学年 下	第四学年 上	第四学年 下	备注
社会学										社会学、政治学、经济学在法律学系均为必修，但得酌减学分，包括公法私法等法学各部门，法律系学生不得选修本科目
政治学	（选习二种）12	3	3	3	3					
经济学										
法学概论										
总计	55～56	20	21	23	6					

附注：军训、体育均为当然必修科目不计学分。

修订法律学系必修科目表

科目	规定学分	第一学年 上	第一学年 下	第二学年 上	第二学年 下	第三学年 上	第三学年 下	第四学年 上	第四学年 下	备注
法学绪论	2～3	2～3								
宪法	4	4								
民法总则	4～6		6							
刑法总则	4～6			3	3					
民法债编	6～8			4	4					
民法物权	4～6			2	2					得集中于一学期内教授

续表

科目	规定学分	第一学年		第二学年		第三学年		第四学年		备注
		上	下	上	下	上	下	上	下	
国际公法	4~6			2~3	2~3					
中国司法组织	2			2						
民法亲属继承	4~6					2~3	2~3			
刑法分则	4~6					2~3	2~3			
行政法	6					3	3			
民事诉讼法	8					4	4			
商事法绪论	1				1					
公司法	2~3					2~3				
票据法	2~3					2~3				
保险法	2						2			
海商法	2~3						2~3			
刑事诉讼法	6							3	3	
国际私法	4~6							2~3	2~3	
法理学	4~6							2~3	2~3	
中国法制史	4							2	2	
毕业论文	2~4							1~2	1~2	
总计	87~103	6~7	6	13~14	12~13	15~19	15~18	10~13	10~13	

说明：本系毕业学分数为一百六十五学分。

自第二学年起得选习选修科目，但每学期所习必修选修科目之总学分数，以不超过二十三学分为原则。

法学概论一科目之目的，在使学生对于"法"之基本概念、作用及体系，世界重要法系之发展概况，各国法学教育之现状研究法学之方法等有所认识，引起其对于法学之兴趣，而研究各部门法学科目。

修订法律学系选修科目表

科目	规定学分	选习学年	备注
心理学	6	第一学年	
第二外国语（一）	3～6	第二学年	
罗马法	4～6	同上	
第二外国语（二）	6	第三学年	
刑事特别法	2	同上	
中国旧律研究	4～6	同上	
比较法学绪论	4～6	同上	第二学年选习第二外国语之学生以有志研习外国法及比较法等为限，既经选习必持续二年，否则不给学分
比较民法	6	第四学年	
比较刑法	4	同上	
中国司法问题	2～3	同上	
比较司法制度	4	同上	
英美法	6	第三四学年	
立法学	2～3	同上	
破产法	3	同上	
土地法	3	同上	
劳工法	3	同上	
证据法学	2～3	同上	
强制执行法	3	同上	
犯罪学	2～3	同上	
监狱学	3	同上	
刑事政策	2～3	同上	

续表

科目	规定学分	选习学年	备注
中国法律思想史	4~6	同上	
中国政治制度史	4~6	同上	
中国经济史	4~6	同上	
世界通史	6	同上	
诉讼实务	2	同上	
法学专题研究	3~6	同上	

学生得就民法、刑法、商事法、行政法、比较法、法理学、中国法制史及其他科目，择定专题，从事研究。此项专题研究项目，得同时设置数门。

说明：

选修科目之选习次序及学分，得由各校视实际情形，酌予变更。

凡有牵连关系之选修科目，得由各校分别列为先修与后修，凡未修毕先修科目之学生，不准其选习后修科目。

凡有＊号之选修科目，得因实际需要，改为必修科目，但须报部备案。

以上所述，为我国大学法学课程历次演进之情形，在第一时期，大学法学课程编制，大都参照日本大学课程编制方法，以今日之眼光观之，自欠妥善。至第二时期，则虽由政府颁布科目名称，实际各校多未切实奉行，课程之紊乱情形，于斯为极。至第三时期，可称为大学法学课程整理时期，经过多次之讨论与研究改进。举凡科目名称、学分数、授课时间，均有严密之规定，至教材纲要之厘定，各科目教学及参考用书之编纂，则尚有待于教育当局及全国法学界人士之共同努力也。

法律学系之内容[*]

赵　琛

现在我国各大学法学院或独立法政学院，皆设有法律系，专以研究法律学理法律制度造就法律人才储为国用为宗旨，兹将法律系之意义与学科，研究法学之趋势与态度，及法律系学生之出路胪于左：

（一）法律系之意义

在未说明法律系之前，须对法律意义有概括之认识，所谓法律者，即以公权力，强制人民遵守之社会规律，盖人生于世，不能离群索居，势必共营生活，则人与人间发生关系，或因物欲之难满足，供求之不相应，致起争端，定分止争，唯法是赖，执行法律，权在国家，群众遵守，社会秩序人民生活始得安定，法律系即聚优秀青年于一堂，延聘法学专家担任教授，授以各种法律学科的知识。

（二）法律系之学科

法律系有下列各项学科：

甲、宪法：乃国家之根本法，规定国家基本组织基本作用，如训政时期约法，及本年国民大会制订国民政府颁布之中华民国宪法，计十四章一百七十五条，分：

1. 总纲规定领土国民主权国旗。

2. 人民之权利义务，包括国家行为请求权，人民有请愿，诉讼，诉愿行政诉讼，及自由等权。

3. 国民大会代表全国国民行使政权。

4. 总统为国家元首，统率陆海空军，行使缔约宣战媾和之权。

---

[*] 本文原刊于《学识》（第1卷）1947年第5~6期。

5. 行政、立法、司法、考试、监察五种治权。

6. 中央与地方之权限。

7. 地方制度，制定省县自治法，不得与宪法抵触。

8. 选举、罢免、创制、复决四项政权。

9. 基本国策，包括：

A. 国防，以保卫国家安全、维护世界和平为目的。

B. 外交，应本独立自主平等互惠之原则。

C. 国民经济实施平均地权，节制资本，以谋国计民生之均足。

D. 社会安全，改良劳工农民生活协调〔1〕劳资合作，实施社会保险制度，奠定民族生存发展基础。

E. 教育文化，发扬民族自治精神，健全国民道德体格智能。

F. 边疆地区，应予以合法之保障，扶植地方自治事业。

G. 宪法之施行与修改。

乙、行政法是关于行政权之组织及作用之国内公法，共性和特性〔2〕：

A. 权义相对性，即权利不能抛弃与移转。

B. 国家意思之公定力与强制力，行政法范围甚大：有行政机关，行政行为。

C. 行政争讼，分为诉愿与行政诉讼，诉愿者，人民因中央或地方官署之违法或不当处分损害及权利或利益，请求该管上级官署审查原处分之当否而为决定，行政诉讼者，人民因中央或地方官署之违法处分损及权利，经依《诉愿法》提起再诉愿，而不服其决定或提起再诉愿已逾两月期限尚未决定时，请求行政法院审判该处分或决定而为一定之裁决。

丙、刑法、是规定国家处罚权之实体法，现行刑法全文，三百五十七条：分总则分则两编，总则即揭示〔3〕关于适用刑罚法规之一般规定，分为法例，刑事责任，未遂犯、共犯、累犯、数罪并罚，处之酌科及加减、缓处、假释、时效、保安处分，分则系规定各个犯罪特别构成要件及科刑限量，有内乱、外患、妨害国交、渎职、妨害公务，妨害秩序，妨害投票，脱逃、藏匿人犯，

---

〔1〕 "协调"原文作"调协"，现据今日通常用法改正。——校勘者注。

〔2〕 "共性和特性"原文作"共特性"，现据今日通常用法改正。——校勘者注。

〔3〕 "揭示"原文作"揭橥"，现据今日通常用法改正。——校勘者注。

伪证诬告，公共危险，等三十五章，刑法之演进，由复仇时代而威吓时代，而科学时代，采教化主义，视犯罪人恶性之大小，定刑罚轻重之标准，重特著之点，即保安处分，使犯罪人改过迁善，而达到保卫社会安宁之目的，如感化教育，监护禁戒，强制工作，强制治疗，保护管束，驱逐出境，较之往昔生物自卫之报复主义，及严刑峻罚之威吓主义，则进步多矣。

丁、民法：即规定私人间日常生活关系之法律，分总则、债、物权、亲属、继承五编：

1. 总则：即各项私权及私法上法律关系之共通法则，内分法例，人、物、法律行为，期日期间，消灭时效，及权利行使之准则，

2. 债编：是规定债权债务关系之法律，夫债之发生，不外有契约，代理权之授予，无因管理，不当得利，侵权行为之因素，债之移转，为债权之让与，债之承担；债之消减，有清债、提存、抵销、免除、混同五种原因，各种之债，分为"买卖"，是当事人约定一方移转财产权于他方：他方支付价金之契约。"互易"，是当事人双方约定，互相移转金钱以外的财产权之契约。"交互计算"，是当事人约定以其相互交易所生之债权债务关系为定期计算，互相抵销而支付其差额之契约。"赠与"，是当事人之一方，以己有之财产无偿的给与他方之意思表示。"租赁"，是当事人约定一方以物租与他方使用收益，他方支付租金之契约。"借贷"，分为使用借贷与消费借贷二种，前者即当事人约定一方以无偿贷与他方使用，他方使用后必返[1]原物之契约，后者即当事人约定一方移转金钱或其他代替物使用权于他方，他方以种类品质相同之物返还之契约。"雇佣"，是当事人约定一方于一定或不一定期限内为他方服务，由他方给与报酬之契约。"承揽"，是当事人约定一方为他方完成之工作，他方待工作完成后给付报酬之契约。"出版"，是当事人约定一方以文艺学术或美术著作品为出版而交付于他方，他方担任印刷及发行之契约。"委任"，是当事人约定一方委托他方处理事务，而他方允为处理之契约。"经理人及代办商"，经理人是为商号管理事务之人，对商号事务管理上一切必要行为之权能，且代表商号为其他诉讼行为，代办商，非经理人而受商号委托在一定处所或区域以该商号名义，办理其全部或一部事务之人。"居间"，是当事人一方为他方报告订约机会或订约之媒介，他方因而给付报酬之契约。

---

〔1〕"必返"原文作"壁返"，现据今日通常用法改正。——校勘者注。

"行纪"，是以自己名义，为他人计算为动产之买卖或商业上之交易，而收受佣金之营业。"寄托"，是当事人之一方以物交付他方保管之契约。"仓库"堆藏物品之处所，谓之仓库。"运送营业"，是运送旅客或物品而取得运费之营业。"承揽运送"，是以自己名义为他人计算使运送人运送物品而受报酬之营业。"合伙"，是二人以上共同出资以经营共同事业之契约。"隐名合伙"，是当事人约定一方对他方所经营之事业出资而分受其营业所生之利益，及分担所生之损害。"指示证券"，是指示他人使其金钱有价证券或其他代替物给付第三人之证券。"无记名证券"，是持有人对发行人得请求依其记载之内容而为给付之证券。"终身定期金"，是当事人约定一方于自己或他方或第三人生存期内定期以金钱给付他方或第三人之契约。"和解"，是当事人间互相让步以终止其争执或防止争执发生之目的。"保证"，是当事人约定一方于他方之债务人不履行债务时，由其代负责任之契约。

3. 物权编，共有十章：

一、通则，对于物权之得丧变更之规定。

二、所有权，是在法令限制范围内可以自由使用、收益、处分所有物并排除他人干涉之权利。

三、地上权，是以在他人土地上有建筑物其他工作物或竹木为目的，而使用其土地之权利。

四、永佃权，是支付佃租，永久在他人土地上，为耕作或畜牧[1]之权利。

五、地役权，是以他人土地供自己土地便宜之用之权利。

六、抵押权，是对于债务人或第三人不移转占有而供担保之不动产，得就其卖得价金而受清偿之权利。

七、质权，分为动产质权与权利质权二种，前者因担保债权占有债务人或第三人移交之动产得就其卖得价金受清偿权利，后者以可让与之债权及其他权利为质权标的物之质权。

八、典权，是交付典价占有他人之不动产而为使用收益之权利。

九、留置权，是债权人占有属于债务人之动产，在债务未清偿前，依据法律留置其物以为债权担保之权利。

---

[1] "畜牧"原文作"牧畜"，现据今日通常用法改正。——校勘者注。

十、占有，对于无所有权之物，而为事实上之管领之权利。

4. 亲属编共分七章：

一、通则，规定血亲姻亲之亲系、亲等及姻亲关系之消减等。

二、婚姻，婚约、结婚、夫妻财产制及离婚。

三、父母子女，规定子女之诞生，收养及父母之权利义务。

四、监护，规定未成年人与禁治产人之监护。

五、扶养，规定扶养之当事人事件，及程度方法。

六、家，规定家长、家属之权利义务。

七、亲属会议。

5. 继承编，共分三章：

（一）遗产继承人，规定继承之顺序及应继分，继承权之丧失及回复。

（二）遗产继承，规定继承之效力〔1〕，限定继承，抛弃继承，及无人承认之继承。

（三）遗嘱、规定遗嘱之方式与效力，遗嘱之执行撤销及特留分等。

戌、民事特别法：

一、公司法，分无限公司、两合公司股份有限公司、股份两合公司。

二、票据法，分汇票、本票、支票三种。

三、保险法，分（一）损害保险，如火灾保险，责任保险。（二）人身保险。

四、海商法：关于船舶海员，海上运送，船舶碰撞，救助捞救，共同海损海上保险等项。

己、诉讼法：以上刑法、民法及民事特别法皆为实体法，规定运用权利义务程序之法律是诉讼法，诉讼法有为保护私权而提起之民事诉讼适用之程序法与国家实行刑罚权之刑事诉讼适用之程序法二种，兹分别约略言之：

第一民事诉讼法，共分九编六百三十六条。

一、总则规定法院，当事人，诉讼费用，诉讼程序等。

二、"第一审程序"〔2〕，规定通常诉讼程序与简易诉讼程序之手续。

三、"上诉审程序"，规定第二审、第三审程序之手续。

---

〔1〕 "效力"原文作"效方"，现据今日通常用法改正。——校勘者注。

〔2〕 "第一审程序"原文作"第一室程序"，现据今日通常用法改正。——校勘者注。

四、"抗诉程序"[1]，规定不服法院裁定（批示与裁定同）请求上级法院废弃或变更裁定之方法。

五、"再审程序"，规定已逾上诉期间，历经各级法院为确定之终局判决后，因判决法院之组织不合法或发现新事实、新证据等提起再审之诉声明不服之手续。

六、"督促程序"，规定债权人关于给付金钱或其他代替物之请求，可于起诉前迳请法院发给支付命令，令债务人如数给付，如债务人不提出异议，亦不按期给付时，法院得以裁定宣告假执行，再逾十五日仍不提出异议，即得强制执行。

七、"保全程序"，规定债权人为保全诉讼后之强制执行，以免日后债权人财产或其他状态有变更起见，就其金钱请求或得以金钱替代之请求，请求法院为假扣押或就金钱以外请求，请求法院为假处分。

八、"公示催告程序"，规定法院据当事人之请求，用公示催告利害关系人，从速申报权利，倘过期不申报权利，即发生失权效果之程序。

九、"人事诉讼程序"，规定婚姻事件，亲子关系事件，禁治产事件，死亡宣告事件等程序。

第二刑事诉讼法，全文五百十六条，九编。

一、"总则"，规定法院之管辖，法院职员之回避，辩护人[2]、辅佐人及代理人，文书、送达、期日及期间，被告之传、拘、讯、押、搜索扣押，勘验、人证、鉴定通译裁判等。

二、"第一审"，规定公诉、自诉，及公诉中侦查、起诉、审判等手续。

三、"上诉"，规定上诉第一、第二审之一般与特别手续。

四、"抗诉"，当事人不服法院裁定之抗诉程序。"再审"，规定判决确定后，因特殊情形，请求再审之程序。"非常上诉"，规定最高法院院长[3]对已确定之判决，因违背法令之故，请求最高法院撤销或变更，该判决之程序。

七、"简易程序"，规定检察官对于具有特定轻微案件，请求不经通常审判程序，而为命令处刑之程序。

---

〔1〕 "抗诉程序"原文作"抗告程序"，现据今日通常用法改正。——校勘者注。
〔2〕 "辩护人"原文作"弁护人"，现据今日通常用法改正。——校勘者注。
〔3〕 "院长"原文作"检察长"，现据今日通常用法改正。——校勘者注。

八、"执行"，规定刑罚执行之手续。

九、"附带民事诉讼"，规定附属于刑事诉讼而提起之回复损害之民诉，法院刑庭合并审判之程序。

庚、国际公法：溯及闭关时代，各国墨守疆界，不相通商往来，无所谓国际关系，待至[1]海禁宏开，往来日密，邦交以起始有国际行为，互相签订友好通商等条约，国际公法遂应运而生，

国际公法有二：

一、平时国际公法，即国与国相互间，在和平时期应遵守之法则。

二、战时国际公法，即国与国相互间在战争时期所应遵守之法则。

其他有政治学，经济学，社会学，强制执行法，破产法，法院组织法，土地法，法制史，法律思想史，法律哲学，监狱学，侦探学，法医学，犯罪学，刑事政策等学科。

（三）研究法学之新趋势

举凡各种公法与私法，其制定公布，必须合乎本国国情与世界潮流，欲适应新的环境，非研究其新趋势不为功，按即将[2]实施之宪法，已具有社会经济之自由平等，选举制度之扩张解释，国民大会政治之实现，国民教育普及之增进，及限制个人权利保护劳动阶级，行政法力求土地所有权之限制，防止土地兼并，以期贫富均等，交易自由之限制，保护经济弱者之利益，历行企业之统制，扩充国营之企业，刑法有下列之特色：

（一）怙恶不悛之累犯加重处罚；

（二）未遂犯采主观的得减主义；

（三）并合论罪之分别规定，符合刑罚之目的；

（四）刑期上扩大自由数量之范围等，民法关于契约自由，继承自由，个人所有权均加以适当之限制，又如废除宗祧继承，改为财产继承，增设女子财产继承权，以符男女平等平权之原则等。

（四）研究法学应有之态度

吾辈研究法学，应以科学之方法，客观之态度，孜孜不倦之精神，持之

---

〔1〕 "待至"原文作"迨至"，现据今日通常用法改正。——校勘者注。
〔2〕 "即将"原文作"行将"，现据今日通常用法改正。——校勘者注。

以恒之毅力，对于上开法律学科，潜心研讨，触类旁通，庶乎有豸[1]。

（五）法律系学生之出路

昔日所谓毕业即失业，当今则不然，经八年艰苦之抗战，人民流离失所，有志青年，或因交通梗阻，或受经济压迫，而不能潜入后方进大学，兼以文化食粮之贫乏，法律教育之锐减，以致法律人才备感不足。凡在国立公立或教育部立案之私立大学法律系之学生毕业后，求深造者可留学国外，将来著书立说或任大学教授，最为清高，次之可竞选立法委员或民意机关之代表，再次之可应军法人员之征用及高等考试司法官考试或普通考试法院书记官监狱官考试，特种考试之审判官考试，律师考试，出路甚广，前程远大，企予望之！

---

[1] 豸，没有脚的虫。——校勘者注。

东吴法学先贤文录编辑人员名单

总主编：

胡玉鸿

各分卷主编：

法理学卷：孙莉

法律史卷：方潇

宪法学、行政法学卷：上官丕亮、黄学贤

民事法学卷：方新军、胡亚球

刑事法学卷：李晓明、张成敏

商法、经济法、社会法学卷：李中原、朱谦、沈同仙

国际法学卷：陈立虎

司法制度、法学教育卷：胡玉鸿、庞凌

录入人员名单

魏 琪	邢凌波	殷凯凯	吴思齐	马健博	张昊鹏	倪文琦	陈 萍
梁艳茹	安子靖	张基晨	施嫣然	袁小瑛	戚小乐	陈康嘉	臧 成
苏 峰	王 杏	许瑞超	张盼盼	刘鑫建	刘文丽	安 冉	张秀林
陈雯婷	蒋 超	钱 佳	张 琦	崔皓然	陈钰炅	惠康莉	唐奥平
马 敏	徐湘云	赵 琪	吕森凤	孙蓓蕾	姜 瑛	胡寒雨	张 尧
阴宇真	王晓宇	李婉楠	卢 怡	柳一舟	丁 楚	孙 浩	宋 鸽
李臣锋							

校勘人员名单

魏 琪	邢凌波	殷凯凯	吴思齐	倪文琦	张昊鹏	张盼盼	金徐珩
陈雯婷	钱 佳	蒋 超	崔皓然	陈钰炅	唐奥平	徐湘云	赵 琪
吕森凤	姜 瑛	张 尧	卢 怡	丁 楚	王春雷	韩进飞	孙 浩
宋 鸽	刘冰捷	杨丽霞	李臣锋				